Erfolgreich selbstständig im Internet

Achim Beiermann
Volker Hinzen

DATA BECKER

Wichtiger Hinweis

Die in diesem Buch wiedergegebenen Verfahren und Programme werden ohne Rücksicht auf die Patentlage mitgeteilt. Sie sind für Amateur- und Lehrzwecke bestimmt.

Alle technischen Angaben und Programme in diesem Buch wurden von den Autoren mit größter Sorgfalt erarbeitet bzw. zusammengestellt und unter Einschaltung wirksamer Kontrollmaßnahmen reproduziert. Trotzdem sind Fehler nicht ganz auszuschließen. DATA BECKER sieht sich deshalb gezwungen, darauf hinzuweisen, dass weder eine Garantie noch die juristische Verantwortung oder irgendeine Haftung für Folgen, die auf fehlerhafte Angaben zurückgehen, übernommen werden kann. Für die Mitteilung eventueller Fehler sind die Autoren jederzeit dankbar.

Wir weisen darauf hin, dass die im Buch verwendeten Soft- und Hardwarebezeichnungen und Markennamen der jeweiligen Firmen im Allgemeinen warenzeichen-, marken- oder patentrechtlichem Schutz unterliegen.

Produktmanagement und Lektorat Peter Meisner

Umschlaggestaltung Inhouse-Agentur DATA BECKER

Textverarbeitung und Gestaltung Thorsten Schlosser, Kreuztal (www.buchsetzer.de)

Produktionsleitung Claudia Lötschert

Druck Druck Partner Rübelmann GmbH

E-Mail buch@databecker.de

ISBN 978-3-8158-2971-4

Inhalt

Einleitung

Der Einzelhandel von morgen wird sich zum allergrößten Teil im Internet abspielen. Diese auf den ersten Blick gewagte These untermauert die Aussage der repräsentativen Verbraucherstudie „Distanzhandel in Deutschland 2009" des Bundesverbands des Deutschen Versandhandels e. V. Danach legt der Onlineumsatz mit Waren allein in diesem Jahr um voraussichtlich 15 Prozent zu und erhöht sich damit auf 15,4 Milliarden Euro. Da sich der Umsatz der gesamten Versandhandelsbranche bei etwa 29,1 Milliarden Euro einpendeln wird, liegt der Onlineanteil am gesamten Versandhandel in 2009 wohl erstmals über 50 Prozent.

Dabei handelt es sich nicht nur um einen vorübergehenden Hype. Vielmehr sind sich alle Experten einig, dass auch in den kommenden Jahren mit einem enormen Wachstum des Internethandels zu rechnen ist.

Von diesem E-Commerce-Boom können auch Sie profitieren, indem Sie Ihre eigene Onlinefiliale eröffnen!

Doch noch immer lassen sich sowohl gestandene Einzelhändler als auch junge Existenzgründer mit ihrem Onlineeinstieg Zeit. Als Begründung werden oft mangelnde Kenntnisse hinsichtlich der technischen Umsetzung, die verwirrende Zahl der Verkaufsmöglichkeiten, der schwer abschätzbare Zeitaufwand oder die vermeintlich hohen Kosten genannt.

Zielgruppe

Mit unserem Buch halten Sie einen Orientierungs- und Handlungsleitfaden in der Hand, der zeigt, wie schnell und einfach es ist, seine Produkte oder Dienstleistungen im Internet zu präsentieren. Es eignet sich daher für Freiberufler, Händler, Handwerker und vergleichbare Unternehmer, die das Internet als zusätzlichen Geschäftskanal oder zur Unterstützung ihres realen Business nutzen wollen.

Sie wissen gar nicht, was Sie anbieten könnten? Auch kein Problem – unser Buch enthält außerdem viele zündende Geschäftsideen, mit deren Hilfe Sie etwas dazuverdienen oder sich sogar selbstständig machen können. Die meisten Ideen lassen sich ohne größeres Startkapital verwirklichen und zeigen damit, wie einfach es ist, sich unternehmerisch zu betätigen.

Unterschiedliche Verkaufsplattformen

Dieses Buch hilft Ihnen aber nicht nur bei der Wahl der am besten passenden Verkaufsplattform – sei es beispielsweise eine einfache Website, der Amazon Marketplace, ein Weblog oder ein professioneller Onlineshop mit eBay-Anbindung –, es zeigt auch, wie Sie mithilfe ausgeklügelter Marketingmaßnahmen möglichst viele Besucher und somit potenzielle Käufer gewinnen können. Und da wir gerade beim Thema Kundenmaximierung sind: Wenn Sie Waren anbieten, die international nachgefragt werden – warum nicht gleich ins europäische Ausland oder weltweit verkaufen? Dass dies keine unüberwindbaren Hürden sind, zeigt unser Buch ebenfalls.

Anforderungen an das Backoffice

Zu einer prosperierenden Verkaufsplattform gehört aber noch mehr. Erreicht Ihr Verkaufsangebot erst einmal eine bestimmte Größe, müssen Sie auch im sogenannten Backoffice-Bereich gut aufgestellt sein, damit der Erfolg von Dauer ist. Hierzu zählt nicht nur die eigentliche Verkaufsabwicklung, es müssen zudem auch Antworten auf steuerrechtliche und versicherungstechnische Fragen gefunden werden. Diesem Thema haben wir ebenfalls einen breiten Raum gewidmet, um Ihnen den Weg ins Onlinebusiness zu erleichtern.

Erfolgsgeschichten

Hört sich das alles zunächst noch sehr theoretisch an, werden Sie beim Lesen schnell feststellen, dass auch die Praxis nicht zu kurz kommt. Anhand vieler Beispiele erfahren Sie von Hobbyverkäufern, Existenzgründern und Unternehmen aus erster Hand, wie diese den Weg ins Internet erfolgreich beschritten haben. Darüber hinaus stehen Ihnen viele Experten mit hilfreichen Tipps und guten Ratschlägen zur Seite, damit die Vermarktung Ihrer Geschäftsidee ein Erfolg wird.

1. So profitieren Sie vom Onlinebusiness – die besten Geschäftsideen

Viele wollen sich in irgendeiner Weise im Internet selbstständig machen oder lediglich etwas dazuverdienen, wissen aber nicht, womit. Es fehlt einfach die zündende Geschäftsidee. Wie wäre es zum Beispiel mit einem Onlineshop, der beliebte Fanartikel der großen Vereine oder begehrte Poster und Autogrammkarten von Stars und Sternchen anbietet? Oder einem Einkaufsservice, der sich um das leibliche Wohl älterer, behinderter oder kranker Menschen kümmert? Lukrativ kann ebenfalls ein All-In-One-Service sein, der für die Bewältigung alltäglicher Dinge sorgt und auch die Übernahme von Reparaturen aller Art oder Wohnungsrenovierungen nicht scheut. Es erwarten Sie aber nicht nur ausgefallene Geschäftschäftsideen, Sie erfahren auch, was Sie an Startkapital brauchen und was sonst noch erforderlich ist, damit aus einer ersten Idee Wirklichkeit wird.

1.1 Hier sprudelt 1001 Geschäftsidee

Wenn Sie bereits eine Geschäftsidee haben, können Sie sofort mit der Umsetzung beginnen. Sind Sie jedoch noch auf der Suche und wissen nicht so recht, wie Sie es anpacken sollen, helfen Portale wie förderland (*www.foerderland.de*) oder internet-IDEE (*www.internetidee.de*) weiter.

Das förderland-Portal

Neben umfassenden Informationen über alle Facetten der Unternehmensgründung bietet das Portal aktuelle News sowie Fachbeiträge und Hintergrundberichte erfahrener Experten. So finden Interessenten nicht nur ausgewählte Geschäftsideen, sondern auch unverzichtbare Hinweise, die vom Entwurf eines Business- und Gründerfahrplans über die Wahl der richtigen Rechtsform bis hin zur Absicherung des unternehmerischen Risikos im Rahmen der Firmengründung reichen. Darüber hinaus verschafft das förderland-Portal einen Überblick über die bundesweit wichtigsten Businessplan-Wettbewerbe und Gründungsinitiativen. Dieser ist besonders für Existenzgründer und Jungunternehmer interessant, denn die Wettbewerbsteilnahme kann sich auszahlen und weitere Türen in die Geschäftswelt öffnen.

Das förderland-Portal hält für Unternehmensgründer umfassende Informationen, aktuelle News, Fachbeiträge und Hintergrundberichte erfahrener Experten bereit.

Beachtlich ist auch die grundlegende Wissensvermittlung, die sich das Portal zum Ziel gesetzt hat. Zu diesem Zweck greift förderland auf das umfangreiche Know-how erfahrener Experten aus Wirtschaft und Wissenschaft zurück, die auch Reizthemen aufgreifen und diese in Fachbeiträgen kompetent und fachkundig vermitteln. Außerdem finden Sie eine umfangreiche Auswahl an FAQs (**F**requently **A**sked **Q**uestions) zu den unterschiedlichsten Themengebieten. Wer sich Basiswissen beispielsweise in Sachen Leasing, Limited, Versicherungen, Steuern, Franchise oder Fördermittel aneignen will, wird spätestens hier fündig. Ergänzt wird das Angebot noch durch ein umfassendes Unternehmer- und Gründerglossar mit Fachbegriffen aus den Bereichen Existenzgründung, Selbstständigkeit und Unternehmertum sowie ein Investmentlexikon, das einfach und doch kompetent die wichtigsten Begriffe des Investmentgeschäfts erläutert.

Aufbau und Inhalt von Businessplänen

Michael Pott ist gemeinsam mit Matthias Storch Inhaber und Herausgeber des Gründer- und Unternehmerportals förderland. Zu Aufbau und Inhalt von Businessplänen gibt Ihnen Michael Pott die folgenden Tipps:

> An der für manchen „lästigen Pflichtübung" Businessplan kommt kein Gründer vorbei. Dabei schreibt man den Plan nicht nur für Dritte, sondern zuallererst für sich selbst. Der Businessplan ist das Steuerungsinstrument für die Gründung sowie die spätere Unternehmensführung. In der Gründungsphase sollte das Konzept, das die Grundlage zur Umsetzung einer guten Idee bildet, auf ca. 30 bis 40 Seiten ausgearbeitet werden. Wichtig ist dabei eine klar verständliche Sprache. Gerade Gründungen, die auf einer technologischen Entwicklung basieren, werden oft mithilfe von Fachvokabular beschrieben. In der Regel ist der Leser, z. B. ein Kapitalgeber, aber kein ausgewiesener Experte in der von Ihnen beschriebenen Technologie oder Branche. Vielmehr kommt es darauf an, einem „Dritten" den Kundennutzen, das Umsatzpotenzial und die Qualifikation des Gründerteams prägnant zu vermitteln. Das Funktionieren der Technologie überprüft der Leser meist erst in einem zweiten Schritt oder unter Hinzuziehung von Experten.
>
> Ein aussagefähiger Businessplan sollte mindestens die folgenden Aspekte behandeln:
>
> - Darstellung der Geschäftsidee.
> - Erklärung von Produkt oder Dienstleistung und des daraus entstehenden Nutzens für den Anwender bzw. Kunden.
> - Analyse von Branche und Markt, denen die Geschäftsidee zuzuordnen ist.
> - Markteintrittsstrategien, Maßnahmen für Marketing und Vertrieb.
> - Vorstellung des Managementteams und der im Unternehmen gebundenen Fachkompetenzen bzw. Erläuterung, welche externen Experten eingebunden werden (z. B. Steuerberater für das Rechnungswesen).

- Analyse von Chancen und Risiken bzw. Stärken und Schwächen der eigenen Geschäftsidee sowie der wichtigsten Wettbewerber.
- Darstellung der Finanzierungsstrategie (Eigenmittel, Fremdkapital, Eigenkapital etc.).
- Detaillierte Finanzplanung, bestehend aus Investitions-, Abschreibungs- und Liquiditätsplanung sowie einer Gewinn-und-Verlust-Rechnung.

Im Zusammenhang mit Ihrer Geschäftsidee sollten Sie sich folgende Fragen stellen:

Handelt es sich bei Ihrer Geschäftsidee um ein Produkt oder um eine Dienstleistung?
Welchen Nutzen hat der Kunde vom Service?
Wie mache ich dem Kunden den Nutzen kurz und knapp deutlich?
Was ist an meinem Service besser als an dem der Konkurrenz?
Warum soll jemand Ihr Produkt/Ihre Dienstleistung kaufen?

Auch die persönlichen Voraussetzungen müssen stimmen:

Welche Fähigkeiten haben Sie (nicht), um ein Unternehmen zu führen?
Besitzen Sie ausreichende kaufmännische Kenntnisse?
Ist Ihre berufliche Qualifikation für eine Selbstständigkeit ausreichend?
Welche Erfahrungen haben Sie in der Branche Ihres Unternehmens?
Welche finanziellen Verpflichtungen haben Sie?
Wie ist es um Ihre Gesundheit bestellt?
Wer hilft Ihnen bei Krankheit oder Unfall?
Unterstützt Ihr Partner Ihr Geschäftsvorhaben?

Dringend erforderlich sind eine Finanzplanung und eine Marktanalyse:

Welche Kunden sprechen Sie an?
Kennen Sie die Wünsche Ihrer Kunden?
Wie ist die Kaufkraft der potenziellen Kunden?
Wie groß ist das Marktvolumen dieser Zielgruppe?
Mit welchen Maßnahmen erreichen Sie diese Zielgruppe?
Welche Kosten veranschlagen Sie für Ihre Marketingaktivitäten?
Sind Sie von wenigen Großkunden abhängig?
Haben Sie schon Kundenkontakte?
Wie sieht es mit dem Wettbewerb aus?
Treten Sie als einziger Anbieter in einem neuen oder als zusätzlicher in einem bereits bestehenden Markt auf?
Wer sind Ihre Konkurrenten?
Welchen Service bieten Sie zu welchen Preisen?
Wo ist Ihre Konkurrenz besser/schlechter als Sie?
Wie können Sie Ihren Kunden mehr Nutzen bieten?

Weitere wichtige Fragestellungen sind die Standortwahl und die Rechtsform Ihres Unternehmens.

Portal internetIDEE.de

internetIDEE (*www.internetidee.de*) ist nach eigenen Angaben das führende Internetportal für Geschäftsideen. Es richtet sich insbesondere an Existenzgründer und Jungunternehmer, aber auch an Arbeitslose und Beschäftigte, die nach einem zweiten Standbein suchen.

Das Portal bietet weit über 500 Geschäftsideen, die in Form von Ideenskizzen, Businessplänen, Franchise- und Partnersystemen ausführlich beschrieben und in strukturierter Form vorgestellt werden. So stehen beispielsweise im Bereich *Ideenskizzen* viele fertige Konzepte vom All-In-One-Service bis zum Webshop-Betreiber zur Verfügung, die oft gegen einen verhältnismäßig kleinen Obolus erworben werden können. Etwas teurer sind die kompletten Geschäftsentwürfe, die Sie im Bereich *Businesspläne* finden. Dafür erhalten Sie aber auch umfangreiche Anregungen, die sich nicht nur mit der jeweils zugrunde liegenden Geschäftsidee befassen, sondern ebenso Zielgruppenanalysen, Marketingstrategien, Kooperationsmöglichkeiten und Bezahlverfahren zum Inhalt haben.

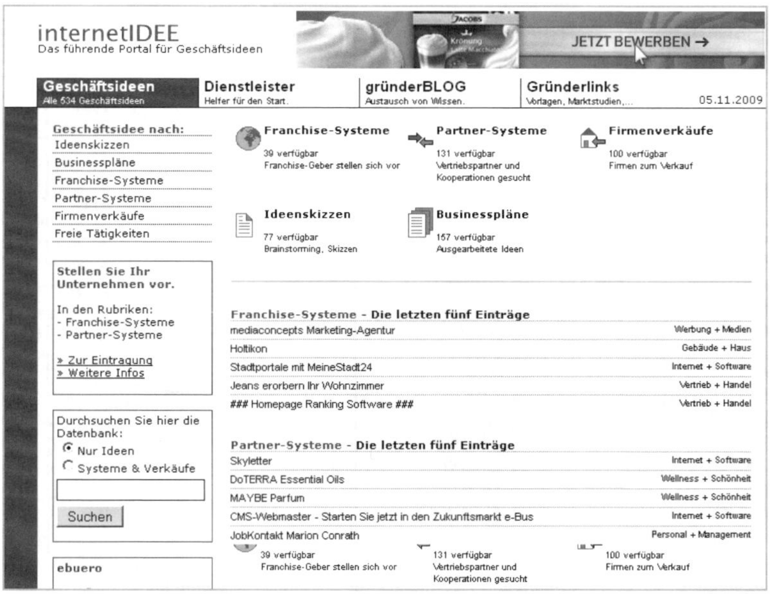

Das Portal internetIDEE richtet sich insbesondere an Existenzgründer und Jungunternehmer, aber auch an Arbeitslose und Beschäftigte auf der Suche nach einem zweiten Standbein.

In den Bereichen *Franchise-Systeme* und *Partner-Systeme* finden Sie Geschäftsideen, mit denen sich Existenzgründungswillige im Rahmen des Franchise oder als Kooperations- bzw. Vertriebspartner von existierenden Unternehmen selbstständig machen können. Besonders praktisch: In beiden Bereichen ist eine direkte Kontaktaufnahme mit dem Franchise-Geber bzw. dem Unternehmen möglich.

Hilfe und Wissensaustausch

Das Portal internetIDEE ist allerdings nicht nur Ideengeber, sondern leistet darüber hinaus wertvolle Hilfe. So lässt sich in einem eigenen Gründerforum mit Gleichgesinnten über Geschäftsideen diskutieren. Ferner finden Sie Checklisten, Verträge und Marktstudien, die Ihnen bei der Existenzgründung helfen, und im Bereich *Dienstleister* stehen zahlreiche Unternehmen bereit, um Sie bei der Umsetzung von Geschäftsideen zu unterstützen.

1.2 So beginnen Erfolgsgeschichten

Portale wie förderland oder internetIDEE präsentieren regelmäßig neue Geschäftsideen. Mit der richtigen Strategie lässt sich die eine oder andere sicher erfolgreich verwirklichen. Lesen Sie im Folgenden, was beispielsweise alles möglich ist.

Onlinefanshop

Sind Sie ein leidenschaftlicher Sammler? Dann lässt sich aus Ihrer Leidenschaft eine profitable Geschäftsidee machen. Sport, Musik, Film, Literatur, Fantasyspiele, Comics und noch mehr: Es gibt vieles, wofür man sich begeistern kann, und es gibt ebenso viele Menschen, die diese Begeisterung teilen. Aber gute Fanshops, die Gläser, Schals und Tassen der großen Vereine oder Fotos, Poster und Autogrammkarten von Stars und Sternchen anbieten, gibt es nur wenige. Warum also nicht einen Fanshop im Web anbieten?

Als künftiger Betreiber eines solchen Onlineshops brauchen Sie zunächst ein Thema, mit dem Sie Ihre Zielgruppe ansprechen. Das können z. B. der eigene Fußballverein, die alten Donald-Duck-Comics auf dem Speicher oder Ihre Leidenschaft für Star Trek sein. Im Onlinefanshop bieten Sie dann alle zum Thema passenden Fanartikel an. Und wenn Sie gleich zwei Fliegen mit einer Klappe schlagen wollen, präsentieren Sie die Artikel gleichzeitig auf dem eBay-Marktplatz. Hierdurch erhöhen Sie nicht nur Ihre Absatzchancen, sondern Sie machen Ihren Fanshop gleichzeitig einem Millionenpublikum bekannt.

Neben dem notwendigen thematischen Hintergrundwissen benötigen Sie einen Onlineshop, der eingerichtet und gepflegt werden muss. Gute Kenntnisse in diesem Bereich sind daher erforderlich. Dann gilt es, Fanartikel zusammenzutragen und Lieferanten zu finden, um das Angebot aufzubauen. Ist der Shop online, sollten Sie den Kunden zusätzlichen Mehrwert anbieten, z. B. in Form eines regelmäßigen Newsletters oder eines Forums, um die Kunden möglichst dauerhaft zu binden.

Die Startkosten für einen Onlinefanshop sind überschaubar. Neben den Kosten für den Aufbau und die Pflege des Shops müssen die Kosten für die Lagerung berücksichtigt werden. Hinzu kommen weitere Kosten für Werbung auf Fanpages oder in Fanmagazinen.

Textservice

Wer selbst schon einmal einen wichtigen Text redigieren musste, weiß um die Schwierigkeiten. Egal wie oft man den Text auch liest, es findet sich mit Sicherheit immer noch ein Fehler. Als Anbieter eines Textservice können Sie da hilfreich sein. Die Arbeit eines Texterservice beschränkt sich aber nicht zwangsläufig auf das Korrigieren und Redigieren eines Texts. Ein professioneller Textservice bietet vielmehr eine breite Palette von Dienstleistungen an, die sich von einer ansprechenden Text- und Layoutgestaltung bis hin zur kompletten Firmenpräsentation erstreckt. Dazu zählen auch die Ausformulierung von Geschäftsbriefen und die Gestaltung von Werbebroschüren ebenso wie das Verfassen von Reden für Hochzeiten und andere Feierlichkeiten.

In erster Linie benötigt der Betreiber eines Textservice ein gutes Sprachgefühl sowie hervorragende Kenntnisse über die deutsche Sprache und deren Grammatik. Weiter sind gute PC-Kenntnisse und ein sicherer Umgang mit Office-Produkten erforderlich.

Zu den Zielgruppen eines Textservice zählen beispielsweise Studenten, die ihre Diplomarbeit abgeben müssen, auch Firmen, die Präsentationen erstellen lassen, und Privatkunden, die wichtige Korrespondenzen zu erledigen haben oder sich einfach nur unsicher im behördlichen Schriftverkehr fühlen.

Zum Aufbau des Textservice benötigen Sie etwa 3.000 Euro, um sich mit einem PC, Telefonanlage und Internetanschluss entsprechend einzurichten. Hinzu kommen noch die Kosten für den Aufbau einer unverzichtbaren Internetpräsenz und für regelmäßige Marketingmaßnahmen.

Sicherheitslehrgänge – eine Erfolgsgeschichte

Was haben Bundeswehrsoldaten und Dachdecker gemeinsam? Sie gehören zur Kundengruppe von Marlies Schulz. Die Brandenburgerin bietet ihren Kunden Sicherheitslehrgänge für Arbeiten in großer Höhe an. Die Lehrgänge haben einen ernsten Hintergrund: 2004 gab es laut Angaben des Hauptverbands der gewerblichen Berufsgenossenschaften in Deutschland 141.000 Arbeitsunfälle durch Stolpern, Rutschen oder Stürze. „Mein eigenes Unternehmen zu gründen, war die verrückteste Entscheidung, die ich je getroffen habe“, so Marlies Schulz. Eigentlich war eine Selbstständigkeit im Lebenslauf der heute

55-Jährigen überhaupt nicht vorgesehen. Marlies Schulz war Sekretärin, arbeitete für zwei große Baugesellschaften und studierte nebenbei Betriebswirtschaft. Ende der 90er-Jahre gab es eine schlechte Nachricht: Sie verlor ihren Arbeitsplatz. Die gute Seite: Sie hatte die Idee für das eigene Unternehmen. „Während meiner Tätigkeit im Baugewerbe war ich bereits mit den verschiedenen Aspekten der Arbeitssicherheit konfrontiert worden", so die heute erfolgreiche Unternehmerin. „Auch mein betriebswirtschaftlicher Hintergrund hat mir bei meinem Schritt in die Selbstständigkeit sehr geholfen", verrät Marlies Schulz. Ihre Geschäftsidee wurde von Kunden, Partnern und Experten begeistert aufgenommen.

Und so fing dann 1999 alles an: Marlies Schulz recherchierte die Bedingungen des Markts. Welche Firmen bieten Sicherheitsprodukte und eine entsprechende Unterweisung an? Gibt es Konkurrenten? Welche Unternehmen brauchen eine solche Dienstleistung? „Es gab im weiten Umfeld kein Angebot für die Sicherheitsausbildung", sagt Schulz. Weil diese Lehrgänge vom Gesetzgeber aber vorgeschrieben sind, mussten die Unternehmen ihre Mitarbeiter zu weit entfernten Fortbildungsveranstaltungen schicken. In einem ehemaligen Stahlwerk, heute ein Gewerbehof, mietete Marlies Schulz eine 300 Quadratmeter große Halle. An verschiedenen Masten und Plattformen können die Teilnehmer hier ihr Sicherheitstraining absolvieren. „In der Startphase investierte ich 35.000 bis 40.000 Euro in die technische Ausstattung, Computer, Seminarräume und in die Website *www.siz-arbeitssicherheit.de*", sagt Marlies Schulz. Der Aufwand hat sich gelohnt: Etwa 1.200 Männer und Frauen haben seit der Gründung an den Lehrgängen teilgenommen!

Urlaubsservice

Dieses Problem haben viele: Die Urlaubsreise steht an, aber niemand findet sich, der die Blumen gießt oder sich um den Vogel oder die Fische kümmert. Und kehrt man aus dem Urlaub zurück, quillt der Briefkasten bereits über, und nichts Essbares findet sich im Kühlschrank. Hier schafft ein Urlaubsservice oder Wohnungssitter Abhilfe. Ein Urlaubsservice kümmert sich um alles, was während der Abwesenheit des Haus- oder Wohnungsbesitzers zu erledigen ist. Er schaut nach den Pflanzen, leert den Briefkasten, füttert Kleintiere und reinigt bei Bedarf auch mal den Käfig. Und bevor die Auftraggeber aus dem Urlaub heimkehren, füllt ein Urlaubsservice auf Wunsch auch den Kühlschrank. Ein weiterer positiver Nebeneffekt für den Auftraggeber: Das Haus sieht nicht verlassen aus, was sonst möglicherweise Einbrecher anlockt. Der Eindruck wird verstärkt, wenn als zusätzlicher Service das Schließen und Öffnen der Rollläden angeboten wird.

Ein Urlaubsservice ist vor allem in größeren Städten sinnvoll, da hier mit einer ausreichenden Nachfrage zu rechnen ist. Der Betreiber eines Urlaubsservice muss absolute Zuverlässigkeit und Seriosität garantieren, um das Vertrauen seiner Kunden zu gewinnen. Außerdem ist ein Fahrzeug erforderlich, um die Wohnungen und Häuser der Kunden zu erreichen. Selbstverständlich sollte man sich auch mit der Pflege von Pflanzen und Kleintieren auskennen. Um Kunden für den Service zu gewinnen, bietet sich insbesondere eine Zusammenarbeit mit einem örtlichen Reisebüro an.

Neben Privatpersonen, die verreisen, zählen auch Geschäftsleute, die viel unterwegs sind, zum Kundenkreis eines Urlaubsservice.

Die Startkosten für einen Urlaubsservice sind verhältnismäßig gering. Neben einem Fahrzeug sind Telefon- und Internetanschluss sowie ein PC und eine Website erforderlich. Die Kosten hierfür belaufen sich auf etwa 3.000 Euro.

Bewerbungsberater

Bewerbung schreiben, Lebenslauf verfassen, das passende Outfit für das Vorstellungsgespräch wählen, sich auf das Gespräch vorbereiten – bei der Bewerbung gilt es, tausend Kleinigkeiten zu beachten. Und dass auch wirklich keine übersehen wird, dafür sorgt der Bewerbungsberater. Die Aufgaben eines Bewerbungsberaters sind breit gestreut. Er berät seinen Kunden bei der Auswahl der Stellenangebote, er hilft ihnen beim Verfassen des Bewerbungsschreibens, und er stellt die Bewerbungsunterlagen zusammen. Auf Wunsch trainiert der Bewerbungsberater seinen Kunden auch für das alles entscheidende Vorstellungsgespräch.

In erster Linie muss ein Bewerbungsberater das notwendige Know-how und die Erfahrung mitbringen, die für erfolgreiche Bewerbungen unabdingbar sind. Dazu zählen fundierte Kenntnisse über Aufbau und Struktur von Bewerbungen ebenso wie das Wissen um die optimale Vorbereitung auf das Vorstellungsgespräch.

Für den Bewerbungsberater ist letztendlich jeder Jobsuchende interessant. Er kann sich aber auch auf bestimmte Personengruppen, z. B. Universitätsabsolventen oder Umschüler, spezialisieren und sein Angebot an diesen auszurichten. Die Gruppen lassen sich dann auch gezielt durch Werbung ansprechen, z. B. durch Aushänge an der Universität oder in der Arbeitsagentur.

Es reicht ein Arbeitsplatz mit Computer, Internet- und Telefonanschluss. Sofern der Bewerbungsberater seine Unterstützung in Form von Gruppen-Coachings oder Seminaren anbietet, sind entsprechende Räume erforderlich, die bei Bedarf angemietet werden können. Außerdem fallen noch Kosten für begleitende Marketingmaßnahmen an.

Einkaufsservice

Von dieser Situation sind viele berufstätige Menschen betroffen: Insbesondere Fachgeschäfte bieten immer noch arbeitnehmerunfreundliche Ladenöffnungszeiten, und die Parkmöglichkeiten in den Innenstädten sind meist eingeschränkt und teuer. Hinzu kommen Menschen, die alters- oder krankheitsbedingt nicht oder nicht mehr in der Lage sind, ihre Einkäufe selbst zu tätigen. An diesen Personenkreis wendet sich der Einkaufsservice. Angenommen, ein Kunde beabsichtigt den Kauf eines neuen Kühlschranks. Auf Wunsch beraten Sie ihn telefonisch oder vor Ort über die verschiedenen Optionen, z. B. Kühlschrank oder Gefrierkombination, und fragen die erforderlichen Leistungsdaten und Eigenschaften ab. Anschließend suchen Sie das passende Gerät für den Kunden und wickeln den Kauf sowie die Organisation des Transports einschließlich der Garantieleistungen ab. Entscheidend ist auch bei diesem Service, dass sich der Kunde um nichts kümmern muss. Für ihn wäre es ideal, wenn er am Telefon die wichtigsten Details mit Ihnen abspricht und ein paar Tage später das gewünschte Gerät angeschlossen in seiner Wohnung steht. Den Haustür- oder Wohnungsschlüssel hat er Ihnen vorher zukommen lassen.

Als Zielgruppen kommen wieder Single-Haushalte und junge Familien infrage, da beide meist wenig Zeit haben. Aber auch Rentner sind eine interessante Zielgruppe. Für Bewohner von Altenheimen könnten Sie z. B. die Geschenke für Geburtstage der Kinder und Enkel besorgen. Ebenso ließe sich der Service Firmenmitarbeitern oder den Firmen unmittelbar anbieten. Insbesondere kleinere Unternehmen könnten hiervon profitieren.

Wählen Sie die Gegend sorgfältig aus, in der Sie Ihre Dienstleistung anbieten wollen. Am besten erstellen Sie eine Art Studie, in der Sie prüfen, in welchen Wohnbereichen Sie Ihre Zielgruppe vornehmlich finden. Wenn den Einkaufskomplettservice relativ günstig anbieten, ist eine Beschränkung auf bestimmte Personengruppen nicht unbedingt erforderlich. Allerdings bringt eine Konzentration und Spezialisierung meist Vorteile und damit auch bessere Erträge.

Sie berechnen für die einzelnen Dienstleistungen feste Gebühren. Eine weitere Möglichkeit besteht darin, dass Sie Rabatte mit einzelnen Geschäften aushandeln. Bei Kooperationen mit Firmen sind diese eventuell bereit, Ihre Leistungen für die Firmenmitarbeiter pauschal zu bezahlen.

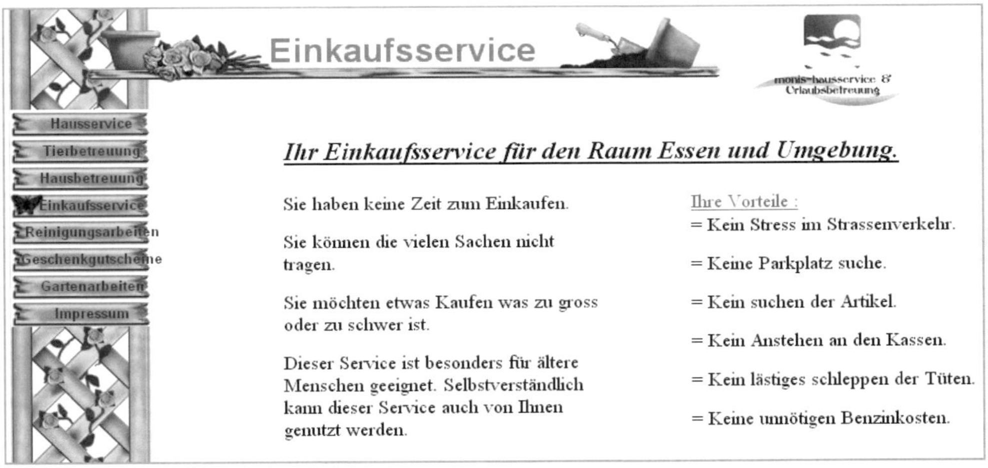

Ein Einkaufsservice wie dieser (www.monis-hausservice.de) spricht insbesondere Menschen an, die alters- oder krankheitsbedingt nicht mehr in der Lage sind, ihre Einkäufe selbst zu tätigen.

All-In-One-Service

Für viele Menschen bedeutet die Bewältigung der alltäglichen Dinge des Lebens Zeit- und Arbeitsaufwand. Wer hat schon Zeit und Lust, auf den seit Tagen angekündigten Reparaturdienst für die defekte Waschmaschine zu warten? Oder wer kennt sich mit Renovierungsvorhaben so gut aus, dass er die Qualität der Arbeit zuverlässig beurteilen kann? Und nicht wenige Menschen scheuen es, Schränke aufzubauen, Lampen zu montieren oder sich um verstopfte Abflüsse zu kümmern. Von dieser Unlust befallen sind nicht nur gut verdienende Single-Haushalte. Auch Rentner und Familien, in denen beide Elternteile arbeiten, verzichten gern auf lästige und zeitaufwendige Arbeiten.

Der All-In-One-Service führt diese Dienstleistungen im Angebot. Der Kunde schildert sein Anliegen, und Sie übernehmen die gesamte Abwicklung. Ruft beispielsweise ein Kunde an, weil er seine Wohnung renovieren lassen möchte, fragen Sie die nötigen Eckdaten wie Größe der Wohnung, Boden- und Wandbelag, gewünschter Renovierungszeitraum und Kostenrahmen ab. Danach beginnt Ihre eigentliche Arbeit. Sie wissen über Ihre Datenbank, welche Anbieter gut, günstig und zuverlässig sind. Sie holen verschiedene Angebote ein und erteilen den Auftrag an einen der Anbieter. Sie übernehmen auch die Kontrolle während der Arbeiten, sodass sich der Kunde bis zur Übergabe der renovierten Wohnung am vereinbarten Tag um nichts kümmern muss.

Für den All-In-One-Service kommen als Zielgruppen insbesondere Single-Haushalte, Familien, in denen beide Partner berufstätig sind, sowie Rentner und Pensionäre infrage. Auch Firmen und Unternehmen sind unter Umständen eine attraktive Zielgruppe, da diese von den geschilderten Problemen oft noch stärker betroffen sind.

Für die Berechnung der in Anspruch genommenen Dienstleistungen gibt es verschiedene Methoden. Sie können z. B. Gebühren für die Vermittlung von Ihrem Kunden nehmen (z. B. ein Prozent vom Auftragswert). Eine andere Möglichkeit besteht darin, dass die Unternehmen, Handwerker etc., die Sie in Ihre Datenbank aufgenommen haben, eine jährliche Gebühr an Sie zahlen. Zudem lässt sich für jeden vermittelten Auftrag eine Provision in Rechnung stellen. Denkbar ist aber auch, dass Ihnen die in Ihrer Datenbank geführten Unternehmen Sonderkonditionen einräumen. Ihren Kunden stellen Sie später den üblichen Preis in Rechnung. Den Differenzbetrag reklamieren Sie als Ihren Lohn. Der Kunde hat somit keine zusätzlichen Kosten gegenüber einer „Eigeninitiative", spart aber Zeit und weiß, dass sein Auftrag pünktlich und ordentlich durchgeführt wird.

Behördenservice

Für die meisten Menschen sind unvermeidliche Behördengänge lästig, zeitaufwendig und darüber hinaus oft mit Ärger verbunden. Vor allem betroffen hiervon sind natürlich gut verdienende Single-Haushalte. Aber auch Rentner und Familien, in denen beide Elternteile arbeiten gehen, können auf Behördengänge gut verzichten. Mit einem Service, der diese Behördengänge übernimmt, stoßen Sie in eine Marktnische. Zu den angebotenen Dienstleistungen könnten z. B. die An-, Um- und Abmeldung von Kraftfahrzeugen, die Beantragung polizeilicher Führungszeugnisse, Gewerbean-, -um- und -abmeldungen und Angelegenheiten für ausländische Mitbürger zählen. Insbesondere diese haben oft Probleme, sich in Deutschland zurechtzufinden, nicht nur was die Sprache angeht. Eine vernünftige und gute Beratung wäre sicherlich hilfreich. Denkbar ist ferner, dass Sie neben einer Beratung auch die Behördengänge übernehmen oder zumindest begleiten. Oder bieten Sie einen Service, der Rentner durch den Rentendschungel führt. Vielen älteren Menschen fällt es schwer, sich ohne fremde Hilfe durch Rentenbescheide und den ganzen Behördenkram zu kämpfen. Sie könnten Ämtergänge übernehmen und Briefe im Auftrag der Rentner verfassen.

Die Zielgruppen für den Behördenservice sind nahezu identisch mit denen des All-In-One-Service und des Einkaufskomplettservice.

Sie erstellen einen Katalog mit allen von Ihnen angebotenen Dienstleistungen und lassen sich pro Auftrag bezahlen. Eine weitere Möglichkeit besteht darin, Jahresgebühren zu erheben, d. h., gegen Zahlung einer jährlichen Gebühr erledigen Sie sämtliche Behördengänge, die bei einem Kunden im Laufe des Jahres anfallen.

Hochzeitsorganisator

Gründen Sie ein Unternehmen, das die komplette Organisation und Koordination von Hochzeiten übernimmt. Für den Kunden bietet das den unschätzbaren Vorteil, sich nicht mit den vielen Wegen und Kleinigkeiten befassen zu müssen. Er hat damit den Kopf frei für das eigentlich Wesentliche, die Hochzeit. Denn meist ist es doch so: Paare, die heiraten möchten, sind oft sehr jung. In der Regel arbeiten beide, sodass sie entsprechend wenig Zeit für die Hochzeitsvorbereitung haben. Hilfreich wäre ein Dienstleister, der ihnen die Organisation der Hochzeit zumindest ein Stück weit abnimmt und sie fachmännisch berät. Vielen Brautleuten ist es auch nicht recht, wenn sich die Eltern in die Planungen einer Hochzeit einmischen. Sie als „neutraler Vermittler" können hier Abhilfe schaffen. Darüber hinaus erwarten viele Menschen eine originelle Hochzeit, die sich vom standardisierten Einerlei wohltuend abhebt. Frische Ideen sind gefragt. Und vor dem Hintergrund immer knapper werdender Zeit der arbeitenden Bevölkerung steckt hier ein riesiges Potenzial.

Normalerweise sollten sich Existenzgründer bei der Errichtung ihres Unternehmens auf ganz bestimmte Zielgruppen fokussieren. In diesem Fall jedoch erscheint die Zielgruppe eindeutig: alle Paare, die heiraten möchten. Denkbar wäre jedoch auch, sich nicht an alle heiratswilligen Paare zu wenden, sondern die Dienstleistungen hochwertig und exklusiv aufzubauen und die Hochzeit in erster Linie für eine finanzstarke und exquisite Klientel zu organisieren. Bevor Sie als Hochzeitsorganisator starten, sollten Sie sich in Ruhe umschauen und darüber informieren, wo und wie solch eine Idee bereits umgesetzt wurde. Hier bieten sich vor allem die USA an.

Für die Bezahlung gibt es wieder verschiedene Möglichkeiten. Sie können z. B. einen Leistungskatalog erstellen, den Sie mit dem Hochzeitspaar abstimmen, und dann hierfür eine pauschale Gebühr berechnen. Oder Sie verlangen für die Vermittlung von Aufträgen von Ihren Kooperationspartnern entsprechende Provisionen. Interessant ist auch die Einrichtung einer Internetpräsenz, auf der Sie Werbeflächen vermieten, die im Kontext zur Hochzeitsorganisation stehen. Zu diesem Zweck kontaktieren Sie Firmen, die zu Ihren Webseiten passen. Besonders geeignet sind z. B. Anbieter von Hochzeitsbedarf, Blumenlieferanten und Haushaltsfachgeschäfte.

Da berufstätige Menschen oft wenig Zeit für ihre Hochzeitsvorbereitungen haben, nimmt ihnen ein Service wie die Agentur Traumhochzeit (www.agentur-traumhochzeit.de) viel Arbeit ab.

Einkaufsberater

Die heutige Gesellschaft ist eine Mobilitätsgesellschaft. Das bedeutet, die Menschen sind im Beruf viel unterwegs, aber auch in ihrer Freizeit. Ständig lauern irgendwelche Verpflichtungen wie Feiern, Geschäftsessen und Konferenzen. Dabei unterliegt die Konsumgesellschaft einem ständigen und vor allem schnellen Wechsel, was nicht zuletzt bei der Mode deutlich wird. Was heute noch modern und trendy gilt, ist morgen schon veraltet und out. So stellen sich viele die Fragen: „Was passt zu mir?“, „Wie sehe ich mich selbst?“ und „Wie sehen mich andere?“. Als Einkaufsberater begleiten Sie Ihre Kunden durch den Dschungel der vielen Boutiquen und Designerateliers in der Stadt, in der Sie Ihren Dienst anbieten. Insbesondere Geschäftsfrauen und Geschäftsmänner, die in Ihrer Stadt für ein paar Tage zu Besuch sind, benötigen kompetente Hilfe, wenn es ums Einkaufen geht. Sie beraten den Kunden dahingehend, was zu ihm passt und was nicht.

Ihre Zielgruppe sollten Sie eindeutig festlegen. Infrage kommen beispielsweise Geschäftsleute, aber auch Urlauber aus dem In- und Ausland, außerdem Singles, Pensionäre und Rentner. Insbesondere ausländische Gäste sind überfordert, was Waren- und Dienstleistungsangebote, Preisgestaltung, schlechte Ladenöffnungszeiten und Verhaltensweisen in Deutschland anbelangt. Hinzu kommen oft sprachliche Probleme. Eine weitere Zielgruppe können auch große Unternehmen sein, die ihren reisenden Mitarbeitern die Aufenthalte in fremden Städten angenehmer gestalten möchten.

Sie können für bestimmte Dienstleistungen feste Gebühren nehmen. Denkbar ist aber auch wieder, Rabatte mit einzelnen Geschäften auszuhandeln. Ihren eigenen Kunden stellen Sie dann den „Normalpreis" in Rechnung, und die Differenz zwischen Rabatt und Normalpreis setzen Sie als Bezahlung für sich an. Bei Kooperationen mit Firmen sind diese eventuell bereit, Ihre Leistungen für die Firmenmitarbeiter pauschal zu bezahlen.

Bier selbst brauen – eine Erfolgsgeschichte

Ob Küche, Keller oder Waschmaschine: Bier muss nicht unbedingt in einer Brauerei gebraut werden. Und die nötigen Utensilien erhalten Hobbybrauer von Versandhändlern wie Thomas Vogel aus Schüttorf.

Zu Beginn des vorletzten Jahrhunderts war es in Deutschland völlig normal, sein Bier selbst zu brauen. Die niedrigen Bierpreise und das recht aufwendige Herstellungsverfahren machten diesen Markt nach dem Ende des Zweiten Weltkriegs kaputt. Im Ausland sah die Sache anders aus. Besonders in England, Skandinavien und den USA klagten die Biertrinker über die hohen Preise ihres Lieblingsgetränks. Es musste also eine günstigere und nicht ganz so aufwendige Variante des Bierbrauens her – die sogenannten Bier-Kits.

Diese Baukästen für Hobbybrauer tauchten erstmals vor ungefähr 50 Jahren in Großbritannien auf. Der Brauprozess wurde dabei radikal vereinfacht. Die Hersteller nahmen ihren Kunden die komplizierte Arbeit des Getreidemälzens und des Maischens der sogenannten Bierwürze ab. Das Ergebnis wurde – oft in Sirupform – konzentriert und in Dosen abgefüllt. Die Kunden konnten zu Hause den Brauprozess fortführen, indem sie die Würze vergärten und damit das Bier fertigstellten. Unter der Marke „DEIN-BIER selbstgebraut" entwickelte der Diplom-Biersommelier Thomas Vogel die Idee dieser klassischen Bier-Kits weiter und entwickelte Zutaten, die nicht nur im Baukastensystem aufgebaut sind, sondern auch eine leicht dosierbare Pulverform haben. Im Unterschied zum normalen Bier-Kit können die Hobbybrauer hier wie im klassischen Brauprozess selbst die Schüttungen zusammenstellen und mehr Einfluss auf den Geschmack und den Alkoholgehalt des Biers nehmen. In den Brausets sind nahezu 40 Rezeptideen bekannter Biere enthalten.

Thomas Vogel liefert das gesamte Angebot: von den Brauzutaten über die passenden Gerätschaften bis hin zu den Brau-Komplettsets. Der 34-Jährige gründete vor fünf Jahren die „Das Bier!" Brausysteme GmbH. Über diesen klassischen Versandhändler (*www.das-bier.de*) können Hobbybrauer alles ordern, was ihr Herz begehrt. „Besonders die Sets laufen sehr gut", sagt Thomas Vogel. Im Unterschied zum klassischen Bier-Kit können die Hobbybrauer hier mehr Einfluss auf den Geschmack und den Alkoholgehalt des Biers nehmen. Preislich bewegen sich die Sets zwischen 38,98 (Brauset Start) und 74,25 Euro („Das Bier"-Baukasten). „Absoluter Verkaufsrenner ist unser Baukasten-Modell", erklärt der Unternehmer. Seit 2008 hat er mit seiner neuen Marke BRAUKÖNIG das neue innovative Bierbraufass entwickelt, das schon ab 24,95 Euro zu erhalten ist. Die Kunden kommen aus jeder Altersgruppe. „Wir haben erstaunlich viele Frauen unter unseren Kunden", berichtet der Jungunternehmer. Die beliebten Brausets werden von Vogel und seinem Team selbst zusammengestellt, verpackt und versandt. „Im ersten Halbjahr 2005 haben wir 5.000 Sets verkauft", sagt Thomas Vogel. Der Gründer wirbt mit Kooperationen für seine umfangreichen Internetseite und Pressearbeit für seine Produkte.

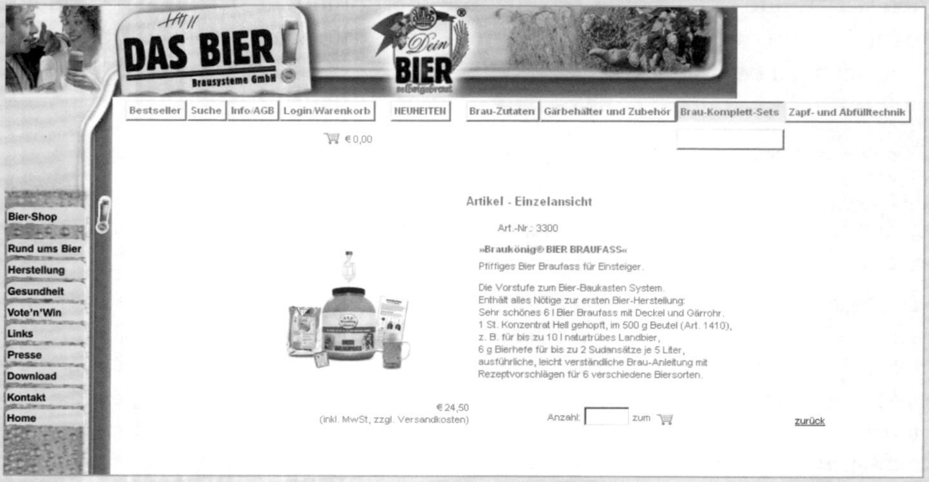

Lieferservice

Das sind die Albträume guter Gastgeber: Es ist kurz vor Mitternacht, die Gäste feiern immer noch in Hochstimmung, aber die Getränke gehen zu Neige. Oder die Fußballübertragung beginnt in wenigen Minuten, die Freunde sind schon alle da, aber niemand hat an Salzgebäck und Bier gedacht. Hier setzt die Geschäftsidee eines „Lieferservice nach Ladenschluss" an. Der Lieferservice nach Ladenschluss ist immer dann gefragt, wenn die Supermärkte am Abend oder am Wochenende geschlossen haben. Er liefert Getränke, Knabberwaren und Zigaretten oder Lebensmittel ins Haus oder auch zum Grillplatz, wenn dort gerade die Holzkohle ausgegangen ist.

Es ist ein Pkw erforderlich, um die Ware ausliefern zu können. Ferner muss ein gewisser Mindestbestand an Waren aufgebaut werden, sodass entsprechende Lagermöglichkeiten nötig sind. Berücksichtigen sollten Sie auch, dass die Arbeitszeiten dieser Tätigkeit eher ungewöhnlich sind; nämlich vor allem in den Abendstunden und am Wochenende.

Neben Singles sind vor allem Studenten und Menschen unter 40 Jahren die Zielgruppe dieses Service. Ein Lieferservice nach Ladenschluss lohnt sich insbesondere in größeren Städten.

Wenn bereits ein Auto vorhanden ist, halten sich die Startkosten mit rund 3.000 Euro für Telefon (Handy) und PC in Grenzen. Hinzurechnen müssen Sie die Kosten für den erstmaligen Aufbau eines Warenbestands, gegebenenfalls Lagerkosten und Ausgaben für Werbemaßnahmen.

1.3 Erfolgreiche Franchisekonzepte

Ursprünglich stammt der Begriff „Franchise" aus dem Französischen. Im Mittelalter bezeichnete er die Vergabe von Privilegien an Dritte, die gegen Entgelt eine im staatlichen Interesse liegende Produktion oder den Handel mit gewissen Erzeugnissen betrieben. In Großbritannien prägte der Begriff das Vorrecht, das die britische Krone Vertrauensleuten zur Steuereinnahme einräumte, und in den USA des vorigen Jahrhunderts wurden unter dem Namen „Franchising" Rechte zur Erschließung des Kontinents vergeben. Auf diese Weise konzessionierte man etwa die Eisenbahnlinien.

Heute bezeichnet man mit dem Franchise ein Vertriebssystem mit spezifischen Eigenarten und Vorteilen.

Die offizielle, für Deutschland gültige Definition des Begriffs „Franchising" wurde vom Deutschen Franchise-Verband e. V. (*www.franchiseverband.com*) erstellt. Demnach betrachtet der Verband alle Vertriebsformen als Franchise-System, die der nachfolgenden Definition entsprechen:

„Franchising ist ein vertikal-kooperativ organisiertes Absatzsystem rechtlich selbstständiger Unternehmer auf der Basis eines vertraglichen Dauerschuldverhältnisses. Dieses System tritt auf dem Markt einheitlich auf und wird geprägt durch das arbeitsteilige Leistungsprogramm der Systempartner sowie durch ein Weisungs- und Kontrollsystems zur Sicherstellung eines systemkonformen Verhaltens. Das Leistungsprogramm des Franchise-Gebers besteht aus einem Beschaffungs-, Absatz- und Organisationskonzept, dem Nutzungsrecht an Schutzrechten, der Ausbildung des Franchise-Nehmers und der Verpflichtung des Franchise-Gebers, den Franchise-Nehmer laufend und aktiv zu unterstützen und das Konzept ständig weiterzuentwickeln. Der Franchise-Nehmer ist im eigenen Namen und auf eigene Rechnung tätig; er hat das Recht und die Pflicht, das Franchise-Paket gegen Entgelt zu nutzen. Als Leistungsbeitrag liefert er Arbeit, Kapital und Information." (Quelle: mit freundlicher Genehmigung des DFV – Deutscher Franchise Verband e. V.)

2. Clevere Tipps für die optimale Business-Website

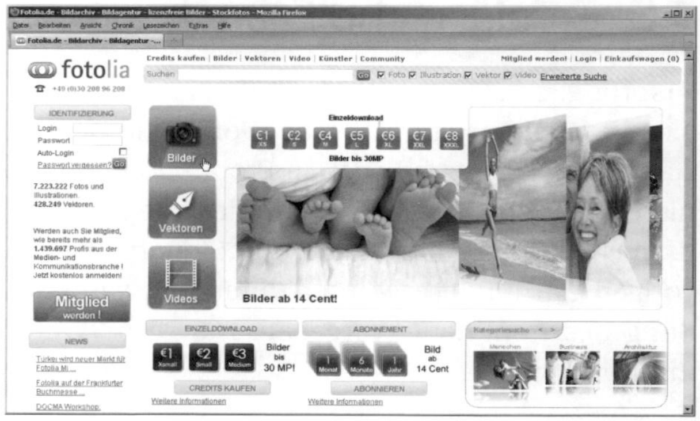

An eine geschäftliche Website sollten Sie höhere Anforderungen stellen als an einen privaten Internetauftritt oder die Onlineseiten eines Vereins. Dies beginnt mit der Wahl des optimalen Domainnamens, sollte spezielle rechtliche Anforderungen berücksichtigen und endet beim ausgiebigen Test der Seiten, bevor Sie sie schließlich scharf schalten. Vermeiden Sie mögliche Fallstricke bereits im Vorfeld und planen Sie entweder beim erstmaligen Aufbau oder beim Relaunch eines Angebots sorgfältig die Inhalte, die Struktur und das Design. Selbst wenn Sie nur ein begrenztes Budget für die Onlineaktivitäten bereitstellen können, lässt sich dank kostenloser Vorlagen und Fotos sowie selbst durchgeführter Usability-Tests ein professionelles Ergebnis erzielen.

2.1 Richtige Domain auswählen

Die sprechenden Domainnamen haben zum Siegeszug des World Wide Web beigetragen. Selbst am Internet kaum bis gar nicht Interessierte wissen inzwischen, was sich hinter *www.name.de* verbirgt. Noch offensichtlicher wird die Bedeutung der Domainnamen, wenn man weiß, dass viele Surfer, die beispielsweise nach Informationen über eine bestimmte Firma suchen, den Firmennamen versuchsweise sofort in den Domainnamen einbinden, um so möglichst schnell fündig zu werden. Auch die Suche nach Produkten ist auf diese Weise oft sehr erfolgreich. So ist es einfach effektiver, zunächst die Adresse *www.maggi.de* als Versuchsballon einzutippen, bevor Sie eine Suchmaschine bemühen.

Deutsche und internationale Domains

In fast allen Webhosting-Paketen ist die deutsche **T**op-**L**evel-**D**omain (TLD) *.de* bereits kostenlos enthalten. Diese ist ausreichend, wenn Sie Ihren künftigen Onlinehandel auf Deutschland beschränken. Bei *www.denic.de* lässt sich sofort online prüfen, ob Ihr Wunschname noch frei ist. Planen Sie jedoch, international und entsprechend mehrsprachig tätig zu sein, empfiehlt sich eine TLD wie *.com* oder *.eu*. Wollen Sie neben der deutschen TLD noch weitere TLDs durch den Webhoster registrieren lassen, müssen Sie meist etwas tiefer in die Tasche greifen. Dann aber haben Sie zumindest die Wahl zwischen *.com*, *.net* und *.org*, oft auch noch zwischen *.eu*, *.info*, *.name*, *.biz* und *.mobi* – und je mehr Auswahl Sie haben, desto größer ist die Chance, einen ganz bestimmten Namen registrieren zu lassen, da die klassischen Endungen *.de*, *.com*, *.net* und *.org* in vielen Fällen schon belegt sind.

Bei www.networksolutions.com lassen sich alle gängigen TLDs gleichzeitig nach Ihrem Wunschnamen durchsuchen.

Domainaufbau

Domainnamen bestehen neben dem Präfix *www*, das eigentlich nur der Assoziierung mit dem **W**orld **W**ide **W**eb dient und aus technischer Sicht entbehrlich wäre, aus zwei Teilen: dem Namensbestandteil der Domain als **S**econd-**L**evel-**D**omain (SLD) und der **T**op-**L**evel-**D**omain (TLD) als Suffix. Bei der TLD unterscheidet man dann noch zwischen generischen, z. B. *.com*, *.net* und *.org*, und länderspezifischen TLDs, z. B. *.de* oder *.nl*.

Wahl des Domainnamens

Wenn Sie schon ein richtiges Geschäft führen, sollte Ihr Laden im Internet den gleichen Namen tragen. Das empfiehlt sich vor allem dann, wenn Sie sich mit Ihrem Geschäft einen gewissen Bekanntheitsgrad erworben haben. Bei neu zu gründenden Unternehmen sollte bereits im Rahmen der Namensfindung überlegt werden, ob der gewünschte Domainnamen noch frei verfügbar ist oder gegebenenfalls käuflich erworben werden kann.

Ist der Wunschname noch frei, sollten Sie nach Möglichkeit alle denkbaren Kombinationen anmelden, beispielsweise den Firmennamen mit und ohne Angebotsbezeichnung. Oft lohnt es sich auch, ähnlich klingende Namen oder Varianten, die auf typischen Tippfehlern basieren, gleich mit zu reservieren. Die hierfür anfallenden Mehrkosten sind von der Höhe her vernachlässigbar, und die zusätzlichen Domains lassen sich ohne Schwierigkeiten auf die Hauptdomain umleiten.

Unabhängig davon, für welchen Domainnamen Sie sich letztendlich entscheiden, sollten Sie bei der Namenswahl aber Folgendes beachten:

- Verletzen Sie keine Namens- oder Markenrechte. Sollte beispielsweise zufällig der Name einer bekannten Firma noch frei sein, verzichten Sie besser darauf, als dass Sie später möglicherweise zu Schadensersatzansprüchen herangezogen werden – abgesehen davon, dass Sie in diesem Fall auch Ihre Domain wieder aufgeben müssten.
- Wählen Sie keine Namen, die Firmen- oder Markennamen ähnlich klingen. Mit einer Internetadresse wie *www.tonline.biz* werden Sie sich mit Sicherheit Ärger mit dem magentafarbenen Riesen einhandeln.

„Gebrauchte" Domainnamen

Finden Sie bei keiner Domain das Passende, dann schauen Sie doch mal bei einer der vielen Domainbörsen vorbei. So bietet beispielsweise die Deutsche Domainbörse (*www.deutsche-domainboerse.de*) viele Tausend „gebrauchte" Domainnamen an, die Sie in allen Preislagen ersteigern können!

Daneben finden sich auch sogenannte Domaingrabber. Diese haben schon in den Anfangsjahren des Internets damit begonnen, alle möglichen Internetadressen zu sammeln in der Hoffnung, sie zu einem späteren Zeitpunkt gewinnbringend verkaufen zu können. Solche Grabber finden Sie z. B. bei dem Auktionshaus eBay, das hierfür sogar eine eigene Rubrik „Domainname" führt. Darüber hinaus werden dort auch Domainnamen von Personen oder Firmen angeboten, die einfach nicht mehr benötigt werden.

2.2 Wichtige Kriterien für die Providerwahl

Haben Sie sich für einen freien Domainnamen entschieden, geht es nun darum, den nötigen Platz für Ihre Präsenz im Internet zu finden. Bevor Sie jedoch die einzelnen Angebote der Webspace-Provider vergleichen, sollten Sie zumindest eine Vorstellung davon haben, wie Ihr künftiger Internetauftritt aussehen soll. Die folgenden Erläuterungen, die allerdings weder umfassend noch abschließend zu verstehen sind, helfen Ihnen, sich über die eigenen Anforderungen an einen Webhoster Klarheit zu verschaffen.

Serverwahl

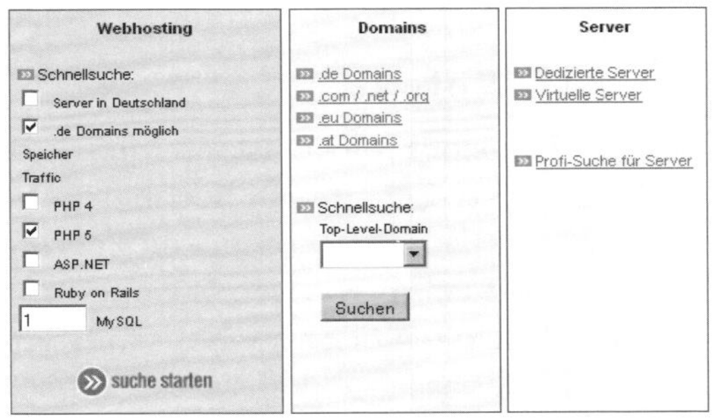

Entsprechend Ihrer Suchanfrage präsentiert Webhostlist.de die passenden Angebote.

Die von den großen Webhostern wie 1&1 (*www.1und1.de*), STRATO (*www.strato.de*) oder Host Europe (*www.hosteurope.de*) angebotenen Webspace-Pakete bieten grundsätzlich alles, was Unternehmen für ihren Webauftritt brauchen. Es handelt sich dabei um sogenannte Shared-Hosting-Lösungen, bei denen sich mehrere Kunden die Ressourcen eines Webservers, Arbeitsspeicher, Festplatten und die Internetanbindung im Rechenzentrum – teilen. Im professionellen Umfeld ist Shared-Hosting jedoch nicht unbedingt das Optimum, da hier die Anforderungen an Leistungsfähigkeit, Sicherheit, Geschwindigkeit und Zuverlässigkeit erheblich höher sind als im privaten Bereich. Für alle, die sich selbst darum kümmern wollen, was auf dem Server passiert, sind dedizierte Server die bessere, aber auch die teurere Lösung.

Platzbedarf

Wenn Sie bisher noch keine Webpräsenz hatten, sich erst langsam an das Thema herantasten und trotzdem den Wunschnamen reserviert wissen wollen, liegen Sie mit einer Webvisitenkarte richtig, die als Einsteigerpaket von vielen Webhostern preiswert angeboten wird. Wollen Sie aber direkt voll einsteigen, dann überschlagen Sie grob, was Sie an Webspace benötigen. Hierzu klicken Sie einfach den Ordner, der Ihre Webpräsenz enthält, mit der rechten Maustaste an und lassen sich über das Kontextmenü *Eigenschaften* die Dateigröße anzeigen. Wenn bereits absehbar ist, dass kurz- oder mittelfristig eine Erweiterung der Webpräsenz ansteht, sollten Sie diesen Bedarf bereits einplanen. Prüfen Sie auch, wie teuer ein Wechsel in die nächsthöhere Größenklasse ist.

POP3-Postfach

Ein E-Mail-Postfach (POP3) brauchen Sie mindestens. Zwar haben Sie möglicherweise schon ein Postfach bei Ihrem Internetprovider, aber wenn Ihre Internetadresse künftig *www.IhrFirmenname.de* lautet, macht es sich nicht so gut, wenn Ihre E-Mail-Adresse dann immer noch auf *name4711@aol.com* lautet. Einige Provider lassen eine unbegrenzte Anzahl an E-Mail-Adressen zu, d. h., E-Mails, die als Adressat *name@IhrName.de* enthalten, landen ebenso in Ihrer Mailbox wie E-Mails, die auf *xyz@IhrName.de* lauten. Es ist auch sehr praktisch, wenn Sie Weiterleitungen einrichten können. Vielleicht können Sie von einem Auto-Responder Gebrauch machen, der automatisch eine vordefinierte Antwort an den Absender einer E-Mail schickt: „Vielen Dank für Ihre E-Mail. Ich werde mich kurzfristig mit Ihnen in Verbindung setzen."

FTP-Zugang

Das **F**ile **T**ransfer **P**rotocol ist ein Internetdienst für die Übertragung von Text- und Binärdateien zwischen zwei Rechnern. Mit einem FTP-Zugang haben Sie einen alleinigen und passwortgeschützten Zugriff auf Ihren Webserver, um Ihre Internetseiten zu aktualisieren. Den Zugang ermöglichen FTP-Programme wie WS_FTP oder FileZilla, die meist im Webhosting-Paket enthalten sind. Viele Anbieter stellen auch eine webbasierte grafische Oberfläche zum Up- und Download von Dateien zur Verfügung. In diesem Fall benötigen Sie kein FTP-Programm, sondern nutzen dazu einfach Ihren Browser.

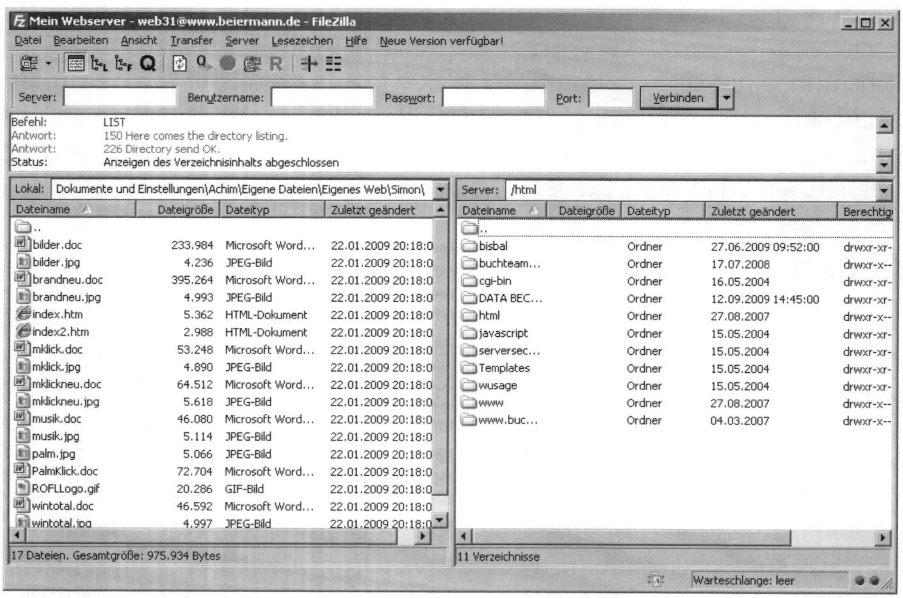

Die fertigen Webseiten übertragen Sie mit einem Programm wie FileZilla vom lokalen Rechner auf den Webserver.

MySQL

Die Abkürzung SQL steht für **S**tructured **Q**uery **L**anguage. Dabei handelt es sich um eine Standardabfragesprache für relationale Datenbanken, die das Speichern, Updaten und den Zugriff auf Informationen erleichtert. Beispielsweise kann man Produktinformationen eines Kunden auf einem WWW-Server speichern und abrufen. MySQL ist ein relationales Datenbankmanagementsystem, das äußerst schnell, robust und flexibel genug ist, um sogar Bilder und Logdateien darin abzulegen. MySQL-Datenbanken zählen allerdings ebenso wie PHP und CGI nicht unbedingt zu den Standardfeatures der Webhoster.

PHP und CGI

Bei PHP (**P**HP **H**ypertext **P**reprocessor) handelt es sich um eine Skriptsprache, die vorwiegend zur Erstellung dynamischer Webseiten oder ganzer Webanwendungen eingesetzt wird. PHP gibt dem Anwendungsentwickler Werkzeuge zur Erstellung von Webseiten dynamischen Inhalts an die Hand und ermöglicht die Anbindung von Datenbanken. Mit CGI (**Co**mmon **G**ateway **I**nterface) und einem Webbrowser ist es möglich, auf einem Webserver Programme auszuführen. Solche Programme (oder Skripten) können beispielsweise Formulareingaben aus HTML-Dateien verarbeiten, auf dem Webserver-Rechner Daten speichern und dort gespeicherte Daten auslesen. Eine CGI-Schnittstelle steht aber nur dann zur Verfügung, wenn der installierte Webserver auch CGI unterstützt. Die meisten Provider bieten zwar CGI an, lassen dann aber aus Sicherheitsgründen oft nur von ihnen selbst vorinstallierte Skripten (z. B. für Gästebücher, Foren, Besucherzähler oder Kontaktformulare) zu, d. h., dass Sie mit eigenen Skripten im Regen stehen, wenn Ihr Provider nicht mitzieht.

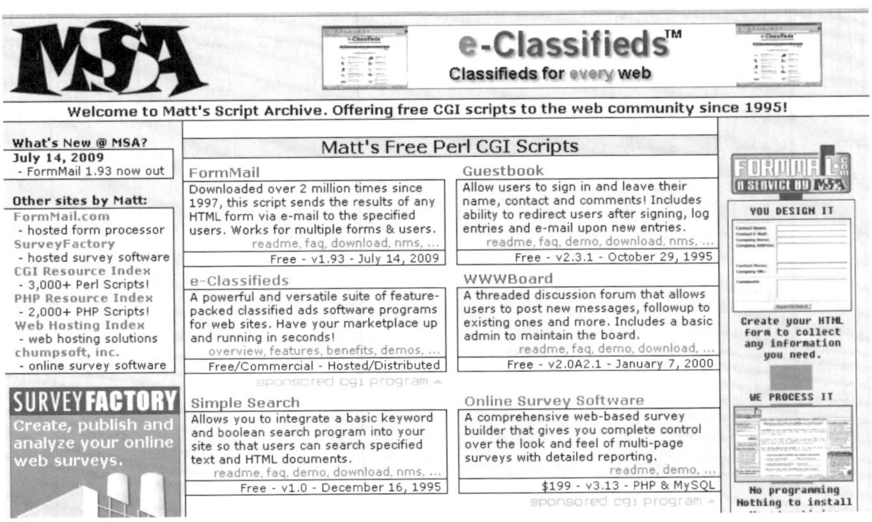

Auf der Website www.scriptarchive.com finden Sie eine Menge fertiger PHP- und CGI-Skripten für jeden Zweck.

Übertragungsvolumen

Vielleicht planen Sie, auf Ihrer künftigen Website auch Downloads anzubieten. Stellen Sie sich dann einmal vor, dass täglich Hunderte oder Tausende auf Ihre Site zugreifen, um Ihre Audio- und Videostreams downzuloaden. Da sich eine solche Entwicklung nicht im Voraus abschätzen lässt, sollten Sie entweder einen Webhoster wählen, der Ihnen ein unbegrenztes, kostenloses Übertragungsvolumen garantiert, oder einen, der Ihnen den Wechsel in eine andere Preiskategorie ermöglicht, sodass beispielsweise über eine Pauschale alles abgegolten wird. Ansonsten kann es Ihnen schnell passieren, dass Ihr Webspace-Provider die Hand aufhält, um bei Ihnen abzukassieren.

Zuverlässiger Serverbetrieb

Es gibt Webhoster, deren Server stunden-, manchmal sogar tageweise ausfallen, und Webhoster, die eine mehr als 99-prozentige Verfügbarkeit versprechen. Im Jahresschnitt sollte die vom Provider garantierte Verfügbarkeit der Server (Web- und Mailserver) bei etwa 98 Prozent liegen, was einen Serverausfall von etwa 175 Stunden jährlich bedeutet und damit im üblichen Toleranzbereich liegt. Muss wegen notwendiger Wartungs- oder regelmäßiger Datensicherungsarbeiten ein Server neu gestartet werden, dauert das natürlich seine Zeit (im Schnitt 10 bis 30 Minuten). Aber das sollte in der Regel nachts geschehen.

Verfügbarkeit des Servers

Insbesondere bei Massenanbietern kann es Ihnen passieren, dass Sie nach der Bestellung tage- oder wochenlang warten, bis Ihre Domain eingerichtet ist. Daneben gibt es den kleinen, feinen und oft gar nicht viel teureren Anbieter, der Ihnen den Server innerhalb von 24 Stunden zur Verfügung stellt, sodass Sie Gelegenheit haben, Ihre vielleicht schon fertige Website hochzuladen und zu testen, bis Ihre Domainadresse konnektiert ist.

Serveranbindung

Lassen Sie sich hier nicht irgendwelche MByte-Angaben um die Ohren hauen, deren Richtigkeit Sie in den allermeisten Fällen sowieso nicht prüfen können. Die Geschwindigkeit ist unter anderem abhängig davon, auf was für einem Server Ihre Domain liegt und wie viele Kunden auf einem Server gehostet werden. Sofern der Provider Referenzadressen angibt, vergleichen Sie einfach zu unterschiedlichen Zeiten die Geschwindigkeit mit anderen Anbietern.

Support

Insbesondere für einen Internetneuling ist es überaus wichtig, alle erforderlichen Angaben zum Upload, zur Mailboxkonfiguration, zum Einbau von CGI-Skripten etc. ausführlich und mit Problemlösungen nachlesen zu können. Deshalb sollte ein Webspace-Provider eine Übersicht anbieten, der diese Angaben konkret auf seine Angebote bezogen entnommen werden können. Leider ist das keine Selbstverständlichkeit. Wenn Ihnen dann nur eine 0190er-Telefonnummer für Rückfragen zur Verfügung steht, kann das ein teurer Spaß für Sie werden. Das ist im Übrigen eine der Möglichkeiten, über die Billiganbieter einen Teil der Kosten wieder wettzumachen versuchen.

Geeignete Webhoster finden

Eine gute Unterstützung bei der Suche nach dem richtigen Webhoster bietet die Datenbank von *www.webhostlist.de*, in der über 2.500 verschiedene Angebote erfasst sind. Bereits seit 1998 bietet die Firma Bernhard Medien GmbH die WebHostlist.de an und bezeichnet sie zu Recht als Deutschlands Referenzseite in Sachen Webhosting.

Folgen Sie im Bereich *Webhosting* des *Webhosting Verzeichnis* dem Link *Profi-Suche* und wählen Sie die Optionen, die für Sie wichtig sind. So lassen sich für professionelle Websites interaktive Funktionen wie Server Side Includes oder Datenbanken als Suchkriterien ebenso festlegen wie besondere E-Commerce-Features. Zum Schluss klicken Sie auf *Suchen* am Ende der Seite, und schon durchforstet der Suchassistent alle Angebote und zeigt schließlich die an, die Ihren Vorstellungen entsprechen.

2.3 Inhalte, Struktur und Design vorausschauend planen

Ob durch Suchmaschinenoptimierung, geschickte Vernetzung mit anderen Business-Sites oder gezielte Werbung, es gibt zahlreiche Möglichkeiten, neue Besucher zu Ihrer Website zu lotsen. Immer gilt dabei jedoch: Der erste Eindruck zählt. Erfüllen Ihre Seiten nicht die Erwartungen oder stören technische Hindernisse den Surfgenuss, sind die neuen Nutzer schnell wieder verloren. Im Schnitt treffen mehr als 50 Prozent aller Besucher bereits nach acht Sekunden die Entscheidung, ob sie bleiben oder weitersurfen. Nutzen Sie daher jede Möglichkeit, die potenziellen Kunden in Ihrem Angebot zu halten, indem Sie die Inhalte, die Struktur und das Layout der Website optimieren.

Ladezeiten gering halten

Die erste kritische Phase beginnt schon beim Laden der Startseite. Man könnte annehmen, dass der Umfang der Seiten in Zeiten zunehmender DSL-Verbreitung keine so wichtige Rolle mehr spielt. Schließlich erscheinen selbst größere Grafiken bei einer schnellen Internetanbindung tatsächlich in kürzester Zeit auf dem Bildschirm. Jedoch verfügen noch längst nicht alle Surfer über einen Breitbandanschluss, und die mobile Nutzung des Internets über herkömmliche Anbindungen steigt rasant. Wenn diese Besucher zu lange auf Ihre Inhalte warten müssen, brechen sie den Aufruf ab und wenden sich dem nächsten Treffer in der Google-Liste zu.

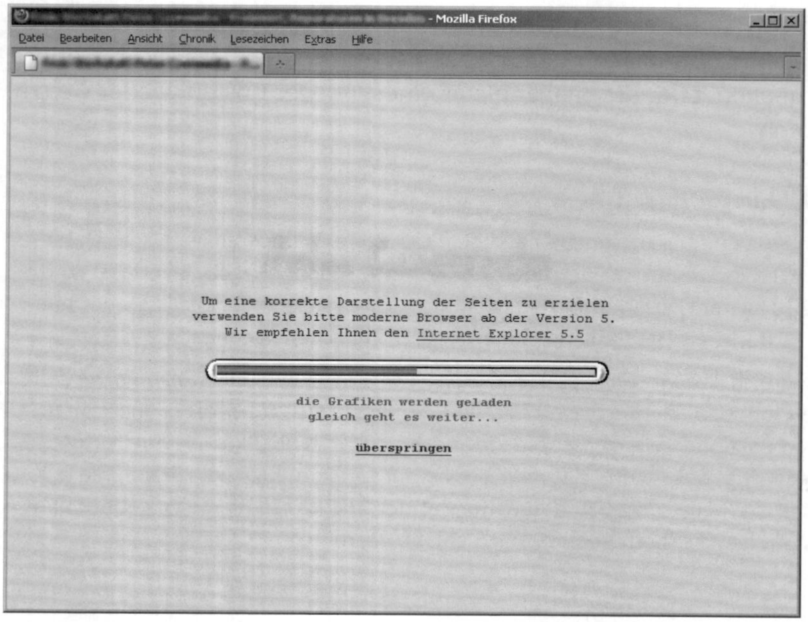

Zu lange Ladezeit: Viele Surfer klicken die Seite schon nach wenigen Sekunden weg und wenden sich dem nächsten Anbieter zu.

Achten Sie daher weiterhin auf die Gesamtgröße Ihrer Seiten und optimieren Sie die Ladezeiten von Bildern und Multimedia-Elementen, indem Sie beispielsweise die Möglichkeiten zur Komprimierung voll ausschöpfen.

Professioneller Gesamteindruck

Erscheint die Seite schließlich im Browserfenster, zählt zuerst einmal der Gesamteindruck. Die Besucher haben durch ihre Surferfahrung einen Blick für Professionalität.

Mit einem attraktiven Design, das insbesondere Wert auf hochwertige Bilder legt, werden Sie den Erwartungen der Surfer gerecht. Schaffen Sie eine angenehme Surf- und Einkaufsatmosphäre und unterstreichen Sie Ihre Marke durch die richtige Farbwahl und passende Grafikelemente. Jede Abweichung von den Erwartungen führt bei den möglichen Kunden hingegen zur Verunsicherung.

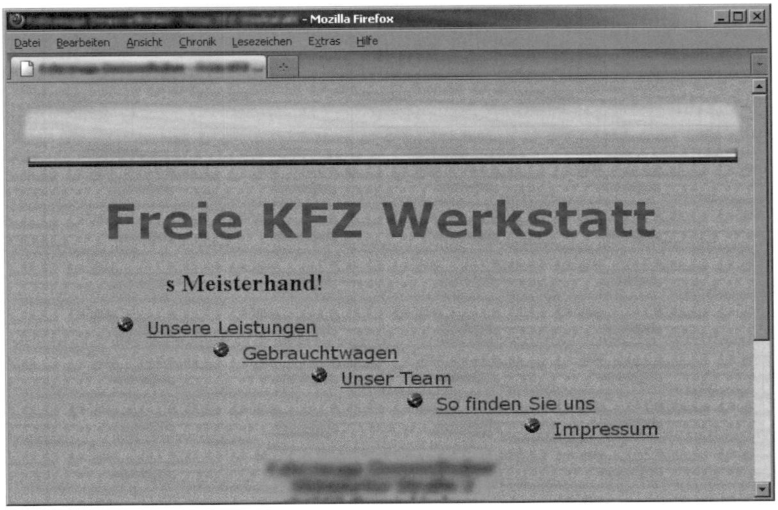

Webdesign aus der Internetsteinzeit: Werben Sie besser mit ansprechenden Bildern für Ihr Unternehmen und stellen Sie bereits auf der Startseite Ihre Stärken heraus.

Wer beispielsweise für seinen Städtetrip nach einem stilvollen und gehobenen Restaurant sucht, dürfte von einer lieblosen und altbackenen Präsentation erst einmal abgeschreckt werden. Die weiteren Beschreibungen und eventuell zusätzlich recherchierte Kundenbewertungen müssen schon sehr gut sein, um den negativen Ersteindruck wieder wettzumachen. Seien Sie sich stets darüber bewusst, dass die eigene Website die Visitenkarte Ihres Unternehmens ist und alles auf den Seiten Ihr Unternehmen kommuniziert.

Stimmige Präsentation: Wecken Sie die Neugier der Besucher mit einem ansprechenden Layout und hochwertigen Fotos.(Beispiel: www.rebstock-kehl.de)

Vertrauen gewinnen

Neue Besucher sind erst einmal zurückhaltend. Versuchen Sie, die Distanz zu verringern, indem Sie Ihre Firma über einen Link ausführlich vorstellen. Zeigen Sie Bilder von sich und Ihren Mitarbeitern, präsentieren Sie Fotos Ihrer Geschäftsräume und blenden Sie beim Shop beispielsweise Ihre Kontaktdaten wie Anschrift, Telefonnummer und E-Mail-Adressen auf jeder Seite ein. Je persönlicher Sie die Seiten gestalten, umso geringer ist die Angst der Surfer, über den virtuellen Ladentisch gezogen zu werden.

Die auf den nachfolgenden Seiten noch näher vorgestellten Gütesiegel wie S@fer-Shopping (*www.safer-shopping.de*) und Trusted Shops (*www.trustedshops.de*) unterstreichen die Seriosität Ihres Shops. Und auch technische Vorkehrungen helfen: Immer wenn es wie bei Bezahlvorgängen um die Übertragung sensibler Daten geht, sollten Sie für die Verbindung eine SSL-Verschlüsselung wählen. Bieten Sie bei JavaScript-Lösungen möglichst auch eine einfachere No-Script-Variante, und wenn Sie auf Cookies nicht verzichten können, erklären Sie den Nutzern zumindest ausführlich, warum Sie sie verwenden und was Sie speichern.

Wichtiges herausstellen

Ähnlich wie bei der Tageszeitung scannen Surfer eine Seite zuerst einmal nach den für sie wichtigen Inhalten ab. Lenken Sie die Blicke daher durch prägnante Überschriften, aussagekräftige Icons und markante Bildelemente auf die wichtigsten Informationen. Beschränken Sie dabei jedoch die Zahl der Eyecatcher und überladen Sie den Rest der Seite nicht mit zu vielen weiteren Informationen. Lassen Sie insbesondere sämtliche Inhalte weg, die Ihren Geschäftserfolg nicht unmittelbar fördern. Hilfreich sind sogenannte Teaser, die als Blickfang die Surfer mithilfe eines kurzen, knackigen Texts kombiniert mit einem Bild zum jeweiligen Thema führen.

Teaser-Layout (Beispiel: www.chefkoch.de): Laden Sie die Surfer mit einer Kombination aus ansprechendem Bild und kurzem Anreißertext zum Weiterlesen auf der Unterseite ein.

Verwenden Sie im Text möglichst alle wichtigen Schlüsselbegriffe. Surfer haben es eilig. Sämtliche Texte sollten daher nicht zu lang sein. Eine Liste mit Stichpunkten ist häufig besser als ausformulierte Sätze. Und jeder Satz sollte stets nur einen Gedanken wiedergeben. Wenn doch einmal umfangreichere Ausführungen gemacht werden müssen, stellen Sie diese Texte als Download zur Verfügung oder optimieren die entsprechenden Seiten für die Druckausgabe.

Klare Navigation

Damit sich die Besucher auf Ihren Seiten zurechtfinden, sollten Links stets als solche erkennbar sein. Machen Sie aus der Navigation kein Ratespiel, bei dem man zum Beispiel erst durch Mausüberfahren feststellen kann, wo es weitergeht. Am besten benutzen Sie die Farbe Blau für nicht besuchte und Violett für besuchte Verweise. Diese Farben kennen die Surfer als Standard des Browsers. Vor allem Anfänger finden sich so besser zurecht. Untersuchungen zeigen außerdem, dass Links, die im oberen Bereich einer Seite stehen, überproportional häufig angeklickt werden.

Chance vertan: Bei einem starren Seitenlayout sehen Nutzer mit geringeren Bildschirmauflösungen erst einmal nur einen Teil der Seite.

Lesefreundliche Texte

Je leichter die Texte Ihrer Seiten zu lesen sind, umso wohler fühlen sich die Besucher. Manchmal erreichen Sie schon mit geringen Änderungen sehr viel. Vergrößern Sie beispielsweise den Abstand zwischen den Buchstaben um wenige Pixel. Die sogenannte Laufweite legen Sie mit dem CSS-Format *letter-spacing* fest. Beschränken Sie die Breite der Textspalten zudem auf maximal rund 60 Zeichen. Wichtig ist ein guter Kontrast zwischen den Farben des Texts und des Hintergrunds. Schwarz oder Dunkelblau auf Weiß ist ideal. Hintergrundbilder, farbige Muster oder Wasserzeichen hinter dem Text sind jedoch tabu.

Auf das Wesentliche reduzieren

Viele Webmaster möchten sichergehen und binden wichtige Inhalte gleich mehrfach auf einer Seite ein. Sie bieten beispielsweise ein und denselben Link sowohl im Menü als auch als Banner an. Mit jedem zusätzlichen Element wird die Startseite jedoch voller und unübersichtlicher. Sortieren Sie jeden unnötigen Ballast daher konsequent aus. Auf einer so reduzierten Seite genügt ein einziger, dafür aber deutlich platzierter Link, um die Besucher zur gewünschten Information zu leiten. Seien Sie aber auch sparsam mit Gestaltungselementen. Verzichten Sie auf Grafiken, Linien und Farbflächen, die lediglich der Dekoration dienen und nicht zur Strukturierung der Seiten, zur Vermittlung von Inhalten oder zum Transport des Firmen-Images beitragen.

Spaltenzahl begrenzen

Ein weiterer Schritt zur Vereinfachung: Beschränken Sie sich auf maximal drei Spalten im Hauptbereich der Seite. Eine Aufteilung mit dem Hauptmenü links, dem Fließtext in der Mitte und einem Boxbereich für weiterführende Hinweise, ergänzende Links oder Werbung rechts hat sich bewährt. Viele Webmaster wissen nicht, wohin mit den Inhalten, und nutzen mittlerweile vier, fünf oder mehr Kolonnen. So lässt sich zwar alles unterbringen, die Besucher sind mit der Menge an gleichzeitigen Informationen jedoch überfordert. Nutzen Sie mehr als drei Spalten allenfalls in einem als „Wühltisch“ erkennbaren Zusatzbereich am unteren Rand der Seite.

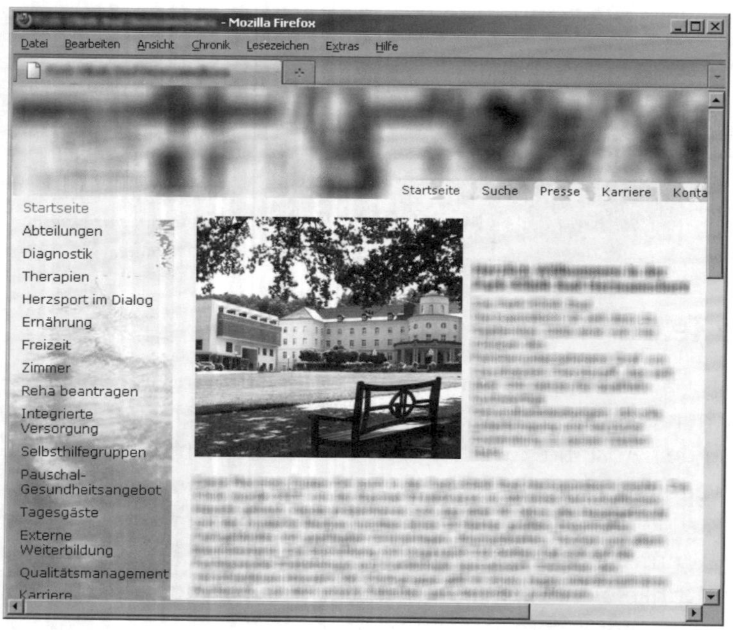

Möglichkeiten zur Optimierung: Dieser Seite würden mehr Platz für die Absenderkennung, keine Hinterlegung der Menüs mit Bildern sowie ein kürzerer Einstiegstext gut tun.

Wichtiger Kopfbereich

Lassen Sie im Kopfbereich den Anbieter des Webangebots deutlich anhand eines Schriftzugs, eines Logos oder eines Banners erkennen. Unterstreichen Sie die herausgehobene Stellung zusätzlich beispielsweise durch eine markante Hintergrundfarbe. Fügen Sie dem Kopfbereich lediglich noch eine auf die wichtigsten Funktionen reduzierte Hauptnavigation hinzu. Hier sollte der Link *Kontakt* direkt ins Auge fallen. Verzichten Sie hingegen auf Banner, Infoboxen oder Werbung neben dem Logo. Diese Elemente würden die starke Betonung von Absender und Navigation lediglich wieder abschwächen. Halten Sie sich auch mit Experimenten bei der Positionierung der Absenderkennung zurück. Links oben und in Ausnahmefällen auch mittig ausgerichtet sind die optimalen Plätze für ein Logo. Dies entspricht der üblichen Leserichtung.

Seitenbereiche klar trennen

Trennen Sie die weiteren Seitenbereiche für Menüs, Fließtext oder Bildergalerien ebenfalls klar voneinander ab. Sie erleichtern den Besuchern damit die Orientierung. Optisch gelingt die Abgrenzung mit unterschiedlichen Hintergrundfarben, durch das Einfügen von Weißraum oder durch feine Linien. Achten Sie auf eine ausgewogene, aber dennoch kontrastreiche Gestaltung der Bereiche. Eine knallrote Farbfläche würde beispielsweise einen angrenzenden zartgelben Bereich zu sehr dominieren. Weiße Zwischenräume verleihen hingegen einer ansonsten hell gehaltenen Seite noch mehr Leichtigkeit.

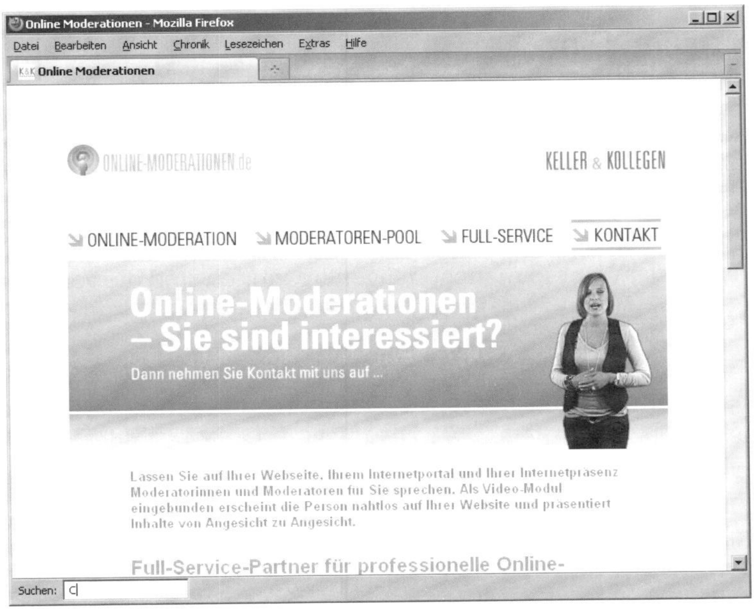

Weniger ist manchmal mehr: Viel Weißraum und ein auf die wesentlichen Einträge reduziertes Menü laden zum Klicken ein. (Beispiel: www.online-moderationen.de)

Übrigens lesen die meisten Surfer Webseiten nicht komplett von Anfang bis Ende. Sie scannen das Browserfenster vielmehr nach interessanten Wörtern, Icons und Bildern ab. Daher gilt die Grundregel: Fügen Sie das Wichtigste immer so weit wie möglich oben auf der Startseite ein. Weiter nach unten nimmt die Aufmerksamkeit deutlich ab. Im Idealfall sollte Ihre Homepage ohnehin nicht weit über eine Bildschirmseite hinausgehen.

Menü in Leserichtung

Legen Sie großen Wert auf eine durchdachte Navigation, damit sich die Besucher gut zurechtfinden. Orientieren Sie sich bei den Einträgen an der Sichtweise der Besucher. So ist es häufig sinnvoller, die Kategorien nach Themen zu organisieren statt beispielsweise nach der Organisation des eigenen Unternehmens. Berücksichtigen Sie zudem nicht nur die vorhandenen Inhalte. Sie sollten auch noch den einen oder anderen Menüpunkt nachträglich einfügen können, ohne dass das Layout oder die Struktur komplett neu überdacht werden muss.

Bei der Position des Hauptmenüs sind Sie grundsätzlich frei. Bei den meisten Websites befindet es sich am linken Seitenrand oder horizontal unterhalb des Logobereichs. So fällt der Blick zuerst auf das wichtigste Navigationselement. Machen Sie bei der Gestaltung der Navigation keine Experimente. Weniger ist hier mehr. Verwenden Sie groß und fett gestaltete, gut sichtbare Textmenüs. Verschachtelte JavaScript-Menüs oder rein grafische Kreationen mit möglicherweise sogar missverständlichen Metaphern sollten Sie vermeiden.

Piktogramme sparen Platz

Ein Bild sagt mehr als tausend Worte. Mit dem Einsatz von Symbolen und Piktogrammen als Navigationselementen lässt sich Platz auf der Startseite sparen. Ein Icon mit Fragezeichen erfüllt beispielsweise den gleichen Zweck wie das Wort „Hilfe", ist jedoch etwas kürzer. Durch die Anzeige eines Druckersymbols am Kopf Ihrer Seiten wissen die Besucher, dass sich damit der Inhalt des Browserfensters ausdrucken lässt. Aber Vorsicht: Bei so manchen Eigenkreationen sind die verwendeten Symbole nicht immer eindeutig. Achten Sie daher darauf, dass die Besucher mit der verwendeten Bildsprache etwas anfangen können.

Möchten Sie beispielsweise auf den Seiten eines Reisebüros mit einer Sonne auf besonders preiswerte Angebote aufmerksam machen, könnte dies von den Besuchern auch als Link zum Wetter am Urlaubsort verstanden werden. Eine Empfehlung: Lassen Sie Ihre Seiten von mehreren Personen testen, bevor Sie sie ins Web hochladen. Fragen Sie danach, welche Informationen die Testkandidaten hinter den jeweiligen Icons erwarten würden. So entdecken Sie eventuelle Schwachstellen bei der Navigation bereits im Vorfeld.

Hilfe bei der Farbwahl

Schwieriger, als es auf den ersten Blick erscheint, ist die Wahl der richtigen Farben für die eigenen Seiten. Gibt Ihr Firmendesign eine Grundfarbe vor, haben Sie zumindest einen Ausgangspunkt. Kniffliger wird es, wenn Sie ohne Vorgaben loslegen müssen. Welche Farben passen zusammen? Gestalten Sie Ihre Seiten besser Ton in Ton, oder möchten Sie eine besonders ausgefallene Farbkombination wagen? Hilfe bei dieser Entscheidung erhalten Sie gleich von mehreren Onlineservices. Geben Sie beispielsweise unter *www.easyrgb.com/harmonies.php* eine Grundfarbe ein, schlägt Ihnen der Dienst eine ganze Palette weiterer Farben zur Ergänzung vor. Einen der wohl besten Services dieser Art bietet der kostenlose Color Scheme Designer (*http://colorschemedesigner.com*).

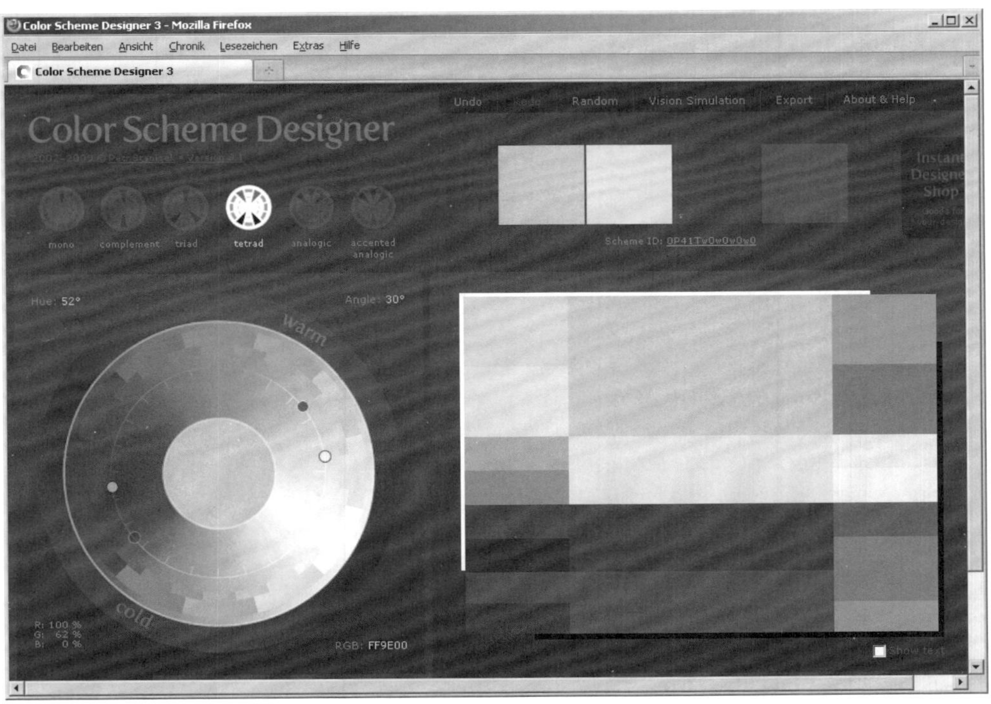

Erstellen Sie mit dem Color Scheme Designer eine Farbpalette für Ihre Website.

Wählen Sie zusätzliche Abstufungen des gleichen Farbtons oder lassen Sie die Komplementärfarben anzeigen, die sich im Farbkreis gegenüberliegen. Sind Ihnen die angebotenen Kombinationen zu bunt, variieren Sie die Helligkeit und die Sättigung.

Aktualität ist das A und O

Surfer erwarten, dass die Informationen auf Ihren Seiten stets auf einem aktuellen Stand sind. Alte, angestaubte und eventuell sogar fehlerhafte Texte schrecken ab. Sorgen Sie daher ständig für frische Inhalte. Verwenden Sie ein **C**ontent-**M**anagement-**S**ystem (CMS), nutzen Sie, falls vorhanden, die Erinnerungsfunktion für die Seitenpflege. In den meisten Systemen lässt sich zu jedem Text ein Termin angeben, zu dem Sie auf die Notwendigkeit der Überprüfung hingewiesen werden. Testen Sie außerdem regelmäßig, ob sämtliche internen und externen Links noch funktionieren. Für regelmäßige Nachrichten bietet sich die RSS-Technik an. Der Vorteil: Sie können die News an mehreren Stellen im Angebot einbinden, ohne die jeweiligen Seiten bei Änderungen einzeln anfassen zu müssen.

Stellen Sie sich den Kontakt der Besucher mit Ihren Seiten wie ein Gespräch vor. Auf alle Fragen der Surfer sollten Ihre Seiten eine zufriedenstellende Antwort geben. Dazu gehört das Feedback bei jeder Benutzereingabe genauso wie aussagekräftige Hinweise bei möglichen Fehlbedienungen. Fühlen sich die Nutzer wohl, bleiben sie bestimmt gern länger.

Erwartungen erfüllen

Der erste Eindruck zählt, das weiß auch Karen Lindemann. Die Psychologin, gelernte Werbekauffrau und Texterin ist Geschäftsführerin von NetFlow-Usability Consulting (*www.netflow-lindemann.de*), einem Spezialdienstleister für die Analyse und Optimierung von Websites und Software:

„Noch bevor Surfer den ersten Satz lesen oder zum ersten Klick ansetzen, haben sie sich bereits ein festes Urteil über Ihre Website gebildet. Untersuchungen belegen, dass bereits 50 Millisekunden genügen, um Vertrauen zu begründen oder Misstrauen zu wecken. Die eigenen Seiten sind Ihr Aushängeschild. Geben Sie sich daher besondere Mühe, die Erwartungen der Besucher mit einer runden Gesamtpräsentation zu erfüllen. Ein Fünf-Sterne-Hotel sollte auch online Luxus widerspiegeln, und bei den Seiten einer Rechtsanwaltskanzlei ist Seriosität oberstes Gebot. Schaffen Sie neben einer optimalen Nutzerführung und hochwertigen Inhalten vor allem eine emotionale Basis zu den Besuchern – durch Farbwahl, professionelle Bilder und eine zielgruppengerechte Gesamtpräsentation Ihrer Marke."

2.4 Kostenlose Layoutvorlagen nutzen

Ein individuelles Layout ist mit Sicherheit die beste Lösung für den eigenen Webauftritt. Der Aufwand ist jedoch groß, das Angebot maßgeschneidert und professionell zu gestalten. Erstellen Sie die Seiten selbst, müssen Sie dafür genügend Zeit einkalkulieren. Zudem sollten Sie ein Händchen für die Gestaltung haben und sich gut mit der Technik auskennen. Diese Voraussetzung bringt nicht jeder mit. Eine andere Möglichkeit: Sie beauftragen einen Webdesigner oder eine Agentur mit der Entwicklung der Website. Dafür müssen Sie wiederum so manchen Euro locker machen.

Können oder wollen Sie weder die Zeit noch das Geld investieren, setzen Sie auf ein professionelles Layout von der Stange: Im Web gibt es zahlreiche Anbieter von fertigen Templates. Die Palette reicht von einfachen kostenlosen Seitenvorlagen bis zum individuellen Profipaket, das Sie für sich allein reservieren können.

Spreu und Weizen

Geben Sie Stichwörter wie „Templates“ oder „Vorlagen“ in Suchmaschinen ein, scheint die Trefferliste endlos zu sein. Unter den Links finden Sie zahllose Verweise auf diverse Template-Anbieter. Ein unerschöpfliches Angebot? Der Eindruck täuscht ein wenig: Bei vielen dieser Websites handelt es sich um kommerzielle Partnerseiten der großen, meist amerikanischen Vorlagenhersteller. Zudem finden Sie auch in den Verzeichnissen mit kostenlosen Vorlagen immer wieder die gleichen Kandidaten. Die Qualität der einzelnen Angebote ist dabei sehr unterschiedlich. Selbst innerhalb des Verzeichnisses eines Anbieters müssen Sie häufig etwas blättern, um die Spreu vom Weizen zu trennen.

Bei der Qualität der Vorlagen spielen mehrere Faktoren ein Rolle: Wichtig ist die grafische Gestaltung. Bestimmt haben Sie einen Blick für die Professionalität des Designs. Schließlich ist selbst das Auge von Laien durch ausgiebige Surferfahrung gut geschult. Letztendlich spielt bei der Bewertung des Layouts aber auch der eigene Geschmack eine wichtige Rolle. Leichter beurteilen lässt sich die technische Umsetzung: Erhalten Sie lediglich HTML-Dateien mit eingebundenen Webgrafiken, haben Sie wenig Spielraum, das Layout nach eigenen Wünschen anzupassen. Sie können zwar einzelne Texte austauschen und die Platzhalter füllen, stoßen jedoch an Grenzen, wenn Sie beispielsweise Effekte, Farben und Schaltflächengrößen ändern möchten. Dies ist nur dann problemlos möglich, wenn Sie im Paket auch die Quellgrafiken erhalten, mit denen die Seitengestaltung entwickelt wurde. Ein gängiges Quellformat ist beispielsweise das PSD-Format von Adobe Photoshop.

Damit lässt sich die Seitenvorlage flexibel in einem Grafikprogramm überarbeiten, das das Adobe-Format mit allen Ebenen und Vektorobjekten öffnen kann.

Manche Anbieter stellen das Layout im PSD-Format zur Verfügung. Passen Sie das Design damit flexibel an.

Besonders komfortabel: Einige Anbieter liefern mit dem Template gleich ein kleines Site-Projekt aus, in dem beispielsweise die Unterseiten der Hauptnavigation schon angelegt sind. Für manche Webmaster stellen aber auch spezielle Flash-Sites oder Flash-Bausteine auf der Homepage einen wichtigen Mehrwert dar.

Verwendet eine Vorlage für Überschriften oder andere markante Texte spezielle Schriftarten, ist es wichtig, dass diese Schriften auf Ihrem Rechner installiert sind. Bei vielen Vorlagenpaketen werden die passenden Schriftdateien direkt mitgeliefert. Kopieren Sie diese in den Schriftordner des Systems. Öffnen Sie den Ordner dazu über *Start/Systemsteuerung/Schriftarten*. Ziehen Sie die mitgelieferten TTF-Dateien hinein, und schon stehen die Schriften auf Ihrem PC zur Verfügung.

Layout anpassen

Grundsätzlich stehen die Templates allen Internetnutzern offen. Aber keine Sorge, die Wahrscheinlichkeit, dass Sie im Web auf gleich gestaltete Seiten stoßen, ist nicht allzu groß. Schließlich gibt es Millionen von Homepages. Zudem lassen sich die meisten Vorlagen flexibel bearbeiten und mit eigenen Bildern und Farben ergänzen. Möchten Sie ganz sichergehen, wählen Sie nicht das auf der Startseite des Anbieters angepriesene „Template des Tages“, sondern suchen etwas tiefer im Fundus nach dem passenden Design.

Auf den HTML-Seiten der Templates sind die Menüeinträge und die Texte von Schaltflächen zunächst vorgegeben. Nicht immer können diese Angaben jedoch unverändert übernommen werden. Möchten Sie beispielsweise die Beschriftung der Grafikbuttons anpassen, ändern Sie dies je nach Vorlage entweder im Quellcode oder über die möglicherweise mitgelieferte Photoshop-Grafik. In diesem Fall müssen

Sie die Grafik anschließend wieder in eine HTML-Seite umwandeln. Mit dem Slice-Werkzeug teilen Sie die Grafik dazu in Bereiche auf, die als Bild erhalten bleiben sollen, und in Bereiche, an denen später HTML-Text eingefügt wird. Haben Sie damit keine Übung, beauftragen Sie einen Experten. Das kostet zwar ein paar Euro, die Kosten für die grundlegende Entwicklungsarbeit haben Sie aber dennoch gespart.

Kostenlose Angebote

Bei den folgenden Anbietern finden Sie kostenlose Vorlagen für unterschiedliche Branchen (Stand: Oktober 2009):

Webadresse	Sprache	Preis	Ungefähre Anzahl der Gratis-Templates
www.templato.de	Deutsch	kostenlos, sonst überwiegend 1 Euro	340
http://web-design-vorlage.de	Deutsch	kostenlos, sonst ca. 30 Euro	45
http://ex-designz.net	Englisch	kostenlos	500
www.free-css.com	Englisch	kostenlos	1.200
http://freecsstemplates.org	Englisch	kostenlos	430
http://oswd.org	Englisch	kostenlos	2.080
http://opensourcetemplates.org	Englisch	kostenlos	10
http://templatenavigator.com	Englisch	kostenlos, sonst alle Preisklassen	Template-Suche

Über die Vorschaubilder bei www.free-css.com lässt sich schnell beurteilen, ob die jeweilige Vorlage ansprechend und für Ihre Zwecke geeignet ist.

Kommerzielle Angebote

Finden Sie bei den Gratisanbietern kein passendes Template, bieten sich kostenpflichtige Alternativen an. Bereits für wenig Geld erhalten Sie dort eine umfangreiche Auswahl professioneller Designs. Anbieter mit einer umfangreichen Auswahl sind unter anderem

- *www.hp-vorlagen.de* (Deutsch, zwischen 30 und 60 Euro)
- *www.templatemonster.com* (Englisch, ab rund 60 Dollar)
- *www.templateserver.de* (Deutsch, 30 Euro)
- *www.hottemplates.de* (Deutsch, zwischen 15 und 40 Euro)

Die Preisangaben beziehen sich jeweils auf den Stand Oktober 2009.

Je nach Anforderungen lohnt es sich, für eine professionelle Designlösung einige Euro in die Hand zu nehmen (Beispiel: www.hp-vorlagen.de).

2.5 Gratisbilder für die Website finden

Rein grafische Webseiten wirken fast immer leblos. Mit Linien, Farbflächen und Icons lassen sich die Inhalte zwar gut strukturieren, Emotionalität vermitteln Seiten jedoch erst mit hochwertigen Fotos. Nicht jeder hat jedoch das Talent und die technische Ausstattung, Bilder in professioneller Qualität selbst aufzunehmen. Und auch wenn Sie sich hier zu helfen wüssten, kann man nicht jedes Motiv aus dem Ärmel schütteln. Wer fliegt schon für eine Aufnahme der New Yorker Skyline über den großen Teich? Und wer möchte vorher stundenlang in der Küche werkeln, um letztendlich das Bild eines verlockenden Sushi-Tellers auf den Speicherchip zu bannen? Es ist praktischer, in diesen Fällen auf fertiges Fotomaterial zurückzugreifen.

Kommerzielle Bildangebote sprengen jedoch gerade bei kleineren Projekten schnell den zur Verfügung stehenden Rahmen. Ein einzelnes Bild kann je nach Auflagenhöhe und Veröffentlichungsdauer einen mehrstelligen Euro-Betrag kosten.

Wenn Sie solch hohe Beträge nicht aufbringen können oder möchten, müssen Sie dennoch nicht auf die bunten Blickfänge verzichten. Schließlich gibt es zahlreiche Hobby- und Profifotografen, die ihre Aufnahmen in einschlägigen Bilderdatenbanken kostenlos anbieten. Die Auswahl ist so groß, dass Sie nahezu jedes Motiv dort finden. Wir haben einige besonders ergiebige Bilderquellen für Sie zusammengestellt. Die Auswahl konzentriert sich dabei bewusst auf deutschsprachige Anbieter, da in internationalen Sammlungen häufig nur typisch amerikanische Fotografien angeboten werden.

Ausgewählte Anbieter

pixelio.de (*www.pixelio.de*) bietet mit mehr als 340.000 Bildern (Stand: Oktober 2009) einen nahezu unerschöpflichen Pool an professionellen Fotos, verteilt auf rund 150 Kategorien wie beispielsweise „Architektur", „Essen & Trinken" sowie „Landschaft & Natur". Sie müssen sich registrieren, um Dateien hoch- und herunterladen zu dürfen. Die leistungsfähige Suchfunktion lässt sich hingegen anonym nutzen. Eine Qualitätssicherung ist eingebaut: So schalten Administratoren der Website Bilder erst nach Begutachtung von Motiv und Aufnahmequalität frei. Rund um die Website hat sich eine rege Community entwickelt, die die Fotos gegenseitig bewertet und ausgiebig im eigenen Forum diskutiert.

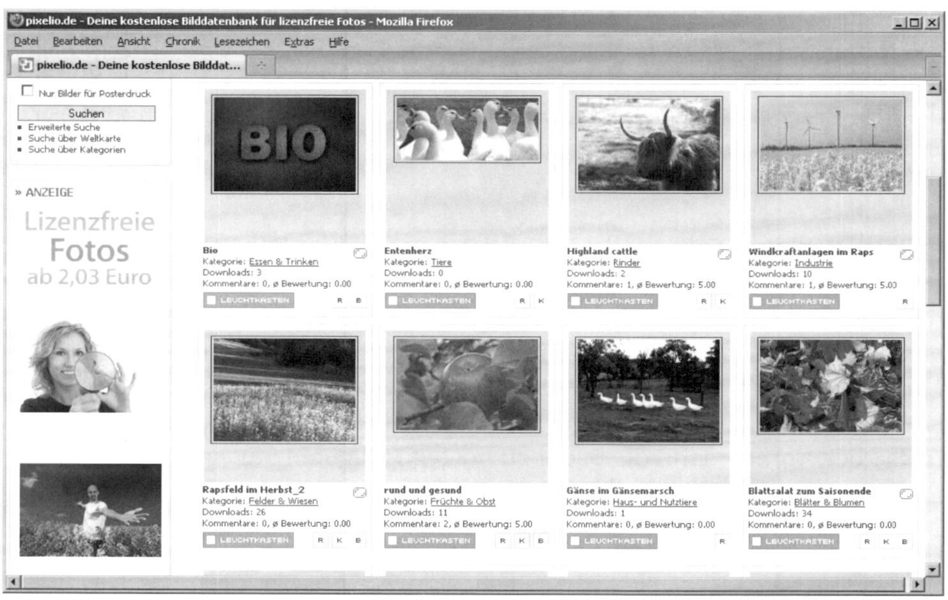

Suchen auch bei pixelio.de auch ohne vorherige Registrierung nach passenden Motiven.

Photocase (*www.photocase.de*) stellt bei der Auswahl der Bilder (Stand Oktober 2009: ca. 160.000) hohe Ansprüche an Motive und die künstlerische Umsetzung. Bei der Freigabeprozedur werden Nullachtfünfzehn-Fotos nach Bekunden des Anbieters von den Bildredakteuren rigoros aussortiert. Wer Bilder der Onlinedatenbank nutzen möchte, muss sich kostenlos als Mitglied registrieren. Die Währung des Portals sind sogenannte Credits. Diese können Sie entweder durch Hochladen eigener Fotos oder gegen Bezahlung erwerben. Die Einnahmen verteilt Photocase nach einem festgelegten Schlüssel an die Fotografen. Kommentarbereiche und Foren stärken die Community rund um das Webangebot.

Weitere Anbieter sind:

Webadresse	Ungefähre Anzahl kostenloser Bilder (Stand: Oktober 2009)
www.visipix.com	77.000
www.aboutpixel.de	40.000
www.piqs.de	36.000
www.9x13.de	5.500
www.picspack.de	4.400
www.online-images.de	4.000

Kleingedrucktes lesen

Die meisten Sammlungen erlauben den kostenlosen Einsatz der Bilder sowohl für private als auch für kommerzielle Zwecke. Gehen Sie auf Nummer sicher und lesen Sie die jeweiligen Nutzungsbedingungen sorgfältig durch. Manche Datenbankbetreiber verlangen als Gegenleistung für die Fotos einen Link oder einen Hinweis auf ihr Webangebot. Andere stellen die Bilder lediglich in einer niedrigen Webauflösung kostenlos zur Verfügung. Für hochauflösende Versionen müssen Sie dann bezahlen.

Nicht kostenlos, aber äußerst günstig ist das Angebot von Fotolia (*http://de.fotolia.com/*). Die internationale Bildersammlung bietet mehr als sieben Millionen Aufnahmen in überwiegend professioneller Qualität zu Preisen ab 1 Euro. Diese Lizenz ermöglicht den Einsatz der Bilder in sämtlichen Medien, ohne zeitliche Begrenzung und unabhängig von der Höhe der Auflage. Möchten Sie den Dienst in der Aufbauphase intensiver nutzen, lohnt sich vielleicht auch ein zeitlich begrenztes Abonnement. Sie bekommen dann die Bilder zu noch günstigeren Stückpreisen.

Das Angebot von Fotolia ist zwar nicht kostenlos, aber sehr günstig.

Wikimedia Commons

Zu einer umfassenden Bilderquelle für freie Fotos hat sich *http://commons.wikimedia.org* entwickelt. Beim Wikipedia-Schwesterprojekt finden Sie mittlerweile fast dreieinhalb Millionen häufig auch professionellen Ansprüchen genügende Multimedia-Dateien. Darunter sind sowohl Bilder als auch Videos, Musikstücke und Animationen. Bei den Fotos reicht die Palette von weltweit bekannten Sehenswürdigkeiten bis zu normalen Alltagsgegenständen. In ein Suchfeld am linken Fensterrand können Sie ein Stichwort eingeben.

Tipp für die Suche

Verwenden Sie neben der deutschen in einem zweiten Suchdurchlauf stets auch die englische Bezeichnung. Die meisten der angebotenen Medienobjekte sind mit englischsprachigen Schlagwörtern abgelegt.

Die eingestellten Bilddateien lassen sich auf Basis unterschiedlicher Lizenzmodelle kostenlos nutzen. Einen entsprechenden Hinweis finden Sie auf der jeweiligen Download-Seite. Als Public Domain deklarierte Grafiken bieten den weitesten Spielraum für die Nutzer. Lediglich der Urheber sollte zur Vermeidung des Plagiatverdachts stets erkennbar sein. Ansonsten dürfen solche Bilder nahezu für jeden Zweck genutzt werden. Beim speziellen PD-self verzichten die Urheber sogar auf die eigene Namensnennung. Weitere abgestufte Lizenzmodelle bieten die Creative Commons Licenses. Gängig sind die Lizenzen GFDL, CC-BY und CC-BY-SA. Bei GFDL dürfen die Bilder verwendet und unter den gleichen Bedingungen geändert werden. Es sind jedoch stets der Urheber und alle weiteren Bearbeiter zu nennen, und der vollständige Lizenztext ist beispielsweise als Link beizufügen. Die CC-BY-Lizenz ermöglicht die Verwendung und die Änderung, wenn der Urheber genannt wird. CC-BY-SA fordert zusätzlich, dass der Lizenztyp stets beibehalten werden muss.

Eine Recherchemöglichkeit für freie Bilder gibt es auch auf der mächtigen Fotoplattform Flickr. Über den Link *www.flickr.com/creativecommons/* gelangen Sie zum Suchfeld. Der jeweilige Anbieter entscheidet selbst, nach welcher Creative Commons-Lizenz die Weiterverarbeitung eines Bilds möglich sein soll.

Rechte beachten!

Bevor Sie Fotos herunterladen und öffentlich präsentieren, sollten Sie prüfen, ob Sie damit nicht die Rechte eines Dritten verletzen. In erster Linie müssen Sie Rücksicht auf das Urheberrecht des Fotografen nehmen. Eine Rolle spielen aber auch die Interessen der abgebildeten Personen. Seien Sie bei Bildern, die Personen in Großaufnahme darstellen, vorsichtig. Grundsätzlich gilt das Recht am eigenen Bild. Danach kann jeder selbst darüber bestimmen, ob und in welchem Zusammenhang Fotos von ihm veröffentlicht werden. Werden einzelne Personen auf Ihren Fotos groß und deutlich erkennbar dargestellt, benötigen Sie vor der Veröffentlichung deren Einwilligung. Eine Ausnahme bilden lediglich Abbildungen von Prominenten und sogenannten relativen Personen der Zeitgeschichte. Das sind Menschen, die durch ein besonderes Ereignis kurzzeitig im Licht der Öffentlichkeit stehen. Diese Personen müssen es dulden, wenn sie im Zusammenhang mit dem Ereignis, ihrer Aufgabe oder einer besonderen Funktion abgebildet werden.

Übrigens macht der Schutz nicht nur vor Menschen halt. Auch bei Gebäuden gibt es entsprechende Regeln. Denkmäler und Gebäude, die Sie von öffentlichem Raum aus aufnehmen, sind noch unproblematisch. Dies ist von der in Deutschland geltenden Panoramafreiheit erfasst. Die Grenze der Freiheit ist jedoch bereits bei öffentlich einsehbaren, aber nur vorübergehend installierten Objekten erreicht. Und möchten Sie Fotos von privaten Räumen oder beispielsweise von Exponaten einer Kunstausstellung präsentieren, benötigen Sie stets eine Erlaubnis. Auch Firmenlogos und Produktverpackungen dürfen nicht ohne Weiteres als Hauptmotiv gezeigt werden. Besorgen Sie sich die Zustimmung von Eigentümern oder Herstellern. Fragen Sie lieber einmal zu viel als einmal zu wenig.

2.6 Usability optimieren – Tests für den kleinen Geldbeutel

Missverständliche Texte, komplizierte Navigation und fehlende Rückmeldungen – sicher haben Sie auch schon Erfahrung mit wenig nutzerfreundlichen Webseiten gemacht. Anbieter begehen bei ihrer Unternehmens-Homepage immer wieder den gleichen Fehler: Sie machen sich intensiv Gedanken darüber, welche Bedürfnisse und Wünsche ihre Kunden haben, ohne diese jedoch tatsächlich zu hinterfragen. Dabei ist im Entwicklungsprozess die Außensicht dringend notwendig, da Entwickler und Auftraggeber die eigene Website nicht unvoreingenommen bewerten können.

Ist das eigene Angebot einfach zu bedienen? Wissen die Nutzer stets, wo sie sich befinden? Sprechen Sie die Sprache der Kunden? Diese und zahlreiche weitere Fragen stellen sich bei der Optimierung. Sorgen Sie dafür, dass sich die Besucher auf Ihren Seiten gut zurechtfinden und wohlfühlen.

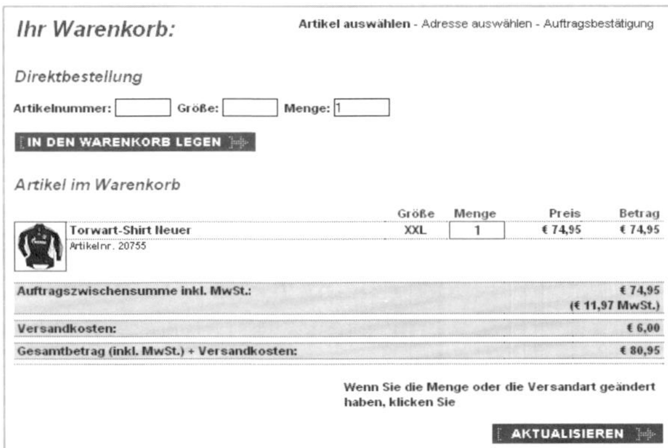

Vor allen in Shops gibt es immer wieder zahlreiche Verbesserungsmöglichkeiten. So sollten sich kurz vor Abschluss der Bestellung neben der Stückzahl auch weiterhin Produkteigenschaften wie die Größe ändern lassen.

Zwar haben sich zahlreiche Dienstleister als Usability-Berater etabliert, jedoch reicht das Budget für eine externe Unterstützung bei vielen vor allem kleineren Unternehmen nicht aus. Mit den folgenden Methoden lässt sich die Benutzerfreundlichkeit aber auch komplett oder in Teilen selbst prüfen. Dabei gilt: Je früher Sie im Entwicklungsprozess damit beginnen, umso weniger Aufwand müssen Sie insgesamt betreiben.

Die größten Usability-Sünden

Usability ist keine feststehende Größe. Sie steht immer im Kontext der konkreten Erfahrungen und Ziele von Anbietern und Nutzern. Viele Details sind daher im Einzelfall zu bewerten und zu entscheiden. Was bei der einen Website funktioniert, kann bei einer anderen grundlegend falsch sein. Die folgenden grundsätzlichen Fehler sollten Sie auf Ihren Seiten jedoch vermeiden:

- veraltete und lustlos zusammengewürfelte Inhalte
- inkonsistentes Design

- eine ständig wechselnde Benutzerführung
- die ausschließliche Orientierung an der Anbietersicht
- Funktionalität als Selbstzweck

Auswahl der Testkandidaten

Vergeben Sie Usability-Tests als Auftrag an eine Agentur, müssen Sie sich um die Rekrutierung von Testnutzern keine Gedanken machen. Der Dienstleister übernimmt diese Aufgabe für Sie. Erstellen Sie die Seiten jedoch in Eigenregie oder führen Sie trotz externer Unterstützung einen Teil der Tests selbst durch, müssen Sie sich um die Auswahl der Kandidaten kümmern. Bitten Sie bei einem gänzlich neu erstellten Webauftritt Verwandte, Freunde oder Bekannte um Hilfe. Dabei ist es von Vorteil, wenn die Teilnehmer nicht zu tief über die konkreten Aufgaben und Abläufe Ihres Unternehmens informiert sind. Ein zu großes Vorwissen führt leicht zur „Betriebsblindheit".

Eine weitere Möglichkeit zur Auswahl von Probanden bietet sich, wenn Sie im Web lediglich einen zusätzlichen Vertriebskanal eröffnen möchten. Sprechen Sie in diesem Fall geeignete Personen aus Ihrem bisherigen Kundenstamm an. Noch einfacher wird es, wenn Ihre Website bereits besteht und Sie den Auftritt überarbeiten möchten. Bestimmt ist der eine oder andere Besucher bereit, Ihnen Frage und Antwort zu stehen. Je größer die Zahl der Teilnehmer ist, umso aussagekräftiger wird das Ergebnis der Tests ausfallen. Je nach Entwicklungsstand und zur Verfügung stehender Zeit bieten sich die folgenden Methoden für den Website-Check an. Kombinieren Sie die Techniken wenn möglich miteinander.

Card-Sorting

In der Konzeptionsphase oder spätestens zu Beginn der Entwicklungsphase verspricht das Card-Sorting-Verfahren gute Erfolge. Mit dieser Technik entwickeln Sie benutzerfreundliche Navigations- oder Menüstrukturen. Schreiben Sie sämtliche Produkte und Themen, die Sie vorstellen möchten, jeweils einzeln auf Karten. Wählen Sie eine mindestens zweistellige Zahl von Testpersonen aus und lassen Sie sie die Karten auf Themengruppen verteilen. Sie haben dabei die Wahl: Entweder lassen Sie den Teilnehmern freie Hand, die Oberthemen selbst zu benennen, oder Sie geben entweder nur die Anzahl oder auch die Namen der Rubriken fest vor.

Lassen Sie die Themen beim Card-Sorting in Obergruppen zusammenfassen. Diese Methode eignet sich zur Entwicklung benutzeroptimierter Navigations- und Menüstrukturen.

Ein mehrstufiger Einsatz der Technik verspricht zusätzlichen Erfolg: Machen Sie beispielsweise in einem ersten Schritt keinerlei Vorgaben, um eine möglichst breite Auswahl an Namen für die Gruppen zu erhalten. Überprüfen Sie das so erhaltene Ergebnis anschließend noch einmal mit fester Vorgabe von Anzahl und Namen der Oberthemen. Je mehr Personen sich beteiligen, umso besser dürfte das Ergebnis ausfallen. Im Idealfall erhalten Sie eine optimale Rubrizierung, in der sich die meisten User problemlos zurechtfinden.

Entwürfe als Papierskizzen

Sind Sie noch nicht sicher, in welche Richtung sich der Grundaufbau der Seiten entwickeln soll, gehen Sie mit Papierskizzen an den Start. Sie sparen damit das Geld für die aufwendige technische Umsetzung von Ideen, die eventuell nach der ersten Begutachtung sofort wieder hinfällig werden. Zeichnen Sie den Aufbau mit Bleistift und Papier selbst oder lassen Sie ihn von einem Webdesigner entwerfen. Es müssen nicht unbedingt alle grafischen Feinheiten bis ins Detail ausgearbeitet werden. Mit Papiermodellen lässt sich auch lediglich der logische Aufbau der Seiten testen. Ein wesentlicher Vorteil des Einsatzes von Skizzen: Ohne allzu hohe Kosten lassen sich gleich mehrere Parallelentwürfe zur Diskussion stellen. Und die Teilnehmer des Tests können mit einem Stift selbst Änderungsvorschläge in den Entwurf einzeichnen.

Interview und Befragungen

Interview und Fragebogen sind klassische Methoden, die sich für alle Phasen der Website-Entwicklung nutzen lassen. Führen Sie das Interview als offenes Gespräch oder arbeiten Sie strukturierter eine für alle Probanden gleiche Fragenliste ab. Machen Sie sich dabei Notizen oder lassen Sie ein Gerät zur Tonaufzeichnung mitlaufen. Jede Frage sollte möglichst kurz und einfach formuliert sein und sich lediglich auf einen einzigen Aspekt der Website beziehen. Die Qualität bei offenen Interviews hängt häufig von der Hartnäckigkeit des Interviewers ab, bei Unklarheiten nachzubohren.

Bei Fragebogen gibt es ebenfalls die Wahl zwischen offener und geschlossener Fragetechnik. Offene Fragen erfordern jedoch von Teilnehmern und Auswertenden einen sehr hohen Zeitaufwand. Geschlossene Fragen lassen sich schneller im Multiple-Choice-Verfahren ausfüllen. Wenige Kreuze genügen, um entweder mit „Ja" oder „Nein" oder der Ausprägung auf einer Bewertungsskala zu antworten. Typisch sind abgestufte Angaben zur Häufigkeit von „nie" bis „immer" oder zur Intensität von „sehr schwach" bis „sehr stark". Die Ankreuzfragebogen lassen sich zudem sehr gut als Onlinevariante anbieten. Neben den objektiven Eigenschaften der Seiten lässt sich mit Interviews und Fragebogen vor allem die subjektive Sicht der Testenden ermitteln. Zur Beantwortung der Fragen müssen die Probanden Zeit gehabt haben, die betreffenden Entwürfe oder Webseiten vorher kennenzulernen.

Beim moderierten Gruppentest sollen mehrere Testpersonen gemeinsam Fragen zur Website beantworten oder Aufgaben lösen. Zeichnen Sie das dabei geführte Gespräch auf. Aus den Diskussionsbeiträgen lassen sich häufig wertvolle Rückschlüsse auf möglichen Änderungsbedarf in Ihren Seiten ziehen.

Bei professionellen Usability-Testern sehr verbreitet ist das laute Denken. Nutzen Sie diese Methode jedoch auch sehr einfach selbst. Geben Sie einem Kandidaten eine Aufgabe und bitten Sie ihn, bei der Ausführung seine Gedanken laut mitzuteilen. Der Nutzer sollte sagen, was er beabsichtigt, warum er einen speziellen Weg wählt und welche Reaktion er jeweils von der Website erwartet. Sie verfolgen so sämtliche Entscheidungswege sowie die auftretenden Probleme mit. Diese Testmethode ist sehr intensiv, aber durch die Fokussierung auf die einzelnen Teilnehmer auch äußerst subjektiv. Durch Videoaufzeichnung konservieren Sie die Angaben für eine ausführliche Auswertung.

5-Sekunden-Test

Mit dem beliebten 5-Sekunden-Test lässt sich ohne großen Aufwand ein erstes hilfreiches Feedback zur Wirkung einer Webseite einholen.

Führen Sie den Test möglichst frühzeitig in der Entwicklungsphase durch. So geht's:

Mit dem 5-Sekunden-Test erhalten Sie ein erstes Feedback zur Wirkung einer Seite. Stellen Sie der Testperson eine Aufgabe, die sie nach nur kurzer Betrachtungszeit lösen muss.

1. Bitten Sie Freunde und Bekannte, die Rolle der Testkandidaten zu übernehmen. Die Teilnehmer sollten bisher noch nicht in die Entwicklung einbezogen worden sein.
2. Definieren Sie eine Aufgabe, die die Testpersonen lösen sollen. Das kann die Nennung wesentlicher Produkteigenschaften sein oder das Aufzählen der Möglichkeiten, Ihren Service in Anspruch zu nehmen. Die Aufgabe sollte sich an den Zielen orientieren, die Sie mit der jeweiligen Seite verfolgen.
3. Nun darf sich jeder Kandidat die Seiten lediglich fünf Sekunden lang anschauen. Aktionen wie das Anklicken von Links oder Scrollen sind dabei nicht erlaubt. Weisen Sie die Probanden vorher auf diesen besonderen Modus und die Zeitbeschränkung hin.

4. Befragen Sie die Testpersonen nach dem Schließen der Seite zuerst unabhängig von der konkreten Aufgabe nach den Inhalten, die ihnen besonders aufgefallen sind. Sie stellen damit fest, ob die Impulse, die Sie beispielsweise durch Überschriften, Icons und Banner wecken wollen, Wirkung zeigen.
5. Lassen Sie sie anschließend die vorbereitete Aufgabe lösen. Dokumentieren Sie den Test für eine spätere Gesamtauswertung in kurzen Stichworten. Können die Teilnehmer nur einen Teil der Aufgabe erledigen oder werden die wichtigsten Inhalte der Seite nicht genannt, ist eine weitere Schleife in der Entwicklungsphase notwendig.
6. Übrigens: Nutzen Sie den Test gleichzeitig dazu, die Meinung der Teilnehmer zur Website abzufragen Auch hier kann sich noch der eine oder andere Ansatzpunkt für eine Verbesserung ergeben.

Aufwendigere Testmethoden

Die bisher vorgestellten Testverfahren lassen sich ohne Weiteres mit einfachen Bordmitteln umsetzen. Andere Tests setzen hingegen wegen der besonderen technischen Anforderungen professionelle Labors voraus. So werden beispielsweise bei der Interaktionsaufzeichnung mit einer Spezialsoftware sämtliche Tasteneingaben und Mausaktionen zusammen mit den jeweiligen Seitenansichten aufgenommen. Für eine ausführliche Videobeobachtung benötigen Sie wiederum gleich mehrere Kameras. Neben dem Bildschirmgeschehen werden damit das Verhalten und die Reaktionen des Nutzers erfasst. Eine besondere Brille verfolgt beim Eye-Tracking die Blickrichtung des Nutzers. Sie erkennen damit Bereiche, die besonders aufmerksam wahrgenommen wurden, ebenso wie Bereiche, die nicht eines einzigen Blicks gewürdigt wurden. Für diese erweiterten Prüfungen müssen Sie dann jedoch auch die entsprechenden Ausgaben einplanen.

„Unternehmensziele und Kundenziele in Einklang bringen!"

Wer bei Usability vorrangig an den Feinschliff bei Design und Navigation denkt, springt deutlich zu kurz. Worauf es vor allem ankommt, sagt Karen Lindemann, Geschäftsführerin von NetFlow-Usability Consulting (*www.netflow-lindemann.de*):

Häufig wird Web-Usability gleichgesetzt mit verständlichen Texten und einer nutzerfreundlichen Menüstruktur. Ist das wirklich alles?

Karen Lindemann: Sicherlich spielen diese Faktoren bei Webseiten eine wichtige Rolle. Jedoch stellen sich bei der Optimierung eines Webangebots zuerst einmal viel grundsätzlichere Fragen: Welche Ziele verfolgt das Unternehmen mit der Website, und welche Zielgruppen sollen angesprochen werden? Welche Ziele haben die Nutzer, die auf die Seiten kommen? Usability-Beratung hat die Aufgabe, diese bisweilen auch gegensätzlichen Ziele in Einklang zu bringen.

Können Sie ein Beispiel für einen möglichen Zielkonflikt nennen?

Karen Lindemann: Ein Unternehmen möchte möglichst viel über seine Besucher erfahren mit der besten Absicht, die Angebote zielgruppenoptimiert zu gestalten. Die Kunden möchten vielleicht jedoch einfach nur bestellen und sind nicht daran interessiert, Persönliches über sich preiszugeben. Unternehmen sollten sich direkt zu Beginn der Konzeptionsphase intensiv mit den Wünschen und Bedürfnissen der potenziellen Besucher auseinandersetzen.

Welche Methoden bieten sich da an?

Karen Lindemann: Hier bietet sich eine breite Palette an Möglichkeiten, zwischen denen Unternehmen wählen können – abhängig davon, in welcher Entwicklungsphase sich das Projekt befindet und wie viel Zeit und Budget vorhanden sind: von Interviews, Feldstudien und der moderierten Fokusgruppe über Techniken wie das Card-Sorting und das Rapid-Prototyping bis zum Usability-Test. Die Techniken ergänzen sich dabei teilweise. Erste Entwürfe können zudem von Experten auf Basis einschlägiger Heuristiken, Normen sowie einer Expertise evaluiert werden.

Klingt nach viel Aufwand. Können sich kleine Unternehmen professionelle Unterstützung in diesem Bereich überhaupt leisten?

Karen Lindemann: Vorweg: Je später sich ein Anbieter mit dem Thema Usability auseinandersetzt, umso teurer wird es. Zum Aufwand für den eigentlichen Test kommen dann häufig noch die Kosten für die teilweise aufwendige Änderung bereits fertiger Module. Außerdem müssen die Anbieter in der Zwischenzeit Verluste beispielsweise bei Umsatz und Kundenbindung in Kauf nehmen. Grundsätzlich gilt: Man muss nicht die komplette Bandbreite möglicher Analyse- und Testmethoden ausschöpfen, und manche Schritte kann man selbst übernehmen. Häufig hilft es beispielsweise, Freunde und Bekannte als Testpersonen in die Entwicklung einzubinden. Wir selbst bieten neben dem Usability-Test auch abgespeckte Module wie den Kurzcheck oder exemplarische Analysen an, die beispielhaft nur einige Grundseiten einer Website begutachten. Auch können bei Usability-Tests die Größe des einbezogenen Personenkreises sowie die Ausführlichkeit des Berichts variiert werden.

2.7 Mobiles Design für Handy & Co.

Neue Hardware sowie schnellere und kostengünstigere Verbindungen forcieren die mobile Nutzung des Internets. Bereits Einsteiger-Handys verfügen über einen integrierten Browser, und bei Profigeräten gehören kontrastreiche Bildschirme mit großer Farbtiefe mittlerweile zum Standard. Optimale Voraussetzungen, um auch unterwegs aktuelle Webinformationen abzurufen und Serviceangebote zu nutzen. Leider sieht es auf der Anbieterseite noch nicht so rosig aus: Die Layouts der meisten Websites funktionieren problemlos auf 19-Zoll-Bildschirmen, auf den nur wenige Hundert Pixel großen Displays mobiler Geräte sind sie jedoch kaum benutzbar. Layouttabellen, große Bilder und verzweigte Menüs machen die Bedienung nahezu unmöglich.

Kontaktseite in der Browseransicht: Für eine aufwendige Gestaltung mit mehreren Spalten und vielen Fotos ist ausreichend Platz.

Kontaktseite optimiert für den PDA: Die gleichen Inhalte sind auf einem schmalen Streifen untereinander angeordnet.

Und auch die Datenmengen herkömmlicher Seiten sind häufig zu groß: Bilder und Multimedia-Inhalte, die für die Breitbandanbindung des heimischen PCs kein Problem darstellen, erscheinen auf dem Display des Handys häufig nur ruckelnd und mit Verzögerung.

Optimieren Sie Ihre Seiten daher besser für die mobile Anzeige, bevor sich Ihre Besucher frustriert abwenden.

Zusätzliches Angebot einrichten

Einheitliche Standards für mobile Webseiten gibt es nicht. Von Experten werden jedoch zwei grundsätzlich unterschiedliche Herangehensweisen diskutiert: Bieten Sie entweder eine komplette zusätzliche Website ausschließlich für mobile Endgeräte an oder belassen Sie es bei den Originalinhalten und lassen Sie diese lediglich mithilfe von CSS-Formaten unterschiedlich auf PC und Mini-Bildschirmen anzeigen. Beide Konzepte haben Vor- und Nachteile. Die Entscheidung sollten Sie jeweils im Einzelfall treffen. Sie hängt von der Komplexität des Angebots, dem Nutzungsgrad sowie dem zur Verfügung stehenden Budget ab. Im Zweifel ist es nicht nur eine Frage des Gelds, sondern auch der verfügbaren Zeit.

Auf der mobilen Website http://m.ing-diba.de/ finden Sie lediglich die wichtigsten Menüpunkte für den Bankkunden.

Für das Anbieten gesonderter Seiten spricht, dass sich das Surfen mit Handy & Co. von der Internetnutzung am stationären Rechner deutlich unterscheidet: Beim mobilen Webzugriff haben die Nutzer in der Regel ein konkretes Ziel vor Augen. Sie suchen beispielsweise nach der Adresse des Anbieters, den Öffnungszeiten oder einem Ansprechpartner. Jeder unnötige Ballast wie große Grafiken, lange Texte und ladeintensive Multimedia-Objekte stört bei dieser fokussierten Suche. Schließlich möchten die Besucher nicht die meiste Zeit mit Warten und Scrollen zubringen. Bei den Seiten für Mobilgeräte sollten daher neben der Gestaltung auch die Inhalte auf die mobile Nutzung zugeschnitten sein. Eine ausführliche Beschreibung Ihrer Firmengeschichte dürfte unterwegs genauso wenig nachgefragt werden wie beispielsweise der Link *Seite drucken* auf jeder Seite. Lassen Sie diese Inhalte daher auf den Seiten weg. Halten Sie die mobile Version Ihrer Website so einfach wie möglich. Im Idealfall besteht sie lediglich aus einer Startseite und einer Handvoll Seiten auf der nächsten Navigationsebene.

Zahlreiche Beispiele für abgespeckte Zusatzangebote finden Sie unter http://mobithinking.com/showcase/showcase-library.

.mobi-Adressen

Die *.mobi*-Domains sind für Websites vorgesehen, deren Inhalte gezielt für mobile Geräte aufbereitet sind. Die Top-Level-Domain wird von der Firma mTLD (*http://mtld.mobi*) verwaltet.

Bieten Sie den Zugang zum Zusatzangebot über einen Link auf das Unterverzeichnis *www.ihredomain.de/mobil* oder eine eigens eingerichtete Subdomain nach dem Muster *mobil.ihredomain.de* bzw. kürzer *m.ihredomain.de* an. Für nur wenige Euro monatlich lässt sich aber auch eine eigene Hauptdomain *www.ihredomain.mobi* anlegen.

Sprachen für mobile Seiten

Für ausschließlich an Mobiltelefone und Handhelds gerichtete Seiten bieten sich die Auszeichnungssprache XHTML MP (**M**obile **P**rofile) und die Formatierungssprache WCSS (**W**ireless **CSS**) an. Beide Standards hat die Open Mobile Alliance (*www.openmobilealliance.org*) entwickelt. Mitglieder der Organisation sind unter anderem zahlreiche große Player auf dem Internet- und Telekommunikationsmarkt. Bei XHTML MP und WCSS handelt es sich jeweils um Teilmengen der Standardwebsprachen XHTML Basic und CSS. Webentwicklern bereitet die Erstellung mobiler Seiten so keine Schwierigkeiten, da sie mit den Befehlen bereits vertraut sind. Die gängigen Browser unterstützen die Sprachen ebenfalls.

Webmaster sind daher weniger technisch als vielmehr konzeptionell gefordert: Planen Sie den Aufbau Ihrer Seiten ohne gängige Elemente wie Imagemaps, Frames und Pop-up-Fenster. Fügen Sie zudem nur wenige und möglichst kleine Bilder ein. Halten Sie Texte kurz und feilen Sie noch stärker als üblich an kurzen, treffenden Überschriften und allgemein verständlichen Navigationspunkten. Bei der Gesamtgröße aller Dateien, die zu einer einzelnen Webseite gehören, sollten 10 bis 15 KByte nicht überschritten werden. Positionieren Sie das Hauptmenü zur besseren Benutzerführung außerdem stets an der gleichen Stelle und beschränken Sie den Umfang auf maximal zehn Einträge. Jedem Link lässt sich dann eine Ziffer nach dem folgenden Beispiel zuordnen:

```
<ol>
<li><a href="angebote.html" accesskey="1">Angebote</a></li>
<li><a href="anfahrt.html" accesskey="2">Anfahrt</a></li>
<li><a href="kontakt.html" accesskey="3">Kontakt</a></li>
</ol>
```

Rufen Sie bei Browsern, die diese Art der Bedienung unterstützen, den Navigationspunkt über die entsprechende Nummerntaste auf. Formulare stellen für Handy-Nutzer eine besondere Herausforderung dar: So müssen Sie bei der Eingabe in Textfelder immer wieder zwischen Buchstaben- und Zahlenmodus umschalten. Steht im Vorhinein fest, dass in ein bestimmtes Feld lediglich Ziffern einzutippen sind, formatieren Sie das Feld mit der folgenden WCSS-Angabe:

```
<input name="feld1" style='-wap-input-format: "N"'/>
```

Weitere mögliche Eingabeformate sind unter anderem A für Groß- und a für Kleinbuchstaben. Ein besonderes Schmankerl für auf Handys und Smartphones spezialisierte Seiten: Mit der folgenden Syntax lassen sich Telefonnummern verlinken:

```
<a href="tel:+49123456789">Rufen Sie an!</a>
```

Mit einem Klick auf den Link baut das Telefon die Verbindung auf.

Mobile Seiten mit web to date erstellen

Möchten Sie sich nicht zu intensiv mit dem Code Ihrer Seiten beschäftigen, sollten Sie Tools nutzen, die Ihnen einen großen Teil der Arbeit abnehmen. Mit dem Content-Management-System DATA BECKER web to date (*www.todate.de*) erstellen Sie für Mobilgeräte optimierte Seiten auf Knopfdruck. Bei der Optimierung der Webseiten geht web to date wie folgt vor: Die Textinformationen bleiben auf den mobilen Seiten komplett erhalten. Sie werden jedoch in einer einzigen Spalte untereinander dargestellt. Neben einer kleineren Schrift sorgen geringere Abstände dafür, dass die Seiten nicht zu lang werden. Menüpunkte, die vorher vertikal angeordnet sind, werden in der mobilen Version nebeneinander angeordnet. Das Hauptmenü wird zudem oben auf den Seiten angezeigt.

Mit web to date lassen sich Versionen für drei verschiedene Typen von Mobilgeräten anlegen. Die Textspalte ist dann jeweils so breit, wie es die Auflösung des Endgeräts vorgibt. Grafiken und Fotos, die lediglich der Ausschmückung der Seiten dienen, werden in den abgespeckten Versionen weggelassen. Die Farben für Text, Links und Hintergrund können Sie individuell festlegen. Achten Sie darauf, dass die Kontraste auf den einfachen Displays groß genug sind. Sie legen mit den folgenden Schritten die drei unterschiedlichen Versionen Ihrer Website für mobile Endgeräte an:

1 Rufen Sie *Datei/Website- und FTP-Eigenschaften* auf und klicken Sie auf der Registerkarte *Erstellen* die Schaltfläche *Sites für mobile Endgeräte* an.

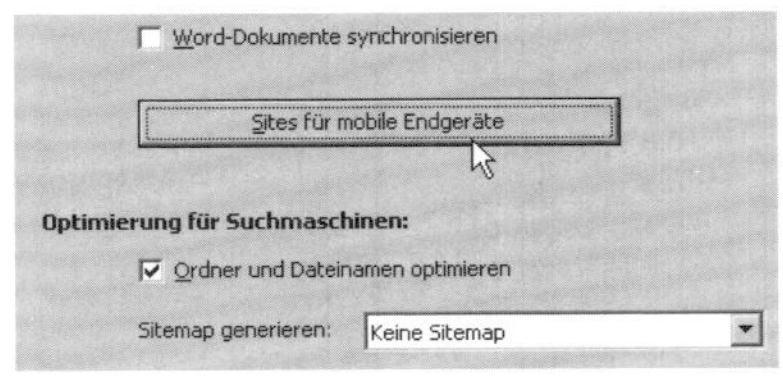

2 Wählen Sie unter *Zielplattformen* aus, für welche mobilen Geräte Sie zusätzliche Seiten anlegen möchten. Bei den Seiten für *PDA*, *Mobiltelefon* und *VGA-PDA* werden unterschiedliche Bildschirmauflösungen zugrunde gelegt. Geben Sie jeweils einen Ordner an, in dem die Webseiten abgelegt werden sollen. Übernehmen Sie bei *Auswahlseite erstellen* den Namen *index* für eine vorgeschaltete Seite, über die die Surfer zum jeweiligen Format wechseln können.

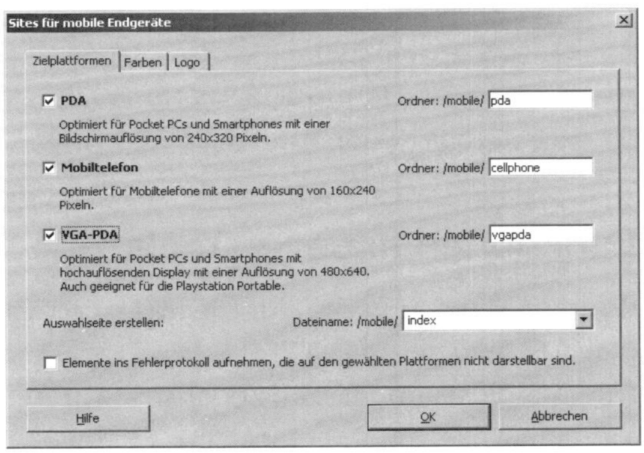

3 Wechseln Sie zum Register *Farben*. Hier lässt sich das Design der mobilen Seiten anpassen.

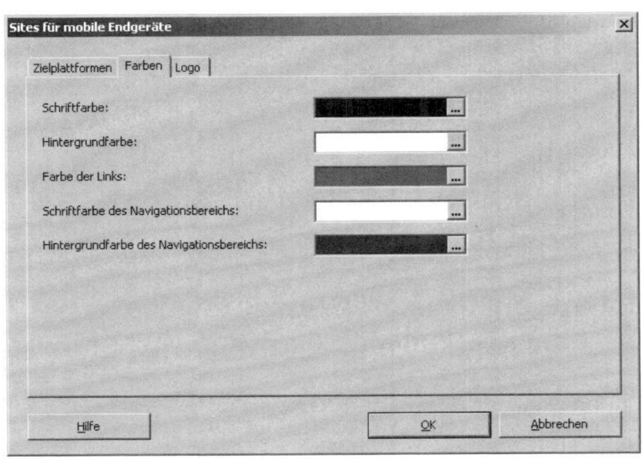

4 Über das Register *Logo* stellen Sie den mobilen Seiten ein Foto oder ein Logo voran.

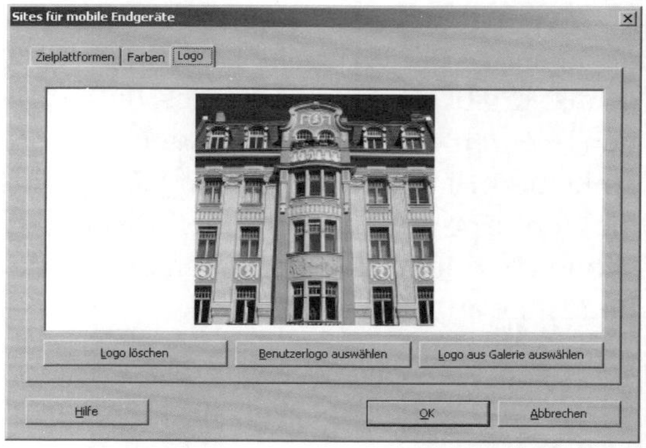

5 Schließen Sie das Fenster *Sites für mobile Endgeräte* mit *OK*, sobald Sie alle Einstellungen vorgenommen haben. Über die Funktion *Datei/Website erstellen* erzeugen Sie aus den Bausteinen der web to date-Datenbank die fertigen Webseiten inklusive der Versionen für die kleinen Displays.

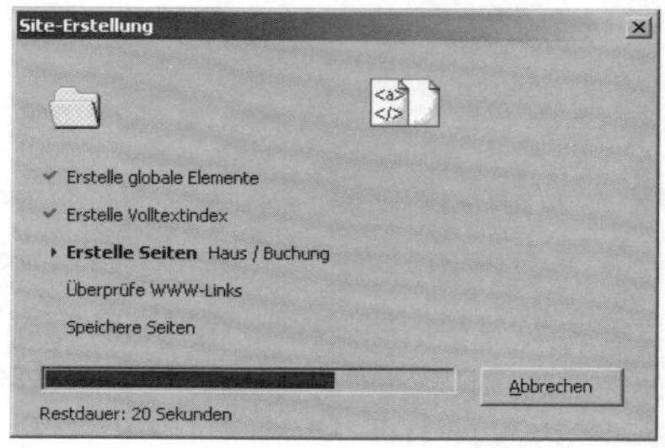

Funktionen anderer Tools

Content-Management-Systeme wie WordPress (*http://wordpress.org*), Joomla! (*www.joomla.de*) und TYPO3 (*www.typo3.com*) lassen sich ebenfalls mit Erweiterungen aufrüsten, die die Seitenstrukturen und Inhalte für Mini-Displays aufbereiten. Suchmaschinen liefern zum Stichwort „mobil" in Verbindung mit dem CMS-Namen die entsprechenden Treffer.

Aber auch die Kunden des Webhosters STRATO (*www.strato.de*) profitieren von einem entsprechenden Assistenten. Im Kundenbereich finden Sie den Link *Mobile Dienste/ MobilePages*. Wählen Sie eines von mehreren Designs und bauen Sie das Angebot Schritt für Schritt auf. Ein Emulator bietet die Möglichkeit, das Ergebnis laufend zu prüfen.

Einen vergleichbaren und kostenlosen Onlineservice bietet mTLD unter *http://site.mobi* an.

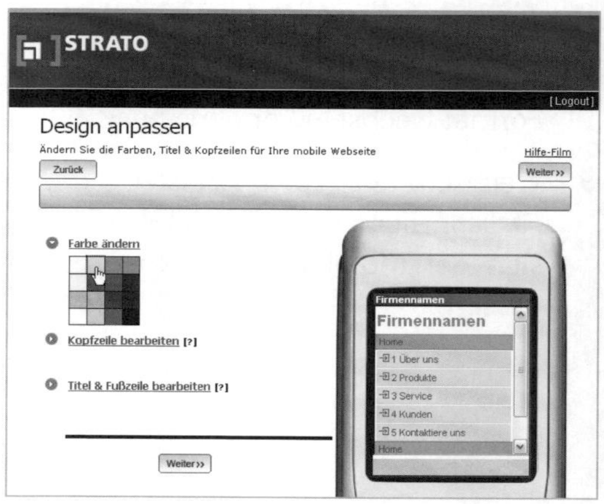

Klicken Sie Ihre mobilen Seiten mit dem Onlineassistenten STRATO MobilePages zusammen.

CSS-basiertes Layout

Neben den beschriebenen Vorteilen einer separaten Website für Mobilgeräte sollen aber auch die Nachteile nicht verschwiegen werden: Die Pflege zweier paralleler Websites kostet selbstverständlich mehr Zeit. Zudem müssen sich die Nutzer eine zusätzliche Webadresse merken. Ein einziges Angebot für alle Ausgabegeräte zu erstellen, entspricht eher der Philosophie des Webs.

Entscheiden Sie sich für diesen Weg, kommt der Formatierungssprache CSS eine zentrale Rolle zu. Voraussetzung ist, dass Sie bereits im Quelltext die Struktur der Seiten sauber vom Layout trennen. Legen Sie den Aufbau mit HTML fest und lagern Sie die Formate konsequent in externe CSS-Dateien aus. Verwenden Sie die HTML-Befehle dabei semantisch korrekt, indem Sie beispielsweise Überschriften nicht bloß größer gestalten, sondern dafür auch die vorgesehenen HTML-Befehle nutzen. Ziehen Sie flexible Fließlayouts außerdem einem starren Seitenaufbau mit festen Pixelwerten vor. Bei einer sauberen und logisch richtigen Auszeichnung der Seiten ergibt sich die Zugänglichkeit nahezu von selbst.

Mit CSS verbessern Sie dann lediglich die Darstellung auf den jeweiligen Ausgabemedien. Verknüpfen Sie dazu im *<head>*-Bereich Ihrer Seiten externe CSS-Dateien für die unterschiedlichen Medientypen nach dem folgenden Beispiel:

- `<link href="standard.css" rel="stylesheet" type="text/css" media="screen, handheld">`
- `<link href="handheld.css" rel="stylesheet" type="text/css" media="handheld">`

In der Datei *standard.css* definieren Sie allgemeine Formate, die sowohl für den klassischen Bildschirm als auch für die mobilen Geräte gelten sollen. Mit den zusätzlichen Angaben in der Datei *handheld.css* ergänzen und überschreiben Sie die vorgegebenen Attributwerte. Die Reihenfolge der Befehle ist daher wichtig.

Leider funktioniert diese Methode jedoch nicht bei jedem Mobilgerät, da bisweilen die klassischen Desktop-Versionen der Browser installiert sind. Hier helfen dann Browserweichen, die die Art des Mobilgeräts per JavaScript oder PHP abfragen und die Formate entsprechend zuweisen. Hilfreiche Lösungen sind beispielsweise Mobile Phone Detection von Andy Moore (*http://detectmobilebrowsers.mobi/*) oder das Mobile Detection Kit (*www.osnews.com/story/19681/Open_Sourcing_OSNews_Mobile_Detection_Kit*).

Fit fürs mobile Web? – Testen Sie Ihre Seiten

Wie gut Ihre Seiten letztendlich für mobile Geräte optimiert sind, lässt sich mit den folgenden Tools und Diensten testen:

- Am besten lassen sich die Seiten mit den Originalendgeräten testen. Laden Sie die Seiten in einen Testordner auf Ihren Webserver und greifen Sie mit dem Browser Ihres Handys oder PDAs darauf zu. Versuchen Sie für eine abschließende Prüfung, auch noch weitere Geräte von Freunden oder Kollegen heranzuziehen.
- Neben dieser Prüfung in realer Umgebung gibt es Tools, die mobile Geräte nachahmen. Der kostenlose Browser Opera (*http://de.opera.com*) bietet einen Ansichtsmodus, der die Anzeige auf kleinen Bildschirmen simuliert. Rufen Sie den Menübefehl *Ansicht/Klein-Bildschirm* auf. Der Browser gibt sich damit als Medientyp *handheld* aus und zeigt die Seiten entsprechend an.

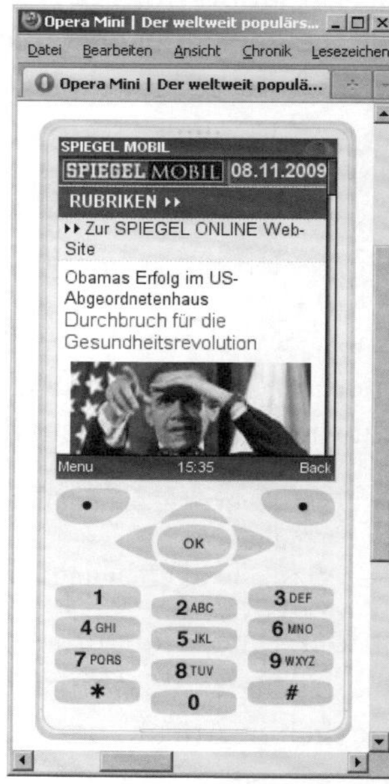

- Hilfreich ist zudem der ebenfalls von Opera angebotene Onlinesimulator des mobilen Browsers Opera Mini. Laden Sie die zu prüfenden Seiten auf Ihren Server und wechseln Sie zu *www.operamini.com/demo*. Klicken Sie in die Adresszeile des abgebildeten Handys und tippen Sie die vollständige URL Ihrer Seite ein. Klicken Sie auf die Schaltfläche der Tastatur, die der Funktion *OK* zugeordnet ist. Nach wenigen Sekunden zeigt das virtuelle Display den Inhalt der Seite an.
- Installieren Sie zudem die Firefox-Erweiterung Web Developer (*http://chrispederick.com/work/web-developer/*) auf Ihrem Rechner. Die Erweiterung richtet eine eigene Toolbar im Browser ein, die sich über *Ansicht/Symbolleisten* einblenden lässt. Über die Schaltfläche *Keine CSS-Fehler/Display CSS nach Medientypen darstellen/Handheld* schalten Sie Firefox in den mobilen Modus.
- Bei *http://ready.mobi* nimmt ein Onlinecheck eine einzelne Seite oder bei Anmeldung die komplette Website unter die Lupe.
- Der Emulator unter *http://mtld.mobi/emulator.php* zeigt eine Seite mit zwei verbreiteten Handys von Nokia und Sony an.
- Den W3C mobileOK Checker rufen Sie mit *http://validator.w3.org/mobile* auf. Er testet die angegebene Seite gegen den Standard XHTML Basic.

2.8 Vorsicht Rechtsfalle: Pflichtinhalte/Rechtliches unbedingt beachten

Neben der eigentlichen Gestaltung der Website, bei deren Handhabung Sie weitestgehend frei sind, gibt es immer mehr Inhalte, die gerade für Shopbetreiber verpflichtend sind. So gab es vor gut zehn Jahren gerade einmal drei Gerichtsurteile zum Thema „Recht im Internet". Inzwischen ist die Zahl auf viele Hundert oder sogar Tausend gestiegen. Diese Flut gerichtlicher Entscheidungen ist darauf zurückzuführen, dass sich die Zahl der Internetauftritte explosionsartig entwickelt hat und viele „Offlinegesetze" grundsätzlich auch für das Internet gelten. Darüber hinaus entstanden im Laufe der letzten Jahre zusätzliche Regelungen, die explizit für die Webwelt neu geschaffen wurden. Wie Sie im Folgenden lesen werden, lassen sich viele rechtliche Fehler bereits im Vorfeld vermeiden. Allerdings kann die Darstellung nicht abschließend sein, sondern nur der Risikominimierung dienen.

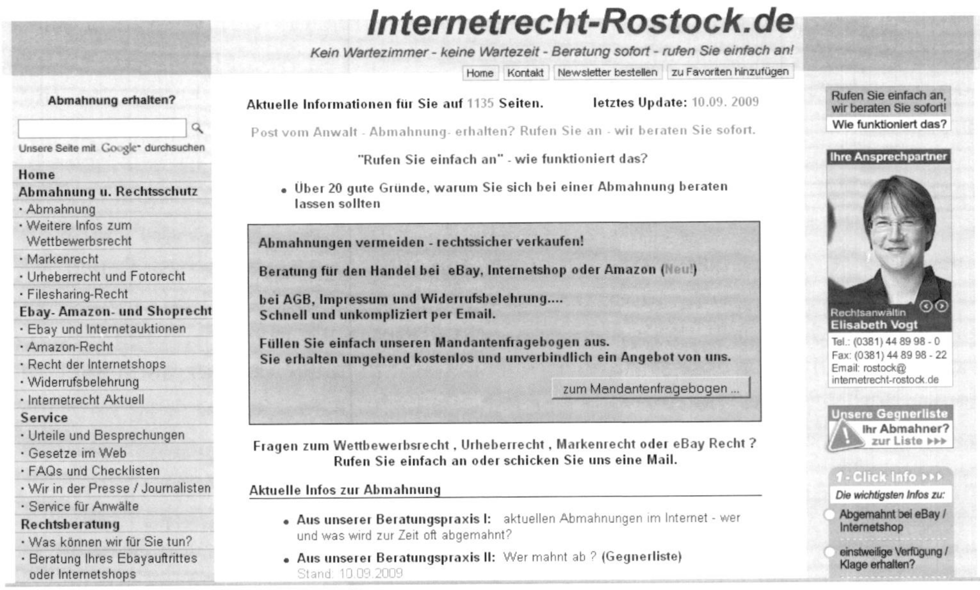

Das Portal enthält viele Beiträge zu den Themen Abmahnung und Rechtschutz sowie eBay- und Onlinerecht.

Urheberrecht

Alle Texte, Bilder, Skripten, Java-Applets etc., die Sie im World Wide Web sehen, lassen sich aus technischer Sicht ohne großen Aufwand kopieren und für das eigene Angebot verwenden. Beachten Sie dabei aber, dass auch im Web das Urheberrecht gilt. Es spricht bestimmt nichts dagegen, wenn man eine spezielle Funktion, die man auf einer fremden Webseite gefunden hat, auf der eigenen Website nachahmt. Wenn Sie jedoch komplette Webseiten und Layouts einfach so übernehmen, verletzen Sie das geistige Eigentum des Urhebers. Im Zweifel müssen Sie mit rechtlichen Konsequenzen und Schadensersatz rechnen. Wollen Sie also Angebote, deren Urheber ein Dritter ist, in Ihre Website einbauen, müssen Sie im Zweifel vorher eine eindeutige Genehmigung des Urhebers einholen. Nur der Urheber kann Ihnen mitteilen, ob und auf welche Art und Weise Sie seine Werke veröffentlichen dürfen. Das Gleiche gilt auch, wenn Sie am Ursprungswerk Veränderungen vornehmen wollen.

Links und Frames

Verknüpfungen, die unmittelbar zu einem fremden Angebot führen, werden als „Surface-Links" bezeichnet. Urheberrechts- oder Wettbewerbsverstöße kommen hier in der Regel nicht in Betracht, da für den Surfer ohne Weiteres erkennbar ist, dass er sich auf der Seite eines anderen Anbieters befindet. Als verlinkender Webmaster sollten Sie jedoch darauf achten, dass Sie dabei keine fremden Marken, Logos oder Labels auf Ihrer eigenen Webseite verwenden. Bei einem „Deep-Link" wird der Besucher auf Unterseiten des fremden Anbieters verlinkt. Wurde diese Verknüpfung in der Vergangenheit häufig als Wettbewerbsverstoß qualifiziert, so kommt es jetzt in der Hauptsache darauf an, ob für den Surfer eindeutig erkennbar ist, dass er Ihr Angebot verlassen hat. Anders sieht es bei einem „Inline-Link" aus, bei dem Sie fremde Inhalte so in die eigene Website einbinden, dass sich beim Betrachter der Eindruck aufdrängt, die Webseite stamme von Ihnen. Deshalb sollten Sie bei Inline-Links auf jeden Fall die Zustimmung des Inhabers der verlinkten Seite holen, um die Gefahr von Urheberrechts- oder Wettbewerbsverstößen zu vermeiden. Als letzter Verlinkungstyp bietet sich das „Framing" an. Hierbei präsentieren Sie als Verlinkender die Inhalte der verknüpften Seite in einem Rahmen (englisch frame) Ihrer Website. Ähnlich wie bei Inline-Links besteht auch hier die Gefahr der Wettbewerbs- und Urheberrechtsverletzung.

Haftungsausschluss

Unabhängig von den Wettbewerbs- und Urheberrechtsverletzungen können externe Links auf der eigenen Website strafrechtliche Folgen haben, wenn die verlinkten Seiten rechtswidrige Inhalte bieten. Viele Webmaster versuchen daher, sich mit einem Disclaimer von jeder Verantwortung freizusprechen. Ein solcher Haftungsausschluss lautet dann z. B.: „Die folgenden Links führen zu fremden Inhalten, die wir nicht alle prüfen konnten und für die wir keine Verantwortung übernehmen." Wenn sich jedoch im Rahmen einer rechtlichen Prüfung der Eindruck verstärkt, dass sich der Verlinker den fremden Inhalt zu eigen macht, lässt sich auch durch eine gegenteilige Formulierung im Disclaimer die Verantwortlichkeit nicht ausschließen.

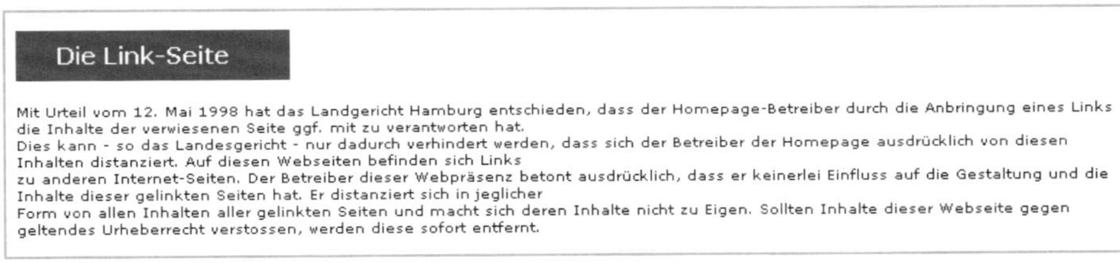

Auch durch eine gegenteilige Formulierung im Disclaimer lässt sich die Verantwortlichkeit bei der Verlinkung nicht generell ausschließen.

Gästebücher und Foren

Als problematisch erweisen sich auch die auf vielen privaten Homepages so beliebten Gästebücher und Foren, wenn Besucher dort Verleumdungen, Beleidigungen oder falsche Tatsachenbehauptungen hinterlassen. Dies kann für die Website-Betreiber weitreichende Folgen haben. So geht die Rechtsprechung nämlich auch hier davon aus, dass sich der Betreiber die Aussagen Dritter zu eigen macht, wenn er nicht regelmäßig, d. h. im Abstand von etwa ein bis zwei Wochen, die Einträge auf rechtswidrige Äußerungen überprüft und diese gegebenenfalls entfernt.

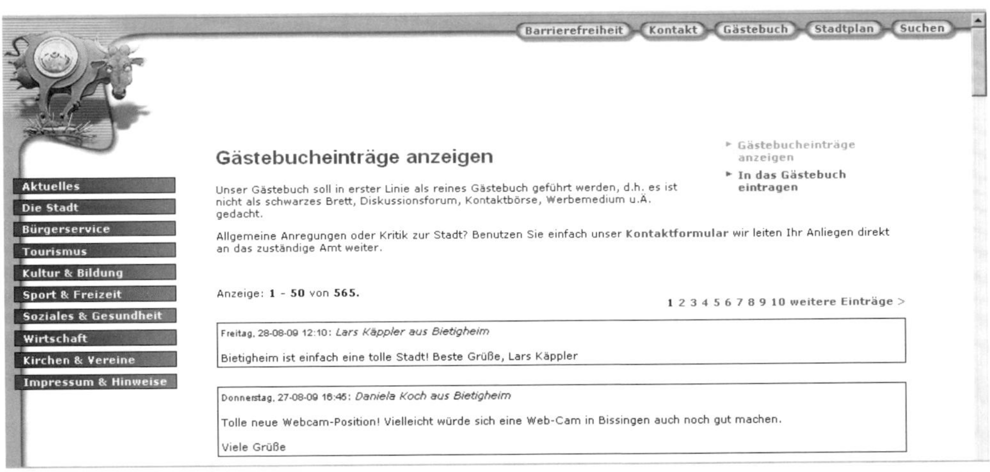

Der Anbieter eines Gästebuchs (hier z. B. die Stadt Bietigheim-Bissingen (www.bietigheim-bissingen.de)) sollte die Einträge mindestens jede Woche prüfen und rechtswidrige Einträge umgehend entfernen.

Impressum

Wenn Ihre Homepage rein privater Natur ist, benötigen Sie grundsätzlich kein Impressum. Betreiben Sie Ihre Website jedoch geschäftsmäßig, ist eine Anbieterkennzeichnung erforderlich. Die Trennlinie verläuft jedoch sehr unscharf. Schon ein Werbebanner oder die Teilnahme an einem Affiliate-Programm kann dazu führen, dass eine Website als geschäftsmäßig anzusehen ist. Nicht eindeutig geklärt ist ferner die Behandlung journalistischer oder redaktioneller Inhalte. Im Zweifel sollten daher auch Blogger und Forenbetreiber auf ein Impressum verweisen.

Laut § 5 des Telemediengesetzes (TMG) müssen im Impressum folgende Informationen leicht erkennbar, unmittelbar erreichbar und ständig verfügbar sein:

- Name und Anschrift, unter denen Sie niedergelassen sind. Bei juristischen Personen muss außerdem der Vertretungsberechtigte genannt werden.
- Angaben, die eine schnelle elektronische Kontaktaufnahme und unmittelbare Kommunikation mit Ihnen ermöglichen, einschließlich der E-Mail-Adresse.
- Angaben über die zuständige Aufsichtsbehörde, soweit der Teledienst im Rahmen einer Tätigkeit angeboten oder erbracht wird, die der behördlichen Zulassung bedarf.
- Die Registernummer des Handelsregisters, Vereinsregisters, Partnerschaftsregisters oder Genossenschaftsregisters, in das Sie gegebenenfalls eingetragen sind.
- Die Angabe der Umsatzsteuer-Identifikationsnummer nach § 27a des Umsatzsteuergesetzes, sofern Sie eine besitzen.

Bei Rechtsanwälten, Wirtschaftsprüfern und Steuerberatern sind darüber hinaus die folgenden Angaben zwingend erforderlich:

- Die Kammer, der sie angehören.
- Die gesetzliche Berufsbezeichnung und der Staat, in dem die Berufsbezeichnung verliehen wurde.
- Die Bezeichnung der berufsrechtlichen Regelungen und Angaben dazu, wie diese zugänglich sind.

„Impressum“ oder „Anbieterkennzeichnung“?

Der Begriff „Impressum“ wird hauptsächlich im Rahmen des Presserechts verwendet. Als Shopbetreiber sollten Sie den Begriff daher nicht verwenden.

Das Oberlandesgericht Karlsruhe hat in seinem Urteil vom 27. März 2002 (6 U 200/01, NJW 2002, 682) festgestellt, dass es nicht ausreicht, die nach § 6 des Teledienstegesetzes (mit Wirkung vom 1. März 2007 durch § 5 des Telemediengesetzes ersetzt) erforderlichen Angaben unter diesem Begriff zu subsumieren. In dem dort verhandelten Fall hatte der Beklagte die Angaben unter der Überschrift *Impressum* auf einer Webseite angeboten, die über den Link *Kontakt* der Startseite aufgerufen werden konnte. Nach Auffassung des Gerichts erwartet der Internetnutzer unter „Kontakt“ lediglich eine E-Mail-Adresse, und „Impressum“ bezeichne üblicherweise Veröffentlichungen nach dem Presserecht.

Das Impressum bzw. die Anbieterkennzeichnung muss leicht erkennbar, unmittelbar erreichbar und ständig verfügbar sein. Über das „Wie" sagt das Telemediengesetz leider nichts aus. Deshalb muss man auch hier auf die Rechtsprechung zurückgreifen, nach der es nicht ausreicht, wenn der Besucher lediglich in die Lage versetzt wird, sich diese Informationen beschaffen zu können. Ein aussagekräftiger Link auf der Startseite Ihres Angebots, über den man die Anbieterkennzeichnung und weitere Kontaktinformationen aufrufen kann, ist deshalb Pflicht. Besser wäre es noch, wenn jede Seite einen entsprechenden Verweis (z. B. am Seitenende) enthielte.

Mustermann GmbH und Co. KG
Musterstraße 1
00000 Musterstadt
Telefon: +49 40 000000
Telefax*: +49 40 000000
E-Mail: info@example.com
Internet*: www.example.com

Persönlich haftende Gesellschafterin: Mustermann Holding GmbH**
Vertretungsberechtigter Geschäftsführer**: Max Mustermann

Registergericht: Amtsgericht Musterstadt
Registernummer: HR 0000

Umsatzsteuer-Identifikationsnummer gemäß § 27 a Umsatzsteuergesetz: DE 0000000

Der kostenlose Assistent, den Sie unter www.digi-info.de/de/netlaw/webimpressum/ finden, hilft bei der Erstellung eines Impressums.

Allgemeine Geschäftsbedingungen

Am besten auf der Startseite, aber auch in den entsprechenden Abschnitten des Bestellvorgangs, muss auf die Vertragsbedingungen, insbesondere auf die **a**llgemeinen **G**eschäfts**b**edingungen (AGB) hingewiesen werden.

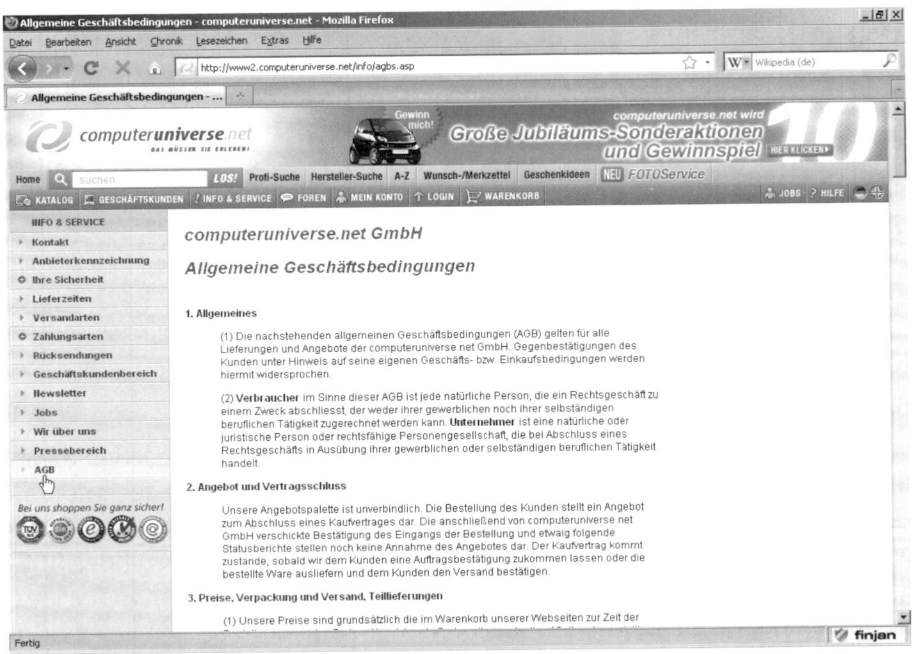

Als Shopbetreiber setzen Sie am besten auf jede Seite einen Link zu den allgemeinen Geschäftsbedingungen (Beispiel: www.computeruniverse.net).

Allerdings wird vor Gericht ein einfacher Link wie *Allgemeine Geschäftsbedingungen* oder gar nur *AGB* als unzureichend betrachtet. Auf der sicheren Seite sind Sie, wenn Sie auf jeder Seite Ihres Onlineshops einen eindeutigen Link auf die Nutzungs- und Vertragsbedingungen setzen. Diese sollten mit nur einem Mausklick zu erreichen, zu speichern und auch auszudrucken sein. Stellen Sie aber auch sicher, dass Ihnen der Kunde vor Abschluss der Bestellung versichert, die allgemeinen Geschäftsbedingungen zur Kenntnis genommen zu haben, damit diese ebenfalls Vertragsbestandteil werden. Das kann durch ein Kontrollkästchen geschehen, das der Kunde mit einem Mausklick aktivieren muss. Auch in diesem Fall obliegt Ihnen als Shopbetreiber im Zweifel die Beweislast, dass der Kunde die AGB in verständlicher und zumutbarer Weise zur Kenntnis nehmen konnte.

Eindeutige Preisauszeichnung

Die Preisauszeichnung muss für den Kunden absolut eindeutig sein. So verlangt die Preisangabenverordnung, dass sich die Preisangabe in Ihrem Shop unmittelbar bei jedem angebotenen Artikel befindet und sowohl die Mehrwertsteuer als auch alle anderen Preisbestandteile umfasst. Fallen noch weitere Kosten wie Liefer- und Versandkosten an, muss die genaue Höhe ebenfalls angegeben werden. Dabei dürfen diese Hinweise nicht in den allgemeinen Geschäftsbedingungen versteckt werden, sondern müssen deutlich und einfach wahrzunehmen sein.

Jeder Artikel muss mit einer eindeutigen Preisangabe versehen sein, die sowohl die Mehrwertsteuer als auch alle anderen Preisbestandteile umfasst.

Rückgabe- und Widerrufsrecht

Es empfiehlt sich, die verschiedenen Pflichtangaben, die der Kunde machen muss, so in den Bestellvorgang zu integrieren, dass es schon aufgrund der technischen Abwicklung nicht möglich ist, eine Bestellung beispielsweise ohne Kenntnisnahme der allgemeinen Geschäftsbedingungen aufzugeben. Auch die nach § 14 der BGB-Informationsverordnung erforderliche Belehrung über das Rückgabe- und Widerrufsrecht sollte entsprechend implementiert werden. Der Gesetzgeber bietet übrigens Muster für die richtige Belehrung an, die Sie als Anlage 2 und 3 zu § 14 finden und als Shopbetreiber verwenden können.

Kundendaten

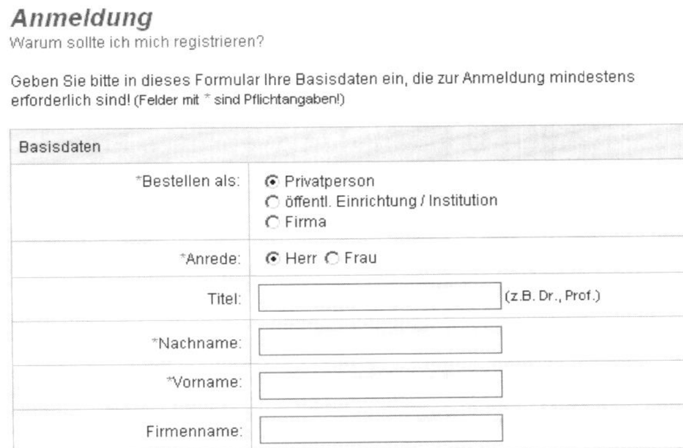

Bei diesem Beispiel sind die vom Kunden auszufüllenden Pflichtfelder mit einem roten Sternchen versehen.

Als Shopbetreiber sind Sie auf den Namen und die Anschrift des Kunden angewiesen, um die Ware liefern zu können. Auch die Mailadresse und die Telefonnummer sind oft wichtig, falls sich aus Ihrer Sicht noch Rückfragen ergeben. Erliegen Sie aber nicht der Gefahr, sämtliche Lebensdaten Ihrer Kunden per Formular zu erfragen. Jedes Formular stellt eine Hürde für den Kunden dar, und jede überflüssige Datenabfrage weckt Misstrauen. Wollen Sie dennoch nicht darauf verzichten, sollten Sie in Formularen für den Kunden deutlich erkennbar zwischen Pflicht- und freiwillig auszufüllenden Feldern unterscheiden. Darüber hinaus muss die Verwendung der im Rahmen des Bestellvorgangs gewonnenen Daten im Einklang mit den Bestimmungen des Teledienstedatenschutzgesetzes und des Bundesdatenschutzgesetzes stehen.

Bestätigung

Sobald der Kunde die Bestellung abgeschickt hat, muss ihn der Shopbetreiber nach § 147 BGB unverzüglich über den Eingang der Bestellung sowie über das Widerrufs- und Rücktrittsrecht informieren. Das geschieht in der Regel per E-Mail und erklärt gleichzeitig die Angebotsannahme des Shopbetreibers.

2.9 Providerwechsel und Domainumzug: Worauf müssen Sie achten?

Haben Sie einen Webhoster gefunden und die Homepage ins Netz gestellt, ist die Welt erst einmal in Ordnung. Nach einiger Zeit stellt sich aber vielleicht Unzufriedenheit ein: Die eigenen Ansprüche sind gewachsen, oder andere Provider locken mit noch günstigeren Preisen. Was Sie beim Umzug Ihrer Website beachten sollten, lesen Sie hier.

Domainumzug

Sofern die Domain auf Ihren Namen registriert ist, stellen Sie im Fall eines Domainumzugs einen sogenannten KK-Antrag. KK steht dabei für **K**onnektivitäts-**K**oordination. Dieser Antrag ist immer dann erforderlich, wenn ein Kunde mit seiner bestehenden Domain den Webspace-Provider wechselt oder eine Domain von einem anderen Besitzer übernimmt.

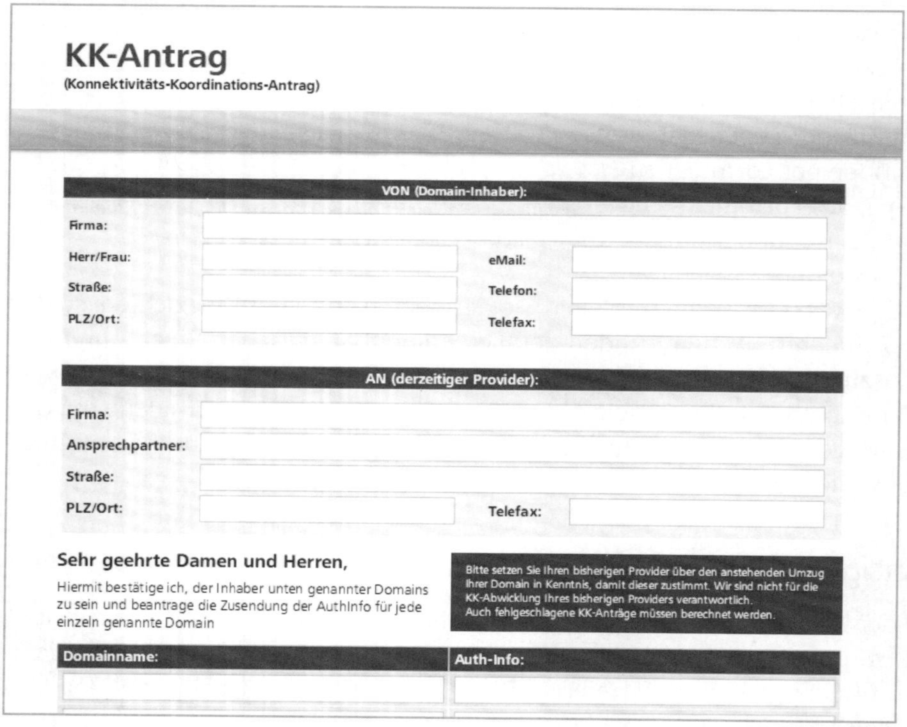

KK-Antrag
(Konnektivitäts-Koordinations-Antrag)

VON (Domain-Inhaber):

Firma:
Herr/Frau:
eMail:
Straße:
Telefon:
PLZ/Ort:
Telefax:

AN (derzeitiger Provider):

Firma:
Ansprechpartner:
Straße:
PLZ/Ort:
Telefax:

Sehr geehrte Damen und Herren,

Hiermit bestätige ich, der Inhaber unten genannter Domains zu sein und beantrage die Zusendung der AuthInfo für jede einzeln genannte Domain

Bitte setzen Sie Ihren bisherigen Provider über den anstehenden Umzug Ihrer Domain in Kenntnis, damit dieser zustimmt. Wir sind nicht für die KK-Abwicklung Ihres bisherigen Providers verantwortlich. Auch fehlgeschlagene KK-Anträge müssen berechnet werden.

Domainname:	Auth-Info:

Viele Provider bieten KK-Anträge auf ihren Websites zum Download an oder schicken sie auf Wunsch zu.

An einem Providerwechsel sind in der Regel vier Seiten beteiligt:

1. die antragstellende Person,
2. der bisherige Provider,
3. die DENIC (im Fall einer *.de*-Domain) und
4. der neue Provider.

Bevor Sie sich zu einem Wechsel entscheiden, sollten Sie jedoch sicherstellen, dass Ihr bisheriger Provider keine offenen Forderungen gegen Sie hat. In einem solchen Fall wird er einem KK-Antrag nicht zustimmen.

Zunächst sollten Sie den Vertrag mit Ihrem bisherigen Provider schriftlich kündigen, am sichersten per Einschreiben und Rückschein. Kündigen Sie per Fax, sollten Sie auf jeden Fall den Faxbericht ausdrucken und zu Ihren Akten nehmen. Setzen Sie mit der Kündigung gleichzeitig ein Datum, bis zu dem Ihre Domain umgeschaltet sein muss.

Hält Ihr Provider diese Frist nicht ein, mahnen Sie diese noch einmal schriftlich an und setzen letztmalig ein Datum fest, bis zu dem die Umkonnektierung erfolgt sein soll. Sieht Ihr Provider auch dann noch keine Veranlassung, in Ihrem Sinne tätig zu werden, können Sie sich an die DENIC wenden. Kommen Sie auch mit Unterstützung der DENIC nicht zu Ihrem Ziel, bleibt Ihnen keine andere Möglichkeit, als den Rechtsweg zu beschreiten.

Parallel hierzu stellt Ihr neuer Provider einen KK-Antrag. Für diesen muss dem Provider jedoch eine schriftliche Legitimation der antragstellenden Person vorliegen. Die DENIC informiert nach Eingang des KK-Antrags Ihren bisherigen Provider. Ihr bisheriger Provider muss nun innerhalb von drei Werktagen mit dem sogenannten ACK für **ack**nowleged (KK-Antrag zugestimmt) oder NACK für **n**ot **ack**nowleged (KK-Antrag nicht zugestimmt) antworten.

Stimmt der Provider zu, wird die Domain innerhalb weniger Tage auf den neuen Provider umkonnektiert. Falls der Provider nicht reagiert, wird er noch zweimal von der DENIC angeschrieben. Danach werden unbeantwortete KK-Anträge als Zustimmung gewertet. Stimmt der Provider nicht zu, weil Sie vielleicht noch mit Zahlungen im Rückstand sind, kann nach zwei bis drei Wochen ein neuer KK-Antrag gestellt werden, der jedoch wieder mit Kosten verbunden ist.

Während eines Providerwechsels kann es vorkommen, dass Ihre Domain vorübergehend nicht erreichbar ist. Deshalb sollten Sie einen Zeitraum von etwa zwei bis drei Wochen einkalkulieren, in dem Sie über beide Provider erreichbar sind und in aller Ruhe Ihre neue Internetpräsenz einrichten können. Sobald Sie fertig sind, bitten Sie Ihren bisherigen Provider, auf die neue Präsenz zu referenzieren, den Providerwechsel bei der DENIC durchzuführen und anschließend Ihren bisherigen Webauftritt zu schließen.

Checkliste für den Domainwechsel

Wenn Sie die folgende Checkliste Punkt für Punkt durchgehen, dürfte einem erfolgreichen Domainwechsel nichts im Wege stehen:

1. Im ersten Schritt erteilen Sie Ihrem künftigen Provider einen entsprechenden Auftrag. Für den Fall, dass Sie mit einem eigenen Domainnamen wechseln wollen, stellen Sie gleichzeitig einen KK-Antrag.

2. Parallel hierzu sollten Sie den Vertrag mit Ihrem bisherigen Provider schriftlich kündigen, am sichersten per Einschreiben und Rückschein.
3. Erstellen Sie gegebenenfalls ein Backup aller Dateien, die sich auf dem Server des bisherigen Providers befinden.
4. Nach erfolgreicher Konnektierung spiegeln Sie die Backup-Dateien auf den Webserver des neuen Providers.

Wenn Sie mit Ihrer eigenen Domain umgezogen sind, ist Ihre Webpräsenz sofort wieder unter derselben Internetnetadresse „www.IhrName.de“ erreichbar. Auch Ihre Mailadresse bleibt in diesem Fall in der Regel unverändert.

Haben Sie dagegen erstmalig eine Webpräsenz unter eigenem Domainnamen eingerichtet, sollten Sie noch ein paar weitere Punkte beachten:

1. Machen Sie Ihre bekannten Kommunikationspartner so früh wie möglich auf die neue Mail- und Internetadresse aufmerksam.
2. Stellen Sie darüber hinaus sicher, dass für eine gewisse Übergangszeit die Mail, die noch an Ihre alte Adresse geht, automatisch an die neue weitergeleitet wird.
3. Denken Sie daran, dass Sie Ihre Webpräsenz eventuell vorübergehend sowohl auf dem alten als auch auf dem neuen Server pflegen müssen.
4. Wenn Sie die Besucher Ihrer alten Webpräsenz nach einem definierten Zeitraum automatisch auf Ihre neue weiterleiten wollen, tragen Sie in den *<head>*-Bereich Ihrer Startseite den folgenden Quelltext ein:

   ```
   <meta http-equiv="refresh" content="5"; URL="url.htm">
   ```

5. Bei *content* tragen Sie die Zeit in Sekunden ein, die es dauert, bis der Besucher weitergeleitet wird. Als *URL* geben Sie die neue Internetadresse an.

3. Erfolgreiches Marketing – Kunden gewinnen und binden

Seien Sie nicht die berühmte Nadel im Heuhaufen und werden Sie dank Suchmaschinenoptimierung – kurz SEO (**S**earch **E**ngine **O**ptimization) genannt – in den großen Suchmaschinen gefunden. Damit steigern Sie nicht nur Ihre Besucherzahlen und Ihr Image, sondern auch Ihre Umsätze. Mit einer Landingpage lässt sich der Erfolg oft noch steigern. Dabei handelt es sich um eine Webseite, die den Besucher nach einem Klick auf eine Onlinewerbung empfängt und zu weiteren Aktionen animieren soll. Lesen Sie auch, wie Sie Besucher dauerhaft an Ihre Webseiten binden und Kunden per Unternehmens-Podcast informieren. Zum Schluss erfahren Sie, wie Sie am Einsatz von Partnerprogrammen profitieren.

3.1 Gefunden werden ist alles: SEO und Eintrag in Suchmaschinen

Nachdem Sie Ihre fertige Internetpräsenz auf den Webserver geladen haben, schicken Suchmaschinen ihre Roboter (Spider) los, um die Site zu indizieren. Für die meisten Spider sind in erster Linie der sichtbare Text und die Seitentitel relevant. Daneben dienen sogenannte Metatags, die für den Surfer unsichtbar im HTML-Quellcode enthalten sind, als Verstärkung der eigentlichen Inhalte. Mit diesen Metatags legen Sie beispielsweise fest, wie die Suchmaschine Ihre Webseiten indiziert.

Seiteninhalt, Seitentitel und Metatags sind also die Stellschrauben, an denen sich drehen lässt, wenn Ihre Website in den Ergebnislisten der Suchmaschinen erst auf der 250. Seite auftaucht. Denn je weiter Sie in den Listen vorne liegen, desto größer sind die Chancen, dass Besucher auf Ihrer Website landen.

Metatags: Sie haben neben dem eigentlichen Inhalt der Website ebenfalls Einfluss auf das Ranking.

Seiteninhalt anpassen

Beginnen Sie mit der Auswahl der richtigen Suchbegriffe. Sind die Begriffe zu allgemein, sinken die Chancen auf ein hohes Ranking. Bei Suchbegriffen wie „Last Minute“ ist die Konkurrenz einfach zu groß, während die Webseite bei Begriffen wie „Last Minute Reisen nach Peking“ bereits ein Stück nach oben steigt. Der Kompromiss liegt darin, Begriffe zu finden, die häufig gesucht werden, aber sich trotzdem von der Konkurrenz abheben.

Im nächsten Schritt stimmen Sie den Inhalt Ihrer Website auf die Suchbegriffe ab. Wenn Sie also erwarten, dass Ihre Site bei der Eingabe des Suchbegriffs „Ferienwohnung für gehobene Ansprüche“ gefunden wird, muss dieser Begriff auch im Seiteninhalt vorkommen. Die Chancen auf ein gutes Ranking steigen auch mit dem wachsenden Umfang Ihrer Website. Wenn jemand nach „Ferienwohnungen" sucht, listen Suchmaschine als Erstes große Urlaubsportale, die sich über viele Hundert Webseiten mit diesem Thema befassen, bevor eine Website mit nur einer Seite angezeigt wird.

Verlinkung erweitern

Bei Suchmaschinen wie Google ist auch die Verlinkung von großer Bedeutung. Dabei geht es allerdings nicht so sehr darum, dass Ihre Website auf andere Angebote verweist, sondern dass ähnliche Websites auf Ihre Site verlinken. Soll also eine Website bei der Suchanfrage „Ferienwohnung Freiburg" weit oben erscheinen, wäre es gut, wenn möglichst viele Anbieter von Ferienunterkünften rund um die Stadt Freiburg Verweise auf Ihre Website setzen. Hierfür bieten sich auch branchentypische Verzeichnisse, Portale, Onlinemagazine und Linklisten an, in die Sie sich eintragen können.

Seitentitel wählen

Wenn Sie bei der Suchmaschine Google die Suchwörter „Untitled Document" eintippen, werden Sie überrascht sein, dass über eine Million deutschsprachige Webseiten so getauft wurden. Die Homepage-Bauer haben in diesen Fällen schlichtweg die Eingabe eines Seitentitels übersehen. Manche Editoren setzen dann Leertitel wie „Untitled Document" oder „No Title" ein. Das hat dann fast noch mehr Charme, als wenn der Titel komplett fehlt. Vergessen sollten Sie auch Titel wie „Willkommen auf meiner Homepage" oder „Kaufen Sie bei mir".

Suchmaschinen indizieren den Seitentitel, indem sie ihn nach Schlüsselwörtern durchsuchen. Suchbegriffe, die sich im Seitentitel wiederholen, werden stärker gewichtet als jeder andere Eintrag auf Ihrer Seite. Versuchen Sie, in jedem Titel sechs bis zehn Begriffe unterzubringen. Dabei sollten die wichtigsten Begriffe an erster Stelle stehen. So erreichen Sie beispielsweise mit dem Titel „Ferienwohnungen – Eine große Auswahl bietet Ihnen die Betten GmbH" eine bessere Platzierung als mit dem Titel „Betten GmbH – Ferienwohnungen".

Der Seitentitel ist aber nicht nur für die Indizierung durch Suchmaschinen wichtig. Wenn einem Besucher die Webseite besonders gut gefällt, nimmt er sie gern in die Liste seiner Favoriten auf. Für die Benennung des Eintrags schlägt der Browser den Seitentitel vor. Die Vorgabe eines aussagekräftigen Titels ist also auch in diesem Fall sehr hilfreich.

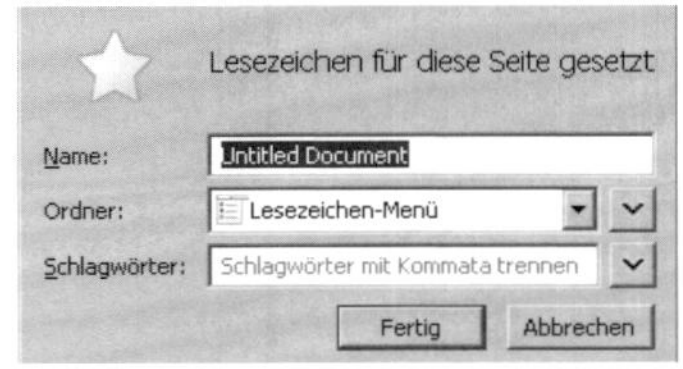

Untitled Document: Das Fehlen des Seitentitels wirkt sich ebenfalls negativ auf die Favoriten aus.

Metatags

Bei manchen Suchmaschinen haben auch die Metatags Einfluss auf die Beschreibung und den Rang der Webseiten in der Trefferliste. Einige der gängigsten Metatags, die Sie bei Bedarf im Quellcode zwischen *<head>* und *</head>* eintragen, finden Sie im Folgenden.

Description (Beschreibung)

Im Metatag *Description* beschreiben Sie in Kurzform den Inhalt Ihrer Website. Diese Beschreibung wird von einigen Suchmaschinen als Suchergebnis ausgewiesen. Da dieses Ergebnis darüber entscheidet, ob ein Surfer Ihre Seiten besucht oder nicht, sollten Sie diesem Tag besondere Aufmerksamkeit widmen. Achten Sie deshalb darauf, dass Sie den Inhalt der Webseite mit zwei bis drei Sätzen möglichst präzise und aussagekräftig beschreiben. Darüber hinaus sollte der Text die wichtigsten Suchbegriffe enthalten, die auch im Seitentext enthalten sind. Für die Beschreibung stehen Ihnen bei den meisten Suchmaschinen etwa 200 Zeichen zur Verfügung. Längere Beschreibungen werden entsprechend verkürzt dargestellt. Vermeiden Sie Wiederholungen, Superlative und Großbuchstaben.

Umlaute sind in der Beschreibung nur zulässig, wenn Sie das Metatag *content-type* einfügen. Mit *<meta http-equiv="content-type" content="text/html; charset=iso-8859-1">* legen Sie die Art der Datei und den Zeichensatz fest, der auf der Webseite verwendet wird. In diesem Beispiel handelt es sich um Text im HTML-Format im europäischen Zeichensatz, sodass die deutschen Umlaute und Sonderzeichen im Browser richtig dargestellt werden.

Keywords (Schlüsselwörter)

Mit den *Keywords* legen Sie fest, unter welchen Suchbegriffen Ihre Website gefunden werden soll. Versuchen Sie, sich wieder in die Lage des Suchenden zu versetzen, um die richtigen Suchbegriffe zu definieren. Berücksichtigen Sie bei der Wahl der Begriffe auch verschiedene Eingabemöglichkeiten. Vermieten Sie z. B. Urlaubsunterkünfte, müssen Sie sicherstellen, dass Suchende sowohl mit „Ferienwohnung“ als auch mit „Ferienwohnungen“ zu Ihrer Site gelangen.

Und denken Sie an die deutschen Sonderzeichen: Ein Ausländer, der an Informationen über die Stadt Düsseldorf interessiert ist, wird eher „Duesseldorf“ oder „Dusseldorf“ als „Düsseldorf“ eintragen. Beachten Sie dabei auch, dass jede Unterseite Ihrer Website unterschiedliche Schlüsselwörter enthalten kann, die den Inhalt der jeweiligen Seite wiedergeben. Wenn Sie z. B. auf einer anderen Seite etwas über Unterbringungsmöglichkeiten in der Stadt Düsseldorf erzählen, könnten Sie dazu die Schlüsselwörter „Düsseldorf“, „Unterbringung“, „Hotels“ verwenden.

Die einzelnen Suchmaschinen registrieren eine unterschiedliche Anzahl von Schlüsselwörtern. Daher sollten Sie bei der Vergabe der Schlüsselwörter mit dem für Sie wichtigsten beginnen, sodass die weniger wichtigen auf die letzten Eingabefelder verwiesen werden. Alle Schlüsselwörter müssen im inhaltlichen Zusammenhang mit Ihrer anzumeldenden Website stehen. Zum einen sind Sie sicherlich nicht daran interessiert, wenn Ihre Website von Surfern besucht wird, die aufgrund ihrer Suchabfrage etwas ganz anderes erwartet haben. Zum anderen kann es Ihnen passieren, dass dieser „Täuschungsversuch" unangenehm auffällt und zu Minuspunkten im Ranking oder sogar zum Ausschluss der Webseite führt.

Die einzelnen Schlüsselwörter trennen Sie durch Kommata, ganze Phrasen lassen sich zwischen zwei Kommata mit normalen Leerzeichen eintragen. Insgesamt sollten Sie etwa 1.000 Zeichen nicht überschreiten.

Language (Sprache)

Obwohl die meisten Suchmaschinen Spracherkennungsprogramme einsetzen, kann dieses Tag sinnvoll sein. Insbesondere bei der Anmeldung von Internetpräsenzen, die auf *.com* enden, gehen viele Suchmaschinen automatisch von englischem Text aus. Mit dem Eintrag *<meta http-equiv="language" content="de">* machen Sie der Maschine klar, dass es sich um deutschen Text handelt.

Weitere Metatags

Neben den bereits erwähnten gibt es noch weitere Metatags, z. B. in Bezug auf den Autor, den Herausgeber und das Copyright einer Webseite, sowie Metatags zum Thema, zum Webseitentyp und zur Zielgruppe. Diese Tags haben jedoch keinen weiteren Einfluss auf die Erfassung und das Ranking von Webseiten. Eine bequeme Möglichkeit, diese und die hier vorgestellten Metainformationen für Ihre Webseite zu erstellen, finden Sie bei *www.metaner.de/metagen/metagenerator.html*. Mit dem kostenlosen Meta-Tag-Genera-

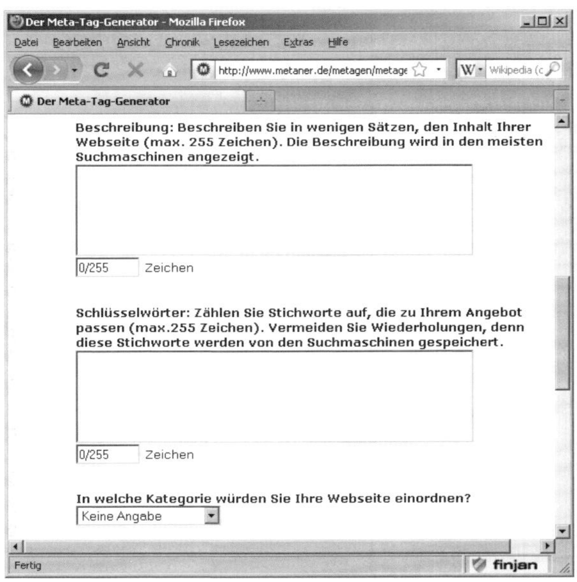

Der kostenlose Onlineservice Meta-Tag-Generator hilft bei der Erstellung der Metatags.

tor erstellen Sie die wichtigsten Metainformationen, ohne sich mit dem speziellen HTML-Quellcode befassen zu müssen. Sie füllen lediglich die Eingabefelder aus, und nachdem Sie auf den Button *Meta-Tags erstellen* geklickt haben, erhalten Sie den fertigen Code, den Sie in Ihre Webseite einbauen.

Bei Suchdiensten anmelden

Die von Suchmaschinen wie Google eingesetzten Spider durchsuchen täglich Milliarden von Webseiten. Dabei handelt es sich um Computerprogramme, die ermitteln, welche Websites wann und wie oft durchsucht werden und wie viele Seiten von jeder Website abgerufen werden. Die Spider spüren aber auch ohne weiteres Zutun neue Websites auf und verwenden sie zur Aktualisierung des Index.

Wenn Sie allerdings erreichen wollen, dass Ihre neue Website möglichst unverzüglich indiziert wird, können Sie sie auch unmittelbar selbst anmelden. Jeder bedeutsame Suchdienst bietet auf seiner Homepage einen Link, über den sich die Website erfassen lässt. Was Sie sich jedoch abschminken können, ist der Gedanke, die Homepage bei allen Suchmaschinen anzumelden. Es gibt Tausende von Suchdiensten! Sinnvoller ist es daher, die Homepage in den wichtigsten nationalen und gegebenenfalls auch internationalen Suchmaschinen anzumelden. Wie einfach das ist, sehen Sie am Beispiel von Google.

Manueller Eintrag

Rufen Sie hierzu die Webseite *www.google.de/addurl/* auf. In das dafür vorgesehene Eingabefeld tragen Sie Ihre URL einschließlich *http://*-Präfix ein, also beispielsweise *http://www.ferienwohnung-in-freiburg.de*. Optional lassen sich noch Kommentare oder Stichwörter hinzufügen, die den Inhalt Ihrer Seite beschreiben. Diese dienen ausschließlich Ihrer Information und haben keinerlei Auswirkung auf die Benutzung oder Indizierung der Website durch Google. Zur besseren Unterscheidung zwischen manuell und automatisch übermittelten URLs können Sie noch optional das Kunstwort wie im Feld angezeigt eintippen.

Google prüft umgehend, ob die von Ihnen gemeldete URL gültig ist. Ist das der Fall, teilt Ihnen der Suchdienst sofort mit, dass die Internetadresse dem System gemeldet wurde. Dabei werden die Unterseiten Ihrer Website automatisch indiziert, soweit sie für Suchmaschinen freigegeben sind.

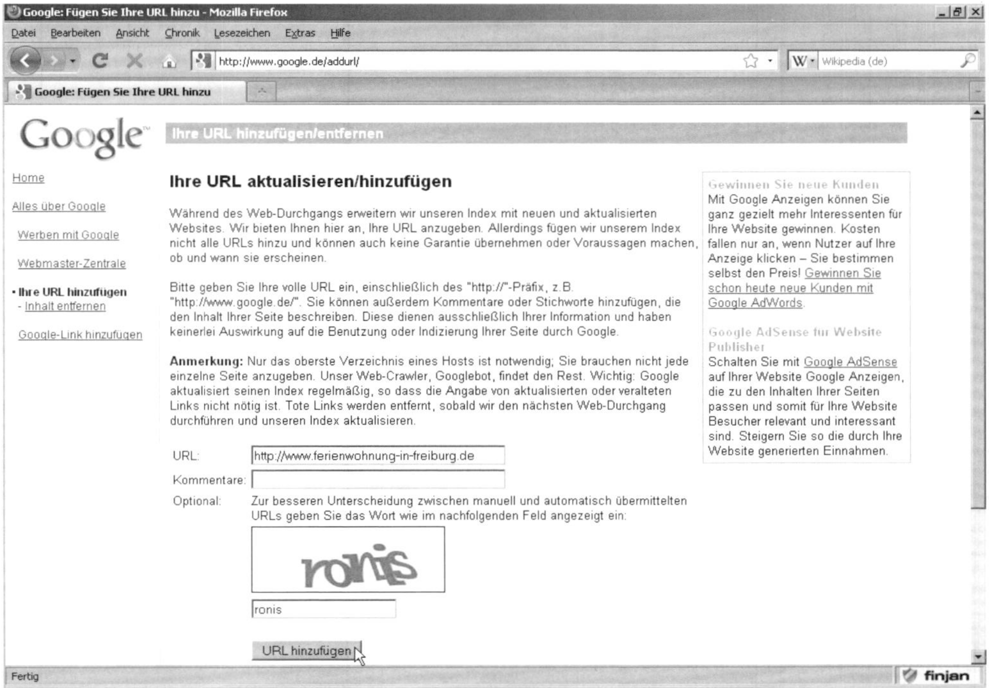

Fast alle Suchmaschinen bieten die Möglichkeit, die Website auch manuell anzumelden.

Eintragung per Internetdienst

Einfacher und schneller geht es mit einem der vielen Internetdienste, die Ihnen die Arbeit teilweise sogar kostenlos abnehmen und dafür sorgen, dass Ihre Website in einem Rutsch bei einer Vielzahl von Suchdiensten angemeldet wird.

Einen solchen Dienst finden Sie beispielsweise unter der Internetadresse *http://www.suchmaschine-anmelden.eu*. Für einen einmaligen Beitrag in Höhe von 59,90 Euro stellt suchmaschine-anmelden.eu sicher, dass Ihre Homepage bei allen großen Suchdiensten wie Yahoo!, Bing und Google eingetragen wird. Der gesamte Vorgang dauert nur wenige Minuten.

Die Einträge erfolgen je nach Suchprogramm und Auslastung in ein paar Tagen bis hin zu einigen Wochen. Allerdings kann der Anbieter keine Garantie für die Aufnahme Ihrer Website bei allen angemeldeten Suchdiensten übernehmen.

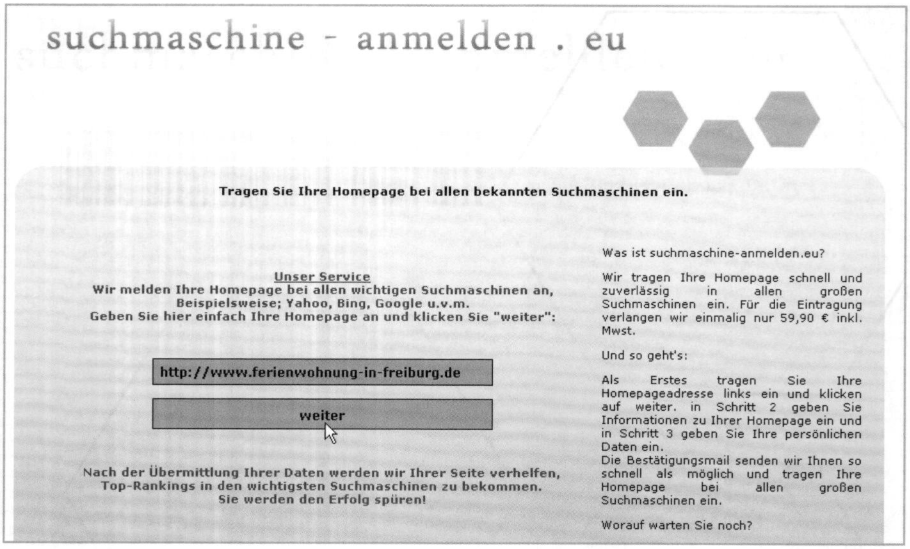

Bei einem Onlinedienst wie diesem melden Sie Ihre Website in einem Rutsch bei mehreren Suchmaschinen an.

Eintragungssoftware

Noch komfortabler gestaltet sich die Anmeldung mit einer Eintragungssoftware, wie sie beispielsweise die Firma AceBIT GmbH mit dem Namen Hello Engines! (*www.hello-engines.de*) anbietet, die in der Vollversion 99 Euro kostet und Ihre Website bei mehreren Hundert Suchdiensten anmeldet. Sie können auch eine Testversion herunterladen, die 30 Tage lauffähig ist und einen Überblick über die Programmfunktionen ermöglicht. Bei Gefallen lässt sich die Testversion per Freigabecode zur Vollversion freischalten.

1 Der erste Programmaufruf startet einen Assistenten, der Sie bei der Aktivierung der Software unterstützt. Um die Software auszuprobieren, klicken Sie auf *Weiter testen*.

2 Der folgende Dialog bietet die Möglichkeit, über die Schaltfläche *Start* nach verfügbaren Updates zu suchen oder das Fenster über *Schließen* zu verlassen.

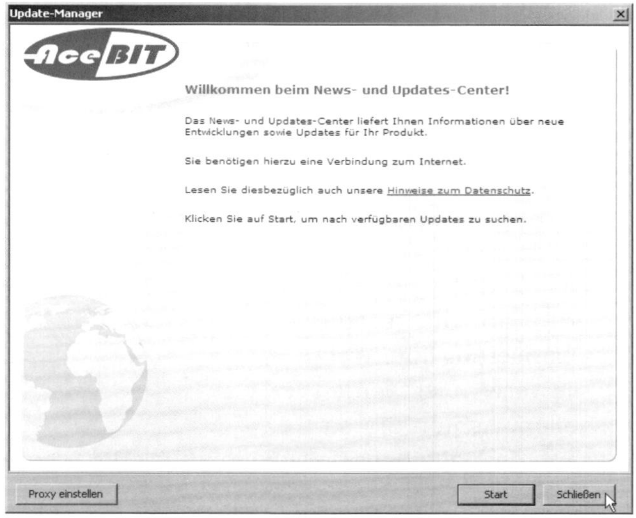

3 Sie beginnen mit der Anmeldung, indem Sie über *Datei/Neu* den Assistenten starten, der Sie nun durch den weiteren Prozess führt. Tragen Sie bei *URL* die Internetadresse Ihrer Website ein und klicken Sie auf *Weiter*.

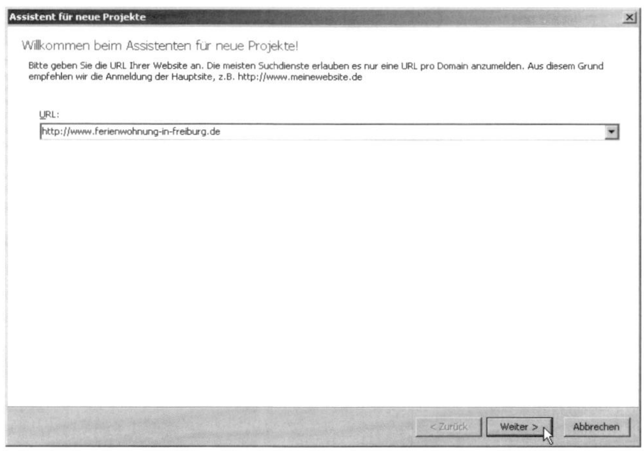

4 Im folgenden Dialogfenster tragen Sie den Seitentitel ein, wählen aus den Listenfeldern *Präsenz-Typ*, *Sprache* und *Kategorie* den für Ihre Website passenden Eintrag und ergänzen die Angaben um eine kurze sowie um eine ausführlichere Beschreibung.

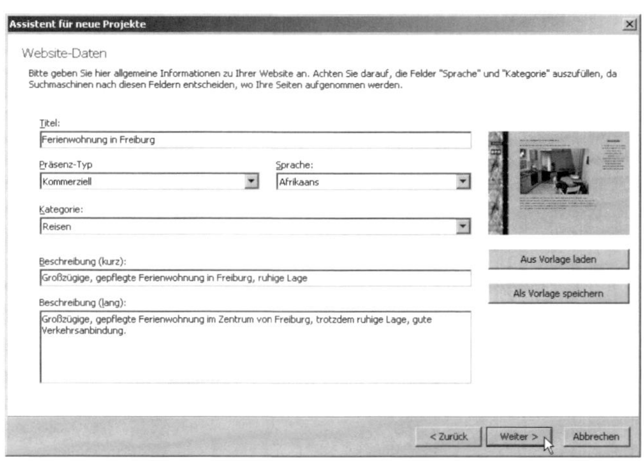

5 In das Eingabefeld *Primärer Suchbegriff/Ausdruck* geben Sie den Begriff ein, der bei der bevorzugten Suchmaschine eine gute Platzierung erzielen soll. Bei *Suchbegriffe* geben Sie maximal fünf Begriffe an, die für die Optimierung Ihrer Website verwendet werden sollen. Achten Sie darauf, dass alle Begriffe auch im Inhalt der Webseite vorkommen.

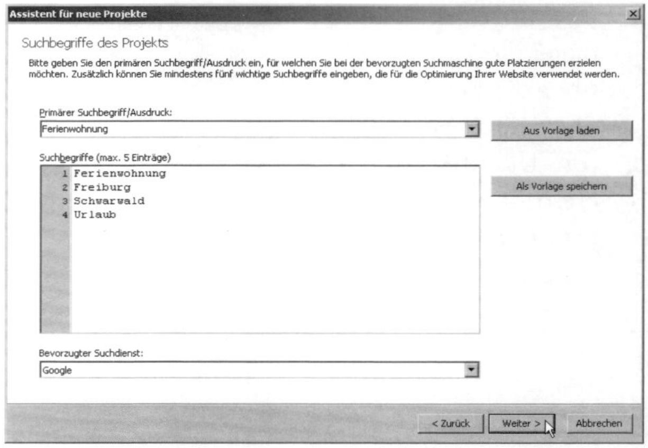

6 Im nächsten Dialog tragen Sie Ihre Kontaktdaten, im übernächsten die Firmendaten ein.

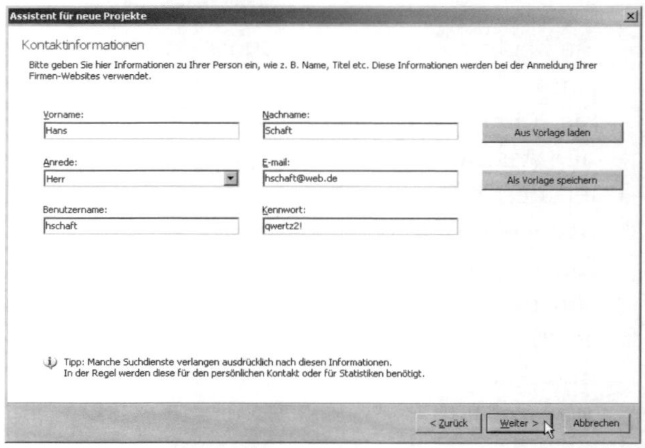

7 Eventuell erforderliche Korrekturen lassen sich mit Hello Engines! auch unmittelbar an der Website durchführen. Wenn Sie das wollen, geben Sie im nächsten Dialog die Zugangsdaten zu Ihrem FTP-Server ein, bevor Sie über *Fertigstellen* den Einrichtungsassistenten verlassen.

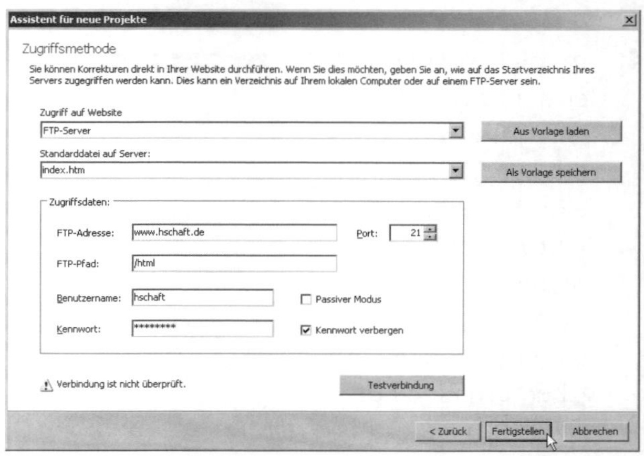

8 Hello Engines! bietet zwei Möglichkeiten zur Anmeldung: eine automatisierte und eine manuelle. Klicken Sie in der Navigationsleiste auf die gewünschte Schaltfläche.

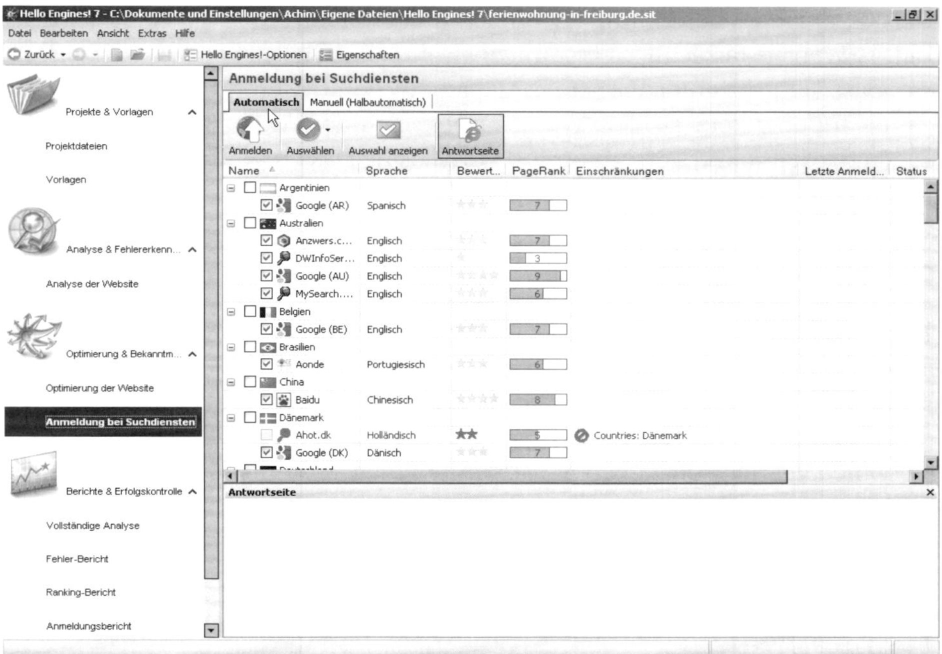

9 Sobald Sie Ihre Auswahl abgeschlossen haben, klicken Sie auf *Anmelden*. Mit einem Hinweisfenster werden Sie darauf aufmerksam gemacht, dass zunächst eine Verbindung zum Internet aufgebaut werden muss. Folgen Sie diesem Hinweis und starten Sie anschließend die Übertragung. Nach erfolgreicher Anmeldung erhalten Sie von einigen Suchdiensten eine Bestätigung in Form einer HTML-Datei, die Sie in Ihrem Browser einsehen können.

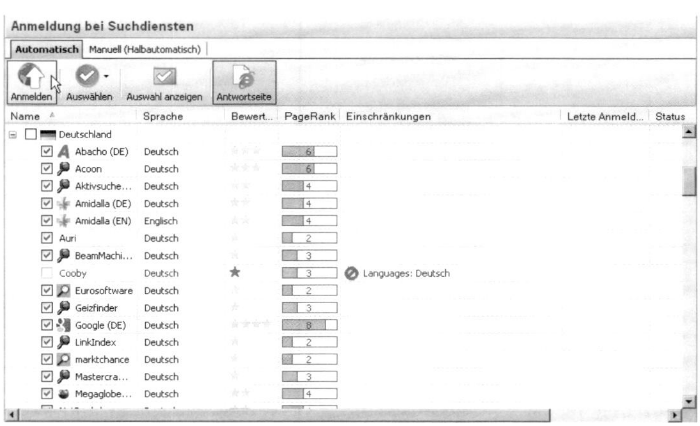

Ranking kontrollieren

Nach der Anmeldung sollten Sie sich ein paar Tage gedulden, bevor Sie kontrollieren, ob Ihre Website über die jeweiligen Suchdienste zu finden ist. Denn einen Hinweis darauf, dass der Eintrag erfolgreich war, erhalten Sie in der Regel leider nicht. Ist Ihre Website tatsächlich eingetragen, werden Sie vielleicht mit Entsetzen feststellen, dass sie trotz guter Vorbereitung erst auf den hinteren Plätzen erscheint. Um das zu ändern, bietet sich ein Werkzeug wie die Ranking Toolbox der Firma AceBIT an, das in der Vollversion knapp 100 Euro kostet. Das Programm ist auch als Demoversion erhältlich – es lässt sich 30 Tage testen.

Ranking ermitteln

Tragen Sie nach dem Programmstart die URL Ihrer Website ein und klicken Sie im folgenden Fenster auf *Ranking*. In das Eingabefeld *Meine URL(s)* geben Sie die zu prüfende Internetadresse ein und klicken auf *Hinzufügen*. Ebenso verfahren Sie mit den Schlüsselwörtern. Wollen Sie die Platzierung Ihrer Website mit einem Konkurrenten vergleichen, geben Sie außerdem die URL Ihres Mitbewerbers ein. Zum Schluss wählen Sie die Suchmaschinen aus, die bei der Ranking-Analyse berücksichtigt werden sollen, bevor Sie mit einem Klick auf *Abfrage starten* die Analyse einleiten.

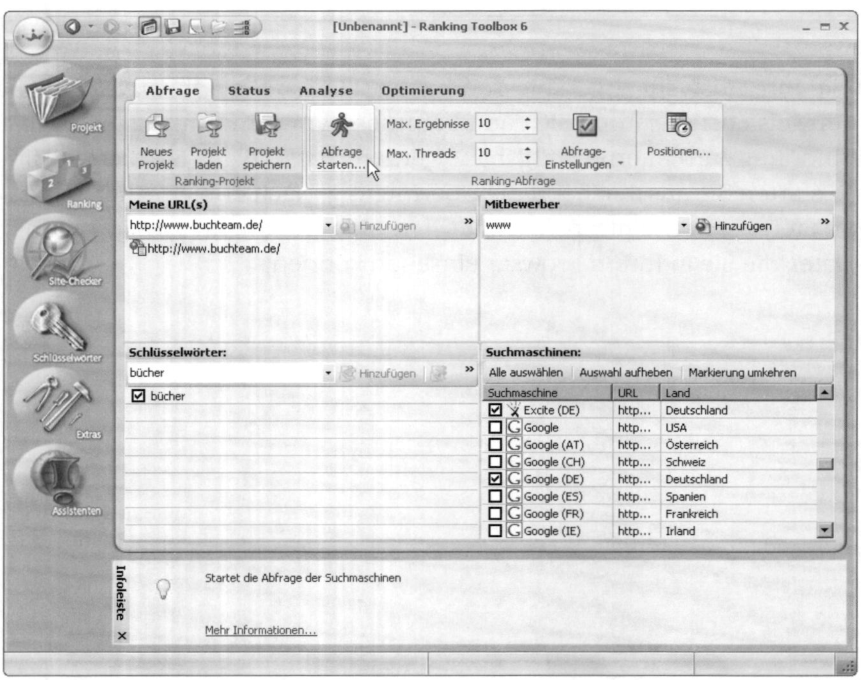

Mit der Ranking Toolbox der Firma AceBIT lässt sich die Platzierung der Website analysieren und verbessern.

Nach erfolgter Abfrage erhalten Sie einen ausführlichen Bericht, der nicht nur Aufschluss über die Position Ihrer Website gibt, sondern auch eine Bewertung der Konkurrenzsituation enthält.

Optimierungsvorschläge

Um das Ergebnis zu verbessern, wechseln Sie über die Navigationsleiste in den Programmbereich *Website-Optimierung* und machen die erforderlichen Angaben, bevor Sie auf *Analysieren* klicken. Kurze Zeit später liefert die Ranking Box einen mehr oder weniger umfangreichen Optimierungsbericht, der unter anderem auch konkrete Vorschläge zur Optimierung enthält.

ranking toolbox

Das überprüfte HTML-Dokument ist für das ausgewählte Schlüsselwort unzureichend/schlecht optimiert!

Element der To-Do-Liste	Beschreibung	Beispiel
REFRESH Tag	In Ordnung Das Dokument enthält keinen Refresh-Wert. Dies ist die empfohlene Einstellung. **Dieser Bereich muss nicht überarbeitet werden!**	
Dokumentname	Warnung Der Name des Dokuments enthält nicht das eingegebene Schlüsselwort. Es wird empfohlen, den Dateinamen einer HTML-Datei so zu benennen, dass er das Schlüsselwort enthält. **Dieser Bereich muss überarbeitet werden!**	**schlüsselwort**.html
Tag TITLE	Hinweis Der Titel ist für das ausgewählte Schlüsselwort nur bedingt optimiert! **Dieser Bereich sollte überarbeitet werden!**	<title>... **Schlüsselwort**...</title>
Meta-Tag "description"	Warnung Das Schlüsselwort ist im Meta-Tag "description" nicht enthalten! **Dieser Bereich muss unbedingt überarbeitet werden!**	<META name="Description" content="Das **Schlüsselwort** in der Description einschließen.... ">
Meta-Tag "keywords"	Warnung Das Schlüsselwort ist im Meta-Tag "keywords" nicht enthalten! **Dieser Bereich muss unbedingt überarbeitet werden!**	<META name="Keywords" content="Fügen Sie das **Schlüsselwort** bei "Keywords" ein">
Dokumenttext	Warnung Der Textkörper des Dokuments ist für das ausgewählte Schlüsselwort unzureichend optimiert! **Dieser Bereich sollte überarbeitet werden!**	<body> .... Das **Schlüsselwort** in dem Dokument-Body mehrmals erwähnen... ... </body>
HREF-Tags	Warnung Das Schlüsselwort ist in keinem Href-Tag enthalten! **Dieser Bereich muss unbedingt überarbeitet werden!**	<a href="/some_path/**schlüsselwort**.htm">... das **Schlüsselwort** ...</a>
Alt-Attribute	Warnung Die Alt-Tags sind für das ausgewählte Schlüsselwort unzureichend optimiert! **Dieser Bereich sollte überarbeitet werden!**	Das **Schlüsselwort** in den Alt-Text des Bildes einschließen: <img src="..." alt="... **Schlüsselwort** ..." ...>

Der Optimierungsbericht enthält Vorschläge und Beispiele, um die Platzierung der Website zu verbessern.

Verbleib der Website

Seien Sie nicht allzu ungeduldig, wenn die Website nicht bereits am nächsten Tag erfasst ist. Manche Suchdienste indizieren den Inhalt Ihrer Website innerhalb weniger Minuten, bei anderen Suchdiensten muss man sich unter Umständen einige Wochen in Geduld üben. Auf keinen Fall sollten Sie in diesem Fall Ihre Website immer und immer wieder anmelden in der Hoffnung, dass es irgendwann doch klappen muss. Das Gegenteil kann der Fall sein! Einige Suchdienste werten diesen Versuch als sogenanntes Spamming und schließen eventuell sogar die Erfassung Ihrer Seite aus oder entfernen eine bereits erfasste Seite wieder aus dem Index.

Sollten Sie dennoch aus irgendwelchen Gründen die Seite erneut anmelden müssen, ändern Sie vorher den Inhalt der Webseiten ein wenig. Damit tricksen Sie den Suchdienst aus.

Nun kann jeder Suchdienst natürlich nur dann etwas indizieren, wenn die angemeldete Website auch etwas zum Indizieren anbietet. Das bedeutet in der Praxis, dass Webseiten, die beispielsweise ausschließlich Grafiken beinhalten, nicht erfasst werden können.

Problematisch sind auch Webseiten mit Frames. Enthält nur das Frameset Metatags, aber nicht die jeweils zugrunde liegenden Frameseiten, ist der Erfolg bei der Anmeldung schon wieder infrage gestellt. Das Problem lässt sich umschiffen, indem Sie – sofern vorhanden – eine Webseite aus Ihrer Internetpräsenz anmelden, die keine Frames enthält.

Auch Flash-Seiten wirken sich bei der Anmeldung nachteilig aus, weil Suchmaschinen der Einblick in die Flash-Filme verwehrt ist. Adobe versucht das mit seinem Programm Flash dadurch auszugleichen, dass es alle Texte in den *<head>*-Bereich der von Flash erzeugten HTML-Dateien hineinquetscht. Davon lassen sich die Suchmaschinen aber nur wenig beeindrucken.

3.2 Optimaler Einsatz von Landingpages

Bieten Sie auf einer ansprechenden Website gefragte Produkte an und ist Ihre Website bei den gängigen Suchmaschinen gut positioniert, haben Sie bereits viel erreicht, und der Erfolg wird durch eine stetig steigende Kundenzahl sichtbar sein. Dieser Erfolg lässt sich durch den Einsatz einer Landingpage oft noch steigern. Hierbei handelt es sich um eine speziell eingerichtete Webseite, die den Besucher nach einem Klick auf eine Onlinewerbung empfängt und zu weiteren Aktionen animieren soll.

Das muss nicht immer zwangsläufig der Kauf eines Produkts oder einer Dienstleistung sein, sondern kann auch zum Abonnement eines Newsletters führen oder der Adressdatengewinnung dienen. Als Onlinewerbemittel kommen meist Banner, Links aus Affiliate-Netzwerken und insbesondere Google AdWords zum Einsatz. Google AdWords liefert Anzeigen, die bei Eingabe eines Suchbegriffs in die Google-Suchmaschine von den Treffern abgegrenzt rechts neben den Ergebnissen zu finden sind. Gestaltet werden die Text- oder Banneranzeigen durch den Inserenten, der gleichzeitig festlegt, bei welchen Suchbegriffen Google die Anzeige einblendet.

Der Inhaber eines Onlineshops für Autozubehör könnte beispielsweise eine Anzeige schalten, die immer dann erscheint, wenn Google-Anwender nach „Alufelgen“ suchen. Im Gegensatz zum Suchmaschineneintrag ist die Einstellung von AdWords-Anzeigen allerdings nicht kostenlos. Vielmehr bietet der Inserent einen Maximalpreis, den er für einen Klick zu zahlen bereit ist. Je höher der gebotene Preis und die vermutete Klickrate sind, desto weiter oben steht die Anzeige innerhalb der höchstens acht Textanzeigen, die Google zu einem Suchbegriff pro Seite anzeigt.

Bei Karstadt (www.karstadt.de) entspricht das Ergebnis genau den Erwartungen, die die Anzeige bei Google AdWords versprochen hat.

Darüber hinaus fließt in diese von Google auch Quality Scores genannte Berechnung die Ladezeit der Landingpage ein. Website-Betreiber, die Anzeigen beim Suchmaschinenriesen buchen, müssen daher auch dafür sorgen, dass ihre Landeseiten flott geladen werden, damit sie eine gute Platzierung erhalten. Im Umkehrschluss ist die Qualität der Landingpage also bares Geld wert, da eine sinnvolle Optimierung den Klickpreis um bis zu ein Drittel senken kann. Der Einsatz von Landeseiten lohnt sich daher in zweierlei Hinsicht: Sie sparen Kosten und können zugleich mehr verkaufen, weil sich Besucher leichter in zahlende Kunden verwandeln.

Gestaltung von Landingpages

Viele Shopbetreiber verlinken ihre Werbung direkt mit der Homepage des eigenen Angebots, entweder aus Unkenntnis oder weil sie es zu gut meinen und neben ihrer ganzen Produktpalette gleich noch zeigen wollen, dass sie auf alle möglichen Fragen des Kunden Antworten haben. Der eigentlich beworbene Artikel verschwindet in diesem Fall in einem Wust von diversen Katalogen, Sonderangeboten und dem Kleingedruckten. Wenn Sie in Ihrer Anzeige eine bestimmte Ware bewerben, sollte die Landeseite auch nur dieses eine Produkt aufgreifen. Stehen dem Besucher zu viele Auswahlmöglichkeiten zur Verfügung, z. B. mehrere Links, die zu alternativen Produkten führen oder zu konkurrierenden Angeboten, wird das Ziel der Onlinemarketing-Kampagne mit Sicherheit nicht erreicht. Das heißt nicht, dass Sie darauf komplett verzichten sollen, vielmehr muss hier lediglich der goldene Mittelweg gefunden werden, damit das Produkt, für das sich der Besucher eigentlich interessiert, nicht in den Hintergrund gerät.

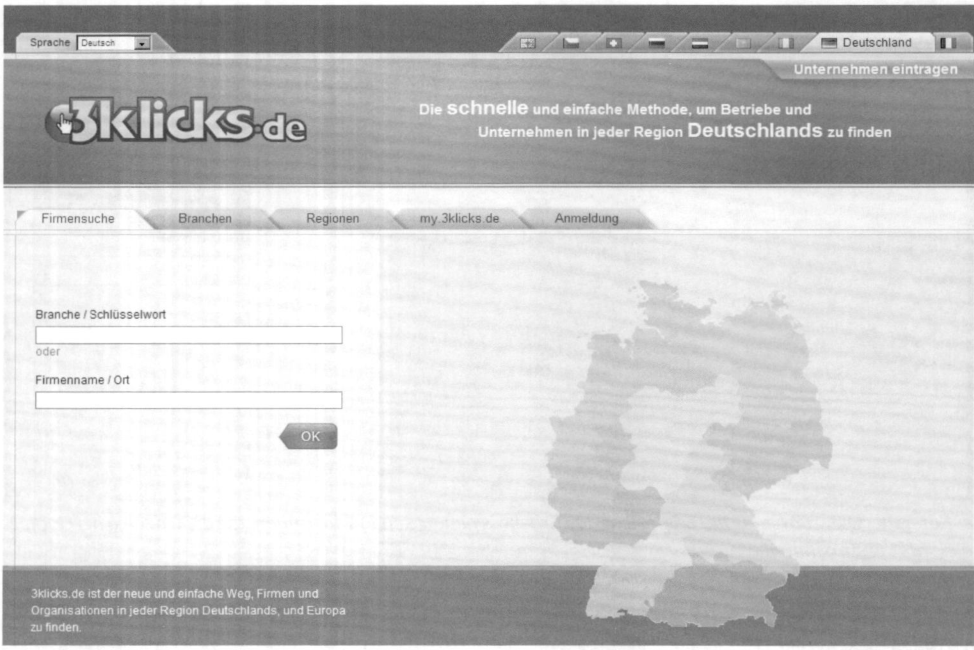

Hier stimmt alles: Der Name 3klicks gibt das einfache Prinzip wieder, das der Besucher sofort versteht (www.3klicks.de).

Abbrecherquote senken

Der Durchschnittsbesucher einer Webseite entscheidet innerhalb von vier Sekunden, ob diese für ihn interessant ist oder nicht, und bis zu 40 Prozent der Besucher brechen gerade zu Beginn einer Surfsitzung einfach ab. Gute Landingpages senken die Abbrecherquote. Deshalb muss es Ihr oberstes Ziel sein, den potenziellen Käufer sofort zu fesseln. Dies erreichen Sie nicht zuletzt dadurch, dass Sie einen nahtlosen Übergang zwischen Werbemittel und Landeseite sicherstellen. So sollten Sie beispielsweise grafische Gestaltung, Headline und Terminologie übernehmen, um Irritationen zu vermeiden. Der Weg, der in der Anzeige eingeschlagen wurde, sollte sich auf der Landingpage konsequent fortsetzen. Bevor sich der Besucher entscheidet, braucht er Informationen, die ihn aber auch nicht erschlagen dürfen. Sind ausführlichere Details erforderlich, sollten Sie diese besser über einen Link anbieten. Erliegen Sie auch nicht der Gefahr, das beworbene Produkt in den allerhöchsten Tönen anzupreisen. Insbesondere Aussagen wie „spottbillig“ oder „einmaliges Supersonderangebot“ lassen die Seriosität vermissen, die für viele Kunden gerade bei Onlinekäufen Voraussetzung für einen vertrauensvollen Verkaufsabschluss ist. Außerdem müssen Superlative nach den AdWords-Richtlinien auch belegbar sein.

Alles im Blick

Viele Kaufvorgänge im Internet werden auch wegen (bedien-)technischer Probleme oder Sicherheitsbedenken abgebrochen. Was für die generelle Shopgestaltung wichtig ist, hat auch bei entsprechenden Landingpages seine Bedeutung. Stellen Sie z. B. sicher, dass der Kunde schnell erfasst, wie er das Produkt kaufen kann. Ebenso wichtig ist, dass so relevante Elemente wie der Warenkorb, die **a**llgemeinen **G**eschäfts**b**edingungen (AGB) sowie die Zahlungs- und Lieferbedingungen stets in Griffweite liegen. Ein Link zur *Über uns*-Seite macht sich in dem Zusammenhang ebenfalls immer gut. Achten Sie bei all dem darauf, dass dem potenziellen Kunden jederzeit klar ist, an welchem Punkt des Bestellvorgangs er sich befindet und welchen Schritt er als Nächstes tun muss, um das gewünschte Produkt zu kaufen.

On-Page-Faktoren berücksichtigen

Soll eine Onlinemarketing-Kampagne gut laufen, ist eine enge Abstimmung zwischen Anzeige und Landingpage erforderlich. Das bedeutet, dass auch bei Landeseiten die bekannten On-Page-Faktoren wie Seitentitel, Überschriften, Metatags und Body-Text berücksichtigt werden müssen, und zwar nach Möglichkeit in Korrelation mit den gewählten Keywords und Anzeigentexten. Doch findet gerade bei den On-Page-Faktoren oft Missbrauch statt, weil einige Suchmaschinenoptimierer versuchen, auch sachfremde Inhalte und Keywords auf der Seite unterzubringen, um mehr Besucher anzulocken. Allerdings sind die Suchmaschinen inzwischen sehr gut im Aufspüren solcher Tricks. Idealerweise sollten die Schlüsselwörter, die Sie in das Keyword-Tool des AdWords-Accounts eintragen, in der Anzeigenüberschrift, im Anzeigentext und auf der Landingpage enthalten sein. Zusätzlich lässt sich ein Schlüsselwort auch in die Anzeige-URL integrieren, z. B. *www.mein-shop.de/schluesselwort*. Google markiert die Begriffe fett, sodass sie sich von anderen Anzeigen besser abheben.

Beispielhafte AdWord- und Landingpage-Kombinationen

Im Folgenden sehen Sie drei willkürlich ausgewählte Google AdWords-Anzeigen sowie die jeweils dazugehörenden Landingpages (Stand: September 2009). Im ersten Beispiel diente als Suchbegriff „Baufinanzierung“, im zweiten „Kreuzfahrt“, im dritten „Sprachschule“.

Beispiel 1

Das auf der Trefferseite platzierte Google AdWord enthält bereits im Linktitel den Hinweis auf die Baufinanzierung, und da der Name der Bank nicht erst seit der erfolgreichen Werbekampagne mit dem ebenso erfolgreichen Basketballer Dirk Nowitzki bekannt ist, wird er an dieser Stelle in einem Atemzug gleich mit genannt. Gleich darunter folgt dann der besonders für klamme Häuslebauer wichtige Hinweis, dass eine 100%ige Vollfinanzierung möglich ist, und das Versprechen, dass die Baufinanzierung mit Niedrigzinsen erfolgt. Da sich der Suchbegriff „Baufinanzierung" in der Anzeige-URL wiederfindet, hebt sich das AdWord auch optisch von den anderen ab.

Beim Sprung auf die Landeseite wird auf den ersten Blick deutlich, dass das Versprechen eingelöst werden soll. Diese Aussage trägt sofort zur Sicherheit des Besuchers bei.

Die Landingpage der ING-DiBa (www.ing-diba.de) löst das Versprechen ein, das die Onlinebank bei Google AdWords gegeben hat.

Mit Textinformationen hat sich das Bankhaus sehr zurückgehalten. Das hat den Vorteil, dass die wirklich wichtigen Eckdaten der Baufinanzierung besonders plakativ hervortreten: als übersichtliche Aufzählung, die der Leser gedanklich nacheinander abhaken kann. Sehr geschickt ist auch, dass die Bank diskret auf den ersten Platz hinweist, den sie als Direktbankfinanzierer mit ihrem Service bei einem Test des Focus-Money-Magazins erreicht hat. Das verstärkt beim Besucher das Gefühl, auf die richtige Karte zu setzen.

Das eigentliche Ziel der Landingpage verdeutlicht der große Button, der den Besucher einlädt, ein unverbindliches Angebot anzufordern. Etwas verloren wirkt hingegen der Link mit dem Hinweis *So einfach funktioniert die Direkt-Baufinanzierung*, obwohl gerade die dort zu findende Aufzählung es dem potenziellen Kunden noch schmackhafter macht, auf die Schaltfläche zu klicken. Für Besucher, die bereits jetzt ganz konkrete Fragen haben, steht darüber hinaus ein Telefonanschluss zur Verfügung.

Beispiel 2

Das AdWord verspricht in der Headline eine *Günstige MSC Kreuzfahrt* und lockt mit einer achttägigen Luxus-Kreuzfahrt ab 899 Euro mit Flug ab Düsseldorf, wobei Kinder sogar kostenfrei mitreisen. Was das keineswegs gängige Kürzel MSC bedeutet, erfährt der Interessent an dieser Stelle nicht. Dieses AdWord ist ein gutes Beispiel für Geotargeting: Über die IP-Adresse wird der Ort ermittelt, sodass beispielsweise in diesem Fall der Flug direkt ab dem Wohnort Düsseldorf angeboten wird.

Im Gegensatz zur extra erstellten Landingpage aus Beispiel 1 landet der Besucher hier per Quereinstieg unmittelbar auf der normalen Webseite. Das Hauptziel des Besuchers, Informationen über die im AdWord beworbene günstige Kreuzfahrt zu erhalten, ist zwischen den anderen Angeboten zu entdecken.

Bei ITM Internet Travel Marketing leitet Google AdWords den Besucher auf die normale Webseite.

Beispiel 3

Das AdWord nennt konkret einen Sprachkurs in England und verspricht, dass gute Sprachkurse nicht teuer sein müssen. Von November bis April sind sie bereits ab 89 Euro buchbar.

Der Sprung auf die Landingpage zeigt dem Anwender, dass der Anbieter Sprachkurse in England durchführt, das Logo und die Überschrift auf der ganz normalen Unterseite des Webangebots machen das deutlich. Für mehr Informationen zu den einzelnen Sprachreisen und -kursen kann der Interessent einzelne Reisen und Kurse anwählen. Auf den dann folgenden Seiten erhält er die dazu passenden detaillierten Informationen (u. a. auch den Preis) und kann sich ausgiebig orientieren.

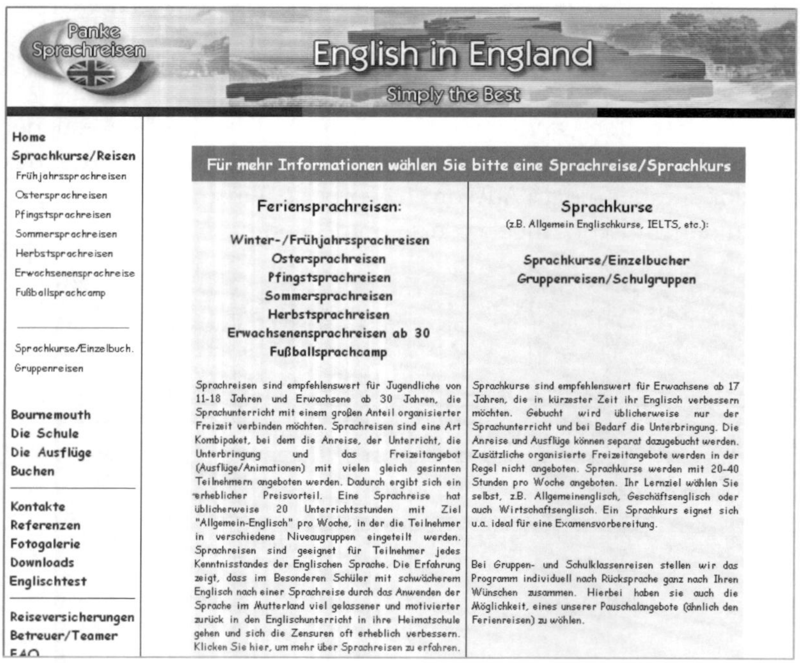

Die Landingpage von „Sprachkurs in England“.

Tipps zur Gestaltung einer Landingpage

Die Landingpage ist die Schnittstelle zwischen Werbung und Verkauf. Als schlanke und kundenfreundliche Webseite muss sie das Versprechen einlösen, das die Onlinemarketing-Kampagne gegenüber dem Besucher abgegeben hat. Dieses Ziel lässt sich erreichen, wenn Sie bei der Gestaltung folgende Empfehlungen berücksichtigen:

- Landingpage in die Zielwebsite integrieren

  Insbesondere Microsites weisen zum Teil gute Konversionsraten auf; dennoch sollten Sie isolierte Zwischenseiten vermeiden, da diese den Nutzer oft orientierungslos machen und ihn in seinen Handlungsmöglichkeiten beschränken.

- Erwartungshaltung erfüllen

  Folgt der Nutzer Ihrer werblichen Botschaft, muss seine Erwartungshaltung weitestgehend erfüllt werden. Stellen Sie deshalb sicher, dass sich die zentralen Inhalte und Gestaltungsaspekte eines Banners auf der Landingpage fortsetzen. Erst dann bildet die Onlinekampagne die erforderliche inhaltlich und visuell abgestimmte Einheit.

- Emotionale Ansprache fortführen

  Achten Sie darauf, dass die emotionalen Schlüsselreize, die den Klick auf das Werbebanner ausgelöst haben, ihre Fortsetzung auf der Landingpage finden. Besonders bei Onlinekampagnen von Automobilherstellern zeigen sich oft Abbrüche von enttäuschten Nutzern, die die Stimmung nicht wiederfinden, die für ihr initiales Interesse ausschlaggebend war.

- Anzahl der beworbenen Produkte beschränken

  Erliegen Sie nicht der Gefahr, ein Produkt zu bewerben und den Nutzer dann auf der Landingpage mit einer unübersichtlichen Produktvielfalt zu erschlagen. Der eigentlich beworbene Artikel tritt dann meist in den Hintergrund.

- Ausreichende Produktinformationen liefern

  Machen Sie dem Nutzer auf der Landingpage deutlich, was das Besondere an Ihrem Produkt ist und was es von anderen abhebt. Sorgen Sie daher für ausreichende Produktinformationen in Form von Bildern und Texten.

- Klare Handlungsoptionen anbieten

  Stellen Sie durch weiterführende Links oder optionale Empfehlungen sicher, dass der Nutzer nicht in einer Sackgasse endet.

- Nicht zu starken Druck ausüben

  Einige Landingpages setzen den Nutzer bewusst inmitten des Shops ab, um ihn möglichst schnell zum Warenkorb zu bringen. An dieser Stelle ist jedoch Vorsicht geboten: Die direkte Verlinkung zum Bestellprozess oder zur Dateneingabe wirkt unseriös und kann beim User schnell das Gefühl auslösen, in den Kauf hineingedrängt zu werden.

3.3 Effektive Kundenbindung per Newsletter

Kunden zu gewinnen ist das eine, sie auf längere Sicht zu behalten, das andere. Eine Möglichkeit: Mit regelmäßigen Newslettern binden Sie die Besucher dauerhaft an Ihre Webseiten. Nutzen Sie die Info-E-Mails als wichtiges Marketinginstrument. Kündigen Sie damit besondere Aktionen zu bestimmten Jahreszeiten, Festen oder örtlichen Veranstaltungen an. Ein Gartenbaubetrieb könnte beispielsweise im Frühjahr ein besonderes Angebot für den Heckenschnitt unterbreiten oder die Autowerkstatt zu Beginn der kalten Jahreszeit auf einen günstigen Wintercheck hinweisen. Nutzen Sie als Bäcker die Gelegenheit, um für Ihre Torten zur Kommunionsfeier zu werben, oder informieren Sie die Leser über Ihre Teilnahme beim nächsten Stadtfest.

Ein Newsletter-System besteht aus zwei Komponenten: Über die Webseite haben die Surfer die Möglichkeit, sich in die Abonnentenliste einzutragen. Hier kommt es darauf an, dass das Anmeldeformular möglichst nahtlos in die eigenen Seiten integriert wurde und sich von den Besuchern einfach bedienen lässt. Wichtig für die Sicherheit: Verwenden Sie eine Lösung, die bei der Anmeldung nach dem Double-Opt-in-Prinzip funktioniert. Die Interessenten erhalten eine E-Mail an die angegebene Adresse und müssen das Abo in der Regel per Klick auf einen Link bestätigen. Die zweite Komponente ist der interne Bereich, über den Sie die Abo-Einträge verwalten und die Nachrichten versenden.

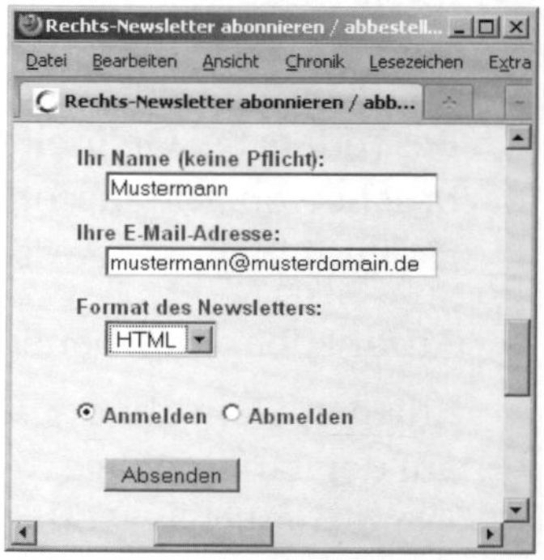

Einfache Anmeldung: Die Surfer müssen lediglich die E-Mail-Adresse eingeben, das Format auswählen und auf die Schaltfläche klicken.

Für die Einrichtung eines eigenen Newsletters stehen mehrere Wege offen: Nutzen Sie ein mögliches Newsletter-Modul Ihres Webhosting-Providers, installieren Sie ein frei verfügbares Skript auf Ihrem Webserver, verwenden Sie eine lokal einzurichtende Software oder setzen Sie auf einen speziellen Onlineservice.

Domeus-Newsletter einrichten

Ein Beispiel für letztere Möglichkeit: Richten Sie mit dem kostenlosen Dienst Domeus einen Newsletter in wenigen Minuten auf Ihrer Website ein.

1 Rufen Sie die Startseite *www.domeus.de* auf und klicken Sie auf den Menüeintrag *Neu hier?*, um einen Account beim Anbieter zu erstellen.

2 Geben Sie Ihren Namen, Ihre E-Mail-Adresse sowie Ihr Geburtsdatum ein und bestätigen Sie die Eingaben mit der Schaltfläche *Registrieren*.

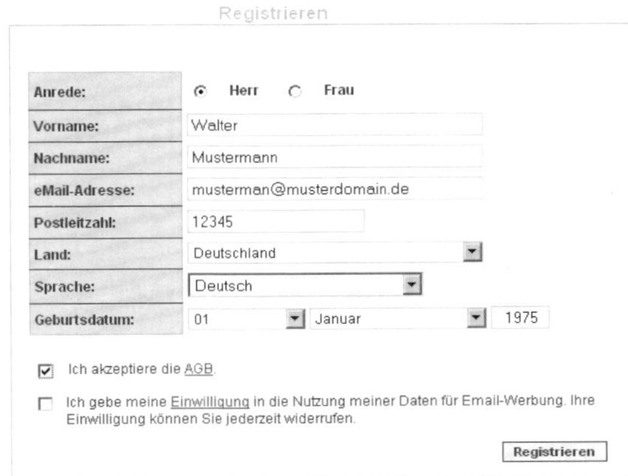

3 Sie erhalten daraufhin eine E-Mail mit den Zugangsdaten. Folgen Sie dem Link *Login* und melden Sie sich mit Ihrer E-Mail-Adresse und dem neuen Passwort an. In der Menüleiste des Mitgliederbereichs finden Sie den Eintrag *Hilfe*. Dort erhalten Sie ausführlichen Anleitungen zum Newsletter-System. Einen neuen Newsletter legen Sie mit der Funktion *Gruppe gründen* an.

4 Wählen Sie in *Schritt 1* als Gruppentyp *Newsletter* aus. Denken Sie sich im nächsten Schritt einen Namen für die Gruppe aus. Dieser Name ist dann auch Bestandteil der E-Mail-Adresse, an die Sie später Ihre Newsletter versenden können. Geben Sie weiterhin eine Bezeichnung für die Gruppe sowie eine Beschreibung und einen Begrüßungstext ein. Sobald Sie die Eingaben mit *Weiter* bestätigen, legt das System die neue Gruppe an.

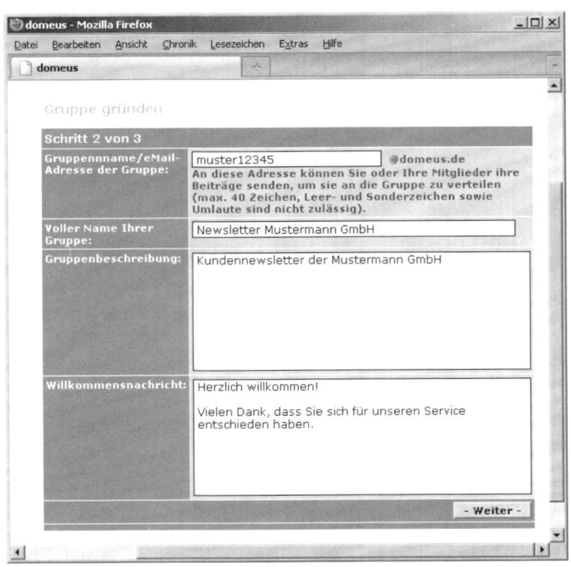

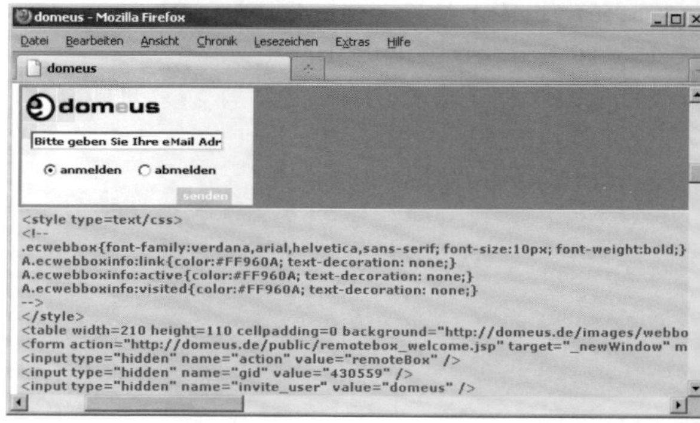

5 Klicken Sie auf *Regeln*, um den Newsletter einzurichten. Sehen Sie sich sämtliche Möglichkeiten im Bereich *Admin* näher an. Über den Link *Anmeldeboxen* gelangen Sie auf eine Seite, auf der Sie den HTML-Code finden, mit dem sich der Newsletter auf Ihre Webseite einbinden lässt. Sie können dabei zwischen verschiedenen Darstellungsvarianten auswählen. Kopieren Sie die HTML-Zeilen über die Zwischenablage in den Quelltext Ihrer Webseite. Fertig! Nun können sich die Besucher in den Newsletter eintragen.

Im Abschnitt *Beiträge* des Administrationsbereichs erstellen und verschicken Sie die E-Mails.

Aufbau und Text optimieren

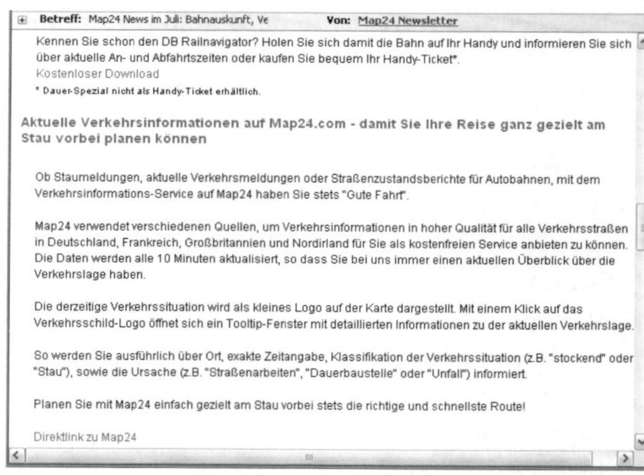

Bei diesem Newsletter sind sowohl die Überschriften als auch die Einstiegstexte zu lang. Welcher Nutzer hat Zeit und Lust, das alles zu lesen?

Durch bloßes Versenden ist der Erfolg jedoch noch nicht garantiert. Auch wenn sich Abonnenten bewusst für Ihren Newsletter entscheiden, bedeutet das nicht, dass sie diesen auch lesen. Zu viele E-Mails kämpfen in den Posteingängen gleichzeitig um Aufmerksamkeit. Dabei wird alles, was weder Nutzwert noch Unterhaltung verspricht, gnadenlos aussortiert und in den Papierkorb verschoben. Es kommt dabei auf jedes Wort an, und auch die äußere Form der Newsletter-Texte spielt eine wichtige Rolle. Schließlich haben die Nutzer am Bildschirm besondere Lesegewohnheiten, auf die Sie mit Ihren Texten Rücksicht nehmen sollten. Erfolgreiche Newsletter überzeugen durch Einfachheit, Kürze, gute Gliederung und gezielte Leseanreize.

Nutzen hervorheben

Bevor Sie mit dem Versenden der E-Mails starten, stellt sich eine grundsätzliche Frage: Wie nennen Sie den Newsletter? Die Bezeichnung Newsletter selbst ist zu allgemein und durch den häufigen Gebrauch sehr abgedroschen. Versprechen Sie über den Titel besser einen konkreten Nutzen. Sinnvoll sind Namen wie „Krauses Finanz-Ratgeber", „Lisas monatliche Basteltipps" oder „Neue Wohnideen". Mit einer ergänzenden Erklärung wie „Melden Sie sich jetzt kostenlos für den wöchentlichen Newsletter mit Tipps und Sonderangeboten an!" wird der Service für jeden Besucher erkennbar.

Machen Sie sich zudem ein klares Bild von Ihrer Zielgruppe und überlegen Sie, welchen Mehrwert Sie den Lesern bieten können. Der Nutzen sollte stets im Vordergrund stehen. Informationen und Tipps, von denen die Leser beruflich oder privat profitieren, werden mit Interesse gelesen. Aber auch spaßige und unterhaltsame Inhalte haben einen Wert und können allzu fachliche E-Mails auflockern.

Mit Betreffzeile verführen

In den meist überfüllten Eingangskörben werden die Empfänger zuerst mit der Betreffzeile Ihrer E-Mails konfrontiert. Im Bruchteil einer Sekunde entscheiden sie, ob sie eine Nachricht lesen, zurückstellen oder sofort löschen. Die meisten Nutzer lesen dazu nicht Betreff für Betreff, sondern sie scannen die Liste nach relevanten Schlüsselwörtern. Eine neutrale Zeile wie „Newsletter 5-2008 der Xyz AG" setzt dabei jedoch kaum Anreize. Verführen Sie die Leser besser zum Klicken, indem Sie zwei oder drei Hauptthemen des Newsletters dem Betreff hinzufügen. So wecken Sie beispielsweise Neugier mit „Krauses Finanz-Ratgeber 9: Geld sicher anlegen +++ Steuertipps online". Schlüsselwörter wie „kostenlos" oder „neu" verstärken den Klickimpuls. Sortieren Sie die Stichpunkte zudem nach Wichtigkeit. Je nach E-Mail-Programm und Einstellungen erscheinen sehr lange Betreffzeilen zuerst einmal abgeschnitten auf dem Bildschirm. Nennen Sie die attraktivsten Punkte daher immer zuerst.

Dreiteiliger Aufbau

Gliedern Sie den Text Ihres Newsletters in die drei Abschnitte Kopf-, Nachrichten- und Fußteil. Wiederholen Sie im Kopfbereich den Titel und fügen Sie die laufende Nummer, das Datum sowie eine persönliche Anrede hinzu. Bei langen E-Mails ist es sinnvoll, ein Inhaltsverzeichnis mit den Themen voranzustellen. Hängen Sie an das Ende des Newsletters Ihre ausführlichen Kontaktinformationen an. Hierzu zählen die vollständige Adresse mit Telefon- und Faxnummer sowie ein E-Mail-Link und die Verknüpfung zur eigenen Homepage. Zum Pflichtprogramm zählt ein Hinweis, der erläutert, wie sich das Abo des Newsletters stornieren lässt. Besonders komfortabel sind Lösungen, bei denen sich die Kündigung mit einem einfachen Mausklick auslösen lässt.

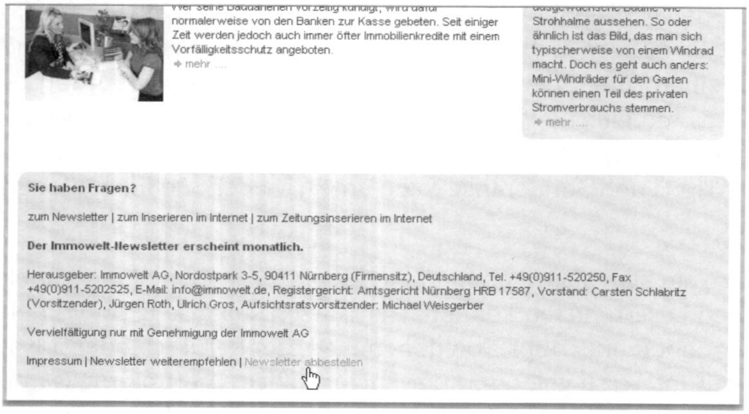

Vorbildlich: Schließen Sie den Newsletter neben den ausführlichen Kontaktinformationen mit einem Link ab, über den sich das Abo per Mausklick beenden lässt.

Teaser als Appetitanreger

Appetit auf Ihre Themen machen Sie mit sogenannten Teasern im mittleren Nachrichtenteil. Jede Meldung wird mit einer Überschrift, einem kurzen Text und einem Link eingefügt. Gestalten Sie die einzelnen Nachrichtenblöcke einheitlich und trennen Sie sie mit Weißraum oder Linien optisch voneinander. Eine klare Struktur der E-Mail hilft den Nutzern bei der Orientierung. Schließlich lesen sie den Text des Newsletters nicht konsequent vom Anfang bis zum Ende, sondern überfliegen ihn vielmehr auf der Suche nach Schlüsselbegriffen. Aktuelle Studien belegen, dass Empfänger rund 50 Sekunden bei einem Newsletter verweilen und in dieser Zeit lediglich 20 Prozent des Texts lesen.

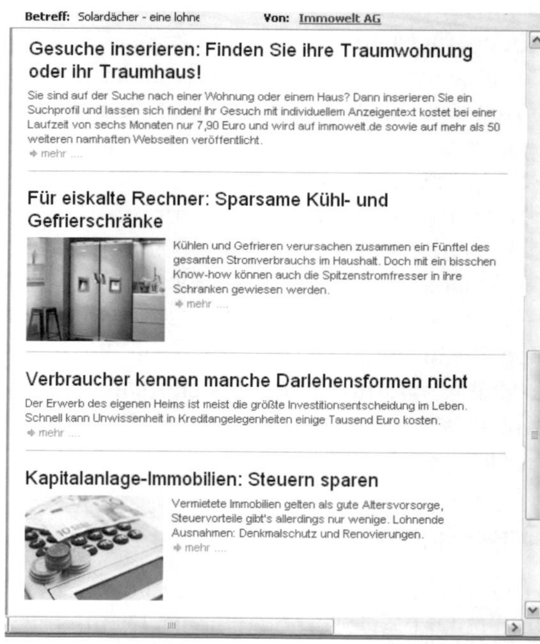

Plakative Überschriften und kurze Teaser-Texte – dieser Newsletter lässt sich bequem scannen und weckt in zwei, maximal drei Sätzen pro Thema das Interesse der Leser.

In erster Linie wandern die Blicke von Überschrift zu Überschrift. Die Teaser-Titel haben die Aufgabe, die Aufmerksamkeit auf den restlichen Text der jeweiligen Meldung zu lenken. Mit Fragen wie „Sind Ihre Spritrechnungen zu hoch?" holen Sie die Leser bei einer möglicherweise eigenen Problemstellung ab. Vielleicht stellen Sie aber auch den Hauptnutzen Ihres Produkts mit „Sparen Sie mit Autogas" heraus, oder Sie machen die Leser neugierig mit „Warum grinst Ihr Nachbar immer, wenn er ins Auto einsteigt?". Nehmen Sie stets die Perspektive der Empfänger ein. Die Teaser-Überschriften funktionieren, wenn Sie sie mit fetter oder farbiger Formatierung deutlich hervorheben.

Im Text des Teasers heizen Sie das Interesse weiter an, indem Sie die Problemstellung erneut aufgreifen. Ein möglicher Einstieg wäre: „1,50 Euro pro Liter Benzin – wer kann das noch bezahlen?" Zeigen Sie im folgenden Text eine mögliche Lösung auf, die beispielsweise zu Ihrem Produkt hinleitet. Mit „Sie sparen mit einer Umrüstung auf Autogas jährlich bis zu 5.000 Euro!" ist eine hohe Klickrate garantiert. Machen Sie dabei jedoch keine Versprechungen, die die nachfolgenden Webseiten nicht halten. Der Teaser-Text sollte maximal drei Sätze und bis zu 60 Wörter lang sein

Sagen Sie den Lesern zum Abschluss, was sie tun sollen. Führen Sie sie per Link auf Ihre Kontaktseite, zu weiterführenden Informationen oder zu einem Onlinerechner, mit dem sie sich die individuellen Sparmöglichkeiten selbst berechnen können. Seien Sie mit Verlinkungen nicht sparsam. Verknüpfen Sie beispielsweise auch die Überschrift und ein eventuell ergänzendes Bild mit der entsprechenden Webseite.

Übrigens gilt auch für die komplette Newsletter-Seite die Regel, dass die wichtigsten Nachrichten oben stehen sollten. Nach unten hin nimmt die Aufmerksamkeit der Leser merklich ab.

Links prüfen

Wichtig: Prüfen Sie die Links stets noch einmal vor dem Absenden. Sind die E-Mails einmal verschickt, bleibt zur Korrektur einer fehlerhaften Verlinkung nur die peinliche Wiederholung der Versandaktion.

Themen suchen

Für den Inhalt des Newsletters bieten sich zuerst einmal die eigenen Themen an. Stellen Sie neue Produkte vor, kündigen Sie eine Veranstaltung an oder informieren Sie über Veränderungen im Unternehmen. Beschränken Sie sich jedoch nicht ausschließlich auf die Eigenwerbung. Spannend bleiben die E-Mails, wenn Sie den richtigen Mix aus eigener PR und zusätzlich recherchiertem Content finden. Auf saisonale Ereignisse wie Weihnachten und Ostern abgestimmte Inhalte sorgen für weitere Abwechslung. Mit interessanten und qualitativ hochwertigen Beiträgen werden Sie die Abonnenten auf Dauer für sich gewinnen.

Erfolg messen

Es genügt jedoch nicht, dass Sie selbst von der Form und den Inhalten Ihrer Newsletter überzeugt sind. Entscheidend ist, dass dies auch die Empfänger so sehen. Was helfen schließlich Mühe und finanzieller Aufwand, wenn die regelmäßigen E-Mails von den Abonnenten nicht gelesen werden? Setzen Sie daher auf eine Newsletter-Lösung mit integriertem Reporting.

Die Auswertung der Response-Daten liefert wichtige Erkenntnisse über den Erfolg Ihres E-Mail-Marketings. Beobachten Sie die Entwicklung von An- und Abmeldungen und identifizieren Sie nicht erreichbare Adressen. Außerdem lässt sich ermitteln, ob und wann die Nachrichten gelesen werden und welche im Newsletter-Text eingebundenen Links bei den Lesern besonders beliebt waren. Stellen Sie auf der Grundlage dieser Ergebnisse Ihre Empfängerlisten gezielter zusammen und stimmen Sie die Inhalte noch genauer auf die unterschiedlichen Interessen der Abonnenten ab.

Abo-Zahlen im Blick behalten

Viele Anbieter betrachten ein einmal eingerichtetes Abo-System als Selbstläufer. Da sich die Interessenten selbstständig ein- und wieder austragen, widmen sie der Entwicklung der Anmeldezahlen allenfalls gelegentlich ihre Aufmerksamkeit. Dabei lässt sich der Erfolg Ihrer Onlineaktivitäten gerade an der Entwicklung dieser Zahlen sehr gut ablesen. Leistungsfähige Newsletter-Anwendungen protokollieren nicht nur sämtliche An- und Abmeldungen, sondern sie informieren auch über das Saldo für einzelne Tage, Wochen und Monate. So erkennen Sie auf einen Blick, ob Ihre medienübergreifenden Werbemaßnahmen bei der Zielgruppe angekommen sind und welche Aktivitäten den Aufwand tatsächlich rechtfertigen.

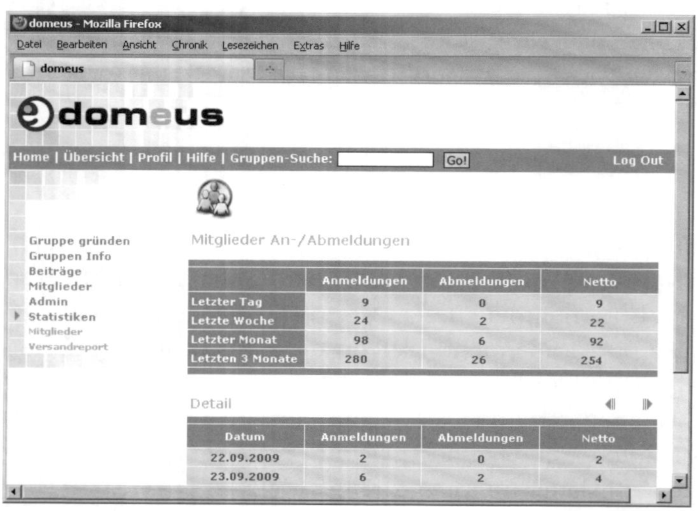

Domeus bietet Ihnen einen tagesgenauen Überblick über alle An- und Abmeldungen.

Sprechen Sie mit Ihrem Angebot ein internationales Publikum an, lohnt sich zudem ein näherer Blick auf die Zusammensetzung des Abonnentenkreises. Zwar sind in den meisten Listen lediglich die E-Mail-Adressen gespeichert, jedoch liefert eine Domainauswertung zumindest einen groben Überblick über die Herkunft der Empfänger. Neutrale Adressen wie *.com*, *.net* und *.org* helfen zwar nicht weiter, Top-Level-Domains wie *.de*, *.at* oder *.ch* sind jedoch recht eindeutig. Manche Newsletter-Lösungen bieten entsprechende Statistiken an. Verstärken Sie Ihre Werbeaktivitäten in den Regionen, in denen die Zahlen besonders niedrig ausfallen.

Bounces auswerten

Die Reichweite Ihrer Mailings ist in der Regel geringer, als es die tatsächliche Zahl der Abonnenten vermuten lässt. So erreichen die E-Mails nicht alle eingetragenen Empfänger, weil manche Adressen nicht mehr gültig und andere zeitweise nicht erreichbar sind, oder es sind schlicht die Postkörbe der Abonnenten überfüllt. Von den Empfängersystemen erhalten Sie Antwort-E-Mails mit entsprechenden Hinweisen. Werten Sie diese sogenannten Bounces aus und korrigieren Sie je nach Einzelfall entweder die Empfängerliste oder starten Sie einen erneuten Anlauf.

Einfache Newsletter-Systeme fassen Bounces in einer Gesamtzahl zusammen. Professionelle Lösungen unterscheiden hingegen zwischen Hard-, Soft- und Block-Bounces und ermöglichen damit eine individuelle Reaktion des Newsletter-Anbieters:

- **Hard-Bounces**: Diese E-Mails weisen auf schwerwiegende Fehler wie einen nicht vorhandenen Benutzer oder einen ungültigen Server hin. Zukünftige Zustellversuche sollten unterbleiben. Vielleicht hilft aber auch die Korrektur einer offensichtlich falsch eingetippten Adresse.
- **Soft-Bounces**: Ist ein E-Mail-Server vorübergehend nicht erreichbar oder das Postfach des Empfängers voll, erhalten Sie einen Soft-Bounce. Hier lohnt sich ein weiterer Versuch zu einem späteren Zeitpunkt.
- **Block-Bounces**: Diese E-Mails weisen auf eine Blockade Ihrer Absenderadresse durch einen Provider hin.

Leistungsfähige Newsletter-Systeme unterstützen Sie dabei, indem sie fehlgeschlagene Übertragungen auflisten, diese den jeweiligen Fehlerkategorien zuordnen und eine Überarbeitung des Adressbestands mit wenigen Mausklicks ermöglichen. Die Bouncing-Rate ist ein aussagekräftiger Indikator für die Qualität von angemieteten Adressbeständen. Sie müssen aber auch bei einem gewissen Prozentsatz der Abonnenten, die sich selbst bei Ihnen registriert haben, mit Änderungen rechnen, etwa weil sie den Provider oder auch den Arbeitgeber gewechselt haben.

Nehmen Sie fehlerhafte Adressen umgehend aus dem Verteiler, auch um zu verhindern, dass große Provider wie Yahoo! und GMX Ihre Newsletter als Spam einstufen oder vollständig sperren. Stellen Sie fest, dass die Bouncing-Rate bei einem Provider besonders hoch ist, kann das auf ein Blocken wegen Spam-Verdachts Ihrer Absenderadresse hinweisen. Reagieren Sie darauf mit Whitelisting, indem Sie Ihre Adresse gezielt in Listen mit ausdrücklich erwünschten Absendern aufnehmen lassen. Achten Sie bei der Auswahl der Newsletter-Software darauf, dass das System entsprechende Erkennungs- und Reaktionsmechanismen anbietet.

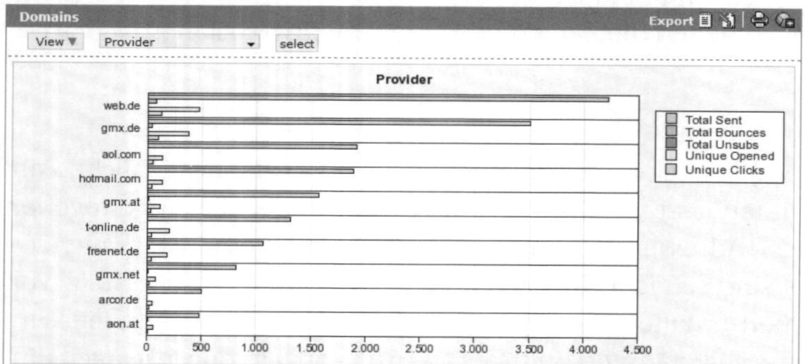

Provider	▼ Total Sent		Total Bounces		Total Unsubs		Unique Opened		Unique Clicks	
web.de	4219	19,52%	80	35,09%	0	0,00%	465	19,88%	124	15,96%
gmx.de	3502	16,20%	41	17,98%	0	0,00%	377	16,12%	97	12,48%
aol.com	1910	8,84%	3	1,32%	1	100,00%	130	5,56%	47	6,05%
hotmail.com	1888	8,73%	1	0,44%	0	0,00%	131	5,60%	36	4,63%
gmx.at	1570	7,26%	11	4,82%	0	0,00%	114	4,87%	26	3,35%
t-online.de	1307	6,05%	2	0,88%	0	0,00%	200	8,55%	37	4,76%
freenet.de	1064	4,92%	16	7,02%	0	0,00%	185	7,91%	38	4,89%
gmx.net	817	3,78%	7	3,07%	0	0,00%	73	3,12%	21	2,70%
arcor.de	502	2,32%	2	0,88%	0	0,00%	45	1,92%	16	2,06%
aon.at	483	2,23%	6	2,63%	0	0,00%	54	2,31%	6	0,77%
Total 1587 Provider	**21615**	**100.00%**	**228**	**100.00%**	**1**	**100.00%**	**2339**	**100.00%**	**777**	**100.00%**

Welche Provider nutzen die Abonnenten, und wo sind die Bounces besonders hoch? Mit einer Übersicht wie dieser bei INSECON mailcompiler bringen Sie es an den Tag.

Öffnungsrate ermitteln

Erkenntnisse über das Nutzerverhalten liefert die sogenannte Öffnungsrate. Sie zeigt an, ob und wann sich die Empfänger Ihre E-Mails auf dem Bildschirm anzeigen lassen. Technisch wird das mithilfe einer kleinen Grafik realisiert, die auf dem Server des Absenders liegt und unsichtbar in den Newsletter eingebunden ist. Öffnet ein Abonnent eine so präparierte E-Mail, wird das transparente Bild nachgeladen, und der Server erzeugt einen entsprechenden Eintrag im Logfile. Neben dem Zeitpunkt des Zugriffs lässt sich die IP-Adresse des Empfängers speichern. Diese Methode funktioniert jedoch nur bei Nachrichten, die im HTML-Format verfasst sind. Reine Text-E-Mails bieten keine Möglichkeit, Grafiken einzubinden.

Manche Systeme erlauben eine personalisierte Auswertung. Sie ordnen jeder Adresse einen individuellen Grafiklink zu. Neben der Gesamtzahl aller Zugriffe lassen sich so auch individualisierte Daten ermitteln und beispielsweise Weiterleitungen Ihrer Newsletter an Dritte erkennen. Beachten Sie hierbei jedoch den Datenschutz. Eine personalisierte Erfassung ist nur erlaubt, wenn die betroffenen Personen vorher eingewilligt haben oder wenn die Daten lediglich zur automatisierten Steuerung weiterer Kampagnenschritte genutzt werden. Die direkte Verbindung, Anzeige und Auswertung von Protokollinformationen mit konkreten Adressdaten ist grundsätzlich nicht zulässig.

Verlässliche Gesamtzahlen liefert das Tracking der Öffnungen im Übrigen nicht. Bei vielen Anwendern ist die Anzeige von in E-Mails eingebundenen Bildern standardmäßig abgeschaltet. Der Empfänger hat den Text gegebenenfalls gelesen, aber keine Bilder anzeigen lassen. Andere Nutzer laden die Nachrichten herunter und öffnen sie später ohne aktive Internetverbindung. Diese Empfänger können zwar den Text lesen, fallen aber mangels hinterlassener Spuren aus der Statistik heraus. Und auch der umgekehrte Fall hat praktische Relevanz: So laden manche E-Mail-Clients die Bilder bereits in der Vorschau, ohne dass der Empfänger den Newsletter bewusst geöffnet hat.

Unabhängig von den beschriebenen Schwächen sollte Ihr System in der Lage sein, das mehrfache Öffnen durch Empfänger zu erkennen. Nur so erfahren Sie, wie viele einzelne Nutzer die Informationen auf den Bildschirm geladen haben. Hilfreich ist die Beobachtung der Öffnungen auf einer Zeitleiste. Sie sehen damit, in welchem zeitlichen Abstand die Empfänger auf Ihre Sendungen reagieren. Optimieren Sie auf dieser Grundlage den Versandtag sowie die Versandzeit und planen Sie Ihre Ressourcen beispielsweise im Verkaufsbereich gezielter ein.

Einen Report anzusehen, heißt immer, eine Momentaufnahme zu betrachten. Wichtig ist daher, dass Sie die Zahlen über Zeiträume hinweg verfolgen. Dies gilt sowohl für die Statistiken zur Verteilerentwicklung als auch für die Ergebnisse der einzelnen Newsletter-Kampagnen. Technisch ausgereifte Versandlösungen bieten die Möglichkeit, einzelne Send-outs per Knopfdruck direkt zu vergleichen. Es sollten immer Ergebnisse zur kurzfristigen Optimierung und zugleich auch langfristige Verläufe registriert werden.

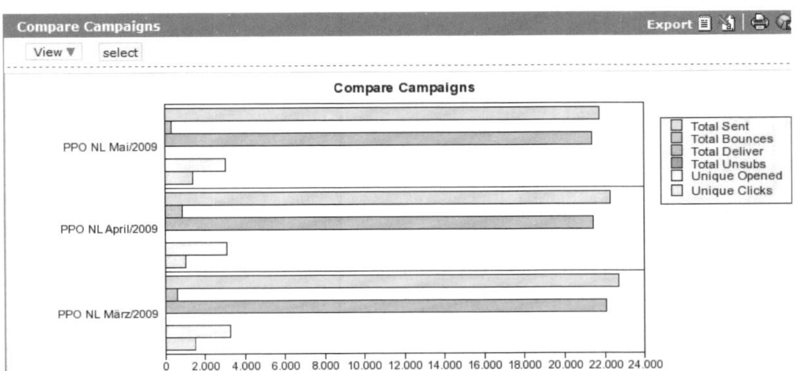

Campaign Name	Total Sent	Total Bounces		Total Deliver	Total Unsubs		Unique Opened		Unique Clicks	
PPO NL Mai/2009	21.736	339	1,56%	21.397	2	0,01%	3.016	14,10%	1.364	6,37
PPO NL April/2009	22.288	857	3,85%	21.431	2	0,01%	3.112	14,52%	992	4,63
PPO NL März/2009	22.693	590	2,60%	22.103	6	0,03%	3.262	14,76%	1.483	6,71
Total 3 Campaigns:	**66.717**	**1.786**	**2,68%**	**64.931**	**10**	**0,02%**	**9.390**	**14,46%**	**3.839**	**5,91**

Entwicklungen sind besonders aussagekräftig: Vergleichen Sie die Ergebnisse der zurückliegenden Kampagnen miteinander.

Klicks erfassen

Das bloße Öffnen von Newslettern garantiert übrigens nicht, dass die Empfänger die Inhalte auch lesen. Hier sind Klicks auf die in den E-Mails enthaltenen Links deutlich aussagekräftiger. Sie ermöglichen eine verlässliche Einschätzung der Resonanz.

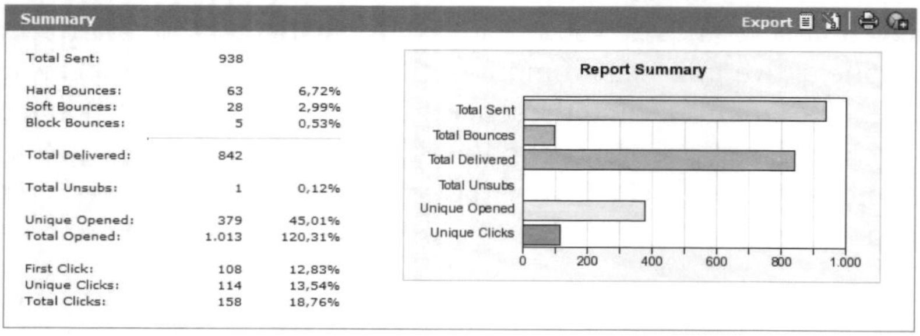

Die Zusammenfassung des INSECON mailcompiler liefert die wichtigsten Tracking-Daten auf einen Blick.

Professionelle Newsletter-Systeme erfassen neben den absoluten Klickzahlen die noch wichtigere Zahl der Unique Visitors. Sie sortieren dazu Mehrfachaufrufe der Empfänger aus. Zudem lassen sich Klickrouten nachvollziehen, und die Reihenfolge des Aufrufs der verknüpften Webseiten sowie die beliebtesten Ziele können ermittelt werden. Zusätzliche Auswertungen wie First Klick – also der zuerst angesteuerte Link innerhalb eines Mailings –, wiederholte Klicks und Klicks in Bezug auf die Öffnungsrate ermöglichen Verbesserungen für Folgekampagnen. Klickraten sind nicht vom Format des Newsletters abhängig. Sie lassen sich sowohl bei HTML- als auch bei Text-E-Mails messen. Nutzen Sie die erfassten Daten, um Ihre Themen neu zu gewichten und gezielter auf die konkreten Kundeninteressen abzustimmen.

Haben Leser eine Seite angeklickt, das darauf beschriebene Produkt jedoch nicht gekauft, können Sie im Rahmen des sogenannten Behavioral Targeting in einem zweiten Anlauf noch einmal nachfassen und beispielsweise ein besonders günstiges Angebot nachschieben. Individuelle Parameter in den eingebundenen Verweisen erlauben die Zuordnung von Klicks zu konkreten Personen. Solange die Auswertung automatisch gesteuert wird, bewegen Sie sich datenschutzrechtlich im grünen Bereich.

Datenschutz beachten!

Der Datenschutz greift immer dann, wenn Ergebnisse auf die einzelnen Empfänger heruntergebrochen werden. Speicherung und Darstellung sind hier peinlichst genau zu trennen. Es ist zwar erlaubt, Profile zu erstellen und anzureichern, dies darf aber nicht auf die Person bezogen einsehbar sein, es sei denn, die Empfänger oder Kunden wurden genau aufgeklärt und haben explizit zugestimmt. Gläserne User sollen vermieden werden, es ist jedoch durchaus erlaubt, die technisch möglichen Optionen zu nutzen, beispielsweise für mehrstufige Kampagnen.

Vertrauen gewinnen durch Transparenz

Schaffen Sie Transparenz, indem Sie die Besucher über die beabsichtigten Auswertungen informieren und vor Abschluss des Abonnements um ihre Einwilligung bitten. Ein solch offener Umgang mit der Thematik kann durchaus vertrauensbildend wirken und die Akzeptanz beispielsweise des Closed-Loop-Marketings erhöhen, bei dem detaillierte Nutzerdaten dazu führen, dass der Newsletter auf jeden einzelnen Empfänger individuell zugeschnitten wird.

Generell sind alle Ergebnisse einer Kampagne, die technisch messbar sind und in irgendeiner Form zum besseren Verständnis der Erfolgsentwicklung beitragen, interessant. Wichtig ist jedoch, diese bezüglich ihrer tatsächlichen Aussagekraft zu analysieren und die verschiedenen Einzelergebnisse auch zueinander in Relation zu setzen.

Software mit Tracking-Funktionen

Es gibt zahlreiche Lösungen für den Versand und das Tracking von Newslettern. Wählen Sie einen Onlinedienst, der komplett auf dem Server des Providers läuft, eine Serversoftware, die sich beispielsweise als PHP-Anwendung auf Ihrem eigenen Webspace installieren lässt, oder eine Kombination aus Desktop-Software für den Versand und Onlineanwendung für das Tracking.

Achten Sie bei den Funktionen für die Erfolgsmessung auf detaillierte Übersichten zu geöffneten Mails, Klicks und Bounces. Letztendlich sollte jedoch das Gesamtpaket Ihre Anforderungen so weit wie möglich abdecken. Insofern gibt es nicht die optimale Anwendung für alle Fälle. Grundsätzlich gilt aber: Professionelles Tracking hat seinen Preis. Die folgenden Anwendungen stehen beispielhaft für eine Vielzahl von Systemen:

- Email Marketer (*www.nesox.com*)
- Supermailer (*www.supermailer.de*)
- eC-messenger (*www.ecircle.com*)
- GroupMetrics (*www.group-metrics.com*)
- Newsweaver (*www.newsweaver.co.uk*)
- Atomic Mail Sender/Atomic Email Tracker (*www.amailsender.com*)
- Rapidmail (*www.rapidmail.de*)
- GraphicMail (*www.graphicmail.de*)
- INSECON mailcompiler (*www.insecon.net*)

Kündigungsgründe für Newsletter

Newsletter zählen zu den wichtigsten Formen des sogenannten Permission Marketing, einer Onlinemarketing-Strategie, bei der die Empfänger per E-Mail als Kunden gewonnen werden sollen. Permission Marketing setzt die ausdrückliche Zustimmung des Kunden zum Erhalt von Werbebotschaften voraus. Diese Voraussetzung wird bei Newslettern erfüllt, da sich der Kunde selbst für den Dienst anmeldet. Aufgrund dieser bewussten Kundenentscheidung ist Permission Marketing eine der effizientesten Werbemaßnahmen. Die Click-through-Rate liegt typischerweise zwischen 5 und 15 Prozent und ist somit wesentlich wirksamer als herkömmliche Formen des Onlinemarketings wie z. B. Bannerwerbung oder Sponsoring.

Kein Zusatznutzen

Die Erlaubnis, dem Abonnenten Mailings zuzustellen, darf jedoch nicht als Freibrief für das Zusenden beliebiger Inhalte missverstanden werden. So hat das Marktforschungsunternehmen Forrester Research in einer Umfrage ermittelt, das fehlender Nutzen im Newsletter-Inhalt der häufigste Grund für die Abmeldung ist. Finden sich im Newsletter beispielsweise dieselben Informationen wie auf der Website, ist die Enttäuschung vorprogrammiert. Kunden, die z. B. Kochgeschirr in einem Onlineshop erworben und sich gleichzeitig für einen Newsletter angemeldet haben, erwarten eher Pflegehinweise und Kochrezepte als permanent Werbung für Gegenstände, die sie gerade erworben haben. Auch regelmäßige Gewinnspiele oder Verlosungen bieten einen klaren Mehrwert und halten die Abonnenten bei der Stange.

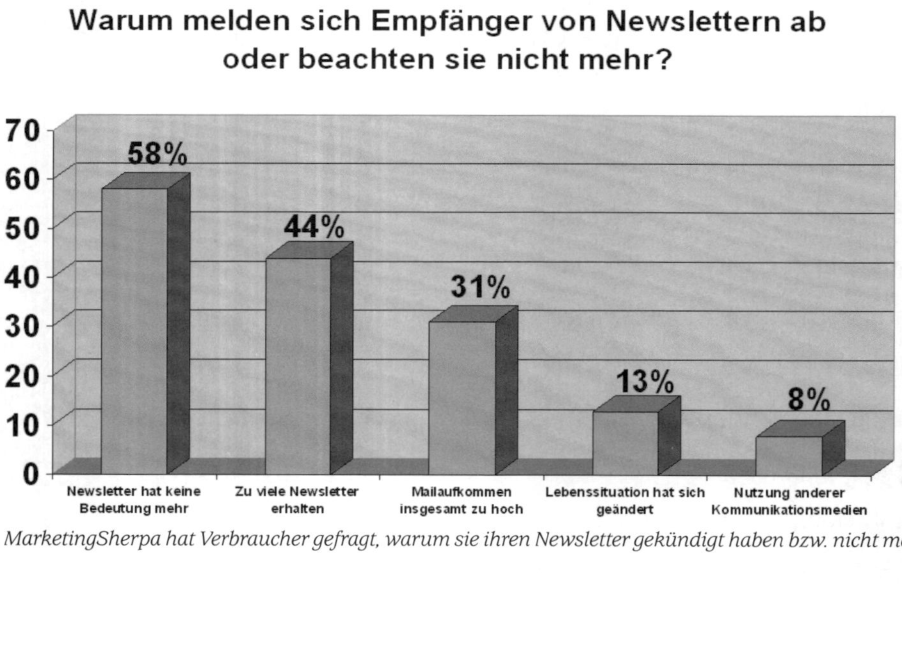

MarketingSherpa hat Verbraucher gefragt, warum sie ihren Newsletter gekündigt haben bzw. nicht mehr lesen.

Zu häufiges Erscheinen

Auch auf eine zu hohe Frequenz des Newsletters reagieren Empfänger gereizt. So hat das Marktforschungsunternehmen MarketingSherpa festgestellt, dass in Abständen von wenigen Tagen verschickte Mailings als Spam empfunden werden, die bei 44 Prozent der befragten Kunden zu Abbestellungen führten. Die eindeutige Mehrheit der Abonnenten wünscht eine konstante wöchentliche Zustellung. Wollen Sie diesem Wunsch nachkommen, muss allerdings sichergestellt sein, dass Sie die Erwartungen auch regelmäßig erfüllen können, denn der Versand von nichtssagenden Bleiwüsten fällt dem Leser negativ auf. In diesem Fall ist es besser, weniger oft, dafür aber wertvolleren Content zu versenden.

Fehlende Aktualität

Ein ebenso häufiger Grund für die Abbestellung des Newsletters ist die fehlende Aktualität. Eine Mail, die im Februar erklärt, wie Containerpflanzen frostsicher überwintert werden, ist ebenso Schnee von gestern wie Hinweise auf Veranstaltungen, die bereits stattgefunden haben. Auch sollten Sie auf das Nachschieben von Informationen, die im letzten Newsletter vergessen wurden, lieber verzichten. Da das Internet als schnelles Medium bekannt ist, lassen sich Nachrichten, die älter als einen Monat sind, besser über die Website oder eine Kundenzeitschrift verbreiten.

Zu unübersichtlich

Viele Newsletter nerven mit schlecht formatiertem HTML, langen Begrüßungstexten und Unmengen von Werbeanzeigen. Muss sich der Leser hier erst durchwühlen, bis er auf den für ihn relevanten Inhalt stößt, ist die Gefahr groß, dass die Mail im elektronischen Papierkorb landet. Wie bereits beschrieben, sollte ein Newsletter kurz, knapp und dennoch informativ sein. Sind ausnahmsweise doch einmal umfangreichere Ausführungen erforderlich, stellen Sie diese Texte besser als Download zur Verfügung.

Gutes Design und eine persönliche Ansprache tragen ganz wesentlich zur dauerhaften Kundenbindung bei.

Als Spam eingestuft

Besonders bei unregelmäßig oder selten verschickten Newslettern ist die Gefahr groß, dass sie irrtümlich für Spam gehalten werden. Die Gefahr steigt noch, wenn Sie den Newsletter mit einer kryptischen Absenderadresse verschicken. Denn neben dem Betreff sortieren viele Leser ihre E-Mails auch anhand des Absenders, und eine Absenderadresse wie „infolist@newsletterservicexy.de“ erschwert dem Abonnenten die Zuordnung. Im Zweifel führt das dazu, dass der Newsletter erst gar nicht geöffnet, sondern direkt gelöscht wird. Empfehlenswert ist es, die Absenderadresse in der Form „newsletter@unternehmensdomain.de“ aufzubauen.

Zu viel Produktwerbung

Zum Ärger vieler Leser missbrauchen einige Onlineshops ihre Newsletter, um sie ausschließlich zur Produktwerbung oder als Preisinformation zu verwenden. In den meisten Fällen sind Inhalte dieser Art für den Abonnenten eher uninteressant, denn wer beispielsweise gerade erst einen neuen Rechner gekauft hat, wird sich nicht im nächsten Monat schon für das Nachfolgegerät interessieren. Will man als Shopbetreiber trotzdem nicht auf diese Marketingmaßnahmen verzichten, sollte man darauf achten, neben der reinen Produktwerbung auch redaktionelle Inhalte, wie beispielsweise Tipps und Tricks, Ratgeber, Hintergrundinformationen oder ähnliches zu liefern.

Inhaltliche Mängel

Nur etwa jeder zweite Newsletter nutzt die Chance, den Empfänger mit einer individuellen Anrede zu begrüßen. Dabei hat gerade die persönliche Ansprache des Kunden beim E-Mail-Marketing eine große Auswirkung auf den Erfolg. So haben Untersuchungen gezeigt, dass personalisierte Newsletter rund ein Drittel höhere Klickraten erzielen als unpersonalisierte. Nicht zu unterschätzen sind auch die Auswirkungen sprachlicher Mängel, und auf die korrekte Grammatik und Rechtschreibung sollten Sie ebenso viel Wert legen wie bei einem „normalen“ Geschäftsbrief.

Zu umfangreich

Während bei Briefen schon wegen des Portos aufs Gewicht geachtet wird, scheint der Umfang von E-Mails nur wenige Versender zu interessieren: 29 Prozent der HTML-Newsletter lagen bei einer Gesamtgröße von über 100 KByte, und ganze 1,3 MByte umfasste der größte der 40.421 E-Mail-Serienbriefe, die die Analysten der ABSOLIT Dr. Schwarz Consulting untersuchten. Solche Datenmengen strapazieren nicht nur die Geduld der Surfer, die noch nicht über Breitbandanschlüsse verfügen, sondern treiben auch die Kosten der Leser in die Höhe, die die Newsletter mit mobilen Endgeräten empfangen.

Kein Interesse mehr

Ob Newsletter zum Thema Schwangerschaft, Geburt oder Babynahrung: Viele werdende Eltern sind erst einmal dankbar für jede Information, die sie kriegen können. Ist das Kind aber nach einigen Monaten dem Babyalter entwachsen, lässt das Interesse spürbar nach, bis es schließlich ganz verschwindet. Auch wenn es Ihnen als Anbieter des Newsletters schwerfällt: Stellen Sie nicht nur für diesen Fall sicher, dass der Abmeldeprozess für den Leser genauso einfach und unkompliziert ist wie das Abonnement des Newsletters.

Neue E-Mail-Adresse

Selbstverständlich enden auch viele Abonnements dadurch, dass sich die E-Mail-Adresse des Lesers geändert hat. Wenn er sich weiterhin für Ihren Newsletter interessiert, wird er sich mit seiner neuen Adresse einfach wieder anmelden. Trotzdem ist es für Sie als Anbieter hilfreich, von der Änderung zu erfahren. Um das zu erreichen, bietet es sich beispielsweise an, den Leser im Rahmen des Abmeldeprozesses nach den Gründen seiner Kündigung zu fragen.

Für den Anbieter des Newsletters ist es interessant, die Gründe für die Abbestellung zu erfahren.

3.4 Lifecycle-Messaging: E-Mails nach Maß

Als das Webbusiness noch in den Kinderschuhen steckte, war es das Ziel der meisten werbetreibenden Unternehmen, möglichst viele E-Mail-Adressen zu sammeln, um einen möglichst großen Kundenkreis mehr oder weniger regelmäßig mit gleichlautenden Kampagnenmails zu versorgen. Nach der Anbindung von Webseiten an Datenbanken änderte sich das Bild. Da sich nun beispielsweise Alter, Geschlecht, Wohnort und Produktvorlieben verwalten ließen, eröffnete sich die Möglichkeit, einzelne Kundengruppen mit modifizierten Werbebotschaften zu adressieren. Danach war es nur ein kleiner Schritt zu personalisierten Mails, wie sie auch heute noch in vielen Fällen verschickt werden: Die Unternehmen verfassen auf Vorlagen basierende Werbebotschaften, die durch dynamische Inhalte ergänzt und individualisiert an die einzelnen Kunden verschickt werden.

Dass aber auch diese Form des E-Mail-Marketings noch nicht der Weisheit letzter Schluss ist, belegen verschiedene Untersuchungsergebnisse. So haben Sie bereits erfahren, dass z. B. nicht erkennbarer Mehrwert der häufigste Grund für die Kündigung von Werbemails oder Newslettern ist. Auch auf eine zu hohe Frequenz der Mailings reagieren viele Empfänger gereizt. Ein Weg aus diesem Dilemma könnte Lifecycle-Messaging sein.

Lebenssituation berücksichtigen

Im Gegensatz zum üblichen E-Mail-Marketing berücksichtigt Lifeycle-Messaging die konkrete Lebenssituation des Empfängers. Wenn beispielsweise eine Schwangere bei einem Babyportal einen Newsletter abonniert und im Rahmen der Anmeldung den voraussichtlichen Geburtstermin mitteilt, bietet dies dem Unternehmen zunächst einmal die Möglichkeit, die Frau bis zum Tag der Niederkunft mit regelmäßigen Newslettern zum Thema „Schwangerschaft und Geburt" zu versorgen. Ein paar Tage nach der berechneten Geburt folgt ein persönlich adressiertes Glückwunsch-Mailing mit Angeboten, die passgenau auf die aktuelle Lebenssituation der Familie zugeschnitten sind. Ist das Kind sechs Monate alt, weiß das Unternehmen auf den Tag genau, wie groß und schwer es in etwa sein müsste und welche speziellen Bedürfnisse – z. B. Babykleidung und Spielzeug – es zu diesem Zeitpunkt zu befriedigen gilt. Wurde ein solcher Prozess erst einmal vonseiten des (potenziellen) Kunden ausgelöst, lassen sich auch komplexe Szenarien im Lebenszyklus eines Kunden durch Lifeycle-Mails begleiten. Der Vorteil für das werbetreibende Unternehmen: eine Steigerung der Öffnungs- und Klickraten um bis zu 50 Prozent.

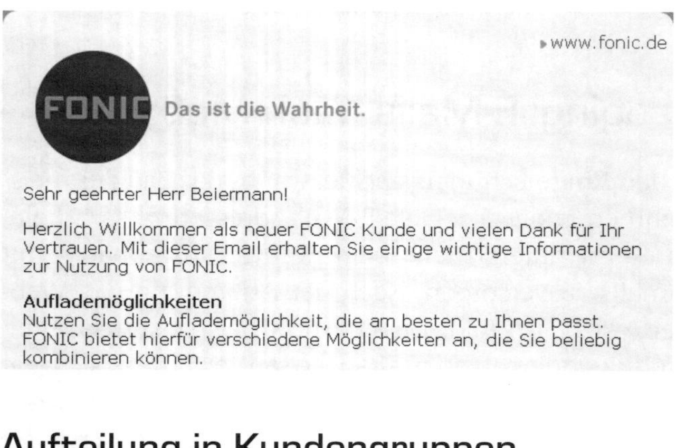

Lifecycle-Messaging (Beispiel: www.fonic.de) bietet die entsprechende Unterstützung, um zu Neukunden eine möglichst dauerhafte Beziehung aufzubauen.

Aufteilung in Kundengruppen

Der Versand der lebenssituationsbezogenen Newsletter erfolgt automatisiert, und sein Inhalt ist abhängig vom jeweiligen Kundenstatus, der sich aus der Zugehörigkeit zu einer bestimmten Interessenten- bzw. Kundengruppe ergibt. Das kann beispielsweise eine Gruppe von Abonnenten sein, die zwar den Newsletter bezieht, sich aber trotzdem noch nicht näher mit den Produkten des Unternehmens befasst hat. Hier gilt es, ganz vorsichtig Interesse zu wecken, ohne die Abonnenten durch eine überzogene Werbekampagne gleich wieder zu verschrecken. Im Gegensatz hierzu erhält die Gruppe der Interessenten Informationen, die zu einem ersten Kauf animieren soll. Diese Gruppe weiß, worauf sie sich eingelassen hat, und ist für Werbebotschaften meist sehr empfänglich. Hat sich aus dem interessierten Besucher ein neuer Kunde entwickelt, muss es Ziel sein, mit diesem eine möglichst dauerhafte Beziehung aufzubauen. Möglich ist das z. B. durch mehrstufige Kampagnenmails, die weitere Kaufanreize schaffen. Wird aus dem Neukunden ein „normaler" Kunde, gilt es, das bereits entstandene Kunden- und Vertrauensverhältnis weiter zu vertiefen. Dies gelingt etwa durch gezielte Zusatzangebote, interessante Hintergrundinformationen oder Erinnerungen an den Ersatzkauf von Produkten, die die übliche Haltbarkeitsdauer bereits überschritten haben. Im besten Fall führt diese besondere Betreuung sogar dazu, dass der Kunde eine emotionale Verbindung zur Produktpalette des werbetreibenden Unternehmens bzw. zum Unternehmen selbst entwickelt.

Feingliedrige Segmentierung

Voraussetzung für eine zielgerichtete Ansprache der einzelnen Gruppen ist der schrittweise Aufbau einer Kontakthistorie. Hierzu zählen klassische Profildaten wie Geschlecht und Wohnort, Aktionsdaten wie Öffnungs- und Klickraten vergangener Mails und Kampagnen sowie Umsatzinformationen und Nutzerverhalten aus dem unternehmerischen Onlineshop oder anderen Webauftritten, die durch Post-Click-Tracking oder eine Webanalysesoftware erfasst werden. Jede einzelne Information sorgt dafür, dass sich E-Mails oder mehrstufige Kampagnen immer feingliedriger ausrichten und noch individueller gestalten lassen, um letztendlich bei den Abonnenten ein möglichst großes Interesse zu erreichen.

Personalisierte Sonderangebote und Prämien sind geeignet, um aus Neukunden Stammkunden zu machen (Beispiel: www.falk.de).

3.5 Corporate Podcasting – am Ohr der Kunden

Die Internetkommunikation hat sich stark gewandelt: Immer mehr Surfer nutzen neue Medien wie Audioclips und Onlinevideos. Sie möchten informiert und unterhalten werden. Mit einem eigenen Unternehmens-Podcast erfüllen Sie diese Ansprüche optimal.

Definition: Podcast

Ein Podcast ist eine Sendung im Audio- oder Videoformat, die über das Internet verbreitet wird. Sie kann von den Nutzern abonniert werden und erscheint in regelmäßiger Folge. Der Begriff setzt sich zusammen aus den Wörtern i**Pod** (populärer MP3-Player der Firma Apple) und broad**cast**ing (englisch für Rundfunk). Audio-Podcasts stehen in der Regel im MP3-Format zum Download bereit, Video-Podcasts – auch kurz Vodcasts genannt – im Format MPEG-4.

Der Podcast bietet Raum für Kreativität und lässt sich günstig produzieren. Hohe Onlinekosten und lange Ladezeiten spielen dabei kaum noch eine Rolle. Dank Flatrates und flächendeckender Versorgung mit DSL lassen sich Soundfiles und Videos ohne Zusatzkosten und in Sekundenschnelle auf die eigene Festplatte laden. Immer mehr Anwender nutzen diese Möglichkeiten regelmäßig, indem sie beispielsweise Musik online kaufen oder Filme bei YouTube betrachten und herunterladen. Sie spielen die Medienfiles dabei nicht nur am heimischen PC, sondern auch mobil auf Handys und MP3-Playern ab.

Nehmen Sie diese überwiegend junge Zielgruppe mit multimedialem Content ins Visier. Werben Sie damit für Ihre Produkte und verbessern Sie gleichzeitig Ihr eigenes Image. Schließlich werden Unternehmen, die Podcasts anbieten, nach einer im Jahr 2007 veröffentlichten Studie der House of Research GmbH (*www.houseofresearch.de*) als interessant, innovativ und kreativ eingeschätzt.

Vorteile des Audioformats

Doch für welches Medium sollten Sie sich entscheiden? Audio oder Video? Für das Hörformat sprechen einige Vorteile: Im Gegensatz zum Film erreichen Sie Ihre Zielgruppe mit Hörsendungen nahezu überall, in der Straßenbahn, im Stau, am Flughafen oder beim Waldlauf. Wo Sie sich mit den Augen auf andere Dinge konzentrieren müssen, sind die Ohren in der Regel immer noch frei. Zudem haben die Nutzer von Videoplayern wegen einer zu kleinen Darstellung oder schlechter Lichtverhältnisse häufig mit der Lesbarkeit auf den Mini-Bildschirmen zu kämpfen.

Für einen Audio-Podcast spricht zudem die sehr große Verbreitung von mobilen MP3-Abspielgeräten. Neben speziellen Playern unterstützen zahlreiche Handys,

Smartphones und sogar Navigationsgeräte das MP3-Format. Außerdem sind die Produktionskosten bei Audio deutlich niedriger als bei Video. Und eine gut gemachte Hörsendung steht im Unterhaltungswert gegenüber einem Film nicht zurück.

Nutzen Sie einen Podcast, um die Zuhörer persönlich anzusprechen. Sie erreichen damit eine höhere Emotionalität als mit herkömmlichen Marketinginstrumenten wie E-Mails oder Newslettern. Gerade für kleinere Unternehmen besteht die Chance zu einer starken Kundenbindung, zumal sich die Hörer gezielt für das Abonnement entschieden haben und somit ohnehin zu den treueren Nutzern zählen.

Beispiele für Unternehmens-Podcasts

Sammeln Sie Anregungen bei den folgenden beispielhaften Hörangeboten:

- Seriös und auf ein Businesspublikum zugeschnitten sind die Podcast-Folgen von IBM (*www.ibm.com/de/podcast/*). Sie behandeln klassische Geschäftsthemen und stellen beispielhafte Projekte und Ergebnisse von Studien ausführlich vor.

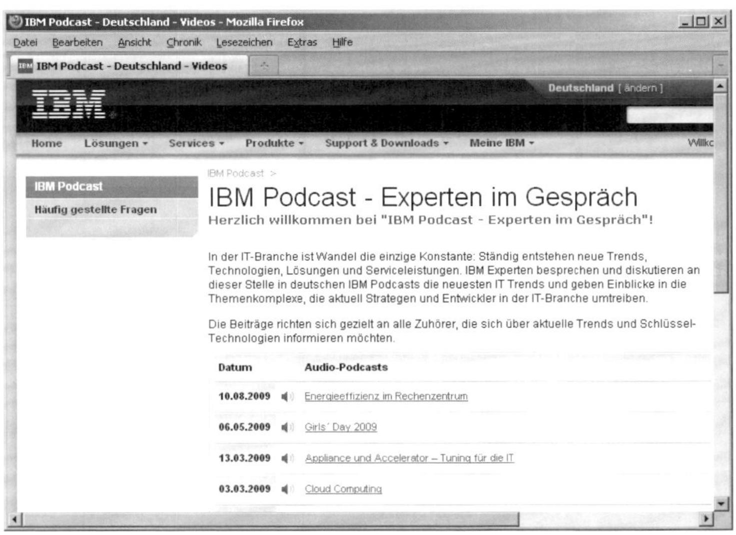

Der Audio-Podcast von IBM richtet sich bewusst an Fachleute und informiert gewohnt sachlich und seriös über aktuelle IT-Trends.

- Lifestyle steht bei den Mixed Tapes von Mercedes-Benz (*http://mercedes-benz.tv*) im Vordergrund. Laden Sie Musik passend zum Wagen herunter. Professionelle Videos transportieren das Lebensgefühl rund um die Marke. Das Angebot ist interessant, aber zum Kopieren wohl mit Blick auf Gestaltung und Technik für die meisten Firmen eine Nummer zu groß.
- Opel (*www.opel.de*) bleibt mit seinen Podcasts da schon eher mit beiden Füßen auf dem Boden. In den Audioclips erzählt der Autobauer über seine Produkte und stellt beispielsweise ausgewählte Cabriotouren vor.

- Auf seinem Portal *www.deinemoeglichkeiten.de* informiert IKEA in fünf Folgen über Ausbildungs- und Karrieremöglichkeiten und lässt Azubis zu Wort kommen.

Der Möbelhändler IKEA nutzt Podcasts zu Personalgewinnung.

- Beim Kaffeeanbieter Starbucks (*www.starbucks.de*) dreht sich alles um die Kaffeebohne. Nach neun Folgen scheint aber erst einmal Schluss zu sein. Sie finden die bisherigen Episoden unter dem Menüeintrag *Rund um die braune Bohne*.
- Die Heilpraktikerin Silke Cronauge (*www.heilpraktiker.cronauge.de*) gibt Tipps aus ihrer Praxis.

Ein neuer Weg auch für Selbstständige und Freiberufler: Die Heilpraktikerin Silke Cronauge stellt in Ihrem Podcast natürliche Diagnose- und Heilmethoden vor.

- Bei eBay finden Sie in der Rubrik *Audio* unter *http://media.ebay.de* Tipps, Erfahrungsberichte und aktuelle Informationen.

Informieren und unterhalten

Auf der Website der Ludwigshafener BASF (*www.basf.com*) finden die Besucher gleich zwei Podcast-Reihen – „Chemie der Innovationen“ und „Der Chemie Reporter“. Wir haben Rainer Müller-Müffelmann von BASF zu seinen Erfahrungen mit dem Medium befragt. Er war in der Innovationskommunikation des Unternehmens von 2006 bis 2009 für die Podcasts verantwortlich.

Welche Ziele verfolgt die BASF mit ihren Podcasts?

Müller-Müffelmann: Unter Innovationskommunikation verstehen wir bei BASF, Innovationen zu kommunizieren und innovativ zu kommunizieren. Podcasts bieten die Möglichkeit, spannende Geschichten zu erzählen. Sie informieren und unterhalten. Wir möchten die Hörer hinter den Vorhang eines weltweit tätigen Chemieunternehmens schauen lassen und zeigen, was wir forschen und entwickeln und wie vielfältig die Berührungspunkte mit Chemie im täglichen Leben sind.

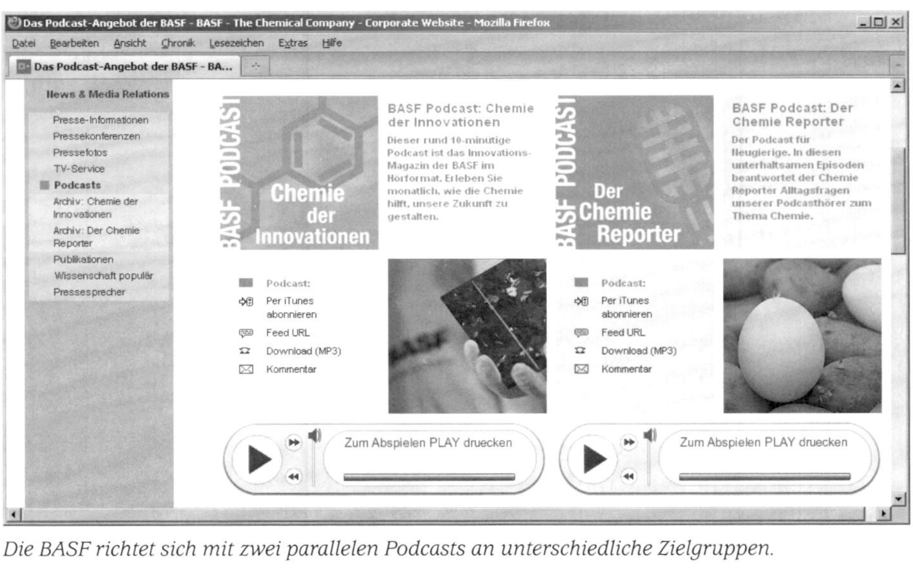

Die BASF richtet sich mit zwei parallelen Podcasts an unterschiedliche Zielgruppen.

Warum bietet die BASF zwei Podcasts auf der Homepage an?

Müller-Müffelmann: Bei der Konzeption war uns schnell klar, dass wir eine sehr heterogene Zielgruppe ansprechen. Manche haben ein gezieltes naturwissenschaftlich-technisches Interesse speziell auch an Entwicklungen im

Forschungsbereich, andere setzen sich mit Chemieinhalten aus bloßer Neugier und ohne spezielles Vorwissen auseinander. Der vertiefende Podcast „Chemie der Innovationen“ bereitet Innovationsthemen journalistisch auf, „Der Chemie Reporter“ hingegen beantwortet Chemiefragen aus dem Alltag, die unsere Hörer selbst gestellt haben. Edutainment steht bei beiden Reihen im Vordergrund, und alles ist leicht verständlich erklärt. Und als international operierendes Unternehmen ist die Produktion sowohl in deutscher als auch in englischer Sprache ebenfalls selbstverständlich.

Warum haben Sie sich für das Audio- und nicht für das Videoformat entschieden?

Müller-Müffelmann: Audioclips lassen sich breiter nutzen, beispielsweise beim Autofahren und Joggen. Videos funktionieren hier nicht. Und selbst in der U-Bahn oder beim Relaxen im Park sind die Mini-Bildschirme von MP4-Playern nicht wirklich zufriedenstellend. Außerdem regen Hörgeschichten die Fantasie an. Hat man dann noch den Produktionsaufwand im Blick, ergibt sich bei Audio ein deutlich besseres Kosten-Nutzen-Verhältnis als bei Video.

Welche wesentlichen Anforderungen sollte aus Ihrer Sicht ein Hör-Podcast erfüllen?

Müller-Müffelmann: In erster Linie sollte er professionell produziert sein. Die Hörgewohnheiten der Nutzer sind durch das Radio geprägt. Diesen Qualitätsmaßstab sollte man auch bei den Podcasts anlegen. Außerdem sollten sie weder zu komplex noch langweilig sein.

Wie werben Sie für Ihre Podcast-Reihen?

Müller-Müffelmann: Zuerst einmal in herausgehobener Position auf der Homepage. Manche Anbieter geben sich große Mühe mit ihren Podcasts, verstecken sie dann jedoch irgendwo auf den Unterseiten. In Pressemeldungen und -notizen verweisen wir immer wieder auf die Reihen und hängen Hinweise auch an die E-Mails des Unternehmens an. Natürlich sind die Audioclips zudem bei allen führenden Podcast-Portalen angemeldet. Unsere Podcard – eine Postkarte mit witzigem Werbemotiv – unterstützt ebenfalls die Verbreitung.

Witzige Werbung für die Offlinewelt: Mit der Podcard weckt BASF die Neugier auf die Audioangebote im Web.

Wie messen Sie den Erfolg?

Müller-Müffelmann: Eine wichtige Größe sind die absoluten Download-Zahlen. Allein sagen sie jedoch noch nicht allzu viel aus. Wir betrachten die Entwicklung immer im Zusammenhang mit dem Feedback, das wir von Hörern, Medien und anderen Unternehmen erhalten. Stimmen die Kurven überein, lässt dies Rückschlüsse auf den Erfolg zu.

Und sind Sie mit dem Erfolg zufrieden?

Müller-Müffelmann: Ja, sehr. Wir haben gegenüber dem Beginn im April 2007 mittlerweile viermal so viele Abrufe. Das sind rund 50.000 Downloads monatlich. Außerdem ist die Resonanz bei Nutzern und in der Presse sehr hoch. Und bei iTunes befinden sich die Podcasts im Bereich „Naturwissenschaft" konstant unter den Top 20. Bemerkenswert ist auch der hohe Long-Tail-Effekt: Selbst Folgen im Archiv verzeichnen immer noch recht hohe Zugriffszahlen.

Die Kosten spielen gerade für kleinere Unternehmen eine wichtige Rolle. Sind Podcasts auch mit kleinerem Budget bezahlbar?

Müller-Müffelmann: Ja, die Kosten sind überschaubar. Wichtig ist dabei jedoch, von Anfang an Profis mit ins Boot zu holen. Sie helfen bei der Identifizierung der Zielgruppe und bei der Festlegung des Formats. Gegenüber klassischen Printanzeigen wirken Podcasts nachhaltiger.

Wer hört Podcasts?

Podcasts werden überwiegend von jungen und online sehr aktiven Personen mit einem hohen Bildungsgrad aufgerufen. Das Durchschnittsalter liegt laut einschlägiger Studien bei rund 30 Jahren. Zahlen des Marktforschers comScore (*www.comscore.com*) aus dem Jahr 2007 deuten aber auch an, dass sich die Altergrenze nach hinten verschiebt. Bei iTunes entfallen laut Studie inzwischen mehr als die Hälfte der Downloads auf die 35- bis 54-Jährigen. Unstreitig ist bei allen Untersuchungen die Verteilung auf die Geschlechter. Rund drei Viertel der Abonnenten sind männlich.

Diese Zahlen lassen zwar einen Trend im Nutzungsverhalten erkennen, im Einzelfall kommt es jedoch sehr auf Ihre konkrete Kernzielgruppe an und darauf, wie Sie dieser Ihre Audioangebote schmackhaft machen. Ein Anbieter von Kosmetikartikeln muss sich schließlich darauf einstellen, dass er es überwiegend mit Kundinnen zu tun hat. Entscheidend ist daher eher, den Informationssuchenden den persönlichen Nutzen des Podcasts nahezubringen und sie emotional zu gewinnen.

Ziele definieren

Hier sollten Ihre Überlegungen ansetzen, für welche Zielgruppe und mit welchem Ziel Sie einen Podcast produzieren möchten. Neben Interessenten und potenziellen Kunden können Sie auch Multiplikatoren, Investoren oder die eigenen Mitarbeiter ansprechen. Abhängig vom Adressatenkreis variieren die möglichen Inhalte: Informieren Sie über neue Dienstleistungen und Produkte, zeigen Sie Anwendungsmöglichkeiten auf, erklären Sie komplexe Zusammenhänge einfach oder lassen Sie Kunden über ihre positiven Erfahrungen mit Ihren Produkten berichten. Durch eine starke Anbindung auch über den eigentlichen Kaufakt hinaus fördern Sie die eigene Markenwelt und bieten den Nutzern einen zusätzlichen Mehrwert. Innerhalb des eigenen Unternehmens oder beim Kontakt von Firmen untereinander eignen sich Podcasts hingegen zur Nachrichtenübermittlung, als Führungsinstrument oder für die Schulung. Von Zielgruppe und Einsatzzweck hängt es ab, ob Sie die Inhalte seriös und sachlich oder eher unterhaltsam und ausgefallen präsentieren sollten.

Profis beauftragen

Haben Sie sich grundsätzlich dazu entschieden, einen eigenen Podcast zu produzieren, binden Sie so früh wie möglich Profis in die Planung ein.

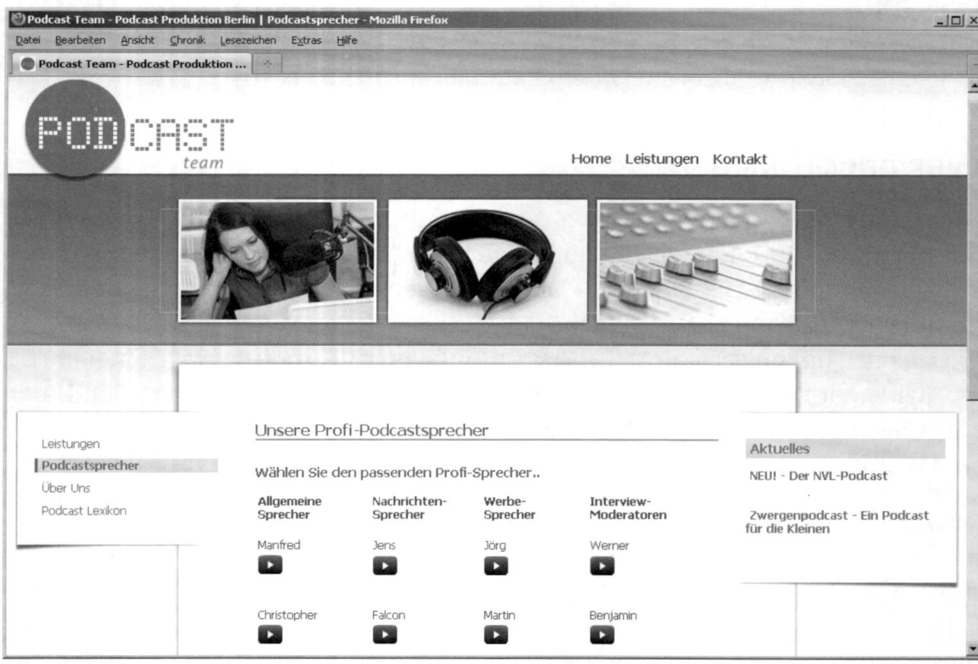

Ein gelungener Agenturservice von www.podcast-team.de: Auf der Webseite lässt sich der passende Sprecher anhand von Democlips auswählen.

Zwar lassen sich die Audioclips theoretisch mit PC, Mikrofon und einer Software wie Audacity (*www.audacity.de*) selbst produzieren, jedoch sollten Sie mit Blick auf die intensive Hörerfahrung der breiten Masse besonderen Wert auf die Qualität der Audioclips legen. Neben dem technischen Equipment bringt eine Agentur vor allem das nötige Sachverständnis im konzeptionellen Bereich mit.

Die Kosten dürften sich dabei jedoch im Rahmen halten: Nach einer Grundinvestition in Soundlogo, Intromusik und Klangbett kostet eine Folge des Audio-Podcasts üblicherweise nur einen niedrigen dreistelligen Euro-Betrag. Letztendlich hängt der konkrete Preis davon ab, welche inhaltlichen Aufgaben die Agentur zusätzlich übernimmt. Schreiben Sie das Konzept und die Texte selbst, wird es natürlich günstiger. Weitere Kosten können die Musik und eventuelle Soundeffekte verursachen. Sie sparen hier, wenn Sie statt individuell produzierter Bausteine GEMA-freie Musik und kostenlose Soundschnipsel nutzen. Suchen Sie mit den Stichwörtern „gemafrei" und „soundeffekte" im Web nach entsprechenden Anbietern. Die Auswahl ist groß.

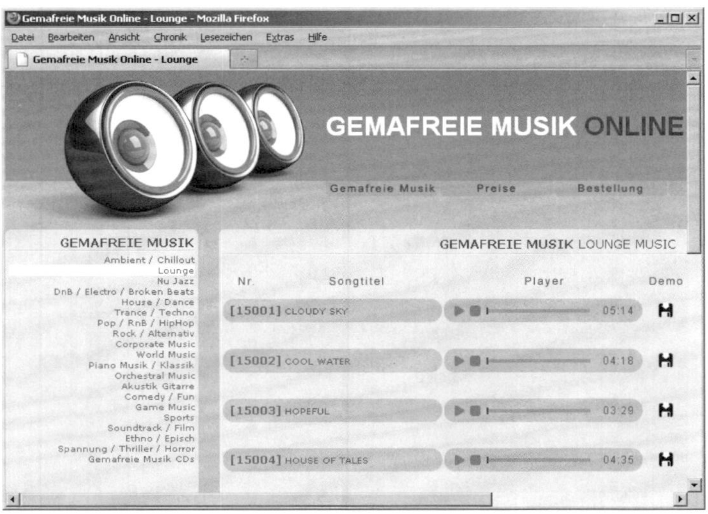

Sparen Sie mit GEMA-freier Musik. In den Kategorien von www.gemafreie-musik-online.de ist beispielsweise fast jede Stilrichtung vertreten.

In die Website einbinden

Die Agentur liefert schließlich die für das Web optimierte Episode des Podcasts. Bei einer Minute Sendezeit müssen Sie im MP3-Format mit rund 1 MByte an Daten rechnen. Eine mögliche Stellschraube, über die sich die Größe weiter reduzieren lässt, ist die Bitrate. Je niedriger Sie die Rate einstellen, umso schlechter ist die Soundqualität. Eine CD-Qualität von 192 KBit/s ist für das Internet jedoch nicht erforderlich. Wählen Sie bei Folgen, die Musik enthalten, eine Rate von 128 KBit/s.

Den letzten Feinschliff verpassen Sie der Audiodatei durch Hinzufügen von ID3-Tags. In diesen Feldern lassen sich Informationen wie Titel, Autor und Trackfolge zusammen mit der Tondatei speichern. Wenig Aufwand und große Wirkung: Packen Sie über die Tags auch immer ein kleines Logo in die Sounddatei. Das Bild erscheint anstelle des sonst üblichen Albumcovers auf den Displays der MP3-Player.

Nutzen Sie nun jede Möglichkeit, interessierten Surfern die Podcast-Inhalte anzubieten. Stellen Sie die neue Folge an exponierter Stelle auf Ihrer Homepage ein. Üblich sind Links, über die sich die Nutzer die Dateien herunterladen können. Denken Sie zudem an Besucher, die sich den Clip direkt auf der Webseite anhören möchten. Eine Steuerleiste mit Start- und Stoppschalter integrieren Sie einfach mithilfe des populären JW FLV Media Player (*www.longtailvideo.com*). Tragen Sie die neue Episode außerdem in den RSS-Feed auf Ihrer Webseite ein. Der Feed ist eine XML-Datei, die mit der Homepage verknüpft ist. Bearbeiten Sie die Datei mit einem Texteditor manuell oder verwenden Sie beispielsweise ein passendes Plug-in für Ihr CMS. Jeder, der den Feed abonniert hat, kommt nach einer Aktualisierung automatisch in den Genuss der neuen Folge.

Da Sie nicht erwarten können, dass alle potenziellen Nutzer von selbst auf Ihre Website stoßen, sollten Sie den Podcast in die Welt hinaustragen. Stellen Sie ihn bei iTunes (*www.apple.com/de/itunes/*) und weiteren Portalen wie *www.podster.de*, *http://podcast.de* und *www.dopcast.de* ein.

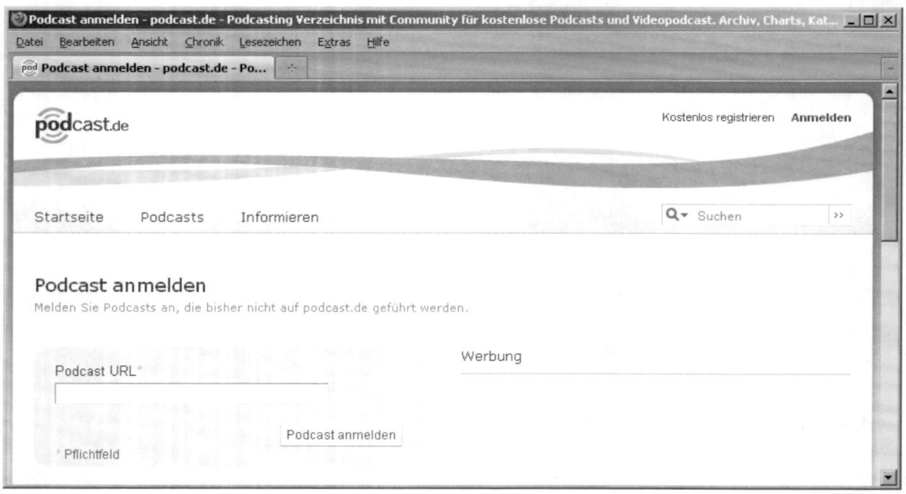

Machen Sie Ihren Podcast in einschlägigen Portalen wie www.podcast.de bekannt.

Denken Sie zudem an eine Bewerbung in der Offlinewelt. Eine Notiz auf Ihrem Briefkopf, die Erwähnung in Ihren Pressemitteilungen und ein Hinweis in Ihren regelmäßigen Zeitungsannoncen machen Ihre Kunden auf das neue Angebot aufmerksam. Aber Vorsicht: Je erfolgreicher Sie sind, umso rasanter steigt der Traffic auf Ihrem Webserver. Behalten Sie die Entwicklung im Blick, um nicht plötzlich von zusätzlichen Hosting-Kosten überrascht zu werden.

Fachbegriffe: Audio-Podcast

Die Produktion von Audioclips ist selbst für erfahrene Webmaster häufig neues Terrain. Die folgenden Fachbegriffe helfen bei der Verständigung mit möglichen Auftragnehmern:

- **Closer:** Der Closer – auch Outro, Stinger oder Abspann genannt – schließt die Podcast-Folge ab. Die Musik wechselt gegenüber dem übrigen Klangbett der Folge. Im Closer fassen Sie den Kern der Episode noch einmal zusammen, verstärken die Botschaften oder verabschieden die Zuhörer. In jedem Fall sollten Sie im Abspann eine Webadresse nennen, unter der die Zuhörer weitergehende Informationen erhalten.
- **ID3-Tag:** In MP3-Dateien lassen sich neben den eigentlichen Audiodaten zusätzliche Informationen über Inhalt und Herkunft speichern. Fügen Sie beispielsweise den Namen Ihres Unternehmens, den Titel der Podcast-Reihe oder eine kurze Zusammenfassung hinzu. Programme und Abspielgeräte nutzen diese Daten für die Anzeige. Sie bearbeiten die Einträge mit einem sogenannten Tag-Editor oder der entsprechenden Funktion des Schnittprogramms.
- **Jingle:** Mit dieser kurzen Musiksequenz leiten Sie beispielsweise eine Rubrik innerhalb des Podcasts ein. Legen Sie das Jingle rein instrumental oder mit einem gesprochenen oder gesungenen Slogan an.
- **Klangbett:** Das Klangbett untermalt dezent die gesprochenen Abschnitte. Die üblicherweise in einer Endlosschleife gespielte Musik verstärkt Stimmungen und rundet den Gesamteindruck des Audioclips ab. Entscheiden Sie sich je nach gewünschter Wirkung für eine fröhliche, spannende, moderne oder relaxte Hintergrundmusik.
- **Mastering:** Beim Mastering wird letzte Hand an das bereits geschnittene Gesamtwerk gelegt. Die Lautstärkepegel der einzelnen Bausteine werden angeglichen, eventuelles Rauschen entfernt und die Übergänge optimiert. Der Feinschliff soll sicherstellen, dass das fertige Werk auf möglichst vielen Geräten gut verständlich ist.
- **MP3:** MP3 (**MP**EG-1 Audio Layer **3**) speichert Audiodaten komprimiert ab. Tonsignale, die für Menschen nicht hörbar sind, blendet das Format dabei aus. So tritt lediglich ein geringer und häufig gar nicht wahrnehmbarer Qualitätsverlust ein. Wegen der besonders geringen Dateigrößen hat sich MP3 als Standard im Internet und bei mobilen Abspielgeräten durchgesetzt.
- **Opener:** Mit einem markanten und stets gleich aufgebauten Opener steigen Sie in jede Podcast-Folge ein. Spielen Sie die Erkennungsmelodie, nennen Sie den Namen der Reihe sowie das jeweilige Thema und heben Sie mögliche Partner und Sponsoren heraus.

- **Podcatcher:** Podcatcher sind Programme, die neue Podcast-Folgen auf manuellen Weg oder automatisch aus dem Netz ziehen, abspielen und auf mobile Geräte übertragen. Sie müssen dazu lediglich den Namen des jeweiligen RSS-Feeds einmalig hinzufügen. Der bekannteste Podcatcher ist Apple iTunes.
- **RSS-Feed:** Mit einem RSS-Feed stellen Sie den Besuchern Ihrer Website Inhalte in einem strukturierten Datenformat zu Verfügung. Die Nutzer können den Feed abonnieren und die Daten außerhalb der ursprünglichen Website verwenden. Feeds lassen sich in andere Webangebote einbinden oder beispielsweise mit einem speziellen Feedreader lesen. Bei Aktualisierung des abonnierten Kanals werden neue Einträge automatisch geladen. Feeds, die als Inhalt Audiodateien anbieten, werden Podcasts genannt.
- **Schnitt:** Beim Schnitt werden geeignete Passagen des Rohmaterials ausgewählt, und die einzelnen Bausteine des Podcasts werden in die richtige Reihenfolge gebracht. Auf mehrere Spuren verteilen sich Hintergrundmusik, Sprecherstimme und andere Tonfragmente über eine Zeitleiste.
- **Soundlogo:** Wie ein grafisches Logo auf Briefkopf und Homepage lässt sich ein Soundlogo als akustisches Wiedererkennungszeichen für Ihr Unternehmen einsetzen. Ein Audiologo ist in der Regel eine sehr kurze, markante Tonfolge, die üblicherweise zusammen mit dem Grafiklogo eingesetzt wird. Bei einem Podcast fällt der visuelle Aspekt jedoch bedingt durch das Medium aus.
- **Trenner:** Als Trenner zwischen den einzelnen Themenblöcken dienen bei Podcasts üblicherweise kurze Tonfolgen, Soundeffekte oder Musiksequenzen. Orientieren Sie sich dabei entweder an der Erkennungsmelodie des Openers oder setzen Sie beispielsweise auf abstrakte Zischgeräusche.

3.6 Überzeugendes Partnerprogramm anbieten

Marketing ist das A und O beim Onlinehandel. Nutzen Sie jede Gelegenheit, zusätzliche Kunden für Ihre Produkte zu gewinnen. Eine Methode, die dabei die Vorteile der Vernetzung über das Internet komplett ausspielt, ist das Affiliate-Marketing. Andere Website-Betreiber rühren für Sie die Werbetrommel und werden dafür mit einer erfolgsorientierten Provision belohnt. Rund ein Viertel des gesamten Onlineumsatzes in Deutschland wird heute bereits über Affiliate-Beziehungen generiert.

Lassen Sie Ihre Partner beispielsweise per Link oder Banner auf Ihre Seiten verweisen. Klicken Surfer diese Verweise an, gelangen sie zu Ihrer Anmeldeseite oder Ihrem Shop. Dabei wird über die URL ein Code mitgesendet, der die Zuordnung des Kunden zum Account des Vermittlers sicherstellt. Bei weitgehender Verknüpfung mit den Inhalten Ihres Shops lassen sich auf diese Weise komplette virtuelle Filialen des eigenen Angebots errichten.

Abrechnung der Provisionen

Zur Abrechnung der Provisionen sind die vier folgenden Abrechnungsmodelle üblich:

- **Provision pro Klick** – Beim Provisionsmodell Pay per Click genügt es, wenn die Besucher auf den Seiten des Affiliates einen Partnerlink anklicken und so zur Website des Programmanbieters gelangen. Die Surfer müssen weder etwas kaufen, noch müssen sie eine bestimmte Aktion auf der Website des Händlers ausführen. Übliche Vergütungen liegen zwischen zwei und zehn Cent für jeden Klick. In Ausnahmefällen kann sie auch noch etwas höher ausfallen. Nutzen Sie diesen Abrechnungsmodus, wenn Sie beispielsweise den Bekanntheitsgrad bestimmter Produkte oder Websites kurzfristig steigern möchten.
- **Provision pro Verkauf** – Bei Pay per Sale gibt es eine Vergütung für jeden Kauf, der über einen Partnerlink vermittelt wurde. In den meisten Fällen werden die Vermittler prozentual am Umsatz beteiligt, seltener gibt es für jeden Verkauf einen festen Betrag. Der prozentuale Anteil bewegt sich üblicherweise zwischen 3 und 25 Prozent. Bei digitalen Produkten wie elektronischen Büchern kann er auch schon einmal höher ausfallen. Bei Partnerprogrammen von Versandhäusern liegt die Provisionsmarge in der Regel zwischen 7 und 10 Prozent.
- **Provision pro Lead** – Für Pay per Lead muss der weitergeleitete Besucher beim Anbieter zwar nichts kaufen, jedoch wird nur dann eine Vergütung fällig, wenn er eine bestimmte Aktion auf der Homepage des Programmbetreibers ausführt. Dies kann das Hinterlassen seiner Kundendaten, das Bestellen eines Katalogs oder das Abonnieren des Newsletters sein. Diesen zusätzlichen Eintrag in der Kundendatei lassen sich Affiliate-Anbieter schon mal zwischen 50 Cent und wenigen Euro kosten.
- **Provision pro Einblendung** – Hier genügt es, wenn die Werbung auf der Seite des Partners angezeigt wird. Der angegebene Betrag bezieht sich auf jeweils volle 1.000 Einblendungen.

Setzen Sie diese Methoden bei Ihren Kampagnen einzeln oder auch kombiniert ein.

Über Affiliate-Netzwerke abwickeln

Ein Weg, über den Sie ein eigenes Partnerprogramm aufsetzen können, ist der über die Dienste von Affiliate-Netzwerken wie Affilinet (*http://affili.net*) und Zanox (*www.zanox.com/de/*).

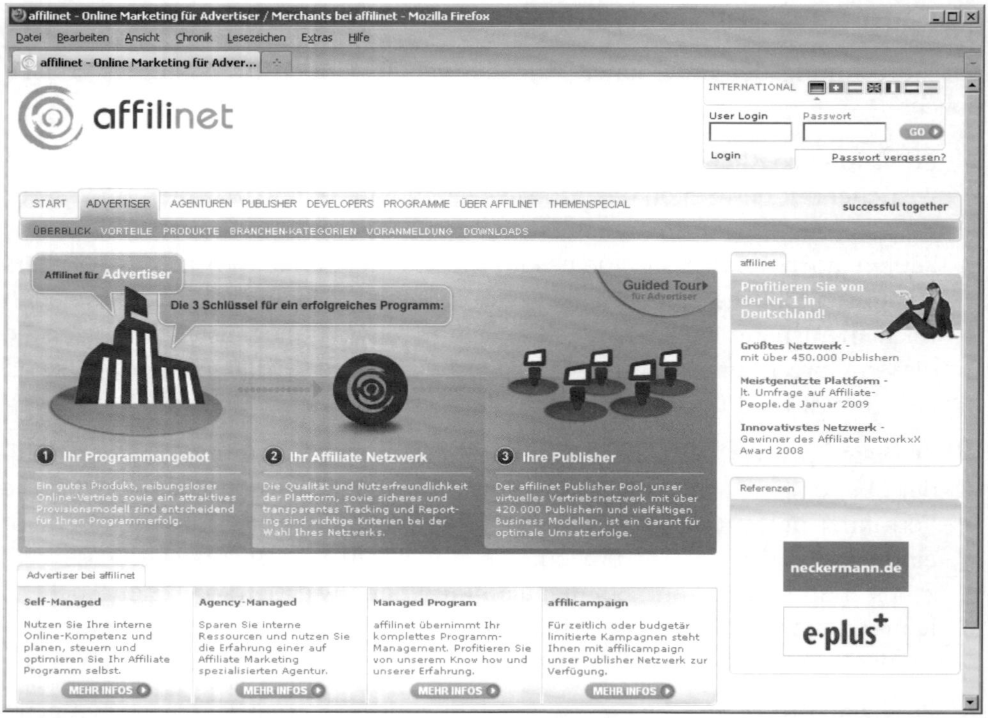

Vermittler wie Affilinet schalten sich zwischen Händler (Advertiser) und Partner (Publisher).

Diese Dienstleister stellen die technische Plattform zur Verfügung und zahlen die Vergütungen an die Werbepartner aus. Für die Partner bietet das Einschalten des Vermittlers den Vorteil, dass sie sich mit einer Registrierung bei mehreren Programmen gleichzeitig anmelden können. Für ihren Service berechnen die Netzwerkbetreiber einen prozentualen Aufschlag von bis zu 30 Prozent der Provisionssumme.

Affilinet ist nach eigenen Angaben mit mehr als 1.500 Anbietern (Stand: Oktober 2009) das größte deutsche Partnerprogrammnetzwerk. Namhafte Anbieter, wie der ADAC, die Deutsche Bahn, Otto, Conrad und Tchibo, aber auch einige kleinere Händler sind mit ihren Produkten dort vertreten. Von den weltweit über 2.000 Advertisern (Stand: Oktober 2009), mit denen Zanox zusammenarbeitet, sind einige Hundert für den deutschsprachigen Markt interessant. Weitere Vermittler mit ähnlichen Features und mehr oder weniger langen Anbieterlisten sind Adbutler (*www.adbutler.de*), TradeDoubler (*www.tradedoubler.de*) und SuperClix (*www.superclix.de*). Letzterer wartet dabei vor allem mit zahlreichen kleineren Nischenanbietern auf, die bei den großen anderen Vermittlern nicht aufgenommen werden.

Eigenes Partnerprogramm mit affiliate to date

Überschaubarer sind für Sie die Kosten beim Einsatz eines eigenen Partnersystems. Bauen Sie Ihr Filialnetz beispielsweise mit der DATA BECKER-Software affiliate to date (*www.affiliatetodate.de*) auf. Hier fallen nur einmalige Anschaffungskosten an. Ein Preis von rund 950 Euro (Stand: Oktober 2009) erscheint auf den ersten Blick zwar recht hoch, jedoch dürften Sie diesen Betrag bei erfolgreichem Anlauf Ihres Partnerprogramms schnell wieder hereinholen. Anschließend eingenommene Beträge gehören dann in voller Höhe Ihnen.

Sie installieren die Software auf Ihrem Webserver und betreiben so unabhängig und flexibel das eigene Partnernetz. Im Gegensatz zur Abwicklung über ein Netzwerk haben Sie einen engeren Kontakt zu Ihren Affiliates – und Sie haben vor allem die vollständige Kontrolle über die Auswahl der Partner.

Über den passwortgeschützten Partnerbereich haben die Affiliates Zugang zu Ihren Kampagnen.

Indem Sie gezielt auf potenzielle Vermittler zugehen, lässt sich die Qualität der Verbindungen optimieren, was sich letztlich in höheren Umsätzen bemerkbar macht.

Flexible Einsatzmöglichkeiten

Über eine Windows-Setup-Datei laden Sie die Anwendung auf Ihren Webserver. Das System lässt sich problemlos in E-Commerce-Anwendungen wie shop to date 6.0, Magento, osCommerce oder xt:Commerce einbinden. Passen Sie die vorgegebenen Designs, Styles und Inhalte flexibel an Ihre Bedürfnisse an. Zur Abrechnung lassen sich die bereits vorgestellten Provisionsmodelle Pay per Click, Pay per Lead, Pay per View und Pay per Sale einzeln oder auch kombiniert nutzen.

Definieren Sie individuelle Kampagnen, bei denen Sie Vergütungsarten und Werbemittel für bestimmte Partnergruppen verknüpfen und diese beispielsweise zeitlich befristet oder im Rahmen eines vorgegebenen Budgets anbieten. Bei Erreichen der jeweiligen Kampagnenziele werden die Partner automatisch über das Ende informiert. Mit Sonderauszahlungen beispielsweise für das Überschreiten bestimmter Umsatzschwellen motivieren Sie die Publisher zusätzlich. Als Werbemittel lassen sich Textlinks, Banner, Grafiken, Pop-ups ebenso wie Flash-Animationen, Layer und Pagepeels nutzen.

Verlässliche Abrechnung

Über die integrierte Partnerverwaltung pflegen Sie die Daten der Affiliates und fassen diese zur gezielteren Einbindung zu Gruppen zusammen. Senden Sie Einladungen an potenzielle Teilnehmer und halten Sie die bestehenden Affiliates mit regelmäßigen Newslettern sowie einzelnen E-Mails auf dem aktuellen Stand. Zur Arbeitserleichterung lassen sich vorgefertigte Standardtexte als E-Mail-Vorlagen ablegen.

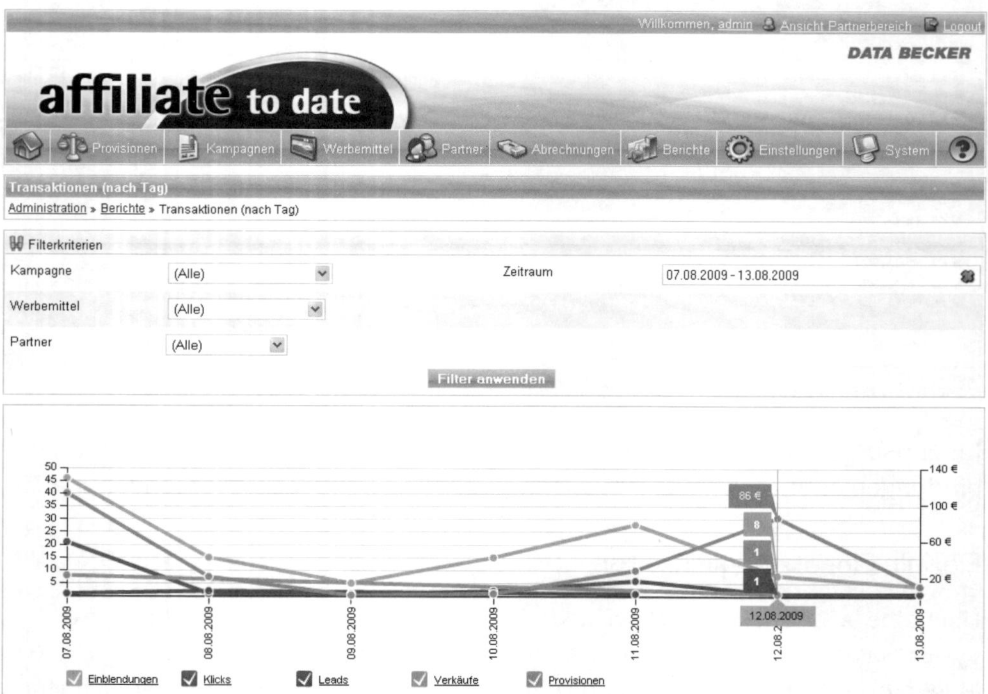

Über das integrierte Berichtsmodul behalten Sie den Überblick über sämtliche Transaktionen.

Durch die Kombination verschiedener Tracking-Methoden unter anderem auf Session- und Cookie-Basis ist eine verlässliche Erfassung der erfolgreichen Vermittlungen gewährleistet. Komfortabel ist in diesem Zusammenhang die Konfigurationsmöglichkeit, eingehende Transaktionen entweder manuell zu bestätigen oder direkt automatisiert für die Auszahlung freizugeben. Detaillierte Echtzeitstatistiken und Auswertungsfunktionen sowohl auf der Seite des Merchants als auch auf der des Affiliates sorgen für Transparenz und Planbarkeit. So lassen sich Einblendungen, Klicks und Verkäufe sowie Click-through-Raten und die angerechneten Provisionen komfortabel als Tabellen und Diagramme darstellen und für eine weitere Verarbeitung oder als Backup exportieren.

Sie können die Software vor der Anschaffung ausgiebig testen: Über *www.to-date.de/testversionen* haben Sie Zugang zu einer 30-Tage-Demoversion der kompletten Anwendung. Die Software selbst erleichtert den Einstieg mit einer ausführlichen Dokumentation sowie Videos zu den wichtigsten Funktionen.

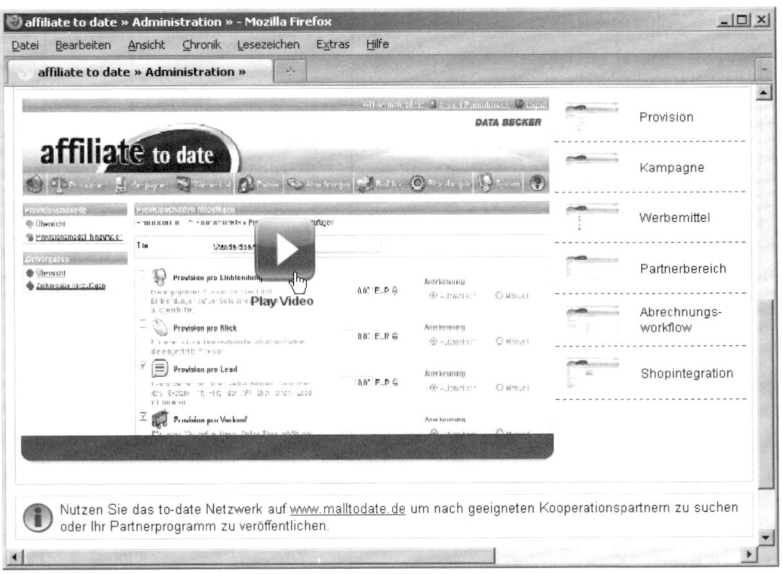

Einfacher Einstieg: Lassen Sie sich die wesentlichen Funktionen des Systems in den mitgelieferten Videos demonstrieren.

Oberfläche anpassen

Nach der Installation präsentiert sich affiliate to date zuerst einmal mit einer vorgegebenen Seitenstruktur und im Standardlayout. Im Bereich *Einstellungen* lassen sich Inhalte und Oberfläche individuell anpassen. Nutzen Sie dazu die angebotenen Dialogfenster und steigen Sie bei entsprechendem technischem Know-how sogar tief in den Quellcode der einzelnen Bausteine ein. Mit den folgenden Schritten lässt sich das Programm an die eigenen Vorgaben und Wünsche anpassen:

1 Ändern Sie den Text, der bei allen Seiten in der Titelleiste des Browsers angezeigt wird. Rufen Sie dazu *Einstellungen/System* auf und geben Sie bei *Titel* einen eigenen Namen für das Partnerprogramm ein. Mit den weiteren Optionen lassen sich Informationen und Hinweise auf den Seiten ein- oder ausblenden.

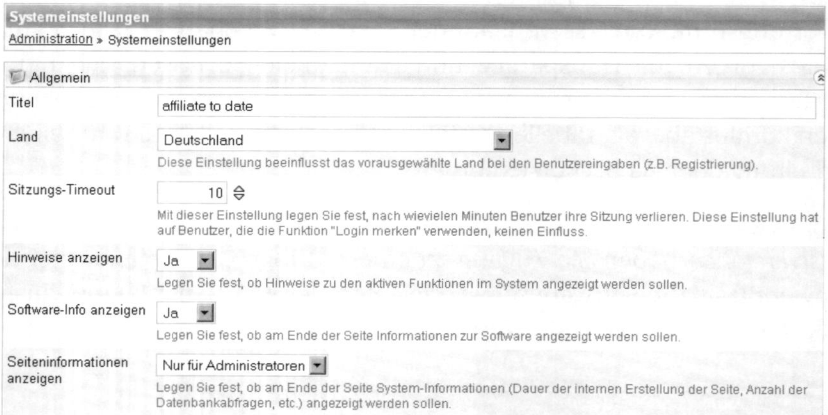

2 Welche persönlichen Angaben ein Partner machen kann und muss, legen Sie unter *Einstellungen/Profilfelder* fest. Die nach der Installation vorgegebenen und nach Gruppen sortierten Standardfelder sind systembedingt festgelegt und können nicht gelöscht werden. Sie haben jedoch die Möglichkeit, eigene Gruppen und Felder hinzuzufügen, falls Sie weitere Informationen von den Affiliates benötigen. Legen Sie neben dem Namen und dem Feldtyp fest, ob es sich um eine Pflichtangabe für die Nutzer handeln soll.

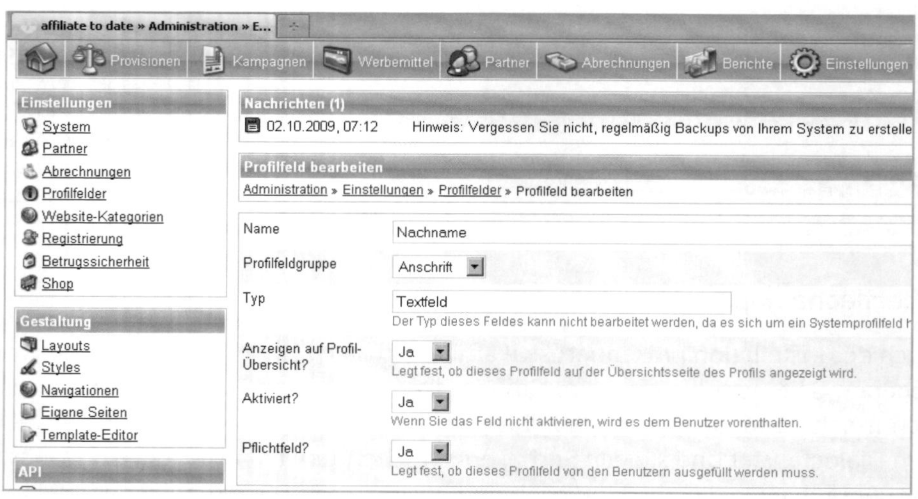

3 Schriftgestaltung und Farben der Seiten definieren Sie über *Gestaltung/Styles*. Erstellen Sie zur Sicherheit eine Kopie des vorgegebenen Eintrags *Framed*. Über den Link *Bearbeiten* neben dem Style-Namen ändern Sie die Schriftattribute einzelner Seitenelemente. Wählen Sie diese in der Liste bei *Zeige Kategorie* aus. Die Farbgebung des Styles ändern Sie über den Link *Farbschemen* beim *Styles*-Eintrag. Nutzen Sie als Basis eines der angebotenen Farbschemata oder legen Sie über *Kopieren* ein eigenes an. Wählen Sie den jeweiligen Baustein der Seite bei *Zeige Kategorie* aus. Für jedes Seitenelement lassen sich die Farbwerte ändern. Kennen Sie sich mit Cascading Style Sheets gut aus, können Sie über den Link *CSS-Dateien* neben dem Style-Namen auch direkt in den Quellcode für das Layout einsteigen.

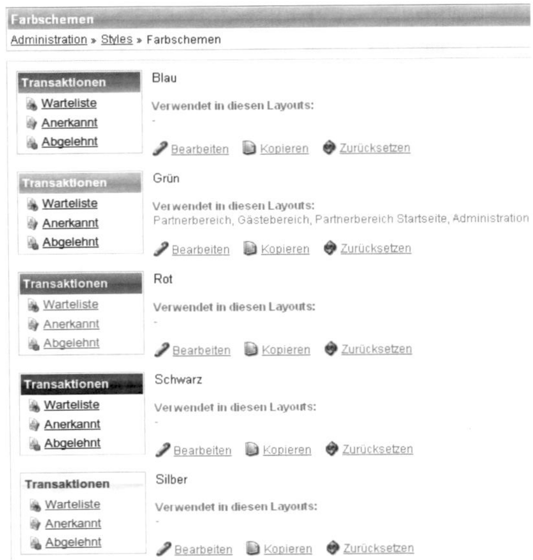

4 Styles und Farbschemata ordnen Sie den Seiten über *Gestaltung/Layouts* zu. affiliate to date unterscheidet zwischen Seiten für Administratoren, Gästen und Partnern. Gäste sind Besucher, die zwar Interesse zeigen, sich aber noch nicht für eine Teilnahme am Partnerprogramm entschieden haben. Festlegen lassen sich über *Gestaltung/Layouts* die Gestaltung sowie der Aufbau und die Inhalte der unterschiedlichen Seiten. Klicken Sie beim jeweiligen Seitentyp auf *Bearbeiten*. Einen Style und ein Farbschema weisen Sie im Abschnitt *Gestaltung* zu. In einer kleinen Vorschau ist der Kopfbereich orange markiert, der gerade ausgewählte Bereich gelb. Klicken Sie beispielsweise den Kopfbereich an und fügen Sie ein eigenes Hintergrundbild oder eine Überschrift ein. Die Ausrichtung lässt sich jeweils festlegen. Über *Box hinzufügen* ergänzen Sie Inhalte wie beispielsweise

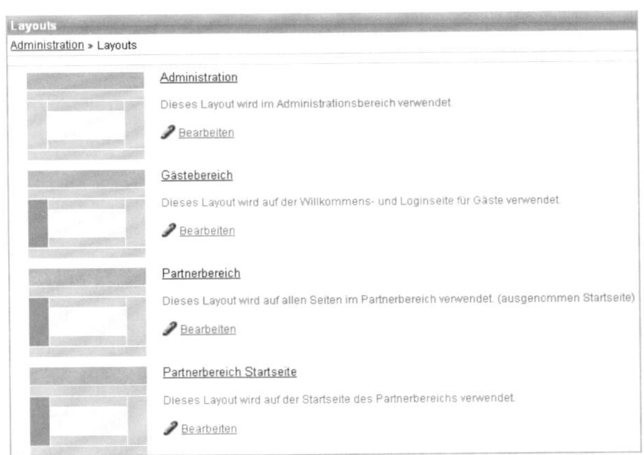

einen Begrüßungstext. Weitere Einstellungsmöglichkeiten beziehen sich auf die Größe und die Breite des betreffenden Seitenbereichs. Bei *Aktiviert* lässt sich der jeweilige Teil der Seite als sichtbar oder unsichtbar definieren. Kontrollieren Sie das Ergebnis zwischendurch immer wieder über die Schaltfläche *Vorschau*.

5 Standardseiten beispielsweise für das Impressum, die Nutzungsbedingungen und häufige Fragen sind im System bereits angelegt. Über *Gestaltung/Eigene Seiten* und Mausklick auf den Stift neben dem Seitentitel lassen sich die vorgegebenen Mustertexte ändern. Eine komplett neue Seite legen Sie mit *Seite hinzufügen* an. Sie gelangen jeweils zum internen Editor, der auf seiner Symbolleiste die grundlegenden Formatbefehle anbietet und eine Bearbeitung im Layoutmodus erlaubt.

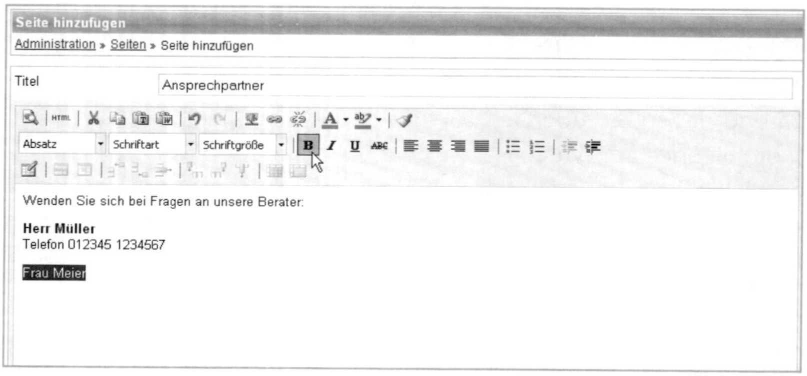

6 Die Navigationsmenüs im Partner- und Gästebereich sowie am Ende jeder Seite lassen sich über *Einstellungen/Navigationen* individuell zusammenstellen. Sie löschen einen Eintrag, indem Sie auf das rote Kreuz dahinter klicken. Einen neuen Menüpunkt fügen Sie durch Klicken auf das grüne Pluszeichen im Kopf der jeweiligen Liste ein. Geben Sie den Namen des Eintrags bei *Titel* ein und wählen Sie einen Link zu einer Seite des Systems selbst oder zu einer externen Quelle an. Hier lassen sich auch die von Ihnen selbst angelegten Seiten einbinden. Über die Liste *Überlink* ordnen Sie den jeweiligen Menübefehl einer übergeordneten Ebene zu. Sie richten das Menü damit mehrstufig ein. Bestehende Einträge des Menüs bearbeiten Sie über das Stiftsymbol hinter dem jeweiligen Titel.

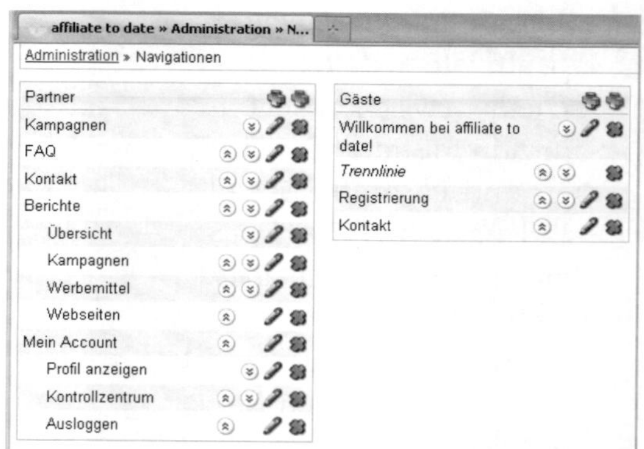

7 Anwender, die sich mit HTML und CSS sehr gut auskennen, können im Übrigen direkt in den Quelltext aller Layoutdateien eingreifen. Rufen Sie *Gestaltung/Template-Editor* auf und klicken Sie sich über die Verzeichnisstruktur bis zur gewünschten Datei vor. Per Stiftsymbol wechseln Sie in den Editiermodus.

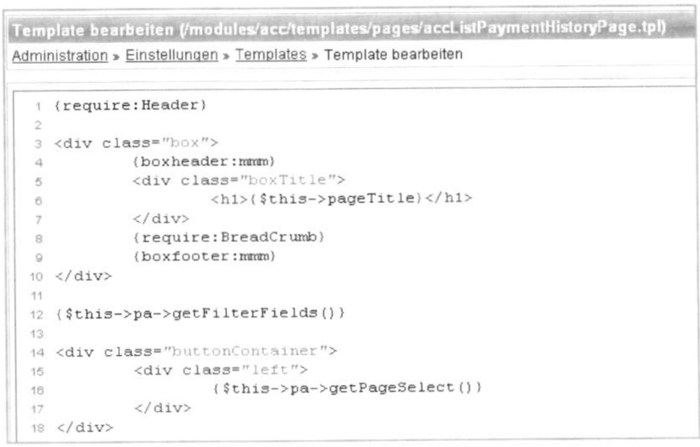

Partnerprogramm einrichten

Mit affiliate to date lassen sich mehrere Kampagnen parallel einrichten. Legen Sie darin den Abrechnungsmodus, die Höhe der Provisionen sowie die von den Partnern einsetzbaren Werbemittel fest. Rufen Sie die Weboberfläche auf und melden Sie sich mit der Administratorkennung an.

1 Legen Sie zuerst die Art und die Höhe der Provisionen fest. Klicken Sie dazu auf *Provisionen/Provisionsmodell hinzufügen*. Geben Sie bei *Titel* einen aussagekräftigen Namen an. Wählen Sie ein Provisionsmodell und tragen Sie die Werte ein. Sie lassen sich kombinieren. Gewähren Sie beispielsweise wenige Cent pro Klick und eine anteilige Beteiligung an den Umsätzen. Klicken Sie bei *Provisionen pro Verkauf* auf *Erweiterte Einstellungen*, um für Neukunden und Stammkunden unterschiedliche Prozentsätze vorzugeben. Bei *Anerkennen* legen Sie fest, ob Sie die Anrechnung der Beträge und Prozente *automatisch* durchführen lassen oder ob Sie sie jeweils *manuell* bestätigen wollen. Bestätigen Sie die Eingaben mit *Hinzufügen*. Die Provisionsmodelle lassen nun einzelnen Partnern, Gruppen oder Kampagnen zuordnen.

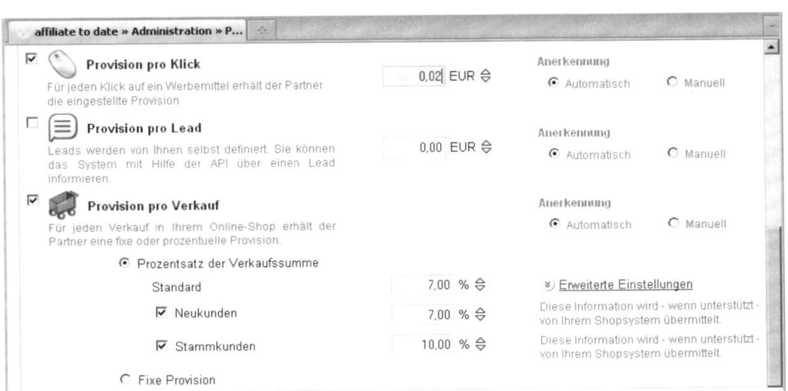

2 Einen besonderen Anreiz setzen Sie mit Bonuszahlungen, die bei Überschreitung eines bestimmten Umsatzes zuerkannt werden. Klicken Sie unter *Provisionen* auf *Zielvorgabe hinzufügen* und wählen Sie den Zeitraum aus, für den der Umsatz erreicht werden muss. Fügen Sie den Umsatz ein sowie den Betrag, der bei Erreichen ausgezahlt wird.

3 Über *Werbemittel* binden die Partner Ihre Produkte in die eigenen Webseiten ein. Sie haben die Wahl zwischen der Einbettung in die Seite, der Anzeige in einem Pop-up- oder Pop-under-Fenster, der Verwendung der Layer- oder Pagepeel-Technik und der Verknüpfung als direkter Link. Je nach Auswahl sehen Sie unterschiedliche Felder zur Eingabe der Optionen. Über *Eingebettet/Bild* definieren Sie beispielsweise ein Banner für den Einbau. Geben Sie hier die Pixelgröße, den Namen der Grafik sowie den Link zur Seite Ihres Shops an.

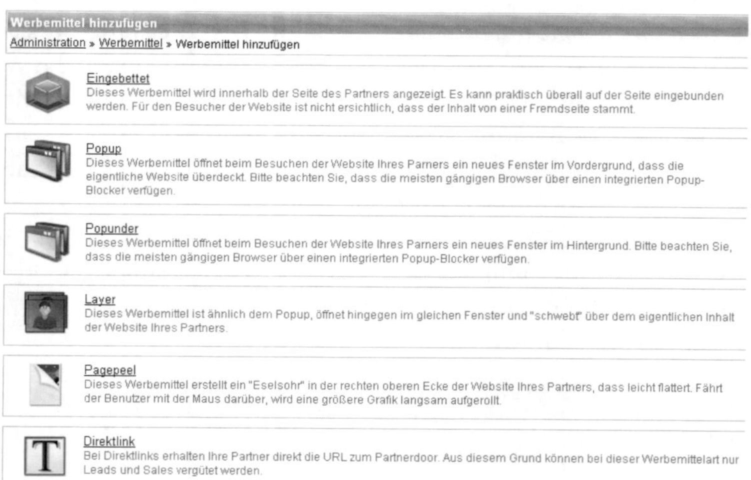

4 Über sogenannte Kampagnen verbinden Sie Provisionsmodelle mit Werbemitteln und Partnern. Rufen Sie den Menüpunkt *Kampagnen* auf und wählen Sie *Kampagne hinzufügen*. Geben Sie in die ersten Felder der Maske einen Namen und einen beschreibenden Text ein. Weisen Sie unter *Provisionen* ein Abrechnungsmodell zu und wählen Sie unter *Berechtigungen* die Partner oder Gruppen aus, die ausdrücklich von der Aktion profitieren, sowie die, die von dieser ausgeschlossen sein sollen. Über die Option *Aktiv* schalten Sie eine Kampagne

scharf, und bei *Kampagne endet* definieren Sie den Zeitraum oder ein maximales Budget für die Aktion.

Weitere Features im Überblick

Neben den bereits genannten Funktionen bietet affiliate to date unter anderem noch die folgenden essenziellen Features:

- die Festlegung von Mindestauszahlungsbeträgen,
- steuerlich korrekte Abrechnungen im PDF-Format,
- einen eigenen Bereich für die Partner mit umfangreichen Berichten und grafischen Auswertungen,
- den Export für Buchhaltungssoftware im CSV-Format und als angepasste XML-Daten für DATA BECKERs finance to date 2009 pro.

„Affiliates werden engagierter sein, wenn die Provision höher ausfällt."

Karsten Windfelder betreibt mit *100partnerprogramme.de* seit 2002 erfolgreich ein Expertenportal rund um Affiliate-Marketing.

Gibt es belastbare Zahlen zum Anteil der Onlinehändler, die Affiliate-Marketing nutzen?

Karsten Windfelder: Die TU München hat in einer Studie vom September 2007 herausgefunden, dass zwar 90 Prozent der Befragten Marketing im Internet betreiben, aber lediglich 47 Prozent Affiliate-Marketing einsetzen. 58 Prozent halten Affiliate-Marketing jedoch für ein wichtiges Marketinginstrument. Laut einer Studie des Branchenverbands paneuropäischer Onlinevermarkter EIAA vom April 2009 hatten von über 300 befragten Marketingleitern 70 Prozent vor, verstärkt in Onlinewerbung investieren zu wollen, und dies vor allem im performancebasierten Bereich.

Eignet sich dieses Marketinginstrument für jede Branche bzw. jeden Anbieter gleich gut?

Karsten Windfelder: Im Prinzip kann man durch die Auswahl eines passenden Vergütungsmodells für praktisch jede Branche ein Partnerprogramm starten. Wer Ware direkt über einen Onlineshop verkauft, liegt mit einem Pay-per-Sale-Programm richtig. So wird die Höhe des Warenkorbs gewürdigt. Für Autohersteller oder -händler empfiehlt sich eine Pay-per-Lead-Lösung für eine vermittelte Probefahrt oder einen neuen Interessenten für einen Newsletter. Durch die erfolgsabhängige Vergütung beim Affiliate-Marketing bleiben die Kosten überschaubar.

Haben Sie Tipps, wie der Einstieg beim eigenen Partnerprogramm optimal gelingt?

Karsten Windfelder: Grundsätzlich hat ein Merchant zwei Möglichkeiten, ein eigenes Partnerprogramm zu starten – über ein Affiliate-Netzwerk oder mittels einer eigenen Softwarelösung. Beides hat diverse Vor- und Nachteile. Mit einem eigenen Inhouse-Partnerprogramm muss man sich zwar selbst um den Aufbau der Partner kümmern, spart aber die Netzwerkprovision. Es gibt auch Beispiele für Programmbetreiber, die beide Lösungen erfolgreich kombinieren. Tipps zum Start: Affiliates werden engagierter sein, wenn die Provision höher ausfällt. Programmbetreiber sollten sich aber dennoch einen kleinen Spielraum nach oben bewahren, um besonders erfolgreiche Affiliates zu belohnen oder die eine oder andere Sonderaktion für alle Partner zu starten.

Welche Fehler sollte man vermeiden?

Karsten Windfelder: Um mit einem Partnerprogramm erfolgreich zu werden, muss erst einmal der eigene Onlineshop auf den Prüfstand. Ist der Bestellprozess schlüssig und die Navigation klar? Passt das Shoplayout zur wahrscheinlichen Kundenklientel? Wichtig für ein erfolgreiches Partnerprogramm sind ein funktionierendes Tracking, keine Ablenkungsmanöver zu einer Telefonbestellung auf der Website und generell ein Vertrauensverhältnis zwischen Programmbetreiber und Partner. Affiliates wünschen sich eine rasche Freischaltung der Provisionen, viele Deeplinks zu bestimmten Produkten und eine ehrliche Kommunikation – wie zum Beispiel die Angabe von Gründen im Fall einer Provisionsstornierung. Für viele Partner ist es wichtig, Suchmaschinenmarketing für das Partnerprogramm betreiben zu dürfen. Und – mal ehrlich – warum sollte man jemanden bremsen, der Geld in die Hand nimmt, um Werbung für den eigenen Shop zu machen?

4. Rund um die Uhr verkaufen – der erfolgreiche Onlineshop

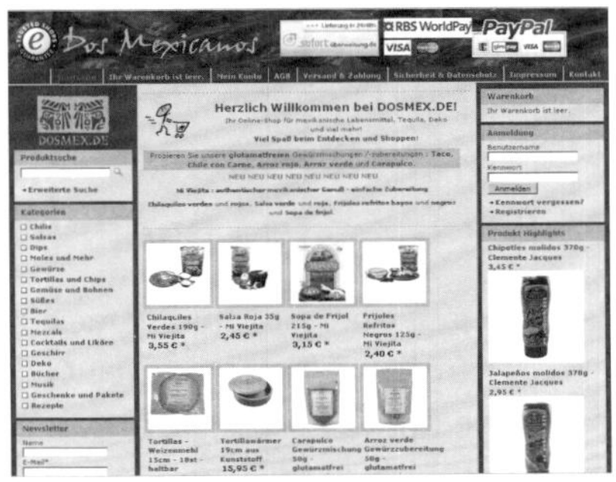

Ein Shopsystem ergibt bereits mit wenigen Artikeln Sinn. Sie haben dabei grundsätzlich drei Möglichkeiten: Nutzen Sie den Service eines Shop-Hosters, setzen Sie auf das Shopmodul Ihres Providers oder installieren Sie auf Ihrem Webspace eine spezielle Shopsoftware. Grundlage aller Lösungen ist eine Warenkorbfunktion. Trotzdem unterscheiden sich die Shops in Handhabung und Funktionsumfang zum Teil erheblich. Damit Ihre Ware auch optisch gut zur Geltung kommt, erfahren Sie, wie Sie Ihre selbst geschossenen Produktfotos webgerecht aufbereiten und welche Vorteile Produktvideos bieten. Wer einen Onlineshop betreibt, muss sich auch Gedanken über die Zahlungsabwicklung machen, und wenn Sie ins Ausland verkaufen wollen, verlangt das mehr als die Übersetzung der Produktbeschreibungen in die entsprechenden Zielsprachen.

4.1 So sehen erfolgreiche Shops aus

Bevor Sie mit dem Bau Ihres eigenen Onlineladens beginnen, können Sie sich auch von anderen erfolgreichen Shopbetreibern inspirieren lassen – nicht von den großen Versandhändlern wie Neckermann oder Amazon, sondern von Internetpräsenzen der kleinen und mittleren Unternehmen, die in großer Zahl im Web vertreten sind. Um Ihnen die Suche ein wenig zu erleichtern, stellen wir Ihnen im Folgenden drei erfolgreiche Onlineshops vor und lassen die Betreiber zu Wort kommen.

Mexikanische Lebensmittel

Isaac Suárez gehört zusammen mit Sibylle Brehm zur Geschäftsführung von 1culture OHG. Gemeinsam betreiben sie seit einigen Jahren „Dos Mexicanos" (*www.dosmex.de*), einen Onlineshop für mexikanische Lebensmittel. Neben Chilis, Salsas, Tortillas und Tequilas finden Kunden auch das passende Geschirr, Dekoware und zum musikalischen Genuss die Rhythmen Lateinamerikas. Isaac Suárez, gebürtiger Mexikaner, lebt schon viele Jahre in Deutschland, vermisst aber dennoch die mexikanische Küche sehr. Mit ihm haben wir das folgende Interview geführt.

Herr Suárez, welches Konzept haben Sie mit der Einrichtung Ihres Onlineshops verfolgt?

Isaac Suárez: Unser Hauptziel war stets, den Shop übersichtlich und ansprechend zu gestalten und den Besuchern Appetit auf unsere Produkte zu machen. Daneben wollten wir unseren Kunden detaillierte Informationen und Services anbieten, die es erlauben, nicht nur die mexikanische Küche, sondern auch unsere Esskultur kennenzulernen.

Wurden Sie bei der Planung und Umsetzung Ihres Geschäftskonzepts von einer Firma unterstützt?

Isaac Suárez: Nein. Wir haben das Konzept und das Design selbst entwickelt und anschließend mit „Bausteinen" des Webhosters 1&1 Internet AG umgesetzt. Dabei entschieden wir uns für ein Webhosting-Paket, das Features wie Newsletter, Fax und Sprachnachrichten sowie eine MySQL-Datenbank für unser Gutscheinsystem anbietet. Für den Onlineverkauf wählten wir das 1&1 Premium Shop Paket, das dem heutigen 1&1 Business Pro Shop entspricht und das nicht nur eine Artikel-, Bestell- und Kundenverwaltung, sondern auch eine XML-Schnittstelle zu verschiedenen Shoppingportalen umfasst.

Darüber hinaus beinhaltet das Paket als virtuelles Zahlungssystem ipayment, das der Abwicklung von Zahlungsmethoden mit Kreditkarten, Paysafecard und anderen dient.

Der Onlineshop Dos Mexicanos verkauft nicht nur mexikanische Lebensmittel, sondern auch südamerikanisches Geschirr und Dekoware.

Ging Ihnen die Umsetzung gut von der Hand?

Isaac Suárez: Es gab eigentlich keine größeren Probleme, obwohl ich bis dato keine Erfahrungen mit HTML und PHP hatte. Allerdings waren einige Funktionen, die uns wichtig waren, mit dem 1&1-Standardpaket nicht oder nicht so abbildbar, wie wir es uns gewünscht hatten. So mussten das Gutscheinsystem und der Mini-Warenkorb dazugekauft werden.

Ihre Produktfotos sind sehr ansprechend. Wie sind sie entstanden?

Isaac Suárez: Unsere Fotos schießen wir mit einer Digitalkamera. Bis man jedoch die gewünschte Bildqualität erreicht hat, sind viele Probeaufnahmen und oft noch eine Nachbearbeitung mit Adobe Photoshop erforderlich.

Verraten Sie uns, wie viele Surfer Ihre Website monatlich ansteuern und wie viele etwas kaufen?

Isaac Suárez: Wir zählen monatlich gut 42.000 Zugriffe, die von etwa 4.500 Besuchern stammen, von denen wiederum im Schnitt 2,3 Prozent etwas bestellen.

Sie haben Ihr Gutscheinsystem erwähnt. Wie nehmen Ihre Kunden das Angebot, Warengutscheine zu verschenken, an?

Isaac Suárez: Leider werden die Warengutscheine nicht ganz so häufig gekauft, wie wir uns das wünschen. Dennoch ist das Gutscheinsystem ein effektives Promotion-Instrument. Wir verschicken beispielsweise Rabattgutscheine per Newsletter oder an VIP-Kunden. Um den Erfolg von Werbeaktionen (z. B. Anzeigen in Zeitschriften) zu messen, koppeln wir sie häufig mit einem kleinen Rabattgutschein, sodass sich genau nachvollziehen lässt, wie viele Bestellungen tatsächlich aus einer Anzeige resultieren. Das System hat sich schon allein für solche Zwecke gelohnt.

Welche Informationen packen Sie in Ihren Newsletter, und mit welcher Regelmäßigkeit verschicken Sie ihn?

Isaac Suárez: In unseren Newslettern stellen wir insbesondere neue Produkte und Rezepte vor und machen auf aktuelle Sonderangebote aufmerksam. Wir verschicken den Newsletter jedoch nur alle zwei bis drei Monate, um die Empfänger nicht über Gebühr zu strapazieren. Außerdem soll es immer etwas Besonderes sein, wenn unser Newsletter kommt.

Können Sie unseren Lesern einen besonderen Tipp für den eigenen Shop geben?

Isaac Suárez: Das A und O für einen professionellen Auftritt sind einfache Navigation und Verzicht auf übertriebene Funktionalität. Außerdem ist es sehr wichtig, in den Suchmaschinen präsent zu sein, denn ungefähr 90 Prozent unserer Kunden gelangen über Suchmaschinen in unseren Onlineshop.

Der Internet Teeladen

Michael Schmidt ist Geschäftsführer der Firma ARANES GmbH Web Marketing. Er hat 2004 den Internet Teeladen *www.internet-teeladen.de* eingerichtet. Dieser Onlineshop führt nicht nur ein ausgewähltes Sortiment hochwertiger Tees aus kontrolliert biologischem Anbau, sondern alles, was den Liebhaber gemütlicher Teerunden erfreut. Er beliefert Kunden in Deutschland, Österreich und Luxemburg.

Herr Schmidt, wer hat das Konzept und das Design für den Shop entwickelt?

Michael Schmidt: Der Internet Teeladen ist ein Geschäftsprojekt der ARANES GmbH Web Marketing, eines Internetdienstleistungsunternehmens, das auf webbasierte Anwendungen und Onlinemarketing spezialisiert ist. Daher haben wir Konzept und Design selbst entwickelt.

Wie haben Sie Ihr Geschäftskonzept technisch umgesetzt?

Michael Schmidt: Die HTML-Layouts haben wir mithilfe des Webeditors Macromedia Dreamweaver erstellt. Das Coding übernahm die PHP-Entwicklungsumgebung Zend Studio. Das Shopsystem läuft auf PHP, die dazugehörige Datenbank MySQL auf einem Linux-System. Da wir alles selbst entwickelt haben, konnten wir das komplette System genau unseren Bedürfnissen anpassen. Bei den Features, wie webbasiertes Rechnungs- und Mahnwesen, Gewinnspiel und Newsletter, handelt es sich um eigenständige Module, die auf der Basis unseres Frameworks miteinander kommunizieren.

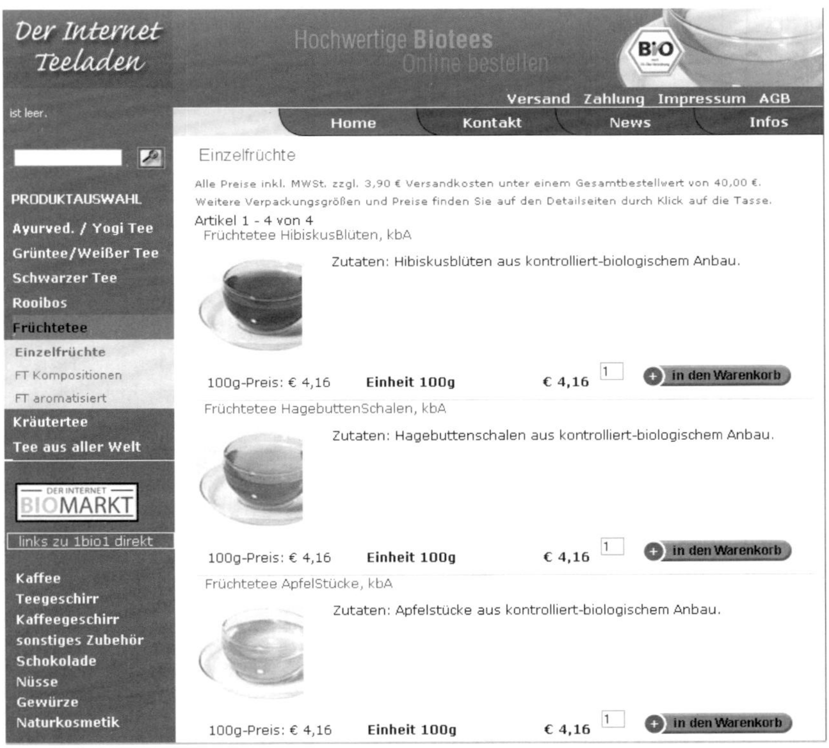

Der Onlineshop www.teeladen.de zeichnet sich durch eine klare Navigation und ein ansprechendes Design aus.

Die Website des Teeladens gewinnt insbesondere durch die sehr ansprechenden Produktfotos. Haben Sie die Fotos selbst gemacht?

Michael Schmidt: Die Produktfotos sind das A und O eines professionellen Auftritts. Wir arbeiten hier mit dem Fotostudio Wolfram Schmidt Fotografie aus Regensburg zusammen, das auf die Anfertigung von Produktfotos spezialisiert ist. Die Aufnahmen wurden stets aus dem gleichen Aufnahmewinkel heraus geschossen und sofort mit den passenden Artikelnummern benannt. Nach einer Bildoptimierung mit Adobe Photoshop wurde zum Schluss per Stapelverarbeitung der richtige Bildausschnitt und die passende Größe gewählt.

Wie hoch schätzen Sie den monatlichen Pflegeaufwand für die Webpräsenz ein?

Michael Schmidt: Der Pflegeaufwand liegt bei etwa zwei bis vier Stunden. Die eigentliche Arbeit steckt im Webmarketing, im Abschluss von Kooperationen und natürlich in der Erfüllung der Kundenbestellungen.

Verraten Sie unseren Lesern, wie viele Surfer die Website monatlich ansteuern und wie viele etwas kaufen?

Michael Schmidt: Im Moment zählen wir monatlich gut 87.000 Seitenaufrufe von etwa 15.000 Besuchern, von denen im Schnitt 2 Prozent tatsächlich etwas bestellen. Von diesen Kunden entscheiden sich dann allerdings etwa 35 Prozent für Folgebestellungen.

Zum Thema Web-Promotion: Wie sind Ihre Erfahrungen mit Gewinnspielen?

Michael Schmidt: Gewinnspiele sind ein Traffic-Magnet und bringen bei verhältnismäßig geringen Kosten viele Besucher auf die Website. Jedoch halten sich die Bestellungen von Besuchern, die aufgrund eines Gewinnspiels kommen, mit weniger als 0,1 Prozent sehr in Grenzen.

Halten Sie den Einsatz von Newslettern für sinnvoll?

Michael Schmidt: Jeder Newsletter erhöht nachweislich für etwa drei Tage den Traffic und macht sich insbesondere bei Aktionsangeboten mit einer größeren Zahl von Bestellungen bemerkbar.

Setzen Sie noch weitere Onlinemarketing-Maßnahmen ein?

Michael Schmidt: Wir betreiben ein Affiliate-Programm und arbeiten viel mit Gutscheincodes. Das gesamte Shopsystem ist mit zahlreichen Statistikmodulen ausgerüstet, wodurch sich die Wirkung von Werbekampagnen sehr gut beurteilen lässt.

Sie liefern nahezu ausschließlich auf Rechnung. Haben Sie häufiger säumige Kunden?

Michael Schmidt: Leider ja, aber für uns rechnet es sich trotzdem, auf Rechnung zu liefern. Wenn wir den hierdurch erzielten Mehrumsatz in Relation zu den Marketing- und Werbekosten stellen, ist die Entscheidung bei uns trotz Zahlungsausfällen und der Kosten für das Mahnwesen eindeutig.

Können Sie unseren Lesern zum Schluss noch einen besonderen Tipp geben?

Michael Schmidt: Als Einzelunternehmer sollten sie einen kleinen Shop mit klarem Schwerpunkt betreiben und darauf achten, dass ihnen beim Werbebudget nicht die Luft ausgeht.

Manufaktur Holz & Stein

Ursula Hupertz ist Inhaberin der 1981 gegründeten Manufaktur Holz & Stein (*www.holz-und-stein.de*) und hat sich auf die Herstellung handgearbeiteter Holzstricknadeln, Knöpfe und Broschen spezialisiert. Ihre Kunden sind nicht nur in Deutschland, sondern weltweit zu Hause.

Seit wann verkaufen Sie Ihre Produkte ins Ausland?

Ursula Hupertz: Für die Produktion unserer Waren kamen von Anfang an nur wertvolle Harthölzer wie Ebenholz, Rosen- und Veilchenholz infrage. Diese Besonderheit entwickelte sich sehr schnell zu einem Geheimtipp, sodass wir schon in den frühen 80er-Jahren auch ins Ausland liefern konnten. Waren es zu Beginn hauptsächlich europäische Länder wie Österreich, die Schweiz, Skandinavien und die Beneluxländer, kamen schon wenige Jahre später die USA, Kanada und andere Überseestaaten hinzu.

Was ist für Sie bei Lieferungen ins Ausland anders?

Ursula Hupertz: Da wir Einzelhandel und Großhandel sind, liegt der größte Unterschied in der Umsatzsteuer. Während für Privatkunden ganz normal der Preis einschließlich der Umsatzsteuer berechnet wird, bleiben die Lieferungen an Wiederverkäufer in der Regel umsatzsteuerfrei, sofern das Gewerbe nachgewiesen werden kann und im eigenen Land keine Umsatzsteuerbefreiung vorliegt. Dann können die gewerblichen Kunden ihre Abgaben für die Wareneinfuhr in ihrem Land abführen. Außerhalb der EU-Staaten sind Zollerklärungen nötig. Der Versand ist insgesamt etwas aufwendiger und teurer. Will man den Kunden den möglichst günstigsten Tarif bieten, muss man sich verschiedener Paketversender bedienen, da die Portokosten von Umfang, Gewicht und Wert der Ware sowie dem Empfängerland abhängen. Ein weiterer großer Unterschied besteht bei der Zahlungsabwicklung. Innerhalb der EU kann der Kunde mit IBAN und Swift-Code wie gewohnt per Banküberweisung abrechnen. Auch die Gebühren sind die gleichen wie bei Zahlungen innerhalb Deutschlands. Komplizierter wird es hingegen bei Zahlungen außerhalb der EU.

Die kleine Manufaktur im Rheinland fertigt Stricknadeln aus Rosenholz, Ebenholz und Veilchenholz von Hand.

Welche Bezahlverfahren bieten Sie Ihren ausländischen Kunden an?

Ursula Hupertz: Wir haben uns für PayPal entschieden. Dieses System bietet insbesondere bei Zahlungen aus dem Ausland einen großen Risikoschutz, und das nicht nur für den Versender. So erhalten auch die Kunden einen PayPal-Käuferschutz, falls die bezahlte Ware nicht ankommt. Außerdem hat der Kunde aufgrund der blitzschnellen Transaktion die Sicherheit, schon bald die heiß begehrte Ware in den Händen zu halten. Bei der Abwicklung über PayPal kann der Käufer zwischen verschiedenen Zahlungsmöglichkeiten wählen. Landesabhängig kann das Überweisung, Kreditkartenzahlung, E-Check oder Lastschriftverfahren sein.

4.2 Das passende Shopmodell finden

Haben Ihnen die Interviews Appetit auf mehr gemacht? Dann gilt es, das auf Ihre Bedürfnisse maßgeschneiderte Shopsystem zu finden, denn der Onlineshop steht im Zentrum eines erfolgreichen E-Commerce-Auftritts. Sie sollten sich vor dem Kauf genau überlegen, welches Shopsystem hierfür die besten Voraussetzungen bietet. Vielleicht reicht schon ein kostenloser Ein-Seiten-Shop, mit dessen Einrichtung Sie gleich beginnen können. Wenn es jedoch ein umfangreiches Shopsystem sein muss, sollten Sie zunächst ein Pflichtenheft erstellen, in dem Sie Ihre Anforderungen systematisch erfassen, um danach das optimal auf Ihre Bedürfnisse zugeschnittene System zu finden.

Kriterien für die Wahl der Software

Das Angebot an E-Commerce-Systemen für den Aufbau und die Einrichtung von Onlineshops ist mittlerweile sehr umfangreich. So umfangreich, dass man mit einer voreiligen Kaufentscheidung schnell aufs falsche Pferd setzen kann. Und eine Fehlentscheidung bereuen Sie spätestens dann, wenn notwendige Funktionalitätserweiterungen und kundenfreundliches Customizing nur eingeschränkt oder gar nicht möglich sind. Das kann schnell ebenso teuer werden wie die überraschende Feststellung, dass ein Anbieter sein E-Commerce-System nicht mehr weiterentwickelt und die Softwarepflege eingestellt hat.

Produktgruppen

Was die Funktionalität von Shopsoftware anbelangt, gilt es beispielsweise zu beachten, dass die Software Produkte logisch zusammenfasst bzw. gruppiert. Auch die Bildung von baumartigen Produktgruppenhierarchien, in denen die Produkte in Gruppen und Untergruppen abgelegt sind, muss unterstützt werden, um artverwandte Produkte zusammenfassen zu können. Dies hat nicht nur den Vorteil, dass die Kunden ein gewünschtes Produkt schneller finden, sondern es erleichtert Ihnen auch die Produktpflege. Darüber hinaus macht es vielen Kunden mehr Spaß, wenn der Shop die Funktionalitäten eines Katalogs bietet. In Zweifelsfällen können Sie Produkte selbstverständlich auch mehreren Warengruppen zuordnen, um zu verhindern, dass der Kunde, der von einer anderen Zuordnung ausging, vorzeitig seine Suche abbricht.

Produkte sollten zu logischen Produktgruppen zusammengefasst werden, um Kunden die Suche zu erleichtern (Beispiel: www.neckermann.de).

Suchfunktionen

Kaum ein Kunde will sich durch endlose Kataloge hangeln, bis er endlich das Gesuchte gefunden hat. Der Einsatz einer siteeigenen Suchmaschine, die dem Kunden möglichst über den gesamten Volltext hinweg beim Auffinden der gesuchten Produkte behilflich ist, ist deshalb auf jeden Fall empfehlenswert. Berücksichtigt die Software darüber hinaus auch Synonyme von Suchbegriffen, ist das ein weiteres Plus.

Kundengruppen

Wollen Sie Ihre Produkte unterschiedlichen Kundengruppen mit entsprechend differenzierten Inhalten und zu anderen Konditionen anbieten? Dann müssen Sie den Softwareanbieter genau danach fragen. Dieses Feature eröffnet beispielsweise die Möglichkeit, gewerblichen Händlern die Produkte ohne und den Privatkunden mit Mehrwertsteuer anzupreisen. Ähnliches gilt für Rabattstaffeln. Auch hier sind Optionen zu prüfen: Ist es nur möglich, produktbezogene Rabatte zu gewähren, oder kann die Rabattierung auch an vorher definierten Kunden festgemacht werden? Nicht zuletzt sollte das E-Commerce-System dem Web als internationalem Medium gerecht werden. Insbesondere dann, wenn Sie eine internationale Ausrichtung Ihres Shops beabsichtigen, sollten Sie vor dem Softwarekauf prüfen, welche Sprachen standardmäßig unterstützt werden bzw. wie aufwendig und kostenintensiv es ist, bei Bedarf weitere Sprachen hinzuzufügen.

Bestellfunktionen

Denken Sie als künftiger Shopbetreiber immer daran: Solange der potenzielle Kunde lediglich in Ihren Artikeln stöbert und sich informiert, fühlt er sich bei Ihnen relativ sicher und gut aufgehoben. Das ändert sich aber schlagartig, sobald er den Bestellvorgang einleitet. Hier ist eine besonders vertrauensbildende Unterstützung gefragt, wenn der unerfahrene Kunde nicht im letzten Moment aus Unsicherheit abspringen soll. Um den Kunden ein sicheres Gefühl bei der Übermittlung ihrer persönlichen Daten und Bankverbindungen zu geben, sollten Sie bei der Wahl eines Shoppingsystems auch darauf achten, dass dieses die verschlüsselte Übertragung von Informationen unterstützt. Kaum eine andere Maßnahme sorgt für mehr Vertrauen!

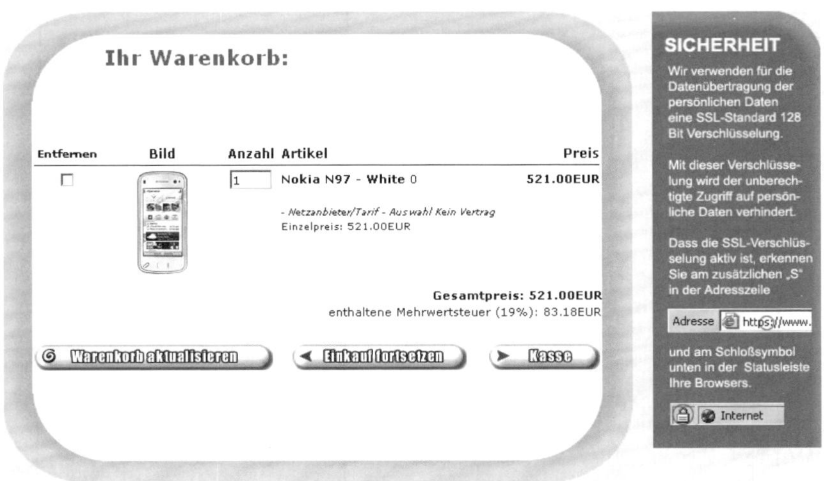

Wenn Ihnen die Sicherheit Ihrer Kunden am Herzen liegt, sollte Ihr Shopsystem die verschlüsselte Datenübertragung unterstützen.

Außerdem ist für die Kundenzufriedenheit eine effiziente und schnelle Abwicklung des Auftrags sehr wichtig. Ob dies von der Shopsoftware unterstützt wird, sollten Sie ebenso vor dem Kauf prüfen wie die Frage, ob sie Funktionen für statistische Auswertungen der Shopbesuche und Bestellungen bietet. Denn ein gutes Berichtswesen ist die Basis für die weitere Optimierung Ihres Shops.

Bezahlfunktionen

Zahlen Sie gern per Kreditkarte? Wenn ja, gehören Sie in Deutschland zu einer klaren Minderheit! Darum sollten Sie darauf hinwirken, dass Sie Ihren Kunden unterschiedliche Zahlungsmöglichkeiten einräumen: Neben der bereits erwähnten Kreditkarte sollten Sie auch Vorauskasse, Nachnahme per Post oder Lastschriftverfahren anbieten. Damit Sie sich später nicht über verpasste Chancen ärgern, sollten Sie auch rechtzeitig klären, ob sich weitere Zahlungssysteme und Bezahlverfahren ohne große Probleme integrieren lassen.

Wenn Sie sehr viele Kunden im Ausland haben, ist es natürlich ebenfalls sinnvoll, die Preise auch in anderen Landeswährungen anzuzeigen. Fragen Sie den Softwareanbieter, ob sein Produkt diese Forderung unterstützt.

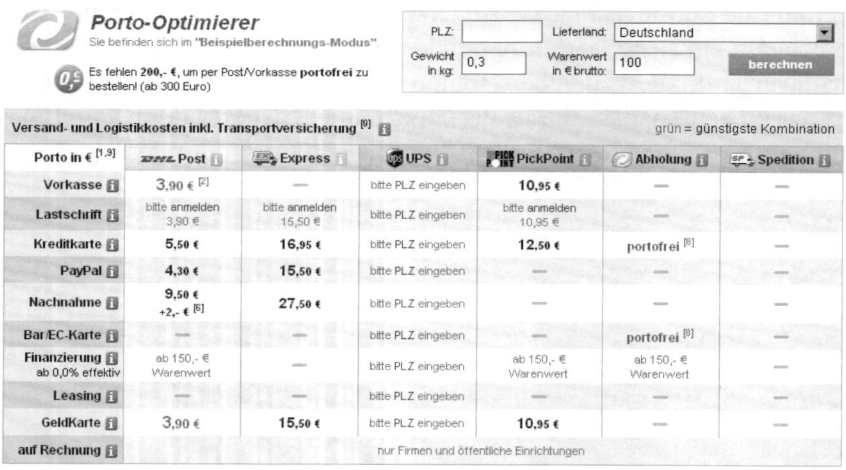

Porto in € [1,9]	Post	Express	UPS	PickPoint	Abholung	Spedition
Vorkasse	3,90 € [2]	—	bitte PLZ eingeben	10,95 €	—	—
Lastschrift	bitte anmelden 3,90 €	bitte anmelden 15,50 €	bitte PLZ eingeben	bitte anmelden 10,95 €	—	—
Kreditkarte	5,50 €	16,95 €	bitte PLZ eingeben	12,50 €	portofrei [8]	—
PayPal	4,30 €	15,50 €	bitte PLZ eingeben	—	—	—
Nachnahme	9,50 € +2,- € [6]	27,50 €	bitte PLZ eingeben	—	—	—
Bar/EC-Karte	—	—	bitte PLZ eingeben	—	portofrei [8]	—
Finanzierung ab 0,0% effektiv	ab 150,- € Warenwert	—	bitte PLZ eingeben	ab 150,- € Warenwert	ab 150,- € Warenwert	—
Leasing	—	—	bitte PLZ eingeben	—	—	—
GeldKarte	3,90 €	15,50 €	bitte PLZ eingeben	10,95 €	—	—
auf Rechnung	nur Firmen und öffentliche Einrichtungen					

Die Shopsoftware sollte wie hier bei www.computeruniverse.net als Bezahlverfahren mindestens Kreditkarte, Lastschrift und die Lieferung per Nachnahme unterstützen.

Technik

Nicht nur das Wissen, unter welchen Betriebssystemen und auf welchen Webservern die E-Commerce-Software läuft, ist für Sie als künftiger Shopbetreiber wichtig. Ebenso zu klären ist die Datenbankanbindung. Ist die Software auf spezielle Datenbanken festgelegt, oder arbeitet sie beispielsweise über ein ODBC-Interface mit beliebigen Datenbanken zusammen? Oder sind Sie bereits an einen bestimmten Hersteller gebunden? Je nachdem, wie Sie diese Fragen beantworten, kann das mit erheblichen Kosten verbunden sein. Das Gleiche gilt für die von der Shopsoftware standardmäßig unterstützten Datenimport- und -exportschnittstellen. Wenn Sie viele Hundert Artikel anbieten, deren Daten bereits in anderen hausinternen Systemen erfasst sind, ist es über die entsprechende Schnittstelle ein Leichtes, diese Daten in das Shopsystem einzupflegen. Last, but not least dürfen Sie die Skalierbarkeit der Software nicht außer Acht lassen. Falls Sie Ihren Shop eines Tages erweitern wollen, ist es gut, wenn die Software aus Modulen besteht, die aus Performancegründen ebenso wie die Datenbank auf mehrere Systeme verteilt werden kann.

Customizing

Auch wenn alles zuverlässig funktioniert, kommen Sie nicht umhin, Ihrem Shop von Zeit zu Zeit einen neuen Anstrich zu geben. Dann kommt es darauf an, dass Sie standardmäßig die richtigen Administrationstools zur Hand haben, um z. B. mithilfe von Template-Editoren die Anpassungen schnell durchführen zu können. Wer sich zur Layout- und Datenpflege erst detaillierte Systemkenntnisse und spezielle Programmiersprachen aneignen oder Personen mit dem Wissen darum zukaufen muss, wird eine voreilige Entscheidung bei der Softwareauswahl schnell bereuen. Sie sollten sich daher vor dem Kauf erkundigen, welche Shopkomponenten sich anpassen und welche Zusatzmodule sich bei Bedarf (z. B. für Statistik, erweiterte Preisgestaltung wie Rabattierung, Customer Relation Management, Belegexport) zusätzlich einbinden lassen.

Support

Mit Sicherheit kommt der Tag, an dem Sie auch die beste Shopsoftware mit einem unerwarteten Problem konfrontiert. Spätestens dann wird es sich bewähren, dass Sie bei der Auswahl des E-Commerce-Systems auf einen deutschsprachigen Support geachtet haben, der Ihnen, wenn nicht rund um die Uhr, so doch zu den üblichen Geschäftszeiten kostengünstig zur Verfügung steht.

Service eines Shop-Hosters

Bei nur zwei bis drei angebotenen Produkten ist es meist ausreichend, wenn Sie diese auf einer ganz normalen Webseite vorstellen und den Kunden die Möglichkeit eröffnen, per E-Mail oder Formular zu bestellen.

Wollen Sie jedoch größer einsteigen, kommen Sie nicht umhin, einen vorkonfigurierten Laden zu mieten oder ein Shopprogramm zu kaufen. So gibt es Provider, z. B. STRATO (*www.strato.de*) oder 1&1 (*www.1und1.de*), die auf ihren Servern neben Webspace auch Mietshops anbieten. Solche Shops basieren in vielen Fällen auf einer professionellen Software wie beispielsweise Intershop. Den einzelnen Mietern steht in diesem Fall nur ein Teil der Software zur Verfügung, der nicht so flexibel konfigurierbar ist, wie es vielleicht wünschenswert wäre. Andererseits sehen viele Mieter genau darin den Vorteil, weil gerade die Shopkonfiguration mit ganz erheblichem Aufwand verbunden sein kann.

Die 1&1-Branchen-Homepage lässt sich vier Wochen lang unverbindlich testen. Danach kostet sie 9,99 Euro monatlich.

Ein weiterer Vorteil bei gemieteten Shops besteht darin, dass Ihnen häufig zusätzliche Funktionen zur Verfügung stehen, die das Leben eines Onlineverkäufers sehr viel leichter machen. Hierbei kann es sich um Features wie umfangreiche Such- und sichere Zahlungsfunktionen oder um Plausibilitäts- und Validitätskontrollen handeln. Andererseits sollen die Nachteile nicht verschwiegen werden: Betreibt der Vermieter mehrere Shops mit vielen Kundenzugriffen auf einem Server, können Performanceprobleme auftreten, sodass die Shopfunktionen immer langsamer laufen und damit die Geduld der Kunden und des Shopbetreibers arg strapazieren. Auch kann sich die monatlich zu zahlende Shopmiete (ab 5 Euro pro Monat) – über einen längeren Zeitpunkt betrachtet – zu einem nicht zu unterschätzenden Kostenfaktor aufaddieren. Ein weiterer Nachteil von Mietshops besteht darin, dass die Anbindung an Warenwirtschaftssysteme und den Backoffice-Bereich oft nur unzureichend gelöst oder überhaupt nicht vorhanden ist.

Kaufshop auf Fremdserver

Der Kauf eines Shopprogramms lohnt sich, wenn Sie schon im Vorfeld absehen können, dass aufgrund Ihrer Angebotspalette mit hohen Umsätzen zu rechnen ist. Die Vorteile solcher statischer Shops sind ferner die recht günstigen Einstiegspreise, aber auch, dass sie ohne große Schwierigkeiten einzurichten und bei jedem Webspace-Provider einsetzbar sind. Die Nachteile, die Sie sich erkaufen, sind insbesondere die stark eingeschränkten Layoutmöglichkeiten und das Fehlen einer direkten Anbindung an ein Warenwirtschaftssystem. Darüber hinaus können sich unkomfortable Suchfunktionen und die schlechte oder gar keine Integration von Bezahlfunktionen negativ auswirken.

Dieser Onlineshop von Bionlite (www.bionlite.de) wurde mit der Software SmartStore (www.SmartStore.de) erstellt.

Kaufshop auf eigenem Server

Die teuerste Variante stellt der Betrieb eines eigenen Shopservers dar, der direkt an ein Warenwirtschaftssystem gekoppelt ist. Der Übergang aus einer Datenbank, im besten Fall natürlich aus einem Warenwirtschaftssystem, ist bei größeren Produktpaletten ein Muss. Gute Shopsysteme ermöglichen die unmittelbare Anbindung an bestehende Inhouse-Systeme. Die Anbindung macht es möglich, viele wichtige Funktionalitäten im Internet abzubilden und dem Shopbetreiber dadurch sehr viel Arbeit zu ersparen. So kann er über die direkte Anbindung dem Kunden mitteilen, ob das gewünschte Produkt auf Lager ist oder wann gegebenenfalls mit der Lieferung zu rechnen ist.

Neben den vielen Vorteilen, die diese Funktionen bieten, birgt eine solche Lösung auch ein relativ großes Gefahrenpotenzial für den Shopbetreiber. Neben Hackern und Viren, die ein Inhouse-System bedrohen, bremst sich dieses System bei vielen Kundenzugriffen aus und kann den Arbeitsablauf eines Unternehmens erheblich stören. Das führt in der Konsequenz oft dazu, dass eine zweite Datenbank aufgebaut wird, die nur eine Teilmenge des Datenbestands aufnimmt. Damit ist gewährleistet, dass Hackern nicht der gesamte Datenbestand ungeschützt zur Verfügung steht. Darüber hinaus bietet eine zweite Datenbank den Vorteil, dass Störungen im internen Arbeitsablauf ausgeschlossen sind.

Die Vorteile, die man sich mit eigenen Servern und der Anbindung an vorhandene Inhouse-Systeme erkauft, müssen allerdings recht teuer bezahlt werden. So können sich die Installationskosten zwischen 20.000 Euro und Summen im hohen sechsstelligen Bereich bewegen. Die zum Teil exorbitanten Kosten werden dabei nicht durch die Shopsoftware verursacht, sondern durch Beratungs- und Programmierleistungen, die teuer eingekauft werden müssen. Neben den Installationskosten fallen noch hohe Kosten für den laufenden Betrieb an, da nicht selten Programmierer, Administratoren und Redakteure als zusätzliche Mitarbeiter einzustellen sind und eine Internetanbindung gemietet werden muss.

Venditio (www.venditio.com) vermietet ein Programm, das auf firmeneigenen Servern liegt und Onlineshops spezielle Serverfunktionalitäten erlaubt.

Checkliste für Shopsoftware

Shopsoftware für eine umfangreichere Produktpalette sollte insbesondere folgende Voraussetzungen erfüllen:

- Die Software ist tauglich für eine sichere Datenübertragung, bietet ein Warenkorbsystem und ist für das gewünschte Betriebssystem erhältlich.
- Sie ermöglicht die Bildung von baumartigen Produktgruppenhierarchien, in der sich die Produkte in Gruppen und Untergruppen ablegen lassen.
- Die Zahl der möglichst bequem und ohne technisches Know-how einzubindenden Produkte ist unbegrenzt.
- Das Layout ist frei gestaltbar und kann ohne großen Aufwand mit durchschnittlichen Fachkenntnissen angepasst werden.

- Die Software unterstützt mehrere Sprachen und Währungen.
- Sie arbeitet problemlos mit allen gängigen Datenbanken zusammen und bietet Schnittstellen zu den relevanten Unternehmensbereichen, sodass sie in die vorhandene Firmenstruktur integriert ist.
- Die Produkte können unterschiedlichen Kundengruppen mit entsprechend differenzierten Inhalten und zu anderen Konditionen angeboten werden.
- Die Software bietet dem Kunden ausgefeilte Suchfunktionen, z. B. eine Volltextsuche über alle Datenfelder.
- Es sind zeitlich begrenzte Sonderaktionen möglich.
- Die Software sollte als Bezahlverfahren mindestens Kreditkarte, Lastschrift, Rechnung und Nachnahme unterstützen.
- Der Shop ist modular erweiterungsfähig.
- Der Softwareentwickler bietet einen möglichst kostenlosen deutschsprachigen Support und hilft bei der Implementierung des E-Commerce-Systems.

4.3 Shopmodul des Providers nutzen

Lassen Sie sich am Beispiel der STRATO-Webshops (*www.strato.de/shops/*) zeigen, welche Features Sie bei einem professionellen Mietshop erwarten dürfen. Die STRATO-Systeme bieten in den vier Varianten Starter, Advanced, Professional und Enterprise für wenige Euro monatlich alles, was Sie für den professionellen Einstieg in den Onlinehandel benötigen. Sowohl für Käufer als auch für Anbieter sind die Systeme sehr einfach zu bedienen. Zudem lassen sie sich in Layout, Navigation und Funktionsumfang sehr flexibel an die individuellen Bedürfnisse anpassen.

Shops bei 1&1

Informationen zu den Shops des Konkurrenten 1&1 finden Sie unter *www.1und1.info/shops*.

Individuelles Layout

Starten Sie zur Konfiguration den komfortablen Einrichtungsassistenten über die Administrationsseite. Der Assistent fragt in vier Schritten nach den wichtigsten Einstellungen. Das System bietet Ihnen unter anderem mehr als 100 nach Branchen und Stilrichtungen sortierte, professionell gestaltete Layoutvorlagen an, von nüchtern bis verspielt, von elegant bis sportlich, auch knallig bunt oder eher dezent.

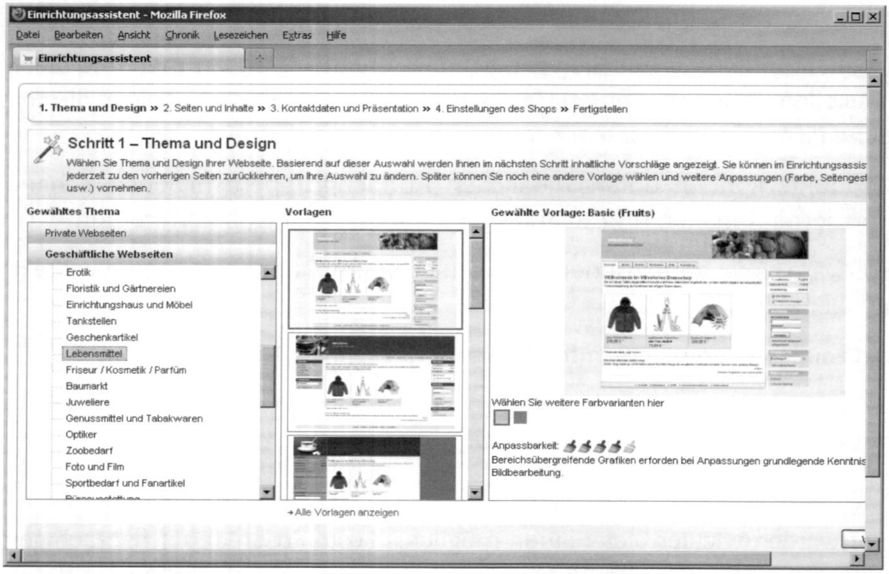

Für nahezu jede Branche bietet der Einrichtungsassistent gleich mehrere passende Layouts an.

Jede Vorlage lässt sich später beliebig an das eigene Website-Layout anpassen. Wechseln Sie dazu auf der Administrationsseite in die Rubrik *Gestaltung*. Stellen Sie dort eine individuelle Grundfarbe und -schrift ein, tauschen Sie die vorgegebenen Grafiken durch eigene Bilder und Logos aus und ersetzen Sie die Piktogramme des Shops durch ein anderes Set mit Symbolen. Bereits in Schritt 3 des Assistenten können Sie den Titel des Shops eintragen sowie das Firmenlogo hochladen.

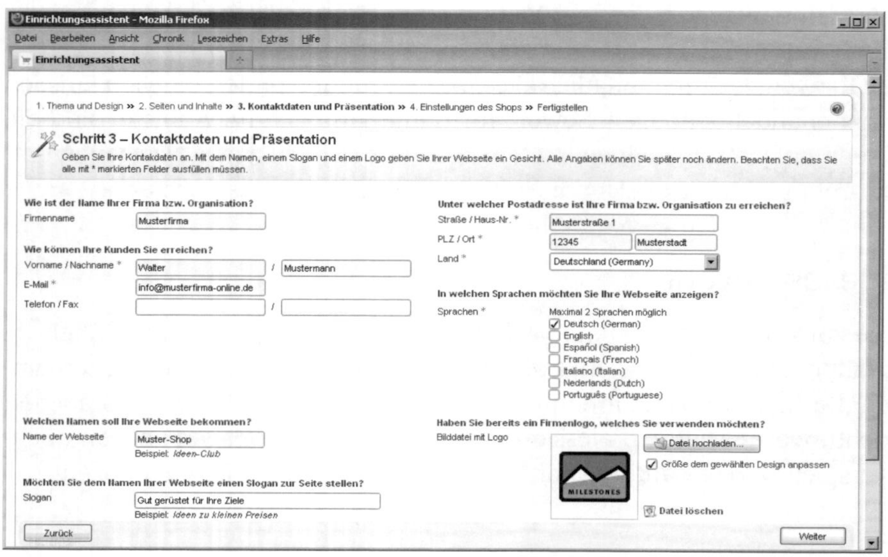

Tauschen Sie in Schritt 3 der Einrichtung die Grafik der Vorlage gegen das eigene Firmenlogo aus.

Mehrsprachigkeit und Sicherheit

Richtet sich Ihr Angebot auch an ausländische Surfer, legen Sie die Seiten per Mausklick für mehrere Sprachen parallel an. Die mögliche Zahl hängt dabei von der gewählten Webshop-Variante ab. Fügen Sie zudem individuelle Nachrichtentexte hinzu, mit denen der Shop auf Kundenaktionen wie Registrierung, Bestellung und Newsletter-Anmeldung antworten kann.

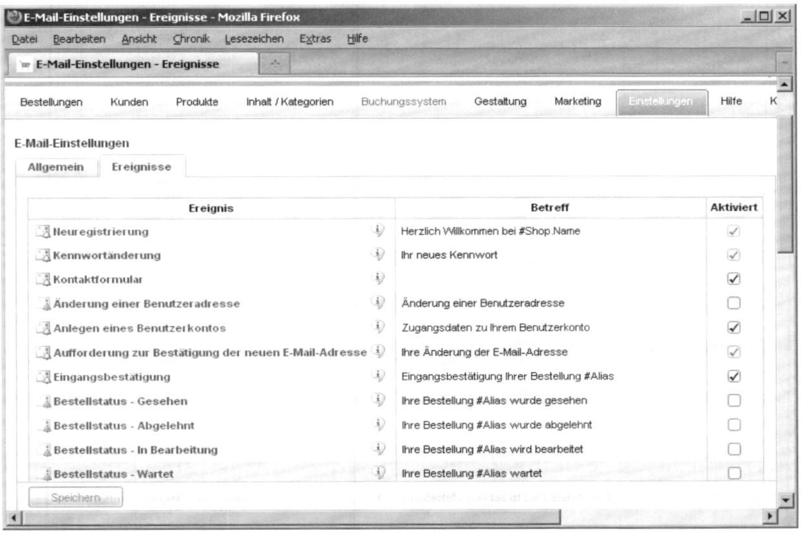

Definieren Sie eigene Texte für die Nachrichten, die die Kunden vom Shopsystem erhalten.

Sämtliche Transaktionsdaten der Kunden werden bei STRATO zur Sicherheit mit SSL-Verschlüsselung übertragen. Außerdem sind die STRATO-Shops für das führende Gütesiegel Trusted Shops optimiert.

Bezahlmethoden und Produkte

Stellen Sie wahlweise alle gängigen Bezahlverfahren wie beispielsweise Rechnung, Nachnahme, Vorkasse, Bankeinzug und die manuelle Kreditkartenabwicklung ein. Bei der Onlinebezahlung unterstützt STRATO Zahlungen über WorldPay, PayPal und einige weitere Systeme.

Jeden Artikel des Shops können Sie gleichzeitig in mehrere Kategorien einbinden. Versehen Sie die Produkte mit ausführlichen Informationen wie Preisen in den verschiedenen Währungen, Maßen, der Steuerklasse und Herstellerangaben. Darüber hinaus lassen sich zu jedem Artikel beliebig viele Fotos hinzufügen, und er kann sogar als automatische Diashow präsentiert werden. Möchten Sie ein Produkt in mehreren Größen, Farben oder Ausführungen hinzufügen, hilft der Variationsassistent. Er legt mit wenigen Klicks gleich mehrere Shopeinträge an, die sich lediglich in einzelnen Eigenschaften unterscheiden.

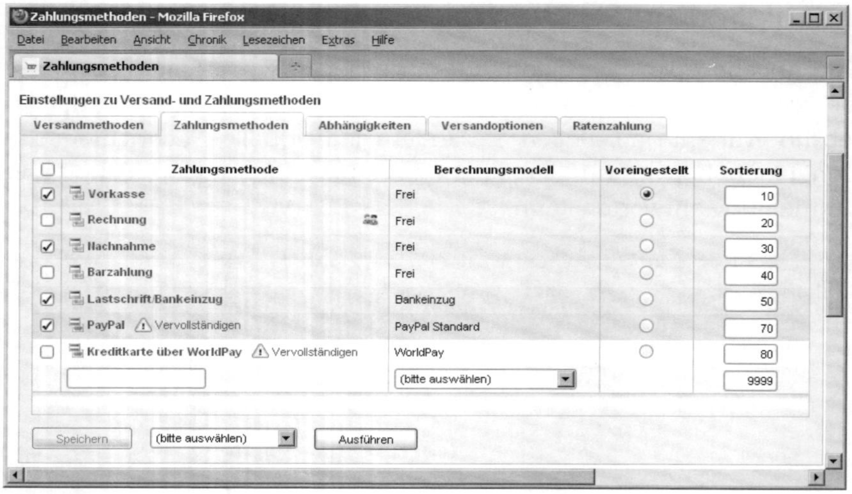

Es stehen alle gängigen Bezahlmethoden zur Verfügung.

Kunden und Bestellungen

Sämtliche angemeldeten Kunden werden in einer Datenbank geführt. Sie können einzelne Kontaktdaten jederzeit manuell ändern und von Hand neue Datensätze hinzufügen. Mit einem Klick auf den jeweiligen Kundeneintrag erhalten Sie ausführliche Informationen über den Käufer. Interessant ist beispielsweise die Übersicht mit sämtlichen Bestellungen des Kunden. Sie erkennen auf einen Blick den jeweiligen Status.

Eine leistungsfähige Stapelverarbeitung hilft dabei, gleich mehrere Bestellungen in einem Arbeitsgang zu erledigen. Aus dem Browser heraus lassen sich bequem Lieferscheine, Rechnungen und Gutschriften drucken. Zudem lassen sich Daten über den Browser direkt an UPS übermitteln. Mithilfe der UPS-Tracking-Nummer können registrierte Shopkunden jederzeit verfolgen, wo sich die Sendung gerade befindet.

Shopmarketing und eBay-Schnittstelle

Mit der integrierten Newsletter-Funktion binden Sie interessierte Nutzer dauerhaft an Ihren Shop. Senden Sie den Abonnenten regelmäßig Informationen zu Neuigkeiten, Angeboten und Sonderaktionen. Über die Seite *Google-Registrierung* lässt sich der Shop per Mausklick in der weltweit führenden Suchmaschine eintragen. Außerdem verfügen die STRATO-Webshops über eine direkte Schnittstelle zu Produktsuchmaschinen und Shoppingportalen wie Ciao, Google Base, guenstiger.de, Pangora, Kelkoo und shopping.com. Profitieren Sie von den hohen Zugriffszahlen dieser Websites, indem Sie Produkte Ihres Shops über den Link *Produktportale* parallel auch dort einstellen.

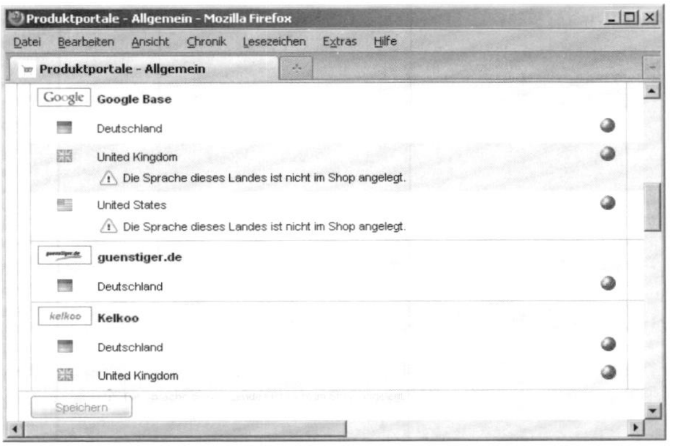

Stellen Sie Ihre Produkte per Mausklick bei den führenden Shoppingportalen ein.

Ebenfalls nützlich: Schaffen Sie zusätzliche Kaufanreize durch sogenanntes Cross-Selling. Bieten Sie dem Käufer damit zu einem Artikel noch weitere Zusatzprodukte an oder weisen Sie dynamisch darauf hin, welche Produkte andere Shopbesucher neben dem Artikel noch gekauft haben.

Für alle Anbieter, die auch auf dem weltweit größten Marktplatz eBay aktiv sein möchten, bieten die Shops ein besonderes Plus: Mit nur einem Mausklick lassen sich die Produkte gleichzeitig im eigenen Shop und auf den Seiten der führenden Verkaufsplattform anbieten. Bestellungen, die dort eingehen, lassen sich über die STRATO-Oberfläche abwickeln.

Die beschriebenen Funktionen zeigen nur einen Ausschnitt aus dem kompletten Leistungsumfang der STRATO-Webshops. Über die Website des Providers haben Sie die Möglichkeit, die angebotenen Shopvarianten 30 Tage unverbindlich und kostenlos zu testen. Alle in dieser Zeit eingegebenen Daten lassen sich bei Abschluss des Mietvertrags übernehmen.

4.4 Shop mit SmartStore.biz erstellen

Bei SmartStore.biz 5 handelt es sich um eine Shopsoftware, mit der Sie ohne HTML-Kenntnisse einen professionellen Onlineshop erstellen. Das Programm erzeugt offline auf dem heimischen PC statische HTML-Seiten. Nach dem Upload liegen die Shopdateien sowohl auf dem Rechner des Softwarekäufers als auch auf dem Server des Webspace-Providers. Die so erzeugten Dokumente benötigen serverseitig keine aufwendigen Skriptfunktionalitäten.

Shop erstellen

Das Programm wird in verschiedenen Editionen angeboten, die ab 199 Euro (Stand: Oktober 2009) erhältlich sind. SmartStore.biz steht aber auch in einer kostenlosen Version zur Verfügung, die sich mit einigen Einschränkungen ebenfalls unbefristet kommerziell einsetzen lässt.

Projektassistent

Um einen Shop mit SmartStore.biz einzurichten und ins Web zu stellen, gehen Sie folgendermaßen vor:

1 Nachdem Sie das Programm installiert und gestartet haben, fragt SmartStore.biz nach der Lizenznummer. Haben Sie die Software käuflich erworben, tragen Sie die Ihnen mitgeteilte Nummer ein. Wollen Sie SmartStore.biz erst einmal testen, klicken Sie auf *Im FREE Modus arbeiten*.

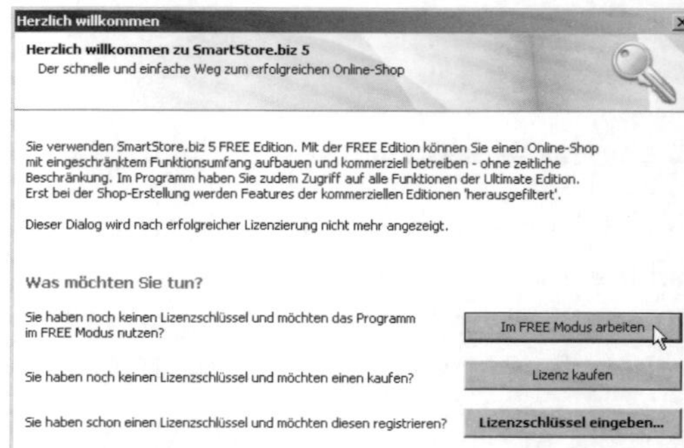

2 Klicken Sie in der Symbolleiste auf *Neues Projekt*, wählen Sie im folgenden Dialog die Option *Neues Projekt aus leerer Vorlage erstellen* und schließen Sie das Fenster mit *OK*.

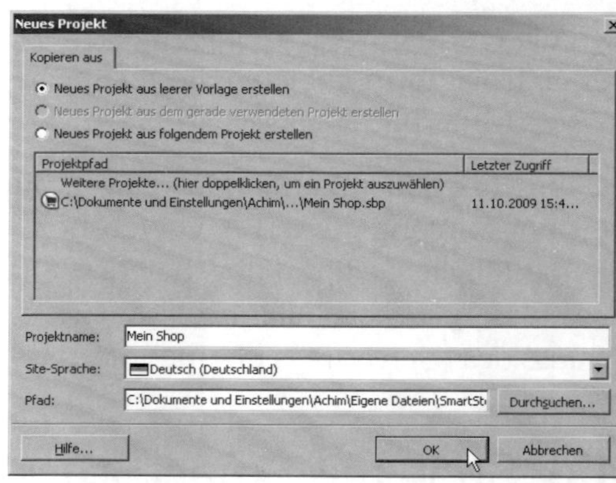

3 SmartStore.biz legt nun das neue Projekt an, und kurze Zeit später startet ein Assistent, der Sie in mehreren Schritten durch die Shoperstellung führt. Die dabei gemachten Eingaben lassen sich später jederzeit über das Setup ändern oder ergänzen.

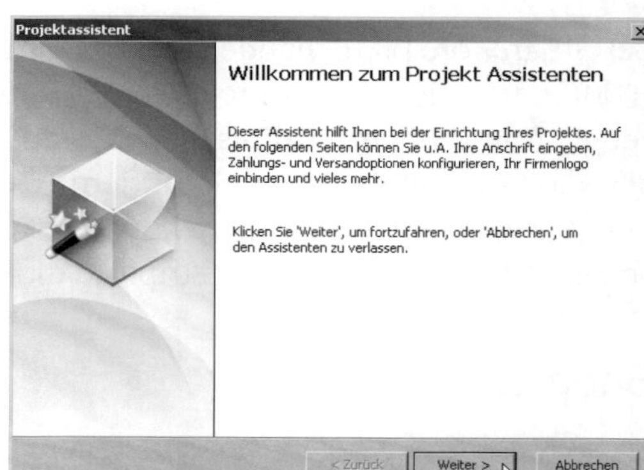

4 Tragen Sie im ersten Schritt die Stammdaten ein, zu denen etwa Name, Anschrift, Rufnummer und E-Mail-Adresse zählen.

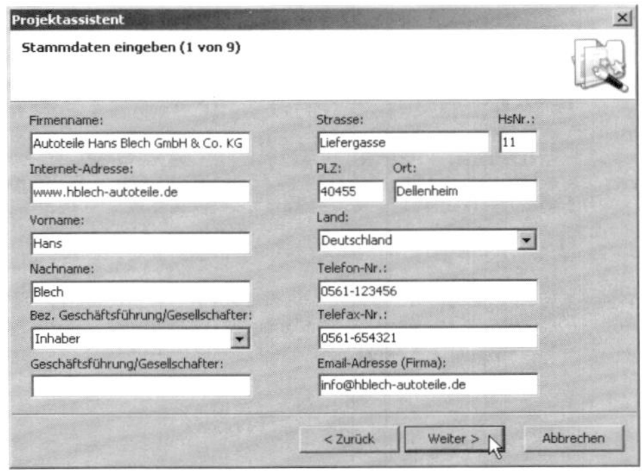

5 Binden Sie anschließend Ihr Firmenlogo ein, indem Sie die Option *Eine vorhandene Logodatei wählen* anklicken und über die Schaltfläche mit den drei Punkten die gewünschte Grafikdatei markieren.

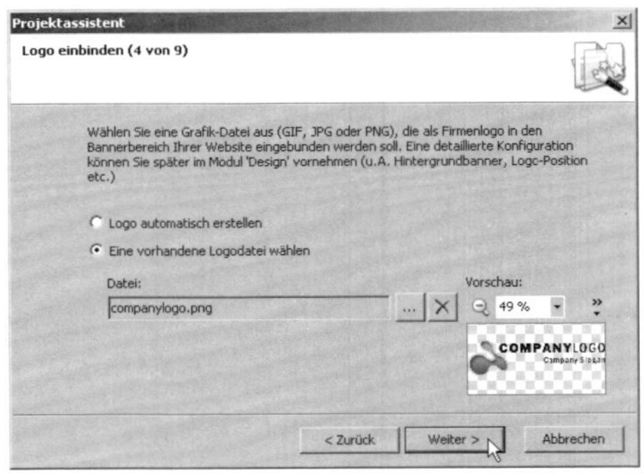

6 SmartStore.biz hält bereits beim Anlegen eines Projekts alle Länder und Regionen der Welt vor. Aktivieren Sie Ihre Lieferländer und klicken Sie wie gewohnt auf *Weiter*.

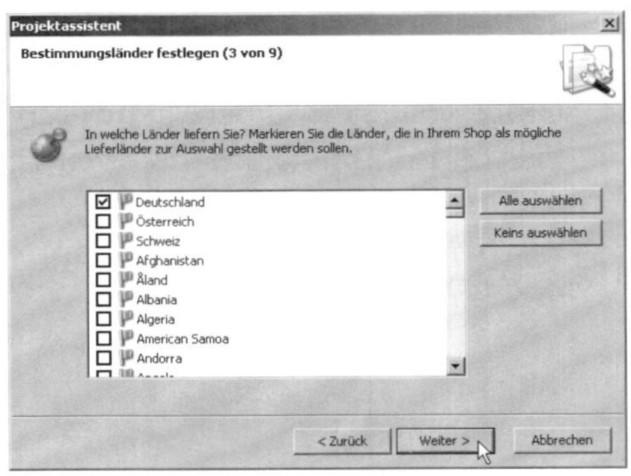

7 Im folgenden Dialogfenster stellen Sie das Standardsteuergebiet fest, das als Vorauswahl im Shop erscheint.

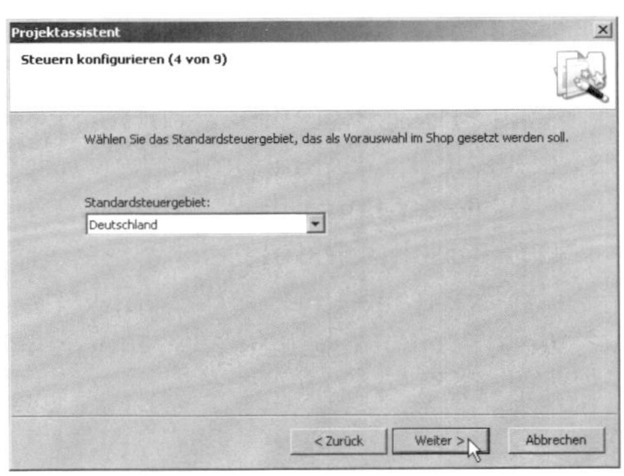

8 SmartStore bietet zwei verschiedene Zahlungsarten an. Die eine erfordert eine manuelle Nachbearbeitung, bei der anderen erfolgt die Abwicklung der Transaktionen über die Schnittstellen von Payment-Providern. Setzen Sie ein Häkchen bei den gewünschten Zahlungsarten.

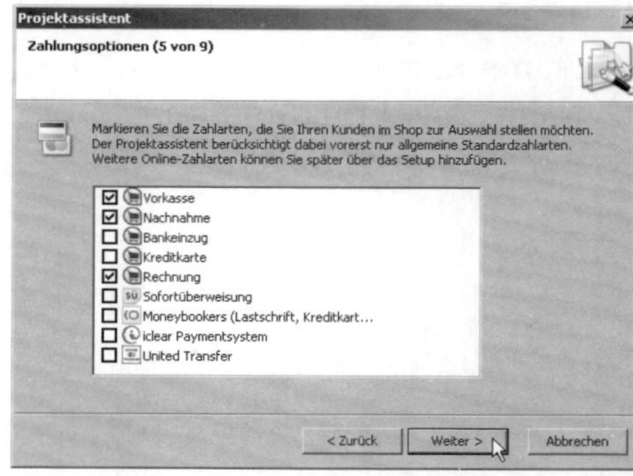

9 SmartStore.biz stellt verschiedene Versandoptionen zur Verfügung. Setzen Sie bei den Versandarten, die Sie Ihren Kunden anbieten wollen, ein Häkchen.

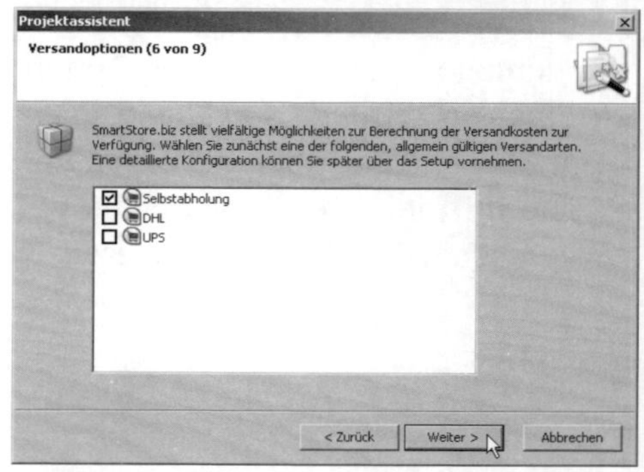

10 Wenn Sie zur Verwaltung Ihrer E-Mail-Korrespondenz SmartStore Office installiert haben, aktivieren Sie das Kontrollkästchen *Erweiterte Funktionen für SmartStore Office zuschalten*. Ansonsten überspringen Sie den Dialog mit *Weiter*.

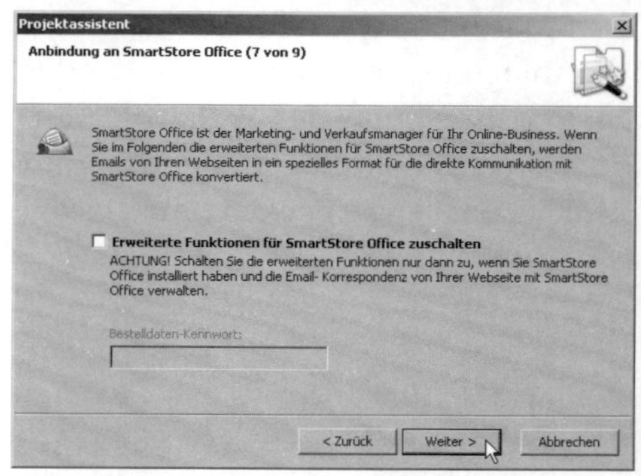

11 SmartStore.biz verwendet die bei den Stammdaten eingetragene E-Mail-Adresse automatisch für Bestellungen, Kontaktanfragen und Newsletter-Formulare. Wenn Sie das für einzelne Bereiche ändern wollen, tragen Sie in diesem Fenster die gewünschten E-Mail-Adressen ein.

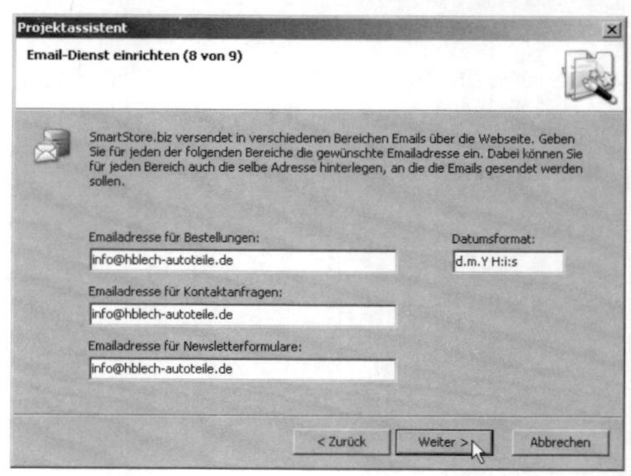

12 Im letzten Schritt klicken Sie auf *Fertigstellen*, um das Projekt endgültig einzurichten.

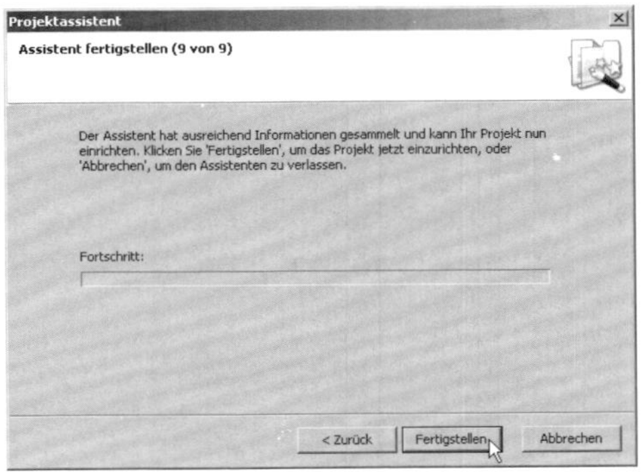

Warengruppen einrichten

Im nächsten Schritt richten Sie Warengruppen ein. SmartStore.biz erlaubt die Anordnung von Warengruppen in beliebig vielen Ebenen. Die Anzahl der Warengruppen pro Ebene ist nicht beschränkt. Um dem Store-Besucher jedoch die Orientierung zu erleichtern, sollten Sie nicht mehr als drei Ebenen verwalten.

1 Klicken Sie unten links auf *Produkte* und anschließend mit der rechten Maustaste auf den Bereich *Warengruppe*. Im Kontextmenü wählen Sie den Eintrag *Neue Warengruppe in Warengruppen*.

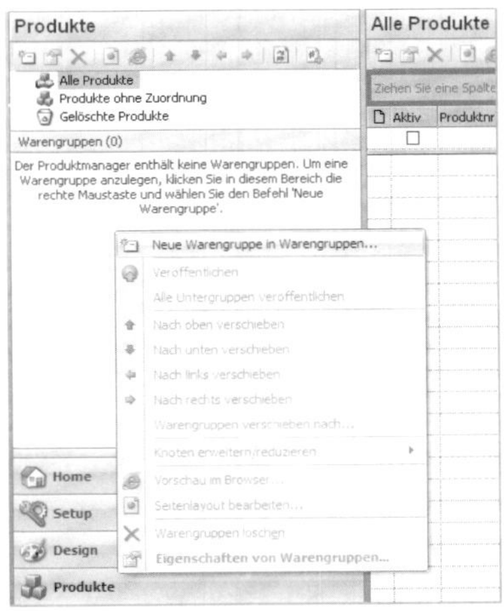

2 Im nun folgenden Dialogfenster tragen Sie insbesondere den Namen der Warengruppe ein und erstellen mithilfe des eingebauten HTML-Editors eine Beschreibung. Diese Beschreibung erscheint später im Shop und soll dem Leser detaillierte Informationen über die in dieser Gruppe vorhandenen Produkte bieten. Zum Abschluss bestätigen Sie alle Eingaben mit *OK*.

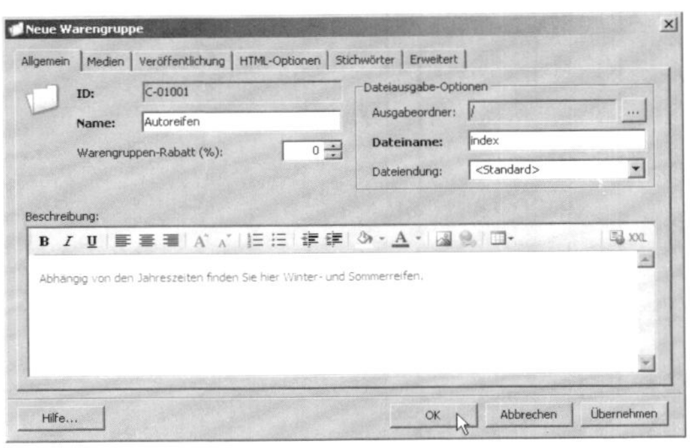

Produkte einbinden

Wenn Sie alle Warengruppen angelegt haben, binden Sie die einzelnen Produkte ein.

1 Hierzu markieren Sie die gewünschte Warengruppe und klicken mit der rechten Maustaste in die Produkttabelle. Aus dem Kontextmenü wählen Sie *Neues Produkt.*

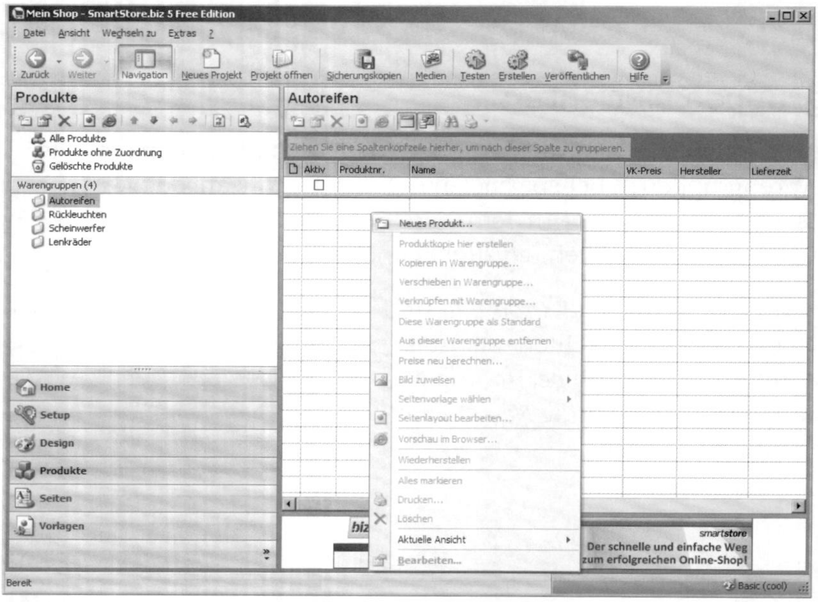

2 Im folgenden Fenster erfassen Sie zunächst die Produktdetails. So tragen Sie beispielsweise den Produktnamen ein, der später im Shop veröffentlicht wird. Ebenso lässt sich eine eindeutige EAN-Nummer erfassen, die Ihnen der Hersteller liefert. Mit einer Kurz- und einer Detailbeschreibung runden Sie die Eingaben schließlich ab.

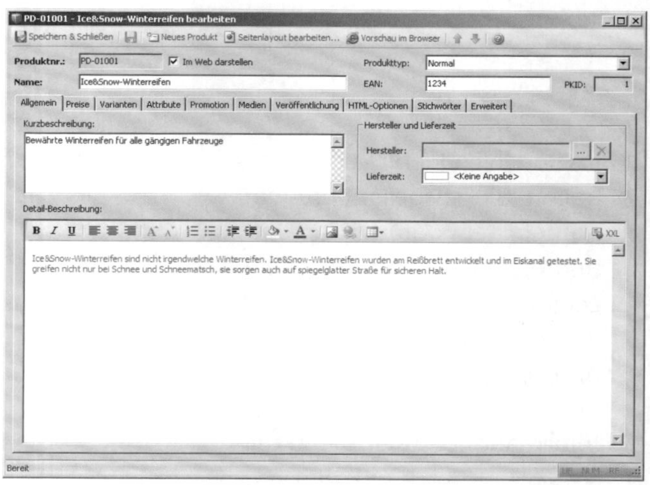

3 Anschließend versehen Sie das Produkt mit einem Foto. Hierzu wechseln Sie in das Register *Medien* und doppelklicken auf den Eintrag *Produkt-Vorschaubild*.

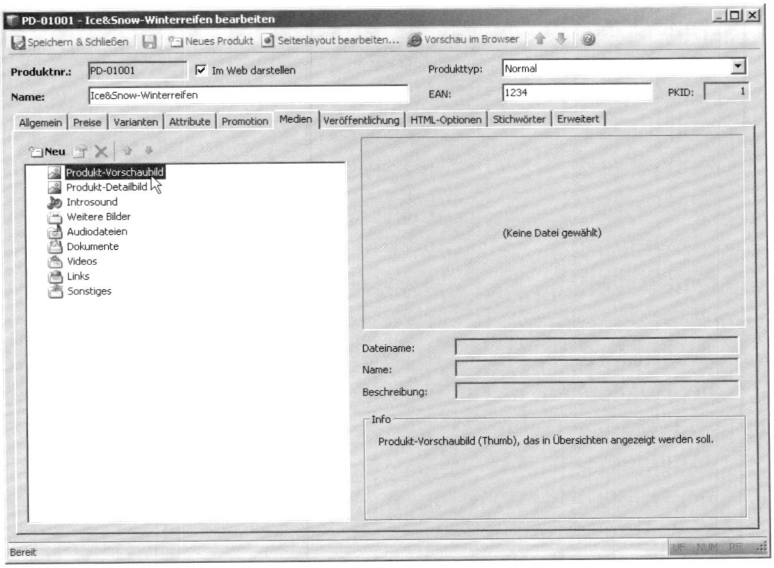

4 Nun öffnet sich der Medienmanager, der bereits einige Beispielgrafiken enthält. Um das gewünschte Produktfoto einzubinden, klicken Sie auf *Hinzufügen*.

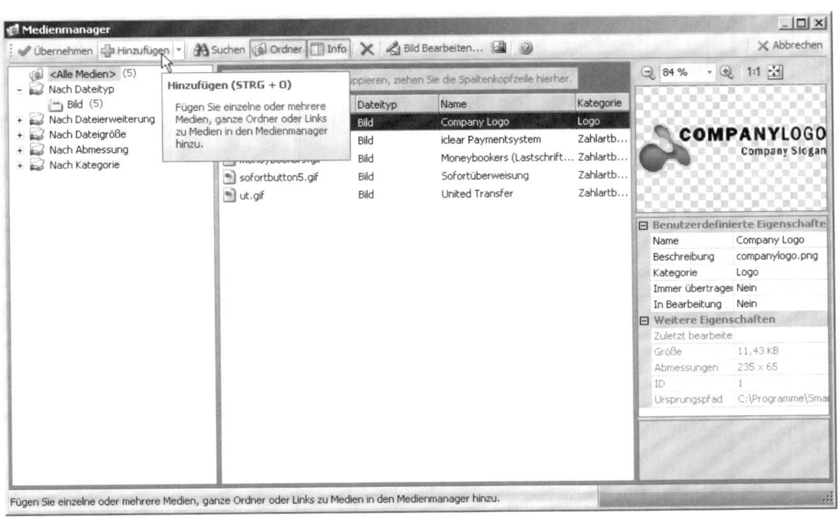

5 Öffnen Sie das Verzeichnis, in dem Sie Ihre Bilder abgelegt haben, markieren Sie das gewünschte Foto und klicken Sie auf *Öffnen*.

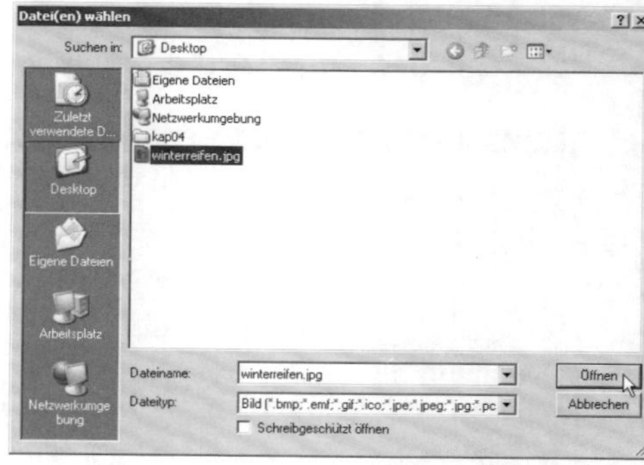

6 Im nächsten Schritt können Sie das Foto mit *OK* unverändert übernehmen. SmartStore.biz bietet aber auch die Möglichkeit, das Foto in einem Rutsch auf verschiedene Größen zu bringen, sodass es sich im Shop als kleines Thumbnail, aber auch in einer Großansicht darstellen lässt. In diesem Fall markieren Sie die gewünschten Profile, bevor Sie ebenfalls mit *OK* das Fenster verlassen.

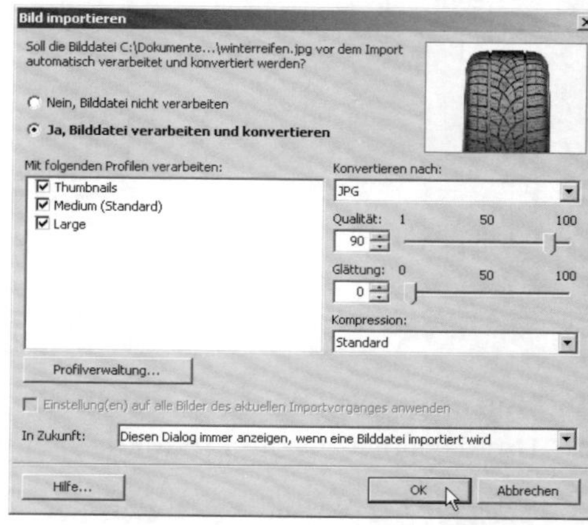

7 Zurück im Medienmanager, sehen Sie nun die übernommenen Bilder. Indem Sie auf das kleinere Foto doppelklicken, binden Sie es als Vorschaubild ein. Analog hierzu verfahren Sie anschließend mit dem *Produkt-Detailbild*.

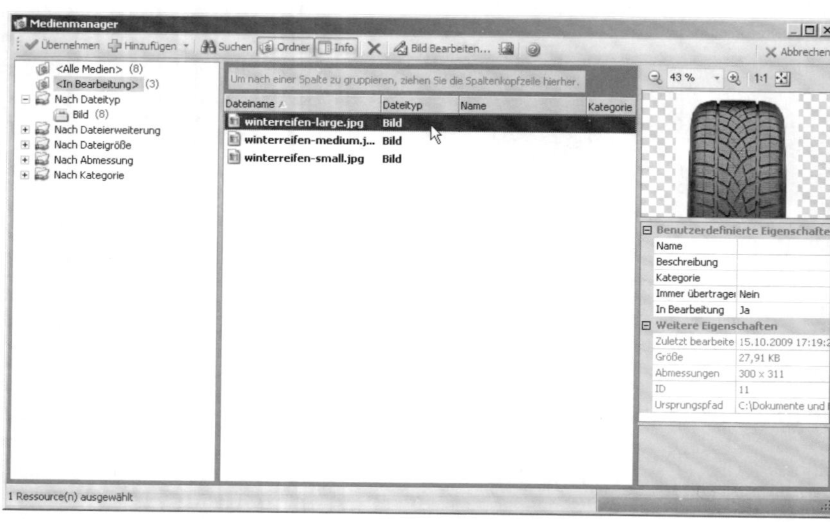

Layout anpassen

SmartStore.biz enthält eine Reihe fertiger Layoutvorlagen, die Ihrem Shop einen völlig neuen Anstrich geben. Darüber hinaus lassen sich die Vorlagen noch weiter individualisieren, indem Sie diesen beispielsweise andere Farb- und Schriftschemata zuweisen. Um das Aussehen des Shops Ihren Wünschen entsprechend anzupassen, klicken Sie unten links auf *Design*.

1 Sie sehen oben links das Fenster mit den verschiedenen Layoutvorlagen. Wählen Sie im Bereich *Weitere Layouts* eine Vorlage, die am besten zum Inhalt Ihres Shops passt, und übernehmen Sie sie mit einem Doppelklick.

2 Das so aktivierte Layout lässt sich auf Wunsch weiter anpassen. Im rechten Fenster hält SmartStore.biz verschiedene Farbschemata bereit, die Sie ebenfalls mit einem Doppelklick übernehmen. Weitere optionale Anpassungen stehen Ihnen auf den Karteikarten *Schriftschemata*, *Banner & Logo* und *Erweiterte Einstellungen* zur Verfügung.

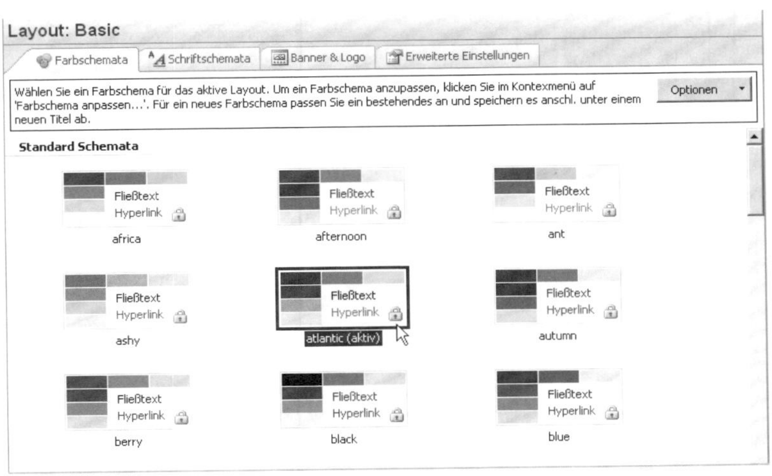

Ladeneröffnung

Bevor Sie der Kundschaft die Ladentür öffnen, bietet SmartStore.biz die Möglichkeit einer Vorschau im Browser.

1 Hierzu klicken Sie auf den Button *Testen* in der Symbolleiste. Daraufhin startet der in SmartStore.biz integrierte Browser und öffnet Ihre Website. Testen Sie ausgiebig alle Funktionen Ihres Shops, bevor Sie auf die Schaltfläche *Erstellen* klicken. Mit diesem Befehl erstellen Sie Ihren neuen Store lokal auf Ihrem Rechner. Dieser Vorgang lässt sich dabei Schritt für Schritt im eingeblendeten Dialogfenster verfolgen. Nach Abschluss verlassen Sie den Dialog, indem Sie auf *Schließen* klicken.

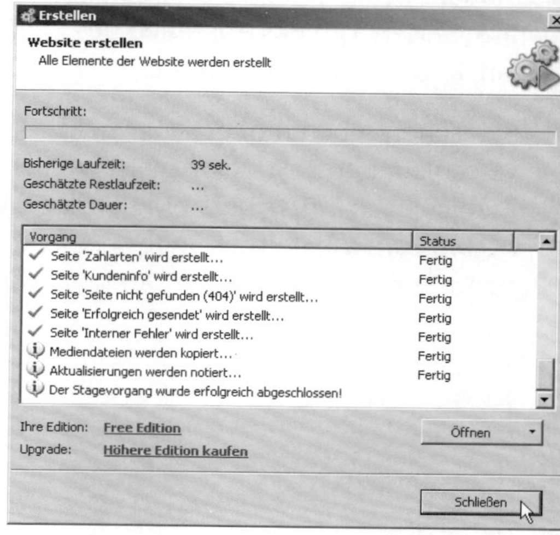

2 Um die fertige Website ins Netz zu stellen, starten Sie über das Symbol *Veröffentlichen* einen Assistenten, dem Sie Schritt für Schritt folgen. Dieser erwartet unter anderem, dass Sie einen neuen Zielhost hinzufügen, auf dem Sie Ihren Shop ablegen. In dem folgenden Dialogfenster tragen Sie die Zugangsdaten ein, die Sie von Ihrem Webhoster erhalten haben. Danach folgen Sie den nächsten Schritten, bis Sie die Übertragung auf den Webserver mit *Fertigstellen* einleiten.

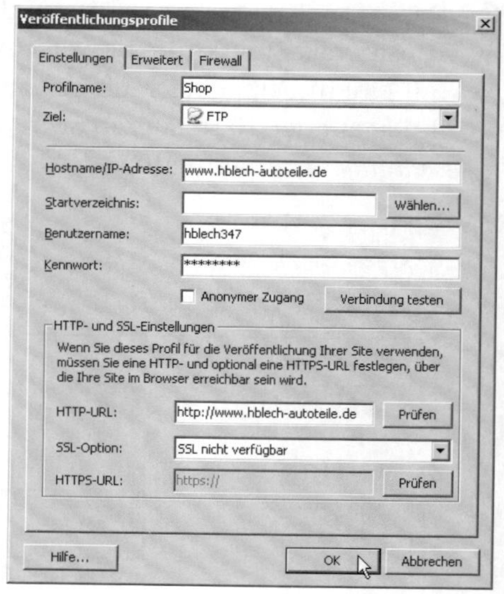

4.5 Shop mit shop to date erstellen

Auch mit shop to date von DATA BECKER (*www.databecker.de*) lässt sich ohne Programmierkenntnisse ein leistungsfähiger Onlineshop für den Direktvertrieb beliebig vieler Artikel realisieren. Die aktuelle Version 6.0 pro der Shopsoftware ist ab 499,80 Euro (Stand: Oktober 2009) erhältlich. Sie bietet attraktive Shopdesigns und vielseitige multimediale Darstellungsoptionen, die Ihr Warensortiment sehr ansprechend zur Geltung bringen. Ein Onlinebestellmanagement informiert Sie als Shopbetreiber just in time über den Eingang neuer Bestellungen. Das von Trusted Shops vorzertifizierte Shopsystem ist auf die sichere Bestellabwicklung per SSL, den Vertrieb digitaler Güter und modernste Zahlungssysteme wie PayPal, WorldPay, ClickandBuy oder sofortüberweisung.de vorbereitet.

Mit der Software shop to date 6.0 pro realisieren Sie ohne Programmierkenntnisse einen leistungsfähigen Onlineshop.

Software installieren

Für den Fall, dass Sie shop to date vor dem Kauf erst einmal ausprobieren wollen, lässt sich die Software 10 Tage kostenlos und unverbindlich testen. Gefällt Ihnen das Programm, können Sie es nach Ablauf der Testphase erwerben und freischalten.

Nach der Installation starten Sie das Programm. Im folgenden Dialog haben Sie die Wahl, shop to date freizuschalten oder erst einmal unverbindlich zu nutzen. Klicken Sie hierzu wahlweise auf die Schaltfläche *Freischaltung* bzw. *Starten*. Anschließend weist die Software darauf hin, dass im Web zusätzliche Assistenten bereitgehalten werden. Wenn Sie regelmäßig nach diesen suchen lassen wollen, klicken Sie auf *Ja*.

Shop einrichten

Sobald Sie den Dialog verlassen haben, heißt Sie shop to date herzlich willkommen und bietet Ihnen für den weiteren Verlauf entsprechende Unterstützung an. Wenn Sie bereits ein wenig Erfahrung mit Shopprogrammen haben, können Sie beispielsweise mit einem leeren Projekt bei null beginnen und haben so jeden erdenklichen Freiraum bei der inhaltlichen Gestaltung. Eher Unerfahrenen steht ein hilfreicher Projekt-Assistent zur Seite, der in wenigen Schritten durch den kompletten Erstellungsprozess führt. Selbstverständlich lässt sich auch der auf diesem Weg erstellte Shop später noch umgestalten und den eigenen Wünschen anpassen.

1 Nachdem Sie sich für den Assistenten entschieden haben, wählen Sie im linken Fensterbereich ein passendes Thema für Ihren Shop, indem Sie zunächst die geeignete Kategorie markieren und anschließend eine Vorlage festlegen. Im mittleren Fensterbereich sehen Sie die komplette Shopstruktur, deren Umfang sich über das darunterliegende Listenfeld der geplanten Größe der Website entsprechend anpassen lässt.

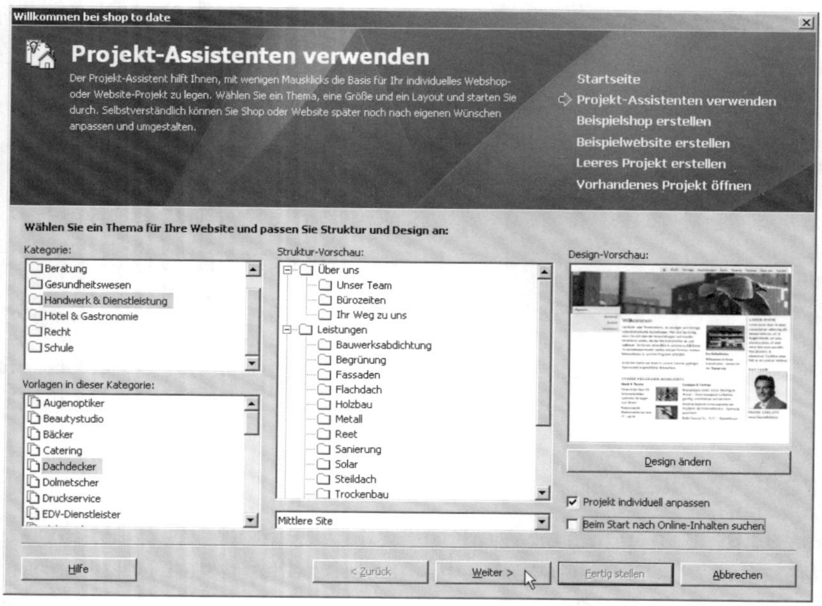

2 Im nächsten Schritt, zu dem Sie über *Weiter* gelangen, passen Sie die vorgegebenen Mustertexte wie *Name des Geschäfts*, *E-Mail-Adresse* und *PLZ/Wohnort* an. Hierzu doppelklicken Sie auf die jeweiligen Einträge und tippen die Daten in die sich öffnenden Eingabefelder. Haben Sie alles erledigt, verlassen Sie das Dialogfenster über *Weiter*.

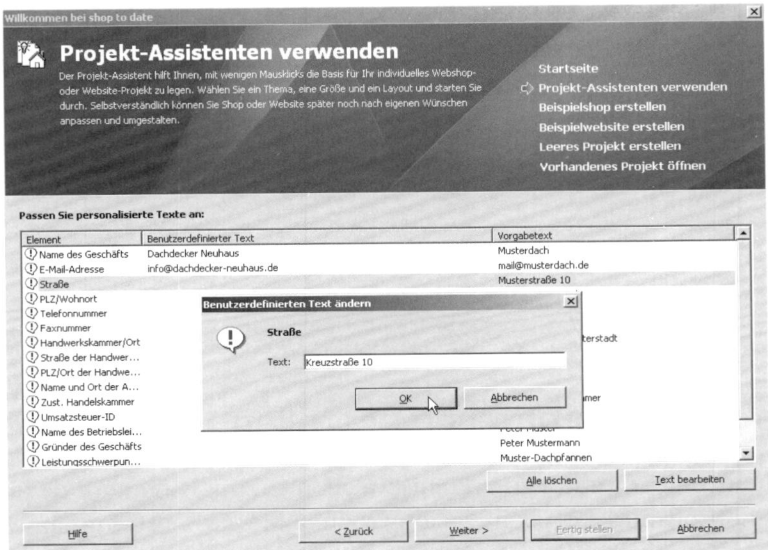

3 Standardmäßig speichert shop to date das neue Projekt im Ordner *web to date projekte*. Wenn Sie das ändern wollen, wählen Sie einen anderen Ordner, bevor Sie einen Namen für die Website eintragen und auf *Fertig stellen* klicken.

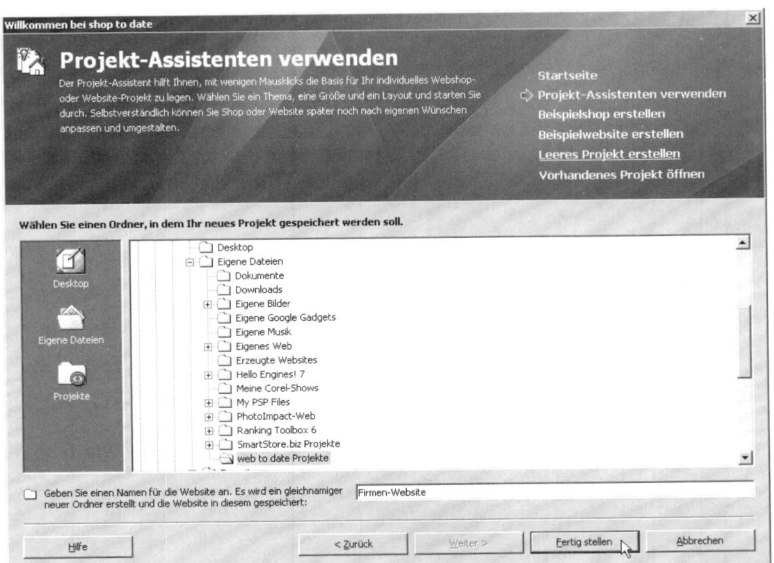

4 shop to date generiert daraufhin die neue Website und meldet sich wenige Augenblicke später mit dem Projekt-Assistenten zurück. Sie haben nun die Möglichkeit – ähnlich wie in SmartStore.biz –, neue Warengruppe anzulegen, denen Sie im zweiten Schritt Ihre Produkte zuordnen.

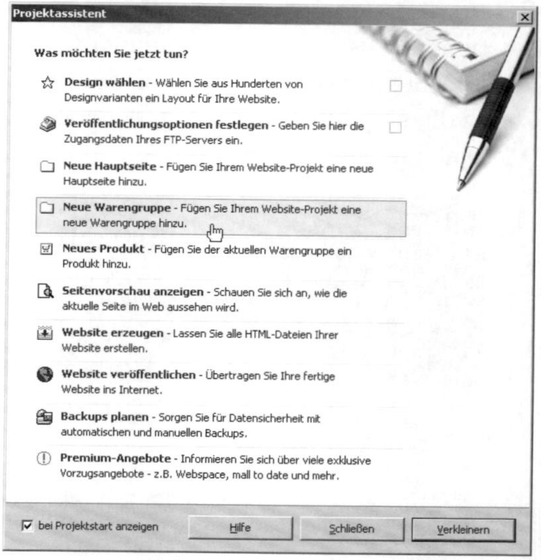

4.6 Shop mit osCommerce erstellen

Wenn Sie Produkte online verkaufen und Ihr Budget nicht mit Kosten für den Kauf einer teuren Shopsoftware belasten wollen, sollten Sie sich osCommerce anschauen. Bei dem Shopsystem osCommerce handelt es sich um ein sogenanntes Open-Source-Programm. Open-Source-Software unterscheidet sich von herstellergebundener Software dadurch, dass der Quellcode frei zur Verfügung steht. Der Anwender kann das Programm unabhängig von seinen Autoren beliebig verändern, weitergeben und erkannte Schwachstellen oder Fehler veröffentlichen. Dadurch werden Programme wie osCommerce durch die Open-Source-Gemeinde ständig weiterentwickelt und verbessert.

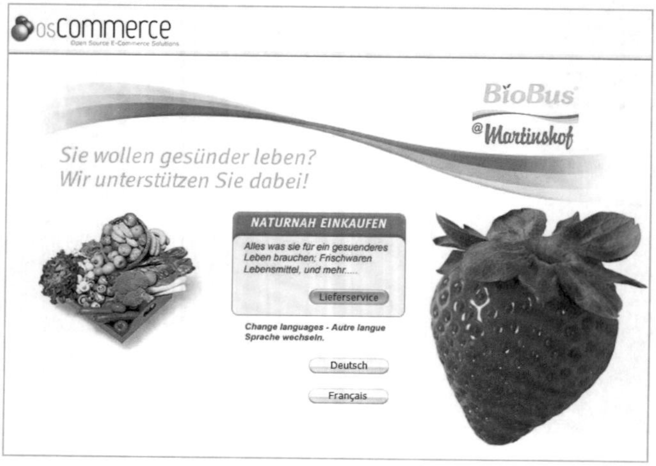

BioBus (www.biobus.de) ist einer von vielen professionellen Onlineshops, die mit dem Open-Source-Programm osCommerce erstellt wurden.

osCommerce läuft ohne Einschränkungen oder spezielle Anforderungen auf jedem Webserver, der PHP 4 und MySQL unterstützt. Das Programm kann daher auf Webservern mit den Betriebssystemen Mac OS X, Linux, Solaris, BSD und Microsoft Windows eingesetzt werden. Durch seine Eigenschaft, sich „out-of-the-box" installieren zu lassen, sind Shopbetreiber in der Lage, mit minimalem Aufwand und ohne weitere Kosten den Onlineshop selbst einzurichten und zu verwalten.

Software installieren

Sie finden osCommerce auf der Seite *www.oscommerce.com/solutions/downloads*. Um die FTP-basierte Installation vorzunehmen, entpacken Sie die heruntergeladene ZIP-Datei. Auf Ihrem Rechner befindet sich anschließend ein neuer Ordner, der den gleichen Namen trägt wie die ZIP-Datei. Den Unterordner *catalog* kopieren Sie auf Ihren Webserver. Nach dem Upload finden Sie den Shop unter *www.Ihr-Name.de/catalog/*. Um den Shop einzurichten, folgen Sie dem Link *Install a new online store*.

Im nächsten Browserfenster klicken Sie auf *Continue* und tragen die Datenbankdaten ein, die Sie von Ihrem Provider erhalten haben. Mithilfe der Option *Session Storage* legen Sie fest, ob die Sitzungsdaten in der Datenbank (*Database*) oder im Dateisystem des Webservers als Dateien (*Files*) gespeichert werden. Auf sogenannten Shared-Hosting-Servern empfiehlt es sich aus Sicherheitsgründen, die Sitzungsdaten in der Datenbank zu speichern. Auf dedizierten Servern sollten Sie dagegen das Speichern in Dateien ermöglichen, da dies die Leistung des Servers verbessert.

Die Schaltfläche Continue führt Sie Schritt für Schritt durch die Konfiguration des Onlineshops.

Nach dem Import der Datenbank richten Sie die HTTP-Konfiguration ein. Sofern Sie von Ihrem Provider keine abweichenden Angaben erhalten haben, übernehmen Sie die von osCommerce bereits eingetragenen. Ansonsten geben Sie bei *WWW Address* die vollständige Adresse der osCommerce-Installation samt Pfadangaben ein. Bei *Webserver Root Directory* muss das Verzeichnis im Dateisystem des Webservers eingegeben werden, in dem sich die Installation befindet, z. B. */usr/home/hpdl/public_html/osCommerce/*. Der Parameter *HTTP Cookie Domain* wird beim anwenderseitigen Speichern von Daten in Form von Cookies benutzt. Eine gültige Cookie-Domain besteht aus mindestens zwei Punkten in der Adresse, beispielsweise *.IhrName.de*. Der *HTTP Cookie Path* beschränkt das Senden von Cookie-Daten auf ein bestimmtes Verzeichnis. Dies stellt vor allem auf Shared-Hosting-Servern sicher, dass nur das osCommerce-Programm auf die Cookie-Daten zugreifen kann. Der Pfad kann beispielsweise */~ hpdl/osCommerce/* lauten. Abhängig davon, ob Sie SSL anbieten möchten, sollten Sie die Option *Enable SSL Connections* aktivieren bzw. deaktivieren. Ein SSL-fähiger Webserver ist zwar keine zwingende Voraussetzung für den Betrieb von osCommerce, dennoch wird dringend empfohlen, SSL einzusetzen, um beispielsweise die verschlüsselte Übertragung sensibler Kundendaten zu ermöglichen.

Zum Schluss sehen Sie noch einmal die Serverkonfiguration. Sind die Angaben in Ordnung, verlassen Sie das Browserfenster über *Continue*. Die Erfolgsmeldung (*The configuration was successful!*) signalisiert, dass alles geklappt hat. Um den neu eingerichteten Shop aufzurufen, klicken Sie auf *Catalog*.

Individuell einrichten

Nun befinden Sie sich in Ihrem Shop. Zum Administrationsbereich gelangen Sie entweder, indem Sie auf *Administration Tool* im Fenster der Installationsroutine klicken, oder über die Eingabe der Adresse im Browser, z. B. „http://www.IhrName.de/catalog/admin/index.php“. Dieses Verzeichnis müssen Sie natürlich durch ein Passwort schützen, damit nicht Unberechtigte in den Innenbereich des Shops gelangen!

osCommerce bietet neben der externen Kundenansicht auch einen internen Bereich zur Shopadministration.

Sie können jetzt sämtliche Platzhalterangaben im Shop durch Ihre eigenen ersetzen. Dazu klicken Sie im Bereich *Konfiguration* auf den Link *My Store* und markieren mit der Maus die zu ändernde Zeile, bevor Sie rechts daneben auf *Bearbeiten* klicken. Tragen Sie z. B. bei *Store Name* den Namen Ihres Shops in das sich öffnende Formularfeld ein und bestätigen Sie die Eingabe, indem Sie auf *Aktualisieren* klicken. Die Änderung ist anschließend in der Spalte *Wert* sichtbar.

Um die Kategorien und Artikel Ihres Shops zu verwalten, folgen Sie dem Link *Katalog*, den Sie links auf der Navigationsleiste finden. Sie sehen wieder Platzhalter, die Sie mit Ihren eigenen Angaben überschreiben. Mit einem Mausklick öffnen Sie die einzelnen Bereiche, und über die Buttons *Bearbeiten*, *Löschen*, *Verschieben*, *Neue Kategorie* und *Neues Produkt* erstellen Sie die gewünschte Katalogstruktur und erfassen die einzelnen Artikel.

4.7 Ein Shop für die Westentasche

Information at your fingertips: Dieser griffige Slogan brachte das Internet auf dem Heimcomputer in Fahrt. Der mobile Zugriff jedoch scheiterte lange Zeit an den hohen Verbindungskosten. Doch seit der Einführung von Flatrates dienen auch Handys und PDAs verstärkt als Fenster zum Internet. Sie werden somit für Anbieter mobiler Dienste und Inhalte immer interessanter.

Vorteile des mobilen Direktvertriebs

Unternehmen haben großes Interesse daran, die Vermarktung der eigenen Inhalte selbst zu koordinieren, um sich beispielsweise die Unabhängigkeit bei der Preisgestaltung, aber auch beim Seitenlayout zu bewahren. Zudem planen immer mehr Marken, eigene WAP-Seiten mit anderen Medienkanälen zu vernetzen, um somit die persönliche Kundenbeziehung und das Image der Marke zu pflegen. Optimistische Prognosen gehen davon aus, dass es bald keine Markenfirma mehr geben wird, die nicht auch auf eine eigene WAP-Seite setzt. Das gilt vor allem für Marken, die sich an junge Zielgruppen richten. Schließlich haben Jugendliche das Handy immer und überall dabei. Magazine wie Maxim oder auch Fußballclubs wie Manchester United bieten Kunden ihren Content direkt und weltweit an – unabhängig von den großen Portalen der Netzbetreiber oder parallel dazu. Weitere Vorteile des mobilen Direktvertriebs: Den Verbrauchern ist im Gegensatz zur ausgereiften „Kostenlosmentalität" im Internet bewusst, dass Handy-Dienste nicht unentgeltlich sind. Dazu kommt, dass schon knapp zwei Milliarden Menschen weltweit per Mobiltelefon Zugang zum World Wide Web haben. Damit können mehr Nutzer per Handy im Internet surfen als über den PC.

Den Markt nutzen

Wollen Sie als sogenannter Contentanbieter tätig werden, erleichtern Ihnen Unternehmen wie Bango (*www.bango.com*) den Markteintritt erheblich. Die offene Plattform stellt die technische Infrastruktur für die globale Auslieferung der mobilen Inhalte an die Endgeräte. Mithilfe der „Browse & Buy"-Technologie haben Verbraucher die Möglichkeit, auf WAP-Seiten nach Lust und Laune zu stöbern und Content bedienerfreundlich zu kaufen. Zudem können sich die Benutzer in vielen Fällen vor dem Kauf von der Qualität der Inhalte überzeugen. Konsumenten suchen sich den gewünschten Content aus und bezahlen anschließend für ihre erworbenen Inhalte einfach und sicher über die von ihnen bevorzugte Zahlungsmethode. Das bietet dem Kunden einen besonderen Komfort und lädt ein, mehr Content zu kaufen. Den Contentanbietern entstehen keine Einrichtungsgebühren. Vielmehr bietet ihnen Bango die Möglichkeit, ohne Risiko mit dem Verkauf mobiler Inhalte zu experimentieren.

Die Bango-Plattform ermöglicht Handy-Nutzern den Zugang zu mobilen Inhalten und Diensten.

Es ist derzeit davon auszugehen, dass die Bedeutung mobiler Dienste und Inhalte in Zukunft noch weiter steigen wird. Dafür sorgt schon allein die Tatsache, dass die Grenze zwischen PC und mobilen Geräten immer mehr verschwimmt. Inzwischen steht den Verbrauchern eine Fülle von Geräten zur Verfügung, mit denen sie unterwegs Zugang zum Internet haben: Handhelds, PDAs, Organizer, Smartphones und

Handys. In Anbetracht der rasanten technischen Entwicklung von Mobilfunktelefonen und -netzen wird die Webnutzung zunehmend komfortabler. So stellen fast alle neueren Mobiltelefone WAP-Seiten benutzerfreundlich auf dem Handy-Display dar. Zudem modernisieren die Mobilfunkbetreiber ihre GSM-Netze kontinuierlich und statten ihre UMTS-Netze sukzessive mit der HSDPA-Technik aus. High Speed Downlink Packet Access ist ein Übertragungsverfahren des Mobilfunkstandards UMTS, das die schnelle Übertragung großer Datenmengen ermöglicht. Infolgedessen werden WAP-Seiten schneller aufgebaut, und Daten-Flatrates der Mobilfunkanbieter erlauben daneben das kostengünstige und unbegrenzte mobile Surfen.

Transparente Zahlungssysteme

Besonders wichtig für den erfolgreichen Aufbau mobiler Internetanwendungen ist neben Benutzerfreundlichkeit und Contentqualität auch die unkomplizierte und seriöse Abrechnung mobiler Inhalte. Die Implementierung solcher Billiglösungen ist sowohl für die Entwicklung einzelner kleinerer Nischendienste als auch für die gesamte WAP-Entwicklung ausschlaggebend. Angesichts der größer werdenden Beliebtheit, mobile Inhalte wie Spiele, Videos oder Musik pro Download zu bezahlen, ist es notwendig, dem Konsumenten unterschiedliche Zahlungsmethoden anzubieten. Abonnementdienste, bei denen Verbraucher an regelmäßige monatliche Zahlungen gebunden werden, verlieren dagegen zunehmend an öffentlicher Akzeptanz. Dienstleister wie Bango bieten Contentprovidern konkrete Lösungen: Handy-Nutzer können z. B. über die Telefonrechnung, per Kredit- und Debitkarten sowie mittels PayPal bezahlen. Konsumenten suchen sich den gewünschten Content aus und begleichen den Kaufpreis anschließend bequem und sicher über ihre favorisierte Zahlungsmethode.

Über Bango

Bango ist Entwickler einer offenen globalen Plattform, die es Contentprovidern ermöglicht, ihre Produkte direkt an Handy-Nutzer aller Mobilfunknetze über das mobile Internet zu vermarkten. Der direkte Kontakt zu den Konsumenten läuft parallel zu den mobilen Internetpräsenzen der Mobilfunkanbieter. Führende Netzbetreiber wie Cingular Wireless, Vodafone, Orange, Telefónica und O2 arbeiten mit Bango, um das Wachstum des „Direct-to-Consumer"-Markts zu forcieren. Kunden von Bango erreichen über 250 Mobilfunknetze Verbraucher in mehr als 130 Ländern.

Die Bango-Plattform ermöglicht Handy-Nutzern weltweit den Zugang zu mobilen Inhalten außerhalb der Netzbetreiberportale. Dabei greifen die Anbieter mobiler Inhalte auf die Dienstleistungen von Bango zu, um in direkten Kontakt mit bestehenden und potenziellen Konsumenten zu treten – unabhängig vom Netzbetreiber. Weitere Informationen finden Sie auf der Website *www.bango.com*.

4.8 Produktfotos bearbeiten

Erst mit einem Foto kommen Ihre im Web angebotenen Waren so richtig zur Geltung, und nichts scheint auf den ersten Blick einfacher zu sein, als sich die Kamera zu schnappen, auf den Auslöser zu drücken und die so geschossenen Bilder in den Shop einzubinden. Dafür sind die hochauflösenden Aufnahmen moderner Digitalkameras jedoch viel zu groß. An eine entsprechende Bearbeitung Ihrer Schnappschüsse kommen Sie also nicht vorbei. Wenn Sie dabei ein paar Kniffe beachten, gelingt die Optimierung Ihrer Produktfotos in bester Qualität und ladefreundlicher Dateigröße.

Selbst betagte Digitalkameras mit 2 Megapixeln Auflösung erzeugen druckreife Fotos mit 1.600 x 1.200 Bildpunkten. Zur Darstellung im World Wide Web benötigt Sie aber viel kleinere Bilder, wenn Sie es sich nicht mit den Website-Besuchern verderben wollen. Denn das wird für viele Surfer ein großes Problem im Internet bleiben: die oft geringen Bandbreiten, die die Übertragung grafiklastiger Webseiten zum Geduldsspiel machen.

Empfehlenswerte Formate

Jedes Bild verlangt nach Speicherplatz und ist Ursache dafür, dass der Aufbau einer Webseite mehr oder weniger stark ausgebremst wird. Im Interesse einer schnellen Datenübertragung müssen Sie daher sicherstellen, dass das qualitativ beste Foto mit geringstmöglicher Dateigröße auf dem Webserver liegt. Die im Web gebräuchlichen Grafikformate sind GIF, JPEG und PNG. Nur diese Formate können alle gängigen Webbrowser ohne zusätzliches Plug-in darstellen. PNG (**P**ortable **N**etwork **G**raphics) wurde bereits vor Jahren eigens für den Webeinsatz konzipiert. Aber obwohl es alle Vorteile von GIF und JPEG in sich vereint, hat es sich bis zum heutigen Tag nicht richtig durchsetzen können. Bei GIF (**G**raphics **I**nterchange **F**ormat) handelt es sich um ein von der Firma CompuServe eingeführtes Grafikformat, das sehr weit verbreitet ist. Eine GIF-Datei kann maximal 256 Farben speichern und eignet sich daher vor allem für Grafiken und Bilder mit wenigen Farben, wie beispielsweise Buttons, Logos, animierte Bildsequenzen oder freigestellte Grafiken auf Webseiten mit einer Hintergrundgrafik.

JPEG für Fotos

Für detail- und farbenreiche Bilder wie Fotos, aber auch für Grafiken mit feinen Farbverläufen oder sehr vielen Farben ist das JPEG- oder JPG-Grafikformat (**J**oint **P**hotographic **E**xperts **G**roup) die richtige Wahl. Es komprimiert sehr gut und hat gegenüber GIF den Vorteil, dass es Bilder mit bis zu 16,7 Millionen Farben speichert. Diese Farbanzahl bedeutet je 256 Rot-, Grün- und Blauabstufungen und entspricht in etwa der maximalen Farbauflösung des menschlichen Auges.

Wie stark die Datei verkleinert wird, lässt sich einstellen. Probieren Sie einfach verschiedene Komprimierungsraten aus. Hierzu öffnen Sie in einem Bildbearbeitungsprogramm wie Corel Paint Shop Pro Photo das *Datei*-Menü, wählen die Funktion *Speichern unter* und klicken im folgenden Dialogfenster auf *Optionen*. Anschließend legen Sie im Fenster *Speicheroptionen* mithilfe des Schiebereglers den *Komprimierungsfaktor* fest: je höher der Faktor, desto schlechter die Bildqualität. Mit Werten zwischen *25* und *40* liegen Sie allerdings in den meisten Fällen richtig. Wenn Sie mit dem Ergebnis zufrieden sind, sollten Sie das Foto unter einem anderen Namen speichern, damit Ihnen das Original in seiner hohen Auflösung weiterhin zur Verfügung steht.

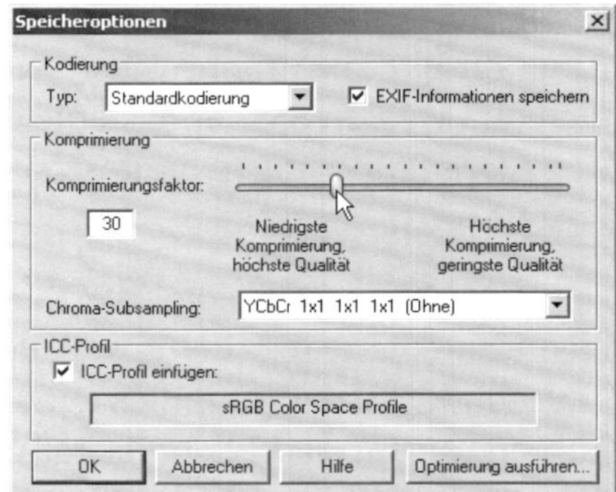

Mithilfe des Schiebereglers legen Sie den Komprimierungsfaktor fest: je höher der Faktor, desto schlechter die Bildqualität.

Foto verkleinern

Neben der Anzahl der Farben und der Komprimierung bestimmt die Anzahl der Bildpunkte (Breite x Höhe) die Größe einer Grafikdatei. Je weniger Pixel das Foto hat, desto kleiner ist die Datei. Normalerweise reichen schon 200 bis 300 Bildpunkte, um die Aufmerksamkeit des Betrachters auf ein Foto zu lenken.

Erforderliche Vorarbeiten

Bevor Sie ein Foto verkleinern, sollten Sie eventuell erforderliche Änderungen - beispielsweise Farb- und Helligkeitskorrekturen, Entfernung des Hintergrunds oder eine Retusche - bereits durchgeführt haben. So beheben Sie beispielsweise in Corel Paint Shop Pro Photo Fehler wie Farbstichigkeit oder Kontrastarmut über das *Anpassen*-Menü.

Mit Corel Paint Shop Pro Photo verkleinern Sie das Foto über *Bild/Größe ändern*. Wenn der vorgesehene Platz auf der Webseite eine feste Größe des Fotos erfordert, öffnen Sie im Bereich *Pixelgröße* das Listenfeld und wählen den Eintrag *Pixel*. Anschließend tragen Sie den erforderlichen Wert für die Breite oder die Höhe ein. Sich beide Werte vom vorhandenen Platz auf der Webseite „vorschreiben" zu lassen, ist in der Regel wenig sinnvoll, weil dann das ursprünglich richtige Seitenverhältnis des Fotos verloren geht. Darum ist bei Corel Paint Shop Pro Photo auch standardmäßig *Seitenverhältnis beibehalten von ... zu 1* aktiviert. Diesen Eintrag sehen Sie, sobald Sie bei *Erweiterte Einstellungen* ein Häkchen setzen.

Kommt es hingegen bei der Verkleinerung auf ein Pixel mehr oder weniger nicht an, wählen Sie den Listenfeldeintrag *Prozent* und tragen die geschätzten Prozentwerte ein.

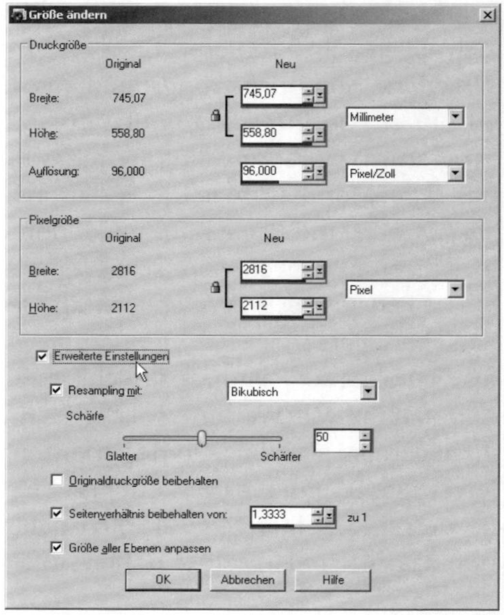

Haben Sie bei Erweiterte Einstellungen ein Häkchen gesetzt, werden weitere Kontrollkästchen sichtbar.

Nun wird bei jedem Foto, das Sie verkleinern, eine ganze Reihe von Pixeln entfernt. Das hat natürlich negative Auswirkungen auf die Bildqualität. Corel Paint Shop Pro Photo bietet jedoch verschiedene Methoden an, mit denen Sie entscheiden können, ob und wie der Qualitätsverlust ausgeglichen wird.

So ist *Bikubisch* bei den erweiterten Einstellungen standardmäßig voreingestellt. Mit dieser Auswahl verringern Sie ebenso wie mit *Bilinear* die blockförmigen Artefakte, auch „Treppeneffekt" genannt. Bei diesem Verfahren arbeitet das Grafikprogramm entlang der Bildkonturen mit Zwischenfarbtönen. Liegen beispielsweise eine weiße und eine schwarze Farbfläche nebeneinander, fügt das Bildbearbeitungsprogramm an den Übergängen graue Pixel ein, die das Bild weichzeichnen. Für das Vergrößern von Fotos ist besonders das bikubische Verfahren geeignet.

Die Methode *Smart Size* stellt sicher, dass nach einer kurzen Bildanalyse automatisch das für Ihr Foto am besten geeignete Änderungsverfahren ausgewählt wird. Wenn das Foto sehr ausgeprägte Kontrastgrenzen aufweist, können Sie die Methode *Pixel* prüfen. Sie verdoppelt oder löscht einzelne Pixel, um eine neue Bildgröße zu erstellen, und bietet durchaus brauchbare Ergebnisse.

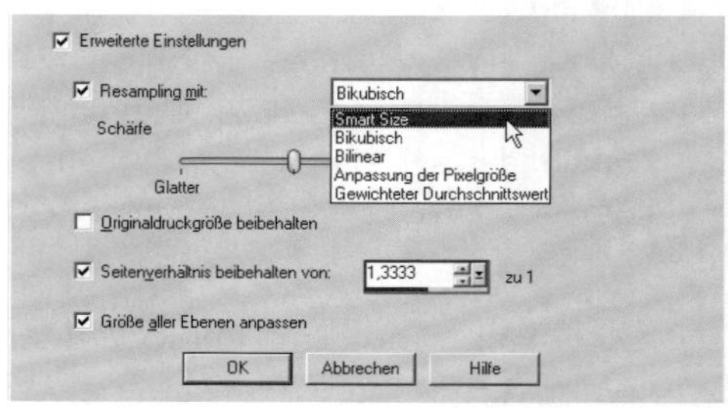

Die Methode Smart Size wählt automatisch das am besten geeignete Änderungsverfahren.

Scharfe Fotos

Obwohl hoch gelobt, hat auch das bikubische Verfahren seine Schwächen. Bei starker Verkleinerung wirken die Fotos leicht verschwommen, weil die Konturen zu weich gezeichnet wurden. Das verkleinerte Foto verlangt also nach einer maßvollen

Schärfung, die Sie visuell ausprobieren müssen, da die optimalen Werte vom Foto, vom eingesetzten Grafikprogramm und vom Verfahren abhängen. Wenn Ihr Programm eine Funktion anbietet, die sich *Unscharfmaskierung* nennt, verwenden Sie diese, da sie in der Regel präzise Einstellungsoptionen bietet. Alternativ erfüllen auch Funktionen wie *Kanten schärfen* oder *Scharfzeichnen* ihren Zweck. Diese Methoden können Sie jedoch nur anwenden, wenn das Foto eine Farbtiefe von 16,7 Millionen Farben besitzt. Das bedeutet, dass Sie die Farbtiefe gegebenenfalls erhöhen müssen (z. B. bei GIF-Dateien). Bei Corel Paint Shop Pro Photo ändern Sie die Farbtiefe über *Bild/Farbtiefe erhöhen*.

Corel Paint Shop Pro Photo bietet verschiedene Verfahren zur Scharfzeichnung an, wobei das Verfahren *Anpassen/Schärfe/Scharfzeichnen* die meisten Problemfälle mehr als zufriedenstellend löst. Allerdings sind bei dieser Methode keine weiteren Einstellungen möglich, da Paint Shop Pro das Foto mit vorgegebenen Standardwerten schärft.

Weißabgleich korrigieren

Insbesondere bei Fotos, die unter künstlichem Licht geschossen wurden, entstehen oft Farbverschiebungen durch einen fehlerhaften Weißabgleich. Dieser Fehler lässt sich mit Corel Paint Shop Pro Photo beheben:

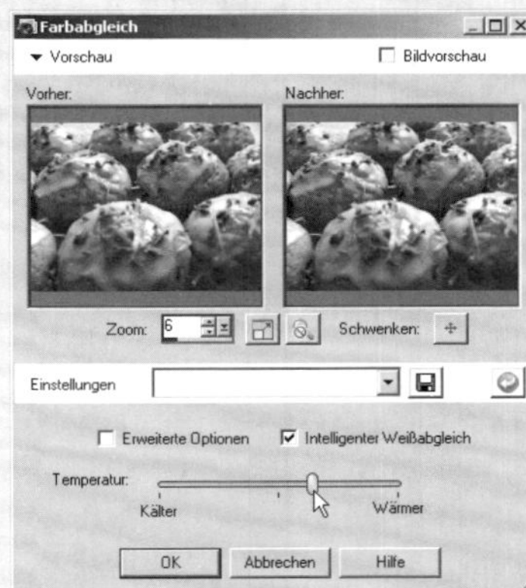

Um einen Ausgleich zu erzielen, wählen Sie *Anpassen/Farbabgleich* und setzen im folgenden Dialogfenster ein Häkchen bei *Intelligenter Weißabgleich*. Mit dieser Einstellung bewertet Corel Paint Shop Pro Photo das Bild selbstständig und nimmt kleinere Korrekturen automatisch vor. Ziehen Sie dann den Temperaturschieberegler nach links, erhalten Sie kühlere Farben. Ziehen Sie ihn nach rechts, erhalten Sie wärmere Farben. Mit *OK* übernehmen Sie das in der Vorschau sichtbare Ergebnis.

Blick in den Ausschnitt

Egal welches Verfahren Sie zum Verkleinern und Scharfzeichnen einsetzen: Je stärker Sie das Foto verkleinern, desto schlechter können Sie einzelne Details erkennen. Das hängt nicht nur von der Motivgröße ab, sondern wird stark beeinflusst durch den Wegfall von Pixeln. Deshalb sollten Sie im Zweifel überlegen, ob Sie nicht mit einem Ausschnitt des Fotos besser bedient sind.

Wie alle anderen Grafikprogramme bietet auch Corel Paint Shop Pro Photo ein Werkzeug an, mit dem sich Bilder zuschneiden lassen. Mit diesem Werkzeug ziehen Sie mit gedrückter Maustaste einen Rahmen auf. Die pixelgenaue Größe des Rahmens wird in der Statusleiste angezeigt. Hat der Rahmen die richtige Größe, doppelklicken Sie in ihn hinein. Paint Shop Pro schneidet daraufhin alle Bildbereiche außerhalb des Rahmens ab.

Mit dem Beschnittwerkzeug schneiden Sie Ihre Produktbilder passend zu.

Objekte freistellen

Zur professionellen Bildbearbeitung zählt das Freistellen. Beim Freistellen werden Teile eines Bilds entfernt, um diese oder andere Teile in den Vordergrund zu rücken. Diese Technik empfiehlt sich beispielsweise, wenn der Verkaufsgegenstand deutlicher im Mittelpunkt stehen soll. Und so geht es mit Corel Paint Shop Pro Photo:

Wählen Sie auf der Werkzeugleiste das Werkzeug *Freihandauswahl*. Blenden Sie über *Ansicht/Paletten* die *Werkzeugoptionen* ein. Bei *Auswahl-Typ* legen Sie *Punkt-zu-Punkt* fest und aktivieren das Kontrollkästchen *Antialiasing*. Anschließend umreißen Sie das freizustellende Objekt Punkt für Punkt. Wenn Sie damit fertig sind, klicken Sie mit der rechten Maustaste, sodass der umrissene Bereich als Auswahl erscheint. Danach lässt er sich über das *Bearbeiten*-Menü kopieren und als neue Ebene in ein anderes Bild einfügen.

4.9 Bewegte Bilder: Produktvideos clever einsetzen

Im Jahr 2008 ließen sich bereits 71 Prozent aller deutschen Internetnutzer von Videos im Internet im Internet fesseln. So ist es kein Wunder, dass inzwischen auf vielen Webseiten Filmtrailer und Musikvideos als Blickfänger eingesetzt werden. Inzwischen haben auch zahlreiche Unternehmen die Möglichkeit erkannt, Kunden unterhaltend zu informieren. Das dieser Weg richtig ist, stellte in 2008 ebenfalls die Studie „E-Commerce-TV" der Strategieberatung Goldmedia (*www.goldmedia.de*) heraus, die zusätzliche Wachstumspotenziale durch den Einsatz von Videos in Onlineshops und Internetportalen prognostiziert. Die Ergebnisse der Studie zeigten ferner, dass die gesteigerte Verfügbarkeit von Breitbandzugängen ebenso wie das wachsende Interesse der Konsumenten an bewegten Bildern die Integration von Produktvideos in Shops und auf Plattformen zu einem wichtigen Hebel für den Erfolg machen kann.

Es wird außerdem erwartet, dass der deutsche E-Commerce-Markt bis zum Jahr 2012 allein durch den Einsatz von bewegten Bildern um mehr als 5 Prozent wachsen könnte, so die Studie weiter. Große Katalogversender und Onlineshops wie Amazon, Neckermann und Tchibo haben sich auf diesen Trend bereits eingestellt. Aber auch viele kleine und mittlere Unternehmen setzen auf die Präsentation von Produktvideos in ihren Webshops. So hat ein Team der E-Commerce-Leitfaden-Plattform (*www.ecommerce-leitfaden.de*) im Rahmen einer im Sommer 2009 durchgeführten Onlinebefragung herausgefunden, dass schon gut ein Drittel der teilnehmenden Onlinehändler diese Form der Produktpräsentation nutzt, während immerhin 39 Prozent die Einführung planen. Lediglich 7 Prozent der 148 befragten Onlinehändler zeigten sich unentschlossen.

Auch der Versandhändler Pearl (www.pearl.de) setzt auf Produktvideos. Mit ihnen lässt sich nicht nur hervorragend werben, sondern auch die Rücklaufquote senken.

Aufseiten der Verbraucher sind die bewegten Bilder in Onlineshops ebenfalls beliebt. Für rund 45 Prozent der deutschen Internetnutzer sind sie sogar ein notwendiger Bestandteil eines Onlineshops, wie eine Verbraucherumfrage des E-Commerce-Dienstleisters Digital Media Center (*www.dmc.de*) ergeben hat. Videos bewegen Internetnutzer dazu, sich länger auf Internetseiten aufzuhalten, und bieten daher gute Ansatzpunkte zur Verbesserung der Kundenbindung. Darüber hinaus kann die ausführlichere Produktpräsentation auch dazu beitragen, die Umtauschquote zu senken, da die potenziellen Käufer sich bereits vor dem Kauf besser über das Produkt informieren können.

4.10 Übliche Bezahlmethoden

Wer einen Onlineshop betreibt, muss sich Gedanken über die Zahlungsabwicklung machen. Denn für Shopbetreiber und Kunden hört der Spaß beim Shoppen auf, wenn das angebotene Bezahlverfahren nicht absolut zuverlässig und sicher ist. Wir stellen Ihnen einige der bedeutendsten Verfahren vor.

Anforderungen

Auf die Frage, welches denn das „richtige" Bezahlverfahren für Onlineshops ist, gibt es zurzeit keine allgemeingültige Antwort; zu unterschiedlich sind die Anforderungen, die von Shopbetreibern und Kunden gestellt werden. So hat der Kunde z. B. ein Interesse daran, den Kauf stornieren zu können, während der Shopbetreiber gerade dies angesichts hoher Rückbuchungskosten möglichst ausschließen möchte. Divergierende Interessen zeigen sich auch beim Umgang mit persönlichen Daten: Der Händler ist sehr daran interessiert, so viel wie möglich über die Kunden zu erfahren, um seine Marketingmaßnahmen zielgruppengerichtet adressieren zu können. Insbesondere der deutsche Konsument neigt aber dazu, so wenig wie möglich von sich preiszugeben. Nur etwa jeder Vierte ist bereit, im Web persönliche Angaben zu machen.

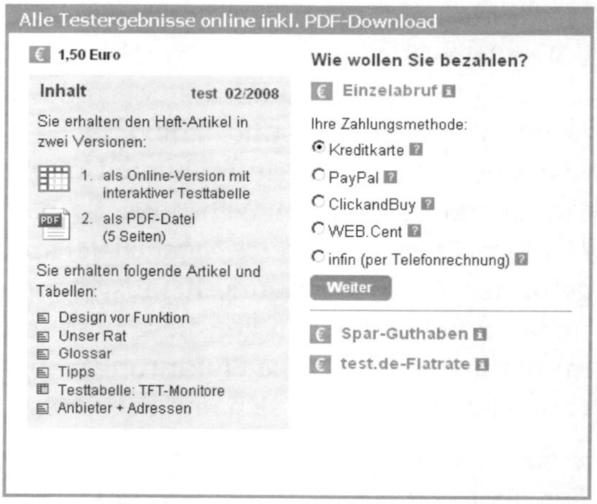

Anbieter wie Stiftung Warentest bieten auch für kleinere Transaktionssummen verschiedene Bezahlverfahren an.

Sicherheit

Um sich in der Praxis zu bewähren, müssen Bezahlverfahren verschiedene Anforderungen erfüllen. So steht für den Kunden und für den Shopbetreiber die (gefühlte) Sicherheit des Zahlungsverkehrs an erster Stelle. Bei der Aushändigung der Kreditkarte an den Tankstellenpächter oder an die Kellnerin im Restaurant macht sich sicher kaum ein Kunde Gedanken über die Sicherheit, obwohl dieser Vorgang grundsätzlich ähnlich risikobehaftet ist. Beim Kauf im Internet sieht das ganz anders aus. Weil sich Kunde und Händler nicht von Angesicht zu Angesicht gegenüberstehen, wird hier der Sicherheit plötzlich höchste Priorität beigemessen.

Verschlüsselung

Sicherheit bedeutet für den Kunden, dass jeglicher Datenmissbrauch ausgeschlossen ist. So muss der Shopbetreiber mit seinem Bezahlverfahren garantieren, dass kein Dritter während des Datentransfers die Daten mitlesen kann. Das wird durch den Einsatz von Verschlüsselungssoftware und entsprechend gesicherter SSL-Server gewährleistet. Darüber hinaus gilt es zu verhindern, dass Unbefugte an die Kundendaten gelangen, die auf dem Server des Shopbetreibers liegen.

Benutzerfreundlichkeit

Das Bezahlverfahren muss einfach in der Handhabung sein, d. h., die Transaktionen müssen genauso leicht zu tätigen sein, wie es der Kunde aus der realen Geschäftswelt kennt. Außerdem soll es für den Kunden an jedem Punkt des Verfahrens nachvollziehbar sein, was beim nächsten Transaktionsschritt geschieht. Undurchsichtige und komplizierte Verfahren werden vom Kunden nicht akzeptiert und sind daher auch für den Händler nicht anzuraten.

Hier kann der Kunde auf einen Blick erkennen, in welchem Abschnitt des Bestellverfahrens er sich gerade befindet.

Für den Shopbetreiber sollte das Bezahlverfahren gleichermaßen benutzerfreundlich zu bedienen sein. Ob es diese Anforderung erfüllt, stellt sich bereits bei der Implementierung des Transaktionssystems in den Onlineshop heraus. Danach beweist es seine Usability im täglichen Geschäft.

Anonymität

Der Shopbetreiber ist auf den Namen und die Anschrift des Kunden angewiesen, um die Ware liefern zu können. Auch die Mailadresse und die Telefonnummer sind wichtig, wenn sich Rückfragen ergeben. Insgesamt aber sollte das Bezahlverfahren die Privatsphäre des Kunden wahren und weitestgehende Anonymität gegenüber dem Händler sicherstellen. Der Händler sollte insbesondere der Versuchung widerstehen, mit den gewonnenen Daten Profile über das individuelle Kaufverhalten anzufertigen. Viele Kunden haben Angst, zu „gläsernen“ Verbrauchern zu mutieren.

Authentifizierung

Die meisten Bezahlverfahren leiden unter der fehlenden Authentifizierung des Kunden, also der eindeutigen und ausdrücklichen Bestätigung, dass ein Bezahlvorgang durch eine bestimmte Person eingeleitet wurde. Aber auch für den Konsumenten ist es schwierig, abzuschätzen, ob er dem Shopbetreiber vertrauen kann. Im Rahmen der sogenannten Authentifizierung wird die Identität des Kunden und des Händlers festgestellt. Bei diesem Prozess werden beide Vertragspartner zertifiziert und nach erfolgreicher Überprüfung für das Bezahlverfahren zugelassen.

Zahlungsgarantie

Der Shopbetreiber muss die Garantie haben, dass die Rechnungsbeträge der Kunden tatsächlich auf das Firmenkonto überwiesen werden. So übermitteln einige Bezahlverfahren unmittelbar nach Abwicklung der Transaktion eine elektronische Zahlungsbestätigung. Auch Bezahlstandards wie der MasterCard SecureCode erhöhen die Sicherheit im Zahlungsverkehr und stärken damit das Vertrauen der Händler und der Karteninhaber in das Internet. Bei diesem Kreditkartenverfahren sind die Überweisungen dadurch gesichert, dass sich der Karteninhaber vor der Zahlung authentifiziert hat. Das Risiko des Kreditkartenmissbrauchs wird durch diese Maßnahme erheblich gemindert.

Kostenfrage

Die Wahl des Bezahlverfahrens sollte auch unter Kostengesichtspunkten überlegt sein – zum einen aus Sicht des Kunden, der z. B. beim Einsatz von Kreditkarten mit jährlichen Gebühren zusätzlich belastet wird. Auch kann man nicht von ihm erwarten, dass er sich zusätzliche Hardware, z. B. einen Kartenleser, anschafft. Zum anderen sind die Kosten aus Sicht des Händlers überlegenswert, der diese für die Implementierung, den laufenden Betrieb und die Wartung auf die Produktpreise schlagen muss und dadurch unter Umständen an Konkurrenzfähigkeit einbüßt.

Die richtige Wahl

Im Web kommen derzeit viele verschiedene Bezahlverfahren zum Einsatz. Für den Shopbetreiber stellt sich die Frage, welches System seine Bedürfnisse am besten abdeckt. Das hängt nicht zuletzt vom Angebot ab. So wird ein Händler, der kostenpflichtige Software zum Download anbietet, kaum auf Nachnahme setzen. Ebenso wenig wird er bei internationaler Kundschaft das Lastschriftverfahren anbieten. Auch die Dimension des Shops nimmt Einfluss auf die Wahl des Bezahlverfahrens. Im Gegensatz zu großen Shops mit vielen Kunden, die oft Verfahren anbieten, die über die sogenannten klassischen Bezahlsysteme hinausgehen, findet man bei den kleineren die schon aus der „Old Economy" bekannten Verfahren wie Vorkasse, Kauf auf Rechnung, Lastschrift oder Nachnahme. Auch für Händler, die erstmalig einen Onlineshop eröffnen und Erfahrungen mit dem neuen Vertriebskanal sammeln wollen, bieten sich diese herkömmlichen Verfahren an. Mit ihnen lassen sich die Artikel auf gewohnte Weise und kostengünstig abrechnen. Wenn der Händler mit der Zeit erkennt, welche Zielgruppen sich tatsächlich angesprochen fühlen, kann er die klassischen Systeme um andere Verfahren ergänzen.

Vorkasse

Für den Shopbetreiber ist die Zahlung per Vorkasse der sicherste Zahlungsweg, da die Ware erst nach Geldeingang verschickt wird. Zahlungsausfälle können so nicht eintreten, jedoch macht der Kunde hiervon nur ungern Gebrauch, da er das Gefühl hat, die „Katze im Sack" zu kaufen. Insbesondere Neukunden akzeptieren diese Form des Bezahlens nur selten. Für die Kundschaft ist positiv, dass beim Kauf keine kritischen Daten übermittelt werden.

Kauf auf Rechnung

Der beim Kunden sehr beliebte Kauf auf Rechnung ist für den Händler mit großen Risiken verbunden, da der Bezahlvorgang frühestens nach Erhalt der Lieferung oder Leistung erfolgt. Der Zeitpunkt des Zahlungseingangs ist für den Shopbetreiber nicht vorhersagbar. Für ihn besteht sogar die Gefahr eines kompletten Zahlungsausfalls. Aus diesem Grund sollte er seinen Kunden erst dann die Möglichkeit des Kaufs auf Rechnung einräumen, wenn sich ein gewisses Vertrauen durch mehrere problemlose Verkäufe entwickelt hat.

Nicht geeignet ist das Verfahren für digitale Waren wie Software oder Book-on-Demand, die sofort online zur Verfügung stehen, ebenso wenig für Leistungen von geringem Wert, z. B. Auskünfte aus Datenbanken. Auch bei internationaler Kundschaft stößt der Kauf auf Rechnung schnell an seine Grenzen.

Lastschrift

Für den Kunden bietet das Lastschriftverfahren eine große Sicherheit, da er nach Erhalt des Kontoauszugs bis zu sechs Wochen Zeit hat, einer Lastschrift zu widersprechen. Dazu reicht ein kurzer Brief oder ein Besuch in der Bankfiliale. Anschließend wird beim Auftraggeber der Lastschrift, in unserem Fall beim Shopbetreiber, der ursprünglich gutgeschriebene Betrag wieder abgebucht. Darüber hinaus stellt das Geldinstitut dem Auftraggeber eine saftige Gebühr in Rechnung.

Wie bei der Rechnung geht der Händler bei diesem Bezahlverfahren das Risiko ein, dass er nach Auslieferung der Ware einen Zahlungsausfall in Kauf nehmen muss. Denn abgesehen davon, dass der Kunde der Lastschrift widersprechen kann, ist auch die Gefahr gegeben, dass die angegebene Kontoverbindung dem Kunden nicht zugeordnet werden kann oder überhaupt nicht existiert.

Nachnahme

Bei der Nachnahme erhält der Kunde die Ware an der Haustür und bezahlt sie beim Zusteller. Im Hinblick auf die Übergabe von Geld und Ware bietet dieses Verfahren die größte Sicherheit. Allerdings führen die nicht unerheblichen Kosten für den Zusteller zu einem Preisaufschlag, der sich insbesondere bei Waren mit geringerem Wert negativ auf die Konkurrenzfähigkeit auswirken kann. Außerdem besteht das Risiko, dass der Kunde die Annahme verweigert, der Shopbetreiber die Ware zurücknehmen muss und sich diese unter Umständen nicht mehr verkaufen lässt. Nicht zuletzt ist die Nachnahme für den Kunden lästig, da er gezwungen wird, bei der Übergabe zu Hause zu sein oder die Ware beim Zustelldienst abzuholen.

Kreditkarte

Die Kreditkarte ist die am häufigsten im Internet eingesetzte Zahlungsart. Dabei übermittelt der Käufer dem Händler seinen Namen, die Nummer und das Gültigkeitsdatum seiner Kreditkarte. Vor diesem Hintergrund sind vonseiten des Shopbetreibers hohe Anforderungen im Hinblick auf eine sichere Übermittlung der Bestell- und Personendaten zu erfüllen. So muss gewährleistet sein, dass die persönlichen Daten und Zahlungsinformationen verschlüsselt übertragen werden. In der Praxis hat sich bei der sicheren Datenübermittlung eine 128-Bit-Verschlüsselung (die sogenannte SSL-Verschlüsselung) bewährt. Darüber hinaus kann die Abrechnung über das SET-Protokoll (**S**ecure **E**lectronic **T**ransaction) erfolgen, ein Kreditkartensystem, das derzeit die größte Sicherheit garantiert, da hier der Kunde und der Händler zweifelsfrei über Zertifikate identifiziert werden.

Bei der Verwendung der Kreditkarte trägt der Kunde ein geringeres Risiko als der Shopbetreiber. Außerdem hat er den Vorteil der monatlich einmaligen Abbuchung von seinem Konto. Der Shopbetreiber trägt insbesondere beim SET-Verfahren das ganze Ausfallrisiko, wenn der Kunde bei seinem Geldinstitut widerspricht.

ClickandBuy

Das Bezahlsystem ClickandBuy zählt zu den sogenannten Micropayment-Verfahren und hat sich insbesondere für die Bezahlung von Onlineartikeln in der Nachrichtenwelt und zum Kauf von Waren aus Niedrigpreissegmenten, z. B. Shareware, etabliert. Bei diesen Bezahlverfahren muss sich der Kunde zunächst online registrieren, bevor er per Log-in auf die Ware zugreifen kann. Der Serviceanbieter bucht nach dem Kauf der Leistung den Rechnungsbetrag vom Konto des Kunden ab und schreibt ihn dem Konto des Händlers gut. Das Verfahren eignet sich wegen seiner geringen Fixkosten insbesondere für Shopbetreiber mit wenig oder unregelmäßigem Umsatz.

PayPal

Mit dem eBay-Unternehmen PayPal lassen sich sämtliche Beträge in verschiedenen Währungen (Euro, Britische Pfund, US-Dollar, Kanadische Dollar, Australische Dollar und Yen) überweisen – und das sogar in Echtzeit! PayPal bietet sich aber nicht nur als Bezahlverfahren für Onlineshops an, es hat sich auch zu einem der Bezahldienste bei eBay etabliert.

PayPal ist eine Tochtergesellschaft des US-Unternehmens eBay, die unter ihrem Markennamen ein Onlinebezahlsystem betreibt.

T-Pay

T-Pay ist ein Bezahlsystem der T-Com. Es bietet dem Kunden die Möglichkeit, seine Einkäufe im Internet mit MicroMoney, der in T-Punkten und in Postfilialen erhältlichen Guthabenkarte, per Lastschrift oder mit Kreditkarte zu bezahlen. Hat der Kunde einen T-Com-Anschluss, kann die Zahlung auch über die monatliche Telefonrechnung oder per Pay & Call erfolgen. Bei Pay & Call, das ohne vorherige Anmeldung nutzbar ist, wählt der Kunde per Telefon die im Bezahlablauf speziell für ihn generierte Rufnummer. Anschließend schaltet der Anbieter die gewünschten Inhalte umgehend frei.

Bezahlverfahren	Internetadresse
Click2Pay	*www.click2pay.de*
ClickandBuy	*www.clickandbuy.com/DE/de/*
NetDebit	*www.netdebit-payment.de/go/customer/*
Pago	*www.pago.de*
PayPal	*www.paypal.com/de/*
T-Pay	*www.t-pay.de*
RBS WorldPay	*www.rbsworldpay.com/deutsch/*
Iclear	*www.iclear.de*

4.11 Besonderheiten beim Verkauf spezieller Waren im Internet

Abgesehen davon, dass sich ohnehin nicht jedes Produkt gleich gut über das Internet verkaufen lässt, gelten auch einige Besonderheiten beim Verkauf spezieller Waren wie etwa Bücher, Textilien, Elektrogeräte und alkoholische Getränke. Christian Solmecke arbeitet als Rechtsanwalt in der Kanzlei Wilde & Beuger (*www.wb-law.de*) und ist dort unter anderem auf die Tätigkeitsgebiete IT-Recht, Wettbewerbsrecht sowie Handels- und Gesellschaftsrecht spezialisiert. Er gibt Ratschläge dazu, welche besonderen Kennzeichnungspflichten bei diesen Produkten zu beachten sind.

Bücher

Beim Verkauf neuer Bücher müssen Sie die Regelungen des Buchpreisbindungsgesetzes beachten, die sicherstellen sollen, dass Bücher nur zu einheitlich festgelegten Ladenpreisen verkauft werden. Auch gebrauchte Bücher unterliegen der

Buchpreisbindung – allerdings nur, wenn sie zum Zweck des Weiterverkaufs erworben wurden. Die Preisbindung gilt hingegen nicht für Mängelexemplare, die als solche gekennzeichnet und offensichtlich beschädigt oder verschmutzt sind.

Textilien

Handeln Sie mit Textilien, müssen Sie die Anforderungen des Textilkennzeichnungsgesetzes erfüllen. Danach ist der Händler verpflichtet, die Verbraucher bzw. Endkunden über die Zusammensetzung der Rohstoffmengen eines Textilerzeugnisses zu informieren. Textilerzeugnisse in diesem Sinne sind zu mindestens 80 Prozent ihres Gewichts aus textilen Rohstoffen hergestellte Waren, aber auch beispielsweise Bezugstoffe auf Möbeln, Möbelteilen und Schirmen sowie Teile von Matratzen und Campingartikeln. Stellen Sie also sicher, dass Ihre Textilerzeugnisse mit einer deutlich sichtbaren Angabe über die Art und die Höhe der Gewichtsanteile der verwendeten Rohstoffe versehen sind.

Elektrogeräte

Wer als Onlinehändler elektronische Geräte verkauft, muss vor allem die Energiekennzeichnungspflichten der Energieverbrauchskennzeichnungsverordnung einhalten und den Verbraucher über alle wesentlichen Eigenschaften des elektronischen Geräts informieren. Hierdurch soll es dem Kunden insbesondere erleichtert werden, energiesparende Geräte zu kaufen.

Alkoholische Getränke

Beim Verkauf von alkoholischen Getränken sind strenge Kennzeichnungspflichten und Jugendschutzbestimmungen zu beachten. So sind etwa im Bereich der Kennzeichnungspflichten die Vorschriften der Lebensmittelkennzeichnungsverordnung einzuhalten, die beispielsweise Angaben zum Alkoholgehalt sowie zum Mindesthaltbarkeitsdatum verlangen. Im Zusammenhang mit den Vorschriften des Jugendschutzgesetzes müssen Sie unter anderem sicherstellen, dass alkoholhaltige Getränke nur an Personen verkauft und geliefert werden, die das entsprechende Mindestalter erreicht haben.

4.12 So sind Sie über Grenzen hinweg erfolgreich

Laut der aktuellen „PayPal eCommerce Studie 2009" haben bereits über 50 Prozent der deutschen Onlinehändler ihren Onlineshop auf den internationalen Handel ausgerichtet. Über ein Fünftel der Händler ist weltweit aktiv, und rund ein Drittel verkauft seine Waren innerhalb Europas. Sie profitieren von der wachsenden Zahl von Internetanschlüssen und der gestiegenen Erfahrung und Kompetenz der Nutzer. Preisvergleiche und die Suche nach Spezialprodukten führen die potenziellen Kunden zunehmend auch auf deutsche Websites.

Nutzen Sie diese Entwicklung und richten Sie Ihren Onlineshop zusätzlich auf die Kunden im Ausland aus. Wägen Sie für jedes Land einzeln die Chancen und Risiken ab und entscheiden Sie, welche Märkte Sie gezielt ansprechen möchten und welche nicht. Lassen Sie in die Bewertung das jeweilige Preisniveau in Ihrem Segment, aber auch Einschätzungen über mögliche Ausfall- und Währungsrisiken einfließen. Hilfreich sind hier beispielsweise die von Banken und Finanzdienstleistern wie Coface (*www.coface.de*) fortgeschriebenen Länderbewertungen.

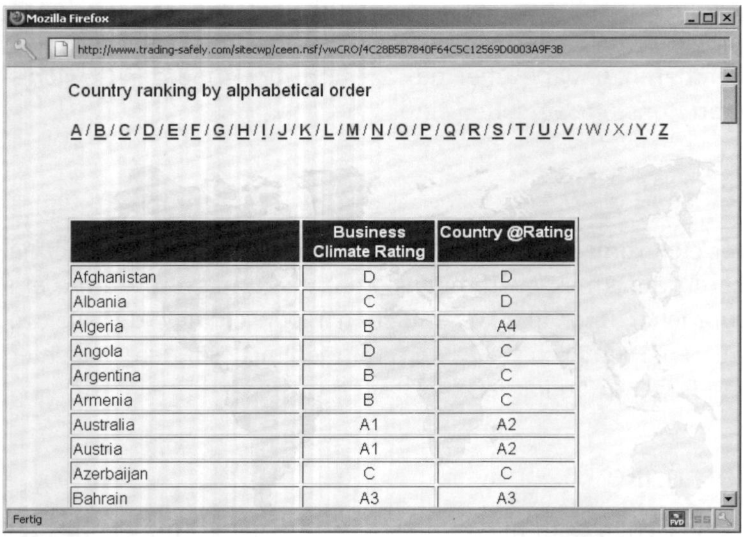

Country ranking by alphabetical order

A / B / C / D / E / F / G / H / I / J / K / L / M / N / O / P / Q / R / S / T / U / V / W / X / Y / Z

	Business Climate Rating	Country @Rating
Afghanistan	D	D
Albania	C	D
Algeria	B	A4
Angola	D	C
Argentina	B	C
Armenia	B	C
Australia	A1	A2
Austria	A1	A2
Azerbaijan	C	C
Bahrain	A3	A3

Die Länderliste des Kreditversicherers Coface liefert Anhaltspunkte für die Bewertung der wirtschaftlichen Risiken in den einzelnen Ländern.

Internationalisierung des Shops

Ist die Entscheidung gefallen, nehmen Sie die Internationalisierung von Website und Shop in Angriff. Dabei geht es um mehr als die bloße Übersetzung der Produktbeschreibungen in die entsprechenden Zielsprachen. Sie sollten die allgemeinen Geschäftsbedingungen, die Datenschutzbestimmungen und das Impressum anpassen, neue Bezahlverfahren hinzufügen sowie die Preise, falls notwendig, in zusätzlichen Währungen angeben. Je nach Ausgangslage sind aber auch grundsätzlichere Überlegungen anzustellen: Müssen Sie Ihr Produktsortiment speziell für das Ausland eingrenzen, ändern oder erweitern? Passen die Navigation und das Design des Angebots zu einem internationalen Webauftritt? Müssen besonders landestypische Fotos für das internationale Publikum ausgetauscht werden?

Zielen Sie mit Ihrem Angebot nicht ausschließlich auf den deutschsprachigen Raum ab, gehört wegen der geringen Verbreitung der deutschen Sprache die Übersetzung ins Englische schon fast zum Pflichtprogramm. Können Sie die Zielländer genau bestimmen, stellen Übersetzungen in die jeweiligen Landessprachen die kundenfreundlichste Lösung dar. Im folgenden Interview verrät Stephan A. Klein von der Atrada AG, welche weitreichenden Konsequenzen dies dann jedoch für alle übrigen Texte der Website mit sich bringt. In technischer Hinsicht unterstützen die meisten professionellen Shopsysteme die Pflege paralleler Sprachversionen. Die Übersetzung selbst sollten Sie von qualifizierten Mitarbeitern oder einem externen Übersetzungsbüro vornehmen lassen.

Wer in seinen AGB das deutsche Recht zugrunde legt, bewegt sich erst einmal auf bekanntem Terrain. Sind die gesetzlichen Bestimmungen im Land des Kunden jedoch in einzelnen Punkten für ihn günstiger, haben diese Vorrang. Treffen Sie keine ausdrückliche Rechtswahl, gelten bei Privatkunden die Regelungen des Landes, in dem diese ihren Wohnsitz haben. Von den Vorgaben in den jeweiligen Ländern hängt es auch ab, ob Sie die Preise als Brutto- oder Nettobetrag auszeichnen müssen. Wichtig beim Impressum: Geben Sie die Telefonnummern mit internationaler Vorwahl an und berücksichtigen Sie bei der Angabe der Erreichbarkeit die für die Zielländer geltenden Zeitzonen. Und auch bei den Größen- und Gewichtseinheiten gibt es länderspezifische Besonderheiten, die Sie im Interesse der Kundenfreundlichkeit berücksichtigen sollten.

„Firmen sollten die Besonderheiten in den jeweiligen Ländern kennen."

Stephan A. Klein ist Leiter Internal Services der Atrada AG in Nürnberg (*www.atrada.net*) und Rechtsanwalt mit den Schwerpunkten Gesellschafts- und Internetrecht im Unternehmen.

Allgemeine Geschäftsbedingungen stärken die Rechtsposition von Unternehmen, und sie schaffen Transparenz für die Kunden. Können Onlineanbieter ihre Regelungen für den nationalen Markt problemlos auch für Geschäfte im Ausland nutzen?

Stephan A. Klein: Schön wäre es. Leider funktioniert dies aber selbst innerhalb der Europäischen Union nicht so einfach. Im Zusammenhang mit der innergemeinschaftlichen Rechtsharmonisierung sind zwar viele EU-weit einheitliche Regelungen geschaffen worden, jedoch gibt es im Detail zahlreiche Abweichungen bei der Umsetzung der Richtlinien in nationales Recht. Firmen sollten die Besonderheiten in den jeweiligen Ländern kennen und berücksichtigen, um mögliche Stolperfallen zu vermeiden.

Können Sie ein Beispiel nennen?

Stephan A. Klein: Nehmen Sie die gängigen Verbraucherrechte wie beispielsweise das Rücktrittsrecht beim Onlinekauf, das dem Verbraucher grundsätzlich ein 14-tägiges Rückgaberecht einräumt. Deutschland hat im Rahmen der Umsetzung der zugrunde liegenden Richtlinie 97/7 EG die Rückgabe bestimmter Waren, beispielsweise von Konzert- oder Kinotickets, ausgeschlossen, um eine nicht sachgerechte bzw. unwirtschaftliche Belastung von Unternehmen zu vermeiden. Nicht jeder Mitgliedsstaat hat jedoch von der Möglichkeit zur Ausnahme Gebrauch gemacht, sodass der im EU-Ausland kaufende Kunde aufgrund des Meistbegünstigungsgrundsatzes trotzdem ein Rückgaberecht hat, soweit die Umsetzung der Richtlinie seines Staats diesen Ausschluss nicht vorsieht. Nachdem die notwendige Widerrufsbelehrung regelmäßig auch in den AGB integriert ist, belehrt der deutsche Händler im Zweifel falsch. Dies hat im schlimmsten Fall zur Folge, dass die Widerrufsfrist nicht anläuft und der Kunde nahezu unbegrenzt vom Vertrag zurücktreten kann. Eine unbefriedigende Situation.

Gibt es weitere grundsätzliche Punkte im Zusammenhang mit den allgemeinen Geschäftsbedingungen, die ein Shopbetreiber unbedingt beachten sollte?

Stephan A. Klein: Wesentlich ist auch die Frage, in welcher Sprache Sie die Kunden informieren müssen. Grundsätzlich gilt: Ist Ihr Onlineshop durchgängig deutschsprachig angelegt, genügt es, wenn Sie die AGB ebenfalls nur in deutscher Sprache anbieten. Sobald Sie jedoch über die Produkte in einer weiteren Sprache informieren, müssen Sie diese Sprache durchgängig verwenden. Dies gilt dann auch für die AGB. Fehlt hier eine Übersetzung, bringen Sie sich mit großer Wahrscheinlichkeit in eine ungünstigere Rechtslage bis hin zur Folge, dass Sie sich beispielsweise statt vor einem nationalen vor einem ausländischen Gericht verteidigen müssen.

Eine sehr komplexe Materie. Wo erhalten Unternehmen weitere Informationen und Hilfestellungen?

Stephan A. Klein: Gute Ansprechpartner für eine erste Übersicht sind nach meiner Erfahrung die vom Bundesministerium für Wirtschaft und Technologie geförderten E-Commerce-Kompetenzzentren sowie die Industrie- und Handelskammern, vor allem die in den Grenzregionen. Im Übrigen hilft aber auch ein auf Internetrecht spezialisierter Rechtsanwalt kompetent weiter.

Weitere Bezahlverfahren anbieten

Schon auf dem nationalen Markt spielt die Auswahl geeigneter Bezahlverfahren eine wichtige Rolle. Bieten Sie Kunden nicht genügend Flexibilität, steigen viele vorzeitig aus dem Bestellprozess aus. Die Bezahlung per Kreditkarte und über PayPal (*www.paypal.de*) ist international verbreitet. Sie sollten diese Bezahlarten daher den Kunden im Ausland in jedem Fall anbieten.

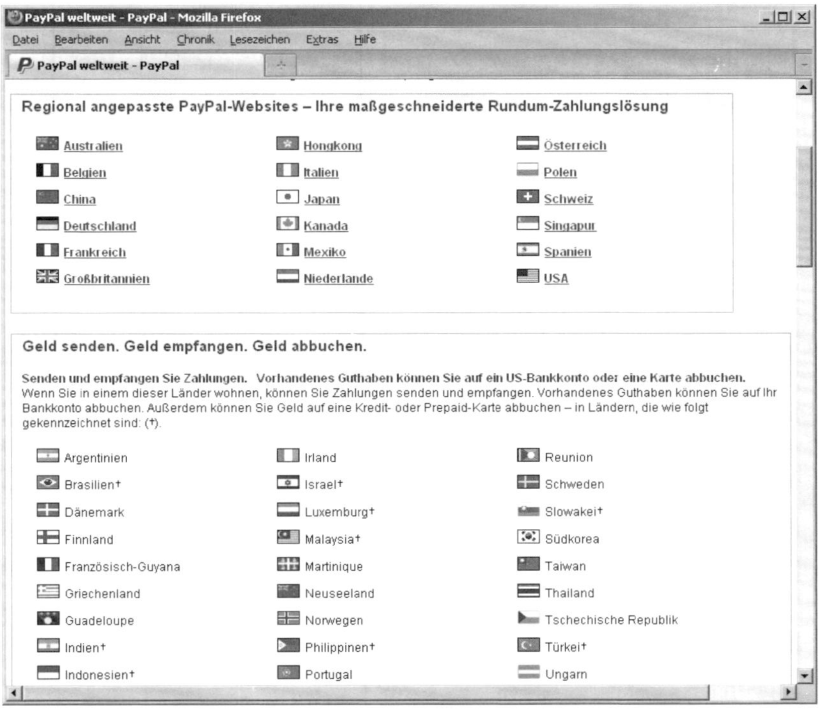

Nach eigenen Angaben wird PayPal in über 190 Ländern und Regionen als Zahlungsmittel genutzt.

Für den Shopbetreiber ist die Zahlung per Vorkasse mit Abstand der sicherste Zahlungsweg, da die Ware erst nach Geldeingang verschickt wird. Zahlungsausfälle können so nicht eintreten, jedoch macht schon der deutsche Kunde hiervon nur ungern Gebrauch, da ihn verunsichert, dass er nicht weiß, was er erhält. Ausländische Kunden akzeptieren diese Form des Bezahlens noch weniger. Der auch beim ausländischen Kunden sehr beliebte Kauf auf Rechnung ist dagegen für den Händler mit großen Risiken verbunden, da der Bezahlvorgang frühestens nach Erhalt der Lieferung oder Leistung erfolgt.

Das in Deutschland beliebte Lastschriftverfahren hingegen kennen bisher nur sehr wenige Länder. Möglicherweise ändert sich das durch die Schaffung der europaweit einheitlichen **S**ingle **E**uro **P**ayments **A**rea (SEPA).

Europaweit bezahlen per SEPA

Trotz eines in vielen Bereichen gut entwickelten Binnenmarkts hapert es noch bei der länderübergreifenden Zahlungsabwicklung und Geltendmachung von offenen Forderungen. SEPA soll diese innergemeinschaftlichen Wettbewerbshürden abbauen. Zahlungen sollen in ganz Europa zu gleichen Kosten und genauso einfach möglich sein wie derzeit auf der jeweiligen nationalen Ebene.

Neben den 27 EU-Mitgliedsländern sind Island, Liechtenstein, Norwegen und die Schweiz beteiligt. Seit Januar 2008 kann die SEPA-Überweisung für nationale und grenzüberschreitende Zahlungen genutzt werden. Am 2. November 2009 ist der Startschuss für das SEPA-Lastschriftverfahren gefallen, mit dem Ziel, dass sich innerhalb der nächsten Monate alle europäischen Banken anschließen.

Bei den Transaktionen sind statt Kontonummer und Bankleitzahl die IBAN (**I**nternational **B**ank **A**ccount **N**umber) und der BIC (**B**ank **I**dentifier **C**ode) erforderlich. Weitere Informationen erhalten Sie beispielsweise unter *www.bundesbank.de/zahlungsverkehr/zahlungsverkehr_sepa.php* oder bei Ihrer Bank.

Setzen Sie sich aber auch mit den zahlreichen länderspezifischen Bezahlverfahren auseinander. Konzentrieren sich Ihre internationalen Kunden auf bestimmte Länder und Regionen, sollten Sie überlegen, ob Sie nicht auch dort übliche Bezahlwege in Ihrem Shop implementieren. In Österreich könnte das beispielsweise die eps-Onlinezahlung sein, in der Schweiz PostFinance E-Finance, w-HA in Frankreich, MPP in Großbritannien und im Beneluxraum die Onlinebezahlung über iDEAL.

Machen Sie sich zudem mit den von Land zu Land unterschiedlichen Zahlungsgewohnheiten vertraut. Für Zahlungen auf Rechnung sind international unterschiedliche Zahlungsziele üblich. Werden in Deutschland in der Regel maximal 30 Tage eingeräumt, geben sich Firmen in Italien häufig auch mit bis zu 90 Tagen zufrieden.

Umsatzsteuerliche Regelungen

Für Geschäfte mit Kunden im Ausland gelten im Bereich der Umsatzsteuer besondere Regelungen. Die Frage, ob Sie auf den Rechnungsbetrag Umsatzsteuer aufschlagen müssen, hängt davon ab, an wen und wohin Sie die Waren verkaufen. Wohnt der Kunde im Bereich der Europäischen Union oder in einem Drittland? Ist er Unternehmer oder Privatperson? Außerdem wichtig: Versenden oder liefern Sie die Ware, oder wird Sie vom Käufer abgeholt?

Bei B2B-Geschäften innerhalb der EU benötigen Sie die Umsatzsteuer-Identifikationsnummer des Geschäftspartners, um die Rechnung ohne Umsatzsteuer ausstellen zu können. Ob die Umsatzsteuer-ID gültig ist und welcher ausländische Unternehmer sich dahinter verbirgt, erfahren Sie über eine Onlineabfrage auf der Homepage des Bundeszentralamts für Steuern unter *http://evatr.bff-online.de/eVatR/*.

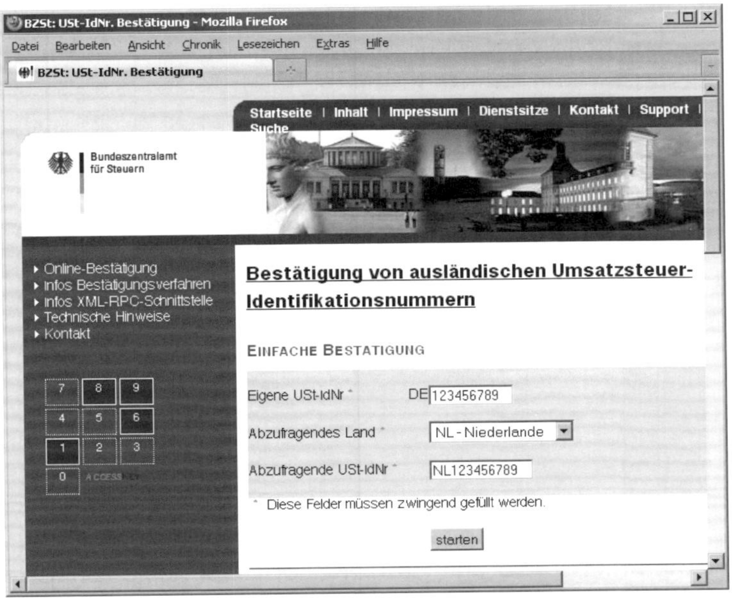

Lassen Sie sich die Gültigkeit einer ausländischen Umsatzsteuer-ID auf der Website des Bundeszentralamts für Steuern bestätigen.

Heben Sie sämtliche Belege und Bestätigungen als Nachweise für das Finanzamt sorgfältig auf. Versenden Sie die Ware, sollten Sie auch den Beleg des Transportunternehmens gewissenhaft abheften. Er beweist, dass die Lieferung tatsächlich in den jeweiligen EU-Staat ausgeführt wurde. Lassen Sie sich bei eigener Lieferung oder bei Abholung durch den Kunden in einer unterschriebenen Erklärung bestätigen, welche Ware transportiert wird und wohin sie genau gelangt ist. Prüfen Sie für eine lückenlose und für das Finanzamt nachvollziehbare Dokumentation auch die Identität des Abholenden sowie seine Berechtigung, für das jeweilige Unternehmen zu handeln. Je höher der Rechnungsbetrag ist, umso wichtiger ist es, auf Nummer sicher zu gehen. Schließlich droht Ihnen bei unberechtigtem Nichtversteuern eine Nachzahlung an das Finanzamt.

Sie können Ihre eigene Umsatzsteuer-ID als Anbieter angeben, müssen es aber nicht. Die Aufnahme in den Rechnungskopf ist jedoch sinnvoll, um dem Finanzamt die Zuordnung der Geschäftsfälle zu erleichtern. Im Übrigen benötigen Sie die ID für die vierteljährlichen Onlinemeldungen über steuerfreie innergemeinschaftliche Warenlieferungen an das Bundeszentralamt in Saarlouis. Für private Käufer innerhalb der EU müssen Sie die Umsatzsteuer grundsätzlich berechnen und im eigenen Land abführen. Übersteigt der Wert aller in ein Land gelieferten Waren jedoch eine jeweils national festgelegte Lieferschwelle, müssen Sie sich in diesem Staat registrieren und die Umsatzsteuer dorthin abführen. Die Schwellen liegen je nach europäischem Zielland zwischen rund 30.000 und 100.000 Euro. Genaue Beträge erfahren Sie von Ihrer IHK oder Ihrem Steuerberater.

Lieferungen in alle Nicht-EU-Länder sind grundsätzlich von der Umsatzsteuer befreit. Hier spielt es auch keine Rolle, ob der Kunde Unternehmer oder eine Privatperson ist. Die Versandbestätigung des Transportunternehmens sollten Sie als Ausfuhrnachweis gut archivieren. Wer die Ware abholt, muss seinen Wohn- oder Geschäftssitz in einem Drittstaat haben. Bitten Sie die betreffende Person um einen entsprechenden Nachweis. Es ist ratsam, über die eigenen Geschäftsbedingungen eindeutig festzulegen, dass die Kunden die Waren selbst versteuern und erforderlichenfalls verzollen. Über eventuell beizufügende Dokumente und mögliche Restriktionen informieren die Transportdienstleister, die ausländischen Zollbehörden und beispielsweise das Bundesministerium der Finanzen unter *www.zoll.de*.

Waren versenden

Der Warenversand an ausländische Kunden ist dank der internationalen Ausrichtung der großen Paketdienste unproblematisch. Sie verfügen über ein breites Netz in alle europäischen und nicht europäischen Länder. Neben der reinen Logistik bieten die Dienste häufig eine umfassende Unterstützung sowie speziell angepasste Serviceleistungen. Ihre Aufgabe ist es, die Waren gut geschützt für die teilweise recht langen Transportwege vorzubereiten. Beachten Sie bei der Adressierung zudem, dass die Zusteller in Ländern wie Russland und den meisten asiatischen Staaten nicht mit lateinischen Schriftzeichen vertraut sind. Eine parallele Auszeichnung in der Schreibweise des Ziellands erscheint ratsam.

Bei der Ausfuhr gibt es übrigens auch rechtliche Grenzen: So beschränkt die Europäische Union zur Bekämpfung des internationalen Terrorismus den Handel mit bestimmten Staaten und Gütern. Zudem sind Lieferungen an einzelne Organisationen und Personen untersagt. Ausführliche Informationen zu diesem Themenfeld finden Sie auf den Webseiten des Bundesamts für Wirtschaft und Ausfuhrkontrolle unter *www.ausfuhrkontrolle.info*.

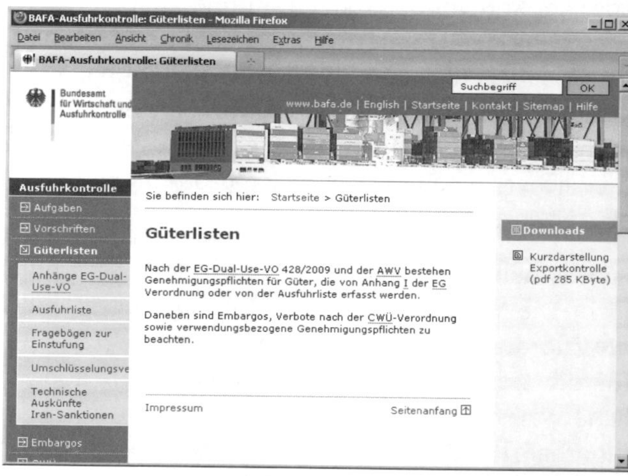

Vorsicht beim Versand ins Ausland: Nicht alle Güter dürfen ohne Weiteres ausgeführt werden.

Marketing und Support

Wie im eigenen Land sollten Sie auch im Ausland gezielt für Ihr Angebot werben. In der Regel kennen Sie jedoch nicht die im Ausland bevorzugten Suchdienste und Marktplätze. Ziehen Sie daher bei der Suchmaschinenoptimierung, bei der Platzierung von Bannerwerbung und beim E-Mail-Marketing professionelle ortskundige Experten zurate. Machen Sie sich zudem frühzeitig Gedanken über den Kundensupport. Auf Anrufe und E-Mails in der jeweiligen Landessprache sollten Sie vorbereitet sein. Beauftragen Sie entweder einen Callcenterbetreiber vor Ort oder stellen Sie bei einer Fokussierung auf bestimmte Länder eigenes, möglichst muttersprachliches Personal ein. Nur die Zufriedenheit der Kunden sichert den dauerhaften Erfolg auf den neuen Märkten.

Technische Hürden beachten

Beim Verkauf von Waren in andere Länder steckt der Teufel im Detail: Nicht jedes Produkt lässt sich ohne Weiteres in Ausland nutzen. In manchen Fällen müssen die Kunden technische Anpassungen vornehmen, die den ursprünglichen Kostenvorteil ins Gegenteil verkehren, in anderen Fällen ist das jeweilige Produkt überhaupt nicht zu verwenden. Um den Kunden unnötigen Ärger zu ersparen, sollten Sie prüfen, ob entsprechende Einschränkungen bei Ihren Produkten vorliegen. Beispiele hierfür sind

- Ländercodes bzw. fehlende Sprachauswahl bei Videos und Computerspielen,
- unterschiedliche Stromadapter, Spannungen und Sicherheitsnormen bei elektronischen Geräten,
- abweichende Konfektionsgrößen bei Kleidungsstücken,
- unzureichende Auszeichnungen bei Nahrungsmitteln bzw. verbotene Inhaltsstoffe sowie die
- Nichteinhaltung vorgeschriebener Normen bei technischen Geräten.

4.13 Einen mehrsprachigen Shop einrichten

Gängige Shopprogramme wie GS Shopbuilder oder SmartStore.biz bieten Features, mit denen Sie einen Shop mehrsprachig einrichten können. Ist Ihr Shop jedoch „handgestrickt", lässt er sich mit LARA internationalisieren. Die Software portiert Ihren Ursprungswebauftritt im Handumdrehen in andere Sprachen bei gleichem Layout – und ohne Layoutaufwand. Dennoch haben Sie danach die Möglichkeit zum Feinschliff und sogar eine Aktualisierungsfunktion, die Ihren Webauftritt sowohl in der Ursprungs- als auch in den Zielsprachen stets komplett organisiert.

Auf der Website *www.prodad-lara.de* finden Sie eine kostenlose, zeitlich befristete Demoversion, die auf die Bearbeitung von Projekten mit maximal 30 Webseiten beschränkt ist. Die Vollversion kostet 999 Euro (Stand: Oktober 2009).

1 Nach dem Programmstart öffnet sich das Fenster *L.A.R.A. [Neu]*, um das Verzeichnis Ihres lokalen Webauftritts einzulesen. Wollen Sie sich nur einen Überblick verschaffen, öffnen Sie das Übungsbeispiel unter *C:\Programme\prodad\lara\tutorial\InterWewb4U*. Die voreingestellte Ursprungssprache lässt sich über die Landesflagge ändern. Eine Beschreibung ist nur sinnvoll, wenn Sie mehrere Projekte mit LARA verwalten. Das Kontrollkästchen *Arbeitskopie aller Dateien erzeugen* sollten Sie jedoch aktivieren. Dadurch lassen sich während des Arbeitsprozesses einzelne Webseiten mit den dazugehörenden Grafiken und anderen Elemente anzeigen. Nachdem Sie unter *Arbeits-Ordner* den Pfad für die Arbeitskopien festgelegt haben, klicken Sie auf *Leseprozess starten*.

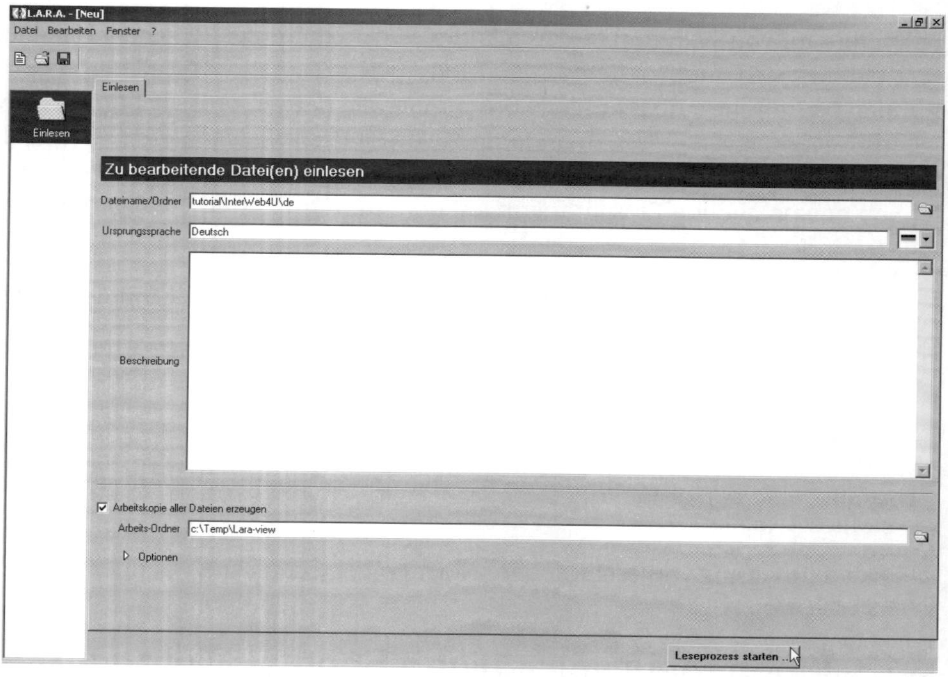

2 Nach Abschluss des Leseprozesses befinden Sie sich automatisch im Register *Sprachen*. Mit *hinzufügen* legen Sie die zusätzliche Sprache des Webauftritts fest, indem Sie über das Listenfeld mit dem Fragezeichen die gewünschte Zielsprache auswählen. LARA bietet nun zwei Möglichkeiten für die weitere Bearbeitung: Entweder Sie nehmen die Übersetzung unmittelbar in LARA vor, oder Sie exportieren Ihre Ursprungstexte in eine ASCII-Datei, um sie anschließend zu übersetzen. In unserem Workshop gehen wir von Letzterem aus.

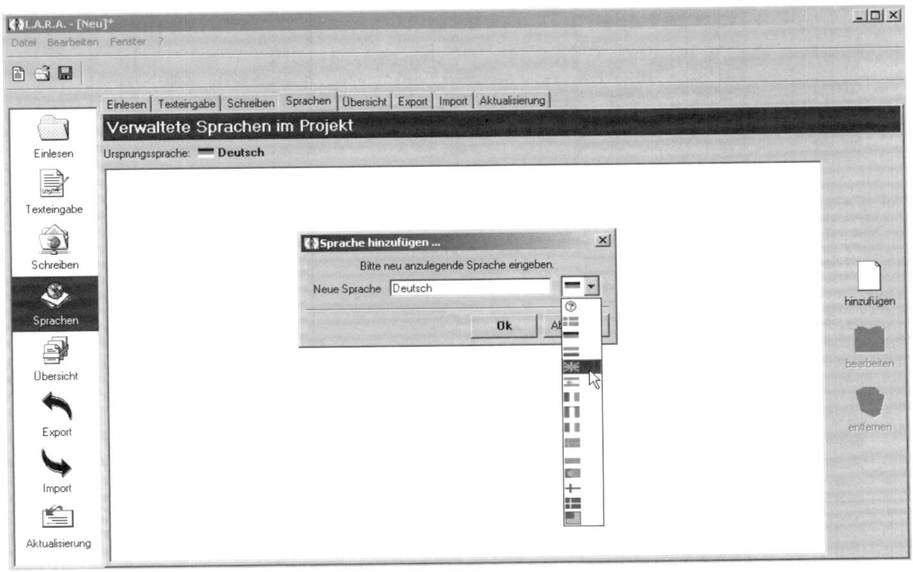

3 Wechseln Sie daher in das Register *Export* und wählen Sie im Listenfeld *Modul* den Eintrag *Ascii* aus. Bei *Dateiname* legen Sie fest, wo und unter welchem Namen die exportierte Datei gespeichert wird. Anschließend aktivieren Sie das Kontrollkästchen *Doppelt vorkommende Texte herausfiltern/Nur unbedingt benötigte Texte exportieren*. Dadurch werden mehrfach vorhandene Texte zusammengefasst, was Zeit und Kosten bei der Übersetzung spart. Zum Schluss klicken Sie auf *Schreiben*, um alle Texte des Projekts in eine Textdatei zu übernehmen, die sich mit jedem beliebigen Texteditor lesen und bearbeiten lässt.

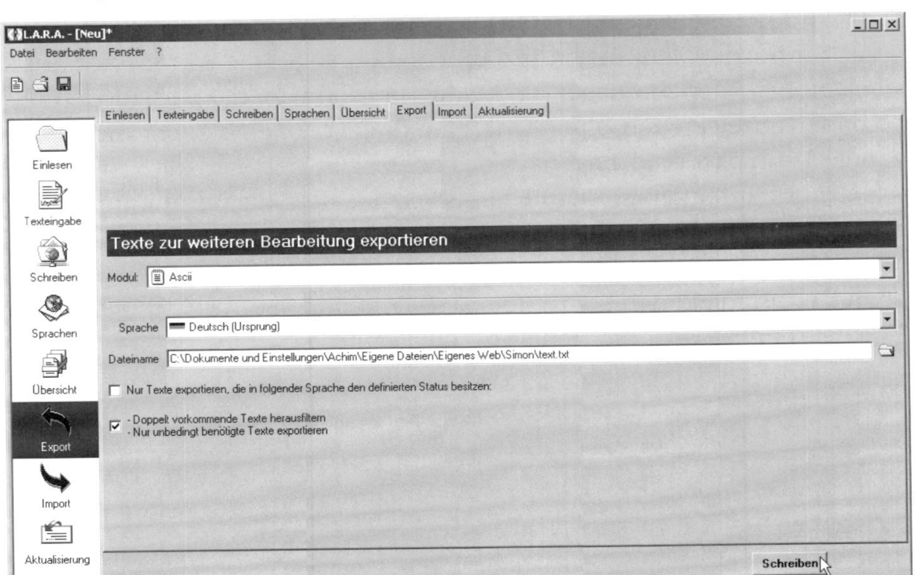

4 Nach der Übersetzung importieren Sie die Datei. Hierzu wechseln Sie in das Register *Import*, belassen bei *Modul* die Standardeinstellung *Auto-Detect* und achten darauf, dass bei *Importieren als* die richtige Zielsprache eingetragen ist. Bevor Sie auf die Schaltfläche *Einlesen* klicken, tragen Sie unter *Dateiname* noch den Ort und den Namen der übersetzten Datei ein.

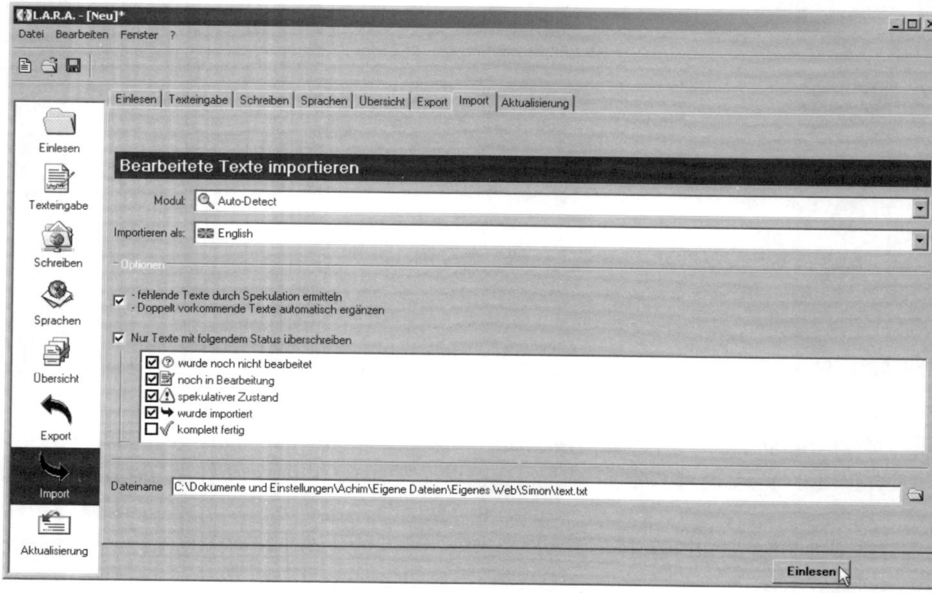

5 Wenn Sie noch weitere Änderungen am Text vornehmen wollen, wechseln Sie in das Register *Texteingabe*. Im oberen Dokumentfenster sehen Sie den Originaltext der ausgewählten HTML-Datei, im unteren den übersetzten Text. Klicken Sie mit der Maus in den Text und markieren Sie die Wörter, die Sie ändern wollen. Beachten Sie dabei die Markierungspunkte, die verschiedene Eigenschaften anzeigen, z. B. einen Link, eine Grafik oder eine Änderung der Schriftart. Es kann passieren, dass nach der Übersetzung ein Link neu angepasst werden muss. In einem solchen Fall klicken Sie den Markierungspunkt mit der Maus an und verschieben ihn mit gedrückter Maustaste an die gewünschte Stelle. Sind Sie mit der Textüberarbeitung fertig, wählen Sie aus dem unten stehenden Listenfeld den Status *komplett fertig* und widmen sich dem nächsten Textteil, den Sie über die Steuerungspfeile aufrufen.

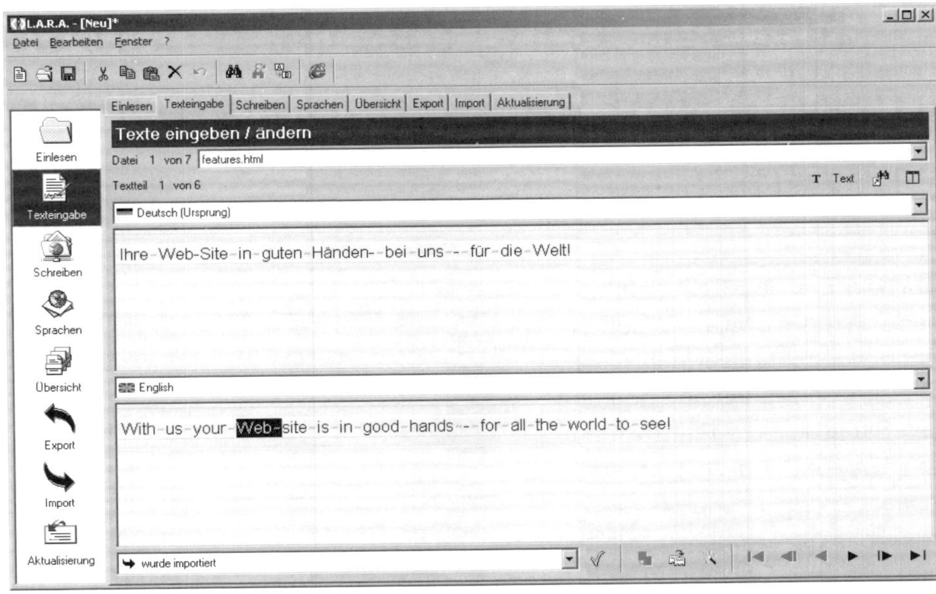

6 Im Register *Übersicht* zeigt LARA alle Webseiten, die zum Projekt gehören. Wählen Sie in dem Listenfeld den Eintrag *Aktueller Bearbeitungsstand der Sprache 'English'*. Mit einem Blick ist der Status der Dateien und einzelner Textteile ablesbar. Wollen Sie sich zwischendurch das Ergebnis im Internet Explorer anschauen, wählen Sie aus dem Kontext der rechten Maustaste das Menü *im Browser ansehen*, oder Sie klicken auf das Explorer-Icon in der Symbolleiste.

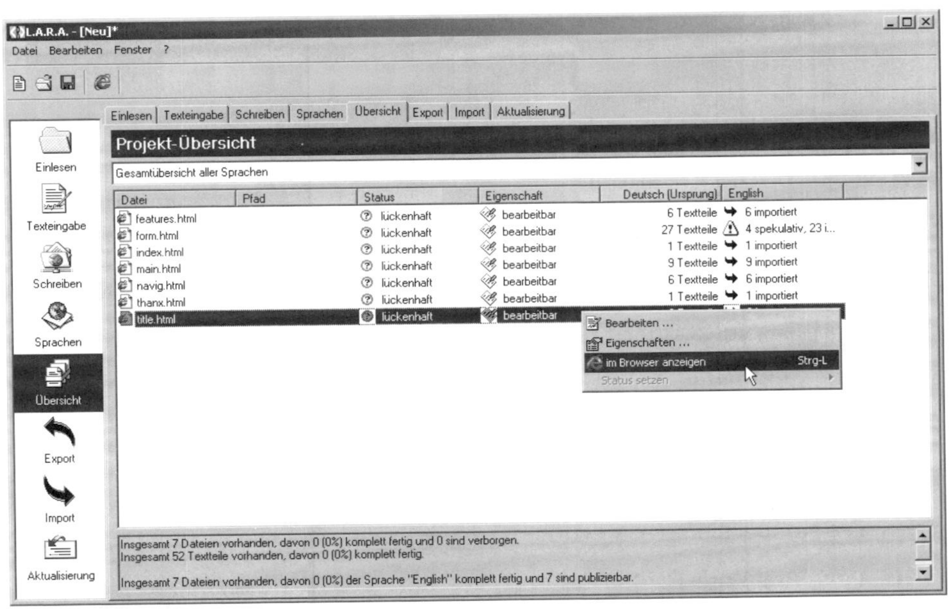

5. Mit Werbung das Geschäft ankurbeln und Verkaufsplattformen nutzen

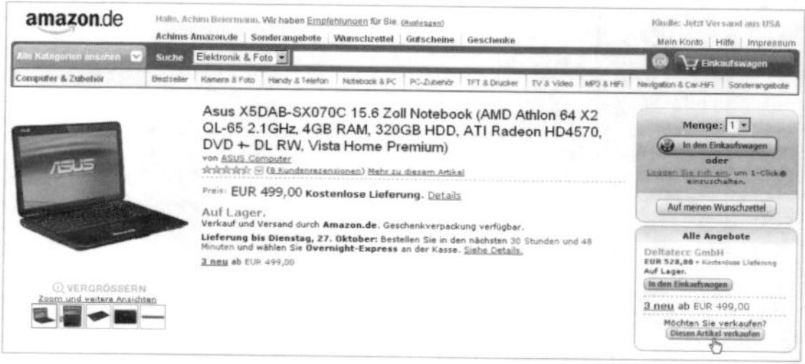

Kurbeln Sie das Geschäft gerade in den ersten Wochen nach der Shoperöffnung mit gezielter Werbung an und nutzen Sie etablierte Plattformen wie eBay und Amazon, um dem Absatz Ihrer Produkte einen zusätzlichen Schub zu verleihen. Weitere Einnahmen lassen sich über Google-Anzeigen generieren, die inhaltlich zu den Themen Ihrer Seiten passen. Werfen Sie bei Vorliegen der ersten belastbaren Zahlen einen kritischen Blick auf die Konversionsrate Ihres Shops und bessern Sie gegebenenfalls nach, falls der Anteil der Besucher, die zu Käufern werden, nicht hoch genug ist.

5.1 Google AdSense nutzen

Bestimmt sind Ihnen schon die diversen Blöcke mit Google-Anzeigen auf zahlreichen Websites aufgefallen. Dahinter steckt Google AdSense. Der führende Suchdienst stellt Text- und Bildanzeigen zur Verfügung, die zum jeweiligen Thema der Website passen. Google analysiert nach Anmeldung den Text Ihrer Seiten und stimmt die Werbelinks darauf ab. Je nach Inserent verdienen Sie an Einblendungen oder an Klicks.

Auswahl der Anzeigen

Die thematisch passenden Anzeigen ermittelt Google über die Volltextindizierung der angemeldeten Webseiten. Da der Suchdienst bereits einen Großteil der im Web verfügbaren Seiten indiziert hat, kennt er in vielen Fällen schon das Thema, den Inhalt und die Schlüsselwörter. Fragt nun eine Webseite die Einblendung von Anzeigen an, prüft Google, ob die Seite im Index steht, und liefert anschließend die Anzeigen, die zu den Schlüsselwörtern passen. Angenommen, Sie bieten auf Ihrer Site eine umfangreiche Rezeptsammlung an, dann stellt Google AdSense sicher, dass bei jedem Seitenaufruf zum Beispiel Anzeigen von Küchengeräteherstellern und Onlineshops aus der Lebensmittelbranche eingeblendet werden. Klickt ein Besucher Ihrer Homepage auf eine der Anzeigen, profitieren Sie davon, denn Google und der Webmaster teilen sich den Erlös, den der Inserent für jeden Mausklick an Google zahlt. Ist die anfragende Webseite noch nicht indiziert, blendet Google AdSense Anzeigen gemeinnütziger Organisationen ein.

Die Google-Anzeigen (rechts unten) passen sich automatisch dem Inhalt der Website an.

Herkunft der Anzeigen

Die Anzeigen, die AdSense einblendet, stammen von einem anderen Google-Dienst, nämlich Google AdWords. Dieser Dienst liefert Anzeigen, die bei Eingabe eines Suchworts von den Suchergebnissen abgegrenzt in einer Spalte rechts neben den Ergebnissen zu finden sind. Gestaltet werden die Text- oder Banneranzeigen durch den Inserenten, der gleichzeitig festlegt, bei welchen Suchbegriffen Google die Anzeige einblendet. Der Inhaber eines Onlineshops für Autozubehör wird beispielsweise eine Anzeige schalten, die immer dann erscheint, wenn Google-Anwender nach „Alufelgen“ suchen. Im Gegensatz zum Suchmaschineneintrag ist die Einstellung von AdWords-Anzeigen nicht kostenlos. Vielmehr bietet der Inserent einen Maximalpreis, den er für einen Klick zu zahlen bereit ist. Je höher der gebotene Preis ist, desto weiter oben steht die Anzeige innerhalb der höchstens acht Textanzeigen, die Google zu einem Suchbegriff pro Seite anzeigt. Dass sich die Inserenten dabei oft gegenseitig überbieten, ist für den AdSense-Kunden nur von Vorteil, da er prozentual an den Klickerträgen beteiligt wird. Voraussetzung hierfür ist jedoch, dass der Inserent in Google AdWords festgelegt hat, dass die Anzeigen nicht nur in den Suchergebnissen von Google, sondern auch bei den AdSense-Kunden erscheinen.

Anmeldung zu Google AdSense

Um sich zum Google AdSense-Programm anzumelden, surfen Sie zur Homepage *https://www.google.com/adsense* und klicken dort auf *Jetzt anmelden*. Auch wenn das Antragsformular zunächst recht umfangreich wirkt, lässt es sich doch schnell ausfüllen. Erwartet werden vor allem die Eingabe Ihrer persönlichen Daten und der Internetadresse (URL) der Website, auf der Sie AdSense einsetzen wollen. War die Anmeldung erfolgreich, können Sie AdSense auch auf anderen Websites einsetzen, ohne sich hierfür noch einmal neu anmelden zu müssen.

Keine Eigenklicks

Bevor Sie Ihr Antragsformular übermitteln, müssen Sie sich als AdSense-Bewerber explizit verpflichten, die Programmrichtlinien einzuhalten. So müssen Sie beispielsweise erklären, dass Sie nicht auf Google-Anzeigen klicken, die Sie über AdSense geschaltet haben. Sollten Sie jetzt vielleicht denken, dass ein heimlicher Eigenklick pro Tag sicher nicht auffällt, irren Sie gewaltig. Google setzt verschiedene Verfahren ein, um die Auslöser der Klicks zu orten. Dazu zählen die Informationen, die Google über Ihren Browser sammelt, zum Beispiel Browsertyp und Betriebssystem, aber auch Farbtiefe, Bildschirmauflösung und Art und Anzahl der eingesetzten Plug-ins. Alles zusammen, ergibt das eine Art elektronischen Fingerabdruck, mit dem sich die Herkunft von Klicks relativ eindeutig feststellen lässt.

Betteln verboten

Sie müssen sich ebenfalls dazu verpflichten, keine Hinweise auf Ihren Webseiten zu platzieren, die zum Klicken auf Anzeigen auffordern. Auch das fällt irgendwann auf, selbst dann, wenn Sie einen solchen Hinweis als Grafik einbinden, um den Robot zu überlisten, der Ihre Website durchsucht. Denn Google überprüft Ihre Site manuell – spätestens aufgrund einer Mitteilung von Besuchern oder der Konkurrenz Ihrer Website.

Ablehnungsgründe

Abgelehnt werden kann Ihr Antrag, wenn Ihre Webpräsenz Regelungen in den **a**llgemeinen **G**eschäfts**b**edingungen (AGB) zuwiderläuft. Sie finden die AGB über den Link *AdSense-Programmrichtlinien*. Darüber hinaus dürfen Sie sich auf Ihren Webseiten nicht übermäßig vulgär ausdrücken und natürlich nicht zu Gewalt gegen Personen, Gruppen oder Organisationen aufrufen. Ebenso ist der Verkauf von oder die Werbung für Tabak, Alkohol und Waffen untersagt, und pornografische sowie sonstige nicht jugendfreie Inhalte können ebenfalls zum Ausschluss aus dem AdSense-Programm führen.

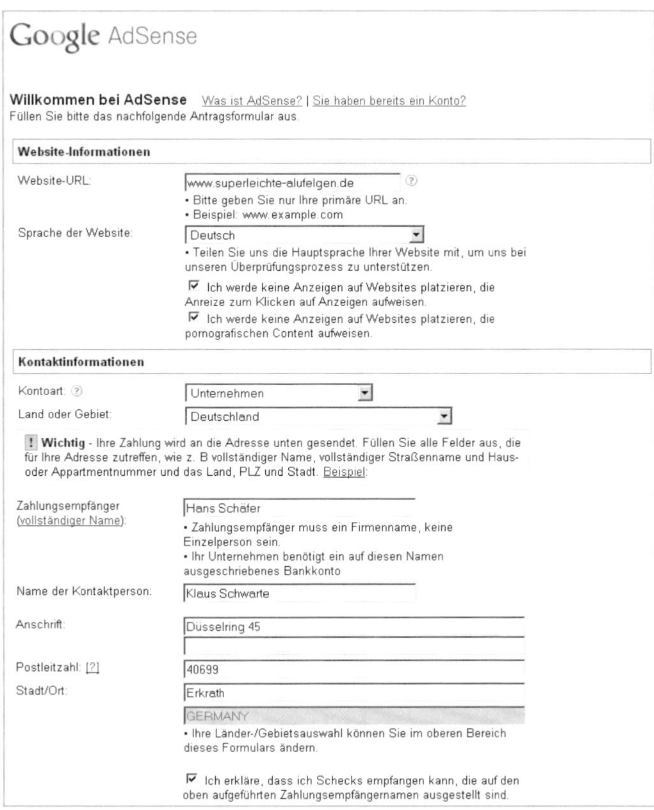

Google AdSense

Willkommen bei AdSense Was ist AdSense? | Sie haben bereits ein Konto?
Füllen Sie bitte das nachfolgende Antragsformular aus.

Website-Informationen

Website-URL: www.superleichte-alufelgen.de
• Bitte geben Sie nur Ihre primäre URL an.
• Beispiel: www.example.com

Sprache der Website: Deutsch
• Teilen Sie uns die Hauptsprache Ihrer Website mit, um uns bei unseren Überprüfungsprozess zu unterstützen.

☑ Ich werde keine Anzeigen auf Websites platzieren, die Anreize zum Klicken auf Anzeigen aufweisen.
☑ Ich werde keine Anzeigen auf Websites platzieren, die pornografischen Content aufweisen.

Kontaktinformationen

Kontoart: Unternehmen
Land oder Gebiet: Deutschland

Wichtig - Ihre Zahlung wird an die Adresse unten gesendet. Füllen Sie alle Felder aus, die für Ihre Adresse zutreffen, wie z. B vollständiger Name, vollständiger Straßenname und Haus- oder Appartmentnummer und das Land, PLZ und Stadt. Beispiel:

Zahlungsempfänger (vollständiger Name): Hans Schäfer
• Zahlungsempfänger muss ein Firmenname, keine Einzelperson sein.
• Ihr Unternehmen benötigt ein auf diesen Namen ausgeschriebenes Bankkonto

Name der Kontaktperson: Klaus Schwarte

Anschrift: Düsselring 45

Postleitzahl: [?] 40699
Stadt/Ort: Erkrath
GERMANY
• Ihre Länder-/Gebietsauswahl können Sie im oberen Bereich dieses Formulars ändern.

☑ Ich erkläre, dass ich Schecks empfangen kann, die auf den oben aufgeführten Zahlungsempfängernamen ausgestellt sind.

Neben den persönlichen Angaben und der Website-URL erwartet Google AdSense auch ein paar verbindliche Erklärungen.

Prüfung der Website

Nachdem Sie auf *Informationen übermitteln* geklickt haben, liefert Google eine Zusammenfassung der von Ihnen eingegebenen Daten, die Sie noch um Angaben wie E-Mail-Adresse und Passwort ergänzen, bevor Sie auf *Weiter* klicken. Sie erhalten daraufhin eine Mail von Google mit der Bitte, Ihre übermittelten Informationen zu bestätigen und zur Prüfung einzureichen. Wenn Sie dem in der Mail genannten Link folgen, öffnet sich ein Browserfenster, das den Eingang der Bewerbung bestätigt und Sie gleichzeitig darauf hinweist, dass Sie nach Prüfung der gemeldeten Website per Mail informiert werden.

Google AdSense einrichten

Ist alles in Ordnung, wird Ihrem Antrag nach ein bis zwei Tagen stattgegeben. Um Ihr Konto zu aktivieren und Google AdSense einzurichten, loggen Sie sich auf der AdSense-Homepage mit der E-Mail-Adresse und dem Passwort ein, die Sie in Ihrem Antragsformular angegeben haben. Auf der Registerkarte *AdSense-Setup* finden Sie alles, was Sie zur Auswahl und Gestaltung der Anzeigen brauchen.

AdSense für Contentseiten

Google erlaubt Ihnen, pro Seite bis zu drei Anzeigenblöcke sowie einen Linkblock zu platzieren. Anzeigenblöcke können entweder als reine Textanzeigen, als klassische Banner, bei AdSense „Image-Anzeigen" genannt, oder mit beiden Elementen gestaltet werden. Beim Linkblock handelt es sich um eine Liste von Themen, die für Ihre Seite relevant sind.

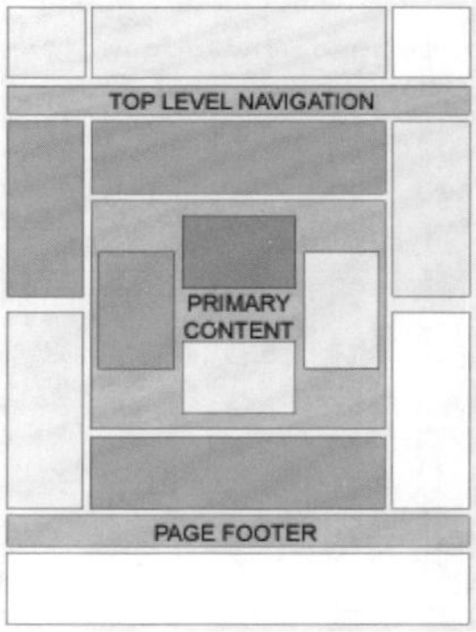

Die Heatmap zeigt die idealen Platzierungen am Beispiel eines Seitenlayouts. Die Farben reichen von Tieforange (höchste Leistung) bis Hellgelb (niedrigste Leistung).

Beide Varianten lassen sich in den verschiedensten Formaten, Größen, Stilen und Farben anlegen, sodass eine gute Anpassung an Ihr Seitenlayout möglich ist. Das Ergebnis Ihrer Auswahl finden Sie im letzten Schritt in Form Ihres persönlichen AdSense-Codes. Sie fügen ihn per Cut & Paste in Ihre Webseite ein, wobei die optimale Platzierung nicht zuletzt vom Layout der Seite abhängt. Weitere Tipps zu diesem Thema bietet Google mit seiner sogenannten Heatmap an, in der die idealen Platzierungen am Beispiel eines Seitenlayouts illustriert werden.

AdSense für Suchergebnisseiten

Bei der Integration der Google-Suche in Ihre Website können Sie zwischen *Google WebSearch* und *WebSearch plus SiteSearch* wählen. Die letzte Option bietet die Möglichkeit, neben dem Web auch Ihre eigene Website zu durchsuchen. Nachdem Sie den Stil und das Layout des Suchfelds festgelegt haben, präsentiert Google auch hier den fertigen Code, den Sie nur noch in Ihre Webseite einbauen müssen.

Geld verdienen

Sobald Sie Ihre Webseiten entsprechend angepasst haben, kann der Rubel rollen. Ihre Einnahmen lassen sich jederzeit überprüfen, indem Sie in Ihrem Google AdSense-Konto auf die Registerkarte *Berichte* klicken. Dort sehen Sie die Gesamtanzahl der Seiten- und Anzeigenblockimpressionen, die Anzeigenklicks, die Klickrate und Ihre Gesamteinnahmen. Etwa 30 Tage nach dem Ende des Monats, in dem Ihr Kontostand 100 US-Dollar überschritten hat, erhalten Sie von Google einen Scheck oder eine Banküberweisung.

5.2 eBay Partner Network

Das führende Auktionshaus eBay bietet mit seinem eBay Partner Network (*http://publisher.ebaypartnernetwork.com*) ebenfalls Möglichkeiten, durch Werbung auf den eigenen Seiten Geld zu verdienen.

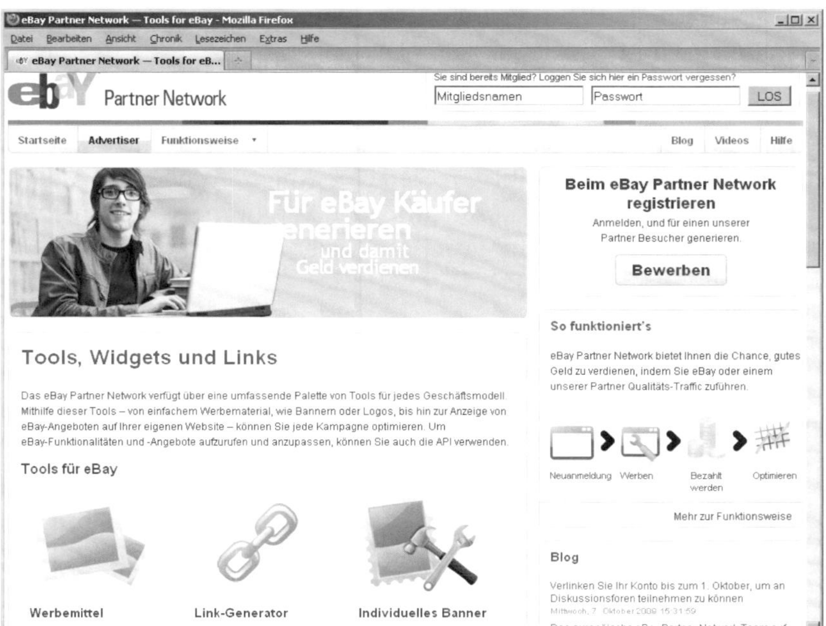

Bei eBay haben Sie die Wahl zwischen mehreren Werbeformen.

Über die Schaltfläche *Bewerben* melden Sie sich beim Partnerprogramm an. Nutzen Sie die vorgegebenen Werbemittel, gezielte Links und intelligente Banner, um Ihre Besucher auf die eBay-Seiten aufmerksam zu machen. Produkthinweise lassen sich zudem als RSS-Feeds, dynamische Bausteine – sogenannte Widgets – und als kontextabhängige Anzeigen einbauen. Onlinegeneratoren helfen Ihnen, den notwendigen Quellcode zu erzeugen.

Die Abrechnung erfolgt über das neue Modell „Quality Click Pricing“. Grundsätzlich zählen die Klicks, die über Ihre Seiten zu eBay geleitet werden. Für die Höhe der Vergütung sind jedoch weitere Faktoren relevant. So spielen die vermittelten Umsätze und darüber hinaus erzielte Erlöse aus Werbung auf den eBay-Seiten und der Bezahlung über PayPal eine Rolle. Die weiteren Bewegungen und das Verhalten der geworbenen Besucher auf den eBay-Seiten sind so auch für den Vermittelnden von Bedeutung.

5.3 Mit Bannern werben

Die klassische Bannerwerbung, wie sie vor einigen Jahren noch boomte, ist vor dem Hintergrund neuer Werbemöglichkeiten und der zunehmenden „Bannerblindheit“ der Surfer deutlich in den Hintergrund getreten. Immer weniger Webmaster lassen wahllos Werbehinweise auf ihren Seiten einstreuen. Wer möchte schließlich Anzeigen für Sex-, Geld-verdienen- und Kasinoangebote auf seiner Homepage sehen. Seriöse Bannervermarkter wie *www.adlinkmedia.de* und *www.adpepper.de* haben sich daher vorrangig auf große Websites mit monatlichen Pageimpressions im bis zu siebenstelligen Bereich ausgerichtet.

Im Segment darunter bewegen sich Anbieter wie *www.orangedirekt.de* und *www.accomm-media.de*, bei denen Sie mit einer gut gepflegten Website durchaus landen können. Meiden Sie jedoch Anbieter, die keine Anforderungen an die Zusammenarbeit stellen und gleichzeitig besonders hohe Vergütungen versprechen. Hier sind häufig zweifelhafte Inhalte und unseriöse Dialer im Spiel.

Anzeigen selbst vermarkten

Die Vermarktung von Anzeigenflächen auf Ihren Webseiten können Sie aber auch selbst übernehmen. Das ist zwar mit viel Aufwand verbunden, jedoch lassen sich auf diese Weise gezielt Anbieter gewinnen, die aus Ihrer Region stammen oder deren spezielle Produkte optimal zum Inhalt Ihrer Seiten passen. Sie gewinnen solche Partner jedoch nur, wenn Sie sie gezielt ansprechen und mit glaubwürdigen Besucherzahlen vom möglichen Werbeerfolg überzeugen.

Stellen Sie zu diesem Zweck Mediadaten auf Ihrer Website zusammen. Diese sollten einen kurzen Überblick über die Zielrichtung und die Zielgruppen Ihrer Homepage geben und die Zugriffszahlen nennen. Berechnen Sie dafür beispielsweise den Durchschnitt der Seitenzugriffe der letzten Monate und ziehen Sie vom Ergebnis einen kleineren Prozentanteil für eigene Klicks und die Zugriffe von Suchmaschinen ab. Sie unterstreichen die Glaubwürdigkeit solcher Zahlen durch eine unabhängige Prüfung: Die IVW (*www.ivw.de*) kontrolliert die Verbreitung von Onlinemedien gegen einen gestaffelten Jahresbeitrag. Bei Websites mit monatlich bis zu einer Million Pageimpressions sind beispielsweise 314 Euro jährlich sowie ein einmaliger Aufnahmebeitrag von 78 Euro (Stand: Oktober 2009) zu zahlen. Nennen Sie in Ihren Mediadaten zudem die Anzeigenpreise. Üblich ist die Abrechnung von Einblendungen und Klicks auf Tausenderbasis. Recherchieren Sie auf vergleichbaren Websites die Höhe der Anzeigenbeträge und staffeln Sie Ihre Preise nach der Größe der möglichen Bannertypen. Diese kann von wenigen Pixeln bis zur bildschirmfüllenden Anzeige variieren.

Eine Alternative

Eine weitere Software zur eigenen Bannervermarktung ist das ebenfalls kostenlose OpenX (*www.openx.org*).

Nutzen Sie zum Steuern, zum Zählen und zur Abrechnung von Einblendungen und Klicks die kostenlose Open-Source-Software Openads (*www.openads.org*). Sie lässt sich mit dem integrierten Installationsprogramm sehr einfach einrichten und setzt auf dem Webserver PHP 4 und MySQL voraus. Openads unterstützt als Werbeformen Bilder, Filme, Flash-Animationen und Pop-up-Fenster. Sie können Kampagnen zeitlich begrenzen und die Schaltungen mit festen Zahlen oder nach Priorität steuern. Begrenzen Sie die Einblendungen je nach Werbepartner auf bestimmte Seiten Ihres Angebots oder lassen Sie andere Werbung nur bei Besuchern aus bestimmten Ländern oder Regionen erscheinen. Abhängigkeiten lassen sich zudem zum benutzten Betriebssystem oder zum jeweiligen Referrer des Surfers herstellen. Zeigen Sie die Werbung beispielsweise nur Besuchern, die über eine bestimmte Suchmaschine zu Ihnen gelangt sind. Ein leistungsfähiges Statistikmodul hält Sie stets auf dem aktuellen Stand und sendet Auswertungen auf Wunsch an die Anzeigenkunden.

5.4 Als Unternehmer bei Amazon verkaufen

Wer sich als Onlineverkäufer gegen einen eigenen Shop und stattdessen für Amazon.de als Verkaufsplattform entscheidet, profitiert von dem enormen Bekanntheitsgrad, dem großen Kundenstamm des elektronischen Versandhauses sowie von der Bereitstellung der für die Verkaufsabwicklung erforderlichen Infrastruktur. So übernimmt Amazon beispielsweise das Inkasso und überweist alle 14 Tage die auf das sogenannte Amazon-Payments-Konto eingezahlten Beträge auf das Konto des Verkäufers. Um von diesen Vorteilen profitieren zu können, ist es jedoch Voraussetzung, dass die angebotenen Produkte bei Amazon gelistet sind, wobei es allerdings unerheblich ist, ob sie tatsächlich noch zu haben oder bereits vergriffen sind.

Verkaufsplattformen bei Amazon

Amazon stellt Ihnen als Verkaufsplattform vier Alternativen zur Auswahl: Marketplace, Marketplace für Power-Anbieter, Advantage und Fulfillment.

	Marketplace	Marketplace für Power-Anbieter	Advantage	Fulfillment
Kurzbeschreibung	Eignet sich für den gelegentlichen Verkauf weniger neuer oder gebrauchter Artikel.	Unterstützt mit zusätzlichen Instrumenten ein größeres Verkaufsvolumen (ab 40 Artikel).	Anbieter von Medienprodukten können unmittelbar auf Amazon anbieten und verkaufen.	Amazon lagert, verpackt und verschickt alle bei Amazon angebotenen Artikel, übernimmt den Kundendienst und kümmert sich um Rücksendungen.
Verkaufs- bzw. Lagergebühren	Amazon erhebt nur bei Verkauf des angebotenen Artikels eine Gebühr. Diese beläuft sich auf 1,14 Euro (inkl. MwSt.) zzgl. 10 Prozent des Verkaufspreises bei Artikeln aus den Sparten Elektronik und Foto bzw. 15 Prozent bei Artikeln aus allen anderen Sparten.	39 Euro monatlich zzgl. einer Gebühr bei erfolgreichem Verkauf. Diese beträgt 7 Prozent des Verkaufspreises bei Artikeln aus der Sparte Elektronik, 12 Prozent bei Artikeln aus der Sparte Heimwerken und 15 Prozent bei Artikeln aus allen anderen Sparten.	49,90 Euro jährlich zzgl. 5 Prozent vom Verkaufspreis für Lagerhaltung, zielgerichtete Vermarktung und Plattform. Darüber hinaus zieht Amazon.de einen Rabatt ein, der sich je nach Sparte und Einkaufsvolumen zwischen 38 und 50 Prozent des empfohlenen Verkaufspreises bewegt.	12,50 Euro Lagergebühr pro Kubikmeter monatlich von Januar bis September; 18 Euro von Oktober bis Dezember.
Weitere Infos	*www.amazon.de/marketplace/*			*www.amazon.de/gp/seller/fba/fulfillment-by-amazon.html*

Marketplace

Ob Sie nun Artikel wie Bücher, CDs, Elektronik- und Fotoartikel, Garten- und Küchengeräte oder Schuhe und Spielsachen anbieten wollen: Der Marketplace eröffnet privaten und professionellen Anbietern den bequemsten und schnellsten Weg, um bei Amazon Waren zu verkaufen: einfach die präzise Produktbezeichnung in das Suchfeld der Website *www.amazon.de* eintippen, das Ergebnis auf Übereinstimmung prüfen und auf *Diesen Artikel verkaufen* klicken. Nachdem Sie noch nähere Angaben zum Zustand des Produkts gemacht und Ihre Preisvorstellung genannt haben, steht der Artikel nur wenige Mausklicks später als zusätzliches Angebot auf der Amazon-Webseite. Nach dem Verkauf übernehmen Sie als Verkäufer den Warenversand. Amazon kümmert sich ausschließlich um die Abrechnung, indem das Versandhaus das Geld vom Konto des Käufers abbucht und Ihnen zu einem bestimmten Zeitpunkt oder auf Anforderung gutschreibt.

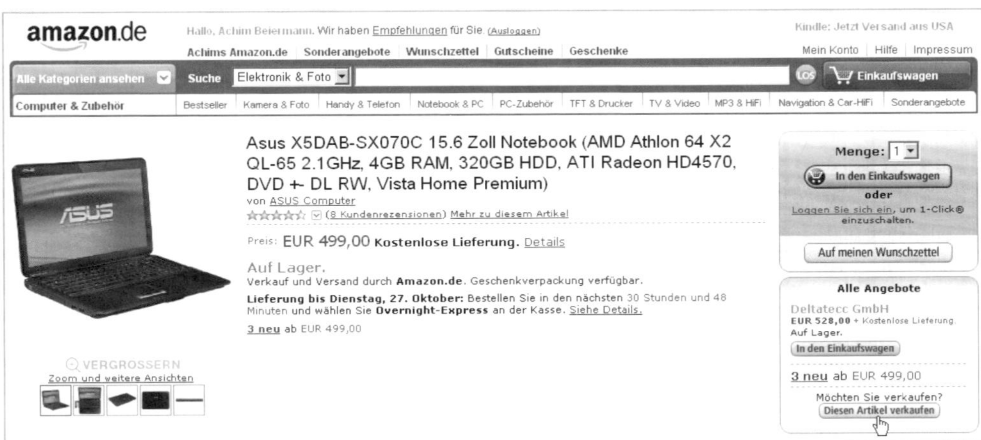

Auf dem Marketplace lassen sich neue und gebrauchte Produkte mit wenigen Mausklicks schnell und unkompliziert anbieten.

Power-Anbieter

Solange Sie nur gelegentlich wenige Artikel anbieten, sind Sie bei Marketplace – auch im Hinblick auf die Ihnen von Amazon in Rechnung gestellten Gebühren – gut aufgehoben. Wollen Sie jedoch in größerem Umfang verkaufen, sollten Sie sich als Power-Anbieter registrieren. Im Gegensatz zum Marketplace müssen Sie dann zwar monatlich 44,85 Euro (Stand: Oktober 2009) zahlen, dafür entfällt aber die sonst für jeden Artikel zu zahlende Abschlussgebühr, und die prozentualen Anteile, die Ihnen Amazon je nach Warengruppe abzieht, verringern sich zum Teil ebenfalls. Außerdem erhalten Sie technische Unterstützung bei der Bearbeitung und Verwaltung Ihrer Angebote. So lassen sich beispielsweise mithilfe eines Amazon-Assistenten mehrere Tausend Artikel gleichzeitig hochladen und bequem verwalten.

Advantage

Amazon Advantage wendet sich an Anbieter von Medienprodukten, z. B. Verlage, die direkt auf Amazon.de anbieten und verkaufen wollen. Für knapp 50 Euro jährlich (Stand: Oktober 2009) und einem von Sparte und Einkaufsvolumen abhängigen Beitrag hält Amazon von jedem Artikel, der am Programm teilnimmt, mindestens ein Exemplar auf Lager bereit und fordert erst bei entsprechender Kundennachfrage weitere Exemplare an. Die so gelagerten Produkte bleiben bis zum Verkauf im Eigentum der Lieferanten, die über ein Onlineportal die regelmäßig aktualisierten Verkaufs- und Inventarberichte einsehen können. Voraussetzung für die Teilnahme ist die EAN- und ISBN-Codierung der Artikel und der Besitz der Vertriebsrechte. Außerdem muss es sich bei den eingestellten Produkten um Neuware handeln.

Fulfillment

Der Rundumservice Fulfillment ist speziell auf kleine und mittlere Händler zugeschnitten.

Schon beim ersten Verkauf eines Artikels wird klar, dass das Verpacken und Versenden Zeit beansprucht. Sind es aber nicht nur vereinzelte Lieferungen, sondern handelt es sich um Hunderte oder gar Tausende von Warensendungen, die z. B. regelmäßig jede Woche verschickt werden müssen, kann der hierfür erforderliche Zeitaufwand sehr schnell den größten Teil der gesamten Arbeitszeit ausmachen. Floriert das Geschäft und beschränkt sich der Verkauf nicht auf kleine, platzsparende Güter, kann darüber hinaus auch die Lagerkapazität zu Problemen führen. Das für kleine und mittlere Händler konzipierte Angebot Fulfillment by Amazon schafft hier Abhilfe und vereinfacht die Bestandsverwaltung. Die Verkäufer senden ihre Produkte an Amazon. Amazon nimmt die Artikel in seinen Lagerbestand auf, liefert sie von dort aus und betreut die Kunden. Fulfillment by Amazon lässt sich aber auch einsetzen, wenn Sie nicht über die Website Amazon.de verkaufen. Damit haben Sie die Möglichkeit, Ihre Produkte auch auf anderen Plattformen zu verkaufen und trotzdem von den Vorteilen zu profitieren.

Amazon oder eBay?

Die Frage, welche der beiden Plattformen grundsätzlich besser für den Verkauf von Produkten geeignet ist, lässt sich nicht einfach beantworten. Es kommt unter anderem darauf an, ob man dies aus Sicht des Verkäufers oder aus Sicht des Käufers beurteilt. So steht für Sie als Verkäufer beispielsweise fest, was Sie bei Amazon für Ihr Produkt bekommen. Bei eBay kann auch mal etwas für wenige Euro weggehen, was eigentlich mehr wert ist. Eine Verkaufsgarantie haben Sie in beiden Fällen nicht. Käufern bietet Amazon sicher eine Reihe von Vorteilen: Der Stress des Mitbietens entfällt, der angemeldete Kunde muss sich nach einem einzigen Kaufklick um nichts mehr kümmern, und die Ware ist in der Regel innerhalb weniger Tage bei ihm eingetroffen.

Verkauf auf dem Amazon.de Marketplace

Viele wollen gelesene Bücher oder CDs, die sich im Nachhinein als Fehlkauf erweisen, wieder verkaufen. Allerdings lohnt sich bei einem Taschenkrimi, der bei eBay oder auf dem Flohmarkt noch zwei, drei Euro einbringt, kaum die Mühe, die mit der Formulierung des Verkaufstexts und der Aufnahme eines Coverfotos verbunden ist. Anders bei Amazon: Da dieser Versandhändler bereits über alle Angaben verfügt, lassen sich neue oder gebrauchte Artikel sowie Sammlerstücke und Raritäten mit wenigen Mausklicks auf dem hauseigenen Amazon.de Marketplace anbieten.

1 Um z. B. ein Buch zu verkaufen, tragen Sie die sogenannte ISBN oder den Buchtitel in das Eingabefeld *Suche* ein und klicken auf *Los*. Ist das Buch gefunden, klicken Sie auf *Diesen Artikel verkaufen*.

2 Im folgenden Fenster wählen Sie aus dem Pull-down-Menü den Eintrag, der den Zustand des Buchs am besten beschreibt. Das zweite Eingabefeld auf dieser Seite ist optional. Wenn z. B. der Buchumschlag fehlt oder Seiten beschädigt sind, sollten Sie das hier entsprechend vermerken, bevor Sie über *Weiter* zur nächsten Webseite gelangen.

3 Tragen Sie den Preis ein, zu dem Sie das Buch verkaufen wollen. Ist der Verkauf erfolgt, zieht Amazon diesen Betrag vom Käufer ein und schreibt ihn nach Abzug einer Verkaufsgebühr von 1,14 Euro und 15 Prozent des Verkaufspreises (zzgl. MwSt., Stand Oktober 2009) Ihrem Amazon-Payments-Konto gut. Anschließend geben Sie die Anzahl der Artikel ein, die Sie anbieten möchten. Bieten Sie mehrere Exemplare ein und desselben Buchs zum Kauf an, müssen selbstverständlich alle den gleichen zuvor beschriebenen Zustand aufweisen. Bevor Sie die Webseite über *Weiter* verlassen, wählen Sie die Region, in die Sie versenden wollen. Die Höhe der Versandkostengutschrift richtet sich nach dem von Ihnen verkauften Produkt und der Region, in die Sie versenden.

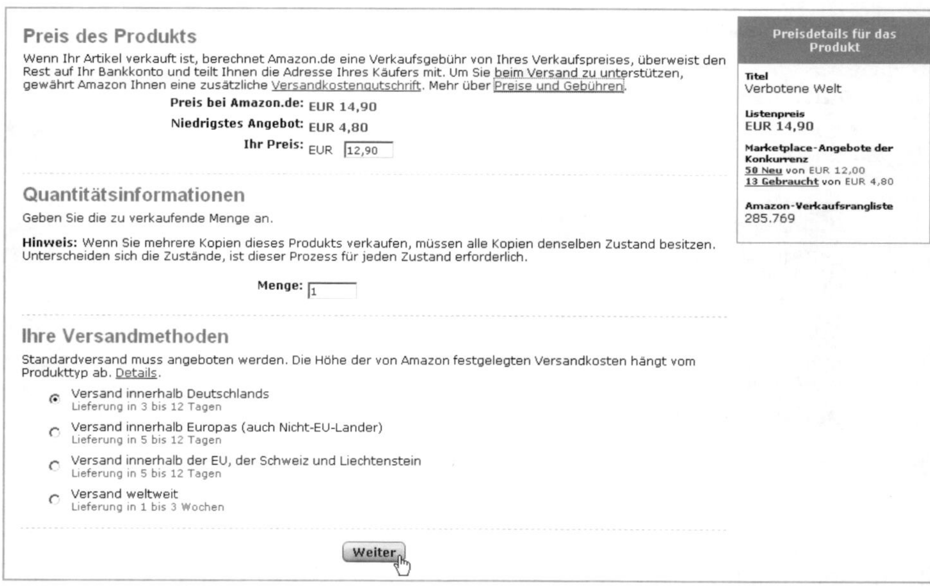

4 Um bei Amazon verkaufen zu können, müssen Sie registriert sein. Sind Sie bereits registrierter Kunde, tragen Sie Ihre E-Mail-Adresse und Ihr Passwort ein und klicken auf *Weiter*. Ansonsten wählen Sie die Option *Ich habe kein Amazon.de-Kennwort*, bevor Sie auf *Weiter* klicken.

5 Mit den folgenden Eingabefeldern fragt Amazon Ihren Vor- und Nachnamen sowie Ihre E-Mail-Adresse ab und bittet Sie um die Eingabe eines Kennworts. Haben Sie alles ausgefüllt, klicken Sie auf *Weiter*.

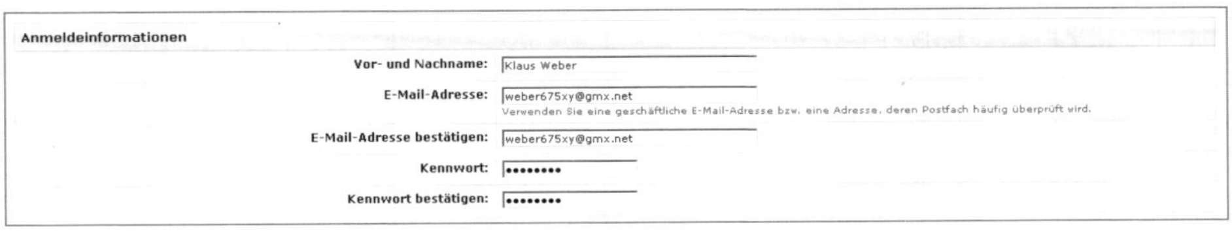

6 Im nächsten Dialog tragen Sie einen Benutzernamen ein, der Käufern angezeigt wird, wenn diese auf der Amazon-Website Ihre Angebote sehen. Ferner legen Sie die *Zahlungsweise für Einzüge* fest, geben eine Rechnungsadresse ein und setzen ein Häkchen bei *Umsatzsteuervertrag*, wenn Sie eine Umsatzsteuernummer besitzen und die Bedingungen des Umsatzsteuervertrags mit Amazon akzeptieren.

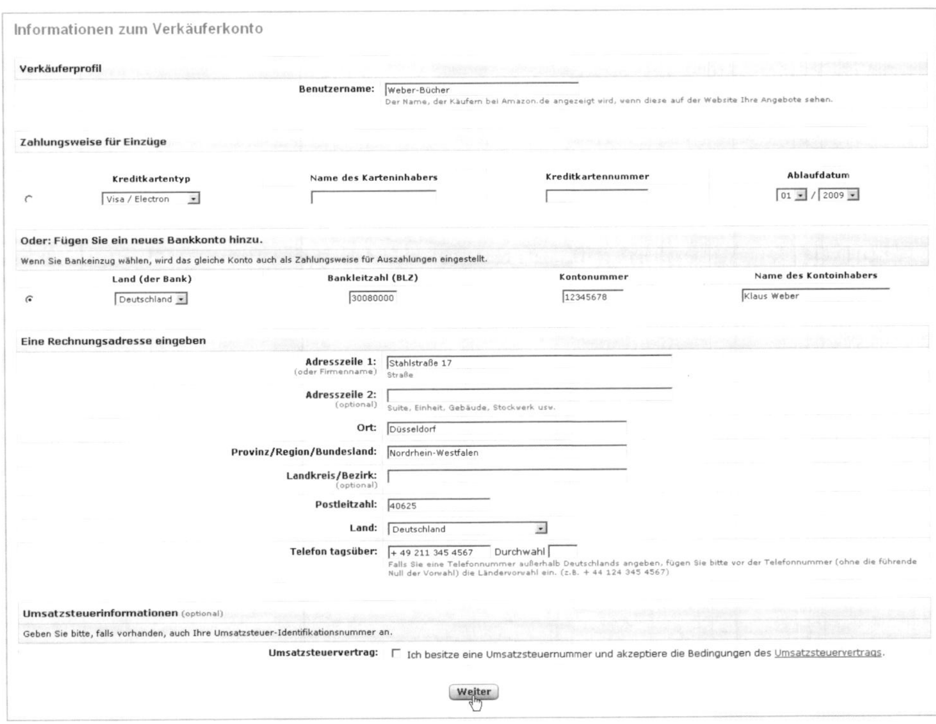

7 Nun erfolgt eine Identitätsprüfung. Amazon wählt zu diesem Zweck die von Ihnen angegebene Hauptgeschäftsnummer oder gegebenenfalls auch eine andere Telefonnummer an, unter der Sie in den nächsten Minuten erreichbar sind. Sind Sie hierzu bereit, klicken Sie auf *Jetzt anrufen*.

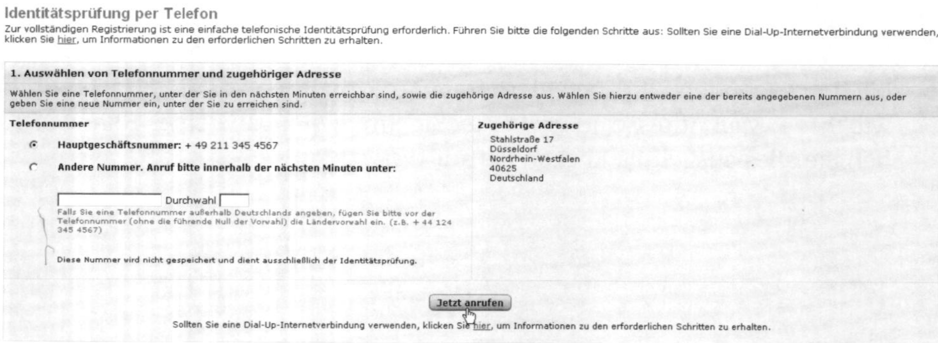

8 Wenige Sekunden später erfolgt der kurze Anruf, in dessen Verlauf Sie die auf der folgenden Webseite angezeigte PIN per Telefontastatur eintippen. Danach wird die Seite automatisch aktualisiert und die erfolgreich durchgeführte Identitätsprüfung bestätigt.

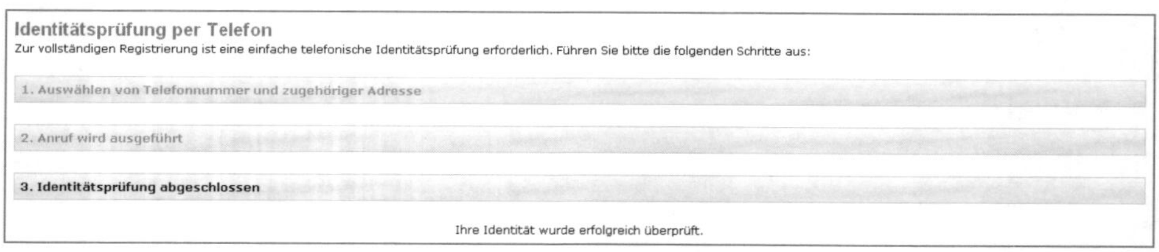

9 Im vorletzten Schritt sehen Sie eine Zusammenfassung der Kontoinformationen. Sollte sich ein Fehler eingeschlichen haben, lässt er sich über *Ändern* noch korrigieren. Außerdem müssen Sie per Häkchen deutlich machen, dass Sie die Vertragsbedingungen gelesen haben und sie akzeptieren. Bestätigen Sie Ihre Eingaben mit einem Klick auf *Bestätigen*.

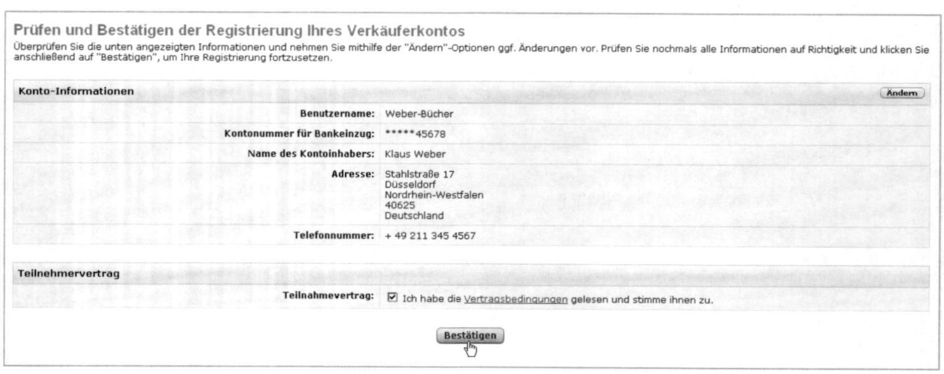

10 Amazon zeigt Ihnen jetzt noch einmal alle Angaben, die den angebotenen Artikel betreffen. Wollen Sie noch etwas ändern, klicken Sie auf *Bearbeiten*. Ist alles in Ordnung, klicken Sie auf die Schaltfläche *Eintrag übermitteln*. Wenige Minuten später erscheint das Buch auf dem Amazon Marketplace.

So geht es weiter

Nachdem Sie Ihr Buch für den Amazon Marketplace erfasst haben, bleibt es dort 60 Tage lang gelistet, es sei denn, es wird vorher verkauft. Ist das der Fall, informiert Amazon Sie darüber per E-Mail. Gleichzeitig bestätigt Amazon, dass der Zahlungsvorgang in die Wege geleitet wurde, und weist auf Ihre Verpflichtung hin, die Ware innerhalb von zwei Werktagen zu versenden.

Vor dem ersten Verkauf ist allerdings noch eine einmalige Freischaltung Ihres Verkäuferkontos erforderlich. Bis diese erfolgt ist, sind Ihre Angebote zwar auf der Seite live zu sehen, aber Interessenten können die Artikel noch nicht kaufen. Erst wenn die Registrierung abgeschlossen ist, schaltet Amazon die Ware für den Verkauf frei.

Angebotsverwaltung

Alle Angebote lassen sich spätestens 15 Minuten nach ihrer Einstellung im Verkäuferkonto einsehen und verwalten. Dorthin gelangen Sie über *Mein Konto*. Anschließend folgen Sie dem Link *Ihr Verkäufer-Konto*, den Sie rechts im Bereich *Geld verdienen!* sehen. Neben verschiedenen Sortier- und Suchoptionen lassen sich hier Ihre bereits eingestellten Angebote nachträglich ändern. So können Sie z. B. die Artikelbeschreibung korrigieren oder den Preis innerhalb der erlaubten Spanne ändern.

„Enorme Reichweite und großes Vertrauen!"

Stefan Wempe ist Category Manager B2C der WGO Warenhandelsgesellschaft Oldenburg mbH & Co. KG (*www.wgo-online.com*), die ihre Artikel über das Versandhandelsunternehmen Amazon.de verkauft.

Herr Wempe, warum haben Sie sich für Amazon.de entschieden?

Stefan Wempe: Amazon genießt großes Vertrauen, wovon auch wir als Händler im Amazon Marketplace profitieren können. Bei Amazon tummeln sich darüber hinaus sehr viele kaufbereite Onlineshopper, und auch diese enorme Reichweite ist für uns interessant. Außerdem erreicht Amazon aus unserer Sicht eine sehr große weibliche Zielgruppe, die sich für unser großes Sortiment im Bereich Haushalt, Wohnen und Garten interessiert!

Welche Verkaufsplattform nutzen Sie, und was für Produkte bieten Sie bei Amazon de an?

Stefan Wempe: Wir haben uns vor etwa 1½ Jahren nach einer internen Analyse für den Amazon Marketplace entschieden, da dieser Verkaufskanal unsere betrieblichen Anforderungen am besten erfüllt. Er versetzt uns in die Lage, unseren Kunden knapp 30.000 Artikel aus den Segmenten Wohnen, Outdoor, Haushalt, Wellness, Foto & Cam, Mobil, Hi-Fi & TV, Spielwaren, Bücher und Geschenke anzubieten-

Besteht für Kunden die Möglichkeit, Ihr Unternehmen vor Ort zu besuchen, um ihre Einkäufe zu tätigen?

Stefan Wempe: Die Selbstabholung vor Ort ist bei uns in einer eigenen, stationären d-living-Filiale in Oldenburg möglich, die wir seit Mai 2009 betreiben. Wir sind und bleiben aber ein Online-Versandhandelsunternehmen, das die direkte Lieferung zum Kunden im Fokus hat. Allerdings treffen die Kunden uns nicht nur auf dem Amazon Marketplace an. Sie finden ebenfalls ein Portfolio unseres Sortiments beim Auktionshaus eBay.

Haben Sie einen Ratschlag für Unternehmen, die sich ebenfalls mit der Absicht tragen, ihre Produkte über Amazon.de zu verkaufen?

Stefan Wempe: Wenn alle Rahmenbedingungen erfüllt sind, gilt es nur noch, das richtige Sortiment zum richtigen Zeitpunkt anzubieten.

5.5 Bei eBay versteigern oder einen Shop einrichten

Als Auktionsplattform ist eBay weltbekannt. Um dort innerhalb von drei Minuten einen Artikel anzubieten, genügt es, sich einzuloggen, dem Link *Verkaufen* zu folgen, den Artikel einzutragen und im folgenden Dialog das Angebot zu erstellen, indem Sie eine Artikelbezeichnung eintragen, die passende Kategorie wählen und ein Foto sowie die Artikelbeschreibung hinzufügen. Nachdem Sie weitere Angaben zu Startpreis, Versand und Bezahlung gemacht haben, klicken Sie auf *Artikel einstellen* – das war's auch schon.

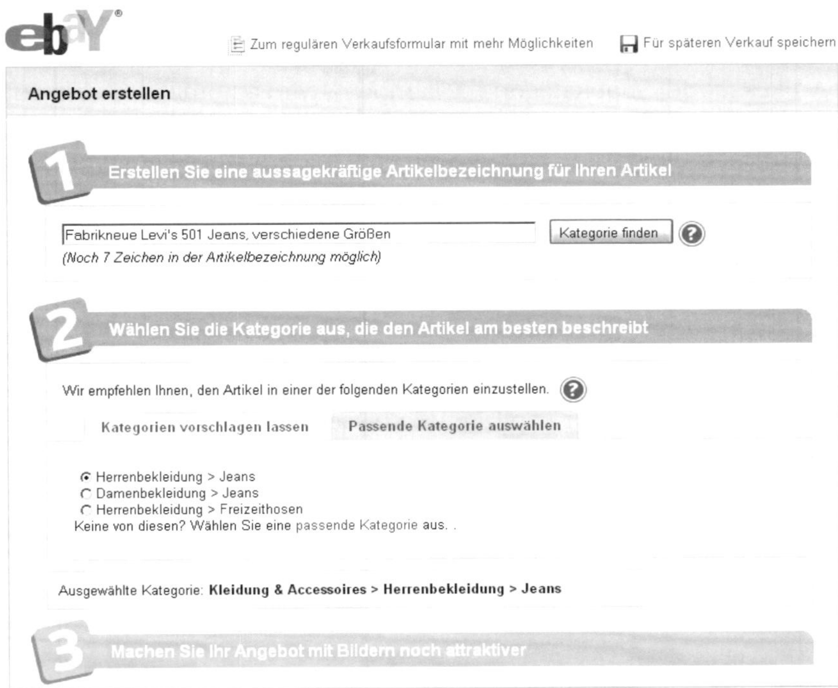

Einzelne Angebote lassen sich bei eBay mit wenigen Mausklicks einem Millionenpublikum anbieten.

Daneben bietet eBay ebenfalls die Möglichkeit, ein eigenes virtuelles Ladengeschäft zu mieten. Solch ein eBay-Shop kann das Auktionsgeschäft in idealer Weise ergänzen. So erscheinen alle Artikel, die Sie bei eBay versteigern wollen, automatisch auch in Ihrem Shop. Das erleichtert Kunden die Suche nach Ihrem Gesamtangebot und ist besonders sinnvoll, wenn Sie zusammengehörende Artikel anbieten. Versteigern Sie beispielsweise Öllampen, sind sicher viele Kunden begeistert, wenn sie in Ihrem Shop gleich den passenden Brennstoff finden.

Mehrwert

Wenn Sie einen eBay-Shop eröffnen, erhalten Sie eine eigene Internetadresse, z. B. *www.stores.eBay.de/IhrShopname*, sodass potenzielle Käufer unmittelbar zu Ihrem Onlineshop geleitet werden. Ferner haben Sie so die Möglichkeit, die URL bei den großen Suchdiensten anzumelden und Ihren Shop einer breiten Öffentlichkeit bekanntzumachen. Vorteilhaft ist außerdem, dass Ihre Shopartikel bis auf Widerruf im Angebot bleiben, während normale Auktionen nach maximal zehn Tagen enden.

Cross-Promotion

Ruft ein Mitglied Ihr Angebot auf, werden über die Option *Cross-Promotion* weitere Artikel beworben. Diese Cross-Promotions lassen sich so konfigurieren, dass Beziehungen zwischen einzelnen Shopkategorien hergestellt werden. Bewerben Sie zum Beispiel Artikel aus der Shopkategorie „Öllampen", wird automatisch auch auf Angebote aus der Shopkategorie „Brennstoff" verwiesen. Ein weiterer Pluspunkt: Während im normalen Auktionsgeschäft Verweise auf andere Webseiten untersagt sind, dürfen Sie Ihre Shopangebote auf allen Artikelseiten, Gebotsbestätigungs- und Kaufbestätigungsseiten untereinander verlinken.

Licht und Schatten

Wo Licht ist, ist auch Schatten. So erscheinen die Artikel der eBay-Shops nicht bei den üblichen Standardrecherchen, wie sie die meisten eBay-Kunden bei der Produktsuche einsetzen. Erst bei einer expliziten Einbeziehung der Shops erhält der Kunde auch Treffer aus diesem Bereich. Darüber hinaus werden neben Zahlungen für Zusatzoptionen, Angebotsgebühren für eingestellte und Provisionen für verkaufte Artikel monatliche Gebühren fällig, deren Höhe sich am ausgewählten Shopformat orientiert. Außerdem müssen Sie bei eBay als gewerblicher Verkäufer angemeldet sein und über ein mit PayPal verknüpftes Mitgliedskonto verfügen.

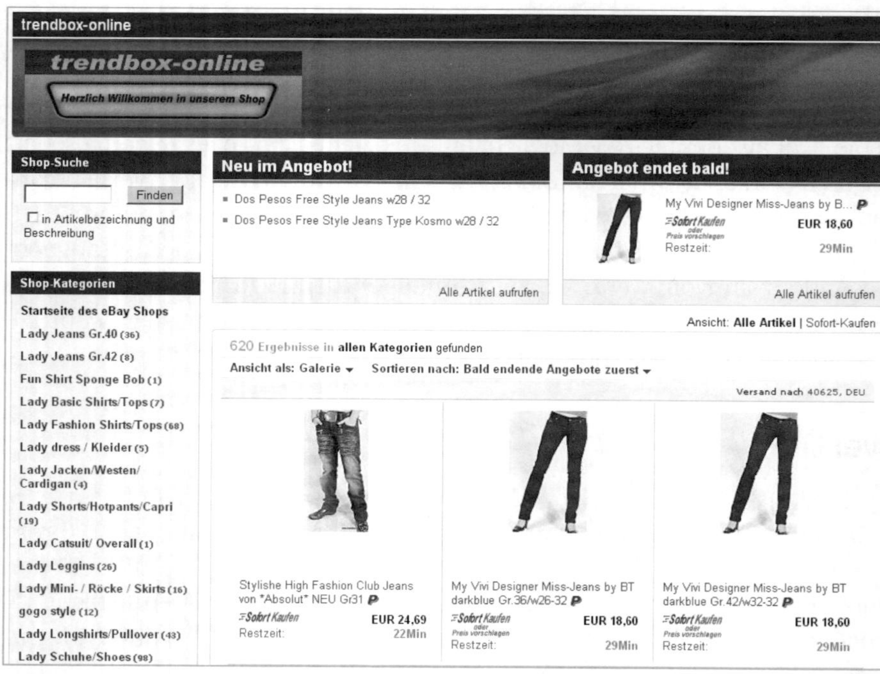

eBay-Shops wie trendbox-online erhalten eine besondere Internetadresse (http://stores.shop.ebay.de/trendbox-online), ein individuelles Layout und auf Wunsch ein eigenes Logo.

eBay-Shopmiete

Für knapp 20 Euro im Monat (Stand: Oktober 2009) erhält der Gelegenheitsverkäufer einen Basis-Shop mit eingeschränkten Marketingelementen. So muss er z. B. auf eine hervorgehobene Platzierung auf der Shop-Übersichtsseite verzichten und sich mit einem eingeschränkten Verkaufsmanagement zufrieden geben.

Ist es Ihnen z. B. wichtig, dass Ihre Artikel bei der Suche am Anfang der Ergebnisseite stehen, müssen Sie für die angebotenen Top-Shops schon etwas tiefer in die Tasche greifen. Top-Shops sind vom Funktionsumfang her insbesondere für kleine und mittelständische Betriebe interessant sowie für Verkäufer, denen vorrangig die Steigerung ihrer Onlineumsätze am Herzen liegt. Für knapp 50 Euro lässt sich dann aber beispielsweise auch im Top-Shop die kleinere Version der eBay-Kopfzeile anzeigen oder eine günstigere rotierende Platzierung auf der eBay-Shop-Startseite erwerben.

Richtig teuer wird der Premium-Shop, der sich an professionelle Verkäufer mit einem besonders umfangreichen Angebot richtet. Für monatlich 300 Euro erscheint beispielsweise Ihr Shoplogo auf der Shop-Startseite und auf den entsprechenden Kategorieseiten. Außerdem stehen Ihnen bei diesem Angebot verschiedene Analyse-Features zur Verfügung, die beispielsweise Auskunft darüber geben, auf welchem Weg Besucher zu Ihrem Shop gelangen. Selbstverständlich beinhaltet der Premium-Shop auch alle Möglichkeiten des Top- und des Basis-Shops.

Wollen Sie einen Top-Shop oder Premium-Shop eröffnen, müssen Sie allerdings nicht nur die bereits erwähnten Voraussetzungen erfüllen, sondern auch eine gute Verkäuferbewertung aufweisen.

Eine vollständige Gebührenübersicht finden Sie unter *http://pages.ebay.de/help/sell/businessfees.html*.

5.6 Produkte bei eBay optimal anbieten

Wie Sie bereits gesehen haben, sind Ihre Angebote bei eBay ruck, zuck zur Versteigerung bereit. Damit die Auktion auch möglichst erfolgreich verläuft, sollten Sie ein paar Tipps berücksichtigen:

- Bieten Sie Ihre Auktionen zur richtigen Zeit an. Die Nachfrage nach Einweckgläsern wird im Sommer garantiert höher ausfallen als in den Weihnachtsferien. Achten Sie bei der Einstellung auch auf die Uhrzeit, denn die Startzeit ist zugleich die Endzeit des Angebots. Deshalb sollten Sie eine Tageszeit wählen, bei der Ihre Zielgruppe online ist.
- Das erste Element, das dem bietfreudigen Interessenten bei seiner Artikelsuche ins Auge springt, ist der Auktionstitel. Deshalb ist die möglichst präzise Formulierung des Titeltexts bereits Voraussetzung für eine gute Auktion. Verzichten

Sie auf unnötige Füllzeichen und Superlative wie z. B. „*** Supertoller Organizer ***“. Erwähnen Sie stattdessen bereits im Titel die wesentlichen Fakten wie Hersteller, Produktname und Typbezeichnung.

- Im Zusammenhang mit der Auktionsdauer sollten Sie auch berücksichtigen, an welchem Tag die Versteigerung endet. Findet z. B. an diesem Tag das Endspiel der Fußballweltmeisterschaft statt, wird sich kaum jemand für die angebotenen Fußballschuhe interessieren.
- Aus psychologischen Gründen sollten Sie auch hochwertigere Artikel zum Startgebot von einem Euro anbieten. Die Schwelle, ein Gebot von wenigen Euro abzugeben, ist sehr viel niedriger, als bei einem Startpreis von einigen Tausend Euro ein Gebot einzustellen. Und haben die Mitbewerber erst einmal Feuer gefangen, wird kaum einer zögern, immer wieder nachzulegen, bis das Diamantcollier mit einem fünfstelligen Wert den Besitzer wechselt. Natürlich ist diese Vorgehensweise nur anzuraten, wenn bei der Auktion von vornherein mit vielen Bietern gerechnet werden kann.
- Ihnen steht ausreichend Platz für die Produktbeschreibung zur Verfügung. Halten Sie diese deshalb nicht zu knapp und beschreiben Sie Ihre Artikel so genau wie möglich, um spätere Missverständnisse weitestgehend auszuschließen. Geben Sie auch genau an, mit welchen Versandkosten der Käufer rechnen muss und wie Sie die Kaufpreiszahlung abwickeln wollen. Es schadet Ihnen nicht und gereicht dem Käufer zum Vorteil, wenn Sie außerdem explizit herausstellen, dass Sie sich an die allgemeinen Geschäftsbedingungen halten und keine Auktionsgebühren verlangen.
- Bilder sagen mehr als tausend Worte. Deshalb sollten Sie ausschließlich Fotos verwenden, auf denen die Ware realitätsnah abgebildet ist. Halten Sie dabei auch eventuelle Beschädigungen im Foto fest und weisen Sie im Beschreibungstext ausdrücklich darauf hin. Verfügen Sie über keine Digitalkamera, können Sie auch auf entsprechende Produktfotos im Web verlinken. Achten Sie dabei aber auf Urheberrechte, um unnötigen Ärger zu vermeiden.
- Bieten Sie innerhalb der Produktbeschreibung an, dass sich Interessenten im Zweifel gern vor Abgabe eines Gebots mit Ihnen in Verbindung setzen können. Und wenn Rückfragen kommen, sollten Sie diese schnell, ehrlich und freundlich beantworten. Das schafft zusätzliches Vertrauen!
- Einfach, schnell und sicher bezahlen – das wollen alle Ihre Kunden. Mit PayPal kommen Sie diesen Wünschen entgegen: Jeder, der ein Bankkonto hat, kann weltweit mit zwei Mausklicks per Lastschrift bezahlen. Außerdem bieten Sie mit diesem Bezahlsystem Ihren Kunden zusätzliche Sicherheit, da jeder über eBay gekaufte Artikel automatisch bis 500 Euro abgesichert ist, wenn mit PayPal bezahlt wird.

- Gibt es aber doch einmal Ärger, sollten Sie mit dem Käufer gemeinsam eine einvernehmliche Lösung anstreben. Auch bei eBay sollte der Grundsatz gelten, dass der Kunde der König ist. Deshalb gehen Sie auf Kritikpunkte des Käufers ein und bieten notfalls die Rücknahme des Artikels an. Vielleicht ist es ja auch möglich, dem Kunden ein gleichwertiges Produkt zum vereinbarten Preis zuzusenden.

5.7 eBay-Powertools einsetzen

Bei nur ein oder zwei Auktionen pro Monat kommen Sie sicher ohne weitere Hilfsprogramme gut zurecht. Für ambitionierte eBayer oder Powerseller, die mit Auktionen ihren Lebensunterhalt bestreiten, ist es jedoch mehr als lästig, für jeden einzustellenden Artikel alle Schritte online durchlaufen zu müssen, bis das Angebot endlich steht. Einfacher geht es mit einem der folgenden Tools, die beispielhaft für eine Vielzahl ähnlicher Verkaufshilfen stehen.

eBay Turbo Lister

Das Offlinetool eBay Turbo Lister unterstützt Sie tatkräftig bei der Vorbereitung Ihrer Auktionen. Mit seiner Hilfe stellen Sie die Auktionen ohne Internetverbindung auf dem PC zusammen und laden sie erst nach Fertigstellung auf den eBay-Server. Darüber hinaus lassen sich mit dem Turbo Lister alle Angaben zur Zahlung, zum Versand, zur Kaufabwicklung etc. speichern, sodass Sie die einmal eingetragenen Angaben für alle weiteren Artikel wieder erneut können. Ein weiterer Vorteil besteht darin, dass sich die Einstellzeiten individuell festlegen lassen. Dieses Feature ermöglicht es, dass Sie die Auktionen – wie es Ihnen zeitlich am besten passt – zusammenstellen und sie trotzdem am Abend zur besten Zeit enden.

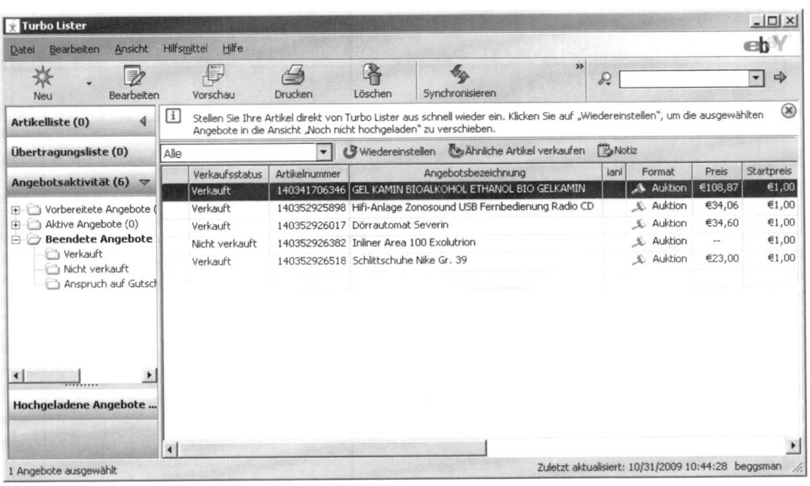

Mithilfe des eBay Turbo Lister stellen Sie die Auktionen ohne Internetverbindung auf dem PC zusammen und laden sie erst nach Fertigstellung auf den eBay-Server.

eBay Verkaufsmanager

Beim eBay Verkaufsmanager handelt es sich um ein praktisches Tool für die Auktionsabwicklung. Es wendet sich an Verkäufer mit mittlerem bis hohem Verkaufsaufkommen. Das Besondere an diesem Programm ist, dass es sich nach Ihrer Anmeldung über *Mein eBay* aufrufen lässt. Es ist außerdem kompatibel zum Turbo Lister und zu den ebenfalls von eBay angebotenen Verkaufsberichten.

CDN Yabe Kostenkalkulator

Verkäufern, die sich schon vor der Auktion Klarheit über alle anfallenden Kosten verschaffen wollen, sei der CDN Yabe Kostenkalkulator empfohlen. Mit ihm lassen sich die Gebühren exakt im Voraus berechnen, die im Rahmen der eBay-Auktion für den Verkäufer anfallen; einschließlich der Versandkosten, die üblicherweise der Käufer trägt.

Als Verkäufer geben Sie den *Startpreis* und gegebenenfalls den *Sofort-Kaufen-Preis* ein, legen die Artikelanzahl fest, wählen die gewünschten Zusatzoptionen, und schon können Sie die Angebotsgebühr sowie die Gesamtgebühr ablesen. Ist die Auktion gelaufen und haben Sie Ihr Produkt erfolgreich verkauft, zieht das Tool die Einstellgebühr, die Kosten der Zusatzoptionen und die Verkaufsprovision, die abhängig vom Kaufpreis an eBay geht, vom Verkaufspreis ab – und übrig bleibt der Gesamterlös.

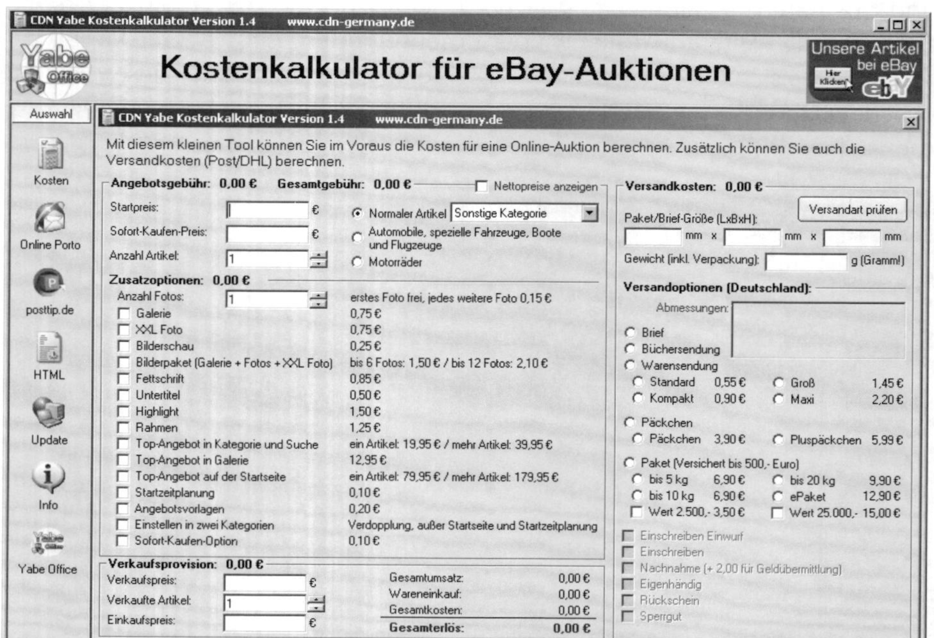

Der CDN Yabe Kostenkalkulator berechnet vorab die Gebühren, die eBay dem Verkäufer in Rechnung stellt.

BayOrganizer

Der BayOrganizer hilft Ihnen bei der Abwicklung der abgeschlossenen Auktionen. Das Sharewareprogramm, das Sie 28 Tage ohne Einschränkungen testen dürfen, verwaltet den Bearbeitungsstatus abgeschlossener Auktionen und wertet diese grafisch aus. Speziell erleichtert das Programm die Kommunikation zwischen Ihnen und den Käufern, indem es automatisiert Rechnungen, Lieferscheine und sonstige Dokumente in elektronischer oder Papierform erstellt. Zu diesem Zweck beinhaltet der BayOrganizer eine eigene Verwaltung für Mailvorlagen samt Platzhaltern für die Auktionsdaten. So lassen sich einmal definierte Vorlagen auf Tastendruck mit den Daten aus der Auktion, z. B. Auktionsnummer, Auktionstitel und Käufername, füllen und wahlweise mit dem integrierten Mailprogramm oder Ihrem Standardmailprogramm versenden.

eBay Verkaufsberichte

Die eBay Verkaufsberichte liefern Ihnen Monat für Monat alle Informationen über Ihre Verkaufsergebnisse sowie die in diesem Zusammenhang angefallenen eBay-Gebühren. Dadurch haben Sie stets im Blick, was Sie wann verkauft haben und wie sich Ihre Einnahmen über die Monate hinweg entwickelt haben.

Um Ihre Verkaufsberichte aufzurufen, müssen Sie sich zunächst für diesen Dienst anmelden. Nach der Anmeldung kann es bis zu 72 Stunden dauern, bis die ersten Berichte erstellt sind. Später informiert Sie eBay automatisch per E-Mail, sobald ein neuer Verkaufsbericht zur Verfügung steht. Einsehen lässt er sich, indem Sie sich bei *Mein eBay* einloggen und im Register *Mitgliedskonto* den Eintrag *Verkaufsberichte* wählen.

Tool	Anbieter	Preis	Sprache	URL
eBay Turbo Lister	eBay	Freeware	Deutsch	*http://pages.ebay.de/turbo_lister/index.html*
eBay Verkaufsmanager	eBay	im ersten Monat kostenlos, danach 4,99 Euro monatlich	Deutsch	*http://pages.ebay.de/verkaufsmanager/*
CDN Yabe Kostenkalkulator	CDN Consulting & Development Network GmbH	Freeware	Deutsch	*www.cdn-germany.de*
BayOrganizer	aborange.de	35 Euro	Deutsch	*www.bayorganizer.de*
eBay Verkaufsberichte	eBay	kostenlos	Deutsch	*http://pages.ebay.de/salesreports/welcome.html*

5.8 Shop mit eBay-Schnittstelle einrichten

Wer die Vorzüge von eBay mit den Vorteilen eines eigenen Onlineladens kombinieren möchte, ist mit einem entsprechend ausgestatteten Shop gut beraten, wie ihn beispielsweise die Firma STRATO AG ab 19,90 Euro pro Monat (zzgl. einmalig 19,90 Euro für die Einrichtung, Stand Oktober 2009) anbietet. Auf Wunsch können eingestellte Artikel nicht nur im eigenen Onlineshop präsentiert, sondern mit wenigen Mausklicks auch direkt bei eBay verkauft werden. Ein weiterer Vorteil ist, dass alle erfolgreichen Verkäufe zentral erfasst und übersichtlich aufgelistet werden, unabhängig davon, über welche Ladentheke der Artikel gegangen sind.

Testzugang einrichten

STRATO bietet seine Business-Shops kostenlos und unverbindlich für einen 30-tägigen Test an. Nach Ablauf der Testphase wird der Shop automatisch deaktiviert, ohne dass Sie ihn ausdrücklich kündigen müssen.

1 Zur Einrichtung des Testzugangs surfen Sie zur Homepage der STRATO AG (*www.strato.de*), führen den Mauszeiger auf das Register *Webshops* und klicken auf den Eintrag *Gratis testen*.

2 STRATO bietet die integrierte eBay-Funktion sowohl im günstigen *Advanced Shop* als auch in den teureren Versionen *Professional Shop* und *Enterprise Shop* an. Um beispielsweise die Version *Enterprise Shop* auszuprobieren, klicken Sie bei dem entsprechenden Angebot auf *Jetzt testen*.

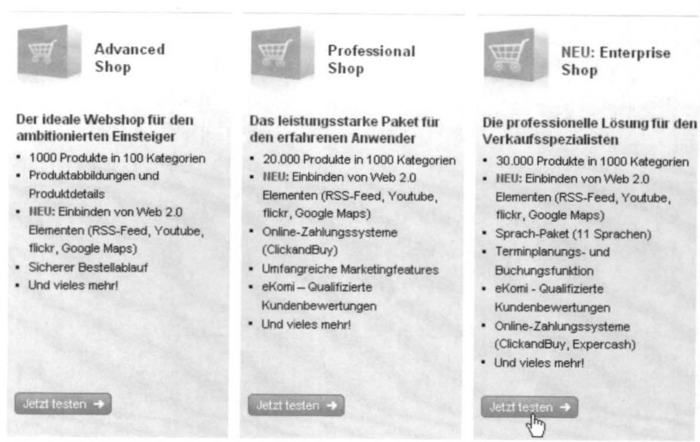

3 Tragen Sie anschließend Ihre Benutzerdaten ein, bevor Sie auf *Weiter* klicken. Die Zugangsdaten Ihres Testshops erhalten Sie kurze Zeit später per Mail.

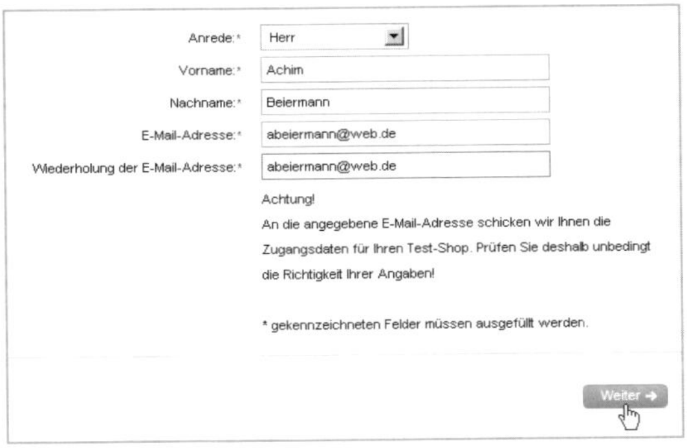

4 Klicken Sie auf den in der Mail angegebenen Link und tragen Sie im folgenden Dialog die Ihnen per Mail mitgeteilte *Shop-ID* und das *Kennwort* ein. Die Schaltfläche *Anmelden* führt Sie anschließend zur Shopverwaltung.

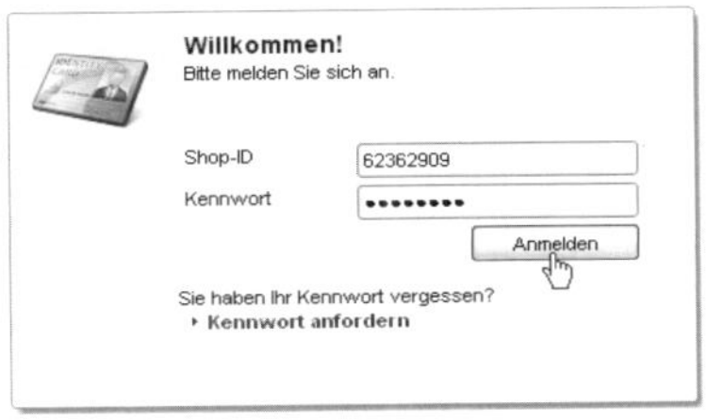

Fassadengestaltung

Für die Einrichtung und Gestaltung des Shops sind keinerlei Vorkenntnisse erforderlich. Mithilfe eines Einrichtungsassistenten legen Sie das Shopdesign fest und tragen den Geschäftsnamen sowie die Kontaktdaten ein, ohne sich tiefer in die Funktionen zur Gestaltung der Styles einarbeiten zu müssen.

1 STRATO bietet Ihnen viele verschiedene Designvorlagen an, die in einem Verzeichnisbaum thematisch zusammengefasst sind. Gefällt Ihnen eine Vorlage, markieren Sie sie mit einem Mausklick, bevor Sie über *Weiter* zum nächsten Schritt gelangen.

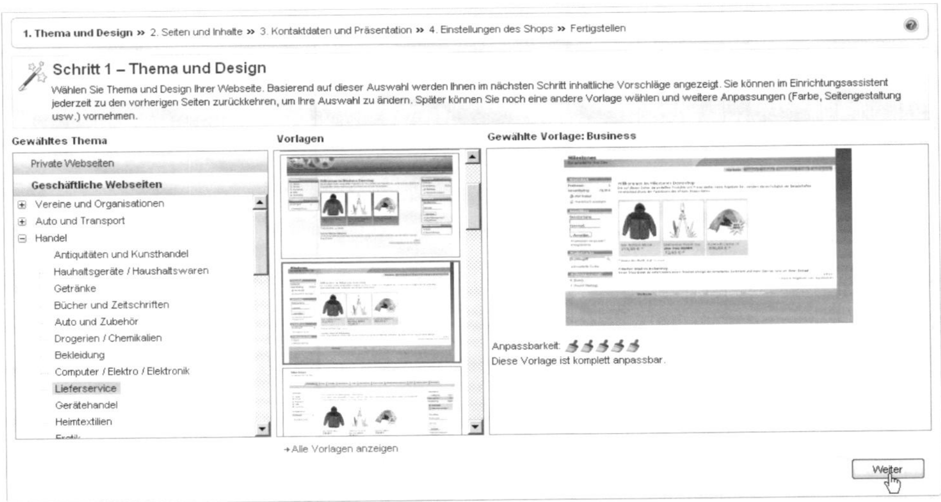

2 Wählen Sie jetzt aus den im linken Bereich vorgeschlagenen Webseiten die Seiten, die Bestandteil Ihres Shops sein sollen. Wenn Sie sich im Einzelnen noch nicht ganz sicher sind, ist das kein Problem, da sich die Struktur der Website auch später noch beliebig ändern lässt.

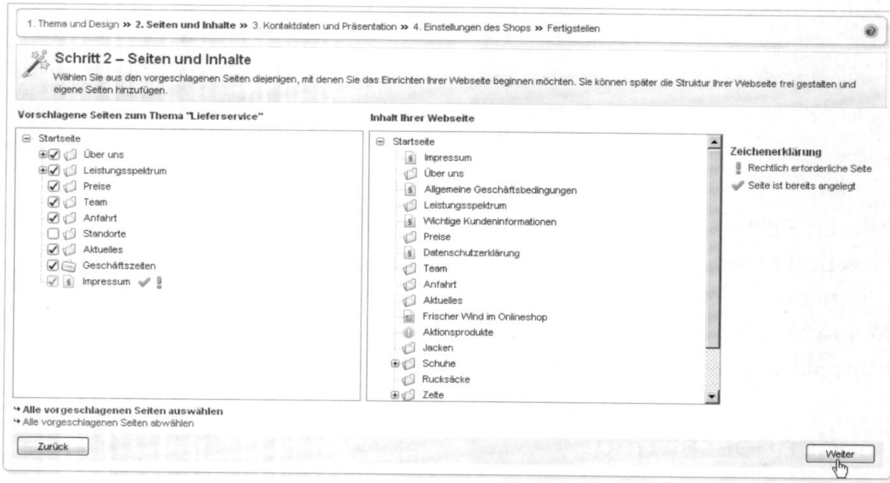

3 Im nächsten Schritt tragen Sie Ihre Kontaktdaten und den Firmennamen ein. Letzterer erscheint nach Fertigstellung des Shops auf dessen Startseite und in der Titelzeile des Browsers. Ein richtiger Werbespruch erhöht den Umsatz! Geben Sie ihn in das Feld *Slogan* ein. Auch dieser befindet sich später auf der Startseite Ihres Onlineshops. Nachdem Sie angegeben haben, in welchen Sprachen der Shop angezeigt werden soll, lässt sich gegebenenfalls noch ein Logo hochladen, bevor Sie der Assistent über *Weiter* zum nächsten Schritt führt.

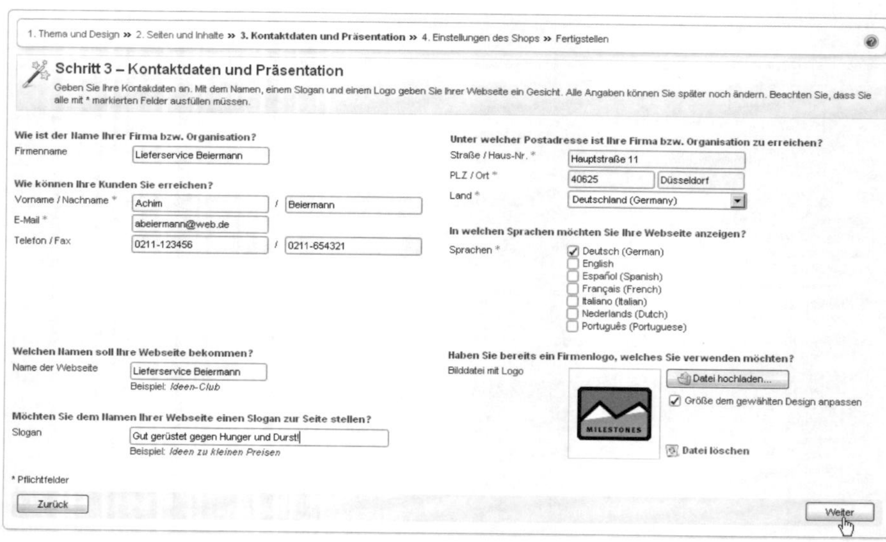

4 Im letzten Schritt legen Sie das zu verwendende Steuermodell fest, tragen Ihre Umsatzsteuer-ID sowie das Handelsregister ein und vergeben ein Kennwort, das als Zugang zu Ihren Shopstatistiken dient.

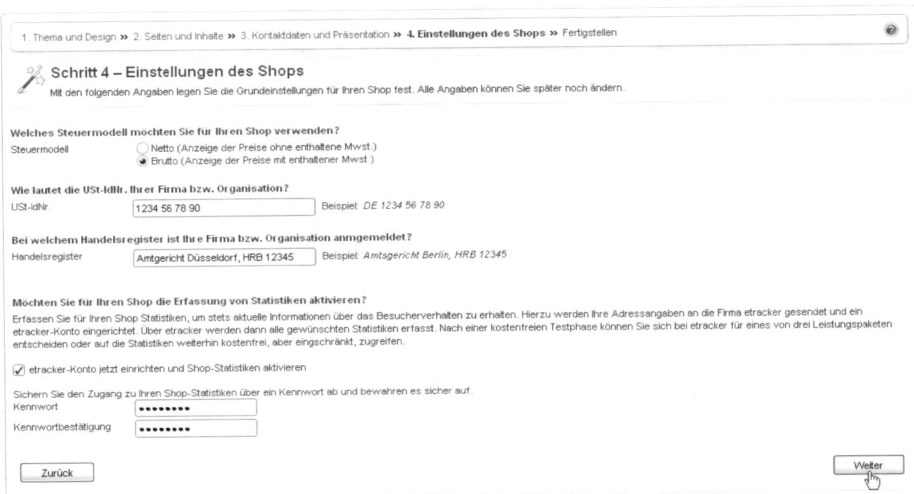

5 Nachdem Sie noch einmal auf *Weiter* geklickt haben, sehen Sie eine Zusammenfassung aller Daten, die Sie mithilfe des Einrichtungsassistenten erfasst haben. Mit einem Klick auf *Fertigstellen* legen Sie die Innenausstattung des Shops fest.

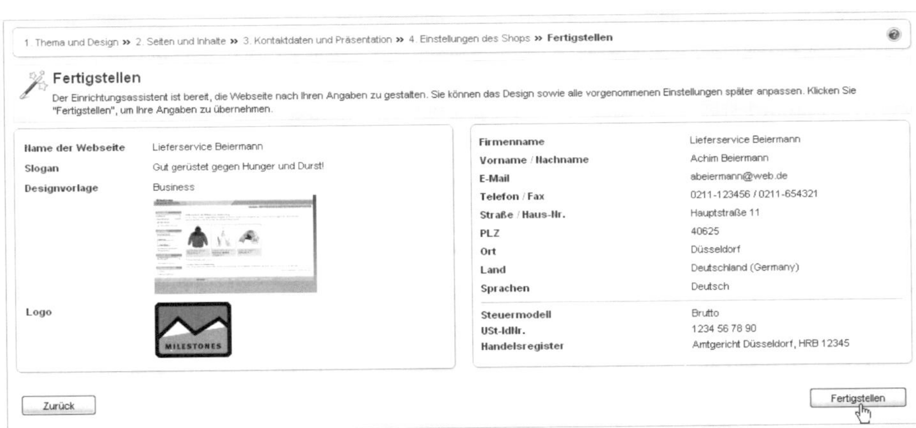

6 Der Shop ist jetzt eingerichtet, und Sie gelangen automatisch wieder auf die Startseite der Shopverwaltung. Der Name Ihres soeben neu eingerichteten Shops ist jetzt als Link in der Navigationsleiste sichtbar. Klicken Sie auf diesen Link, um sich den Shop aus Kundensicht anzuschauen.

Innenausbau

Nun wenden Sie sich dem Innenausbau Ihres Shops zu. Damit sich die Kunden in Ihrem Shop gut zurechtfinden, ordnen Sie Ihre Verkaufsartikel übersichtlich in Warenkataloge ein.

1 Um mit dem Erfassen der Produkte zu beginnen, klicken Sie in der Shopverwaltung auf *Produkte/Neu/Produkt*.

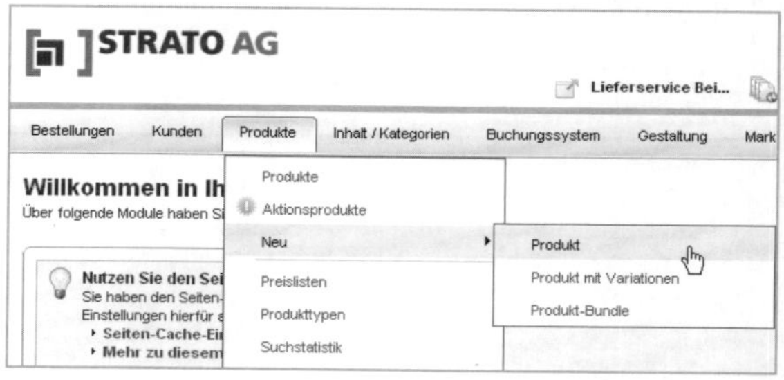

2 Im folgenden Dialog füllen Sie vor allem die Pflichtfelder aus. So verlangt der Shop unter *Preise/Lager/Versand* z. B. nach einer *Produktnummer*, einer *Mindestbestellmenge* und einer *Staffelung*. Dann wechseln Sie zu *Beschreibung* und tragen dort unter anderem den Produktnamen, eine kurze und eine ausführlichere Beschreibung sowie Schlüsselwörter für Suchdienste ein. Unter *Attribute* machen Sie gegebenenfalls weitere Angaben. Damit Ihnen keine Einträge verloren gehen, sollten Sie hin und wieder auf *Speichern* klicken.

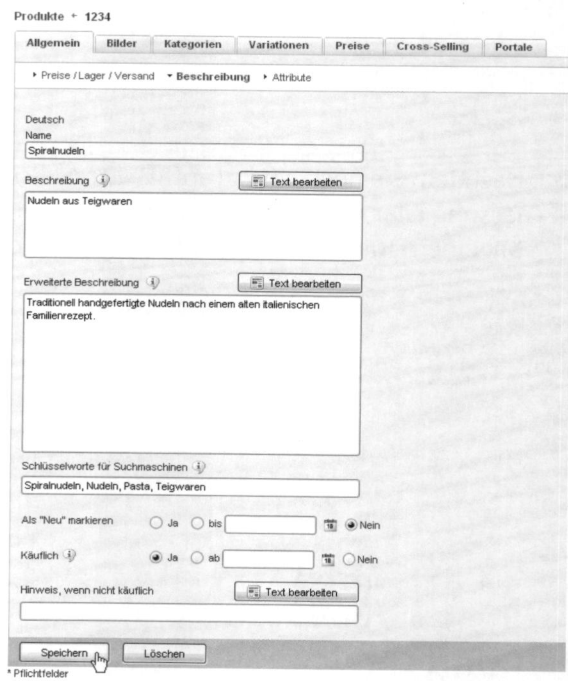

3 Wenn Sie Ihren Kunden die Waren so richtig schmackhaft machen wollen, sollten Sie sie noch mit einem ansprechenden Produktfoto garnieren. Wechseln Sie hierzu in das Register *Bilder*. Über die Schaltfläche *Datei hochladen* wählen Sie das gewünschte Produktbild, dessen Größe für die verschiedenen Ansichten automatisch angepasst wird, auf der Festplatte aus.

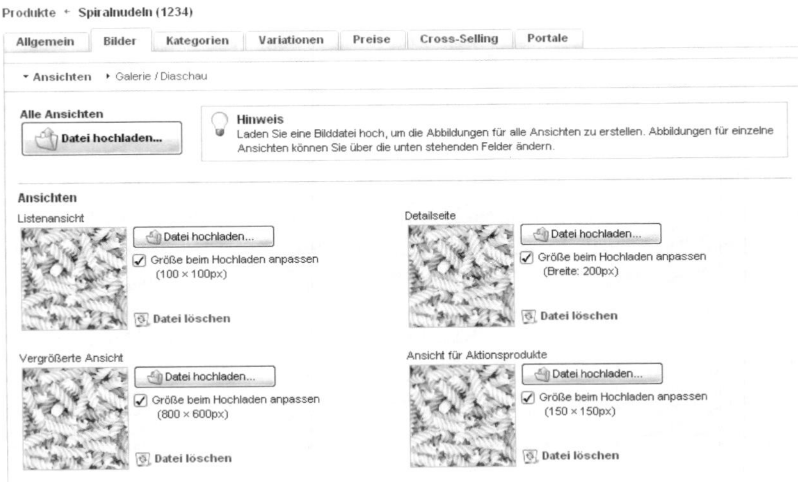

4 Das fertig erfasste Produkt muss anschließend einer Kategorie zugeordnet werden. Eine neue Kategorie legen Sie an, indem Sie in der Shopverwaltung auf das Register *Inhalt/Kategorien* klicken und den Eintrag *Neu* wählen. Im folgenden Dialog vergeben Sie einen Namen und wählen die Option *Ja* bei *Sichtbar*, bevor Sie das Eingabefenster über *Einfügen* verlassen.

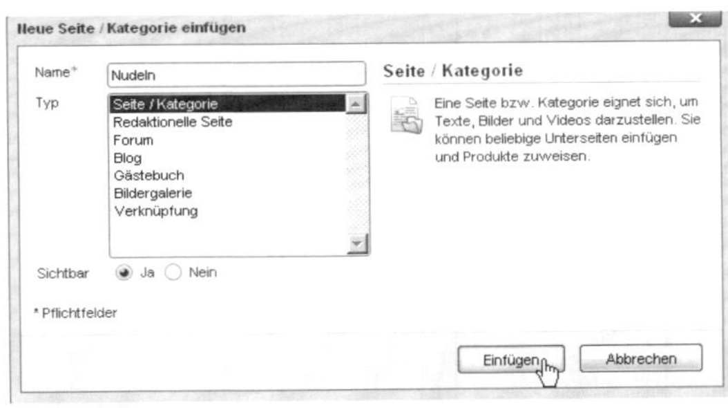

5 Wechseln Sie nun wieder in das Register *Produkte*, lassen Sie sich das zuletzt erfasste Produkt anzeigen und öffnen Sie das Register *Kategorien*. Nachdem Sie die passende Zuordnung vorgenommen haben, klicken Sie auf *Speichern*.

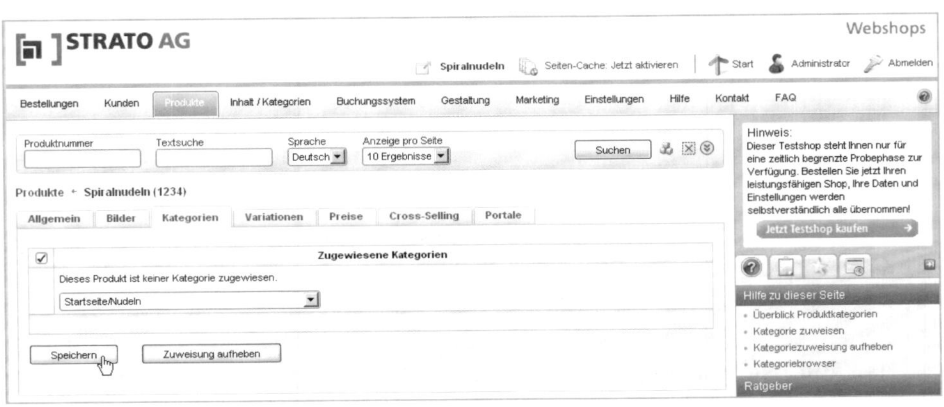

eBay-Anbindung

Erfassen Sie nun nach und nach alle Produkte und ordnen Sie sie den passenden Kategorien zu. Im letzten Schritt öffnen Sie den bereits erwähnten zweiten Verkaufskanal, indem Sie den fertig eingerichteten Shop an eBay anbinden. Voraussetzung hierfür ist jedoch eine gültige Anmeldung bei eBay als Verkäufer. Erst wenn Sie als Verkäufer angemeldet sind und über ein gültiges Log-in verfügen, können Sie Artikel auch vom Shopsystem aus im eBay-System anbieten und Bestelldaten empfangen. Beachten Sie, dass eBay Ihnen dafür Kosten in Rechnung stellt.

1 Vor dem ersten Verkauf bei eBay sind allerdings noch ein paar Einstellungen erforderlich. Folgen Sie daher im Register *Einstellungen* dem Link *eBay-Einstellungen* und wechseln Sie in das Register *eBay-Konten*. Öffnen Sie das Listenfeld *Angebotsplattform*, markieren Sie das gewünschte Verkaufsland und klicken Sie auf *Speichern*.

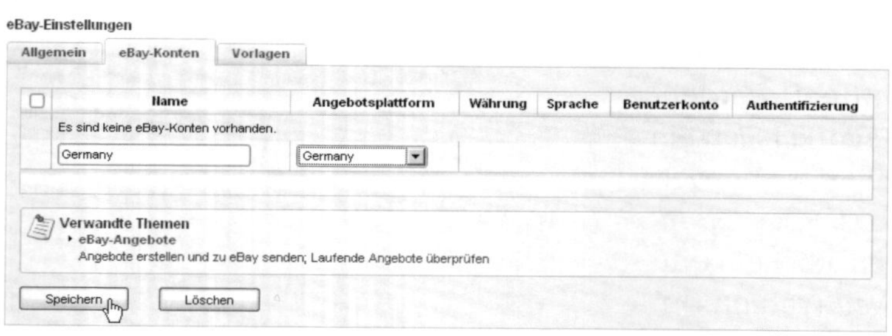

2 Für die weiteren Einstellungen klicken Sie im folgenden Fenster auf *Vervollständigen*. Legen Sie das Land, die Region und den Ort fest und klicken Sie auf *Speichern*.

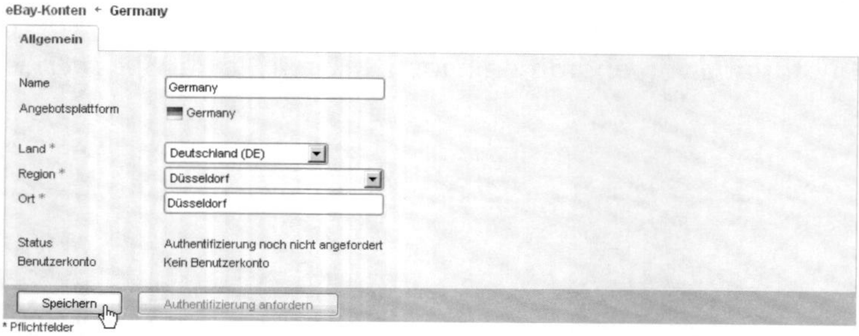

3 Auf der nächsten Seite erfolgt die Authentifizierung Ihres Kontos gegenüber eBay. Dabei registrieren Sie sich als Händler mit Ihrem eBay-Log-in und zugehörigem Passwort nur einmal bei eBay. Anschließend weist Ihnen eBay ein sogenanntes Token zu, das im Shopsystem gespeichert wird. Dieses Token dient der Autorisierung beim Hochladen von Angeboten, beim Abfragen von Angebotsstatus oder beim Herunterladen von Verkaufsdaten. Ein Datenaustausch

ohne Authentifizierung ist nicht möglich. Außerdem ist die Authentifizierung zeitlich begrenzt, sodass sie in gewissen Intervallen erneut erfolgen muss. Um ein gültiges Token erstmals zu bekommen, klicken Sie auf *Authentifizierung anfordern*. Sie werden nun auf die entsprechende eBay-Seite geleitet. Geben Sie hier Ihre persönlichen eBay-Daten an und bestätigen Sie die Eingaben über *Sicheres einloggen*. Für den Fall, dass Sie noch kein eBay-Konto besitzen, können Sie sich über die Schaltfläche *Anmelden* registrieren und ein Konto eröffnen. eBay prüft nun Ihre persönlichen Daten und generiert ein entsprechendes Token. Bevor Sie dieses jedoch auf den Shop übertragen können, ist Ihre ausdrückliche Zustimmung erforderlich, indem Sie auf den gleichlautenden Button klicken. Wenige Sekunden später erhalten Sie den Hinweis, dass die Authentifizierung erfolgreich war, wie lange das aktuelle Token gültig ist und unter welchem eBay-Anmeldenamen das Token beantragt wurde.

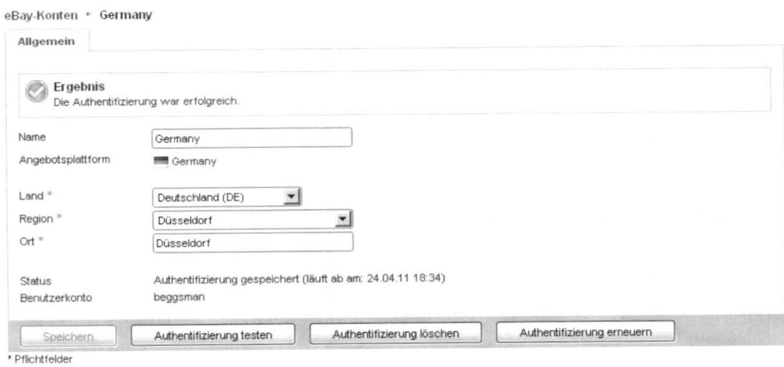

4 Um einzelne Artikel auf dem Onlinemarktplatz bereitzustellen, rufen Sie in der Shopverwaltung über das Register *Produkte* die gewünschte Ware auf und wechseln in das Register *Portale*. Wählen Sie aus dem Listenfeld den Eintrag *Zu eBay senden* und klicken Sie auf *Ausführen*.

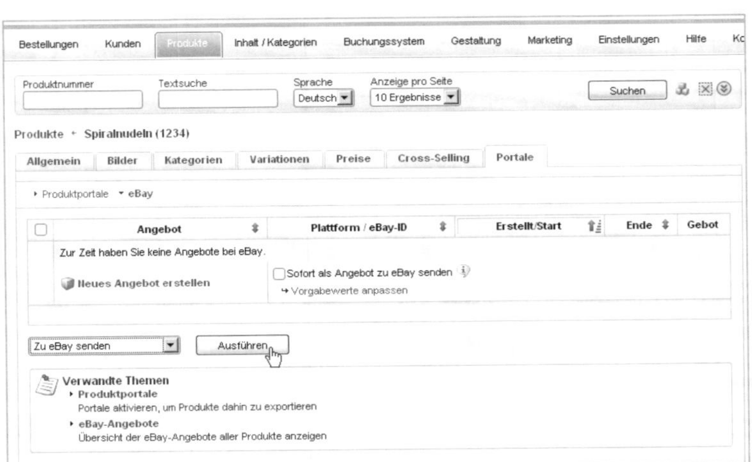

5.9 Die Konversionsrate erhöhen

Wie gut die Besucher mit einem Shop zurechtkommen, lässt sich bei vielen Systemen an der Zugriffsstatistik ablesen. Neben den erfolgreichen Verkäufen zeigen die Übersichten, wie viele Warenkörbe zwar gefüllt wurden, aber dann nicht zur Bestellung gekommen sind. Sie werden überrascht sein, wie hoch dieser Anteil im Einzelfall ist. Zwar sind Sie als Anbieter nicht für jeden Abbruch verantwortlich, jedoch sollten Sie sich bei einer hohen Aussteigerquote Gedanken machen.

Checken Sie Ihren Shop anhand der folgenden Tipps. Besonders in zwei Bereichen sollten Sie mögliche Optimierungspotenziale ausschöpfen:

- Machen Sie zum einen den Einkauf in Ihrem Onlineshop zum Erlebnis und stellen Sie die Produkte dabei möglichst attraktiv dar.
- Zum anderen sollte der eigentliche Kaufvorgang für den Kunden so bequem wie möglich gestaltet sein. Je wohler und sicherer sich die Besucher bei Ihnen fühlen, umso eher werden sie Kunden. Und wer einmal zufrieden war, der kommt auch gern wieder.

Vertrauen gewinnen

Im Internet gibt es neben vielen vertrauenswürdigen Händlern auch einige unseriöse Anbieter. Neue Besucher, die Ihr Unternehmen bisher nicht kennen, sind daher meist zurückhaltend. Versuchen Sie, diese Distanz zu verringern, indem Sie Ihre Firma ausführlich vorstellen. Zeigen Sie Bilder von sich und Ihren Mitarbeitern, präsentieren Sie Fotos Ihrer Geschäftsräume und blenden Sie Ihre Kontaktdaten wie Anschrift, Telefonnummer und E-Mail-Adressen auf jeder Seite Ihres Shops ein. Je persönlicher Sie die Seiten gestalten, umso geringer ist die Angst der Surfer, über den virtuellen Ladentisch gezogen zu werden.

Shop zertifizieren lassen

Aber reden nicht nur Sie selbst gut über Ihren Laden, lassen Sie das auch andere tun: Nutzen Sie die Möglichkeit, Ihren Shop von neutralen Stellen zertifizieren zu lassen. Sie erfahren mehr zu diesen Thema im nächsten Abschnitt.

Übersichtlichkeit geht vor Kürze

In Veröffentlichungen liest man immer wieder, dass die Surfer im Web mit möglichst wenigen Klicks zum Ziel kommen möchten. Dieser Minimal-Klick-Strategie sollten Sie bei Ihrem Shop jedoch nicht alle anderen Aspekte unterordnen. Gerade bei komplexeren Vorgängen wie einer Bestellung kommt es neben der Kürze auch stark auf die Übersichtlichkeit an. Die Besucher surfen hier ja nicht nur so herum, sondern es geht ums Geldausgeben. Dabei möchten die Kunden genau wissen, welcher Schritt gerade wozu gut ist.

Sie bieten Orientierung, indem Sie bei jedem Punkt der Bestellung auch stets alle anderen Schritte auflisten. So sehen die Nutzer, wo sie gerade sind und was noch kommen wird. Bewährt hat sich eine Registeroptik mit nach Schritten nummerierten Registerkarten.

Zur besseren Orientierung: Gliedern Sie den Bestellvorgang in übersichtliche Schritte und heben Sie die weiterführenden Button deutlich hervor.

Markante Schaltflächen

Bei jedem Schritt ist es wichtig, dass die Besucher wissen, wo es konkret weitergeht. Häufig heben sich die Links zum nächsten Schritt nicht deutlich genug von anderen Texten oder Verweisen ab. Verwenden Sie auffällige und eindeutig beschriftete Schaltflächen. Besser als der Text „Weiter“ ist beispielsweise „Schritt 2: Anschrift eingeben“. Gestalten Sie die Buttons einheitlich und verwenden Sie sie stets an der gleichen Stelle auf der Seite.

Optimale Benutzerführung: Verwenden Sie als Schaltflächentext anstelle von „weiter“ eine präzisere Angabe wie „weiter zur Kasse“.

Hilfe bei Eingabefehlern

Bei Formularen kann es den Nutzern leicht passieren, dass sie sich vertippen oder ein erforderliches Feld aus Versehen frei lassen. Weisen Sie auf solche Fehler mit eindeutigen und gut sichtbaren Meldungen hin. Noch besser: Heben Sie die Formularfelder, bei denen etwas fehlt, zusätzlich mit einer farbigen Füllung oder einem bunten Rahmen hervor.

Achten Sie beim erneuten Aufruf des Formulars zudem darauf, dass alle bis dahin richtig eingegebenen Daten erhalten bleiben. Wie würden Sie wohl selbst darauf reagieren, wenn Sie nach einem Fehler beispielsweise Ihre kompletten Adressdaten ein zweites Mal eingeben müssten?

Zurückhaltung bei den Kundendaten

Dass Sie für die Zustellung der Produkte die Anschrift des Kunden benötigen, kann dieser ja noch einsehen. Fragen Sie jedoch ohne Grund weitere Daten wie Telefonnummer und E-Mail-Adresse ab, stoßen Sie bei manchen Käufern auf Misstrauen, wenn diese Daten offensichtlich nicht für die Abwicklung des Geschäfts erforderlich sind. Besonders sensible Surfer beenden dann sogar den Bestellvorgang. Unser Rat: Beschränken Sie sich bei der Abfrage der Kundendaten auf das tatsächlich Notwendige. Sie gewinnen damit nicht nur zusätzliches Vertrauen, sondern Sie ersparen den Surfern auch lästige Tipparbeit.

Lieferzeit früh angeben

Ein wichtiges Kriterium ist neben dem Kaufpreis auch die Frage, ob und wie schnell die Produkte geliefert werden können. Optimieren Sie Ihre Versandprozesse so gut es geht. Viele Kunden haben Verständnis dafür, wenn die Lieferung ein paar Tage benötigt. Überraschen Sie die potenziellen Kunden jedoch nicht erst kurz vor dem Absenden der Bestellung mit der Angabe, dass es noch etwas dauern könnte. Spielen Sie mit offenen Karten und informieren Sie bereits auf der Seite zum jeweiligen Artikel über die voraussichtliche Versandzeit. Machen Sie dabei jedoch keine Versprechungen, die Sie nicht halten können. Die Kunden freuen sich, wenn Sie eine realistische Zeitangabe nennen, dann aber früher liefern. Halten Sie zu knapp kalkulierte Versandtermine jedoch nicht ein, verursacht das nur Ärger.

Transparenz bei den Versandkosten

Bei Bestellungen über das Internet spielen zudem die Versandkosten eine wichtige Rolle. Wenige Kunden wissen genau, welche Preise man für welche Paketgrößen verlangen kann. Für manche Anbieter ist daher die Verlockung groß, den einen oder anderen zusätzlichen Euro über pauschale Nebenkosten aufzuschlagen, häufig beiläufig am Ende der Bestellung. Kunden, denen diese „Mogelei" auffällt, werden Sie wohl nicht nur für dieses eine Mal verlieren.

Setzen Sie bei den Zusatzkosten daher voll auf Transparenz: Führen Sie schon auf den Produktseiten die genauen Kosten auf, die für die Lieferung der Waren anfallen werden. Verlinken Sie gegebenenfalls auf eine Übersichtsseite, auf der Sie detailliert über die Versandkosten informieren. Das schafft Vertrauen.

Sichere Verbindung

Viele Nutzer haben Angst davor, dass sie mit dem Onlinekauf ein Sicherheitsrisiko eingehen. Vor allem bei Bezahlvorgängen sind sie deshalb zurückhaltend. Für die Sicherheit Ihres Shops können Sie jedoch aktiv etwas tun: Wickeln Sie sämtliche Bestellungen und Bezahlvorgänge über eine verschlüsselte SSL-Verbindung ab.

Keine Ablenkung auf der Zielgeraden

Halten Sie die Seiten des eigentlichen Bestellvorgangs frei von Werbung und Hinweisen auf interessante Zusatzinformationen. Die Besucher sollen sich voll auf den Abschluss des Kaufgeschäfts konzentrieren.

Vielfältige Bezahlmöglichkeiten

Häufig enden Shoppingtouren abrupt, weil der Kunde keine Kreditkarte besitzt oder seine Kartendaten nicht online preisgeben möchte. Beschränken Sie sich daher nicht auf diese Bezahlart, sondern bieten Sie mehrere alternativ an.

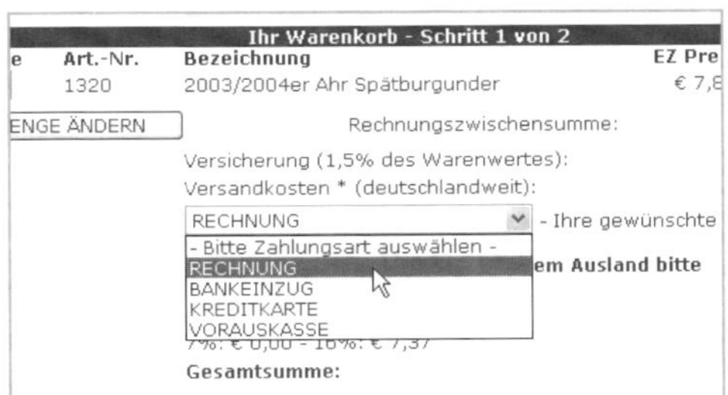

Zusätzlicher Aufwand, der sich lohnt: Bieten Sie Ihren Kunden möglichst viele Zahlungsarten zur Auswahl an.

Das bedeutet für Sie zwar zusätzliche Kosten und mehr Aufwand, jedoch zahlt sich die Investition auf Dauer aus.

Flexibel bis zum Schluss

Bestimmt kennen Sie das von Ihren eigenen Onlineeinkäufen: Während Sie bereits bestellen, fällt Ihnen noch eine Frage zum Produkt ein. Oder Sie möchten den Artikel kurz entschlossen in einer höheren Stückzahl ordern. Lernen Sie aus diesen Erfahrungen für Ihren eigenen Shop und bieten Sie den Nutzern genügend Flexibilität, sich selbst im Warenkorb noch kurzfristig anders zu entscheiden.

Verlinken Sie jeden Artikel im Korb direkt mit der jeweiligen Produktseite. So müssen sich die Kunden nicht umständlich durch den Shop hindurchklicken. Zudem sollte es selbstverständlich sein, dass die Besucher bis kurz vor dem Absenden noch die Stückzahl ändern oder einen Artikel löschen können. Ebenfalls wünschenswert: Gibt es ein Produkt in verschiedenen Ausführungen, lassen Sie auch diese Auswahl noch direkt im Warenkorb zu.

Vollständige Druckausgabe

Die meisten Surfer schauen sich bei mehreren Anbietern um, bevor sie sich zum Kauf entschließen. Sie drucken die Angebote aus und vergleichen ausgiebig Ausstattung, Preis und Leistung. Legen Sie daher Wert auf eine vollständige und übersichtliche Druckausgabe Ihrer Artikelseiten. Lassen Sie dabei Ihre Kontaktdaten ebenfalls mit zu Papier bringen. So lässt sich das Angebot auch später noch problemlos zuordnen.

Zusammenfassung der Bestellung

Stellen Sie sämtliche Auftragsdaten kurz vor der Bestellung noch einmal zusammen. Die Übersicht sollte sämtliche Kosten – einschließlich möglicher Nebenkosten – sowie Informationen zu Widerrufs- und Rückgaberechten enthalten.

Raum für Rechtliches

Allgemeine Geschäftsbedingungen, Hinweise zum Datenschutz und Garantieregelungen bilden die rechtliche Grundlage Ihres Onlinegeschäfts. Verlinken Sie diese Texte deutlich sichtbar auf jeder Seite des Bestellvorgangs. So bieten Sie den Käufern jederzeit die Möglichkeit, in den Bestimmungen nachzuschlagen – eine weitere Maßnahme, mit der Sie das Vertrauen der Kunden gewinnen.

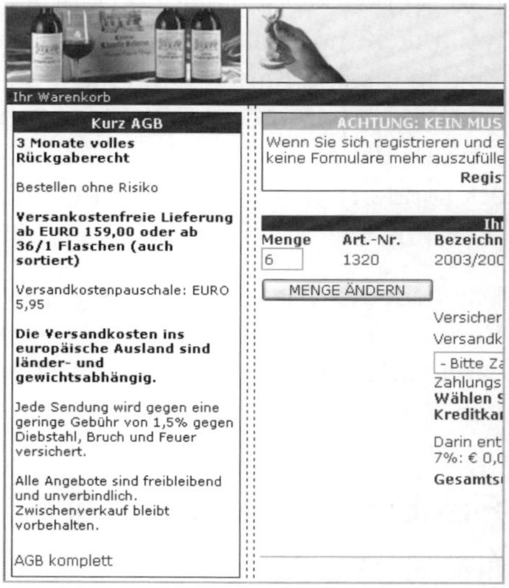

Besonderer Service: Bei www.brogsitter.de sind die wichtigsten Regelungen der AGB als Stichpunkte zusammengefasst.

Fehler auswerten

Ob Bedienungsfehler, technische Panne oder bewusster Abbruch – ein Onlineshop erzeugt im täglichen Betrieb zahlreiche Meldungen. Lassen Sie diese Hinweise jedoch nicht nur bei den Nutzern auflaufen, sondern speichern Sie auch jeweils eine Kopie der Nachrichten in Ihren Logfiles. Die Fehler lassen sich so statistisch auswerten. Fällt Ihnen in einem bestimmten Bereich eine Häufung von Unregelmäßigkeiten auf, können Sie dem Problem rechtzeitig und gezielt nachgehen.

Fragen Sie nach!

Wer kann Ihnen besser den Grund für einen Bestellabbruch nennen als der Besucher selbst? Fragen Sie die Surfer daher, wie zufrieden sie mit Ihrem Shop waren. Verwenden Sie dazu beispielsweise ein kompaktes Pop-up-Fenster, das Sie beim Verlassen der Bestellseiten einblenden lassen. Beschränken Sie sich jedoch auf maximal drei Fragen, da sich die Nutzer kaum länger Zeit nehmen werden. Für zusätzliche Hinweise sollten Sie die Feedback-Seite zudem noch um ein Feld für allgemeine Kommentare erweitern.

Angenehmes Shoppen

Ob ein Besucher nun zufällig oder gezielt in Ihrem Shop landet – der erste Eindruck zählt. Geben Sie Ihren Seiten eine klare Struktur und gestalten Sie sie möglichst ansprechend. Hochwertige Bilder und ein attraktives Design vermitteln die nötige Professionalität. Je angenehmer Sie die Seiten einrichten, umso eher bleiben die Surfer auch noch für ein paar Klicks länger.

Schaffen Sie Einkaufserlebnisse: Besucher lieben es, wenn sie die Produkte spielerisch erkunden können. Animationen, Rundumansichten und interaktive Module verführen dazu, sich intensiv mit den Waren zu beschäftigen. Bieten Sie ein Sofa beispielsweise in verschiedenen Farben an, lassen Sie die Surfer durch mehrere Musterbilder blättern. Stellen Sie das unterschiedlich gefärbte Möbelstück auf den Bildern in der jeweils passenden Umgebung dar. Oder stellen Sie sich vor, Sie wären Inhaber eines Shops für Herrenbekleidung: Wie wäre es da mit einem Modul, mit dem sich die Kunden Anzüge, Hemden und Krawatten interaktiv zusammenstellen können? Interaktive Module lassen sich aber auch einsetzen, um komplexe Bestellungen zu vereinfachen.

Nutzen Sie in Ihrem Shop die Möglichkeiten der Personalisierung. Begrüßen Sie Stammkunden über eine Cookie-Funktion auch nach Wochen noch mit ihrem Namen. Noch besser: Bieten Sie dem identifizierten Kunden Sonderangebote oder Highlights an, die optimal zu den bisher georderten Artikeln passen.

Räumen Sie den Besuchern die Möglichkeit ein, einzelne Artikel und Ausstattungsvarianten miteinander zu vergleichen. Sucht ein Kunde beispielsweise nach einer Digitalkamera, wäre es hilfreich, wenn er sich eine Vergleichsliste mit ausgewählten Modellen individuell zusammenstellen könnte.

Statten Sie Ihren Shop mit einer Vormerkfunktion aus. Kunden haben damit die Möglichkeit, Produkte in eine Wunschliste aufzunehmen, ohne sich gleich für den Kauf entscheiden zu müssen. Beim nächsten Aufruf der Shopseiten wird die Liste dann wieder angeboten.

5.10 Vertrauen mit Prüfsiegeln schaffen

Bereits 96 Prozent aller Internetnutzer haben bereits Onlinekäufe getätigt, davon etwa drei Viertel häufiger als zehn Mal. Dennoch befürchten mehr als neun von zehn Nutzer Datenmissbrauch und befürworten eine Überprüfung von Qualitätsmerkmalen, beispielsweise Rückgaberecht und Gewährleistung, oder des korrekten datenschutzrechtlichen Umgangs mit persönlichen Daten durch Gütesiegelanbieter. Nicht zuletzt deshalb halten 76 Prozent der Verbraucher im Internet Gütesiegel für wichtig oder sehr wichtig. Und 98 Prozent befürworten eine unabhängige Kontrolle der Gütesiegelanbieter durch eine neutrale Stelle. Zu diesen Ergebnissen gelangte eine repräsentative Umfrage, die das Unternehmen TNS Infratest Holding GmbH im Jahr 2005 im Auftrag der Initiative D21 e. V. durchgeführt hat. Die Initiative D21 (*www.initiatived21.de*) ist Europas größte Partnerschaft zwischen Politik und Wirtschaft. Sie besteht aus einem Netzwerk von 200 Mitgliedsunternehmen und -organisationen aller Branchen.

Die Initiative D21 ist ein Netzwerk aus 200 Mitgliedsunternehmen und -institutionen sowie politischen Partnern aus Bund, Ländern und Kommunen.

Klassische Siegel

Nun sind Prüfsiegel keine Erfindung des Internets. Jeder Erwachsene, der sich schon als Kind sein Brötchen mit der beliebten Nuss-Nugat-Creme veredelt hat, kennt sicher das Label des Instituts Fresenius, das jedes Nutella-Glas ziert. Mit diesem Siegel bestätigt eine unabhängige Einrichtung die ausgezeichnete Qualität eines Produkts. Oder nehmen Sie das Prüfsiegel der Technischen Überwachungsvereine, mit dem seit Jahrzehnten garantiert wird, dass ein Auto frei von größeren technischen Mängeln ist. Ein Auto mit der begehrten TÜV-Plakette verkauft sich nun mal besser und erzielt in der Regel einen höheren Verkaufserlös. Sie sehen also, Prüfzeichen weisen Händler oder Produkte als vertrauenswürdig aus und sollen somit die Kunden zum Kauf animieren.

Chancen und Grenzen

Das attraktive Einkaufen im Netz setzt verbraucherfreundliche und transparente Angebote voraus. Gütesiegel können dazu beitragen, zweifelhaften Geschäftemachern das Handwerk zu legen, da nur solche Anbieter ein Siegel führen dürfen, die von anerkannten Gütesiegelanbietern auf Seriosität und Qualität geprüft wurden. Anschließend hat es der Kunde in der Hand, verstärkt die Anbieter mit Gütesiegel zu bevorzugen, um damit den unseriösen Shopbetreibern mittelfristig das Wasser abzugraben. Allerdings gibt ein Prüfsiegel keine Auskunft über die Qualität der Waren. Auch kann ein Gütesiegelanbieter nicht garantieren, dass der Shop, der gestern sein Siegel erhalten hat, auch morgen noch die auf Dauer zu erfüllenden Auflagen einhält. Ein Siegel kann zwar jederzeit wieder entzogen werden, aber wenn keine Versicherung zahlt, hat der Kunde das Nachsehen.

Die Vielzahl verwirrt

Die Vielzahl der von verschiedenen Institutionen angebotenen Zertifikate trägt allerdings nicht gerade zur Klarheit bei Verbrauchern und Shopbetreibern bei, und einen einheitlichen Standard für die Vergabe von Gütesiegeln sucht man bisher vergebens. Dass man sich bis heute nicht auf ein einziges Label verständigen konnte, liegt unter anderem daran, dass es sich bei allen Prüfsiegelanbietern um privatwirtschaftlich tätige Unternehmen handelt, die mit der Vergabe von Prüfsiegeln Geld verdienen möchten. Allerdings gibt es im Rahmen der Initiative D21 Bemühungen, sich auf die Vereinheitlichung der Zertifikate zu verständigen. Die von der Initiative empfohlenen Gütesiegelanbieter haben darüber hinaus bereits verbindlich erklärt, die D21-Qualitätskriterien einzuhalten.

Die Firma Computeruniverse (www.computeruniverse.net) wirbt gleich mit mehreren unabhängigen Qualitätszertifikaten.

Qualitätskriterien

So muss der Kunde vor allem über den vollen Namen des Unternehmens und die Identität des Anbieters, den Firmensitz, die Handelsregisternummer sowie über die elektronische und geografische Erreichbarkeit informiert werden. Für eine Kontaktaufnahme sollte dem Kunden neben einer E-Mail-Adresse auch eine Telefonnummer zur Verfügung stehen. Dabei sollten alle Angaben selbstverständlich nicht irgendwo in der Website versteckt, sondern an gut sichtbarer Stelle, beispielsweise in einem explizit hervorgehobenen Impressum, nachzulesen sein.

Allgemeine Vertragsbedingungen und Gerichtsstand

Am besten auf der Startseite, aber auch in den entsprechenden Abschnitten des Bestellvorgangs, muss auf die Vertragsbedingungen, insbesondere auf die **a**llgemeinen **G**eschäfts**b**edingungen (AGB), hingewiesen werden. Die Vertragsbedingungen müssen dabei leicht zu erreichen, zu speichern und auch auszudrucken sein.

Der Shopbetreiber muss deutlich herausstellen, welches Recht auf sein Angebot Anwendung findet und vor welchem Gericht der Kunde im Streitfall klagen kann.

Verbindliche Preisangaben

Die Produktpreise müssen eindeutig gekennzeichnet sowie transparent und vollständig angegeben sein. Das bedeutet, dass der Kunde bereits vor Abgabe der verbindlichen Bestellung über die Gültigkeitsdauer befristeter Angebote und über Nebenkosten wie Mehrwertsteuer, Gebühren und Versandkosten informiert ist.

Verbindliche Lieferaussagen

Der Shopanbieter muss verbindliche Aussagen über den Zeitpunkt der Warenlieferung machen, auf die sich der Kunde nach Fristablauf beziehen kann. Empfehlenswert sind Angebote, die dem Kunden auf Anfrage den Lieferstatus anzeigen, und Mitteilungen des Anbieters per E-Mail über den Versand der Ware an den Kunden. Kann ein Produkt nicht geliefert werden, muss der Anbieter den Kunden hierüber in angemessener Zeit informieren. Auch auf Einschränkungen des Liefergebiets oder auf die ausschließliche Belieferung bestimmter Kundengruppen sollte bereits auf der Einstiegsseite hingewiesen werden.

Eindeutiger Bestellvorgang

Da eine verbindliche Bestellung nur durch eine eindeutige und bewusste Handlung des Kunden ausgelöst werden kann, ist es erforderlich, dass der Kunde zunächst die gewünschten Waren sammeln kann, beispielsweise in einem Warenkorb. Vor

Abgabe der Bestellung muss es möglich sein, den Inhalt des Warenkorbs zu überprüfen, gegebenenfalls zu korrigieren oder sogar vollständig rückgängig zu machen.

Vor der Abgabe der verbindlichen Bestellung muss der Kunde einen Überblick über alle mit dieser Bestellung in Zusammenhang stehenden und von ihm zu zahlenden Beträge erhalten. Erst nachdem er die Möglichkeit zur Kenntnisnahme der allgemeinen Vertragsbedingungen hatte, erklärt der Kunde seine verbindliche Bestellung. Dabei muss ihm klar sein, dass er nun vor der Abgabe einer verbindlichen Bestellung steht und sein nächster Klick zum Abschluss des Kaufvertrags führt.

Für den Kunden muss immer deutlich erkennbar sein, in welcher Phase er sich während des Bestellvorgangs befindet (Beispiel: www.computeruniverse.net).

Nach Abschluss des Kaufvertrags wird dem Kunden die Bestellung in angemessener Zeit bestätigt, wobei es dem Shopbetreiber freigestellt bleibt, in welcher Form die Bestätigung erfolgt.

Rückgaberecht

Der Betreiber hat die besonderen Widerrufsrechte aufgrund der Umsetzung der Fernabsatzrichtlinie zu beachten. Dabei sollte die Warenrückgabe für den Kunden möglichst einfach sein. Insbesondere muss deutlich sein, bis zu welchem Zeitpunkt eine Rückgabe möglich ist, welche Kosten im Fall der Rückgabe auf den Kunden zukommen und wie die Rückerstattung bereits gezahlter Beträge erfolgt.

Datenschutz

Die sichere Übermittlung der Bestell- und Personendaten muss gewährleistet sein. Das bedeutet, dass beispielsweise persönliche Zahlungsinformationen grundsätzlich und andere Zugangsdaten optional zu verschlüsseln sind. In der Praxis haben sich bei der sicheren Datenübermittlung eine 128-Bit-Verschlüsselung (die sogenannte SSL-Verschlüsselung), im Zahlungsverkehr die Zahlung per Nachnahme oder Kreditkarte durchgesetzt, wobei das Bezahlen per Nachnahme den größten Kundenschutz bietet.

Die Verwendung der im Rahmen des Bestellvorgangs gewonnenen Daten muss im Einklang mit den Bestimmungen des Teledienstedatenschutzgesetzes und des Bundesdatenschutzgesetzes stehen. Zudem existieren nationale und internationale Empfehlungen, die Orientierung bieten.

Gütesiegelanbieter

Die fünf im Folgenden vorgestellten Gütesiegelanbieter arbeiten auf der Grundlage dieser Qualitätskriterien und werden daher von der Initiative D21 empfohlen (*www.internet-guetesiegel.de*). Natürlich haben die Gütesiegelanbieter unterschiedliche Geschäftsmodelle und bieten ihren Kunden ein breites Spektrum an Dienstleistungen an, die über den von der Initiative D21 definierten Qualitätsmaßstab hinausgehen. Wichtig für das Vertrauen der Verbraucher ist aber, dass diese Anbieter verbindlich erklärt haben, die D21-Qualitätskriterien einzuhalten.

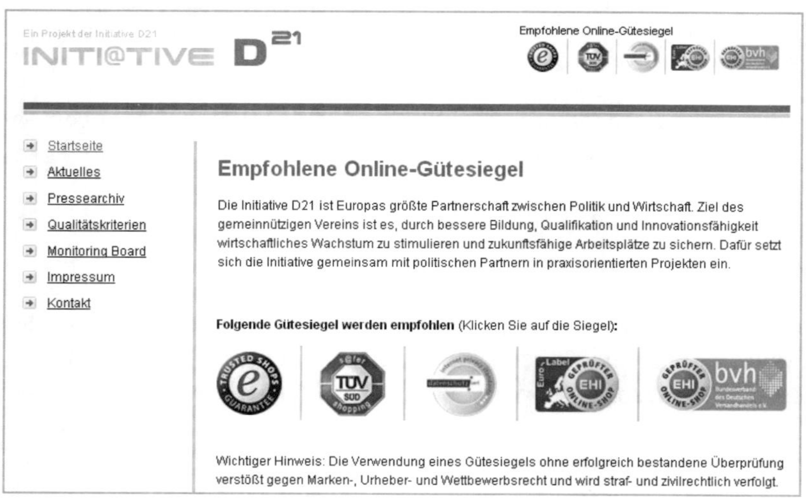

Die Initiative D21 empfiehlt fünf Onlinegütesiegel.

EHI Geprüfter Online-Shop

Bei dem Euro-Label Geprüfter Online-Shop des EuroHandelsinstituts e. V. handelt es sich um ein Gütezeichen, das kommerziellen Webseiten verliehen wird, die den europäischen Verhaltenskodex erfüllen. Es wurde 1999 eingerichtet und war das erste durch die Arbeitsgemeinschaft der Verbraucherverbände anerkannte Gütezeichen in Deutschland. Unter Onlinehändlern findet das Label eine hohe Akzeptanz. Es wird aber oft mit anderen Gütesiegeln kombiniert, weil es keine Versicherung enthält.

Weitere Informationen erhalten Sie bei *www.shopinfo.net*.

EHI Geprüfter Online-Shop und der Bundesverband des Deutschen Versandhandels

Das EuroHandelsinstitut e. V. ist auch exklusiver Zertifizierungspartner des bvh (**B**undesverband des Deutschen **V**ersand**h**andels e. V). Im Rahmen dieser Partnerschaft hat das EHI als Ergänzung zum Standardsiegel ein EHI-bvh-Cobranding-Siegel aufgelegt. Dieses Siegel macht deutlich, dass der so ausgezeichnete Shop nicht nur vom EHI zertifiziert wurde, sondern auch Mitglied im Bundesverband des Deutschen Versandhandels e. V. ist.

Weitere Informationen erhalten Sie bei *www.shopinfo.net*.

Trusted Shops

Das Siegel der Trusted Shops GmbH steht insbesondere für geprüfte Sicherheit in Verbindung mit einer Geld-zurück-Garantie. Besonderes Augenmerk gilt den Bereichen allgemeine Geschäftsbedingungen, Datenschutz, Bestell-, Reklamations- und Liefermanagement. Die Siegelträger werden nach eigenen Angaben regelmäßig und anonym auf ihr Geschäftsgebaren hin überprüft.

Über 6.000 Internetgeschäfte führen mittlerweile das Siegel. Zu den Kunden zählen unter anderem der Computeranbieter ATELCO, der Onlinesupermarkt Edeka24 und das Internetportal Web.de.

Weitere Informationen erhalten Sie bei *www.trustedshops.de*.

S@fer Shopping

Anbieter des Siegels S@fer Shopping ist die TÜV Management Service GmbH. Die Tochter des TÜV Süddeutschland überprüft zahlungswillige Onlineshops auf ihre Qualität und verspricht eine „Optimierung der Prozesse" und eine „Steigerung der Wettbewerbsfähigkeit". Die Prüfung erfolgt nicht nur online, sondern auch beim Shopbetreiber selbst. Die DBV-Winterthur testet die Shops nach eigenen Angaben auf ihre unternehmerische und finanzielle Solidität und steuert die Versicherung bei. Träger des Siegels sind beispielsweise das Onlinereisebüro Expedia.de und der Last-Minute-Reiseanbieter L'TUR.

Weitere Informationen erhalten Sie bei *www.safer-shopping.de*.

internet privacy standards (ips)

Die **i**nternet **p**rivacy **s**tandards (ips) wurden von der datenschutz nord GmbH gemeinsam mit dem Bundesbeauftragten für Datenschutz entwickelt. Mit ips lassen sich nicht nur Onlineshops zertifizieren, sondern ebenso elektronische Finanzdienstleistungen, Gesundheitsanwendungen, E-Government-Anwendungen und digitale Kundenbetreuung.

Weitere Informationen erhalten Sie bei *www.datenschutz-cert.de*.

Prüfsiegel	Kundenkreis	Besonderheiten
EHI Geprüfter Online-Shop	Überwiegend kleinere und mittlere Unternehmen, Handel, Portale.	Europäisches Netzwerk, eigenes Siegel für Portale, kostenfreies Beschwerdemanagement, Kontrollprüfung bei Beschwerden.
EHI Geprüfter Online-Shop und der Bundesverband des Deutschen Versandhandels	Überwiegend kleinere und mittlere Unternehmen, Handel, Portale.	Der so ausgezeichnete Shop wurde nicht nur vom EHI zertifiziert, sondern ist auch Mitglied im Bundesverband des Deutschen Versandhandels.
Trusted Shops	Überwiegend kleinere und mittlere Unternehmen, Handel, Touristik.	Bonitätsprüfung und Geld-zurück-Garantie, bei größeren Händlern Besuche vor Ort, Testkäufe, Kontrollen bei Beschwerden.
S@fer Shopping	Überwiegend größere Unternehmen, Handel, Touristik, Versicherungen.	Unangemeldete Onlinechecks, Bonitätsprüfung durch Winterthur-Garantie, DBV-Winterthur-Versicherung, Prüfungen vor Ort.
internet privacy standards (ips)	Überwiegend Anbieter von Dienstleistungen, Handel, Portale.	Anbieterprüfung durch Diplom-Informatiker und Juristen, Kontrollprüfungen bei Beschwerden, Prüfungen vor Ort.

6. Das Onlineunternehmen richtig aufstellen

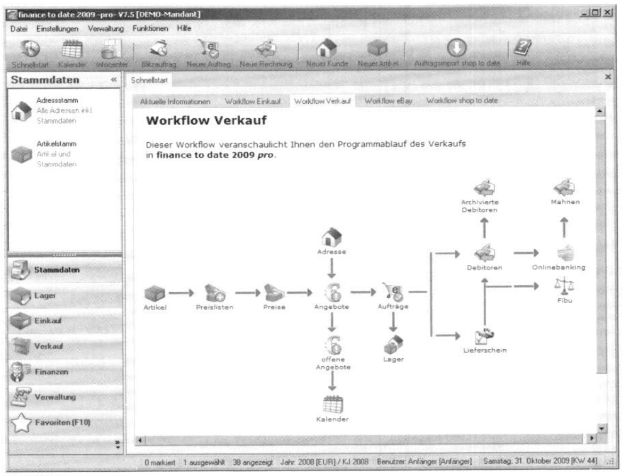

Nutzen Sie das Internet nicht nur für den Kontakt mit den Besuchern und zum Verkauf Ihrer Produkte, sondern richten Sie auch Ihr Backoffice möglichst weitgehend online aus. Sie sparen viel Zeit und Arbeit, wenn Sie beispielsweise Ihren Shop direkt an das Rechnungs- und Buchhaltungsprogramm anbinden. Bankgeschäfte lassen sich ebenfalls effizient und mit der richtigen Technik auch sicher über das Internet abwickeln. Und selbst das Finanzamt stellt sich zunehmend auf die papierlose Zusammenarbeit ein. Aber Vorsicht: So schnell und einfach sich der eigene Betrieb starten lässt, steuerliche Regeln gelten auch im Netz, und das Abenteuer Selbstständigkeit sollten Sie nicht ohne die erforderlichen (Ver-)Sicherungen in Angriff nehmen.

6.1 Finanz- und Buchhaltungssoftware mit Webschnittstelle einsetzen

Bis spät in die Abendstunden brennt in vielen Büros noch Licht: Angebote tippen, Materiallisten verwalten und Steuerbeträge mühsam zusammenrechnen – viele Freiberufler, Ladenbetreiber und Onlineverkäufer leisten täglich Zusatzschichten. Sie erfassen ihre Einnahmen und Ausgaben umständlich mit einer Tabellensoftware wie Excel und legen ihre Rechnungen als einfache Textdateien ab. Das ist nicht nur sehr unwirtschaftlich, es geht zudem leicht der Überblick verloren.

Nutzen Sie als Handwerker, Kleinunternehmer, Shopbetreiber oder eBay-Powerseller besser von Beginn an eine professionelle Lösung für Warenwirtschaft, Buchhaltung und Fakturierung. Programme wie DATA BECKERs finance to date halten Ihnen bei der Rechnungserstellung und der Buchhaltung den Rücken frei. Die Programmoberfläche von finance to date ist übersichtlich und intuitiv bedienbar. Verwalten Sie mit dem Businesspaket Ihre Waren, führen Sie komfortabel Ihre Kunden- und Terminlisten, erfassen Sie Angebote und wickeln Sie die kompletten Rechnungsvorgänge ab. Das Paket verfügt über komfortable Schnittstellen zu Steuerberater, Finanzamt sowie zum professionellen DATA BECKER-Shopsystem shop to date und zu eBay.

Übersichtliche Programmoberfläche

Geben Sie beim ersten Start des Programms die Grunddaten ein und melden Sie sich an. Das Programmfenster ist übersichtlich aufgebaut. Nahezu alle Funktionen sind über die Ordner am linken Bildschirmrand erreichbar. Sie verwalten Ihre Geschäftskontakte über den Bereich *Stammdaten*. Im Ordner *Lager* lässt sich der Warenbestand bearbeiten und unter *Einkauf* die eigenen Bestellungen abwickeln.

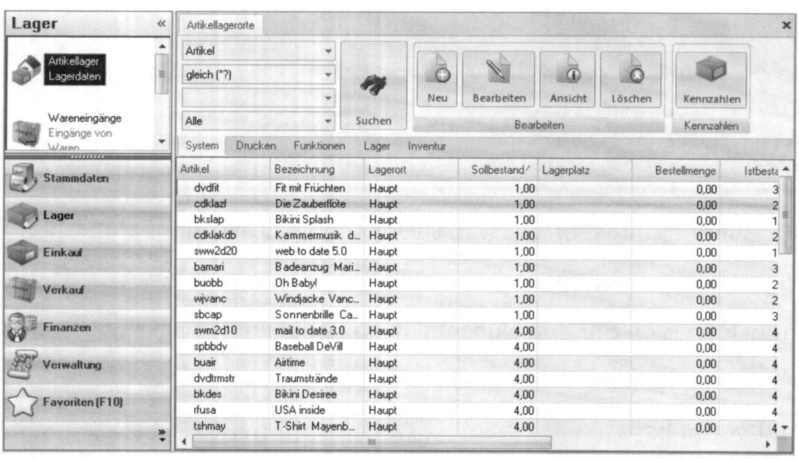

Im Lager sehen Sie, wo die Artikel abgelegt sind und in welcher Stückzahl sie noch verfügbar sind.

Angebote, Auftragsbestätigungen und Rechnungen generieren Sie über *Verkauf*. Die Zahlungen kontrollieren Sie über *Finanzen*. Über die Kategorie *Verwaltung* können Sie die Einstellungen des Programms ändern sowie Daten im- und exportieren.

Je nach aufgerufener Funktion erscheinen Listen mit Artikeln, Adressen und Buchungsposten auf dem Bildschirm. Etwas gewöhnungsbedürftig: Jede Liste bleibt so lange geöffnet, bis Sie sie ausdrücklich schließen. Über ein Register oberhalb des Listenbereichs können Sie schnell zwischen den offenen Übersichten wechseln.

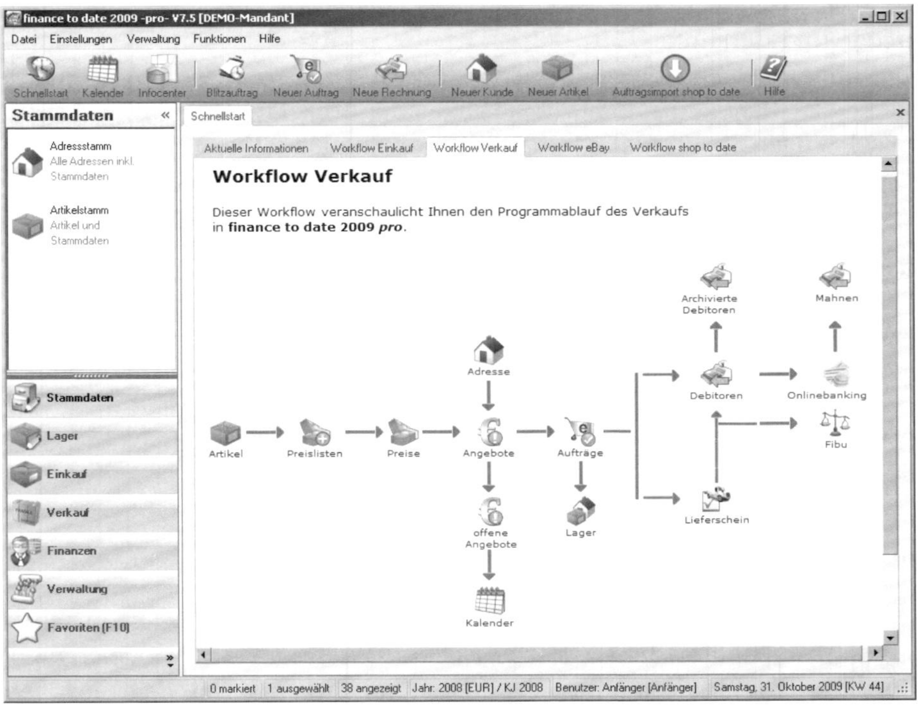

Die Rubrik Schnellstart erleichtert mit übersichtlichen Flussdiagrammen den Einstieg in die Software.

Kundendaten und Warenbestand pflegen

Die Kundendaten verwalten Sie über den Abschnitt *Stammdaten*. Klicken Sie auf *Adressstamm*. Einen neuen Kundendatensatz legen Sie über die Schaltfläche *Neu* an. Auf vier Registerkarten können Sie detaillierte Informationen zu jedem Kunden speichern. Geben Sie bei *Stammdaten* die klassischen Kontaktdaten ein. Auf der Registerkarte *Zahldaten* notieren Sie unter anderem die Kontodaten des Kunden. Wählen Sie zudem die Zahlungs- und Mahnbedingungen individuell aus. Mit *OK* speichern Sie den Datensatz. Er wird zur Adressliste hinzugefügt. Über das Register *Import/Export* haben Sie die Möglichkeit, Adressen aus CSV-Dateien zu importieren sowie die Liste mit Ihren Outlook-Kontakten zu synchronisieren.

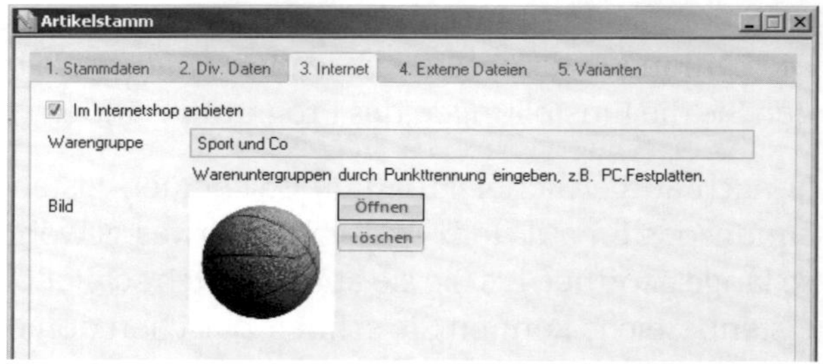

Das Bild des Artikels wird im Onlineshop angezeigt.

Neue Artikelarten erfassen Sie über *Artikelstamm* im Abschnitt *Stammdaten*. Klicken Sie auf die Schaltfläche *Neu*. Bei *Stammdaten* finden Sie unter anderem Felder für die Bezeichnung, den Steuersatz sowie die Maßeinheit. Unter *Div. Daten* lassen sich ein Barcode und Herkunftsangaben zum Artikel hinzufügen. Ordnen Sie dort außerdem die Konten der Finanzbuchhaltung zu. Bei *Internet* kreuzen Sie an, ob der Artikel im Onlineshop geführt werden soll. Fügen Sie dort falls vorhanden ein Bild hinzu. Unter *Externe Dateien* lassen sich zusätzliche Dokumente mit dem Artikel verknüpfen. Das können beispielsweise Datenblätter oder Bedienungsanleitungen im PDF-Format sein.

Über das Untermenü *Import/Export* geben Sie Artikel für die DATA BECKER Webshop-Lösung shop to date frei, oder Sie im- und exportieren Daten im CSV-Format. Bei *Preise* ordnen Sie den Artikeln Verkaufspreise zu. Klicken Sie auf die Schaltfläche *Preise* und dann doppelt auf den jeweiligen Artikel. Neben dem aktuellen Preis lassen sich auch schon eine künftige Preisänderung, Richtpreise, ein Rabatt und zeitlich befristete Aktionspreise vermerken. Den aktuellen Bestand jedes Artikels erfahren Sie über *Artikellager* im Abschnitt *Lager*.

Waren einkaufen

Ist der Mindestbestand eines Artikels unterschritten oder möchten Sie einen neuen Artikel ins Sortiment aufnehmen, starten Sie eine Preisanfrage beim Lieferanten. Rufen Sie dazu *Preisanfragen* unter *Einkauf* auf und klicken Sie auf *Neu*. Sie fügen die Artikel über die Schaltfläche *Posten* hinzu. Sind Sie damit fertig, erscheint die neue Anfrage in der Liste. Drucken Sie sie über die Rubrik *Drucken* aus. Markieren Sie den Eintrag *[Formular]* und klicken Sie auf *Druck*.

Sehr einfach lässt sich eine Preisanfrage in eine Bestellung umwandeln: Markieren Sie den Eintrag, wechseln Sie in die Rubrik *Funktionen* und verwenden Sie den Befehl *Bestellung erstellen*. Sie können die Bestellung vor dem Drucken noch anpassen. Klicken Sie sie dazu doppelt an und ändern Sie beispielsweise die Stückzahlen über die Schaltfläche *Posten*. Werden die bestellten Waren geliefert, lässt sich die Bestellung im Handumdrehen als Wareneingang verbuchen. Markieren Sie den Eintrag in der Bestellliste, klicken Sie auf *Funktionen* und rufen Sie *Wareneingang erstellen* auf.

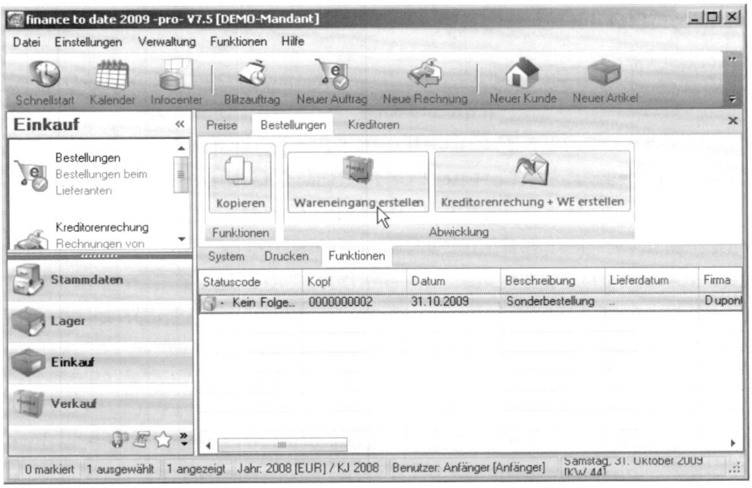

Verbuchen Sie eine Bestellung per Mausklick als Wareneingang.

Die Artikel werden im Lagerbestand verbucht. Zeitgleich mit dem Wareneingang kann auch die Lieferantenrechnung, die sogenannte Kreditorenrechnung, erstellt werden. Klicken Sie dazu auf *Kreditorenrechnung + WE erstellen*. Ihre Zahlungen verbuchen Sie im Abschnitt *Einkauf* unter *Kreditorenrechnung*. Wechseln Sie in das Register *Zahlungen*.

Vom Angebot zur Rechnung

Beim Verkauf begleitet Sie das Programm vom Angebot über Auftragsbestätigung und Rechnung bis zur Zahlungsüberwachung. Sämtliche Rubriken für diesen Workflow finden Sie im Ordner *Verkauf*. Wechseln Sie beispielsweise zur Liste *Angebote* und erstellen Sie über *Neu* ein neues Angebot. Über die Schaltfläche *Posten* gelangen Sie zur Liste *Positionen für Angebot*. Hat der Kunde das Angebot angenommen, bestätigen Sie den Auftrag. Rufen Sie dazu die Angebotsliste auf, klicken Sie das jeweilige Angebot an und rufen Sie unter *Funktionen* den Befehl *Auftrag erstellen* auf. Das Programm kopiert das Angebot und erstellt mit den gleichen Daten einen Eintrag in der Auftragsliste.

Nach dem gleichen Prinzip produzieren Sie den jeweiligen Lieferschein und die Rechnung. Den Zahlungseingang verbuchen Sie bei *Verkauf/Debitorenrechnung* in der Rubrik *Zahlen*. Um alle nicht fristgerecht beglichenen Rechnungen kümmert sich das vollautomatische Mahnwesen. Eine Liste mit den offenen Rechnungen erstellen Sie über *Mahnwesen/Starten* in der Ansicht *Debitoren*. Entscheiden Sie für jeden gefundenen Eintrag über die Tasten *Ja* und *Nein* am unteren Fensterrand, ob gemahnt werden soll. Die Mahnbriefe drucken Sie über die Schaltfläche *Mahnen*.

Verknüpfung mit Shop und eBay

Für Onlineverkäufer bietet finance to date ein integriertes eBay-Verkaufsmodul und Schnittstellen zu DATA BECKERs Onlineshoplösung shop to date sowie zu osCommerce und SmartStore.biz. Die bei finance to date geführten Artikel lassen sich komfortabel für die Auktionen aufbereiten oder in den Onlineshop einstellen. Per Mausklick behalten Sie stets den Überblick über die laufenden Auktionen. Bei einem erfolgreichen Verkauf werden sämtliche Daten automatisch in Ihre Buchhaltung und Warenbestand zurückgespielt. So bleiben Ihre Geschäftsdaten stets auf dem aktuellen Stand, und Sie verringern den Aufwand für Ihren Internethandel deutlich.

Sehr hilfreich ist der in finance to date integrierte Kalender. Dort werden alle relevanten Termine aus Buchhaltung und Warenwirtschaft übernommen. Sie erhalten Hinweise auf offene Lieferungen, nicht bezahlte Rechnungen und zu niedrige Warenbestände. Zusätzlich lassen sich beliebige eigene Termine eintragen.

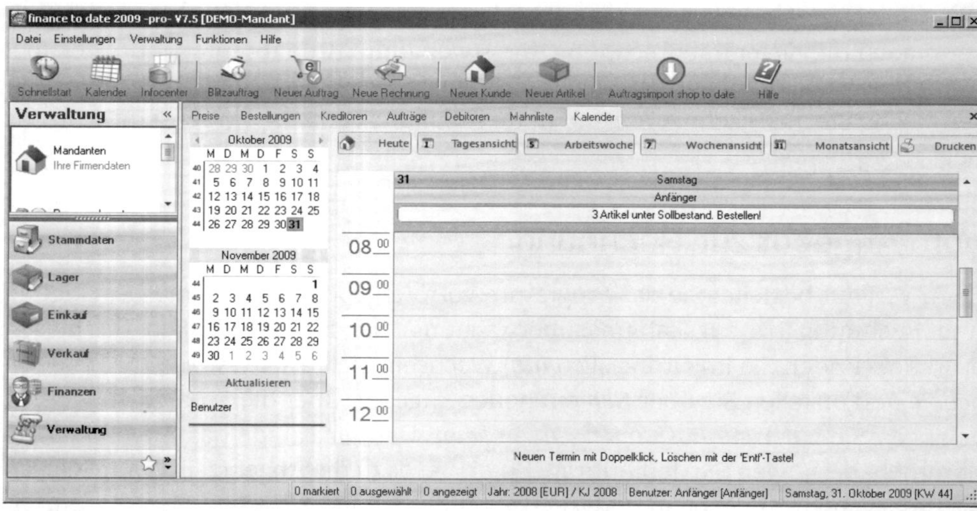

Der integrierte Kalender erinnert mit automatisch generierten Einträgen an alle wichtigen Termine.

Schnittstellen eingebaut

Für die Zusammenarbeit mit dem Steuerberater und für Meldungen an das Finanzamt bietet finance to date Schnittstellen zu DATEV und Elster an.

Wichtig für den Gesamtüberblick: Über die Funktion *Finanzen/Chefübersicht* lassen sich Ihre Liquidität, Statistiken zu den Umsätzen sowie wichtige Kennzahlen als Grafik oder Tabellen aufbereiten und drucken. So verfügen Sie zeitnah über alle relevanten Daten für Ihre unternehmerischen Entscheidungen.

6.2 Bankgeschäfte online abwickeln

Viele Freiberufler und kleine Unternehmen setzen noch immer auf den direkten Kontakt zur Bankfiliale und das Ausfüllen von Belegen. Von Onlinebuchungen halten sie Abstand, weil die Vertrautheit mit PC und Internet fehlt und weil sie an der Sicherheit zweifeln. Dabei sind die Programme so anwenderfreundlich und die Verfahren so sicher wie nie.

Der Umstieg auf Onlinebanking macht sich gleich mehrfach bezahlt: Die meisten Banken berechnen für Buchungen über das Internet deutlich geringere Gebühren als für Transaktionen per Beleg. Die Grundkosten sind bei vielen Banken ebenfalls günstiger. Bei manchen ist die Kontoführung bei Abwicklung über das Netz sogar kostenfrei. Neben diesen offensichtlichen Kostenvorteilen kann der Einsatz einer Finanzsoftware der Prozessoptimierung beim gesamten Zahlungsverkehr dienen und Freiräume schaffen. Unternehmen gewinnen zusätzliche Flexibilität, da sich die Bankgeschäfte an jedem Ort und zu jeder Zeit erledigen lassen. Umständliche und zeitraubende Bankbesuche gehören der Vergangenheit an. Sie erhalten Ihre Kontoinformationen zeitnah und haben stets den Überblick über Ihre Einnahmen- und Ausgabensituation, eine wichtige Voraussetzung für ein optimiertes Liquiditätsmanagement.

Einige Banken haben zudem die Bereitstellung historischer Umsätze aus Kostengründen reduziert. Häufig lassen sich Umsätze nicht mehr mindestens 360 Tage, sondern lediglich noch 30 bis 90 Tage zurückverfolgen. Mit einer Banksoftware bauen Sie einen eigenen Datenbestand auf. Die komfortable Suche nach Umsätzen und Überweisungen ist somit für den gesamten Zeitraum seit Beginn des Einsatzes möglich. Aus wirtschaftlicher Sicht spricht vieles für die Abwicklung der Bankgeschäfte über das Internet. Damit der Umstieg jedoch erfolgreich gelingt, sollten Sie sich im Vorfeld Gedanken zur richtigen Software und zum für Sie optimalen Sicherheitsstandard machen.

Sicherheitsverfahren auswählen

Vermeiden Sie Schnellschüsse und analysieren Sie vor dem Start in das Onlinebanking genau, welche Anforderungen Sie an den elektronischen Zahlungsverkehr stellen. Wenden Sie sich an die Electronic-Banking-Spezialisten Ihrer Bank und finden Sie heraus, welche Sicherheitsverfahren Ihre Bank überhaupt bereitstellt. Einige Kreditinstitute bieten ihren Kunden lediglich browserbasierte Lösungen auf Basis eines PIN/TAN-Verfahrens an. Der Kauf einer Zahlungsverkehrssoftware kann sich so als voreilig erweisen, da die Bank keine Offline- oder Finanzsoftware unterstützt. Machen Sie sich mit den Vor- und Nachteilen der Sicherheitsverfahren vertraut.

Bei der Auswahl sollten Sie die Vor- und Nachteile der jeweiligen Lösungen kennen und sorgfältig abwägen. Zusätzliche Sicherheit hat zudem ihren Preis. TAN-Listen sind in der Regel kostenfrei. Bei mobilen TANs fallen SMS-Gebühren an, die von den Banken teilweise oder ganz an den Kunden weitergegeben werden. Erforderliche Zusatzgeräte für Verfahren wie eTAN und SmartTAN kosten zwischen 10 und 15 Euro. Für Chipkartenleser der Sicherheitsklasse 2 müssen Sie bis zu 50 Euro und für Leser der Sicherheitsklasse 3 bis zu 100 Euro auf den Tisch legen. Zusätzlich fallen häufig Gebühren für die Bereitstellung der notwendigen HBCI-Chipkarten an.

Optimaler Sicherheitsstandard: Chipkartenleser der Sicherheitsklasse 3 zeigen Transaktionsdaten wie den Zahlungsempfänger und den zu zahlenden Betrag auf dem Display an.

PIN/TAN

Das reine PIN/TAN-Verfahren ist das älteste Sicherheitsverfahren. Der Kunde erhält neben seiner PIN einen TAN-Bogen mit einer bestimmten Anzahl von TANs (**T**rans**a**ktions**n**ummern). Mit der Eingabe einer Transaktionsnummer wird die jeweilige Buchung autorisiert. Das Verfahren ist veraltet und stark anfällig für Datenklau. Es wird nur noch bei wenigen Banken eingesetzt.

iTAN

Im Vergleich zum PIN/TAN-Verfahren werden die einzelnen Transaktionsnummern beim indizierten Verfahren iTAN fortlaufend nummeriert. Beim Ausführen des Auftrags gibt das Kreditinstitut dem Kunden die Nummer der einzugebenden TAN vor. Er kann die Transaktion somit nicht mehr mit einer beliebigen TAN durchführen. Nachteilig ist bei dieser Methode, dass man immer den gesamten TAN-Bogen mit sich führen muss. Das iTAN-Verfahren sieht sich in letzter Zeit verstärkt Angriffen ausgesetzt und wird sukzessive von den Banken durch sicherere Verfahren ersetzt.

eTAN

Der Kunde erhält von seiner Bank ein elektronisches Token, das speziell für ihn registriert ist. Er generiert mit diesem Gerät per Knopfdruck eine TAN. Diese TAN ist lediglich für einen kurzen Zeitraum gültig. Diese Methode schützt den Kunden vor Phishing, nicht aber Angriffen durch Trojaner oder Pharming, bei dem die Kunden durch Manipulation der Browseranfragen auf gefälschte Webseiten umgeleitet werden.

mobileTAN, mTAN

Beim mobileTAN-Verfahren erhält der Kunde nach Ausführung seines Auftrags die notwendige TAN per SMS. Die SMS übermittelt zusätzlich Informationen über Höhe und Details der Zahlung. Der Kunde sollte diese Informationen stets prüfen, um sicherzustellen, dass die versendete TAN zu seinem Auftrag gehört. Aufgrund der Trennung von Ausführung und Autorisierung bezeichnet man die Methode auch als Zweischritt-TAN-Verfahren. Sowohl mobileTAN als auch mTAN wurden vom TÜV Rheinland zertifiziert und gelten als sicher.

mobileTAN und mTAN: Die Bank sendet die TAN per SMS auf das Handy des Kunden. Mobilität ist so stets gewährleistet.

SmartTAN plus

Ein weiteres Zweischrittverfahren ist SmartTAN plus, eine Entwicklung des Genossenschaftssektors. Auch hier erhält der Kunde ein elektronisches Gerät in der Größe eines Taschenrechners. Die TAN wird mit der registrierten VR-BankCard des Kunden generiert. Die Bank übermittelt dem Onlinenutzer nach dem Senden des Auftrags einen Code und einen DATA-Wert. Zur Generierung der TAN muss die VR-BankCard in den SmartTAN plus-Leser geschoben werden, und Code sowie DATA-Wert müssen eingegeben werden.

SmartTAN plus: Das Gerät ermittelt mit der Bankkarte und den für die Transaktion online erzeugten Codes die benötigte TAN-Nummer.

SmartTAN optic , Chip-TAN Comfort

Anders als beim SmartTAN plus-Leser besitzt der TAN-Generator zusätzlich eine optische Schnittstelle. Mittels eines Flickercodes – eines schnellen, fast flimmernden Wechsels von schwarzen und weißen Feldern – werden die Daten, wie Auftragsart, Zielkontonummer und Betrag, eingelesen und vom Nutzer lediglich bestätigt. Das lästige Eingeben dieser Daten entfällt und verhindert somit mögliche Eingabefehler. Zurzeit bieten nur Volks- und Raiffeisenbanken sowie Sparkassen die optische TAN-Generierung an, jedoch gehört dem Verfahren die Zukunft. Entsprechende Leser erhalten Sie aktuell von den Herstellern Kobil, ReinerSCT und Vasco.

FinTS-HBCI

FinTS steht für **Fin**ancial **T**ransaction **S**ervices und ist ein als Baukasten angelegter Electronic-Banking-Standard. HBCI wurde mit der Version 3.0 in den FinTS-Standard aufgenommen. FinTS-HBCI ist in zwei Varianten möglich. Entweder Sie verwenden eine RDH-Schlüsseldatei auf Diskette oder USB-Stick, oder Sie setzen FinTS-HBCI mit Chipkarte ein. Das ist das derzeit sicherste Verfahren. Beide Varianten basieren auf elektronischen Unterschriften. Für die höhere Sicherheit bei der HBCI-Chipkarte sorgt der Umstand, dass die elektronische Signatur auf dem Kartenchip abgelegt ist und nicht von außen angegriffen werden kann. Darüber muss die PIN über die Tastatur des Kartenlesers eingegeben werden. Der Leser sollte mindestens die Sicherheitsklasse 2 haben. Bei der noch besseren aktuellen Sicherheitsklasse 3 besitzt das Gerät zusätzlich ein Display, auf dem sich stets sämtliche Eingaben nachvollziehen lassen.

Entscheiden Sie aufgrund Ihrer persönlichen Anforderungen und Rahmenbedingungen, welcher von Ihrer Bank angebotene Schutzgrad Ihren individuellen Bedürfnissen genügt und die höchstmögliche Sicherheit bietet. Das sicherste Verfahren ist derzeit das FinTS (**Fin**ancial **T**ransaction **S**ervices) mit HBCI (**H**ome**B**anking **C**omputer **I**nterface) in Verbindung mit einem Kartenleser der Sicherheitsklasse 3 und einer Chipkarte. Überlegen Sie, welche Transaktionen Sie in Zukunft tätigen müssen. Wollen Sie nur überweisen, oder müssen Sie auch Rechnungen Ihrer Kunden einziehen, also Lastschriften einreichen? Führen Sie die Buchungen von einem festen Arbeitsplatz aus, oder soll das Onlinebanking auch mobil möglich sein? Haben Sie nur nationale oder auch internationale Zahlungsempfänger? Müssen mehrere Personen die Transaktionen unterschreiben? Soll die Software auf verschiedenen Arbeitsplätzen eingesetzt werden?

Wenn Sie bei mehreren Banken Konten unterhalten, sollte die Software Ihrer Wahl multibankfähig sein. Das Gros der Zahlungsverkehrsprogramme arbeitet offline und benötigt für die einzelnen Buchungen nur für kurze Zeit eine Onlineverbindung. Sie sparen somit je nach Telekommunikationstarif gegenüber browserbasierten Lösungen zusätzliche Kosten. Nutzen Sie mögliche Schnittstellen zur Ihrer Finanzbuchhaltung oder besser direkt zu deren Onlinemodule. Sie vermeiden so doppelten Erfassungsaufwand. Bewerten Sie die infrage kommenden Anwendungen nach den genannten Kriterien.

Risiken vermeiden

Durch ausreichende Planung lassen sich Risiken im Vorfeld vermeiden. Informieren Sie sich gut über die Lizenzmodelle der einzelnen Programme. Häufig fallen neben den Anschaffungskosten weitere Beträge für die regelmäßige Wartung und die Updates an. Auch der spätere Umstieg auf eine Mehrplatzinstallation kann je nach Produkt überraschend hohe Zusatzkosten zutage fördern. Wirbt Ihre Bank mit Kostenvorteilen für das Onlinebanking, lohnt es sich, genauer hinzuschauen. Teilweise werden die Einsparungen durch überdurchschnittlich hohe Kosten für beleghafte Buchungen wie beispielsweise Scheckeinreichungen kompensiert.

Vergleichen Sie daher alle Zahlungsverkehrsgebühren Ihrer Bank. Stellen Sie bei der Wahl einer Finanzsoftware Ihre tatsächlichen Bedürfnisse und nicht die Möglichkeiten des jeweiligen Programms in den Vordergrund. Weniger ist manchmal mehr. Anwendungen können mit vielen Add-ons und Modulen ausgestattet sein, die dem eigentlichen Ziel, die Onlinebezahlung so bequem und einfach wie möglich zu gestalten, nicht dienen. Sie machen die Abwicklung lediglich unübersichtlich und werden für den Nutzer eher zur Qual als zum Helfer.

Auswahl der Banking-Software

Anbieter kaufmännischer Softwarelösungen bieten Finanzbuchhaltungssysteme mit integriertem Onlinebanking-Modul als Komplettlösungen an. Verbreitet sind beispielsweise die Programme QuickBooks PLUS und Lexware büro easy der Firma Lexware (*www.lexware.de*). Eine vergleichbare Alternative bietet finance to date pro von DATA BECKER (*www.databecker.de*). Genossenschaftsbanken stellen ihren Firmenkunden Profi cash oder die VR-Networld-Software zur Verfügung. Die Sparkassen bieten ihren Geschäftskunden S-FIRM an.

Nützliches Onlineportal

Unter *www.homebanking-hilfe.de* finden Sie umfassende Informationen zu Programmen und den aktuellen Sicherheitsverfahren.

Die Softwarelösungen StarMoney und StarMoney Business der Firma Star Finanz GmbH (*www.starmoney.de*) werden von allen großen Banken und Sparkassen empfohlen. Andere Banken wie zum Beispiel die Postbank setzen auf WISO Mein Geld (*http://finanz.buhl.de*) der Buhl Data Service GmbH als umfassende Finanzsoftware mit komfortablen Banking-Funktionen. Die Preise der einzelnen Produkte variieren von Anbieter zu Anbieter. Während das eine Institut das Produkt als Bestandteil eines Kontenmodell kostenfrei herausgibt, verlangt eine andere Bank für die gleiche Software eine monatliche oder jährliche Wartungspauschale. Ein Vergleich ist hier mit Sicherheit sinnvoll. Kunden der Deutschen Telekom (*www.t-online.de*) erhalten die kostenlose T-Online-Banking-Software. Die Finanzsoftware erfüllt alle wichtigen Kriterien, die an ein modernes Onlinebanking-Programm gestellt werden.

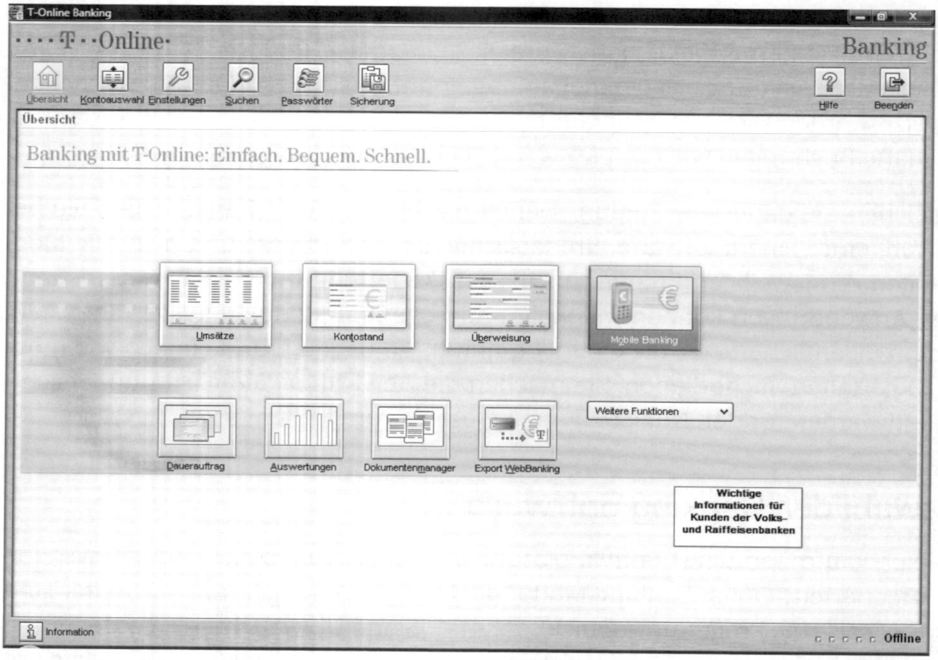

Der Klassiker: T-Online bietet seinen Kunden eine ausgereifte Lösung mit nahezu allen erdenklichen Features für die Onlinekontoführung.

Im Open-Source-Bereich gibt es mit Hibiscus (*www.willuhn.de/projects/hibiscus/*) eine freie Kontosoftware.

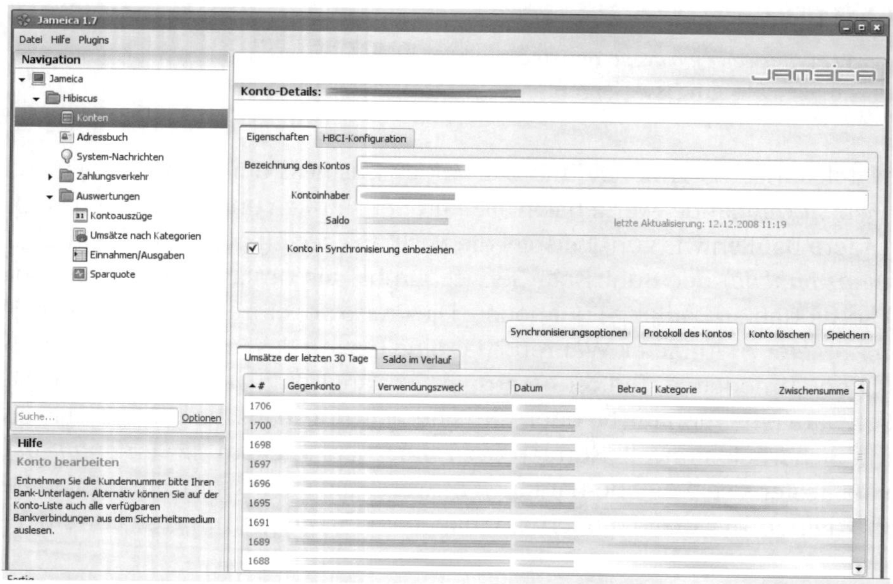

Die Open-Source-Software Hibiscus ermöglicht den kostenlosen Einstieg in das Onlinebanking.

Achten Sie bei der Auswahl einer Finanzsoftware darauf, dass Sie mindestens die folgenden Funktionen im Katalog der Leistungsbeschreibung finden:

- Unterstützung des von Ihnen eingesetzten Betriebssystems.
- Parallele Unterstützung von Banken (Multibankfähigkeit).
- Kompatibilität zu den Sicherheitsstandards HBCI+, FinTS mit HBCI und FinTS mit PIN/TAN.
- Möglichkeit zur Offlinebearbeitung.
- Überweisungen, EU-Überweisungen und Lastschriften.
- Terminüberweisungen und Daueraufträge.
- Abrufen und Verwalten von Kontoinformationen.
- Schnittstellen zum Import und Export.
- Datensicherung.

Sicherheit geht vor

Die Maßnahmen zum eigenen Schutz sollten übrigens nicht mit der Wahl eines Sicherheitsverfahrens enden. Verwenden Sie auf dem Rechner, von dem aus Sie die Bankgeschäfte erledigen, eine Firewall und Antispy-Software, die regelmäßig mit Updates versorgt wird. Installieren Sie die neusten Sicherheits-Updates Ihres Betriebssystems. Und auch alle Anwendungen, die regelmäßig Verbindung zum Internet aufbauen, wie Multimedia-Programme, Browser oder der Adobe Reader, sollten stets auf dem aktuellsten Stand sein. Speichern Sie grundsätzlich Ihre Passwörter nicht auf Ihrem PC ab, selbst wenn die Anwendung Ihnen die Möglichkeit bietet. Sicher ist sicher.

Beispiel: finance to date pro

Bei aktuellen kaufmännischen Komplettlösungen wie finance to date pro von DATA BECKER gehören Onlinebanking-Funktionen zum Standard. finance to date verfügt über ein integriertes Onlinebanking-Modul. Wickeln Sie damit alle wichtigen Transaktionen per HBCI oder FinTS ab. Bevor Sie damit loslegen können, müssen Sie zunächst ein Konto einrichten. Legen Sie dieses einfach in der Administration im Bereich *Bankbuchungen* an. finance to date unterstützt alle wichtigen Sicherheitsverfahren.

Wählen Sie beim FinTS-HBCI-Standard zwischen der Erstellung einer Sicherheitsdatei auf Diskette oder USB-Stick und der Einrichtung einer HBCI-Chipkarte aus. Daneben unterstützt die Software insbesondere gängige Zweischritt-TAN-Verfahren wie iTAN, mobileTAN oder SmartTAN plus.

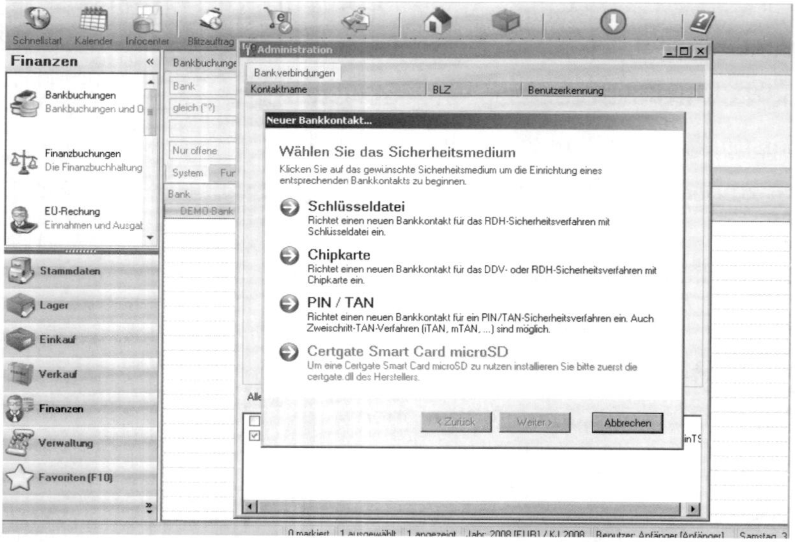

Die DATA BECKER-Software finance to date bietet die gängigen Sicherheitsverfahren beim Einrichten eines neuen Bankkontakts an.

Tragen Sie die Zugangsdaten in die dafür vorgegebenen Felder ein und synchronisieren Sie den Kontakt mit Ihrer Bank. Jetzt lässt sich das Onlinebanking-Modul nutzen. Rufen Sie Kontoauszüge als elektronische Umsatzinformationen ab und greifen Sie, falls vorhanden, auf Depots bei Ihrer Bank zu. Mit der Funktion *Überweisung* begleichen Sie Ihre Rechnungen innerhalb Deutschlands und mit der *EU-Überweisung* sogar im europäischen Ausland.

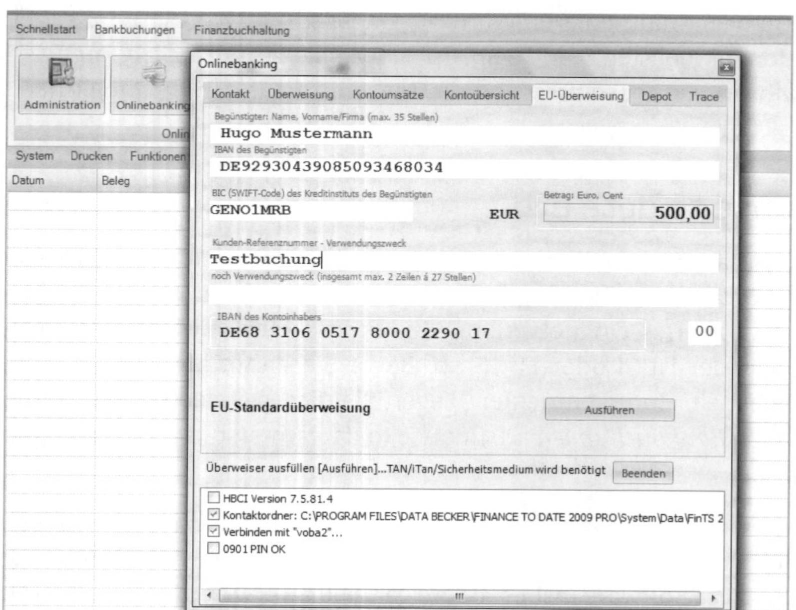

Haben Sie Kunden oder Geschäftspartner im Ausland? finance to date unterstützt die Überweisung auf Konten im europäischen Ausland.

„Onlinebanking ist sicher."

Kontoauszüge abholen, Überweisungen schreiben und Daueraufträge einrichten, mit moderner Business-Software lassen sich sämtliche Kontoaktivitäten bequem über das Internet erledigen. So einfach und komfortabel die Onlinekontoführung auch ist, viele Anwender verzichten aus Sicherheitsgründen darauf. Kann man als Unternehmen bedenkenlos auf Onlinebanking umsteigen? Antworten gibt Mark Bonitz, Experte für Electronic Banking bei der Volksbank Mönchengladbach.

Welche Vorteile bietet Onlinebanking gegenüber der herkömmlichen Kontoführung mit Überweisungsträger und Lastschriftbeleg?

Mark Bonitz: Erst einmal sparen Sie eine Menge Zeit. Sie müssen nicht mehr regelmäßig zur Bank fahren. Die komplette Kontoführung lässt sich vom eigenen Schreibtisch aus erledigen. Sie können außerdem schneller reagieren. Wichtige Zahlungen können Sie sofort ausführen, und per Knopfdruck haben Sie jederzeit den Überblick über alle aktuellen Geldeingänge. Als Teil einer Buchhaltungssoftware lohnt sich Onlinebanking aber so richtig. Mit Programmen wie finance to date lassen sich beispielsweise Eingänge automatisch mit den offenen Posten abgleichen. Das mühsame Eintippen von Zahlungsvorgängen fällt somit weg. Übrigens sparen Sie über das Internet auch Geld. Fast alle Banken berechnen für die herkömmliche Überweisung mit Beleg oder Datenträger höhere Gebühren.

Aber man liest und hört immer wieder von Bedenken, dass Onlinebanking unsicher sei.

Mark Bonitz: Onlinebanking ist sicher. Wer ein sicheres Verfahren wie FinTS-HBCI, mobileTAN, mTAN, SmartTAN plus, SmartTAN optic oder Chip-TAN Comfort verwendet, muss sich keine Sorgen machen, soweit man gewisse Grundregeln beachtet.

Was meinen Sie mit „Grundregeln"?

Mark Bonitz: Die besten technischen Vorkehrungen nützen nichts, wenn Sie fahrlässig mit Ihren Zugangsdaten umgehen. Speichern Sie Passwörter und Bestätigungscodes niemals auf der eigenen Festplatte ab, auch nicht mit den speziell dafür vorgesehenen Funktionen Ihres Browsers oder der Finanzsoftware. Betreiben Sie Onlinebanking zudem nur vom eigenen Rechner und schützen Sie sich mit einer Firewall, einer stets aktuellen Antivirensoftware sowie einem speziellen Antispam- und Antiphishing-Programm.

Welche Technik empfehlen Sie fürs Onlinebanking?

Mark Bonitz: Ausschlaggebend ist zuerst einmal, was Ihre Bank anbietet. Das ist von Bank zu Bank häufig sehr unterschiedlich. Die beste Sicherheit bietet nach dem aktuellen Stand der Technik FinTS-HBCI mit Chipkarte. Sie müssen dann jedoch ein paar Euro zusätzlich für ein Kartenlesegerät ausgeben. Achten Sie darauf, dass das Gerät mindestens der Klasse 2, noch besser der Klasse 3 entspricht. Dann lässt sich die zur Autorisierung notwendige PIN über eine gesonderte Tastatur am Lesegerät eingeben. Ein Ausspionieren ist damit ausgeschlossen.

Was ist mit den klassischen PIN/TAN-Verfahren, die vor allem von Privatanwendern gern verwendet werden?

Mark Bonitz: Von Lösungen mit papierhaften TAN-Bogen, also PIN/TAN und iTAN rate ich ab. Verwenden Sie stattdessen die bereits genannten modernen Zwei-Schritt-TAN-Verfahren. Bei den Verfahren SmartTAN plus, SmartTAN optic und Chip-TAN Comfort erhält der Kunde von der Bank zu seiner PIN ein elektronisches Gerät in der Größe eines Mini-Taschenrechners. Mit diesem Gerät können Sie für jeden Auftrag dynamisch eine TAN generieren. Das ist sicherer als feststehende TAN-Listen. Bei der mTAN oder mobileTAN sendet die Bank die Transaktionsnummer direkt auf Ihr Handy. Hacker haben so keine Chance, diese abzugreifen. Die Zukunft liegt sicherlich auch bei den neuen optischen TAN-Verfahren.

6.3 Ganz wichtig: Behalten Sie den Durchblick im Steuerdschungel

Über das Internet lassen sich Geschäfte schnell und unkompliziert abwickeln. Bisweilen werden dabei die Gedanken an steuerliche Pflichten erst einmal verdrängt. Behalten Sie als Onlineunternehmer neben dem unverzichtbaren Konzept für eine Geschäftsidee aber auch stets das Thema Steuern im Auge.

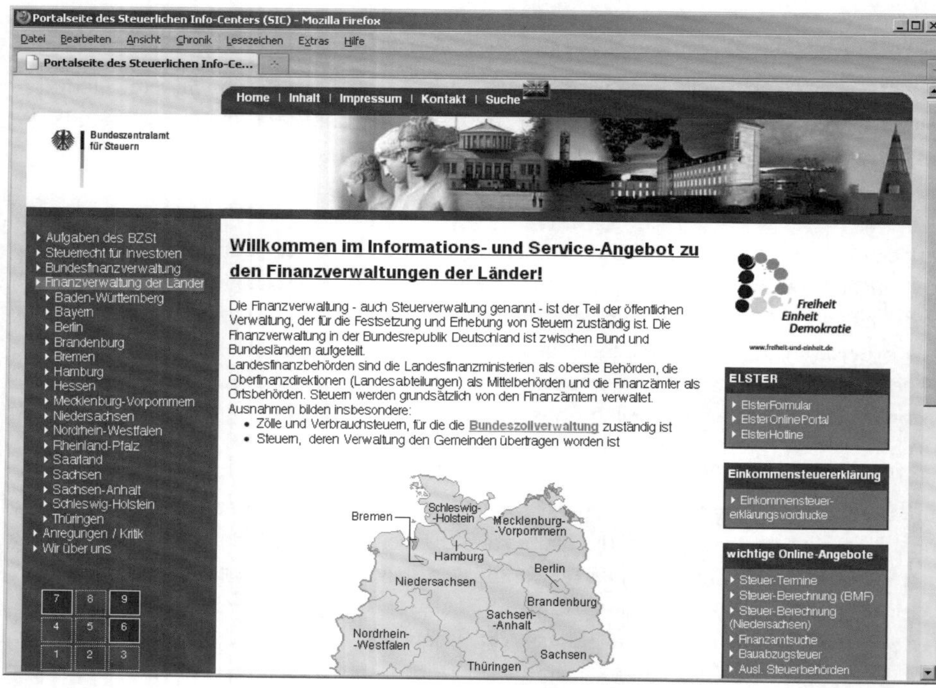

Bei www.finanzamt.de erhalten Sie steuerliche Informationen aus erster Hand, und Sie gelangen von hier aus zu den Steuerverwaltungen in den einzelnen Bundesländern.

Machen Sie sich bereits im Vorfeld Gedanken darüber, für welche Aktivitäten sich das Finanzamt interessiert und welche Pflichten Sie in diesem Zusammenhang zu erfüllen haben. Nur so können Sie von Beginn an die erforderlichen Aufzeichnungs- und Erklärungspflichten erfüllen. Schließlich müssen Sie dafür Sorge tragen, dass Steuererklärungen und Steuerschulden rechtzeitig beim Finanzamt eintreffen. Die folgenden Seiten geben einen Überblick über steuerliche Fragen, die Sie bei Ihrem Onlineunternehmen häufig schon in einem sehr frühzeitigen Stadium berücksichtigen müssen.

Finanzamt schaut zu

Lassen Sie es keinesfalls darauf ankommen, dass die Finanzverwaltung die von Ihnen im Internet getätigten Geschäfte aufdeckt. Denn die Steuerverwaltung nimmt das Internet zunehmend ins Visier. Die Beamten durchforsten das Web gezielt nach geschäftlichen Aktivitäten. Ziel ist es, gewerbliche Anbieter von Dienstleistungen und Waren zu ermitteln, die dem Finanzamt bislang nicht als solche bekannt sind.

Im Blickpunkt stehen hierbei beispielsweise eBay-Nutzer, die durch eine Vielzahl von An- und Verkäufen, insbesondere von gleichartigen Artikeln, auffallen. Das Finanzamt prüft intern, ob die jeweilige Tätigkeit und die Einkünfte daraus den Steuerbehörden mitgeteilt wurden. Ist das nicht der Fall, geraten Sie schnell in den Verdacht der Steuerhinterziehung.

Private Verkäufe oder Gewerbe?

Für welche Geschäfte erheben die Steuerbehörden jedoch Einkommen-, Gewerbe- und Umsatzsteuer? Bei Dienstleistungen, die Sie über das Internet anbieten, trifft grundsätzlich alles zu. Wenn Sie jedoch Gegenstände zum Verkauf anbieten, sind zwei Alternativen zu unterscheiden: Entweder verkaufen Sie etwas aus Ihrem privaten Vermögen, oder Sie handeln gewerblich.

Soweit Sie Gegenstände veräußern, die sich in Ihrem persönlichen Besitz befinden, erhebt das Finanzamt hierauf keine Steuer. Dies gilt beispielsweise für Einrichtungsgegenstände und Bekleidung. Dabei ist jedoch wichtig, dass die Gegenstände nicht ausschließlich für den sofortigen Wiederverkauf erworben wurden. Es ist selbst dann unproblematisch, wenn Sie diese Veräußerungsgeschäfte regelmäßig wiederholen. Die Besitzdauer bei den Gegenständen sollte jedoch einer üblichen Nutzungsdauer entsprechen und wegen der für die Besteuerung von privaten Veräußerungsgeschäften geltenden Frist mindestens ein Jahr betragen. Auch eine hohe Anzahl von einzelnen Geschäften ist im privaten Bereich möglich. Lösen Sie beispielsweise Ihre private Münzsammlung durch viele Einzelverkäufe auf, müssen Sie den erzielten Gewinn nicht versteuern.

Das Finanzamt ist erst mit im Boot, wenn Sie einen gewerblichen Handel betreiben, das heißt, wenn Sie planmäßig Waren ankaufen, um sie kurzfristig wieder zum Verkauf anzubieten. Für das Beispiel mit den Münzen bedeutet dies, dass Sie nicht aus einem Bestand heraus verkaufen, sondern regelmäßig Münzen einkaufen, um sie laufend zu verkaufen.

Bevor Sie Ihre Dienstleistungen oder Waren gewerblich im Internet anbieten, müssen Sie dies anmelden. Wenden Sie sich dazu an das Gewerbe- oder Ordnungsamt der Stadt oder der Gemeinde, in deren Bezirk Ihr Betrieb liegt. Sie müssen ein Gewerbe auch dann anmelden, wenn Sie es lediglich in einem geringen Umfang nebenberuflich betreiben. Ausnahmen gelten für bestimmte selbstständige nicht gewerbliche Berufe, wie Ärzte, Rechtsanwälte, Ingenieure sowie Land- und Forstwirte.

Der erste Kontakt mit dem Finanzamt

Die Stadt unterrichtet das für Sie zuständige Finanzamt über die Erteilung des Gewerbescheins. Bei den selbstständigen Tätigkeiten, die keine Gewerbeanmeldung erfordern, sind Sie selbst verpflichtet, sich innerhalb eines Monats nach Aufnahme der Tätigkeit beim Finanzamt anzumelden.

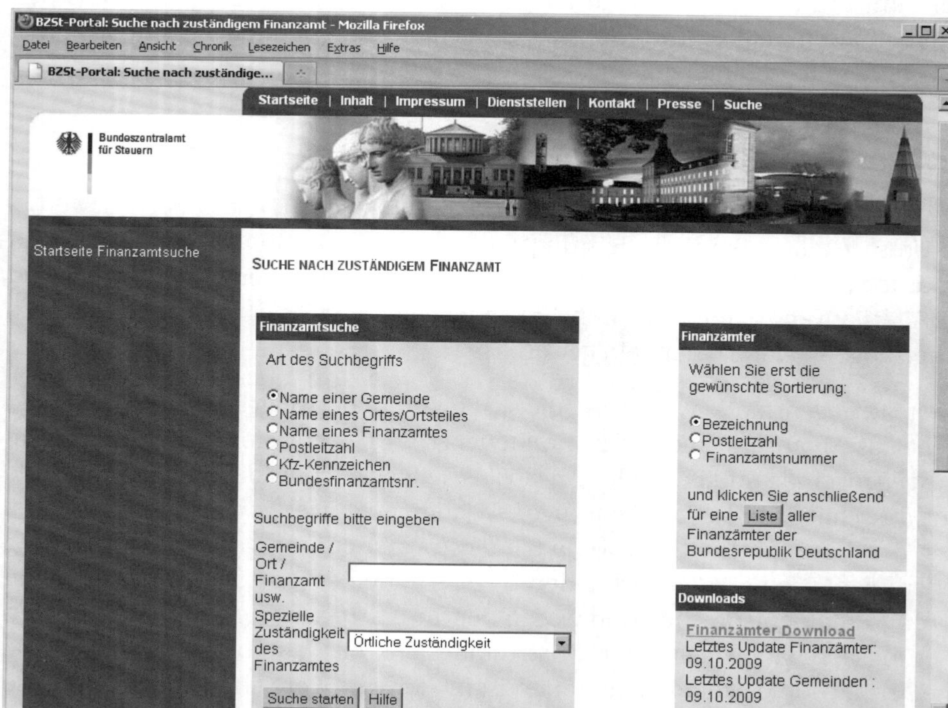

Beim Bundeszentralamt für Steuern ermitteln Sie unter http://gemfa.bzst.bund.de online, welches Finanzamt für Sie zuständig ist.

Das Finanzamt sendet Ihnen daraufhin einen Fragebogen zu, den Sie ausfüllen und in Papierform zurücksenden müssen. Neben persönlichen Angaben werden Sie unter anderem nach dem voraussichtlichen Umsatz und Gewinn befragt. Diese Angaben werden vom Finanzamt benötigt, um Steuervorauszahlungen zur Einkommensteuer und zur Gewerbesteuer festzusetzen.

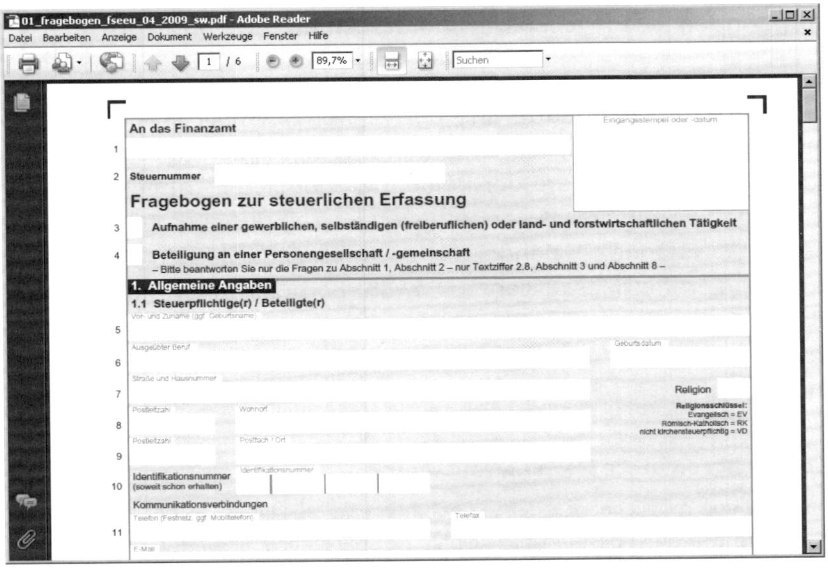

Der erste Kontakt mit der Steuerbehörde: Geben Sie den Fragebogen zur steuerlichen Erfassung beim Finanzamt ab.

Da Sie ja gerade erst mit Ihrem Unternehmen starten, können Sie die Beträge lediglich schätzen. Vermeiden Sie jedoch, zu hohe Beträge anzugeben. Andernfalls würden Sie Ihre Liquidität in der Gründungsphase durch zu hohe Steuervorauszahlungen schwächen.

Behalten Sie die Entwicklung des Gewinns im Laufe des Jahres aber in jedem Fall im Auge. Prüfen Sie rechtzeitig, ob sich voraussichtliche Steuernachzahlungen ergeben werden. Ziehen Sie bei der Berechnung im Zweifel einen Steuerberater hinzu. Sie vermeiden damit, dass Sie von unerwarteten Steuernachzahlungen überrascht werden, und es bleibt Ihnen Zeit, finanzielle Rücklagen für die zu erwartenden Beträge zu bilden. Für Ihre weitere Korrespondenz mit dem Finanzamt und die Abgabe von Steuererklärungen ist eine Steuernummer derzeit noch unverzichtbar. Langfristig soll diese Steuernummer durch eine Identifikationsnummer ersetzt werden.

Wenn es eilig ist ...

Setzen Sie sich persönlich mit dem zuständigen Finanzamt in Verbindung, um gegebenenfalls die Vergabe der Steuernummer zu beschleunigen.

Einkommen- und Gewerbesteuer

Soweit die Voraussetzungen für einen gewerblichen Handel erfüllt sind, sind die Gewinne hieraus bei der Einkommensteuererklärung zu versteuern. Dies gilt bereits ab dem ersten Euro. Freigrenzen, bis zu deren Höhe eine Versteuerung unterbleibt, gibt es bei der Einkommensteuer nicht. Verluste, die vielleicht in der Anlaufphase entstehen, können Sie hingegen mit anderen Einkünften verrechnen.

Für die Berechnung des Gewinns kommen zwei Ermittlungsmethoden in Betracht: die Einnahmen-Überschuss-Rechnung und der Betriebsvermögensvergleich. Bei Eröffnung einer gewerblichen Tätigkeit ist in den meisten Fällen die Einnahmen-Überschuss-Rechnung als einfachere der beiden Methoden zu empfehlen. Sprechen Sie hierzu wegen eventueller Besonderheiten einen Steuerberater an. Zu erfassen sind die im betreffenden Kalenderjahr zugeflossenen Betriebseinnahmen abzüglich der geleisteten Betriebsausgaben. Sowohl Betriebseinnahmen als auch Betriebsausgaben müssen durch den Betrieb veranlasst sein. Seit 2005 ist die Einnahmen-Überschuss-Rechnung auf dem amtlichen Vordruck der Finanzverwaltung vorzunehmen.

Welche Posten gehören in die Gewinnermittlung?

Es gibt eine Vielzahl von möglichen Betriebseinnahmen und -ausgaben. In der folgenden Liste sind ohne Anspruch auf Vollständigkeit einige Beispiele zusammengestellt, die sich auf die Gewinnermittlungsmethode „Einnahmen-Überschuss-Rechnung“ beziehen. Lassen Sie sich in Zweifelsfragen von einem Steuerberater helfen.

- **Betriebseinnahmen**

  Betriebliche Erlöse.

  Eingenommene Umsatzsteuer.

  Eigenverbrauch (z. B. Sachentnahmen, private Nutzung betrieblicher Gegenstände).

- **Betriebsausgaben**

  Anschaffungskosten von Wirtschaftsgütern, die im Betrieb genutzt werden. Wenn die Anschaffungskosten 150 Euro übersteigen, sind diese abzuschreiben. Das bedeutet, dass die Anschaffungskosten auf die Nutzungsdauer verteilt jährlich anteilig als Betriebsausgaben abgezogen werden können.

  Werbegeschenke, die nicht teurer als 35 Euro sind, sind ebenfalls steuerliche Betriebsausgaben. Diese Grenze gilt pro Empfänger pro Jahr.

  Bewirtungskosten sind Betriebsausgaben, wenn sie betrieblich veranlasst sind. Der steuerliche Abzug ist auf 70 Prozent der angemessenen und nachgewiesenen Aufwendungen begrenzt.

  Die von anderen Unternehmern in Rechnung gestellte Umsatzsteuer und die ans Finanzamt gezahlten Umsatzsteuervoraus und -nachzahlungen.

Die Gewerbesteuer ist eine Gemeindesteuer, die nur Gewerbetreibende betrifft. Selbstständige nicht gewerbliche Berufe, wie beispielsweise Ärzte, Rechtsanwälte, Ingenieure sowie Land- und Forstwirte unterliegen dieser Steuer nicht. Wie bei der Einkommensteuer ist bei der Gewerbesteuer der erwirtschaftete Ertrag Grundlage für die Steuerberechnung. Der bis zum Jahr 2007 für die Gewerbesteuer geltende Freibetrag von 24.500 Euro wurde abgeschafft. Auch besteht seit dem Jahr 2008 nicht mehr die Möglichkeit, die Gewerbesteuer als Betriebsausgaben abzuziehen. Da der Betrag, um den die Gewerbesteuer die Einkommensteuerzahllast ermäßigt, ab dem Jahr 2008 ungefähr verdoppelt wurde, wird die Gewerbesteuer für die meisten Existenzgründer erst einmal kein Thema sein.

Umsatzsteuer zahlen?

Das Thema Umsatzsteuer ist deutlich komplexer. Wenn Sie Dienstleistungen anbieten oder einen gewerblichen Handel betreiben, sind Sie zur Zahlung von Umsatzsteuer verpflichtet. Die Steuer wird lediglich dann nicht erhoben, wenn Sie als Kleinunternehmer gelten. Die Frage, ob Sie Kleinunternehmer sind, hängt von Ihren Bruttoeinnahmen ab. Das sind sämtliche erzielten Einnahmen einschließlich der in Rechnung gestellten Umsatzsteuer. Haben diese im vorangegangenen Jahr 17.500 Euro nicht überstiegen und liegen sie im laufenden Jahr voraussichtlich unter 50.000 Euro, gelten Sie als Kleinunternehmer.

Für ein neu gegründetes Unternehmen ist allein auf den voraussichtlichen Umsatz des laufenden Kalenderjahres abzustellen. Für dieses laufende Kalenderjahr ist die Grenze von 17.500 Euro anteilig für die Monate, in denen Ihr Unternehmen bestanden hat, zu berechnen. Ob Sie diese anteilige Grenze voraussichtlich überschreiten, müssen Sie selbst einschätzen. So können Sie zumindest für das erste Jahr erreichen, dass Sie als Kleinunternehmer keine Umsatzsteuer zahlen müssen. Andererseits können Sie in diesem Fall aber auch keinen Vorsteuerabzug geltend machen und keine Umsatzsteuer in Rechnung stellen. Wenn Sie als Kleinunternehmer trotzdem Umsatzsteuer in Ihren Rechnungen ausweisen, müssen Sie diese an das Finanzamt abführen. Sie haben dann jedoch nicht die Möglichkeit, Vorsteuern gegenzurechnen. Die Frage, ob Sie Kleinunternehmer bleiben, ist zum Beginn eines jeden Jahres neu zu prüfen. Sobald der Umsatz des abgelaufenen Jahres die Grenze von 17.500 Euro übersteigt, entfällt für das darauffolgende Jahr die Vergünstigung, als Kleinunternehmer keine Umsatzsteuer zahlen zu müssen.

Sie können aber auch ausdrücklich auf die Behandlung als Kleinunternehmer verzichten. Unter den folgenden Voraussetzungen kann das sinnvoll sein:

- Die abzugsfähigen Vorsteuern übersteigen die von Ihnen zu zahlende Umsatzsteuer. Das kann bei Geschäftsneugründungen der Fall sein, wenn hohe Investitionen getätigt wurden.

- Ihre Kunden sind auch Unternehmer und wünschen Rechnungen mit gesondert ausgewiesener Umsatzsteuer.

An den Verzicht sind sie die folgenden fünf Jahre gebunden. In Ihre Überlegungen sollten Sie deshalb den gesamten Fünfjahreszeitraum einbeziehen.

Frühzeitig entscheiden

Insbesondere im Bereich der Umsatzsteuer sind frühzeitig Entscheidungen zu treffen, beispielsweise zu der Frage: Möchte ich Kleinunternehmer sein oder nicht? Diese Entscheidung hat schließlich Einfluss darauf, ob Sie in Ihren Rechnungen Umsatzsteuer ausweisen dürfen. Das sollten Sie wissen, bevor Sie die erste Rechnung ausstellen.

In der Regel ist es für einen Existenzgründer, der im Onlinehandel überwiegend Privatkunden hat, günstiger, die Kleinunternehmerregelung in Anspruch zu nehmen. In Grenzfällen sollten Sie eine genaue Berechnung anstellen. Holen Sie sich dazu fachkundige Hilfe.

Wenn Sie sich für die Umsatzsteuer entschieden haben oder von vornherein Umsatzsteuer zahlen müssen, haben Sie unaufgefordert die damit verbundenen steuerlichen Pflichten zu erfüllen. Die von Ihnen geschuldete Umsatzsteuer ist von Ihnen selbst zu berechnen und dem Finanzamt mitzuteilen. Das geschieht über Umsatzsteuervoranmeldungen. Da das Finanzamt zu Beginn ein besonderes Auge auf die Abführung der Umsatzsteuer werfen möchte, müssen Sie die Voranmeldungen in den ersten beiden Jahren nach der Unternehmensgründung monatlich abgeben. Zahlungstermin ist jeweils der zehnte Tag des Folgemonats. Leisten Sie eine Sondervorauszahlung, kann die Frist für Meldung und Zahlung um einen Monat verlängert werden.

Warenlieferungen in EU-Mitgliedstaaten

Weitere umsatzsteuerliche Besonderheiten gelten für Warenlieferungen und ab dem Jahr 2010 auch für Dienstleistungen in und aus anderen EU-Mitgliedstaaten. Da dieses Thema jedoch recht komplex ist, sollten Sie dabei einen Steuerberater zurate ziehen. Die für solche EU-Geschäfte erforderliche Umsatzsteuer-Identifikationsnummer können Sie beantragen, sobald Ihnen vom Finanzamt eine Steuernummer für die Umsatzsteuer zugeteilt wurde. Das Bundesamt für Finanzen vergibt die Umsatzsteuer-Identifikationsnummer auch telefonisch unter der Rufnummer 06831 4560.

Die Daten zur Umsatzsteuervoranmeldung und zur Sondervorauszahlung müssen Sie auf elektronischem Weg an Ihr Finanzamt übertragen. Hierzu stellt Ihnen die Finanzverwaltung die nachfolgend noch näher beschriebene Software Elster (*www.elster.de*) zur Verfügung. Welche Daten müssen Sie nun aber dem Finanzamt mitteilen? Im Wesentlichen sind das Ihre Nettoeinnahmen – ohne die Umsatzsteuer – und die abziehbaren Vorsteuerbeträge. Vorsteuern sind die Umsatzsteuerbeträge, die Ihnen von anderen Unternehmern in Rechnung gestellt werden.

Steuerliche Anforderungen an Rechnungen

Wichtig für den Abzug von Vorsteuern ist, dass die Rechnungen Ihrer Lieferanten und Geschäftspartner die strengen formalen Bestimmungen des Umsatzsteuergesetzes erfüllen. Die Eingangsrechnungen müssen eine Vielzahl von Angaben enthalten. Sobald eine dieser Angaben fehlt, dürfen Sie die Vorsteuer nicht abziehen. Das Finanzamt lässt dabei nicht mit sich handeln. Um sich nachträgliche Laufereien zu ersparen, sollten Sie die Rechnungen bei Erhalt genau auf den Inhalt prüfen. Grundsätzlich empfiehlt es sich, eine Rechnung erst zu bezahlen, wenn alle steuerlichen Anforderungen erfüllt sind. Nur so können Sie Ihrer Bitte genügend Nachdruck verleihen, die erforderlichen Änderungen vorzunehmen.

Eine Rechnung, deren Gesamtbetrag 150 Euro übersteigt, muss folgende Angaben enthalten:

- den vollständigen Namen und die vollständige Anschrift des leistenden Unternehmers,
- Ihren vollständigen Namen und Ihre vollständige Anschrift,
- die Steuernummer oder die Umsatzsteuer-Identifikationsnummer des leistenden Unternehmers,
- das Ausstellungsdatum der Rechnung,
- eine fortlaufende Rechnungsnummer, die zur Identifizierung vom Rechnungsaussteller einmalig vergeben wird,
- die Menge und die Art der gelieferten Gegenstände oder der Umfang und die Art der erbrachten Leistung,
- der Zeitpunkt der Leistung oder der Vereinnahmung des Entgelts,
- das nach Steuersätzen und einzelnen Steuerbefreiungen aufgeschlüsselte Entgelt (Nettobeträge ohne Umsatzsteuer),
- den anzuwendenden Steuersatz sowie den auf das Entgelt entfallenden Steuerbetrag.

Für Rechnungen bis zu einem Gesamtbetrag von 150 Euro gelten einige Erleichterungen. Neben dem Namen und der Anschrift des Ausstellers, dem Datum sowie der Menge oder dem Umfang müssen diese Rechnungen nur das Entgelt und den darauf entfallenden Steuerbetrag in einer Summe und den anzuwendenden Steuerbetrag enthalten.

6.4 Die elektronische Steuererklärung Elster

Wer seine Steuererklärung schnell und unkompliziert erledigen möchte, für den stellt Elster eine große Hilfe dar. Elster ist ein Projekt der deutschen Steuerverwaltung, das seit 1999 die sichere elektronische Übermittlung von Steuerdaten via Internet ermöglicht (*www.elster.de*). In 2008 nutzten bereits über acht Millionen Bürger diesen Weg zum Finanzamt, der für Umsatzsteuer- und Lohnsteueranmeldungen von Firmen sogar vorgeschrieben ist.

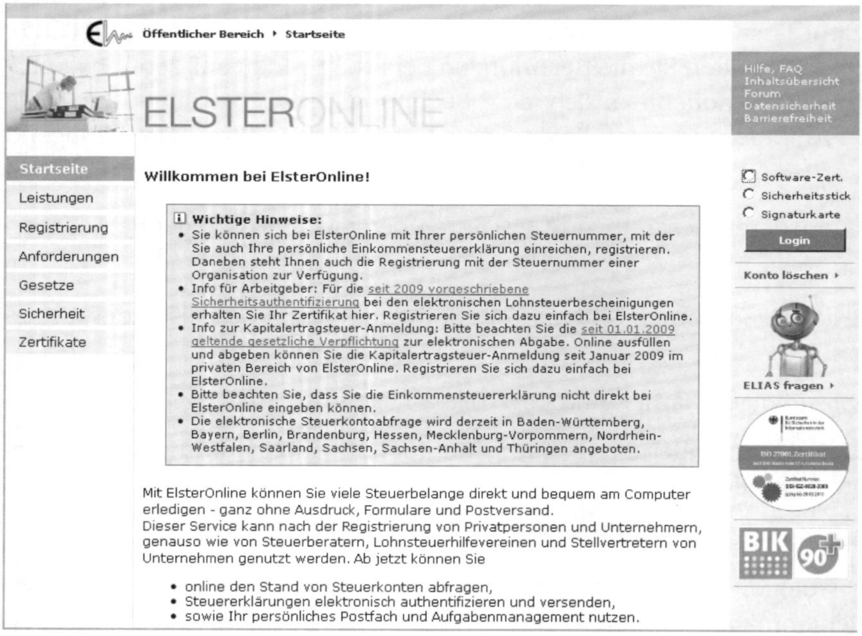

ElsterOnline unterstützt Sie bei der Erledigung vieler Steuerbelange am PC – und das ohne Ausdruck, Formulare und Postversand.

Handfeste Vorteile

Für den Steuerpflichtigen, der seine Steuererklärung am Computer erstellt, bietet die elektronische Übermittlung eine Reihe handfester Vorteile. Der zeitaufwendige Formularausdruck entfällt ebenso wie das lästige Zusammenkleben des sogenannten Mantelbogens. Es ist nicht nur einfacher und übersichtlicher, die entsprechenden Angaben direkt am PC einzugeben. Da der Zwischenschritt der personellen Datenerfassung entfällt, kann der Steuerzahler auch sicher sein, dass seine eingetragenen Daten richtig übernommen werden. Außerdem wird Ihre Einkommensteuererklärung bevorzugt bearbeitet, sodass Sie bei Rückzahlungen schneller an Ihr Geld kommen. Nicht zuletzt aber ist der weitgehende Verzicht auf Belege attraktiv. Nur gesetzlich vorgeschriebene Unterlagen wie Spendenquittungen, Bescheinigungen über den einbehaltenen Zinsabschlag und Unterlagen zur Steuererklärung nach § 60 **E**inkommen**st**euer-**D**urchführungs**v**erordnung (EStDV) sind noch einzureichen. Allerdings bedeutet dieser Verzicht nicht, dass Ihnen das Finanzamt ab sofort blind vertraut, denn die Belege müssen Sie aufbewahren und dem zweifelnden Finanzbeamten bei Bedarf vorlegen.

Technische Voraussetzungen für das ElsterOnline-Portal

Da für die Kommunikation zwischen Ihrem Rechner und dem ElsterOnline-Portal umfangreiche Java-Applets geladen werden müssen, sind ausreichende Übertragungsgeschwindigkeiten erforderlich. Die Finanzverwaltung empfiehlt daher einen DSL-, mindestens aber einen ISDN-Zugang. Außerdem sollten Sie darauf achten, dass Sie die aktuelle Browserversion einsetzen und Ihren PC ausreichend vor Viren und Würmern schützen. Auf der Internetseite von ElsterOnline können Sie einen Konfigurationsassistenten starten, der in wenigen Augenblicken prüft, ob Ihr System die Voraussetzungen zur Nutzung von ElsterOnline erfüllt.

Lohnsteuerkarte ade

Wenn Sie in der Aufzählung der gesetzlich vorgeschriebenen Unterlagen die Lohnsteuerkarte vermissen: Deren Zeiten sind vorbei. Sie wurde ersetzt durch die elektronische Steuerzahler-Identifikationsnummer (eTIN). Bei der eTIN (**e**lectronic **T**axpayer **I**dentification **N**umber) handelt es sich um einen 14-stelligen Ordnungsbegriff, der aus Ihrem Namen, Vornamen und dem Geburtsdatum gebildet wird. Sie tragen die eTIN in das entsprechende Eingabefeld der Anlage N ein, und schon gelangt das Finanzamt an alle relevanten Lohnsteuerdaten. Irrtümlich vergessene Einträge oder Zahlendreher sind damit ausgeschlossen.

Digitale Signatur

Mussten Sie früher parallel zu Ihrer Elster-Erklärung noch die eigenhändig unterschriebene komprimierte Steuererklärung auf dem Postweg ans Finanzamt schicken, können Sie inzwischen darauf verzichten. Möglich macht das die digitale Signatur, mit der Sie Ihre elektronische Steuererklärung „unterschreiben". Voraussetzung ist, dass Sie sich mit Ihren persönlichen Daten und Ihrer Steuernummer am ElsterOnline-Portal (*https://www.elsteronline.de/eportal*) anmelden. Elster bietet drei Registrierungsarten an:

Elster-Basis

Bei Elster-Basis handelt es sich um eine kostenlose Softwarelösung, mit der der Zugangscode auf der Festplatte oder einem anderen Datenträger gespeichert wird. Die Daten sind kryptografisch geschützt und können nur mittels Passwort zur

Benutzung aktiviert werden. Das Softwarezertifikat lässt sich beliebig oft kopieren. Da das Kopieren auch unbemerkt möglich ist, z. B. durch sogenannte Malware (**Mal**icious Soft**ware**), birgt diese Variante Risiken, die der Anwender berücksichtigen sollte.

Elster-Spezial

Mehr Sicherheit bietet Elster-Spezial. Diese Lösung speichert das Zertifikat auf einem speziellen USB-Stick, der für etwa 40 Euro (Stand: Oktober 2009) bei der Firma secunet Security Networks AG (*www.sicherheitsstick.de*) erhältlich ist. Mit ihm ist es möglich, auch von anderen Rechnern aus auf das Portal zuzugreifen. Die Funktionen des im Stick integrierten Chips entsprechen in Hard- und Software denen einer Chipkarte. Die sensiblen kryptografischen Operationen mit dem geheimen Schlüssel des Anwenders erfolgen innerhalb des USB-Sticks. Da sich die geheimen Schlüssel nicht aus dem USB-Stick auslesen lassen, wird diese Variante auch hohen Sicherheitsanforderungen gerecht.

Elster-Plus

Elster-Plus bietet derzeit die größte Sicherheit. Das Zertifikat befindet sich auf einer Signaturkarte, die Sie zusammen mit einem Kartenlesegerät erwerben müssen. Die Kosten für Elster-taugliche Signaturkarten, wie sie z. B. von Banken angeboten werden, bewegen sich meist zwischen 40 und 70 Euro pro Jahr.

Elster-tauglich ist z. B. die S-TRUST-Signaturkarte (www.s-trust.de). Sie wird von den Sparkassen und Landesbanken angeboten.

Elster-Formular

Während das ElsterOnline-Portal eine Reihe von Diensten (z. B. Ausstellung eines persönlichen Zertifikats, Registrierung mit Signaturkarte), Formularen (z. B. Umsatzsteuer-Voranmeldung, Lohnsteuer-Anmeldung) und zusätzlichen Funktionen (z. B. Anlegen von Profilen, Sicherheitseinstellungen) anbietet, steht Ihnen mit Elster-Formular eine digitale Ausfüllhilfe für Steuererklärungen zur Verfügung. Das Programm erhalten Sie kostenlos entweder von Ihrem Finanzamt auf CD, oder Sie laden das Programm von der Elster-Homepage *www.elster.de* herunter. Einsetzbar ist es für die Einkommensteuererklärung, für die Umsatz- und Gewerbesteuererklärung, für die Umsatzsteuer-Voranmeldung sowie für die Lohnsteueranmeldung. Mit Elster-Formular lässt sich Ihre Steuererklärung am PC ausfüllen und anschließend verschlüsselt über das Internet an die Steuerverwaltung übermitteln.

Nach der Installation steht Ihnen mit Elster-Formular allerdings ein recht spartanisches Programm zur Verfügung, das lediglich interaktive PDF-Formulare und ansonsten wenig Unterstützung und keine steuerberatende Funktionen bietet. Zwar nimmt Elster-Formular einige Plausibilitätsprüfungen und Berechnungen vor und unterstützt den Anwender dann und wann durch Assistenten, aber ein großes Manko bleibt: Sämtliche Daten müssen aus der laufenden Buchhaltung manuell in das Formular übernommen werden, was zu lästiger und aufwendiger Mehrarbeit führt.

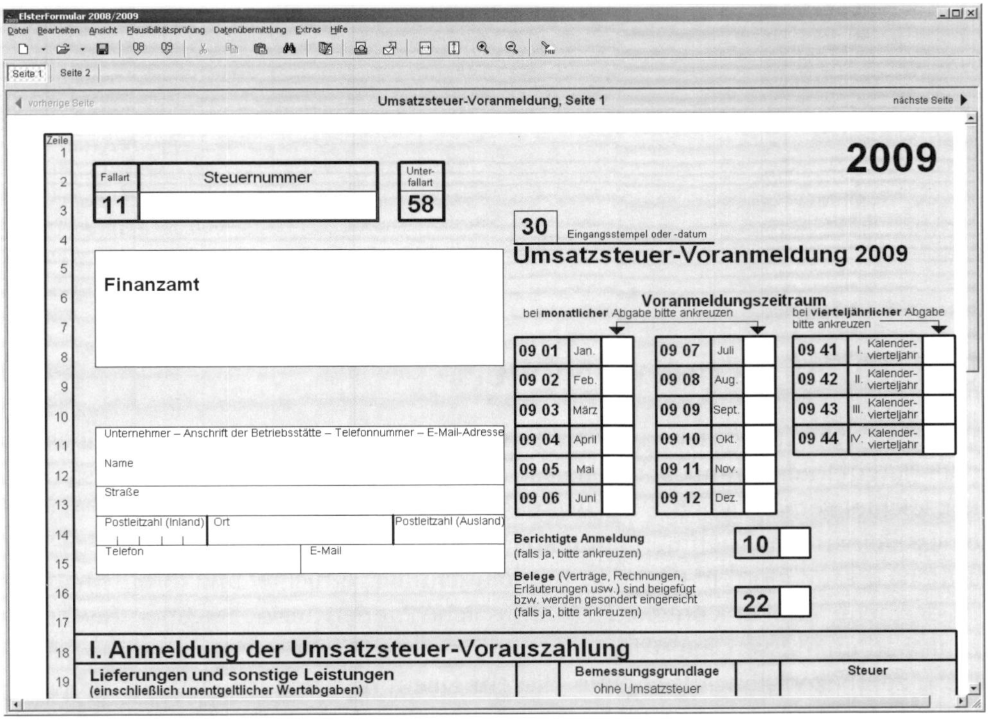

Mit Elster-Formular lassen sich verschiedene Steuererklärungen am PC erstellen und anschließend elektronisch an das Finanzamt übertragen.

Programme mit Elster-Schnittstelle

Während Elster-Formular mit seinen Einschränkungen in vielen Fällen nur eine Notlösung darstellt, ist man als Steuerpflichtiger mit einer komfortablen Steuererklärungssoftware, als Unternehmen mit einem Buchhaltungs- bzw. Lohn- und Gehaltsprogramm besser bedient. Für beide Anwendergruppen gilt es jedoch zu beachten, dass die eingesetzte Software über eine integrierte Elster-Schnittstelle verfügt. Diese ist Voraussetzung dafür, dass die Steuererklärung aus der Anwendersoftware heraus elektronisch an die Finanzverwaltung übermittelt werden kann. Die Seite *https://www.elster.de/elster_soft_nw.php* verschafft Ihnen einen Überblick über die am Markt erhältlichen Programme.

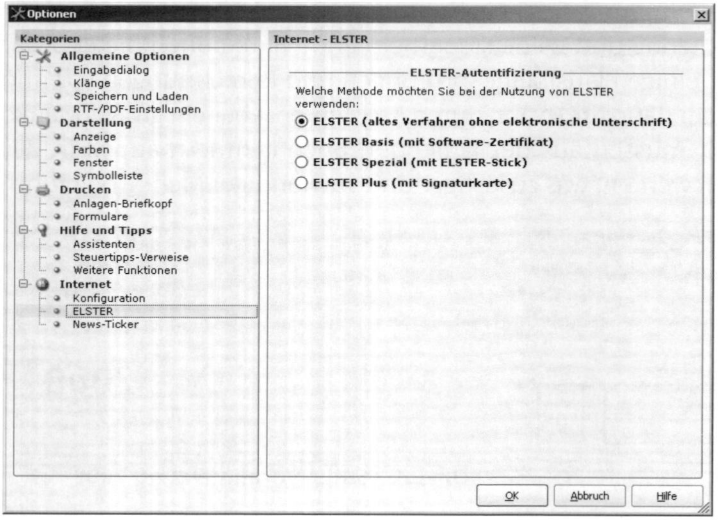

Programme wie zum Beispiel Steuertipps enthalten eine integrierte Elster-Schnittstelle, die die Datenübertragung an das zuständige Finanzamt ermöglicht.

6.5 Rundum gut versichert

Wie Sie inzwischen gesehen haben, lässt sich mit einem florierenden Onlineshop oder der im Internet angebotenen Dienstleistung der Traum von der Selbstständigkeit leichter verwirklichen. Doch was geschieht, wenn Sie als Freiberufler oder Chef eines kleinen Unternehmens krankheitsbedingt ausfallen? Oder der Webserver seinen Geist aufgibt, ein Feuer die Büroeinrichtung vernichtet und Ihrem Mitarbeiter das neue Notebook entgleitet? Wenn solche Pannen aus der eigenen Tasche gezahlt werden müssen, kann der Traum vom eigenen Unternehmen wie eine Seifenblase zerplatzen. Ein Ausweg aus diesem Dilemma ist, zumindest die größeren Risiken durch entsprechende Versicherungen abzudecken. Da aber die im Gegenzug zu entrichtenden Versicherungsprämien ein nicht unbedeutender Kostenfaktor sind, ist es wichtig, den finanziellen Aufwand auf der einen und die Eintrittswahrscheinlichkeit und das Ausmaß eines möglichen Schadens auf der anderen Seite abzuwägen. Um hier zu einer realistischen Einschätzung zu gelangen, müssen Sie sich erst einmal mit den Risiken Ihres Unternehmens detailliert auseinandersetzen. Denn was für das eine Unternehmen wichtig ist, kann für das andere entbehrlich sein. So kann der Betreiber einer Kiesgrube auf eine Einbruchdiebstahlversicherung sicher eher verzichten als der Juwelier.

Zeitschriften wie Finanztest sind als Orientierungshilfe gut geeignet, ersetzen aber nicht die persönliche fundierte Beratung (www.test.de).

Nachdem Sie die Risiken ermittelt haben, gilt es herauszufinden, welche so groß sind, dass ein möglicher Schaden durch die passende Versicherung aufgefangen werden muss. Denn nicht jedes Risiko sollte auch zwingend versichert werden. Bei kleineren Risiken ist es oft sinnvoller, den eingetretenen Schaden aus der eigenen Tasche zu bezahlen, statt viel Geld für eine Versicherung auszugeben.

Persönliche Absicherung

Ohne Ihre persönliche Arbeitskraft läuft nichts. Deshalb gilt es zunächst einmal, Vorsorge zu treffen, dass weder Ihr Unternehmen noch gegebenenfalls Ihre Familie gefährdet ist, wenn Sie plötzlich für längere Zeit erkranken, berufsunfähig werden oder sogar mit dem Schlimmsten rechnen müssen. Zu Ihrer persönlichen Absicherung zählen beispielsweise Krankenversicherung, Berufsunfähigkeitsversicherung, Unfallversicherung und Altersvorsorge.

Krankenversicherung

Auch wenn Sie sich jung und fit fühlen – eine Krankenversicherung ist absolutes Muss. So gehen schon die Kosten für Zahnersatz oder einen Krankenhausaufenthalt schnell in die Tausende, und spätestens eine Herzoperation, die 20.000 Euro und mehr kosten kann, würde für viele Selbstständige und kleine Unternehmer das sichere Aus bedeuten. Waren Selbstständige früher nicht versicherungspflichtig, besteht seit dem 1. Januar 2009 die Pflicht zur Krankenversicherung für alle. Dabei sind Arbeitnehmer mit einem Bruttoeinkommen von bis zu 4.050 Euro im Monat in der gesetzlichen Krankenversicherung pflichtversichert, während sich Arbeitnehmer mit einem höheren Einkommen und Freiberufler unabhängig vom Einkommen privat versichern dürfen. Wenn Sie sich allerdings für eine private Krankenversicherung entscheiden, besteht im Normalfall keine Möglichkeit mehr, in die gesetzliche Krankenkasse zurückzukehren. Hinzu kommt, dass Sie in der privaten Krankenversicherung für jedes Familienmitglied Beiträge zahlen müssen, während in der gesetzlichen Krankenversicherung Beitragsfreiheit für den Ehepartner und die Kinder besteht, soweit bestimmte Einkommensgrenzen nicht überschritten werden.

Die Krankentagegeldversicherung beispielsweise von Allianz (www.allianz.de) fängt eventuelle Verdienstausfälle bei Erkrankung des Selbstständigen auf.

Der Beitrag des Versicherten zur gesetzlichen Krankenversicherung bemisst sich nach einem festen Prozentsatz seines versicherungspflichtigen Bruttoeinkommens und ist bei allen Krankenkassen gleich. Maßgeblich für die Beitragshöhe ist die sogenannte Beitragsbemessungsgrenze, nach der sich die Pflicht, in die gesetzliche Krankenversicherung einzutreten, richtet. Den Krankenkassenbeitrag teilen sich Arbeitgeber und Arbeitnehmer, wobei Arbeitnehmer noch einen zusätzlichen Beitrag von 0,9 Prozent des versicherungspflichtigen Bruttoeinkommens zahlen. Bei der privaten Krankenversicherung ist die Beitragshöhe grundsätzlich unabhängig vom Einkommen. Sie hängt vielmehr von der Wahl der Tarifart und den darin enthaltenen Leistungen ab. Weitere Faktoren sind das Geschlecht, das Eintrittsalter und der aktuelle Gesundheitszustand.

Zusätzliche Absicherung

Neben der Grundabsicherung im Krankheitsfall lassen sich aber auch noch zusätzliche Risiken abdecken. Wollen Sie beispielsweise bei einer stationären Behandlung von möglichen Nebenkosten verschont bleiben, ist das mit einer Krankenhaustagegeldversicherung machbar. Ebenso kann sich ein gesetzlich krankenversicherter Unternehmer mit einer Krankenhauszusatzversicherung zusätzliche Leistungen sichern, so z. B. eine privatärztliche Behandlung oder die Wahl eines Ein- oder Zweibettzimmers. Ferner bietet sich eine Krankentagegeldversicherung an, um Verdienstausfälle abzufangen. Sie springt unabhängig davon ein, ob die Behandlung zu Hause oder im Krankenhaus erfolgt. Der Versicherungsbeitrag ist abhängig von der Höhe des auszuzahlenden Tagesgelds und von der Anzahl der Tage der Arbeitsunfähigkeit, ab der die Versicherung einspringen soll.

Im Internet finden sich viele Portale wie www.versicherungsvergleich.de, die dem Versicherungsnehmer einen ersten Überblick ermöglichen.

Berufsunfähigkeitsversicherung

Wegen Berufsunfähigkeit muss jeder vierte Arbeitnehmer seinen Beruf vorzeitig aufgeben, und wer nicht mehr arbeiten kann, der kann auch nichts mehr verdienen. Vor allem Existenzgründer verfügen in der Regel nicht über das Vermögen, das erforderlich ist, um im Fall einer Berufsunfähigkeit die finanziellen Einbußen auszugleichen. Vonseiten des Staats ist da nicht viel zu erwarten. Nur wer vor 1961 geboren wurde, erhält im Rahmen der gesetzlichen Rentenversicherung bei Berufsunfähigkeit noch eine kleine Rente. Eine private Berufsunfähigkeitsversicherung ist daher in den meisten Fällen unverzichtbar.

Die Berufsunfähigkeitsversicherung kommt zum Zuge, wenn Sie aufgrund eines Unfalls oder einer Krankheit für mehr als sechs Monate nicht in der Lage sind, Ihren Beruf auszuführen. Die in Form einer Rente ausgezahlte Versicherungsleistung wird Ihnen so lange gewährt, wie die Arbeitsunfähigkeit besteht bzw. bis der im Versicherungsvertrag vereinbarte Zeitraum endet.

Die Höhe des zu entrichtenden Beitrags hängt in erster Linie davon ab, welche Leistungen Sie im Ernstfall für wie lange in Anspruch nehmen wollen. Daneben haben aber auch der ausgeübte Beruf, das Alter und der Gesundheitszustand Einfluss auf die Beitragshöhe.

Unfallversicherung

In Deutschland passieren jeden Tag mehr als 20.000 Unfälle. Auch Ihnen kann ein Unfall zustoßen, und bei schweren Verletzungen kann dies langjährige Folgen nach sich ziehen. Die gesetzliche Unfallversicherung deckt lediglich Unfallschäden und -folgen ab, die auf dem Weg zur Arbeitsstätte, während der Arbeitszeit oder auf dem anschließenden Heimweg geschehen. Deshalb empfiehlt sich selbstständigen Unternehmern eine private Unfallversicherung, die insbesondere den Freizeitbereich abdeckt. Die Versicherungssumme kann nicht hoch genug angesetzt werden. Sie sollte sich bei Selbstständigen auf mindestens 250.000 Euro belaufen.

Die private Unfallversicherung kommt zum Zuge, wenn ein Unfall dauerhafte körperliche oder geistige Beeinträchtigungen nach sich zieht oder sogar zum Tod führt. Ausgezahlt wird die vertraglich vereinbarte Summe, über die der Versicherte bzw. seine Familie unabhängig von den tatsächlichen Kosten oder Einbußen frei verfügen kann.

Die Höhe der Versicherungsbeiträge ist abhängig von der Versicherungssumme und den vereinbarten Leistungen.

Der Versicherungsombudsmann (www.versicherungsombudsmann.de) ist eine unabhängige und kostenfreie Schlichtungsstelle.

Haftpflichtversicherung

Wenn Sie anderen einen Schaden zufügen, haften Sie in unbegrenzter Höhe. Solange es sich nur um Rotwein handelt, den Sie auf der Couch Ihres Geschäftspartners verschüttet haben, ist der Schaden überschaubar und wird kaum Ihre Existenz gefährden. Sind jedoch Personenschäden im Spiel, kommen für den Verursacher mitunter Schadenssummen in Millionenhöhe zusammen. Ein unkalkulierbares Risiko, das es unbedingt abzusichern gilt.

Die monatlichen Prämien für die Haftpflichtversicherung sind verhältnismäßig gering, die Leistung im Schadensfall kann jedoch bis zu fünf Millionen betragen und in Einzelfällen sogar darüber hinausgehen.

Lebensversicherung

Kapital fürs Alter bilden und die Familie finanziell absichern, das sind die Aufgaben einer Lebensversicherung. Verschiedene Varianten ermöglichen diese Art der Vorsorge, sodass jeder das Produkt wählen kann, das dem persönlichen Bedarf am besten entspricht. So zeichnet sich die Kapitallebensversicherung dadurch aus, dass eine vertraglich vereinbarte Versicherungssumme zu einem bestimmten Zeitpunkt an den Versicherten ausgezahlt wird – einschließlich der über die gesamte Laufzeit angefallenen Gewinnanteile. Da die Höhe des Beitrags vom Eintrittsalter abhängig ist und sich jedes Jahr positiv auf den Zinseffekt auswirkt, sollten Sie die Versicherung so früh wie möglich abschließen. Ist Ihnen die finanzielle Belastung zu hoch und haben Sie eine eigene Familie, bietet sich die weitaus günstigere Risikolebensversicherung an, die jedoch nur im Todesfall zahlt. Diese Variante dient meist der Absicherung von Bankkrediten, um im Todesfall finanzielle Schäden von der Familie abzuwenden. Im Gegensatz zur Kapitallebensversicherung eignet sie sich nicht zur Altersvorsorge.

„Versicherungen sollten existenzbedrohende Risiken abdecken."

Als Düsseldorfer Finanzkaufmann berät Joachim Loos (*www.dvag.de/joachim.loos*) junge Existenzgründer und gestandene Unternehmer. In diesem Interview gibt er Ratschläge zur betrieblichen und privaten Risikoabsicherung.

Wer sich für den Weg in die Selbstständigkeit entschieden hat, muss seine Ausgaben sorgfältig kalkulieren, und überflüssige Versicherungen kosten unnötig Geld. Da stellt sich für viele Unternehmer die Frage: Welche Versicherung brauche ich wirklich?

Joachim Loos: Die Arbeitskraft des Unternehmers ist sein wertvollstes Kapital. Deshalb sind Versicherungen, die existenzbedrohende Risiken abdecken, besonders wichtig. Hier sind an erster Stelle die Krankenversicherung und die Berufunfähigkeitsversicherung zu nennen. Nicht weniger bedeutend ist die Betriebs- und Vermögenshaftpflichtversicherung, denn schon kleine Fehler können große Personen-, Sach- und Vermögensschäden verursachen, die die Existenz des Unternehmens stark gefährden. Oft bietet sich auch eine Kombination aus Privat- und Firmenrechtschutz an; insbesondere für kleine und mittlere Firmen ist dies die beste und kostengünstigste Lösung.

Welche Versicherungen empfehlen Sie darüber hinaus?

Joachim Loos: Für Selbstständige, die über eine Büroausstattung mit teuren elektronischen Geräten wie PC oder Notebook, Drucker, Fax und Telefon verfügen, ist eine Elektronikversicherung unverzichtbar. Sollte das Büro angemietet sein, empfiehlt sich außerdem eine Inhaltsversicherung, die mit einer Betriebsunterbrechungsversicherung kombinierbar ist.

Wie kann man sich als Unternehmer auf das Gespräch mit einem Versicherungsmakler vorbereiten?

Joachim Loos: Ich rate zu einer Checkliste bzw. Firmenanalyse, mit deren Hilfe die Wahrscheinlichkeit möglicher Schäden eingeschätzt wird. Anhand dieses Risikoprofils lässt sich dann ein auf die Firma zugeschnittenes Versicherungsportfolio zusammenstellen.

Berufsrechtsschutzversicherung

Eine Rechtsschutzversicherung schützt vor den finanziellen Folgen eines Rechtsstreits. Ob Sie von einem Versicherungsabschluss Gebrauch machen, hängt zwar einerseits davon ab, wie hoch Sie das Risiko einschätzen, in rechtliche Auseinandersetzungen verwickelt zu werden. Andererseits jedoch belegen die millionenfach geführten Zivilprozesse, Straf- und andere Verfahren, wie notwendig ein möglichst umfassender Rechtsschutz in der heutigen Zeit ist. Die Versicherung übernimmt im Schadensfall sowohl die Kosten für den Anwalt, die Gerichtskosten und eventuelle Zeugenkosten als auch die Kosten des Gegners im Fall einer Niederlage.

Die meisten Rechtsschutzversicherungen bieten ihre Leistungen als Bausteine an, sodass sich der Versicherungsschutz den individuellen Lebensbedingungen anpassen lässt. Zu den am häufigsten gewählten Arten der Rechtsschutzversicherung zählen sicher die Verkehrsrechtsschutzversicherung und die Familienrechtsschutzversicherung, aber auch für die Bereiche des Mietrechts und des Arbeitsrechts wird entsprechender Rechtsschutz angeboten.

Versicherungen wie die Provinzial (www.provinzial.com) bieten Rechtsschutz oft als Bausteine an, um den unterschiedlichen Lebenslagen gerecht zu werden.

Neben den erwähnten Rechtsschutzversicherungen, die vorrangig Privatpersonen dienen, gibt es auch ein speziell auf Selbstständige, Freiberufler und Unternehmer zugeschnittenes Leistungspaket – die Berufsrechtsschutzversicherung. Gerade im geschäftlichen Bereich können sehr hohe Streitsummen und damit verbundene Kosten für Gerichte, Anwälte und andere, z. B. Zeugen, entstehen. Eine juristische Auseinandersetzung kann daher sehr schnell existenzbedrohende Ausmaße annehmen. Darüber hinaus ist eine Berufsrechtsschutzversicherung insbesondere den Firmen zu empfehlen, die angestellte Mitarbeiter haben.

Betriebliche Absicherung

Was für Sie persönlich gilt, muss auch für das Unternehmen gelten. Es muss vor Verlusten geschützt werden, die beispielsweise durch Diebstahl, Feuer oder Wasserrohrbruch, durch Schäden an Bürogeräten und Maschinen oder durch Fahrlässigkeit oder mangelnde Qualifikation der Mitarbeiter entstehen können. Zu den betrieblichen Versicherungen gehören unter anderem die Betriebshaftpflichtversicherung, die Inhaltsversicherung und eine Versicherung für den Fall einer längeren Betriebsunterbrechung.

Betriebshaftpflicht

Zu den wichtigsten Versicherungen der betrieblichen Absicherung zählt die Betriebshaftpflichtversicherung. Für einige Berufsgruppen wie Steuerberater, Rechtsanwälte, Ärzte und Notare ist sie sogar gesetzlich vorgeschrieben. Die Betriebshaftpflichtversicherung deckt die Haftpflichtansprüche, die einem Dritten durch die betriebliche Tätigkeit eines Unternehmens verursacht wurden. Kippt beispielsweise in einem Geschäft ein Verkaufsregal um und verletzt dabei einen Kunden, begleicht die Versicherung dessen Arztkosten, zahlt Schmerzensgeld und Verdienstausfall oder wehrt unberechtigte Schadensersatzansprüche ab. Bei einem Rechtsstreit übernimmt die Versicherung die Prozessabwicklung und trägt die Prozesskosten.

Da nicht alle Unternehmen den gleichen Versicherungsschutz benötigen, bieten viele Versicherer spezielle Lösungen für einzelne Branchen an, so z. B. für IT-Firmen und Handwerksbetriebe. Um eine ausreichende Deckungssumme zu gewährleisten, empfiehlt sich zunächst eine Abschätzung aller möglichen betrieblichen Risiken. Diese Aufstellung dient dann als Grundlage für die Vertragsverhandlungen mit einer entsprechenden Versicherungsgesellschaft.

Für die Beitragshöhe sind insbesondere die Höhe der Deckungssumme, die Betriebstätigkeit und die Zahl der Mitarbeiter ausschlaggebend.

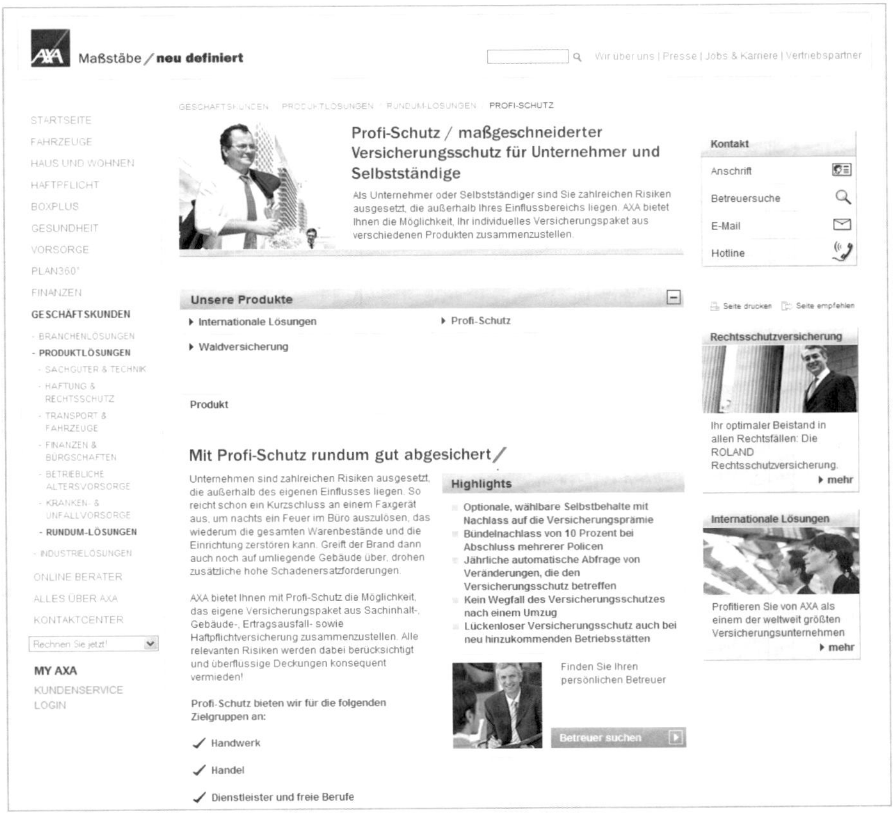

Insbesondere für kleine und mittlere Firmen sind maßgeschneiderte Paketlösungen – wie sie etwa AXA (www.axa.de) anbietet – oft die bessere und günstigere Wahl.

Inhaltsversicherung

Bei der Inhaltsversicherung handelt es sich im Prinzip um eine Hausratversicherung für Ihre Arbeitsräume, denn Feuer, Einbruch, aber auch Elementarereignisse wie Überschwemmungen oder mutwillige Beschädigungen können auch in Ihrem Betrieb großen Schaden anrichten. Vor den Schäden selbst kann Sie zwar auch eine Inhaltsversicherung nicht schützen, wohl aber vor den finanziellen Verlusten, die Ihnen durch die Wiederbeschaffung oder Reparatur der zerstörten Sachen entstehen.

Analog zur Hausratversicherung sind Ihre technische und kaufmännische Betriebseinrichtung sowie in vielen Fällen Ihre Waren und Vorräte versichert. Ausgeschlossen sind meist Elektronikgeräte, die schon durch die ohnehin umfassendere Elektronikversicherung abgedeckt sind. Befinden sich in Ihren Räumen Gegenstände Ihrer Kunden zur Bearbeitung oder Reparatur, sind diese Dinge ebenfalls versichert. Darüber hinaus besteht oft auch Versicherungsschutz für schadensbedingte Betriebsunterbrechungen bis zur maximal vereinbarten Versicherungssumme.

Der Versicherungsschutz bezieht sich in der Regel auf den im Vertrag angegebenen Versicherungsort. Daher ist zu beachten, dass ein Umzug, eine Erweiterung oder die Einrichtung eines zusätzlichen Büros der Versicherung umgehend angezeigt wird.

„Den Versicherungsberatungen ging eine Risikoanalyse voraus."

Detlef Mühlbrandt ist Geschäftsführer der ConSystems Business Solutions & Services GmbH & Co. KG (*www.consystems.de*), einer Firma, die auf Prozessoptimierung, Dokumententechnologie und IT-Service sowie auf die Entwicklung von Individualsoftware für Unternehmen spezialisiert ist. Zu seinen Kunden zählen Namen wie Siemens, OCÉ und Deutsche Post.

Wie haben Sie Ihr Unternehmen vor Verlusten geschützt, die durch Schäden an Geräten oder Gebäuden, aber auch durch Unachtsamkeit Ihrer Mitarbeiter entstehen können?

Detlef Mühlbrandt: Um erst einmal das Gefährdungspotenzial zu ermitteln, haben wir im Vorfeld der Versicherungsberatungen eine Risikoanalyse durchgeführt. Diese ergab, dass in unserer Firma unterschiedliche Risiken bestehen, die es abzusichern gilt. So mussten wir uns gegen Schäden absichern, die Dritten durch unsere gewerbliche Tätigkeit entstehen könnten, aber auch gegen Schäden an unserem Unternehmens- und Privatvermögen, die durch Dritte verursacht werden. Außerdem mussten mögliche Schäden am Sachvermögen des Betriebs und Schäden, die von unseren Beschäftigten verursacht werden, gedeckt sein.

Damit haben Sie Ihre betrieblichen Risiken sicher weitgehend abgedeckt. Wie aber sieht es mit Ihrer persönlichen Vorsorge aus? Welche Maßnahmen haben Sie getroffen, damit weder Ihre Familie noch Ihr Lebenswerk durch eine plötzlich eintretende Berufsunfähigkeit oder gar Schlimmeres gefährdet wird?

Detlef Mühlbrandt: Ich habe mich für eine gute Krankenversicherung, eine Unfallversicherung sowie für eine Erwerbs- oder Berufsunfähigkeitsversicherung entschieden. Und damit ich mir meinen heutigen Lebensstandard möglichst auch im Alter bewahren kann, rundet eine Kapitallebensversicherung meine persönliche Vorsorge ab.

Haben Sie eine Ihrer betrieblichen Versicherungen schon einmal in Anspruch nehmen müssen?

Detlef Mühlbrandt: Nein, glücklicherweise ist unser Unternehmen von Schäden, für die eine Versicherung hätte eintreten müssen, bisher verschont geblieben.

Betriebsunterbrechungsversicherung

Die Betriebsunterbrechungsversicherung springt bei Vermögensausfällen ein, die durch die Beschädigung bzw. Zerstörung von Maschinen, Gebäuden, Warenlagern oder der Betriebsausstattung verursacht wurden. Versichert sind bis zur Wiederaufnahme des Geschäftsbetriebs die laufenden Geschäftskosten, der durch Umsatzausfall entgangene Gewinn, Löhne, Gehälter, Pacht und Zinsen. Ziel der Versicherung ist es, das Unternehmen finanziell so zu stellen, als hätte es keine Betriebsunterbrechung gegeben.

Unverzichtbar ist eine solche Absicherung für Selbstständige und Kleinunternehmer, wenn schon Schäden an der Büroausstattung zu einer existenzgefährdenden Betriebsunterbrechung führen können. Entbehrlich ist die Versicherung, wenn Sie nur mit kurzen Unterbrechungen rechnen müssen und Ihnen alternative Möglichkeiten zur Verfügung stehen, mit denen sich Ihre Aufträge abwickeln lassen. Die Betriebsunterbrechungsversicherung wird oft auch als Ergänzung zur Inhaltsversicherung angeboten.

Elektronikversicherung

Abstürzende Rechner oder gestörte Netzwerke: Je nach Branche kann ein Crash im EDV-System für das Fortbestehen des Unternehmens von großer Bedeutung sein. Elektronikversicherungen leisten aber nicht nur in diesen Fällen Ersatz, sondern springen ebenso ein, wenn etwa das Telefon streikt oder der Kopierer ausfällt. Versichert sind alle Schäden, die z. B. durch Kurzschluss oder Überspannung, durch Feuer oder Leitungswasser, aber auch durch unsachgemäße Bedienung verursacht werden. Nicht versichert sind hingegen Schäden an Datenträgern und Datenmaterial. Bei Bedarf bietet sich in dem Fall der Abschluss einer entsprechenden Datenträgerversicherung an.

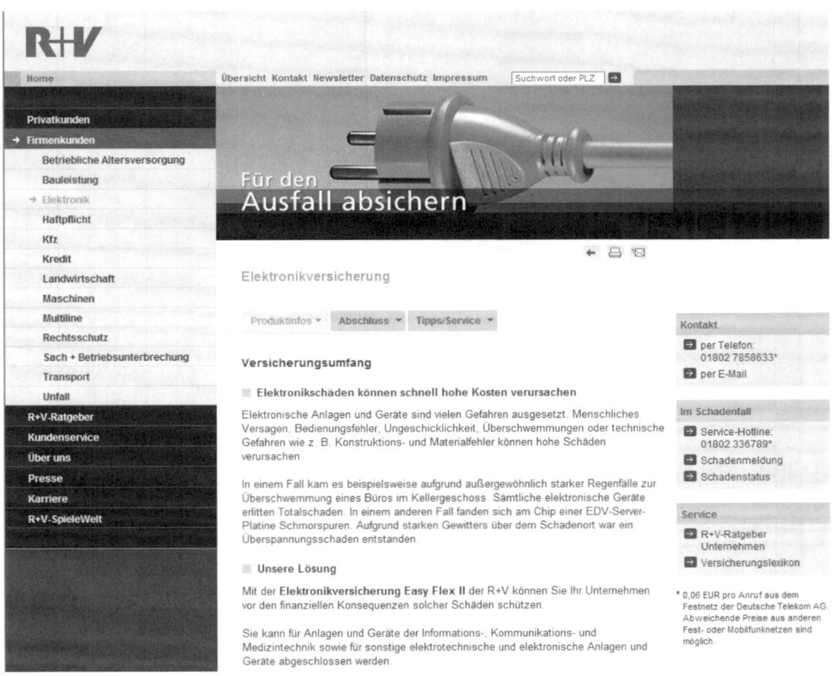

Beispielsweise bei R+V (www.ruv.de) lässt sich die Funktionstüchtigkeit elektronischer Geräte absichern.

Transportversicherung

Wenn Sie häufig hochwertige Waren transportieren, ist ein Teil des Firmenkapitals unterwegs und dabei einer erhöhten Gefahr, beispielsweise durch das Be- und Entladen, aber auch den eigentlichen Transport, ausgesetzt. Schon beim Verladen können Geräte aus der Hand rutschen, und nicht nur hochwertige Güter wie etwa Unterhaltungselektronik, Computer oder Textilien werden häufig gestohlen. Die Transportversicherung deckt mögliche Schäden ab. Insbesondere Speditionsbetriebe, aber auch andere Transportunternehmen sollten auf diese Versicherung nicht verzichten.

Bei Transporten können Ihre eigenen Waren und Güter oder die Ihrer Kunden beschädigt, zerstört oder gestohlen werden. Hiervor kann man sich z. B. bei der Zurich Versicherung (www.zurich.de) schützen.

Produkthaftpflichtversicherung

Im Produkthaftungsgesetz ist festgelegt, dass der Hersteller – unter Umständen auch der Importeur oder Händler – für Personen- und Sachschäden haftet, die durch einen Fehler seines Produkts oder der Gebrauchsanweisung verursacht werden. Diese Rechtsfolge greift selbst dann, wenn den Hersteller kein Verschulden trifft, es sei denn, der Fehler konnte zur Zeit der Auslieferung für niemanden erkennbar sein. Eine Produkthaftpflichtversicherung, die oft auch als Ergänzung zu einer bestehenden Betriebshaftpflichtversicherung abgeschlossen werden kann, deckt solche Schäden ab. Vermögensschäden sind durch die Produkthaftpflichtversicherung jedoch nur unzureichend gedeckt. Um im Falle eines Falles nicht ohne Versicherung dazustehen, gibt es hier die Möglichkeit einer erweiterten Produkthaftpflichtversicherung.

Die Kosten für einen Rückruf mangelhaft hergestellter Produkte sind jedoch auch nicht durch die erweiterte Produkthaftpflichtversicherung gedeckt. Hier bietet nur der Abschluss einer Rückrufkostenversicherung Schutz.

Tipps zum Versicherungsabschluss

Das vielfältige Versicherungsangebot macht es interessierten Unternehmern nicht leicht. Zeitschriften wie Finanztest oder entsprechende Portale im Internet liefern zwar erste Informationen, sind aber meist zu allgemein gehalten und passen daher nur selten auf einen ganz konkreten Fall. Damit Sie die Orientierung trotzdem nicht verlieren und letztendlich zu einem zufriedenstellenden Vertragsabschluss gelangen, sollten Sie insbesondere folgende Hinweise beachten:

- Analysieren Sie, welche Risiken Sie im privaten und im unternehmerischen Umfeld auf jeden Fall versichern müssen.
- In Deutschland konkurrieren rund 500 Versicherungsunternehmen miteinander. Da es im Hinblick auf Leistungen, Bedingungen und Preise große Unterschiede gibt, sollten Sie zu jeder Versicherung mehrere Angebote einholen.
- Als Unternehmer mit komplizierten betrieblichen Gegebenheiten sollten Sie sich vor Vertragsabschluss eine ausführliche fachmännische Beratung leisten.
- Lassen Sie sich von Ihrer Versicherung nicht zum Abschluss drängen. Qualitativ gute Versicherungsvermittler haben es nicht nötig, einen Abschluss zu forcieren.
- Prüfen Sie vor dem Abschluss privater Versicherungsverträge, ob diese möglicherweise in Konkurrenz zu gesetzlichen Versicherungen stehen und wie sich das Zusammenspiel beider Versicherungsarten gestaltet.
- Abgesehen von Versicherungen wie der Lebens- und Berufsunfähigkeitsversicherung bringen lange Vertragslaufzeiten in der Regel keine Vorteile. Laufzeiten von nur einem Jahr versetzen Sie schneller in die Lage, eine überflüssig gewordene Versicherung zu kündigen oder nach einem günstigeren Anbieter Ausschau zu halten.
- Da die Ausfertigung der Versicherungspolicen oft langwierig ist, sollten Sie auf eine schriftliche Deckungszusage ab dem Tag der Antragstellung bestehen.
- Ein Versicherungsvertrag kommt ab dem vereinbarten Zeitpunkt nur zustande, wenn Sie die Versicherungsprämie nach Erhalt der Police unverzüglich zahlen.

Große Versicherungsgesellschaften

Von A wie Allianz bis Z wie Zurich Deutscher Herold reicht die Bandbreite der deutschen Versicherungsgesellschaften. Die nachfolgende Tabelle gibt eine beispielhafte Übersicht über Anbieter, die persönliche und betriebliche Risiken absichern:

Name	Anschrift	Telefon	URL
Allianz	Reinsburgstraße 19 70178 Stuttgart	07 11 – 66 30	*www.allianz.de*
Axa	Colonia-Allee 10–20 51067 Köln	0 180 3 – 55 66 22	*www.axa.de*
Continentale	Baierbrunner Straße 31–33 81379 München	0 89 – 5 15 30	*www.continentale.de*
Deutscher Ring	Ludwig-Erhard-Straße 22 20459 Hamburg	0 40 – 35 99 77 11	*www.deutscherring.de*
Gothaer	Gothaer Allee 1 50969 Köln	02 21 – 3 08 00	*www.gothaer.de*
Hamburg-Mannheimer	Überseering 45 22297 Hamburg	0 40 – 6 37 60	*www.hamburg-mannheimer.de*
HDI-Gerling	Gereonshof 21–39 50670 Köln	02 21 – 1 44 22 66	*www.hdi-gerling.de*
LVM	Kolde-Ring 21 48126 Münster	02 51 – 7 02 58 21	*www.lvm.de*
Nürnberger	Ostendstraße 100 90334 Nürnberg	09 11 – 53 15	*www.nuernberger.de*
Provinzial NordWest	Sophienblatt 33 24114 Kiel	04 31 – 6 03 47 00	*www.provinzial.de*
Provinzial Rheinland	Provinzialplatz 1 40591 Düsseldorf	02 11 – 97 80	*www.provinzial.com*
R+V	Taunusstraße 1 65193 Wiesbaden	06 11 – 53 30	*www.ruv.de*
Signal Iduna Gruppe	Neue Rabenstraße 15–19 20354 Hamburg	0 40 – 4 12 40	*www.signal-iduna.de*
Victoria	Victoriaplatz 1 40477 Düsseldorf	02 11 – 47 70	*www.victoria.de*
Württembergische	Gutenbergstraße 30 70176 Stuttgart	07 11 – 66 20	*www.wuerttembergische.de*
WWK	Marsstraße 37 80335 München	0 89 – 5 11 40	*www.wwk.de*
Zurich Deutscher Herold	Poppelsdorfer Allee 25–33 53115 Bonn	02 28 – 2 68 01	*www.zurich.de*

7. Das eigene Know-how vergolden – Wissenscommunity aufbauen

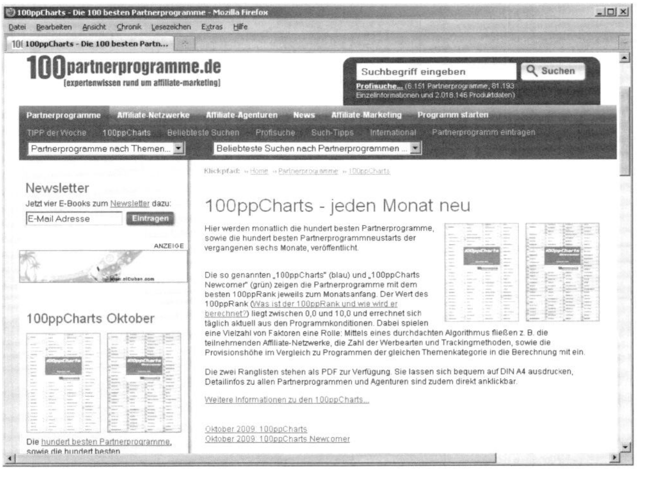

Als lukrativ kann sich auch der Aufbau einer Wissenscommunity erweisen, denn mit einem eigenen Forum und immer aktuellem Content steigern Sie nicht zuletzt die Attraktivität und damit auch die Anziehungskraft der Website. Die Einrichtung und ständige Pflege eines Forums ist zwar mit einigem Aufwand verbunden, die Mühe zahlt sich aber spätestens dann in barer Münze aus, wenn Ihr Forum gut besucht ist und Sie als Affiliate-Partner für andere Onlineanbieter die Werbetrommel rühren. Zu diesem Zweck suchen Sie auf eigene Faust nach geeigneten Werbepartnern und bauen die Werbung in Ihrer Website ein. Noch einfacher geht es mit Affiliate-Netzwerken, die besonders für kleine bis mittlere Websites ideal sind, da diese bereits über die notwendigen Tracking- und Abrechnungsstrukturen verfügen und Sie als Unternehmen das Rad nicht neu erfinden müssen. Mit Affiliate-Netzwerken bleiben Sie also flexibel, haben weniger Arbeit und können Ihre ganze Aufmerksamkeit der Pflege des Contents widmen.

7.1 Vom Wissen anderer profitieren

Die Zahl der Besucher und der damit verbundene Umsatz lässt sich auch steigern, indem man ein zum Inhalt der Website passendes Forum einrichtet, das – entsprechend bekannt gemacht – von möglichst vielen Ratsuchenden und Experten frequentiert wird. Gut gelungen ist das beispielsweise mit kidsgo (*www.kidsgo.de*), dem bundesweit ersten Veranstaltungsmagazin rund um Schwangerschaft, Geburt, Baby, Kleinkind und Familie, mit dem eine Göttinger Gründerin eine lukrative Marktlücke entdeckte.

Auf ihre außergewöhnliche Geschäftsidee kam Barbara Hirt während einer privaten Krise. „Ich hatte mich gerade von meinem Mann getrennt. Mein ältester Sohn war 18 Monate, der Kleine erst drei Wochen alt. Ich suchte verzweifelt nach einem Ratgeberheft für junge Mütter mit regionalen Infos, aber das gab's damals nirgendwo in Deutschland", erinnert sich die Göttingerin. Aufgrund ihrer bisherigen beruflichen Tätigkeit hatte Barbara Hirt bereits hinreichend Erfahrungen im Anfertigen von Konzepten und Werbepublikationen gesammelt. So beschloss sie, sich mit dem Konzept einer kostenlosen „Schwangeren-Fibel" selbstständig zu machen.

Auf der Website von www.kidsgo.de können sich Schwangere und junge Mütter über aktuelle Termine, Kurse und Angebote in ihrer Stadt informieren.

Im März 1999 erschien in einer Startauflage von 8.000 Exemplaren die erste Ausgabe von „Kurz und gut", wie die Fibel anfangs hieß. Nur knapp zwei Jahre später entschied sich Barbara Hirt, das Verlagsgeschäft zu professionalisieren und flächendeckend mit einer Großauflage auszuweiten. Beim Aufbau der Adressdatei war Fleißarbeit gefragt: „Wir haben uns systematisch vorgetastet, die Gelben Seiten und Telefonbücher der jeweiligen Regionen gewälzt und übergeordnete Hebammenzentralen kontaktiert", erzählt die Unternehmerin. Bald hatte der Verlag rund 1.500 Hebammen- sowie 5.000 Veranstalteradressen in seiner Kartei.

Inzwischen beschäftigt der kidsgo Verlag 31 Mitarbeiter, zumeist Mütter in den unterschiedlichsten Teilzeitmodellen. Außerdem bildet der Verlag zwei junge Mütter in einer Teilzeitausbildung aus, damit sie Kind und Ausbildung vereinbaren können. Für diese Flexibilität ist der Verlag 2005 als familienfreundlicher Betrieb ausgezeichnet worden. Auf der ansprechend gestalteten Website können sich Schwangere und junge Mütter über aktuelle Termine, Kurse, z. B. PEKIP- und Babyschwimmkurse, und Angebote in ihrer Stadt informieren. Darüber finden Interessierte auf der Website Hebammenlisten, Geburtshäuser und Kliniken sowie umfangreiche Informationen zu den Themen Schwangerschaft, Geburt, Baby, Kleinkind und Familie. Das jüngste Kind des Verlags ist das Portal *www.vaeterzeit.de*. Hier finden die Väter in Deutschland erstmals alle Informationen rund um Geburt, das Leben mit Kind, Familie und Partnerschaft sowie auch zu dem Thema Trennung.

Beide Webpräsenzen bieten jeweils ein Forum an, in dem sich Ratsuchende ebenso zahlreich tummeln wie hilfsbereite Experten, die Tipps und gute Ratschläge bereithalten.

Ein gut besuchtes Forum, in dem sich Rat- und Hilfesuchende gut aufgehoben wissen, kann sich auch zum Kundenmagneten entwickeln.

Webforum als Kundenmagnet

Bei Webforen handelt es sich um eine Weiterentwicklung der schon aus grauer Internetvorzeit bekannten Newsgroups. Sie bieten den Besuchern eine gute Möglichkeit, Fragen zu stellen, Kommentare abzugeben und Meinungen auszutauschen. Die einzelnen Diskussionsbeiträge werden zur besseren Übersicht nach Themen und Unterthemen geordnet und zusammenfassend als „Thread" (Faden) oder „Topic" (Thema) bezeichnet. Im Gegensatz zu den für alle offenen Newsgroups setzen die meisten Webforen eine einmalige Registrierung voraus. Erst danach ist man vollwertiges Mitglied der Onlinecommunity und darf eigene Beiträge verfassen. Voraussetzung für ein gut funktionierendes Webforum ist eine ansprechende Benutzeroberfläche und deren Verknüpfung mit einer Datenbank.

Das Angebot an Applikationen, die diesen Anforderungen gerecht werden, ist groß. Die Palette reicht von kostenlosen, schlanken Lösungen ohne Datenbankanbindung bis hin zu umfangreichen, kommerziell vertriebenen Forensystemen, für die Sie zum Teil schon etwas tiefer in die Tasche greifen müssen. Für welche der Lösungen Sie sich entscheiden, ist letztendlich von Ihren Anforderungen an das Produkt abhängig, aber auch von den Ansprüchen, die Sie beispielsweise im Hinblick auf Unterstützungsleistungen und Support stellen. Außerdem finden sich auf vielen Anbieterseiten Livedemos, die Sie ausgiebig testen können.

Kostenlose Systeme

Neben einigen Freewareangeboten gibt es im Bereich der kostenlosen Systeme vor allen Dingen viele Open-Source-Lösungen. Im Gegensatz zu kommerziellen Produkten ist bei diesen der Quellcode frei zugänglich, was eine große, innovative Community zu maßgeschneiderten und anspruchsvollen Features antreibt. Der Nachteil ist jedoch, dass größere Kenntnisse im Hinblick auf die Programmiersprache PHP und die Datenbank MySQL gefordert sind. Allerdings wird dieser Nachteil dadurch wettgemacht, dass Sie in den entsprechenden Foren fast immer auf Fachleute treffen, die sich nicht zu schade sind, auch die immer wiederkehrenden Anfängerfragen geduldig zu beantworten.

Das meistverbreitete Forensystem überhaupt ist sicherlich der Open-Source-Vertreter phpBB, der mit seinen umfassenden Konfigurationsmöglichkeiten und einer riesigen Community beeindruckt. Für die weite Verbreitung haben nicht zuletzt die einfache Installation und die unzähligen Templates, Add-ons und Hacks beigetragen. Die aktuelle Versionslinie phpBB 2 setzt PHP 4 voraus und unterstützt die Datenbanken MySQL, PostgreSQL, SQLite, Oracle und Microsoft SQL Server. Der einfach zu bedienende Administrationsbereich ermöglicht neben der Festlegung der Grundeinstellungen und einer umfassenden Benutzerverwaltung weitere Optionen – von der Sicherung und Wiederherstellung der Datenbank über die optionale Überprüfung neuer Beiträge bis hin zur Zensur von vulgären Kraftausdrücken.

Kostenlose Forensysteme				
System	**Kurzbeschreibung**	**Preis**	**Technische Voraussetzungen**	**URL**
FUDForum	System mit gängigen administrativen und anwenderspezifischen Funktionen.	kostenlos (GPL-Lizenz)	PHP, Datenbankunterstützung für MySQL und PostgreSQL	*http://fudforum.org*
miniBB	Kleines und schnelles Diskussionsboard, das sich über Templates anpassen lässt und grundlegende Funktionen enthält.	kostenlos (GPL-Lizenz)	PHP, Datenbankunterstützung für MySQL	*www.minibb.com*
MyBulletin-Boards (MyBB)	Bietet viele Features und legt großes Gewicht auf eine einfache Handhabung.	kostenlos (Freeware)	PHP ab 4, Datenbankunterstützung für MySQL 4.1+	*www.mybboard.net*
Phorum	Das Skript hebt sich durch die gut gelungene Thread-Darstellung von anderen Forensystemen ab.	kostenlos (Freeware)	PHP ab 5.2, Datenbankunterstützung für MySQL ab 5.0	*www.phorum.org*
phpBB	Bietet neben einem hohen Maß an Sicherheit viele Erweiterungsmöglichkeiten und eine große Community.	kostenlos (GNU-GPL-Lizenz)	PHP 4, Datenbankunterstützung für MySQL, PostgreSQL, SQLite, Microsoft SQL Server, Oracle	*www.phpbb.de*
phpMyForum	Gutes Forensystem mit umfangreichen Funktionen, leicht zu konfigurieren und individuell anpassbar.	kostenlos (GPL-Lizenz)	PHP, Datenbankunterstützung für MySQL	*http://phpmyforum.de*
Simple Machines Forum	Zeichnet sich durch viele benutzerspezifische Funktionen aus und ist für den Administrator leicht zu bedienen.	kostenlos (Open Source)	PHP ab 4.1.0, Datenbankunterstützung für MySQL ab 3.23.4	*www.simplemachines.org*

Kommerzielle Systeme

Zu den bekanntesten Vertretern kommerzieller Forensysteme zählt vBulletin. Voraussetzung für den Einsatz ist ein Webserver (Solaris, BSD, Linux, Windows oder Mac), der PHP ab 4.3.3 und MySQL ab 4.0.16 unterstützt. Darüber hinaus werden serverseitig bei etwa 100 Mitgliedern ca. 15 MByte Speicherplatz empfohlen.

vBulletin bietet sowohl dem Administrator als auch dem Besucher alle Funktionen, die von einem Webforum dieser Kategorie erwartet werden. So stehen Ihnen als Administrator zahlreiche Varianten zur Verfügung, um die individuellen Rechte von registrierten Mitgliedern und unregistrierten Gästen des Forums zu definieren oder unliebsame Benutzer auszusperren. Ferner lassen sich beliebig viele Moderatoren festlegen, die die einzelnen Forenbereiche betreuen. Die Forenmitglieder verwöhnt eine gute Themendarstellung in linear-, baum- oder hybridförmiger Struktur. Des Weiteren lassen sich umfangreiche Benutzerprofile anlegen, beliebig viele private und öffentliche Kalender einrichten, Buddylisten anlegen und Anhänge hochladen.

Kommerzielle Forensysteme				
System	**Kurzbeschreibung**	**Preis**	**Technische Voraussetzungen**	**URL**
IP.Board (IPB)	Professionelle Lösung mit umfangreicher Datenbankunterstützung, die kaum eine Funktion vermissen lässt.	Standard: 150 US-Dollar Business: 300 US-Dollar	PHP ab 4.3, MySQL ab 4.0, bei etwa 100 Mitgliedern ca. 15 MByte Serverspeicherplatz erforderlich, Datenbankunterstützung für MySQL, MS SQL 2000, Oracle 9i	*www.invisionpower.com/community/board/*
vBulletin	Bekanntestes kommerzielles Forensystem mit umfangreichen Konfigurationsmöglichkeiten sowie vielen Add-ons und Hacks.	1-Jahres-Lizenz: 79 Euro Vollversion: 149 Euro	PHP ab 4.3.3, MySQL ab 4.0.16, bei etwa 100 Mitgliedern ca. 15 MByte Serverspeicherplatz erforderlich, Datenbankunterstützung für MySQL	*www.vbulletin-germany.com*
Woltlab Burning Board	Sichere und benutzerfreundliche Lösung mit einfacher Administration und überschaubarer Oberfläche.	Basic: 50 Euro Standard: 100 Euro Professional: 200 Euro	PHP ab 5.0.5, bei etwa 100 Mitgliedern ca. 10 MByte Serverspeicherplatz erforderlich, Datenbankunterstützung für MySQL ab 4.1.2	*www.woltlab.com*

7.2 Mit Partnerprogrammen zum Erfolg

Profitieren Sie von der Arbeit, die Sie in den Aufbau Ihrer fachlichen Inhalte und die Betreuung eines eigenen Forums investieren. Rühren Sie als Affiliate-Partner für andere Onlineanbieter die Werbetrommel. Wählen Sie dabei Produkte und Dienste von Unternehmen, die zu den Themen Ihrer Website passen. Bei einer einfachen Form der Affiliate-Partnerschaft übernehmen Sie lediglich einen Link oder ein Banner des Partners auf Ihre Seiten. Klicken die Besucher diesen Verweis an, gelangen sie beispielsweise zur Anmeldeseite oder zum Shop des Händlers. Dabei wird über die URL ein Code mitgesendet, der die Zuordnung des Kunden zu Ihrem Account sicherstellt.

Andere Anbieter bieten Ihnen die Möglichkeit, vorgefertigte Bausteine mit Informationen zu den Produkten einzubauen und damit sogar einen kompletten Partnershop einzurichten. Sie eröffnen so quasi eine Filiale mit dem Grundaufbau, den Inhalten und der Funktionalität des kommerziellen Angebots. Der Provisionsmodus ist von Anbieter zu Anbieter unterschiedlich: Es wird, wie bereits vorgestellt, entweder auf Basis von Klicks abgerechnet, oder Sie erhalten Prozente vom vermittelten Umsatz. Bei manchen Anbietern werden auch bestimmte Aktionen wie das Abonnieren eines Newsletters oder das Bestellen eines Katalogs vergütet.

Ob Werbung oder eigener Onlineshop, grundsätzlich gilt: Sie bekommen kein Geld, ohne dafür zu arbeiten. Schließlich ziehen Ihre Seiten nur dann viele Besucher an, wenn Sie ein interessantes Thema anbieten und die Inhalte regelmäßig erneuern. Erst wenn täglich einige Hundert Besucher bei Ihnen vorbeischauen und sich ausgiebig im Angebot umsehen, werden Sie das im Geldbeutel spüren.

Wahl des richtigen Anbieters

Verweise auf Buchshops passen zu fast jeder Homepage. Verlinken Sie beispielsweise Literatur zu den Themen Kochen, Pferde, Fußball, Computerprogramme und Reisen. Führend ist dabei der Affiliate-Pionier Amazon (*www.amazon.de*).

Amazon-Partner: Zum Thema Spargel passen entsprechende Buchtipps mit direkter Bestellmöglichkeit.

Partnerprogramme bieten aber auch beispielsweise die beiden Auftritte des Anbieters buch.de unter *www.buch.de* und *www.bol.de* sowie das Kooperationsprojekt desselben Händlers mit der Thalia-Gruppe unter *www.thalia.de*. Neben Buchshops nutzen zahlreiche weitere Branchen das Affiliate-Prinzip. Anbieter tummeln sich beispielsweise in den Bereichen Reisen, Elektronikartikel und Kontaktbörsen. Aber auch etablierte Versandhäuser wie Otto, Neckermann, Heine und Baur bieten Partnerprogramme an. Oder richten Sie auf Ihrer Homepage in Kooperation mit *http://epresso.com* oder *http://spreadshirt.net* einen Merchandising-Shop mit individuell gestalteten T-Shirts, Mützen und Schirmen ein.

Merchandising-Idee: Verkaufen Sie mit Spreadshirt individuell gestaltete Community-T-Shirts.

Einen guten Überblick über Partnerprogramme gibt *www.affiliate-katalog.de*. Das Verzeichnis enthält nach Themen sortiert über 3.000 Anbieteradressen. Das Portal *www.100partnerprogramme.de* desselben Betreibers hilft Ihnen mit Nachrichten, Anleitungen und Tipps bei der Auswahl.

Die Website *www.affiliate.de* ist ebenfalls ein guter Ausgangspunkt für die Recherche. Hier gibt es ein gut besuchtes Forum, an das Sie sich mit Ihren Fragen wenden können. Problematischer ist hingegen die Google-Recherche zum Thema: Neben zahlreichen wertvollen Links enthält die Trefferliste auch viele unseriöse Websites. Hier ist es schwierig, die Spreu vom Weizen zu trennen. Ziehen Sie Google besser heran, wenn Sie sich bei der Auswahl eines bestimmten Anbieters gezielt nach Bewertungen und Erfahrungsberichten umsehen möchten.

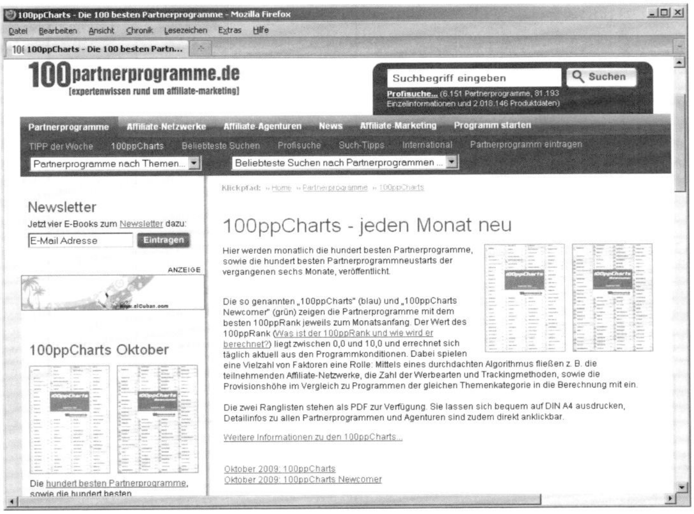

Bei 100partnerprogramme.de finden Sie monatlich aktualisierte Charts der besten Partnerprogramme.

Checkliste: Erfolgreich als Partner

Bei der Teilnahme am Affiliate-System eines seriösen Anbieters kann eigentlich nichts schiefgehen. Schließlich ist die Registrierung kostenlos. Das Risiko besteht lediglich darin, dass Ihr Abrechnungskonto wegen fehlender Besucherklicks nahezu leer bleibt und Sie die Zeit dann umsonst geopfert haben. Aber auch das lässt sich mit den folgenden Tipps vermeiden:

1. Entscheiden Sie sich für Affiliate-Anbieter, deren Produkte zum Thema Ihrer Website passen. Auch wenn die Provisionen möglicherweise hoch sind: Informieren Sie auf Ihren Seiten über Hundezucht, werden Links zu Flugreisen wohl nur wenig Beachtung finden.
2. Fragen Sie sich vor Abschluss des Partnervertrags, ob Sie die Produkte des Anbieters selbst kaufen würden. Stimmt die Qualität, und kann der Preis gegenüber herkömmlichen Vertriebswegen mithalten?
3. Beobachten Sie vor der Entscheidung, wie regelmäßig der Anbieter Informationen zu neuen Produkten verbreitet und wie ausführlich er über sein Sortiment informiert.
4. Sehen Sie sich die Möglichkeiten an, mit denen sich Produkte und Werbung in Ihre Seiten einbinden lassen. Sind sie ausführlich genug, und bieten sie genügend Flexibilität?
5. Schielen Sie bei der Auswahl des Partners nicht ausschließlich auf die Höhe der Provision. Entscheidend ist häufig auch die Zeit, die Sie für die Pflege und Aktualisierung der Werbelinks aufwenden müssen. Lassen sich die Verweise und An-

zeigen nur umständlich einbinden und ändert der Anbieter laufend die Zuordnungen, können Aufwand und Ertrag schnell in ein Missverhältnis geraten.

6. Wie hoch ist der Mindestbetrag für die Auszahlung? Je höher, desto länger dauert es, bis Sie an Geld kommen.
7. Fragen Sie in Foren nach, welche Erfahrungen andere Homepage-Betreiber bereits mit dem Programmanbieter gemacht haben. Eine gute Anlaufstelle hierfür ist beispielsweise *www.affiliate.de.*
8. Weniger ist mehr: Beschränken Sie sich auf wenige Betreiber und setzen Sie die Werbemittel behutsam ein. Ein mit Bannern und Links überfüllter Bildschirm stößt die Besucher eher ab, als dass er sie zum Weiterklicken motiviert.

7.3 Affiliate-Netzwerke nutzen

Nicht alle Händler nutzen eine eigene Plattform für das Partnersystem. So wickelt der Buchhändler libri.de (*www.libri.de*) sein Programm über die Affiliate-Netzwerke Affilinet (*http://affili.net*) und Zanox (*www.zanox.com/de/*) ab. Diese Dienstleister stellen libri.de die technische Plattform zur Verfügung und zahlen die Vergütungen an die Werbepartner aus. Neben libri.de haben sie noch zahlreiche andere Anbieter im Portfolio. Für Sie als Webmaster bietet das Einschalten des Vermittlers den Vorteil, dass Sie sich mit einer Registrierung bei mehreren Programmen gleichzeitig anmelden können. Die Vergütungen werden zudem auf einem Konto erfasst und in einem Betrag ausgezahlt. Sie kommen so meist schneller an Ihr Geld, da die häufig obligatorischen Mindestauszahlungsbeträge bei einer Gesamtsumme früher erreicht werden.

Namhafte Anbieter wie der ADAC, die Deutsche Bahn, Otto, Conrad und Tchibo, aber auch einige kleinere Händler sind mit ihren Produkten bei Affilinet vertreten. Im Auswahlkatalog informiert der Vermittler übersichtlich über die angebotenen Provisionen. Wer mehrere Homepages anmeldet, kann die Abrechnungen miteinander verbinden.

Bei Zanox lassen sich im Administrationsbereich Filter konfigurieren, mit denen Sie unerwünschte Werbung gezielt auf Ihren Seiten ausblenden. Auf den Rechnern der Surfer abgelegte Cookies stellen sicher, dass Ihnen auch noch Tage nach dem ersten Vermittlungskontakt generierte Umsätze gutgeschrieben werden.

Sehen Sie sich aber auch bei den folgenden Anbietern näher um:

- Belboon-Adbutler (*www.belboon.de*)
- TradeDoubler (*www.tradedoubler.de*)
- SuperClix (*www.superclix.de*).

8. Mit eigenem Weblog gutes Geld verdienen

Der Trend geht zum Onlinejournal. Immer mehr Internetnutzer verzichten auf die eher nüchterne Info-Homepage und schreiben stattdessen ein Blog. Politikerschelte, Programmiertipps, Kochrezepte oder Katzenfotos: Fast jedes Thema lässt sich im Gerüst eines Blogs – Einträge, Kommentare, Links – optimal platzieren. Daneben lässt sich mit Blogs auch vortrefflich Geld verdienen, wie Sie anhand zweier Beispiele sehen werden. Weblogs lassen sich recht unkompliziert mithilfe spezieller Softwarepakete oder noch schneller online erstellen. Damit der dauerhafte Erfolg gewährleistet ist, sind ein interessantes Thema und fesselnde Beiträge von größter Wichtigkeit. Darüber hinaus muss das Blog auch einem möglichst großen Publikum bekannt gemacht werden – erst recht, wenn es als sprudelnde Einnahmequelle dienen soll.

8.1 Erfolgreiche Beispiele

Mit Blogs lässt sich Geld verdienen. Insbesondere amerikanische Beispiele zeigen, dass Einnahmen zwischen 200 und 300 US-Dollar täglich möglich sind. Im deutschen Sprachraum sieht die Wirklichkeit zwar etwas anders aus, aber auch hier sind Einnahmen denkbar, mit denen man mehr als das Taschengeld aufbessern kann. Die zwei folgenden Beispiele sind der Beweis.

Weblog „Selbständig im Netz"

Peer Wandiger ist selbstständiger Webdesigner und Programmierer. Daneben betreibt er seit 2007 das erfolgreiche Weblog „Selbständig im Netz" (*www.selbstaendig-im-netz.de*), das nicht nur durch gute Ratschläge zum Geld verdienen im Internet glänzt, sondern ebenso Geschäftsmodelle vorstellt, den Erfolg von Marketingmaßnahmen analysiert und viele Tipps zur Kundengewinnung bereithält. Da Herr Wandiger seine umfangreichen Erfahrungen gern teilt, sich aber auch mit kritischen Anmerkungen nicht zurückhält, eignet sich das Blog als erste Anlaufstelle für Selbstständige und Existenzgründer, die das Internet optimal nutzen wollen.

Herr Wandiger, was war seinerzeit der Auslöser für die Einrichtung Ihres Weblogs?

Peer Wandiger: Vor etwa drei Jahren habe ich mich selbstständig gemacht. Dies ist natürlich kein Schritt, den man von heute auf morgen vollzieht. Vielmehr bedurfte er einer längeren Vorbereitung, die mir ebenso wie die anschließende Startphase Zeit ließ, viele Informationen, Hintergrundwissen und Erfahrungen zu sammeln. Das alles wollte ich nicht für mich allein behalten, sondern an andere Existenzgründer weitergeben. Hierfür bot sich ein Blog an, da dies ein Instrument ist, mit dem sich informative Beiträge ohne großen technischen und zeitlichen Aufwand veröffentlichen lassen.

Ihr erster Gedanke war also, Ihren Erfahrungsschatz mit anderen zu teilen. Inzwischen verdienen Sie mit Ihrem Weblog recht ordentlich. Wie kam es dazu?

Peer Wandiger: Ich hatte im Vorfeld schon mit ein paar Themenblogs – sozusagen als Testballons – erste Erfahrungen gesammelt. Ich wollte nun einen richtigen Anlauf zum Bloggen nehmen, und da passten die Schwerpunkte Selbstständigkeit und Internet sehr gut zusammen. Darüber hinaus hatte ich von amerikanischen Bloggern erfahren, die monatlich Tausende US-Dollar verdienen, und mein Ziel war es, herauszufinden, was in finanzieller Hinsicht für deutsche Fachblogs möglich ist.

Da wir beim Thema sind: Wie viel verdienen Sie mit Ihrem Weblog?

Peer Wandiger: Das ist schwer zu sagen. Ich habe mittlerweile die magische Grenze von knapp 2.000 Euro pro Monat erreicht. Allerdings kenne ich den einen oder anderen Blogger, der mehr verdient, das aber nicht öffentlich macht. Man kann davon schon leben, aber dieser Weg erfordert viel Arbeit und Durchhaltevermögen.

Das Weblog Selbständig im Netz gibt Ratschläge zum Geldverdienen im Internet, stellt Geschäftsmodelle vor und analysiert den Erfolg von Marketingmaßnahmen.

Wie setzen sich Ihre Blogeinnahmen zusammen?

Peer Wandiger: Mehr als die Hälfte der Einnahmen stammen aus dem Verkauf von Bannerplätzen. Mittlerweile habe ich pro Monat über 100.000 PageViews. Da kommen Werbekunden schon von selbst auf mich zu. Das hat zur Folge, dass es auf dem Blog schon seit Monaten keine freien Bannerplätze mehr gibt. Sehr gut entwickeln sich auch die Einnahmen durch Affiliate-Marketing. Allerdings setze ich dieses Instrument nur sehr zurückhaltend ein, um meine Leser nicht zu verärgern. In dieser Hinsicht sind mir eine langfristige positive Entwicklung und zufriedene Leser wichtiger, als kurzfristig ein paar Euro zusätzlich als Einnahmen zu verbuchen. Abgerundet werden die Einnahmen durch Google AdSense und bezahlte Posts, Letztere aber nur sehr vereinzelt und wenn das Thema passt.

Welche Einnahmequelle erweist sich als besonders lukrativ?

Peer Wandiger: Die Bannerverkäufe sind nicht nur lukrativ, sondern auch relativ sicher. Mit genügend Traffic und einer guten Zielgruppenausrichtung sind hier gute Einnahmen möglich. Allerdings habe ich über zwei Jahre gebraucht, um auf etwa 100.000 PageViews zu kommen. Dafür habe ich jetzt aber eine relativ enge Zielgruppe, die für Firmen besonders interessant ist. Im Affiliate-Marketing steckt sicher ebenfalls noch viel Potenzial, aber das werde ich, wie schon erwähnt, nur in beschränktem Maß einsetzen.

Wie viele Besucher steuern Ihr Weblog an?

Peer Wandiger: Es sind inzwischen mehr als 50.000 Besucher pro Monat. Das ist eine tolle Zahl, die ich vor zwei Jahren nie erwartet hätte – trotzdem versucht man natürlich ständig, sich immer wieder selbst zu übertreffen. Dabei verzichte ich jedoch bewusst auf irgendwelche Aktionen, die meist nur eine kurzfristige Steigerung zur Folge habe. Meine Besucherzahlen sind auch so stetig gestiegen, und mittlerweise halte ich ihre Konstanz für relativ sicher.

Wie haben Sie Ihr Blog bekannt gemacht?

Peer Wandiger: Zu Beginn habe ich in anderen Blogs kommentiert und versucht, möglichst hochwertige Artikel zu schreiben. Letzteres ist natürlich immer noch mein Ziel, jedoch nutze ich auch intensiv Twitter und Social Websites zur Vermarktung. Und natürlich habe ich auch eine gewisse Suchmaschinenoptimierung vorgenommen, ohne allerdings irgendwelche unerlaubten Dinge zu tun.

Wie hoch ist der geschätzte Pflegeaufwand für Ihr Blog?

Peer Wandiger: Derzeit investiere ich monatlich etwa 50 bis 60 Stunden. Darin sind das Schreiben von Artikeln und die Kommunikation mit Werbekunden enthalten. Hinzu kommt noch der zeitliche Aufwand für das gelegentliche Freischalten von Kommentaren oder das Antworten auf Leserbeiträge. Es ist hilfreich, wenn man gern schreibt und wirklich etwas erreichen will. Wer nur bloggt, wenn er „in Stimmung" ist, hat vielleicht einen sympathischen privaten Blog. Er wird aber nicht wirklich auf Dauer erfolgreich sein.

Zum Schluss noch eine indiskrete Frage: Muss man als Betreiber ein Weblog beim Finanzamt melden?

Peer Wandiger: Wenn man damit regelmäßige Einnahmen hat, gelten für einen Blogger dieselben Regeln wie für jeden anderen Gewerbetreibenden.

Weblog „neunzehn72"

Patrick Ludolph betreibt seit 2006 das Weblog *http://neunzehn72.de/*, das sich vorrangig mit digitaler Fotografie und Apple-Produkten befasst, aber auch Tipps und Hintergrundwissen zu WordPress und Blogs anbietet. Der Wahl-Hamburger ist zudem seiner Heimatstadt sehr verbunden, was sich auch in vielen Beiträgen widerspiegelt.

Herr Ludolph, Sie machen keinen Hehl daraus, dass Sie mit Ihrem Blog Ihr Taschengeld aufbessern. In welchem Rahmen bewegen sich denn Ihre Einnahmen?

Patrick Ludolph: Die monatlichen Einnahmen schwanken meist zwischen 800 und 1.000 Euro. Läuft es in einem Monat besonders gut, können es aber auch schon mal 1.500 Euro sein. Das war allerdings nicht von Anfang an so. Zu Beginn sprang finanziell fast gar nichts heraus, und auf meine erste Google AdSense-Auszahlung musste ich über ein Jahr warten. Im zweiten Jahr stiegen die Einnahmen dann deutlich an, und seit etwa einem Jahr kann ich von einem regelmäßigen und halbwegs stabilen Erlös ausgehen.

Das Weblog http://neunzehn72.de befasst sich vorrangig mit digitaler Fotografie und Apple-Produkten, bietet aber auch Tipps und Informationen zu WordPress und Blogs.

Wie viele Leser besuchen Ihr Blog?

Patrick Ludolph: Im September 2009 waren es ca. 80.000 Unique-User, die etwa 120.000 PageViews erzeugt haben.

Wie haben Sie Ihr Weblog bekannt gemacht?

Patrick Ludolph: Das ist gar nicht so einfach zu beantworten. Am Anfang war ich schon stolz, wenn ich überhaupt Surfer hatte, die mein Blog aus freien Stücken besuchten. Inzwischen erhalte ich den meisten Traffic über die Google-Suche (ca. 85 Prozent). Voraussetzung hierfür war jedoch eine entsprechende Optimierung des Weblogs. Auch achte ich bei meinen Artikeln immer darauf, dass sie sich für die Suchmaschine eignen, also beispielsweise brauchbare Keywords enthalten. Außerdem ist im Laufe der Zeit ein kleines Netzwerk mit anderen Bloggern entstanden, die sich für ähnliche Themen interessieren. Man empfiehlt sich gegenseitig weiter und erhöht damit gleichzeitig den eigenen Bekanntheitsgrad. Im Endeffekt haben sich aber sicher die Authentizität meiner Beiträge und die Beharrlichkeit ausgezahlt, mit der ich blogge.

Wie analysieren Sie den Erfolg Ihres Blogs?

Patrick Ludolph: Um die Frage zu beantworten, muss man sich selbst im Klaren darüber sein, wie man den Erfolg eines Weblogs definiert. Für mich gibt es hierfür zwei zentrale Ziele: Das eine ist das Geld, das andere sind die Kontakte und Diskussionen mit meinen Besuchern. Ob ich das erste Ziel erreicht habe, zeigt mir der Blick auf meinen Kontoauszug ;-) Um festzustellen, wie nah ich dem zweiten Ziel bin, verwende ich Google Analytics. Ich bin glücklich, wenn die Zahl der Besucher jeden Monat um 5 bis 10 Prozent zunimmt. Leider klappt das nicht immer, manchmal nimmt die Zahl auch ein wenig ab.

Was empfehlen Sie jemandem, der mit der Bloggerei starten möchte, um sein Einkommen aufzubessern?

Patrick Ludolph: Bei den vielen Blogs, die es inzwischen gibt, ist es wichtig, ein interessantes Thema zu besetzen und eine eigene Handschrift zu finden. Dann gilt es eigentlich nur noch, gute Artikel zu schreiben und den Bekanntheitsgrad des Blogs zu erhöhen. Wer bei alldem Beständigkeit zeigt, wird mit Sicherheit in absehbarer Zeit Erfolg haben. Bis dahin rate ich jedoch, den Gesichtspunkt des Geldverdienens erst einmal nicht in den Mittelpunkt zu stellen, um große Enttäuschungen zu vermeiden.

8.2 Wichtige Erfolgsfaktoren für das eigene Weblog

Frosta bloggt, das Berlin Plaza Hotel bloggt und Google sowieso. Haben bisher überwiegend private User eigene Onlinetagebücher eingerichtet, so erkennen mittlerweile auch immer mehr Firmen das Potenzial dieses zusätzlichen Kommunikationskanals. Ob zu Gott und der Welt oder zu einem fest umrissenen Thema, mit einem Weblog lassen sich sehr einfach Informationen, Gedanken und Meinungen im Internet veröffentlichen. Das A und O eines erfolgreichen Weblogs sind spannende und abwechslungsreiche Geschichten, die zum Lesen animieren. Achten Sie dabei auf einen lockeren Schreibstil, der sich von den meist formelleren Ausführungen auf der eigenen Homepage abheben sollte. Je interessanter und origineller Ihre Artikel geschrieben sind, umso größer ist die Chance, dass die Besucher regelmäßig vorbeischauen.

Blogs fördern aber auch die Interaktion: Brechen Sie mit einem Weblog aus dem starren Korsett eines klassischen Einbahnstraßen-Informationsangebots aus und bieten Sie den Lesern die Möglichkeit zum unmittelbaren Feedback. Bei allen gängigen Tools lässt sich eine Kommentarfunktion aktivieren, über die die Besucher eigene Statements direkt auf der jeweiligen Blogseite einfügen können.

Onlineservice oder Software?

Mit komfortablen Onlinediensten lässt sich das eigene Journal ohne großen Aufwand in wenigen Minuten einrichten. Für fortgeschrittene User besteht zudem die Möglichkeit, eine leistungsfähige Blogsoftware auf dem eigenen Webserver zu installieren. Beide Varianten gibt es als kostenlose und kostenpflichtige Lösungen.

Kostenlose Onlinedienste finden Sie unter den folgenden Adressen:

- *www.blogger.com*
- *www.blogger.de*
- *www.twoday.net*
- *www.myblog.de*
- *www.blog.de*
- *www.blogg.de*
- *www.bloglines.com*

Beliebte Blogskripten für den eigenen Webspace sind

- WordPress (*http://wordpress.org*)
- Serendipity (*www.s9y.org*)
- Movable Type (*www.movabletype.com*)

Die Ausstattungsmerkmale zahlreicher Systeme lassen sich komfortabel unter *www.weblogmatrix.org* vergleichen.

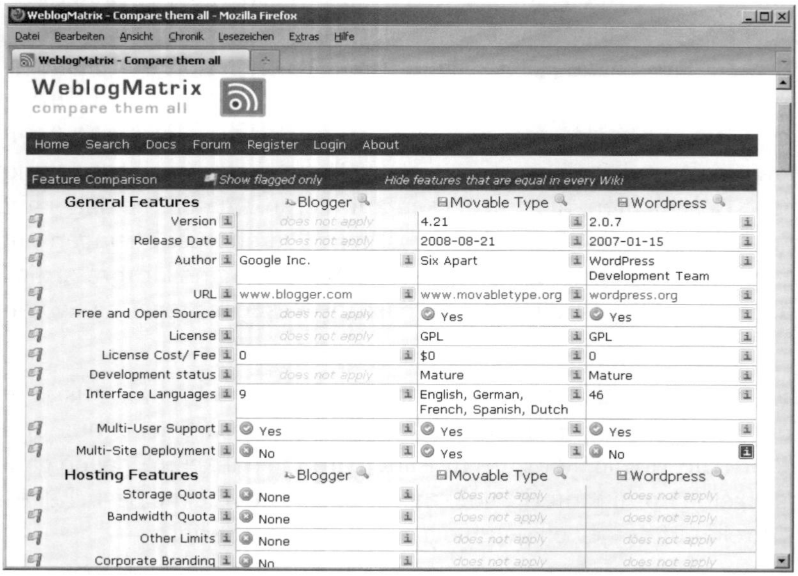

Wählen Sie bei WeblogMatrix beliebige Blogsysteme aus und stellen Sie deren Voraussetzungen und Funktionen in einer Liste gegenüber.

Module des Webhosters

Sehen Sie sich auch einmal im Administrationsbereich Ihres Webhosting-Providers um. Bei STRATO und 1&1 steht den Kunden beispielsweise eine Weblog-Funktion als Teil des Webhosting-Pakets zur Verfügung.

Bei Onlinediensten haben Sie den Vorteil, dass Sie keine Skripten installieren und sich auch nicht um spätere Updates kümmern müssen. In wenigen Minuten steht Ihr neues Tagebuch. Nachteilig bei einigen Anbietern: Die Webadresse des neuen Blogs richtet sich nach der URL des Providers und ist somit häufig sehr lang und wenig individuell. Bei vielen Diensten lassen sich zusätzliche Inhalte und Links zudem schwierig oder gar nicht auf den Blogseiten einfügen. Bisweilen müssen Sie bei einer kostenlosen Version des Tagebuchs außerdem Werbung in Kauf nehmen.

Höheren Aufwand bei der Installation, aber auch deutlich mehr Flexibilität bieten Blogprogramme, die sich auf dem eigenen Webspace einrichten lassen. Voraussetzung dafür ist, dass die jeweilige Skriptsprache – zumeist PHP – unterstützt wird und eine entsprechende Datenbank – zumeist MySQL – zur Verfügung steht. Sie sollten sich zudem gut mit HTML und CSS auskennen, um Struktur und Gestaltung den eigenen Wünschen entsprechend anpassen zu können. Planen Sie für die Installation etwas Zeit ein. Eine ausführliche Anleitung zum Einrichten des meistgenutzten Tools WordPress finden Sie online unter *http://codex.wordpress.org/Installing_WordPress*.

Da die Programme auf zahlreichen Plattformen eingesetzt werden, sind sie durchweg sehr ausgereift und erfordern kaum Wartung.

Auswahlkriterien für das Blogsystem

Weblog-Systeme zeichnen sich vor allem durch eine schnelle und einfache Bedienung aus. Selbst wenig erfahrene Computernutzer kommen mit den übersichtlichen Funktionen gut zurecht. In der Ansicht für die Leser sind die Onlinetagebücher chronologisch sortiert, wobei die neusten Beiträge oben auf der Startseite eingefügt werden. Ältere Artikel wandern nach einer vorgegebenen Zeitspanne oder ab einer bestimmten Anzahl von Einträgen automatisch in ein Archiv. Achten Sie bei der Auswahl Ihrer Bloglösung darauf, dass sie sogenannte Permalinks unterstützt. Jeder Artikel ist damit über eine feste Webadresse erreichbar. Die Adresse erlaubt es, ihn in anderen Blogs oder Websites dauerhaft zu verlinken.

Eine Trackback-Funktion gehört ebenfalls zum Standardumfang von Weblogs. Sie zeigt an, welche anderen Blogger auf Ihre Beiträge verweisen. Bei komfortablen Blogsystemen werden diese Rückverweise automatisch erzeugt. Auf der Höhe der Zeit sind zudem Blogs, die die Inhalte parallel als Newsfeeds ablegen. Ihre Stammleser können einen solchen Feed mit einem entsprechenden Reader, dem Browser oder beispielsweise der neusten Outlook-Version abonnieren. So sind die Nutzer stets auf dem aktuellen Stand, ohne ständig auf Ihrer Website vorbeischauen zu müssen. Zum Komfort einer guten Blogsoftware gehören zudem eine integrierte Suchfunktion sowie die Möglichkeit, Beiträge zeitgesteuert zu veröffentlichen. Und wer im Team oder lediglich für einen begrenzten Nutzerkreis bloggen möchte, sollte auf ein Modul achten, mit dem man Schreib- und Leseberechtigungen für Autoren und Leser vergeben kann.

Erfolgsfaktoren für Ihr Weblog

Spannende Themen und eine kreative Schreibe reichen nicht aus, um ein erfolgreiches Weblog zu betreiben. Beachten Sie neben diesen zugegebenermaßen sehr wichtigen Faktoren vor allem die folgenden Grundregeln für ein attraktives Onlinetagebuch:

Prägnanter Name

Wählen Sie für Ihr Weblog einen aussagekräftigen, interessanten und zugleich kurzen Namen. Kreative Bezeichnungen wecken das Interesse der Surfer. Und je ungewöhnlicher ein Name ist, umso besser lässt er sich einprägen. Verwenden Sie diesen Namen dann auch als individuelle Domainbezeichnung für Ihr Weblog. Die Adresse *www.topfgucker-blog.de* merken sich die Leser leichter als eine längere URL des Blog-Hosters wie *http://topfgucker.webloganbietername.com*. Lässt sich das Weblog nicht unmittelbar auf dem eigenen Webspace einrichten, sollten Sie die Besucher zumindest über die eigene Kurzdomain zum Blogspace umleiten.

Interessante Überschriften

Bei den einzelnen Blogbeiträgen kommt es vor allem auf gut gewählte Überschriften an. Sie sollten auf den Inhalt des Texts hinweisen und gleichzeitig auch neugierig machen. Ein Spagat, der manchmal gar nicht so leicht ist. Die Titel sind jedoch das Erste, was die Surfer beispielsweise bei der Google-Suche oder im RSS-Reader sehen. Sie haben die wichtige Funktion, die potenziellen Leser in das Blog zu ziehen.

Klare Themenvorgabe

Weblogs, die über alles Mögliche schreiben, gibt es wie Sand am Meer. Es verspricht daher mehr Erfolg, sich mit seinem Blog auf ein spezielles Thema festzulegen. Das erhöht die Chance, einen festen Leserstamm zu gewinnen. Behalten Sie Ihren roten Faden im Blick, um die Erwartungshaltung der Besucher zu erfüllen. Der Nutzwert für die Leser sollte stets im Vordergrund stehen. Dabei sind Links zu weiterführenden Inhalten oder den benutzten Quellen sehr hilfreich.

Qualität vor Quantität

Sie müssen nicht jeden Tag einen neuen Beitrag in Ihrem Blog veröffentlichen. Die Besucher werden vor allem die Qualität Ihrer Artikel zu schätzen wissen. Legen Sie Wert auf eine gute Recherche und einen unterhaltsamen Schreibstil. Wichtiger als die Länge der Intervalle zwischen den Beiträgen ist die Regelmäßigkeit. Bei Blogs mit sehr guten Beiträgen bleiben die Leser auch im Turnus von einer oder zwei Wochen noch am Ball. Hilfreich kann der Wechsel von ausführlichen Beiträgen und Kurzartikeln sein.

Paralleler Themenzugang

Die meisten Weblogs sind rein chronologisch angelegt. Die neusten Artikel werden oben auf der Startseite eingefügt, und sie wandern in der gleichen Reihenfolge in das Archiv. Falls es die Software erlaubt, sollten Sie jedoch auch eine zusätzliche thematische Gliederung nutzen. So haben es die Leser leichter, das Archiv nach interessanten Texten zu einem bestimmten Thema zu durchsuchen.

Ausführliches Autorenprofil

Bei Blogs kommt es den Besuchern nicht nur darauf an, was geschrieben wird, sondern auch wer es schreibt. Der oder die Autoren sollten sich daher kurz und prägnant sowie möglichst mit einem Bild vorstellen. Das schafft eine persönlichere Basis.

Achten Sie bei den Fotos jedoch auf Qualität. Ein verwackeltes Passbild dürfte eher kontraproduktiv wirken.

Best-of-Liste

Verlinken Sie besonders erfolgreiche Beiträge Ihre Blogs – selbst wenn sie schon etwas älter sind – exponiert an einer zentralen Stelle auf der Startseite. Vor allem neue Besucher können sich so einen guten ersten Eindruck verschaffen.

Rechte beachten

Die verlockende Möglichkeit, Textbausteine, Bilder oder Sounds ohne Nachfrage aus anderen Quellen zu übernehmen, kann gleich doppelt nach hinten losgehen: Zum einen verletzen Sie damit die Urheberrechte Dritter, die bei Aufdeckung des Verstoßes ihren Schaden geltend machen können. Zum anderen verlieren Sie massiv an Vertrauen bei den Lesern, wenn diese vom Betrug erfahren. Setzen Sie daher ausschließlich auf eigene Inhalte, schließlich machen die Ihr Weblog so einzigartig.

8.3 Ihren Blog mit WordPress einrichten

Die wohl meistgenutzte Blogsoftware für den eigenen Webserver ist das Open-Source-Projekt WordPress (*http://wordpress.org*). Wir zeigen Ihnen, wie Sie die kostenlose Webanwendung in nur wenigen Schritten einrichten und an Ihre individuellen Bedürfnisse anpassen.

Datenbank anlegen

Voraussetzung für die Installation ist, dass Ihr Webspace PHP ab Version 5.0 unterstützt und den Zugriff auf eine MySQL-Datenbank erlaubt. In dieser Datenbank legt WordPress sämtliche Daten und Artikel ab. Richten Sie sie zuerst auf dem Webserver ein. Manche Webhoster bieten dafür spezielle Funktionen an, bei denen ein Mausklick genügt. Eine entsprechende Schaltfläche finden Sie beispielsweise bei STRATO (*www.strato.de*) im Kundenbereich des jeweiligen Webhosting-Pakets unter dem Menüpunkt *Datenbankverwaltung*. Notieren Sie nach der Einrichtung die angezeigten Namen des Servers, der Datenbank und des Nutzers. Weiterhin benötigen Sie zur Installation von WordPress das zur Benutzerkennung passende Passwort.

Bietet Ihr Provider keine spezielle Funktion zum Anlegen einer Datenbank an, steht Ihnen auf dem Webspace aber vielleicht phpMyAdmin (*www.phpmyadmin.net*) zur Verfügung. Dieses Skript hat sich als Standardprogramm für die Administration von MySQL-Datenbanken etabliert. Starten Sie die Oberfläche über den entsprechenden Link und geben Sie in das Feld *Neue Datenbank anlegen* auf der Startseite beispielsweise „wpdb“ ein. Mit *anlegen* ist die neue Datenbank dann bereits verfügbar. Wechseln Sie über den Link *Server: ...* im Kopf der Seite zurück zur Startseite und folgen Sie dem Link *Rechte*. Klicken Sie auf *Neuen Benutzer hinzufügen* und tragen Sie in die folgende Maske einen Benutzernamen und gleich zweimal ein selbst erdachtes Passwort ein. Über *OK* legt das System den Benutzer an. Weisen Sie diesem nun die erforderlichen Rechte zu. Wechseln Sie dazu erneut in das Register *Rechte* und klicken Sie das Symbol *Rechte ändern* hinter dem Namen des neuen Benutzers in der Liste an. Wählen Sie in der Liste unter *Datenbankspezifische Rechte* den Namen der Datenbank aus und kreuzen Sie auf der folgenden Seite alle Auswahlkästchen an. Mit *OK* schließen Sie die Einrichtung der Datenbank ab.

Zugangsdaten eingeben

WordPress gibt es als englischsprachiges Original sowie als eingedeutschte Version unter *http://wordpress-deutschland.org*. Fehler und Sicherheitslücken werden von den Entwicklern zwar immer zuerst in der Ursprungsversion behoben, jedoch dauert es meist nur wenige Tage, bis die deutsche Edition nachzieht. Packen Sie das ZIP-Archiv auf Ihrer lokalen Festplatte aus und wechseln Sie über den Windows-Explorer in das Verzeichnis *wordpress*. Öffnen Sie die Datei *wp-config-sample.php* mit dem Windows-Editor und ersetzen Sie jeweils den zweiten Parameter der folgenden Zeilen durch die tatsächlichen Zugangsdaten der Datenbank:

- `define('DB_NAME', 'Datenbankname');`
- `define('DB_USER', 'Benutzername');`
- `define('DB_PASSWORD', 'Passwort');`
- `define('DB_HOST', 'localhost');`

Notieren Sie bei *DB_HOST* entweder *localhost* oder die vom Webhoster vorgegebene Adresse des Datenbankservers. Speichen Sie das Ergebnis als Datei *wp-config.php* im Stammverzeichnis von WordPress ab. Laden Sie den kompletten Ordner *wordpress* in das oberste Verzeichnis Ihrer Website hoch.

WordPress installieren

Rufen Sie *www.ihredomain.de/wordpress/* im Browser auf. Wenn Sie alles richtig eingegeben haben, erscheint der Begrüßungsbildschirm der Installationsroutine. Er verspricht die „berühmte 5-Minuten-Installation“. Geben Sie Ihrem Weblog bei *Blogtitel* einen Namen und tragen Sie in das Feld darunter Ihre E-Mail-Adresse ein.

Möchten Sie Ihr Blog erst einmal nur testen und noch nicht im großen Stil bekannt machen, entfernen Sie den Haken bei *Ich möchte, dass mein Blog in Suchmaschinen wie Google oder Technorati erscheint*. Sie haben jederzeit die Möglichkeit, die Einstellung über den WordPress-Menüpunkt *Einstellungen/Privatsphäre* nachzuholen. Klicken Sie schließlich auf *WordPress installieren*.

Der Start der 5-Minuten-Installation: Geben Sie einen Titel und Ihre E-Mail-Adresse ein.

Das Skript benötigt wenige Sekunden für die Einrichtung. Es erscheint eine Webseite, die Ihnen neben dem Benutzernamen *admin* ein automatisch generiertes Passwort für die Anmeldung beim Blogsystem präsentiert. Sie erhalten diese Daten parallel per E-Mail. Notieren Sie sich das kryptische Passwort zur Sicherheit zusätzlich auf einem Zettel. Klicken Sie auf *Anmelden* und geben Sie als Benutzer „admin" sowie das Administratorpasswort ein. Mit einem weiteren *Anmelden* landen Sie im Administrationsbereich. Dieser Bereich ist bei späteren Sitzungen über die Adresse *www.ihredomain.de/wordpress/wp-admin/* erreichbar. Das Weblog selbst rufen Sie aus Nutzersicht über *www.ihredomain.de/wordpress/* auf.

Das Blog aus Lesersicht: Ein Testartikel ist bereits eingestellt.

Layout anpassen

Im Administrationsbereich lassen sich diverse Einstellungen vornehmen, außerdem können Beiträge eingestellt und gelöscht werden. Ein Menü mit verschiedenen Kategorien und Funktionen finden Sie auf der linken Seite des Fensters.

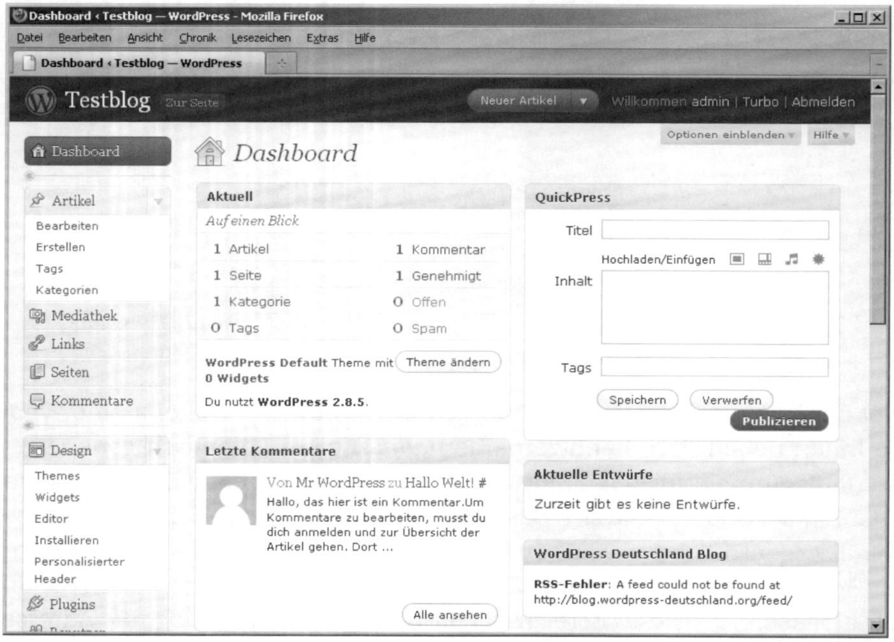

Der Administrationsbereich direkt nach der Installation: Das Menü finden Sie auf der linken Seite.

Über den Pfeil hinter dem Namen klappen Sie eine Kategorie auf- und wieder zu. Ändern Sie zuerst das Passwort. Rufen Sie *Benutzer/Dein Profil* auf. Als letzten Eintrag finden Sie auf der Seite *Neues Passwort*. Geben Sie in die Felder das Kennwort doppelt ein.

Das Weblog hat ein Standardlayout mit einer hellblauen Fläche im Kopfbereich. Sind Sie mit der Anordnung der Seitenelemente grundsätzlich zufrieden und möchten lediglich die Farben leicht anpassen, rufen Sie *Design/Personalisierter Header* auf. Über eine Farbpalette lassen sich die Schriftfarbe sowie der Farbverlauf hinter dem Blognamen ändern.

Im Quellcode ändern

Kennen Sie sich mit CSS gut aus, können Sie noch tiefer in die Umgestaltung einsteigen. Klicken Sie auf *Design/Editor*. Ändern Sie im Bearbeitungsfeld unmittelbar den Code der Stylesheets. Rechts neben dem Feld wechseln Sie zu den Templates für die unterschiedlichen Blogelemente.

Per Mausklick können Sie die Farbe des Texts und des Hintergrundverlaufs im Kopfbereich ändern.

Oberfläche wechseln

Eine komplett neue Optik verleihen Sie Ihrem Blog mit sogenannten Themes. Mit diesen Vorlagen wechseln Sie nicht nur die Farbgebung, sondern auch die komplette Aufteilung der Seiten. Zudem sorgen bei den meisten Templates zusätzliche Grafikelemente für Abwechslung. Es gibt zahlreiche Quellen mit kostenlosen und kommerziellen Angeboten. Allein im offiziellen WordPress-Katalog unter *http://wordpress.org/extend/themes* finden Sie über 1.000 Vorlagen. Weitere rund 200 Themes stehen unter *http://themes.wordpress-deutschland.org* zum Download bereit.

Ein neues Theme lässt sich in drei Schritten installieren:

1. Übernehmen Sie das ZIP-Archiv auf Ihre Festplatte und entpacken Sie es.
2. Laden Sie den gesamten Ordner unter */wordpress/wp-content/themes* auf den Webserver hoch.
3. Rufen Sie im WordPress-Administrationsbereich *Design/Themes* auf und klicken Sie auf den Link *Aktivieren* unter dem jeweiligen Vorschaubild. Schon erscheint das Blog im neuen Glanz.

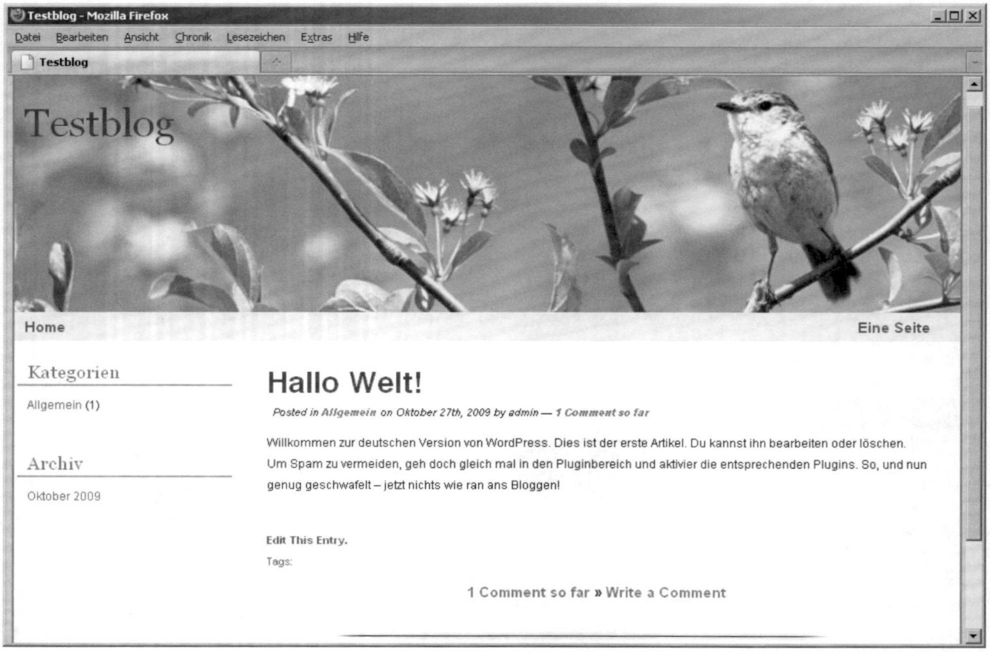

Dasselbe Blog, ein anderes Theme: Ändern Sie die Farben und die Anordnung nach Belieben.

Ersten Eintrag schreiben

Erstellen Sie jetzt Ihren ersten Tagebucheintrag: Rufen Sie *Artikel/Erstellen* auf und tragen Sie in das erste Feld den Titel und in das zweite den Text des Beitrags ein. Im Textfeld lassen sich die üblichen Formate zur Schrift- und Absatzgestaltung verwenden. Gestalten Sie einzelne Textpassagen fett oder kursiv und formatieren Sie beispielsweise mehrere Zeilen als Aufzählungsliste. Die eingebaute Rechtschreibprüfung lässt sich über den Pfeil am Symbol *Abc* auf *German* umstellen. Geben Sie den Text so ein, wie Sie es beispielsweise von Word her gewohnt sind. Über die Schaltfläche *Vollbildmodus ein/aus* dehnen Sie das Eingabefeld auf die gesamte Fenstergröße aus. So haben Sie mehr Platz und sehen einen größeren Ausschnitt des Texts.

Über das Symbol *Werkzeugleiste anzeigen/verstecken* schalten Sie eine weitere Symbolleiste hinzu, die zusätzliche Formatierungs- und Bearbeitungsfunktionen anbietet. Unter anderem können Sie darüber die Schriftfarbe ändern und Aktionen rückgängig machen. Klicken Sie in der Rubrik *Publizieren* auf der rechten Fensterseite *Speichern* an, um den Text zwischenzuspeichern. Mit *Vorschau* betrachten Sie das Ergebnis der Arbeit aus Nutzersicht. Die Liveversion des Weblogs bleibt davon jedoch unberührt. Sind Sie zufrieden, stellen Sie den Artikel über die Schaltfläche *Publizieren* für alle sichtbar in das Weblog ein.

Interaktion zulassen

Weblogs sind aber in der Regel keine Einbahnstraßen. So sind bei den meisten Betreibern Kommentare und gegenseitige Verweise ausdrücklich erwünscht. Aktivieren Sie dazu die Optionen am Ende der Seite *Neuer Artikel*. Über *Kommentare zu diesem Artikel erlauben* bieten Sie den Nutzern die Möglichkeit, Statements unmittelbar zum jeweiligen Text abzugeben. Die Besucher müssen dazu den Kommentarlink unter dem Beitrag anklicken sowie das Formular am Ende des Texts ausfüllen und abschicken.

Unter *Einstellungen/Diskussion* legen Sie fest, wie Sie grundsätzlich mit Kommentaren umgehen möchten. Lassen Sie von den Einsendern beispielsweise zwingend einen Namen und eine E-Mail-Adresse eingeben oder sehen Sie mit der Optionen *Benutzer müssen zum Kommentieren registriert und angemeldet sein* sogar eine Pflicht zur Registrierung vor. Zudem können Sie sich per E-Mail benachrichtigen lassen, sobald ein neuer Kommentar eintrifft. Eine durchgängige Moderation des Blogs aktivieren Sie über *muss jeder Kommentar von einem Administrator überprüft werden*. Kommentare erscheinen damit nur auf den Seiten, wenn Sie sie ausdrücklich freigeben. WordPress lässt sich zudem für bestimmte Begriffe sensibilisieren. Geben Sie bei *Kommentarmoderation* und *Kommentar-Blacklist* Wörter ein, auf die das System in den Texten der Besucher achtet. Lassen Sie sich bei Verwendung entweder zur Freischaltung auffordern oder halten Sie das System dazu an, die betreffenden Kommentare direkt als Spam einzustufen und zu ignorieren.

Mit der Option *Trackbacks und Pingbacks für diesen Artikel zulassen* ermöglichen Sie direkte Verknüpfungen Ihrer Seiten mit anderen Blogs. Ist die Einstellung aktiviert, enthält der jeweilige Beitrag einen zusätzlichen Trackback-Link. Erstellt ein anderer Autor einen Text zum gleichen Thema, kann er einen Trackback an diesen Link senden. Ein kurzer Ausschnitt des Fremdbeitrags mit einer entsprechenden Verknüpfung erscheint dann automatisch unterhalb Ihres Artikels. Umgekehrt haben Sie ebenfalls die Möglichkeit, einen Verknüpfungswunsch an ein anderes Blog zu senden. Eigene Trackbacks übermitteln Sie im Feld *Sende Trackbacks an*. Beim Pingback genügt es, wenn die Verweisziele im Artikeltext als Links eingefügt sind. Das Blogsystem gibt den zitierten Seiten automatisch einen Hinweis. Die Technik wird von WordPress, aber nicht von jeder Blogsoftware unterstützt.

Beitrag ändern

Bei einem scharf geschalteten Text lassen sich jederzeit Ergänzungen und Korrekturen vornehmen. Rufen Sie *Artikel/Bearbeiten* auf und klicken Sie den Titel des jeweiligen Eintrags an. Sie landen wieder in der bekannten Bearbeitungsansicht. Übernehmen Sie die Anpassungen per Schaltfläche *Artikel aktualisieren* in das Blog. Beim Erstellen und Bearbeiten stehen übrigens zwei Modi zur Auswahl: Im Register

Visuell sehen Sie den Text in der sogenannten WYSIWYG-Ansicht. Sie nehmen die Formatänderungen direkt am Layout vor.

Die Ansicht Visuell: Erfassen Sie neue Beiträge im Layoutmodus.

In der Ansicht *HTML* enthält das Eingabefeld hingegen neben dem Text die Befehle, die für die Gestaltung verantwortlich sind. Die Schaltflächen in der Symbolleiste sind entsprechend an die Namen der HTML-Tags angepasst.

Die Ansicht HTML: Sie sehen bei der Eingabe die Befehle, die für die Gestaltung verantwortlich sind.

Haben Sie einen Eintrag verfrüht online gestellt oder möchten ihn aus bestimmten Gründen zumindest vorübergehend aus dem Netz nehmen, stellen Sie wieder den Entwurfsmodus ein. Klicken Sie dazu in der Rubrik *Publizieren* den Link *Bearbeiten* hinter *Status* an. Wählen Sie in der nun erscheinenden Liste *Entwurf* aus und bestätigen Sie dies mit *OK*. Über *Artikel aktualisieren* wird die Änderung wirksam. Sie entfernen einen Beitrag komplett, indem Sie in der Übersichtsliste *Artikel bearbeiten* die Maus über den Namen halten und *Löschen* aufrufen.

Bilder hinzufügen

Mit ansprechenden Fotos bringen Sie Leben in das Blog. Das System verwaltet die Grafikdateien in der sogenannten Mediathek. Klicken Sie in der gleichnamigen Rubrik des Menüs den Eintrag *Datei hinzufügen* an. Über *Datei auswählen* legen Sie die Datei fest, die Sie hochladen möchten. Greifen Sie auf die gängigen Webformate GIF, JPG oder PNG zurück und bestätigen Sie die Auswahl mit *Öffnen*. WordPress bittet Sie um die Eingabe eines Titels, einer Beschriftung und einer Beschreibung. Über die Mediathek steht das Foto nun für alle Artikel zur Verfügung.

Rufen Sie den jeweiligen Beitrag zur Bearbeitung auf und stellen Sie den Cursor an die Stelle des Texts, an der Sie die Grafik einbinden möchten. Neben *Hochladen/Einfügen* finden Sie das Symbol *Bild hinzufügen*. Wechseln Sie in das Register *Mediathek* und klicken Sie neben dem gewünschten Bild auf *Anzeigen*. Legen Sie bei *URL* fest, ob und wie Sie die Grafik verlinken möchten. Mit *Datei-URL* verknüpfen Sie sie mit der Originalversion in der höchsten Auflösung. Der Link *Artikel-URL* führt die Besucher auf die Unterseite mit dem Beitrag. Entscheiden Sie bei *Ausrichtung*, wie das Bild im Text positioniert sein soll. WordPress hat das Foto beim Hochladen in die Mediathek automatisch in unterschiedlichen Größen angelegt. Wählen Sie zwischen den Auflösungen *Vorschaubild*, *Mittelgroß*, *Groß* und *vollständige Größe*.

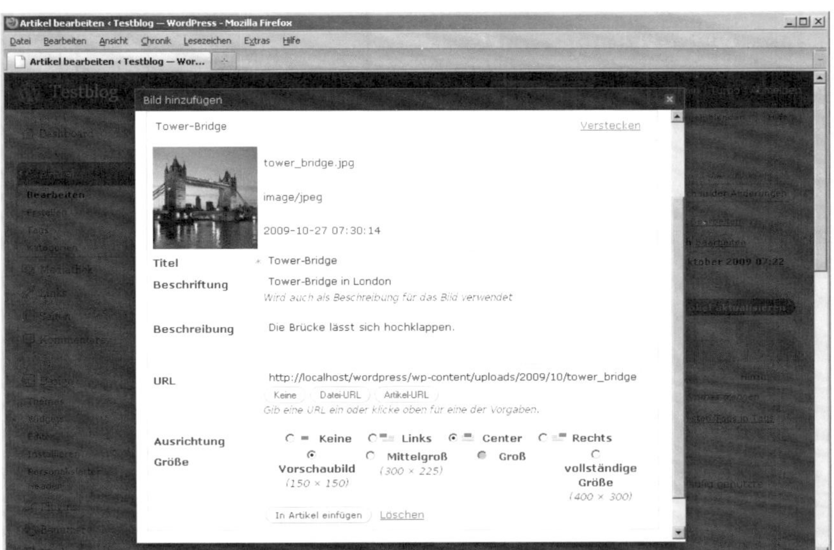

Wählen Sie beim Einfügen eines Bilds zwischen vier verschiedenen Größen aus.

Mit *In Artikel einfügen* übernehmen Sie die Grafik in den Beitrag. In der Ansicht *Visuell* finden Sie das Bild mitten im Text. Es lässt sich mit der Maus an eine beliebige andere Stelle ziehen. Klicken Sie die Grafik an, erscheinen in der linken oberen Ecke zwei Symbole. Rufen Sie *Bild bearbeiten* auf und wechseln Sie in das Register *Erweiterte Einstellungen*. Hier lassen sich der Rand sowie der horizontale und vertikale Abstand zum Text als Pixelwerte definieren.

Das Bild im Blogbeitrag: Der Inhalt des Felds Beschriftung erscheint als Untertitel.

Kategorien zuordnen

Prinzipiell können Sie sämtliche Beiträge hintereinander und ohne weitere Gliederung in Ihr Blog einfügen. Mit der Zuordnung zu themenbezogenen Kategorien helfen Sie den Lesern jedoch dabei, für sie besonders interessante Inhalte herauszupicken. Berichten Sie auf Ihren Seiten beispielsweise über Urlaubsziele, könnte eine Unterscheidung zwischen Städtetouren und Fernreisen sinnvoll sein. Vielleicht untergliedern Sie abhängig von der Anzahl der beschriebenen Ziele auch noch zwischen Europa und anderen Kontinenten.

Legen Sie Kategorien an, um die Beiträge thematisch einzusortieren.

Sie legen die Themenbereiche über *Artikel/Kategorien* an. Geben Sie einen Namen ein und klicken Sie auf *Kategorie hinzufügen*. Öffnen Sie die Liste *Oberkategorie*, um eine neue Rubrik unterhalb einer bestehenden anzulegen.

Neue und bestehende Artikel lassen sich einer oder mehreren Kategorien zuordnen. Sie finden die Auswahlmöglichkeit am rechten Rand der Fenster *Neuer Artikel* und *Artikel bearbeiten*. Kreuzen Sie die passenden Einträge im Bereich *Kategorien* an.

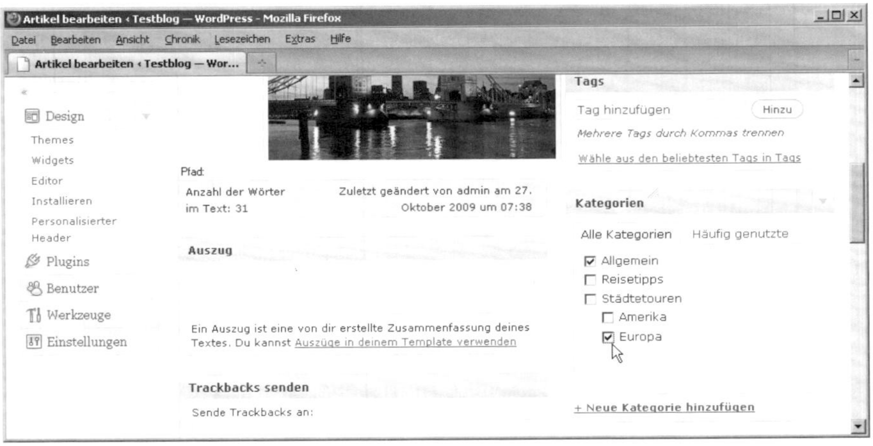

Ordnen Sie neue Beiträge durch Ankreuzen Kategorien zu.

Die Leser finden die gleiche Struktur auf jeder Seite des Blogs. Der eingeklammerte Zahlenwert hinter jedem Namen zeigt die Anzahl der bereits zugeordneten Einträge an.

Tags und Linklisten

Neben den starren Strukturen der Kategorien bieten sogenannte Tags einen weiteren flexiblen Zugang zu den Bloginhalten. Ordnen Sie den Artikeln Begriffe zu, die das jeweilige Thema auf den Punkt bringen oder die einen wesentlichen Aspekt besonders hervorheben. Im Bearbeitungsfenster für Beiträge finden Sie ein entsprechendes Textfeld am rechten Rand. Geben Sie in das Feld einen oder mehrere durch Kommata getrennte Begriffe ein und klicken Sie auf *Hinzu*. Eine Übersicht über sämtliche verwendeten Schlüsselwörter sowie über die Häufigkeit des Einsatzes liefert die Seite *Artikel/Tags*. Aktualisieren Sie den jeweiligen Beitrag, finden die Leser die verlinkten Tags unterhalb des Texts. Klicken Sie einen der Begriffe an, erscheinen sämtliche Artikel auf dem Bildschirm, die ebenfalls damit getaggt worden sind.

Ein beliebter Content bei Surfern sind Listen mit Verweisen, die zu thematisch passenden Webangeboten führen. Über den Menübereich *Links* lassen sich Linklisten in das Blog einfügen. Sortieren Sie die Verweise dazu nach Kategorien. Eine solche

Kategorie legen Sie über den gleichnamigen Menüpunkt an. Tragen Sie bei *Link-Kategoriename* eine Bezeichnung ein und klicken Sie auf *Kategorie hinzufügen*. Bei einer Website zum Thema Urlaub bieten sich beispielsweise Überschriften wie „Hotels“, „Flug buchen“ oder „Reiseberichte“ an. Die einzelnen Verweise tragen Sie über *Links/Hinzufügen* in die Listen ein. Geben Sie bei *Name* den Linktext und bei *Web-Adresse* die URL ein. Vergessen Sie dabei nicht, ein *http://* voranzustellen. Kreuzen Sie im Bereich *Kategorien* die Listen an, denen der Verweis zugeordnet werden soll. Bei *Target* entscheiden Sie, ob der Link in einem neuen (*_blank*) oder dem gleichen (*_top*) Browserfenster geöffnet werden soll. Eine Linkliste mit dem Namen *Blogroll* existiert bereits. Sie enthält Verweise zu interessanten Webangeboten rund um WordPress. Die Kategorie selbst lässt sich nicht löschen. Sie können jedoch sämtliche Einträge entfernen, eigene hinzufügen und über *Bearbeiten* den Namen ändern.

Statische Seiten erstellen

Sicherlich benötigen Sie neben den Artikelseiten auch Raum für zusätzliche Inhalte. Stellen Sie sich beispielsweise selbst auf einer Unterseite vor, bieten Sie umfassende Kontaktinformationen an oder erfüllen Sie eine mögliche Impressumspflicht. Mit dem Menüpunkt *Seiten/Erstellen* fügen Sie statische Webseiten Ihrem Weblog-Angebot hinzu. Geben Sie der jeweiligen Seite einen Titel und schreiben Sie unter Einsatz der Formatbefehle einfach drauflos.

Die Seiten verlinkt WordPress standardmäßig als ersten Block in der rechten Spalte. Je nach Template können sie jedoch auch eine andere Position einnehmen. Steht bei Ihrem Blog die Nutzung als gewöhnliche Website im Vordergrund, machen Sie ausgiebigen Gebrauch vom Einsatz statischer Inhalte. Bauen Sie damit ein komplettes Menü auf. Gestalten Sie das Blog dann noch mit einer individuellen Layoutvorlage, dürfte es kaum von einem herkömmlichen Webangebot zu unterscheiden sein.

Benutzer hinzufügen

WordPress bietet sich daher durchaus als Ersatz für ein Content-Management-System an. Hilfreich ist die Möglichkeit, das Blog zusammen mit weiteren Benutzern zu pflegen. Das System unterscheidet unterschiedliche Rollen wie Administratoren, Redakteure, Autoren und Mitarbeiter. Ein Administrator hat Zugriff auf sämtliche Funktionen des Weblogs. Ein Redakteur darf alle Beiträge und Kommentare bearbeiten und veröffentlichen, ein Autor hingegen nur die selbst angelegten. Mitarbeiter steuern Texte bei, dürfen diese jedoch nicht freigeben.

Mit *Benutzer/Hinzufügen* legen Sie einen neuen Account an. Geben Sie diesem einen Namen, notieren Sie die E-Mail-Adresse und vergeben Sie ein Passwort. Bei *Rolle* wählen Sie die Berechtigungsstufe aus. Mit *Neuen Benutzer hinzufügen* schließen Sie den Vorgang ab. Sie finden den neuen Weblog-Mitarbeiter in der Liste unter *Benutzer/Autoren & Benutzer.*

WordPress erweitern

WordPress lässt sich um eine Vielzahl von Funktionen erweitern. Installieren Sie einen Veranstaltungskalender, eine erweiterte Suchfunktion oder einen kompletten Onlineshop. Sie finden im Web mittlerweile mehrere Tausend unterschiedlich umfangreiche Plug-ins. Sehen Sie sich unter der offiziellen Adresse *http://wordpress.org/extend/plugins/* um oder suchen Sie über Google & Co. nach „WordPress plugins". Einen schnellen Zugriff auf den Pool der verfügbaren Erweiterungen bietet der Menüpunkt *Plugins/Installieren.*

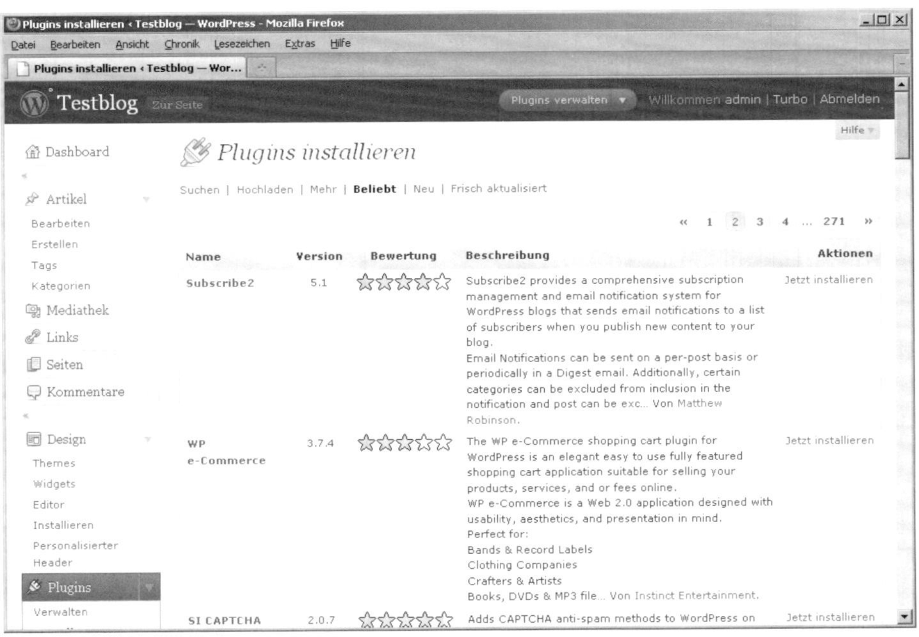

Über Plugins/Installieren haben Sie Zugriff auf zahlreiche nützliche Erweiterungen für Ihr Weblog.

Ein solch zusätzliches Modul lässt sich einfach einrichten. Entpacken Sie die jeweilige ZIP-Datei und legen Sie den Ordner mit dem gesamten Inhalt unterhalb des Verzeichnisses */wordpress/wp-content/plugins/* ab. Starten Sie WordPress und rufen Sie die Rubrik *Plugins* auf. Sie finden dort den neuen Eintrag für das Plug-in. Klicken Sie den zugeordneten Link *Aktivieren* an, und schon ist die neue Funktion einsatzbereit.

8.4 Über den Onlinedienst bloggen

Fehlen Ihnen die Voraussetzungen für eine Blogsoftware auf dem eigenen Webserver oder ist Ihnen die Installation zu aufwendig, sind Sie mit einem Onlinedienst wie Blogger ebenfalls gut bedient. Mit diesem kostenlosen Service dauert es nur wenige Minuten, bis Sie die ersten Beiträge online stellen können.

1 Hierzu klicken Sie bei *www.blogger.com* auf *Blog erstellen*. Sofern noch nicht vorhanden, richten Sie zunächst ein persönliches Google-Konto ein. Dieses Konto erlaubt Ihnen neben dem Zugriff auf Ihr Weblog auch die Nutzung weiterer Dienste wie Google Mail oder Google Kalender. Haben Sie bereits ein Google-Konto, tragen Sie Ihre E-Mail-Adresse, Ihren Namen und den Anzeigenamen ein. Bestätigen Sie mit einem Häkchen, dass Sie den Nutzungsbestimmungen zustimmen, und klicken Sie auf *Weiter*.

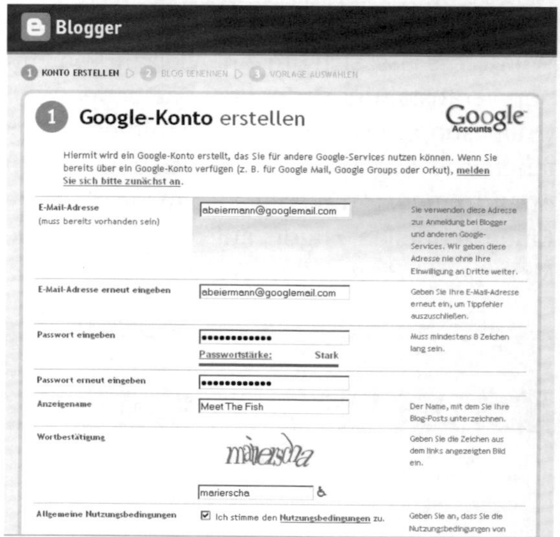

2 Auf der nächsten Seite fragt Sie das System nach einem *Blog-Titel*. Außerdem erwartet es bei *Blog-Adresse (URL)* die Eingabe eines selbst gewählten Begriffs, der Teil der URL wird, über die künftige Besucher auf Ihr Blog zugreifen. Auf Wunsch prüft Blogger sofort, ob die Domain noch frei ist. Wenn ja, gehört sie Ihnen. Anschließend tippen Sie noch die im Bild angezeigten Zeichen ein, bevor Sie über *Weiter* zum nächsten Schritt gelangen.

3 Blogger bietet Ihnen nun mehrere Designvorlagen für das Tagebuch an. Aktivieren Sie das Auswahlfeld bei dem Vorschaubild, das Ihnen am meisten zusagt. Diese Einstellung gilt jedoch nicht für die Ewigkeit: Das Design Ihres Weblogs lässt sich später jederzeit anpassen oder auch komplett wechseln. Mit *Weiter* richten Sie das Blog schließlich ein. Nach einer kurzen Bestätigung und einem Klick auf *Legen Sie los* ist es voll funktionsfähig.

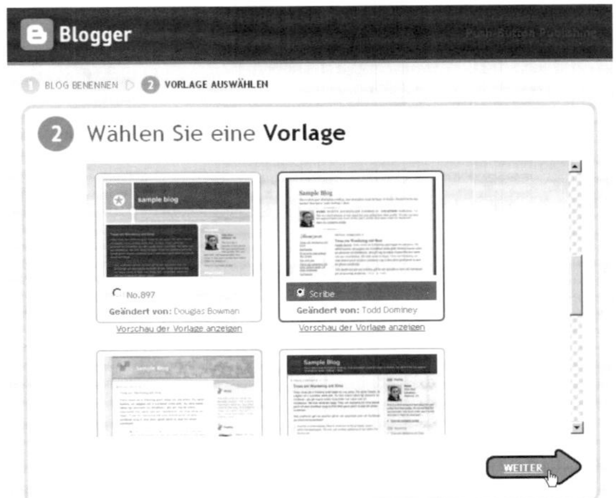

4 Mit *Neuer Post* erstellen Sie den ersten Eintrag für das Journal. Schreiben Sie den Text in das Eingabefeld oder kopieren Sie ihn beispielsweise aus einem Word-Fenster heraus. Oberhalb des Texts stehen in einer Symbolleiste diverse Icons für die Formatierung zur Verfügung. Benutzen Sie Zeichenformate wie *fett* und *kursiv* sowie Formate für die Ausrichtung eines Absatzes oder die Gestaltung einer Liste.

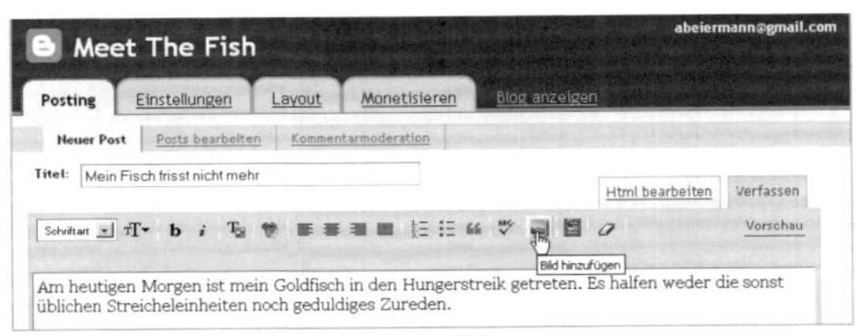

5 Ihre Beiträge lassen sich zudem mit Bildern und Videos aufwerten. Klicken Sie dazu auf das Symbol *Bild hinzufügen* bzw. *Video hinzufügen* und wählen Sie die entsprechende Datei über *Durchsuchen*. Wer weiteren Gestaltungsspielraum sucht, der kann über *Html bearbeiten* in den Quellcodemodus wechseln. Geben Sie dort beliebige HTML- und CSS-Befehle in den Nachrichtentext ein.

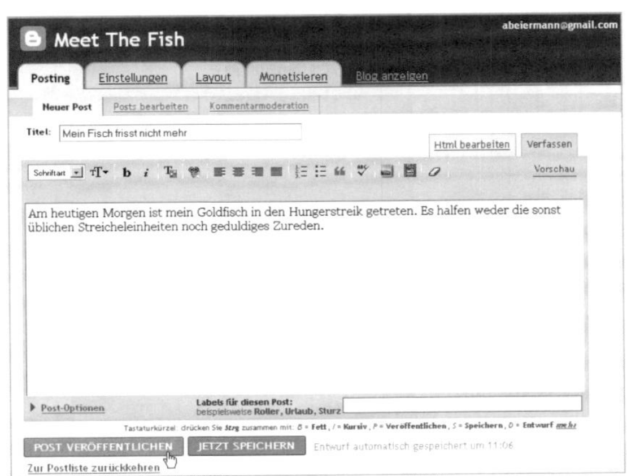

Den fertigen Beitrag sichern Sie über *Jetzt speichern*. Mit *Post veröffentlichen* geben Sie ihn für das Web frei. Zur Liveansicht Ihres Blogs gelangen Sie über den Link *Blog anzeigen*.

8.5 Die besten Tipps, Ihren Blog bekannt zu machen

Seien Sie zu Beginn nicht enttäuscht: Es dauert eine Weile, bis sich ein neues Weblog herumspricht. Was Sie selbst tun können:

- Machen Sie in der realen Welt Werbung, beispielsweise bei Freunden und Bekannten.
- Verknüpfen Sie Blogs, die Sie selbst gern lesen und die thematisch zu Ihren Seiten passen.
- Nehmen Sie durch eigene Verweise und Statements aktiv teil an der Blogger-Szene.
- Nutzen Sie die gängigen Methoden zur Suchmaschinenoptimierung.
- Seien Sie in anderen sozialen Netzwerken wie Facebook (*www.facebook.com*), MySpace (*www.myspace.com*) und Xing (*www.xing.com*) aktiv und weisen Sie dort auf Ihre Blogaktivität hin.
- Tragen Sie Ihr Weblog in Verzeichnisse wie *www.bloggerei.de*, *www.bloggeramt.de* und *www.blogalm.de* ein.

9. Die Kunden aktiv einbeziehen – Onlinemarketing 2.0

Das Internet bietet optimale Voraussetzungen für kreative Geschäftskonzepte. Statt Waren von der Stange lassen sich beispielsweise Produkte anbieten, bei deren Gestaltung Sie die Kunden aktiv einbeziehen können. Sie treffen so genau den Kundengeschmack und schaffen eine Ware, die der jeweilige Besucher wohl kaum irgendwo anders erhält. Übertragen Sie die Idee des Mitmachwebs auf Ihr Internetbusiness. Die folgenden Beispiele zeigen, dass dies mit großem Erfolg gelingen kann.

9.1 Lieblingsmüsli online mixen

Müslisorten gibt es in den Supermarktregalen eigentlich genug. Bei allen Produkten handelt es sich jedoch um fertige Mischungen. Auf die individuellen Kundenwünsche kann so natürlich nur in einem begrenzten Umfang Rücksicht genommen werden. Beim mymuesli (*www.mymuesli.com*) ist das anders. Auf der Website haben Sie die Möglichkeit, Ihr Lieblingsmüsli nach Lust und Laune aus zahlreichen Zutaten zusammenzuklicken, alles biologisch und ohne Aroma- und Farbstoffe. So einfach diese Idee im Grunde ist, so erfolgreich ist das Konzept.

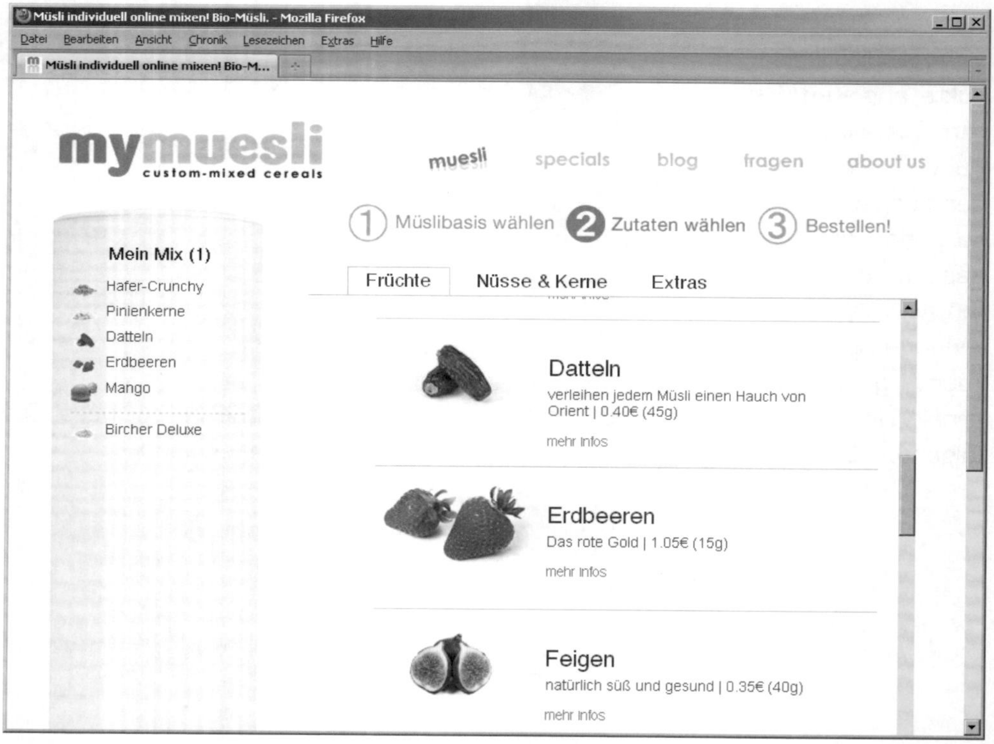

In drei Schritten bestellen Sie bei mymuesli den persönlichen Müslimix.

Im Jahr 2007 sind drei Studenten mit der Website an den Start gegangen. Der Rest ist eine echte Erfolgsgeschichte. Bereits nach zwei Wochen war die erste Zutatenlieferung komplett verkauft. Mittlerweile brummt das Geschäft, die Produktion ist in größere Räumlichkeiten umgezogen, die Gründer haben für ihre Idee mehrere anerkannte Auszeichnungen erhalten und erste Schritte in Richtung Expansion ins europäische Ausland unternommen.

Zum großen Erfolg hat auch wesentlich beigetragen, dass die Firmengründer ihr Projekt von Anfang an mit umfangreichen PR- und Marketingaktionen begleitet haben. In zahlreichen Print- und Onlinemedien sowie in Hörfunk und Fernsehen wurde über das Angebot berichtet. Auf der Website gibt es Banner zur Verlinkung der Website und sogenannte Widgets, mit denen zufriedene Kunden und Partner direkt auf einen speziellen Mix verweisen können.

Ein eigenes, an zentraler Stelle verknüpftes Blog soll den Ausbau der Community rund um das Angebot unterstützen und Interessierte langfristig an die Marke binden.

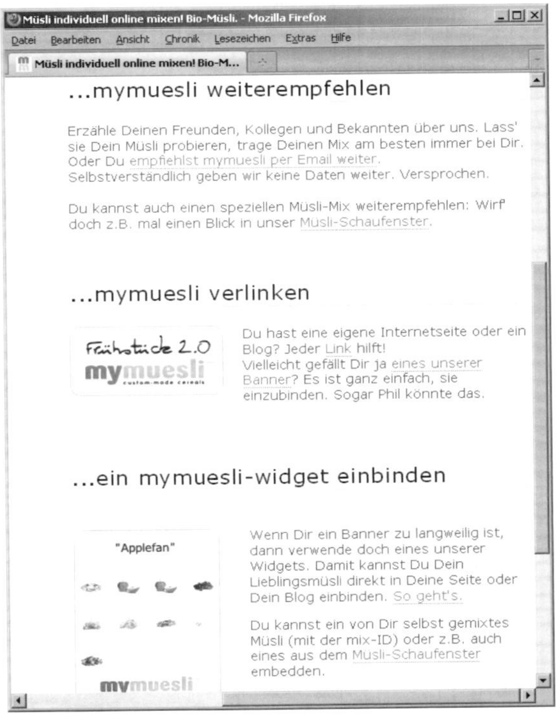

mymuesli bietet die Möglichkeit, auf die Website per Banner oder Widget zu verlinken.

Die Website des Müsli-Shops ist sehr übersichtlich aufgebaut und lässt sich einfach bedienen. Der besondere Komfort zeigt sich in Details: So haben Sie die Möglichkeit, Ihren eigenen Mix auch nach längerer Zeit noch bequem nachzubestellen. Auf die Verpackung ist eine Kennziffer aufgedruckt, die Sie lediglich in das entsprechende Feld der Seite *mix nachbestellen* eingeben müssen.

Über die mix-ID lässt sich sehr einfach für Nachschub sorgen.

9.2 Eigene Schokolade kreieren

Ein vergleichbares Angebot gibt es seit 2008 für Schokoladenfreunde. Die Betreiber von *www.chocri.de* waren in das Geschäft mit Schokoladenbrunnen eingebunden. Bei der Suche nach einem persönlichen Geburtstagsgeschenk entwickelte sich die Idee, die Kunden Schokotafeln mit individuellem Belag zusammenstellen zu lassen. Die Grundlage bilden weiße, helle und dunkle Schokoladen. Wie bei einer Pizza lassen sich diese mit Früchten, Gewürzen, Nüssen und weiteren Extras individuell belegen.

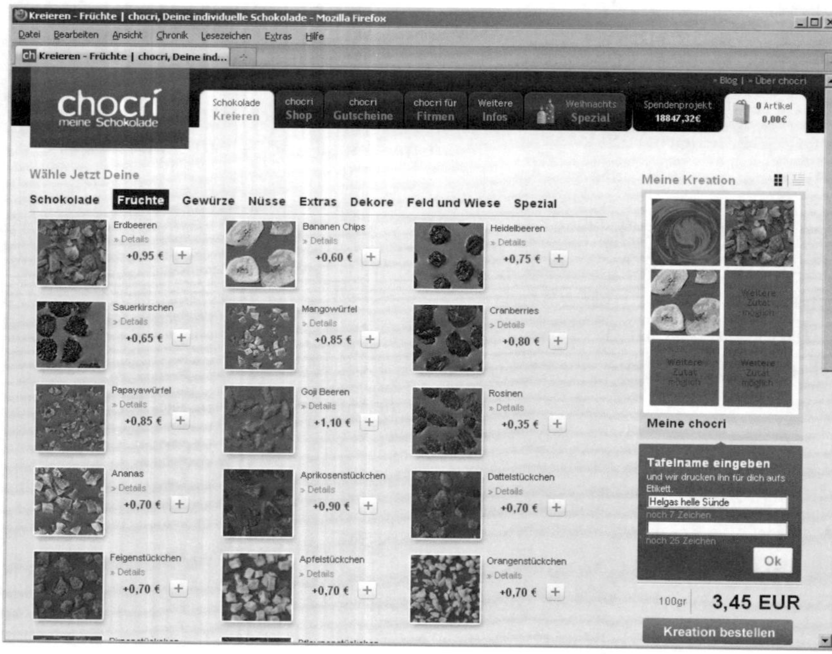

Für jede Zutat wird ein Aufschlag zum Grundbetrag berechnet.

Den fertigen Tafeln können Sie abschließend einen eigenen Namen geben, der auf die Verpackung aufgedruckt wird. Wem die eigene Kreativität fehlt, der kann im Shop zwischen vorgegebenen Schoko-Belag-Kombinationen wählen oder auf eine Liste mit bei anderen Kunden beliebten Kreationen zurückgreifen.

(Quelle: www.chocri.de)

Die Tafeln werden in Handarbeit produziert. Im Idealfall dauert das nur einen Tag, sodass die Lieferung bereits kurz nach Bestellung erfolgt. Vor besonderen Tagen wie dem Valentinstag und dem Weihnachtsfest kann es nach Angaben des Anbieters aber auch einmal etwas länger dauern. Bezahlen können die Kunden per Vorkasse, Bankeinzug oder PayPal.

Für Firmen bietet chocri einen eigenen Service an. So produziert das Unternehmen auf Wunsch eigene Serien für Messen, als Werbegeschenke oder zur Abrundung des Sortiments. Ab einer Auflage von 100 Tafeln kann sogar die Verpackung individuell gewählt werden.

Neben Privatkunden richtet sich chocri auch gezielt an Firmenkunden und Ladenbetreiber.

9.3 T-Shirt individuell bedrucken lassen

Spreadshirt (*www.spreadshirt.de*) ist bereits im Jahr 2001 online gegangen. Das Unternehmen druckt individuelle Motive auf T-Shirts und weitere aus stationären Copyshops bekannte Gegenstände wie Kaffeetassen, Regenschirme und Einkaufstaschen. Über den Link *Selbst gestalten* gelangen Sie zu einer browserbasierten Anwendung, die die Eingabe und Gestaltung von Text und Bildern bequem vom heimischen Bildschirm aus ermöglicht.

Wählen Sie aus einer großen Zahl verfügbarer Shirtmuster in unterschiedlichen Passformen aus und legen Sie die Grundfarbe fest. Alle eingefügten Objekte lassen sich individuell ausrichten, skalieren und drehen. Mit einem weiteren Klick landet das persönlich gestaltete Kleidungsstück in beliebiger Stückzahl im Warenkorb.

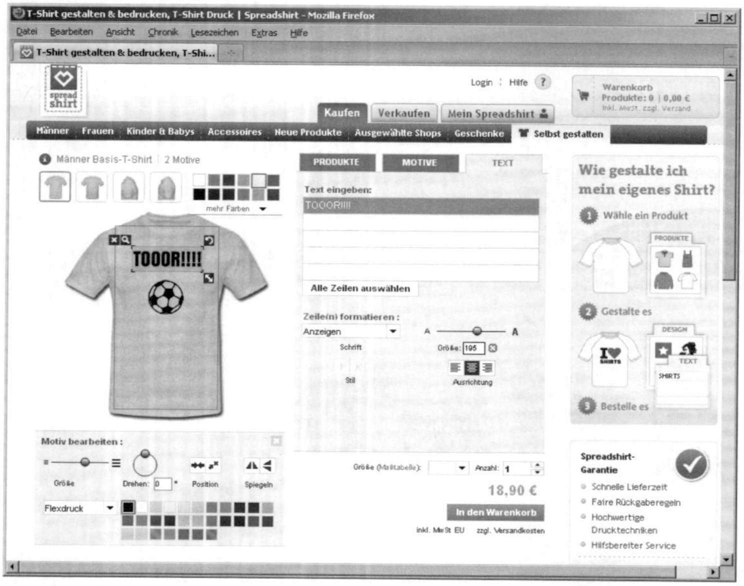

Der Onlineeditor von Spreadshirt lässt Ihnen bei der Gestaltung freie Hand.

Spreadshirt ist mittlerweile in zahlreichen europäischen Ländern aktiv. Das Unternehmen bezeichnet sich selbst als europäischen Marktführer im Online-Merchandising. Es nutzt konsequent Affiliate-Programme, um sein Angebot in der Breite zu positionieren. Mit auf unterschiedliche Zielgruppen ausgerichteten Partnerprogrammen haben Affiliates die Möglichkeit, die für Ihre Website passenden Werbemittel einzubinden.

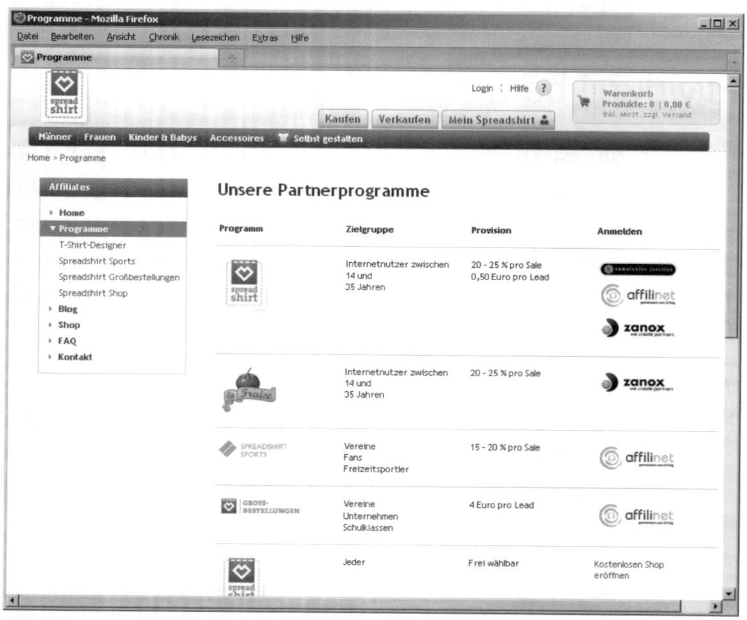

Zum Erfolg von Spreadshirt haben auch die attraktiven Partnerprogramme beigetragen.

9.4 Designertaschen selbst gestalten

Ähnlich erlebnisorientiert gestaltet sich der Einkauf beim Taschenhersteller Bootsmann (*www.bootsmann-kiel.de*). Bietet die aktuelle Kollektion nicht das Passende, lässt sich über die interaktive Anwendung eine Wunschtasche per Mausklick auswählen und gestalten.

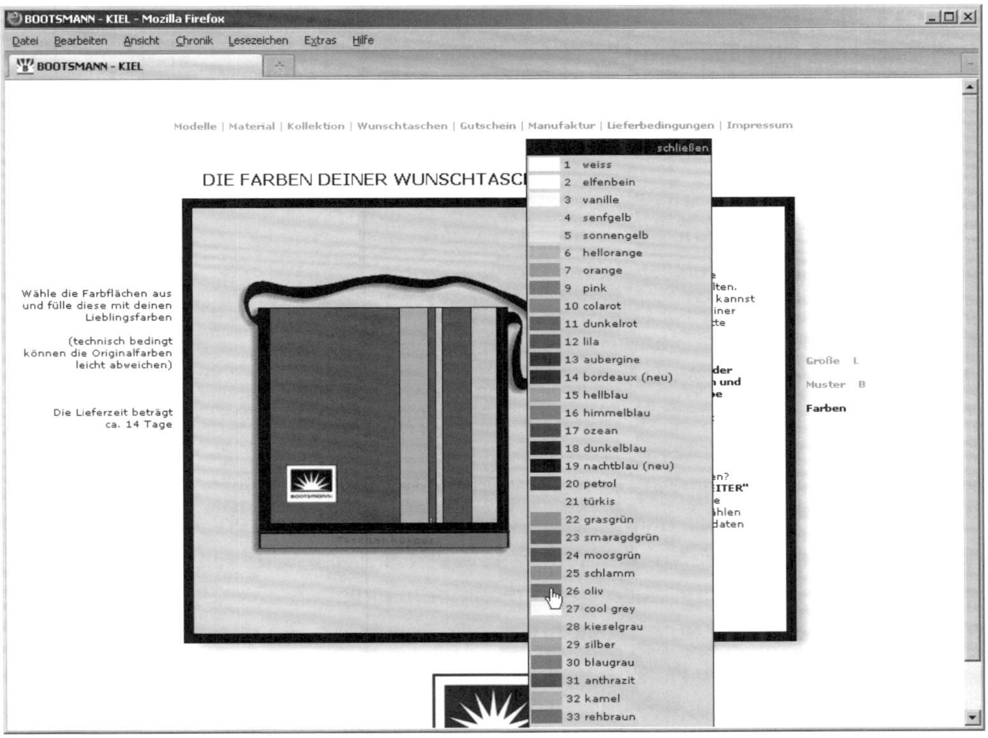

Tasche online designen: Bei der Kieler Firma Bootsmann stylen Sie Ihre Wunschtasche über eine interaktive Webanwendung.

Ein Beispiel, das so auch mit Kleidung oder Möbeln denkbar wäre. Ihre Ideen sind gefragt!

10. An Provisionen verdienen – mit einem Onlinemarktplatz kein Problem

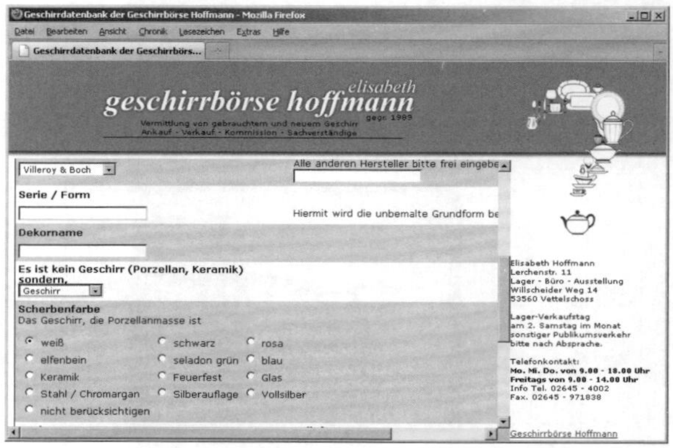

Das Internet bietet eine ideale Plattform für den Betrieb eines eigenen Kleinanzeigenmarkts. Bieten Sie beispielsweise Eltern in Ihrer Umgebung die Möglichkeit, Spielwaren und Kinderkleidung zu tauschen. Oder erweitern Sie eine Website für Oldtimerfans um einen Marktplatz, auf dem die Besucher nach gebrauchten Ersatzteilen stöbern können. Kennen Sie sich in einem Thema besonders gut aus und verfügen Sie eventuell sogar über entsprechende Kontakte, nutzen Sie dieses Kapital doch für eine eigene Vermittlungsbörse. Wer Sammler- und Einzelstücke sucht, ist dankbar für jede Hilfe, auch wenn diese bei Erfolg ein paar Euro kostet. Bringen Sie Anbieter und Käufer zusammen und verdienen Sie durch Werbung oder Provisionen. Sie müssen ja nicht gleich in die Vollen gehen. Schon der Start im kleinen Rahmen macht genug Arbeit. Arbeit, die sich mit etwas Glück für Sie auszahlt.

10.1 Beispiel: Börse für Einzel- und Sammlerstücke

Manchmal ist es zum Verzweifeln: Eine letzte Münze fehlt, und die Sammlung wäre komplett. Oder die Kaffeekanne von Omas altem Service ist in tausend Scherben zersprungen. Wo finden Sie Ersatz? Vielleicht im Internet. Dort gibt es zu vielen Themen spezialisierte Sammlerbörsen. Eine Geschäftsidee, die auch für Sie interessant sein könnte.

Als universelle Verkaufsplattform bietet sich zwar eBay an, suchen Sie jedoch gezielt nach einem speziellen Sammler- oder Einzelstück, stoßen Sie beim riesigen Onlinemarktplatz frühzeitig an Grenzen. Die aktuellen Angebote haben Sie schnell abgecheckt. Haben Sie dort nichts gefunden, gibt es bei eBay noch die Möglichkeit, eigene Suchanzeigen aufzugeben. Bei der Vielzahl unterschiedlicher Artikel laufen Sie jedoch Gefahr, dass Ihre Suchanfrage in der Masse der Anzeigen untergeht. Und außerdem wäre es ein großer Zufall, wenn ausgerechnet der Besitzer eines von Ihnen begehrten Objekts zu genau dieser Zeit vorbeischaut.

Erfolg versprechender sind auf bestimmte Produktgruppen spezialisierte Sammlerbörsen. Hier werden Käufer und Anbieter gezielt zusammengebracht. Häufig stehen dabei nicht die Angebote, sondern die Suchanfragen im Vordergrund. Kennen Sie sich selbst auf einem bestimmten Sammlergebiet oder bei einer Produktgruppe gut aus, lässt sich eine solche Vermittlungsplattform mit etwas Glück sogar zum Fulltime-Job ausbauen. Die Idee: Lassen Sie es nicht bei der einfachen Eingabe von Kleinanzeigen bewenden, sondern bieten Sie einen aktiven Vermittlungsservice für die Besucher an. Finanzieren können Sie diesen Dienst mit Werbeanzeigen sowie einer geringen Grundgebühr für jede Anzeige und einer Vermittlungsprovision, die Sie im Erfolgsfall in Rechnung stellen.

Ein Beispiel: Beim Anzeigenmarkt *www.felgen-boerse.de* können die Besucher kostenlos Angebote und Gesuche für Autofelgen und entsprechendes Zubehör aufgeben. Voraussetzung ist eine vorherige Registrierung. Umrahmt wird das Angebot von zum Thema passenden Google-Anzeigen.

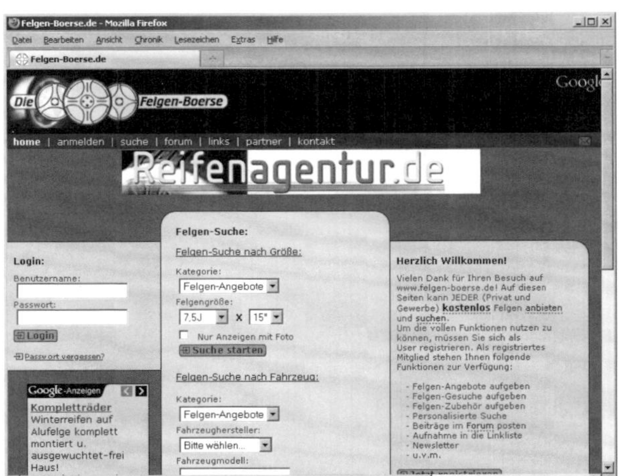

Ob Alu oder Chrom, bei www.felgen-boerse.de dreht sich alles um die schmucken Speichenräder.

Ob Pins, Zeitschriften oder Motorräder, gesammelt wird nahezu alles. Ideen, Anregungen sowie umfassende Informationen zum Thema Sammeln finden Sie bei den Portalen *www.sammeln.at* und *www.sammlernet.de*. Die umfangreichen Linklisten können bei Ihrer zukünftigen Recherche durchaus hilfreich sein.

10.2 Beispiel: Geschirrbörse

Ein gutes Beispiel für eine Vermittlungsplattform ist *www.geschirrboerse.de*. Die Betreiberin Elisabeth Hoffmann vermittelt über diese Plattform gebrauchtes und neues Geschirr in Komplettsätzen oder als Einzelteile. In der Datenbank sind rund 145.000 Anfragen gespeichert.

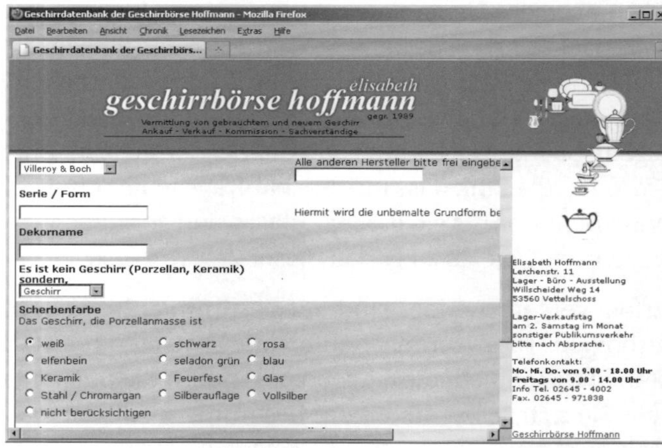

Über eine detaillierte Suchmaske können Sie in der umfangreichen Geschirrdatenbank recherchieren.

In akribischer Kleinarbeit werden neue Angebote laufend mit den bestehenden Suchanfragen abgeglichen. Der Erfolg: Trotz teilweise sehr exotischer Wünsche ist die Vermittlung bei jedem vierten Kunden erfolgreich.

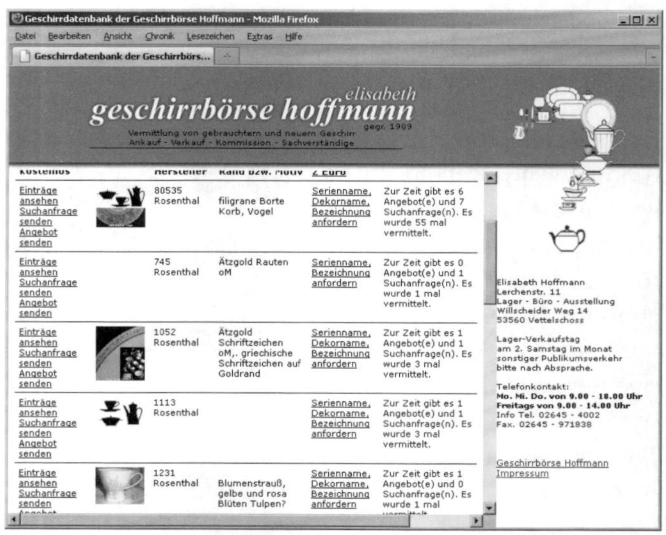

Das Suchergebnis enthält neben ausführlichen Beschreibungen häufig auch ein zumindest beispielhaftes Foto vom gesuchten Objekt.

Vom kompletten Gedeck bis zum kostbaren Einzelstück

Sprung in der Schüssel? Nicht mehr alle Tassen im Schrank? Vielleicht kann Elisabeth Hoffmann helfen. Seit 1989 betreibt sie ihre Börse für gebrauchtes und neues Geschirr, und bereits 1998 ist sie mit ihrem Service online gegangen. Sie finden die außergewöhnliche Vermittlungsagentur unter *www.geschirrboerse.de.*

Was ist die Geschäftsidee hinter Ihrer Geschirrbörse?

Elisabeth Hoffmann: Sie bringt den Geschirrteile Verkaufenden und den, der solche sucht, zusammen. Das sind Leute, die ganze Service oder Einzelteile übrig haben, sie aber nicht mehr benutzen, und auf der anderen Seite diejenigen, die die gleiche Geschirr-, Besteck- oder Glasserie nur noch unvollständig besitzen und sonst keine Möglichkeit mehr haben, Teile nachzukaufen. Die Käufer möchten nur einzelne Stücke, der Verkäufer will alles auf einmal aus dem Schrank haben, und nur durch das Sammeln der Interessenten über eine Warteliste kann man größere Bestände in vielen kleinen Portionen verkaufen.

Wie sind Sie auf die Idee gekommen, die Onlinebörse www.geschirrboerse.de zu eröffnen?

Elisabeth Hoffmann: Aufgewachsen mit der ersten Generation der Computernutzer, war es eine Selbstverständlichkeit für mich, die damals neue Welt des Internets auch für den seit Jahren bestehenden Betrieb zu öffnen. Zunächst ersetzte es für einen kleinen Teil meiner Kunden den Weg über Brief oder Telefon, um sich in meine Datenbank aufnehmen zu lassen. Später öffneten wir große Teile unseres Archivs für freie Mitarbeiter, um die Frage- und Antwortzeiten zu verkürzen. Erst mit der breiteren Akzeptanz haben wir die Datenbank für jeden Nutzer geöffnet. Man kann seitdem selbst versuchen, sein Geschirr zu identifizieren und zu verfolgen, wie sich die Suchanfragen und Angebotslisten verändern.

Welche Technik steckt hinter der Geschirrdatenbank?

Elisabeth Hoffmann: Eine von mir selbst erstellte und immer wieder weiterentwickelte FileMaker-Datenbank, ein Apple-Netzwerk mit einem eigenen Server für die Bereitstellung der Bilder und einem Fremdserver für die Datenbank im Netz.

Wie wickeln Sie die Anfragen der Kunden ab?

Elisabeth Hoffmann: Jede neue Anfrage wird identifiziert, klassifiziert und in meiner Datenbank gespeichert. Gleichzeitig wird abgeglichen, ob es bereits Vermittlungsmöglichkeiten gibt. Bei stark gefragten Teilen gehen wir streng nach der Warteliste vor. Das ist der Punkt, den viele Internetnutzer nicht verstehen – sie sehen den Eintrag, können aber die gesuchten Tassen noch nicht kaufen, da sie am Ende der Warteliste stehen.

Was war die bisher außergewöhnlichste Vermittlung?

Elisabeth Hoffmann: Hier gäbe es so viele Geschichten, dass der Platz nicht ausreicht. Ich könnte von Geschirr erzählen, das in den Urwald oder um die halbe Welt gereist ist, von in Tränen ausbrechenden Kunden, die das Tässchen in den Händen halten, nachdem sie 20 Jahre vergeblich gesucht haben. Bei seltenen Antiquitäten kommt es manchmal einem Lottogewinn gleich, wenn eine einzelne Suchanfrage und das einzige Angebot tatsächlich zusammenpassen. Oder wertvolle Fundstücke, die ich in Flohmarktgruschkisten gefunden habe, zum Beispiel Teile aus dem Jahr 1740, für die ich einen Käufer hatte.

Sie bieten Ihre Seiten auch in englischer Sprache an. Wie hoch ist der Anteil der ausländischen Kunden?

Elisabeth Hoffmann: Der Anteil liegt bei rund fünf Prozent.

Welche Kosten entstehen?

Elisabeth Hoffmann: Für die Identifizierung, die Erfassung der Daten, das Speichern und die laufende Bearbeitung wird für Suchende und Anbietende eine einmalige Kostenpauschale erhoben. Im Fall eines Kaufs bekomme ich 10 Prozent Vermittlungsprovision, aber mindestens 5 Euro. Die anfallenden Transportkosten müssen auch übernommen werden. Wertgutachten und Preiseinschätzungen im Rahmen meiner Sachverständigentätigkeit werden nach Aufwand berechnet.

Welcher Aufwand ist mit dem Betrieb der Börse verbunden?

Elisabeth Hoffmann: Die größte Mühe und Zeit erfordert die Identifizierung der Geschirre. Wie findet man passende Anbieter für die Suchanfragen, wenn die Service nicht mit ihrem Namen versehen sind oder gar keinen haben. Nur ein winziger Teil der produzierten Ware ist auf den Geschirrteilen eindeutig gekennzeichnet, und wenn doch, dann oft nicht in einem einheitlichen System. Da es keine Begrenzung bei der Wertigkeit oder dem Alter gibt, ist die Menge der Serien und Dekore unüberschaubar. Für diese schwierige Zuordnung habe ich eigene Kriterien entwickelt und ein Archiv mit Hunderttausenden von Fotos, Prospekten und Beschreibungen zusammengetragen. Nur sehr wenige davon sind bisher dem Kunden im öffentlichen Bereich zugänglich. Die nächste Hürde ist die Aufteilung von Komplettpaketen auf viele Käufer und umgekehrt das Sammeln der gewünschten Teile von vielen unterschiedlichen Anbietern, damit der Käufer alles in einem Paket von uns erhält, statt viele einzelne Pakete direkt von den Verkäufern zu bekommen.

Wie machen Sie Werbung für Ihr Webangebot?

Elisabeth Hoffmann: Ich komme fast ohne aus. Die meisten Neukunden finden mich über Mundpropaganda oder die Empfehlung durch Hersteller und Fachhandel. Die Internetseite bewerbe ich indirekt über Angebote auf diversen Internetplattformen und sporadisch mit GoogleAdWords. Wer googelt, landet mit großer Wahrscheinlichkeit bei der Geschirrbörse.

Gibt es Neuigkeiten und Zukunftspläne?

Elisabeth Hoffmann: Zum 20. Geburtstag der Geschirrbörse habe ich mir und meinen Kunden das Geschirrmuseum (*www.geschirrmuseum.de*) geschenkt. Dort biete ich den Sammlern die Möglichkeit, ihre Schätze online zu präsentieren. PDFs oder Bücher über die Ausstellungen können erworben werden. Wir haben unseren Lagerverkauf, der einmal im Monat stattfindet, seit einiger Zeit auch in einen Onlineshop übertragen. Dort gibt es die Überschüsse zu besonders niedrigen Preisen.

10.3 So geht die technische Umsetzung

Möchten Sie mit Ihrem Vermittlungsdienst erst einmal klein anfangen, genügt bereits eine Website mit einem einfachen Kontaktformular. In dieses Formular können die Suchenden ihre Anfragen eingeben. Klicken Sie auf *Senden*, landen die Daten als E-Mail in Ihrem elektronischen Postfach. Arbeiten Sie die Gesuche und die Angebote dann einzeln in Ihre Webseiten ein. Bei einer überschaubaren Anzahl von Vermittlungswünschen ist das ein durchaus praktikabler Weg.

Steigen die Anfragen jedoch deutlich, kommen Sie um einen Datenbanklösung nicht herum. Lassen Sie dann beispielsweise eine individuelle Skriptlösung programmieren, oder nutzen Sie eines der zahlreichen Skripten für Kleinanzeigenmärkte, die überwiegend in der Skriptsprache PHP erstellt sind. Die meisten Provider stellen Ihnen Webspace mit PHP schon für wenige Euro im Monat zur Verfügung.

Mit den folgenden kostenlosen Skripten lässt sich ein Kleinanzeigenmodul für Ihre Sammlerbörse einrichten:

Name des Skripts	Download über	Sprache Skript/ Dokumentation	Servervoraussetzungen
Noah's Classifieds	http://classifieds.phpoutsourcing.com	Deutsch/ Englisch	PHP, MySQL
artmedic kleinanzeigen	www.artmedic-phpscripts.de	Deutsch/ Deutsch	PHP, ohne Datenbank
ClassifiedCaffe	http://gonafish.com/free_products.php	Anpassbar/ Englisch	PHP, MySQL
Obsession-Design Kleinanzeigen	http://obsession-design.de/scripte/	Deutsch/ Deutsch	PHP, MySQL

Eine Alternative bietet beispielsweise der kostenlose Onlinedienst *www.mastertools.ch*. Hier müssen Sie den Anzeigenmarkt lediglich für Ihre Website einrichten. Die Installation eines Skripts entfällt, da der Service komplett auf dem Server von Mastertools läuft.

Achten Sie bei der Auswahl einer Lösung unter anderem auf die folgenden Features:

- Sichere webbasierte Administration.
- Registrierungspflicht für Nutzer.
- Speicherung der IP-Adressen der Anzeigenschreiber.
- Schutz vor Spam.
- Anpassbarkeit über Templates.
- Einstellung von Anzeigen in den Markt optional erst nach Freischaltung durch den Administrator.
- Automatische Erstellung von Vorschaubildern.
- Kontaktaufnahme zwischen Anbieter und Interessenten nur über ein neutrales Kontaktformular, die tatsächlichen E-Mail-Adressen bleiben verborgen.
- Unbegrenzte Anzahl an Kategorien und Artikel.
- Weiterempfehlungsfunktion.
- Begrenzbarkeit von Textmenge und Bildgröße.
- Eine für jede Anzeige einstellbare Laufzeit.
- Suchfunktion für den gesamten Markt oder eine einzelne Kategorie.

11. Mit Bildern und Videos Anreize schaffen

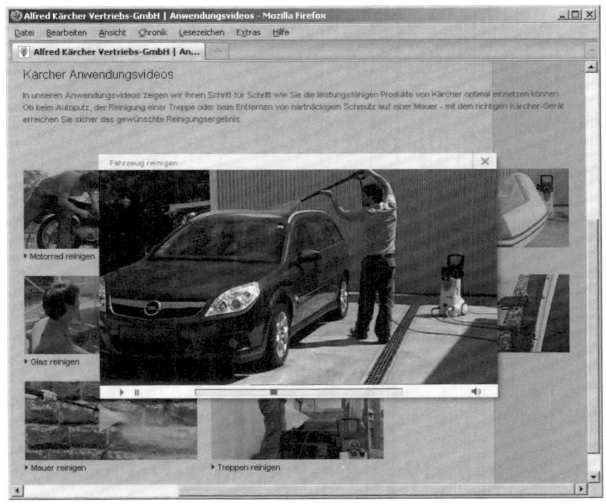

Unterhaltsame Videos und interaktive Multimedia-Module werden als Webcontent immer beliebter. Nutzen Sie Web-TV und Rich Media zur Vorstellung Ihrer Produkte, für ergänzende Anleitungen oder als anregenden Informationskanal. Vermitteln oder vermieten Sie beispielsweise Immobilien, Hotels oder Ferienwohnungen, bieten bewegte Bilder ganz neue Möglichkeiten der Präsentation. Mit Fotogalerien und Videos erleben die Besucher das besondere Ambiente bereits am heimischen Bildschirm.

11.1 Produkte erlebbar machen

Klassische Webseiten mit viel Text und ein paar Bildern reißen kaum noch jemanden von den Sitzen. Surfer bevorzugen Content, der ohne große Anstrengung konsumiert werden kann und möglichst unterhaltsam ist. In Webseiten eingebettete Videos und interaktive Multimedia-Bausteine erfüllen diese Voraussetzungen optimal. Sie ersparen den Besuchern anstrengendes Lesen und stellen Inhalte und Produkte zudem viel anschaulicher dar.

Bewegte Bilder auf der Website

- sprechen Emotionen an,
- vermitteln Unmittelbarkeit und Nähe,
- erzeugen eine eigene Erlebniswelt,
- transportieren Flair und Lifestyle,
- machen Anwendung und Nutzen erklärungsbedürftiger Produkte verständlicher,
- laden die Marke mit Innovation auf,
- lassen das Unternehmen und die Produkte authentischer wirken.

Hohe Onlinekosten und lange Ladezeiten spielen für die meisten Onlinenutzer dabei kaum noch eine Rolle. Dank Flatrates und nahezu flächendeckender Versorgung mit DSL lassen sich selbst speicherintensivere Module ohne Zusatzkosten und in Realzeit im Browserfenster aufrufen.

Beste Voraussetzungen

Wurde die Verbreitung von Multimedia-Inhalten in der Vergangenheit noch durch mangelnde Infrastruktur und Softwareunterstützung gebremst, so belegen die beiden folgenden Zahlen die mittlerweile guten Voraussetzungen.

Rund 67 Prozent aller Surfer in Deutschland nutzen laut (N)Onliner Atlas 2009 der Initiative D21 (*www.nonliner-atlas.de*) eine Breitbandverbindung.

Bei rund 99 Prozent liegt der aktuelle Verbreitungsgrad von Flash weltweit nach von Adobe unter *www.adobe.com/products/player_census/flashplayer/* veröffentlichten Studienergebnissen.

Flash als Basis

Die technische Grundlage von Web-TV und Rich Media bildet bei nahezu allen Angeboten Flash. Als Plug-in ist es auf fast allen Internetrechnern installiert. Betten Sie Ihre Videos über eine auf Flash-Basis entwickelte Abspielanwendung in Ihre Webseiten ein. Die Filme lassen sich so per Mausklick starten und komfortabel bedienen. Flash bietet aber auch die Möglichkeit zur Programmierung multimedialer Weblösungen, die die Surfer zur spielerischen Interaktion animieren. Bei diesen sogenannten Rich Media-Anwendungen kombinieren Sie Videoausschnitte, Grafiken und interaktive Programmfunktionen miteinander. HTML, CSS und selbst die neuste Webtechnik AJAX stoßen bei Effekten und der Einbindung von Sounds an Grenzen, die Sie mit Flash problemlos überwinden.

Virtuelle Führungen

Im Filmformat lassen sich Produkte nicht nur einfach betrachten, sondern im wahrsten Sinne erleben. So eignen sich Videos beispielsweise optimal für virtuelle Führungen durch eine Ferienwohnung oder ein Hotel. Die Surfer gewinnen damit einen besseren Eindruck von Ausstattung und Flair, als dies mit statischen Fotos im Webangebot möglich wäre. Besonders vorbildlich ist beispielsweise das Webangebot der Aquamaris Strandresidenz Rügen. Unter *www.aquamaris.de/videos/* finden Sie neben einem Lang- und einem Kurzporträt acht weitere Filme, die unter anderem die Zimmer, die Gastronomie, Einrichtungen für Kinder sowie die Möglichkeiten zu Wellness und Sport vorstellen. Die Ostseeinsel selbst wird ebenfalls von ihren schönsten Seiten präsentiert. Der Anbieter spricht damit gezielt die Urlaubsgefühle der Besucher an. Ähnliche Einblicke könnten aber auch beispielsweise Betreiber von Fitnessclubs, Freizeitsportanlagen, Vergnügungsparks und gastronomischen Betrieben bieten.

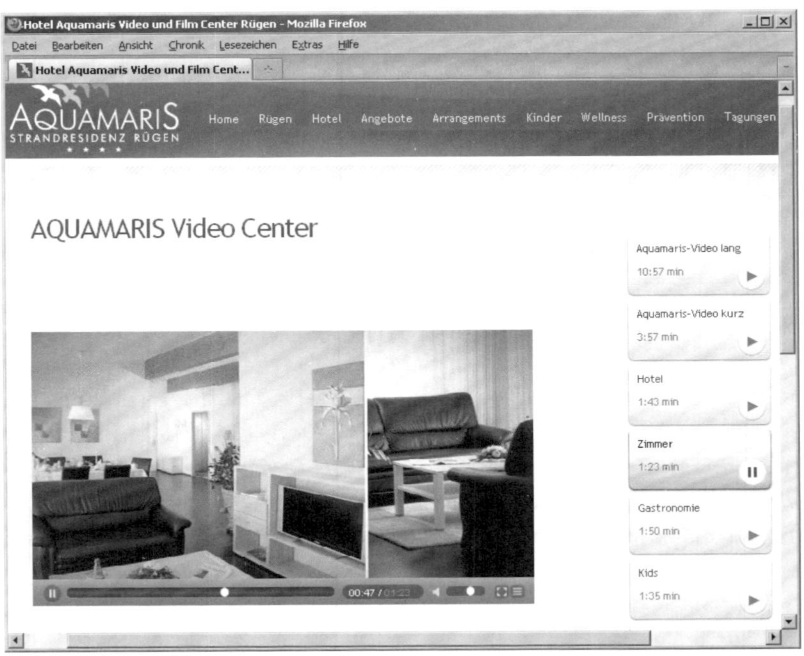

Rundgang durchs Hotel: Mit Videos gewinnen die Surfer einen optimalen Eindruck von Ambiente und Ausstattung.

Anwendung demonstrieren

Die Bedienung und die Einsatzmöglichkeiten von technischen Geräten lassen sich mit Filmen ebenfalls verständlicher demonstrieren. Die Firma Kärcher bewirbt mit ihren Produktvideos unter *www.karcher.de/de/Unterhaltung/Videos* die Vorteile ihrer Geräte und zeigt in der Kategorie *Anwendungsvideos*, wie sich damit konkrete Aufgaben lösen lassen. Die film- und webtechnische Umsetzung ist dabei hochwertig angelegt, um so den eigenen Qualitätsanspruch zu unterstreichen. So stellen Locations und Darsteller die Produkte in den gewünschten Lifestyle-Kontext, und die Videos erscheinen per Mausklick mit einem modernen Lightbox-Effekt vor der weiterhin sichtbaren, aber abgedunkelten Webseite.

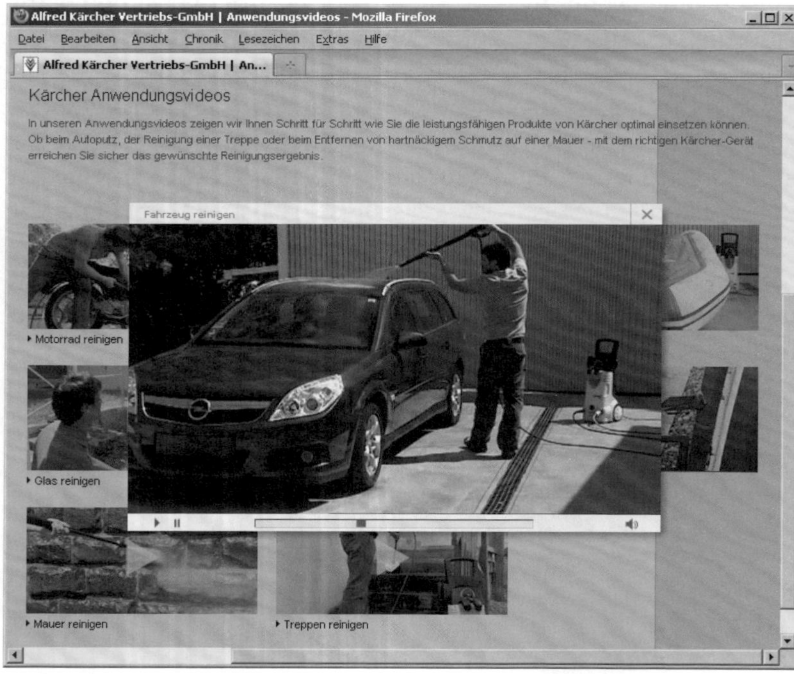

Kärcher-Produkte im Einsatz: In hochwertig produzierten Filmen zeigt das Unternehmen den Leistungsumfang seiner Geräte.

Konkrete Hilfestellung zu den eigenen Produkten bietet auch die Firma Beurer. Der Hersteller erläutert die Funktionsweise seiner Waagen, Blutdruckmessgeräte und Fieberthermometer unter *www.beurer.com/web/de/service/produktvideos/produktvideos.php*. Händler haben die Möglichkeit, die Videos in den eigenen Onlineshop einzubinden. Das Unternehmen bietet die Filme registrierten Partnern dazu auf der speziellen Website *www.beurer-media.com* zum Download an.

Produktvorstellung: Die Firma Beurer bietet Händlern die Möglichkeit, ihre anschaulichen Produktvideos in den eigenen Onlineshop einzubinden.

Ob Bekleidung, Möbel, Nahrungsmittel oder Dekorationsartikel, die Einsatzbereiche von Produktvideos sind nahezu unbegrenzt.

11.2 Web-TV zur Kundenbindung

Web-TV bietet eine Alternative zu rein produktbezogenen Videos. Mit regelmäßigen Filmen zu Themen rund um Ihr Tätigkeitsfeld und Ihre Produkte lassen sich die Besucher dauerhaft an Ihre Seiten binden. In Inhalt und Aufmachung ähneln die Videos meist den vom Fernsehen her bekannten Formaten. Informieren Sie im kurzen Nachrichtenstil, in Form eines Ratgebers oder als ausgedehnte Reportage. Wählen Sie dabei je nach Zielgruppe und gewünschter Unternehmensdarstellung zwischen einer seriösen und einer eher witzigen oder einer informativen und einer eher unterhaltenden Präsentation. Erklärungsbedürftige Produkte lassen sich den Kunden unterhaltsam näherbringen.

Dem Onlineweinhandel Wine Library gelingt dies beispielsweise erfolgreich mit Wine Library TV (*http://tv.winelibrary.com*). Beinahe täglich erscheinen neue Folgen rund um das Thema Wein. Auf unkonventionelle Weise berichtet der extrovertierte Geschäftsinhaber Gary Vaynerchuk über Weinverkostungen, empfiehlt passende Speisen und beantwortet häufig gestellte Fragen beispielsweise zur richtigen Lagerung.

In den Folgen geht er auch immer wieder ausführlich auf Leserbriefe ein und fördert damit den intensiven Kontakt mit den Zuschauern. Der Erfolg gibt dem Weinhandel Recht. So ist er mit seinen Aktionen mittlerweile weit über die Grenzen des Webs hinaus bekannt und zieht nach eigenen Angaben täglich rund 80.000 Surfer auf die eigene Website.

Wine Library TV: Gary Vaynerchuk testet in seinem erfolgreichen Web-TV beispielsweise besondere Rebsorten.

Mehrwert auch nach innen

Videos und Web-TV lassen sich übrigens nicht nur im Marketingbereich einsetzen, sondern auch in der internen Kommunikation, im E-Learning oder für Produktschulungen.

Im klassischen Ratgeberstil informiert der BKK Landesverband Nordrhein-Westfalen unter *www.bkk-webtv.de*. Das BKK-webTV greift in jeder Folge ein Gesundheitsthema in Bereichen wie Ernährung, Vorsorge und Früherkennung auf. Als seriöses Nachrichtenmagazin präsentiert sich das BMW TV Journal (*www.bmw-web.tv*). Neben Technik und Autos berichtet es über Mode, Kultur und Umweltthemen. Vielleicht mag der Produktionsstandard nicht von jedem kleineren oder mittleren Unternehmen nachvollzogen werden können, jedoch können das Konzept und die Inhalte durchaus als Anregung für die eigenen Onlineaktivitäten dienen.

Verbreitung über Videoportale

Interessant ist bei BMW zudem die Verknüpfung des eigenen Web-TV mit dem Videoportal Sevenload. In einer Kooperation bietet der Autohersteller eine Auswahl seiner Videoinhalte zusätzlich unter *http://de.sevenload.com/BMW-web-tv* an. Nutzen Sie ebenfalls die Möglichkeit der Zweitverwertung auf einer der großen Videocommunitys. Stellen Sie Ihre Produktvideos oder die Folgen Ihres Webfernsehens bei YouTube & Co. ein. Zusätzlich zu den Besuchern Ihrer eigenen Website erreichen Sie so weitere Surfer. Schließlich bewegen sich auf den Portalen viele Nutzer, die normale Corporate-Websites nicht besuchen würden.

Eine Garantie für Erfolg gibt es jedoch nicht. Selbst wenn die Inhalte stimmen, erreichen manche Filme lediglich wenige Hundert Views, andere werden hingegen millionenfach angeklickt. Einige Firmen setzen mit Erfolg auf Methoden des viralen Marketings. Ein herausragendes Beispiel liefert die Firma Blendtec mit ihren Spots unter dem Titel „Will It Blend?“. Die Mixer des amerikanischen Herstellers zerkleinern immer neue Gegenstände, vom Huhn mit Cola bis zur Lederhose, von der Spielzeuggitarre bis zum nagelneuen iPhone. Häufig verarbeiten die Küchenmaschinen Objekte zu Staub, die ebenfalls gerade einen hohen Aufmerksamkeitsgrad genießen. Bestes Beispiel ist das Apple iPhone, dessen Pulverisierung bei YouTube bereits mehr als 7,4 Millionen Zugriffe verzeichnet.

Will It Blend? Die Idee, selbst hochwertige Gegenstände im Mixer zu pulverisieren, hat der Firma Blendtec neben Aufmerksamkeit auch eine merkliche Steigerung des Absatzes beschert.

Neben der Platzierung beim führenden Videoportal finden Sie sämtliche Filme von Blendtec auf der speziell eingerichteten Website *www.willitblend.com*. Der Erfolg der Reihe hat den Absatz der Mixer mächtig angekurbelt. Dies ist nicht planbar, aber den Versuch allemal wert.

11.3 Das Potenzial bewegter Bilder

Der grundsätzliche Erfolg von Onlinewerbung wird nicht mehr bezweifelt. Nach der im Jahr 2008 veröffentlichten Studie „Yahoo! Rich Media – Flash-basierte Werbeformate" (*http://yahoo.enpress.de*) erzielen Videostreams mit Abstand die höchste Aufmerksamkeit und den nachhaltigsten Werbeeffekt. Sie laufen damit einfachen Bildanzeigen deutlich den Rang ab. Die Kombination aus bewegten Bildern und Ton wird von bis zu 100 Prozent der Besucher wahrgenommen, einfache Bildanzeigen lesen hingegen nach 60 Sekunden lediglich 65 Prozent der Nutzer. Zudem halten multimediale Inhalte die Surfer länger auf der Webseite. Ein einfaches Rectangle, ein rechteckiges Werbebanner, das im redaktionellen Umfeld platziert ist, schauen die Besucher im Durchschnitt zwei Sekunden an, ein Video rund zwölf Sekunden. So lassen sich mehr Informationen und Botschaften transportieren. Und je animierter der Werbecontent ist, umso besser erinnern sich die Nutzer an ihn.

Die zukünftige Bedeutung von Video und Rich Media unterstreicht die Studie „eCommerceTV Chancen und Möglichkeiten des Einsatzes von Bewegtbild auf Online-Handelsplattformen" der Goldmedia (*www.goldmedia.com*). Nach den Prognosen kann der deutsche E-Commerce-Markt seinen Umsatz durch Bewegtbildinhalte bis 2012 um mehr als 5 Prozent steigern. Das haben einige große Onlinehändler und Katalogversender bereits erkannt. So setzen beispielsweise Neckermann (*www.neckermann.tv*), Otto (*www.otto.de*) und Tchibo (*www.tchibo.de*) auf Web-TV oder vereinzelte Produktvideos. Und auch Amazon (*www.amazon.de*) räumt seinen Kunden die Möglichkeit ein, selbst gedrehte Produktvideos einzustellen.

11.4 Von Rich Media-Anwendungen profitieren

Videos, ob einzeln oder als Serie, lassen sich günstiger produzieren, als Sie vielleicht denken. Die Tagessätze mancher Web- und Filmagenturen beginnen bereits bei rund 1.000 Euro. Sie berechnen auf dieser Basis den Aufwand für Filmidee, Drehbuch, Aufnahme und Schnitt. Hinzu kommen je nach Projekt die Kosten für Akteure, Ausstattung und Kulisse. Höheren zeitlichen Aufwand und damit wohl auch höhere Kosten erfordern komplexe Rich Media-Anwendungen. Diese verbinden Fotos, Grafiken, Animationen und Filme zu interaktiven Anwendungen.

Eine ausprogrammierte Anwendung auf Flash-Basis ist beispielsweise der BMW Konfigurator. Wählen Sie den Fahrzeugtyp aus und passen Sie die Innen- und Außenausstattung nach Ihren Wünschen an. Jede Änderung wird visuell umgesetzt und der angezeigte Preis automatisch angepasst.

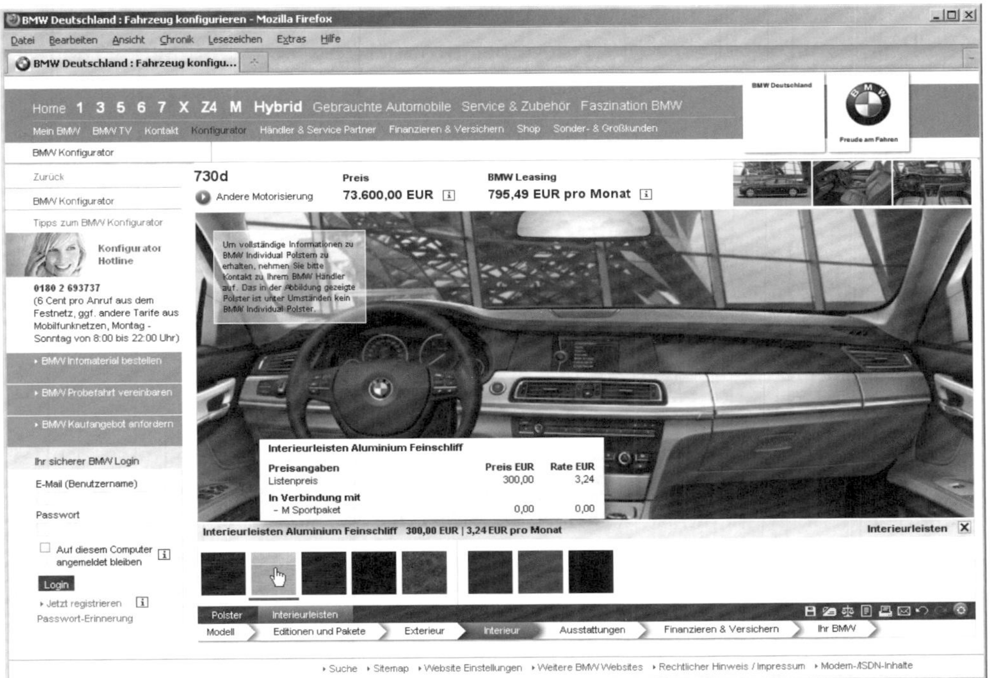

Rich Media in Perfektion: Gestalten Sie bei BMW Ihr Wunschauto per Mausklick am Bildschirm.

11.5 Produktvideos optimieren

So populär Videos sind, auch für sie gilt die Regel: Langweilen sich die Surfer, klicken sie sofort weiter. Die Entscheidung fällt häufig schon nach wenigen Sekunden. Berücksichtigen Sie das bei der Produktion Ihrer Filmbeiträge.

Nach einer Ende 2008 veröffentlichten Untersuchung des amerikanischen Videodistributors Tubemogul (*www.tubemogul.com/research/*) brechen rund 10 Prozent der Nutzer die Videoanzeige spätestens nach zehn Sekunden ab. 50 Prozent der Surfer beenden den Player bereits innerhalb der ersten Minute, und nur weniger als jeder Zehnte sieht sich den jeweiligen Film länger als fünf Minuten an. Bei Surfern, die eher nach Unterhaltung als nach Information suchen, ist die Ungeduld besonders groß. Beachten Sie als Anbieter daher konsequent die folgenden Ratschläge:

- Verwenden Sie keine oder lediglich sehr kurze Intros. Kommen Sie besser so schnell wie möglich zur Sache.
- Vermitteln Sie die wichtigen Botschaften direkt zu Beginn des Videos. Nur so haben sie die Chance, von einem möglichst großen Publikum wahrgenommen zu werden.

- Breiten Sie in einem Film keinen bunten Strauß an Themen aus. Beschränken Sie sich auf ein Thema pro Video und produzieren Sie davon lieber mehrere kurze als ein umfassende langes.
- Vermeiden Sie Dopplungen und langatmige Ausführungen.

11.6 Videos einbetten

Gut gemeint ist nicht immer gut gemacht. Manche Unternehmen produzieren ihre Videos mit viel Aufwand, bieten sie dann jedoch lediglich als verlinkte WMV- oder MPEG-Datei auf den eigenen Seiten an. Komfortabler für die Surfer: Betten Sie jeden Film stets auch per Flash unmittelbar in die Webseite ein.

Stehen Videos lediglich über einen Download-Link zur Verfügung, muss auf den Rechnern der Surfer neben einem Browser auch ein passender Medienplayer installiert sein. Bei manchen Anwendern scheitert die Anzeige an Versionsproblemen oder einer zu komplizierten Bedienung. Binden Sie die Filme daher besser per Flash in die Seiten ein. So erhalten die Besucher zudem den entsprechenden Impuls zum Klicken.

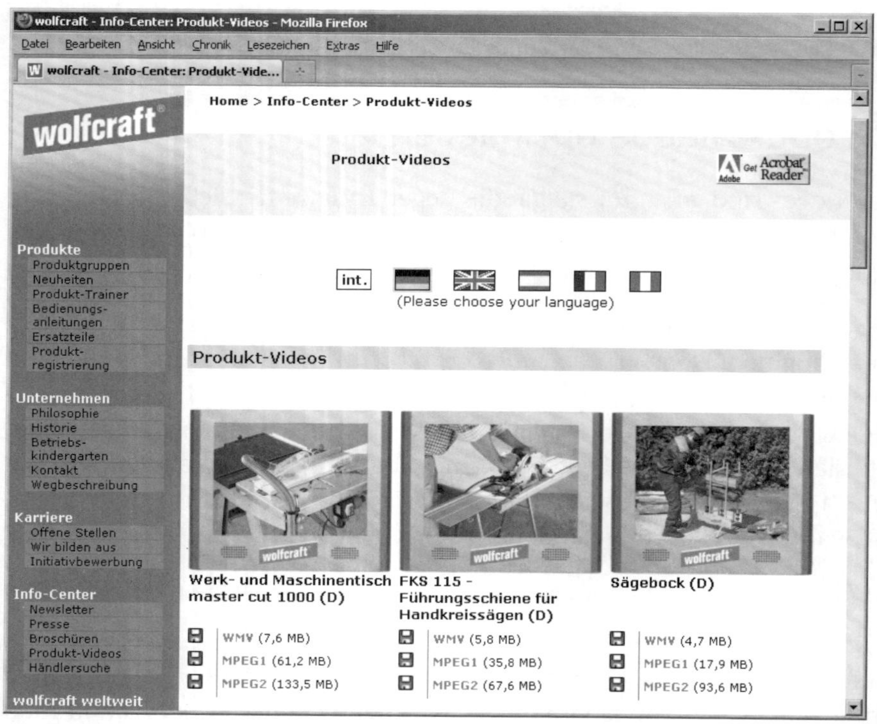

Besser einbetten, statt nur zu verlinken: Die gut gemachten Produktvideos von Wolfcraft (www.wolfcraft.de) lassen sich leider nur in einem externen Player starten.

Da auf nahezu allen Computern ein Flash-Plug-in installiert ist, hat sich die folgende Technik als Standard etabliert: Ein eingebetteter Player stellt die Steuerelemente wie Start-, Stopp- und Scrollbuttons zur Verfügung, und die einzelnen Filme sind als ausgelagerte Dateien mit dem Abspielmodul verknüpft. Besonders einfach und komfortabel erfüllt diese Aufgabe der populäre JW FLV Media Player (*www.longtailvideo.com*).

Videos einbetten: Der JW FLV Media Player bietet eine sehr leistungsfähige Möglichkeit, Videos per Flash in die eigenen Seiten zu integrieren.

Binden Sie einzelne Videos ein oder präsentieren Sie gesteuert über eine externe XML-Datei eine Serie von Filmen als sogenannte Playlist. Der JW FLV Media Player darf für nicht kommerzielle Zwecke kostenlos genutzt werden. Möchten Sie das Tool für geschäftliche Websites nutzen, können Sie für wenige Euro eine Lizenz erwerben.

Der Player lässt sich flexibel konfigurieren. Sie müssen die Steuerbefehle jedoch nicht von Hand eintippen. Nutzen Sie den komfortablen Codegenerator unter *www.longtailvideo.com/support/jw-player-setup-wizard*. Wählen Sie im ersten Schritt, welchen Medientyp Sie einbinden möchten. Geben Sie im zweiten Schritt in mehreren Rubriken die Parameterwerte ein. Den Link zum Player sowie dessen Größe fügen Sie beispielsweise unter *Embed parameters* hinzu. Den Link zum Film, einen Titel und eine Beschreibung ergänzen Sie unter *File properties*. Mit *Update preview & code* aktualisieren Sie die Vorschau auf das Ergebnis und den Quelltext im Feld darunter. Übernehmen Sie diesen über die Zwischenablage in den Code Ihrer Webseite.

11.7 Immobilien online anbieten

Für Anbieter von Immobilien eröffnen sich beim Einsatz von Videos ganz neue Möglichkeiten. Ohnehin gehört dem Internet in dieser Branche die Zukunft. Nach aktuellen Studien nutzen rund 75 Prozent der Wohnungssuchenden das World Wide Web. Und auch beim Hauskauf hat das Internet der Tageszeitung den Rang abgelaufen. Kein Wunder, schließlich haben Zeitungsannoncen gegenüber dem Internet entscheidende Nachteile: Sie sind vergleichsweise teuer, bieten aber nur wenig Platz für eine ausgiebige Beschreibung. Zudem erreichen Papiermedien lediglich eine begrenzte Anzahl von Lesern, und die Texte lassen sich auch nicht fortlaufend aktualisieren. Im Internet ist das anders: Onlineanbieter können die Objekte ausführlich beschreiben und mit ansprechenden Fotos ins rechte Licht rücken. Zudem lassen sich die Informationen jederzeit auf den neusten Stand bringen.

Und auch für die Kunden ist das Web bequemer. Sie haben rund um die Uhr Zugriff. Über komfortable Suchmasken lassen sich aus Tausenden von Angeboten die Objekte herausfiltern, die den eigenen Wünschen besonders nahekommen. Vom heimischen Wohnzimmer aus können die Angebote in aller Ruhe ausgewertet und verglichen werden. Das bedeutet weniger Telefoniererei und einen deutlichen Zeitgewinn, da detaillierte Beschreibungen mit wenigen Mausklicks zur Hand sind. Ein doppelter Vorteil, da auch der Anbieter Kopierkosten und die Zeit für das Eintüten spart.

Überzeugende Gründe, den Schritt zu wagen: Steigen Sie als Makler ein in die Onlinevermarktung Ihrer Immobilienobjekte. Der millionenfache Seitenabruf bei den einschlägigen Onlinebörsen zeigt, wie hoch die Nachfrage über das Internet mittlerweile ist. Richten Sie eine eigene Homepage ein, auf der Sie Ihr Unternehmen selbst sowie die Angebote präsentieren. Tragen Sie Ihre Objekte aber auch in regionale und überregionale Immobilienbörsen ein. Wie Sie die Häuser und Wohnungen stets optimal darstellen, erfahren Sie auf den folgenden Seiten.

Überblick über Maklersoftware

Nutzen Sie die eigene Website zuerst einmal als Visitenkarte. Stellen Sie sich und Ihre Mitarbeiter am besten mit Bild vor. Je persönlicher Sie die Seiten gestalten, umso mehr Vertrauen wecken Sie bei den Kunden. Geben Sie außerdem möglichst umfassende Kontaktinformationen an und nennen Sie die Zeiten, zu denen Sie erreichbar sind.

Im Vordergrund der Website sollten dann jedoch die Immobilienangebote stehen. Die entsprechenden Seiten lassen sich komplett mit einem der gängigen Webeditoren zusammenbauen. Eine andere Möglichkeit: Bei manchen Softwarelösungen für Makler lassen sich die Bausteine für das eigene Webangebot aus der jeweiligen Anwendung exportieren. Einige Programme haben sogar direkte Schnittstellen zu den führenden Immobilienbörsen. So lassen sich die Daten unmittelbar per Mausklick übertragen. Umfangreiche Listen mit spezieller Software für Immobilienmakler finden Sie unter *www.softguide.de/software/immobilienmakler-maklersoftware.htm* und *www.immobilienscout24.de/de/anbieten/software/*.

Fotos als Eyecatcher

Mit den richtigen Fotos können sich die Besucher im wahrsten Sinne des Wortes ein Bild von Ihren Objekten machen. Geben Sie sich bei den Aufnahmen daher besondere Mühe. Zeigen Sie das Haus oder die Wohnung von den schönsten Seiten. Fragen Sie beispielsweise die bisherigen Bewohner, was Ihnen an der Immobilie am besten gefällt. Versuchen Sie mit den Bildern, die Emotionen der Betrachter zu wecken. Je mehr Fotos Sie anbieten, umso besser können die Interessenten das Objekt beurteilen. Zwei Bilder von außen, drei von innen und eine übersichtliche Zeichnung des Grundrisses wären schon hilfreich.

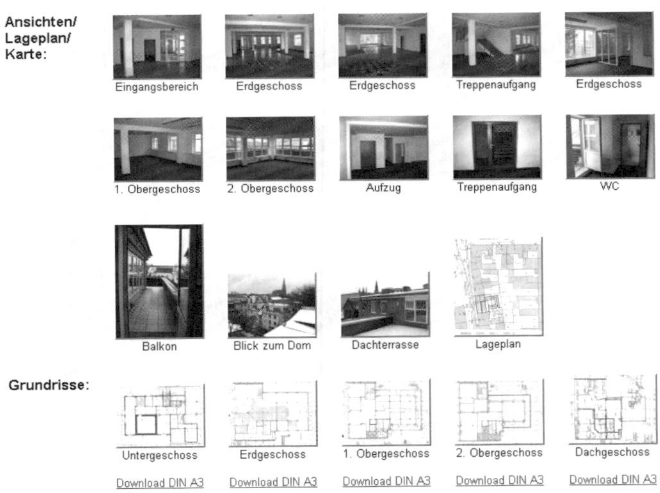

Aus jedem Blickwinkel: Von dieser Gewerbeimmobilie können Sie sich schon im Web ein nahezu komplettes Bild machen.

Kombinieren Sie klassische Frontalansichten mit Aufnahmen aus ungewöhnlichen Perspektiven. Die Bilder sollten nicht nur scharf und wackelfrei sein, sondern Ihre Objekte von der besten Seite präsentieren:

- Fotografieren Sie das Haus zur richtigen Tageszeit. Bei tief stehender Sonne könnten Schattenwürfe den Gesamteindruck zu sehr trüben. Ideal sind eine gute Ausleuchtung mit optimalem Sonneneinfall und strahlend blauem Himmel.
- Nutzen Sie auch für die Innenaufnahmen das Tageslicht. Helle Räume wirken behaglich, und die Farben kommen so erst richtig zur Geltung. Noch origineller: Wie wäre es mit einem schön gedeckten Esszimmertisch, um das Ambiente noch besser zu unterstreichen?

- Oder werfen Sie fotografisch beispielsweise einen Blick durch das Küchenfenster in den prächtig blühenden Garten. Arrangieren Sie Liege und Sonnenschirm so auf der Terrasse, dass der Betrachter schon beim Anblick des Fotos von entspannenden Feierabenden in der Nachmittagssonne träumt.

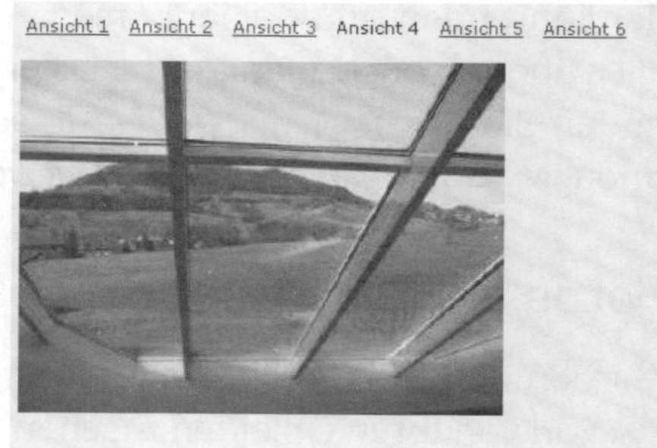

Schöne Aussichten: Wer möchte nicht jeden Tag diesen Ausblick aus dem Dachfenster genießen?

- Zeigen Sie die Immobilien aus möglichst vielen Perspektiven. Kombinieren Sie Detailaufnahmen mit Innen- und Außenansichten. Stellen Sie dabei die Schokoladenseiten in den Vordergrund. Die Kunden sollen einen möglichst umfassenden Eindruck vom Objekt gewinnen.
- Achten Sie bei den Außenansichten auf die jeweilige Jahreszeit. Ein verschneiter Vorgarten passt nicht in den Sommer. Die Besucher vermuten dann wohl zu Recht, dass Ihr Angebot schon etwas älter ist. Tauschen Sie bei Annoncen, die schon länger im Netz stehen, die Bilder regelmäßig aus.

Vorsicht, Ladenhüter! Tauschen Sie das Bild der schneebedeckten Doppelhaushälfte spätestens im Frühling gegen ein aktuelleres aus.

- Vermeiden Sie alles, was den Eindruck von der Immobilie stören könnte. Schieben Sie gegebenenfalls Mülltonnen für die Zeit der Aufnahme beiseite und vermeiden Sie auch Autos, die direkt vor der Haustür parken. Auch Straßenschilder, Komposthaufen und Gerümpelberge werten das Objekt keineswegs auf.

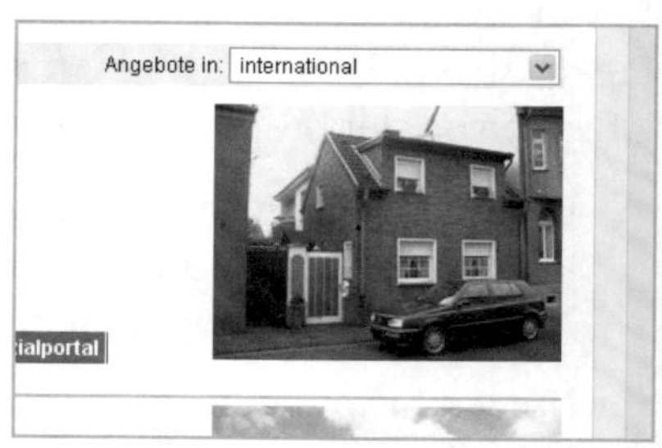

Ist das Auto oder das Haus zu verkaufen? Fahren Sie störende Fahrzeuge ein paar Meter weiter, bevor Sie das Haus ablichten.

- Ergänzen Sie die Bilder vom eigentlichen Kauf- bzw. Mietobjekt durch Fotos von der näheren Umgebung des Objekts. Zeigen Sie die Grünflächen im Wohngebiet, eine nahe Einkaufspassage oder den einladenden Kinderspielplatz. Hilfreich ist alles, was den Wohnwert an diesem Standort unterstreicht.

Ist auf Ihren Seiten nur wenig Platz für die Bilder, verwenden Sie zuerst einmal verkleinerte Versionen. Lassen Sie diese aber in Originalgröße aufspringen, sobald ein Nutzer sie mit der Maus anklickt. Achten Sie bei Raumplänen auf lesbare Bezeichnungen und Maßangaben. Und kontrollieren Sie vor dem Hochladen die Dateigrößen Ihrer Fotos. Mit Dateien, die mehrere Hundert KByte groß sind, dürften Sie vor allem Surfer mit langsamen Modemverbindungen schnell vergraulen.

Ersatzbild besser als kein Bild

Selbst wenn Sie einmal kein Foto der Immobilie zur Hand haben, sollten Sie auf eine Bebilderung nicht verzichten. Zeigen Sie stattdessen beispielsweise eine Sehenswürdigkeit der Stadt oder eine Aufnahme, die das besondere Ambiente des Stadtteils widerspiegelt. Auch die Zielgruppe Ihrer Anzeige könnte sich als Motiv eignen: Möchten Sie eine Wohnung beispielsweise an ältere Menschen vermieten, verwenden Sie als Ersatz ein Foto von einer sympathischen Seniorin.

Vorteile hervorheben

Neben guten Bildern sorgen auch prägnante Titel für eine hohe Aufmerksamkeit. Wecken Sie mit den Überschriften die Neugier der Besucher und stellen Sie den Nutzen besonders heraus. Möchten Sie beispielsweise alleinstehende Berufstätige ansprechen, fügen Sie anstelle von „2-Zimmer-Wohnung in Musterstadt“ besser den Titel „Moderne, helle Single-Wohnung mit S-Bahn-Anschluss“ ein. Familien dürften bei „EFH in Spielstraße mit großem Garten“ eher aufhorchen als bei „Doppelhaushälfte in Musterdorf“. Sprechen Sie mit den Überschriften die Bedürfnisse und Emotionen der Leser an.

Ansprechender Titel: Stellen Sie die wichtigsten Kaufargumente bereits in der Überschrift deutlich heraus.

Im ergänzenden Exposé können Sie die Interessenten dann ausführlich über die Details des Objekts informieren. Gestalten Sie diese Beschreibungen bei all Ihren Angeboten einheitlich und strukturieren Sie die Informationen übersichtlich. Fügen Sie bei der Langform neben den Daten wie Wohnfläche und Ausstattung auch eine Beschreibung der Lage des Objekts hinzu. Ideal wäre ein Kartenausschnitt, in dem das Gebäude eingezeichnet ist. Möchten Sie die genaue Adresse zum Schutz Ihrer Provision nicht nennen, erläutern Sie im Text das Umfeld und die Vorteile des Standorts. Hier spielen beispielsweise die Verkehrsanbindung, Einkaufsmöglichkeiten und die Schulnähe eine Rolle.

Vorsicht bei krummen Preisangaben

Bieten Sie Ihre Immobilien in einer Onlinebörse an, sollten Sie eine Besonderheit beim Kaufpreis beachten. Verzichten Sie auf die Angabe von krummen Preisen wie 99.000 Euro, sondern verlangen Sie stattdessen eine runde Summe. Die Nutzer der Börsen suchen in aller Regel innerhalb von Preisspannen. Ein Betrag von 100.000 Euro wäre dann sowohl die obere Grenze für eine Suche bis zu diesem Betrag als auch die untere Grenze für eine Spanne von 100.000 bis 120.000 Euro. Mit einem glatten Zahlenwert erhöhen Sie somit die Trefferquote. Einen Preis sollten Sie übrigens stets angeben. Fehlt er, landet Ihre Anzeige bei den Suchfunktionen der meisten Anbieter standardmäßig am Ende der Trefferlisten.

Einfache Kontaktaufnahme

Geizen Sie auf Ihren Webseiten und in den Onlinebörsen nicht mit Ihren Kontaktdaten. Geben Sie möglichst auf jeder Seite Ihren Firmennamen, einen Ansprechpartner, die Telefonnummer sowie Ihre E-Mail-Adresse an. Ein Kunde, der nach intensiver Suche ein für ihn interessantes Angebot gefunden hat, sollte bei einer Rückfrage nicht lange suchen müssen. Lassen Sie die Kontaktangaben auch bei jedem Druck mit ausgeben.

Besser als eine verlinkte E-Mail-Adresse ist übrigens der Einbau eines Nachrichtenformulars. Bei einem solchen Formular können die Surfer ihre Wünsche auf der Webseite in Felder eingeben und über eine Schaltfläche abschicken. Der Vorteil dieser Lösung: Die Besucher benötigen kein zusätzliches E-Mail-Programm. Sie können so ihre Anfragen auch aus dem Internetcafé stellen, und Nutzer von Webmail-Accounts haben es ebenfalls leichter.

Eines sollten Sie bei den Internetanfragen sicherstellen: Planen Sie genügend Freiraum zur Beantwortung der E-Mails ein. Internetnutzer erwarten eine schnelle Reaktion. Spätestens nach einem Tag sollten Sie auf eine Frage reagiert haben. Hilfreich sind automatisch erzeugte Empfangsnachrichten. Damit weiß der Kunde, dass seine Nachricht eingegangen ist und dass Sie sich darum kümmern.

Übersichtliche Struktur

Richten Sie ein besonderes Augenmerk darauf, wie Sie die Objekte in Ihrem Webangebot verlinken. Sortieren Sie die Angebote nach eindeutigen Kategorien. Unterscheiden Sie in der ersten Ebene vielleicht zwischen Miet- und Kaufangeboten. Untergliedern Sie danach in Einfamilienhäuser, Mehrfamilienhäuser, Grundstücke und Gewerbeimmobilien. Bei einem größeren Bestand ist eine Suchfunktion sinnvoll. Engen Sie die Nutzer bei der Suche jedoch nicht zu sehr ein. Flexible Eingabefelder, in die die Interessenten eine Spanne eingeben können, sind häufig besser als statische Auswahllisten mit wenigen vorgegebenen Kriterien.

Besser als der schnöde Link Angebote: Führen Sie die Besucher über eine durchdachte Navigation zu den passenden Objekten.

Je konkreter die Suchkriterien sind, umso größer ist die Gefahr, dass die Ergebnisliste leer bleibt. Lassen Sie den Nutzern vor allem Spielraum bei der Suche nach der Zimmerzahl, der Wohnfläche und dem Preis. Die Suchmaske sollte zudem mit Fehleingaben problemlos zurechtkommen. Weisen Sie die Besucher auf falsche oder fehlende Eingaben hin oder tolerieren Sie diese sogar bei der Recherche. So sollte die Suchfunktion nicht schon deswegen aussteigen, weil der Surfer einen Punkt zur Tausendertrennung eingegeben hat. Verzichten Sie bei einem kleineren Immobilienangebot besser komplett auf eine Suche und feilen Sie lieber noch weiter an den Kategorien in der Navigationsleiste.

Legen Sie für jedes Objekt eine eigene Seite an. Stellen Sie alle wichtigen Parameter zu Beginn der Seite tabellarisch zusammen. So gewinnen die Nutzer einen guten Überblick, ohne das Exposé öffnen zu müssen. Optimieren Sie Ihre Seiten zudem für den Druck. Blenden Sie die Navigationsleiste des Angebots, Ihr Logo sowie eventuelle Werbebanner in der Papierversion aus. Und auch auf dem Bildschirm ist weniger oft mehr. Verzichten Sie auf jegliche Hintergrundbilder sowie zappelnde Grafiken und nervige Pop-up-Fenster. Solche Elemente stören die Leser nur bei der Durchsicht Ihrer Texte.

Ausführliches Exposé

Für Makler selbstverständlich: Bieten Sie zu jedem Kauf- und Mietobjekt ein ausführliches Exposé zum Download an. Speichern Sie die Informationen am besten im kompakten PDF-Format. Die Besucher können ein solches Dokument bequem auf ihre Festplatte laden und in aller Ruhe offline studieren. Gliedern Sie die Seiten übersichtlich und beginnen Sie beispielsweise mit einer Zusammenfassung der wichtigsten Fakten wie Wohnfläche, Zimmeranzahl, Baujahr und Preis. Fügen Sie in den Kopf- oder Fußbereich jeder Seite den Namen des direkten Ansprechpartners sowie seine Telefonnummer ein.

Die meisten Surfer drucken mehrseitige Texte lieber aus. Verzichten Sie daher auf schmückende Hintergrundverläufe und übermäßig viele Trennlinien. Dieser Schnickschnack kostet beim Drucken nur Zeit und vor allem die Tinte der Kunden. Eine einfache schwarze Schrift mit weißen Flächen zur Trennung genügt für eine ansprechende Darstellung. Heben Sie bei längeren Textpassagen die wichtigsten Begriffe als Lesehilfe in fetter Schrift hervor.

Inserieren bei Immobilienbörsen

Möchten Sie nicht nur auf den Erfolg der eigenen Webseiten vertrauen, inserieren Sie zusätzlich in einigen der zahlreichen Onlinebörsen. Sie haben die Wahl zwischen kostenlosen und kommerziellen Anbietern. Und entscheiden Sie sich für bundesweit oder lediglich regional ausgerichtete Portale. Eine Liste mit rund 530 Adressen finden Sie unter *www.immoportal.de/katalog/immobilien/immobilienangebote/angeboteboersen/*.

Von den zahlreichen kommerziellen Onlinebörsen, die ursprünglich an den Start gegangen sind, haben sich nur wenige tatsächlich durchgesetzt. Die monatlichen Seitenzugriffe der folgenden Anbieter bewegen sich im Millionenbereich:

Anbieter	Webadresse	Besucher pro Monat (2009)
Immobilien Scout GmbH	*www.immobilienscout24.de*	4 Mio.
Immonet GmbH	*www.immonet.de*	1,8 Mio.
Immowelt AG	*www.immowelt.de*	1,74 Mio.
Lagler Spezial-Software GmbH	*www.immopool.de*	k. A.

Bei Immobilienbörsen wird der Vorteil des Internets gegenüber Tagezeitungen und Anzeigenblättern besonders deutlich: Mit mächtigen Recherchefunktionen lassen sich gezielt die passenden Angebote herausfiltern. Nutzen Sie als Anbieter diese Features, indem Sie beispielsweise für die Umkreissuche stets die Adresse der Immobilie angeben. Aber keine Sorge, bei den meisten Börsen lässt sich diese Angabe so speichern, dass nur die Suche darauf zurückgreifen kann. Im öffentlichen Bereich werden diese Daten nicht angezeigt.

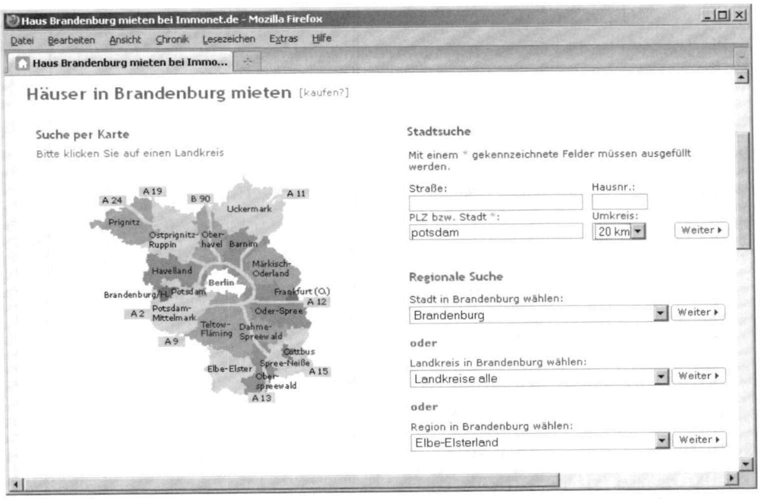

Bei der Recherche spielt das Internet seine Stärken aus: Lassen Sie wie hier bei immonet.de nach allen Angeboten rund um den gewünschten Zielort suchen.

Medien parallel nutzen

Wer als Makler oder privater Anbieter eine möglichst breite Zielgruppe ansprechen möchte, sollte in jedem Fall auch online inserieren. Für gewerbliche Anbieter ist eine eigene Homepage Pflicht. Steigen Sie jedoch nicht komplett auf die Onlinewelt um. Die beste Strategie ist, Zeitung und Internet geschickt miteinander zu kombinieren. Machen Sie den Lesern mit wenigen Zeilen in der Zeitung Appetit und servieren Sie das komplette Menü dann unter einer Webadresse, die direkt zum jeweiligen Objekt führt.

11.8 Hotel und Ferienwohnung im Netz

Viele Tipps für die Immobilienpräsentation lassen sich auf Websites übertragen, auf denen Ferienwohnungen angeboten werden. Was vor einigen Jahren noch die absolute Ausnahme war, ist heute fast schon selbstverständlich: Private Anbieter vermarkten ihre Urlaubsdomizile direkt über das Internet. Die Konkurrenz ist groß, und die potenziellen Kunden werden immer wählerischer. Um sich von der breiten Masse der Websites abzuheben, müssen Sie sich daher schon etwas Besonderes einfallen lassen. Bei der Vielzahl der Angebote entscheidet der erste Eindruck.

Überzeugender Auftritt

Die Urlaubssuchende möchten die „schönsten Wochen des Jahres" vielleicht bei Ihnen verbringen. Daher sollten Sie sich große Mühe geben, um die möglichen Gäste von Ihrem Angebot zu überzeugen. Gestalten Sie Ihre Seiten optisch ansprechend und wecken Sie das Interesse der Surfer sowohl für die Unterkunft als auch für den Urlaubsort.

Heben Sie die wichtigsten Verkaufsargumente bereits auf der Startseite hervor. Hat Ihre Wohnung eine besonders hochwertige Einrichtung? Ist der Swimmingpool überdurchschnittlich groß? Oder liegt das Haus an einem sehr ruhigen Strandabschnitt? Überlegen Sie, welche besonderen Eigenschaften Ihre Wohnung auszeichnen. Machen Sie sich aber auch Gedanken darüber, welchen Typ Urlauber Sie mit der Wohnung vorrangig ansprechen möchten. Familien, ältere Menschen oder eher Jugendliche? Berücksichtigen Sie das bei den Inhalten und der Gestaltung der Seiten. Versetzen Sie sich in die Rolle des Gasts. Was gefällt Ihnen an Ihrer Wohnung besonders gut? Vielleicht ist es die Nähe zum Skilift, die besondere Aussicht oder die ruhige Lage.

Wichtig ist zudem die Aktualität der Daten. Prüfen Sie Ihre Seiten regelmäßig. Der Kalender mit den Verfügbarkeitsdaten für die Wohnung sollte stets auf dem aktuellen Stand sein. Halten Sie auch mit den Mietpreisen nicht hinter den Berg. Das ist schließlich eine der wichtigsten Informationen für die Surfer. Wer erst lange suchen oder umständlich nachfragen muss, geht bei der Vielzahl alternativer Angebote schnell einmal einen Mausklick weiter.

Fotos, Fotos, Fotos

Noch wichtiger als gute Texte sind zahlreiche Fotos auf der Homepage. Präsentieren Sie möglichst viele Bilder, die das Mietobjekt aus verschiedenen Perspektiven zeigen. Fotografieren Sie die Wohnung von innen, nehmen Sie das Gebäude von außen auf und zeigen Sie auch den Ausblick, den die Urlauber beispielsweise vom Balkon haben. Versuchen Sie mit den Bildern, das besondere Flair und auch ein wenig Urlaubsstimmung zu transportieren.

Achten Sie dabei besonders auf die Qualität der Fotos. Unscharfe oder verwackelte Aufnahmen sind tabu. Lassen Sie auch zu dunkle oder zu helle Aufnahmen auf Ihrer PC-Festplatte liegen. Beim Bildmotiv gibt es ebenfalls verschiedene Fehlerquellen: Weder Ihr Blitzlicht noch Sie selbst sollten sich in Fenstern oder Spiegeln reflektieren. Wählen Sie außerdem einen wolkenfreien Tag mit strahlendem Sonnenschein. Präparieren Sie den Aufnahmeort außerdem ein wenig. Stellen Sie frische Blumen auf den Tisch, beziehen Sie die Betten mit einer besonders farbenfrohen Wäsche oder decken Sie den Tisch auf der Terrasse stilvoll für den Nachmittagskaffee ein. Achten Sie auf die Details. Der Rasen sollte gemäht sein und eventuelle Mülltonnen im Hintergrund für die Aufnahmen beiseitegeschoben werden.

Verwenden Sie am besten eine Digitalkamera und machen Sie gleich eine ganze Serie von Bildern. Zum einen ist der Ausschuss bei Fotos in der Regel sehr hoch, zum anderen haben Sie so die Möglichkeit, eher noch ein Bild mehr auf der Homepage zu präsentieren. Wie wäre es beispielsweise mit einer stimmungsvollen Slideshow, in der Sie den Surfern weitere Bilder präsentieren. Haben Sie selbst jedoch nicht den Blick für das richtige Motiv, und ist Ihre Kamera auch nicht besonders komfortabel ausgestattet? Dann bitten Sie einen besser geübten Bekannten oder sogar einen professionellen Fotografen um Hilfe.

Einen optimalen Überblick über die Wohnung vermitteln Sie mit einem interaktiven Rundgang. Versehen Sie dazu eine Skizze der Wohnung mit Blickpunkten. Bewegen Sie die Maus über einen solchen Punkt, erscheint ein Bild, das den jeweiligen Raum aus diesem Blickwinkel zeigt.

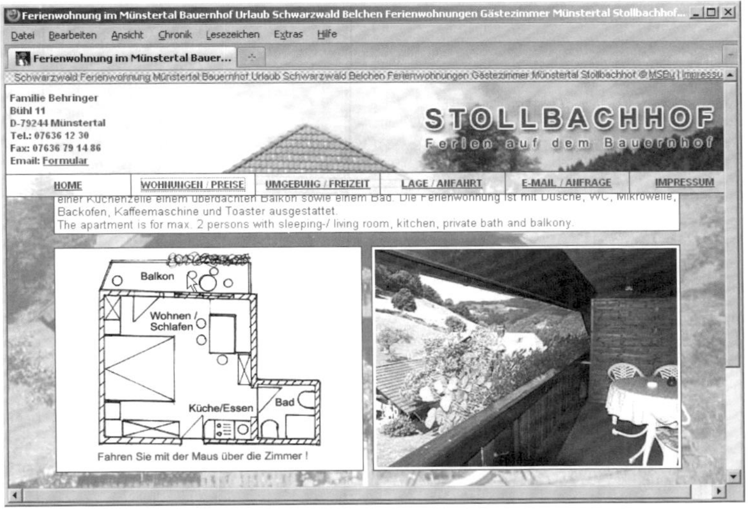

Halten Sie bei www.stollbachhof.de die Maus über den Balkon auf der handgemalten Skizze, können Sie den idyllischen Blick ins Tal genießen.

Belegungsplan anbieten

Ein K.-o.-Kriterium bei der Suche nach einer Ferienwohnung ist die Verfügbarkeit. Ist das Objekt zur gewünschten Zeit belegt, erübrigen sich alle weiteren Fragen. Manche Anbieter geben jedoch auf ihren Seiten keinen Überblick darüber, wann die Wohnung noch frei ist. Die meisten Urlauber haben aber keine Lust, die Anbieter umständlich per E-Mail anzuschreiben und eventuell Tage auf eine Antwort zu warten. Sie möchten sofort wissen, ob die Wohnung zu ihrem Wunschtermin verfügbar ist oder ob es mögliche Ausweichtermine gibt.

Bieten Sie daher auf alle Fälle einen Belegungskalender auf Ihren Seiten an und halten Sie diesen vor allem auch aktuell. Pflegen Sie mit jeder Buchung die neuen Daten ein. Der Kalender sollte ausschließlich die Kategorien „frei" oder „belegt" verwenden. Vermeiden Sie Angaben wie „auf Anfrage" oder „Status unbekannt". Stellen Sie fest, dass der eine oder andere Termin nicht nachgefragt wird, bieten Sie diese Zeiten aktiv auf der Startseite Ihrer Website an. Sie können den Terminkalender zwar auch mit einfachen HTML-Tabellen selbst gestalten, jedoch ist eine automatisierte Lösung mit einfachen Erfassungsmasken deutlich komfortabler.

Einen solchen Baustein für Ihre Homepage gibt es entweder als Onlinedienst oder als selbst installierbares Skript. Die Palette reicht von kostenlosen Lösungen mit oder ohne Werbung bis zum kommerziellen Dienst für über 100 Euro im Jahr. Die Lösungen unterscheiden sich in Layout, Komfort und den Möglichkeiten, sie in Ihre eigenen Seiten einzubauen. Onlinedienste finden Sie unter:

- *www.ferien-europa.de*
- *www.belegungstool.com*
- *www.belegungsplan.com*
- *www.fewokalender.de*
- *www.deutschlandferien.de/bp.phpC*

Möchten Sie den Kalender auf dem eigenen Webspace einrichten, sehen Sie sich die folgenden Skripten näher an:

- *www.digitaldruid.net/php-residence/*
- *www.solunas.org*
- *www.jjwdesign.com/booking_calendar.html*
- *www.rezervi.com*

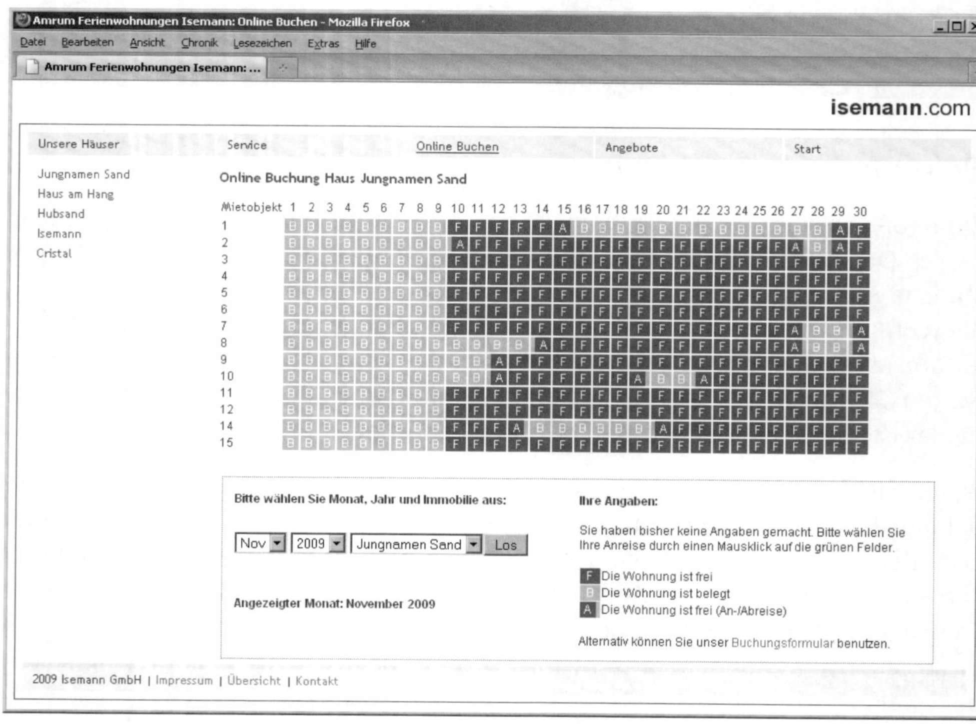

Das Skript Solunas (www.solunas.org) im Einsatz bei www.isemann.com.

Der Aufwand, einen Kalender zu pflegen, zahlt sich übrigens auch für Sie aus. Sie ersparen sich zahlreiche individuelle Anfragen zu möglichen Terminen, die dann doch nicht zu einem Mietabschluss führen.

Hat sich ein Surfer dazu entschlossen, eine Buchungsanfrage zu starten, sollten Sie es ihm so einfach wie möglich machen. Ein Onlineformular ist die richtige Wahl. Lassen Sie die Formulareingaben an Ihr E-Mail-Postfach weiterleiten. Sie müssen damit rechnen, dass manche Besucher das Formular unvollständig oder falsch ausfüllen. Lassen Sie die Eingaben der Surfer daher vor dem Absenden prüfen.

Tipps, Infos und Veranstaltungen

Neben der Pflicht gibt es auf Ihrer Homepage aber auch die Kür. Sammeln Sie möglichst viele Informationen, die für den Aufenthalt der Besucher nützlich sein können. Verlinken Sie beispielsweise die Webseiten der örtlichen Auto- und Fahrradvermieter. Informieren Sie ausführlich über Einkaufs-, Freizeit- und Sportmöglichkeiten und geben Sie Tipps zu Restaurants, Cafés und Kneipen. Verweisen Sie auf die Tourismusseiten der Stadt oder des örtlichen Verkehrsvereins.

Über Onlinekatalog anbieten

Sobald Ihre Seiten rund sind, können Sie sie scharf schalten. Die Wahrscheinlichkeit, dass sie dann bereits über Google & Co. gefunden werden, ist jedoch gering. Setzen Sie daher alles daran, Ihre Website so schnell wie möglich bekannt zu machen. Tragen Sie sie in die gängigen Onlinesuchmaschinen ein. Neben den allgemeinen Suchdiensten gibt es aber auch spezielle Kataloge, in denen ausschließlich Ferienwohnungen und -häuser angeboten werden. Im Web tummeln sich Hunderte von Anbietern solcher Onlinekataloge. Manche Dienste sind lediglich auf eine Region beschränkt, andere wiederum auf bestimmte Länder. Es gibt aber auch Datenbanken, die Ferienwohnungen aus aller Welt aufnehmen. Größere Anbieter im deutschsprachigen Raum sind:

- *www.fewo-direkt.de*
- *www.ferienwohnungen.de*
- *www.gastgeber.net*
- *www.accomundo.de*
- *www.urlaubstage.de*
- *www.fewo24.de*
- *www.unterkunft.de*
- *www.travelnet.de*

Für einen Eintrag bei den meisten dieser Dienste müssen Sie bezahlen. Die Beträge variieren von einem niedrigen zweistelligen Betrag bis zu mehreren Hundert Euro im Jahr. Dies hängt unter anderem davon ab, wie viele Besucher täglich beim jeweiligen Anbieter vorbeischauen. Im Grundpaket sind häufig ausführliche Übersichten zur Ausstattung sowie zwei bis drei Fotos enthalten. Für weitere Bilder oder zusätzliche Unterseiten müssen Sie in der Regel einen Aufpreis bezahlen.

Kataloge für Ferienunterkünfte wie www.fewo-direkt.de gibt es im Web fast wie Sand am Meer.

Für Sie als Vermieter dürfte es zu teuer werden, gleich mehrere Dienste dieser Art zu nutzen. Nehmen Sie die Angebote daher genau unter die Lupe, bevor Sie sich entscheiden. Wie viele Inserate gibt es auf der jeweiligen Website insgesamt? Wirbt der Anbieter mit von neutraler Seite geprüften Zugriffszahlen? Wie umfangreich lässt sich die Wohnung darstellen? Legen Sie aber auch Wert darauf, dass Sie vom Katalog aus auf Ihre eigenen Seiten verlinken dürfen. Dies gibt Ihnen dann die Möglichkeit, zu den Grundinformationen im Katalog Ihre eigene umfassende Beschreibung hinzuzufügen.

12. Aufträge online suchen – Auftragsakquise 2.0

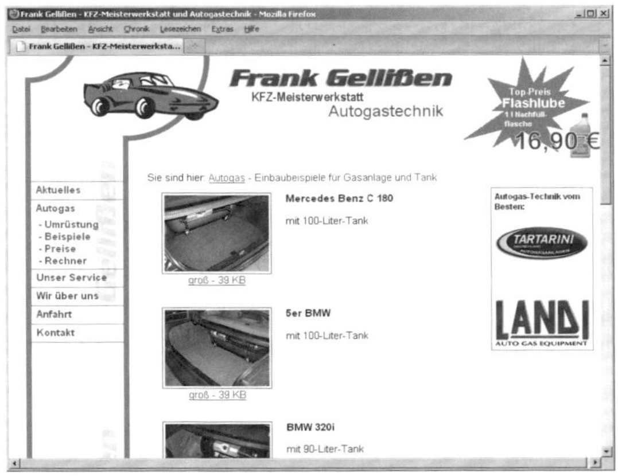

Das Web eröffnet für viele Berufsgruppen ganz neue Möglichkeiten: So haben beispielsweise Handwerker die Möglichkeit, ihre Dienste über eigene Webseiten nicht nur einem breiteren Publikum anzubieten, sondern sie können auf speziellen Auktionsportalen aktiv nach neuen Aufträgen suchen und sich online bewerben. Einsparpotenziale bietet das Internet bei der Unterstützung der Kunden: Statt eines individuellen und kostenintensiven Telefonsupports bietet das Web die Möglichkeit, per Livechat mehreren Anfragenden parallel weiterzuhelfen. Und übersichtliche FAQ-Seiten reduzieren die Zahl der Anfragen bereits im Vorfeld.

12.1 Mit der Werkstatt online gehen

Schon lange sind die Auftragsbücher vieler Handwerksbetriebe nicht mehr proppevoll. Wer weiterhin gute Geschäfte machen möchte, muss flexibel sein und alle Möglichkeiten ausschöpfen. Setzen Sie dabei auch auf das Internet. Mit einem eigenen Onlineangebot können Sie ausführlich über Ihre Produkte und Leistungen informieren. Zudem lässt sich der Kontakt mit den Kunden in vielen Fällen online abwickeln.

Beispiel: Einbau von Autogasanlagen

Frank Gellißen ist Kfz-Meister und Inhaber einer Werkstatt, die sich erfolgreich auf den Einbau von Autogasanlagen spezialisiert hat. Die Nachfrage nach dieser kostengünstigen Alternative zum herkömmlichen Benzinmotor ist vor allem in den letzten Monaten stark angestiegen. Mit seiner Homepage *www.autogas-service.de* hat Gellißen aber auch schon lange vorher großen Erfolg gehabt.

Seit wann ist Ihre Website online?

Frank Gellißen: Mit meiner Homepage bin ich im Dezember 1999 an den Start gegangen. Die Besucherzahl war vom ersten Tag an sehr hoch. Zu Beginn sind die meisten Surfer über Suchmaschinen auf meine Seiten gelangt. Das konnte man sehr gut an der Zugriffsstatistik ablesen.

Aus welchen Gründen haben Sie sich bereits so früh für eine eigene Homepage entschieden?

Frank Gellißen: Als ich mit dem Einbau der Gasanlagen begonnen hatte, war die Zahl der Interessenten in der unmittelbaren Umgebung noch nicht besonders hoch. Über das Internet ist es mir gelungen, Kunden anzusprechen, die weiter entfernt wohnen. Außerdem haben Autofahrer, die sich für Gas interessieren, immer wieder die gleichen Fragen. Auf meinen Internetseiten finden sie die passenden Antworten und Argumente für den Einbau.

Welche besonderen Informationen bieten Sie den Kunden auf Ihren Seiten?

Frank Gellißen: Sehr beliebt ist die Übersicht mit häufigen Fragen. Welche Vor- und Nachteile gibt es? Wie sicher ist Autogas? Wo kann man tanken? Wie viel Platz nimmt der Tank ein? Speziell dazu gibt es eine eigene Seite mit Einbaubeispielen für verschiedene Fahrzeugmodelle. Neben einer Preisübersicht ist außerdem der Spar-Rechner sehr nützlich. Sie können Ihren derzeitigen Verbrauch sowie die Jahreskilometerzahl eingeben, und der Rechner ermittelt, wie viel Sie monatlich und jährlich sparen können.

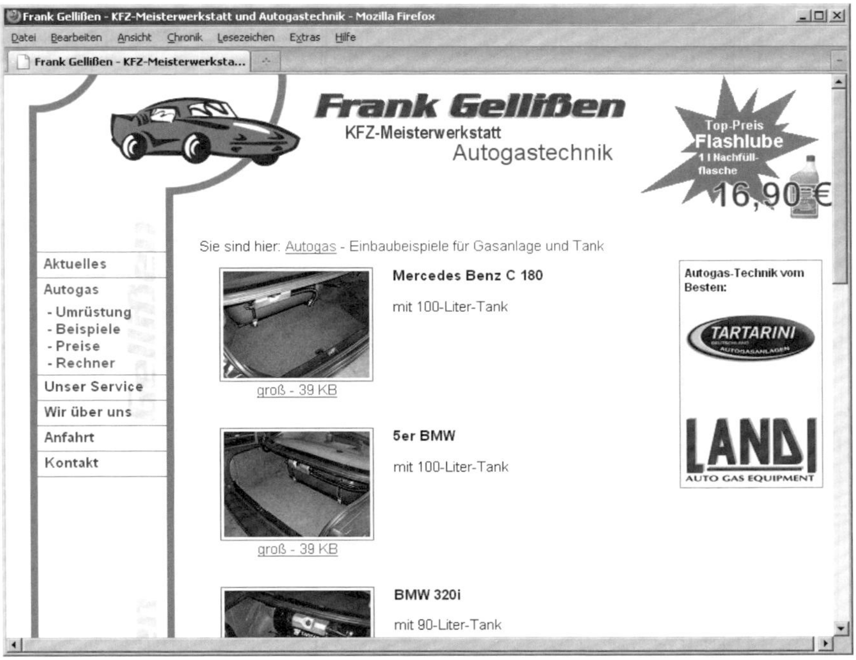

Auf den Seiten der Werkstatt können sich die Besucher anhand von Beispielen ein Bild vom Platzbedarf der Gastanks machen.

Wie hoch ist der Anteil der Aufträge, die über das Internet eingehen, am Gesamtvolumen?

Frank Gellißen: Sehr hoch. Mittlerweile kommen rund 35 bis 40 Prozent aller Aufträge über das Internet zustande. Die Kunden wohnen dabei teilweise bis zu 200 Kilometer entfernt.

Gab es auch Probleme mit dem neuen Medium?

Frank Gellißen: Ja, ein Problem war paradoxerweise der Erfolg. Seitdem meine Seiten online sind, erreichen mich im Schnitt zehn E-Mails täglich. Die Einsender stammen dabei teilweise aus dem gesamten Bundesgebiet. Das E-Mail-Problem musste ich erst einmal in den Griff bekommen. Und selbst heute fehlt hin und wieder die Zeit, noch am gleichen Tag zu antworten. Für eilige Anfragen verweise ich daher auf das Telefon.

Welchen Rat würden Sie anderen Handwerkern für ihre Onlineauftritte geben?

Frank Gellißen: Wenn man auf seinen Seiten lediglich den Begriff „Autowerkstatt“ angibt, dürfte die Chance, bei Google gefunden zu werden, wohl sehr gering sein. Geben Sie sich im Web ein schärferes Profil, indem Sie bestimmte Stärken und Produkte besonders hervorheben.

12.2 Besondere Inhalte auf der Website

Die Verteilung von Handzetteln, die Werbung in den Mitgliederinformationen der örtlichen Vereine sowie Inserate in den wöchentlichen Anzeigenblättern gehören zum Standardrepertoire, um auf die eigenen Dienste hinzuweisen. Diese Werbeaktionen haben jedoch einige Nachteile: Sie stellen nur wenig Platz für umfangreiche Informationen zur Verfügung, und bei Schwarz-Weiß-Druck bleibt die Optik auf der Strecke. Außerdem erreichen Sie die Zielgruppe nur regional und zeitlich begrenzt.

Viel umfassendere Möglichkeiten bietet das Internet. Die Hälfte aller potenziellen Kunden sucht mit Suchmaschinen nach interessanten Angeboten und gibt Adressen ein, die ihnen empfohlen wurden oder die sie im Vorbeigehen irgendwo aufgeschnappt haben. Auch für Handwerksbetriebe eröffnet dies neue Wege, Kunden zu gewinnen. Gehen Sie mit Ihrem Unternehmen online. So sind Sie weltweit und 24 Stunden rund um die Uhr erreichbar. Das finanzielle Risiko für den Einstieg ist dank der bereits vorgestellten kostengünstigen Komplettpakete der großen Webhoster gering.

Leistungen herausstellen

Legen Sie bei Ihrem Internetangebot besonderen Wert darauf, Ihre Produkte und Leistungen besonders herauszustellen. Ob Florist, Fliesenleger, Dachdecker, Friseur oder Autolackierer, bei den Dienstleistungen dieser Handwerker kommt es nicht nur auf eine fachmännische Ausführung an, auch die kreative Umsetzung spielt eine wichtige Rolle. Mit Worten sind die Ergebnisse häufig schwer zu beschreiben. Lassen Sie daher Bilder sprechen.

Anregungen für eine individuelle Treppenlösung geben die Beispiele auf der Website www.mark-weinhardt.de.

Wie wäre es mit Beispielen Ihrer Arbeit, die Sie mit anschaulichen Fotos illustrieren? Zeigen Sie besonders gelungene Innendekorationen, außergewöhnliche Gartengestaltungen oder Ihre besten Hochzeitstorten.

So schön kann Handwerk sein: Der Malereibetrieb Werner Jost zeigt unter www.jost.co.at sehenswerte Beispiele seiner Arbeit.

Oder wie wäre es mit dem Projekt des Monats: Dokumentieren Sie die Anlage eines konkreten Wintergartens von der ersten Idee bis zur fertigen Umsetzung. Setzen Sie dabei auf den Vorher-nachher-Effekt. Fassen Sie Informationen zur Dauer und zum notwendigen Aufwand so zusammen, dass der Kunde sieht, was ihn selbst erwarten würde.

Interaktion anbieten

Nutzen Sie das Internet aber nicht nur für reine Informationen. Das Medium bietet sich förmlich dazu an, interaktive Module für die Kunden einzubinden. Auf den Seiten eines Malerbetriebs könnte man die Besucher beispielsweise aktuelle Trendfarben kombinieren lassen. Oder bieten Sie eine Animation an, mit der sich die Surfer ihre Schrankwand aus den verfügbaren Modulen selbst zusammenstellen können. Eine solche Lösung hat für beide Seiten Vorteile: Die Kunden können sich in Ruhe überlegen, was sie konkret möchten – und für Sie reduziert sich der Beratungsaufwand.

Ein einfaches, aber dennoch sehr nützliches Beispiel ist der bereits erwähnte Spar-Rechner bei *www.autogas-service.de*. Geben Sie Ihren aktuellen Verbrauch, die Jahreskilometerzahl sowie die aktuelle Benzinsorte ein und klicken Sie auf *Berechnen*.

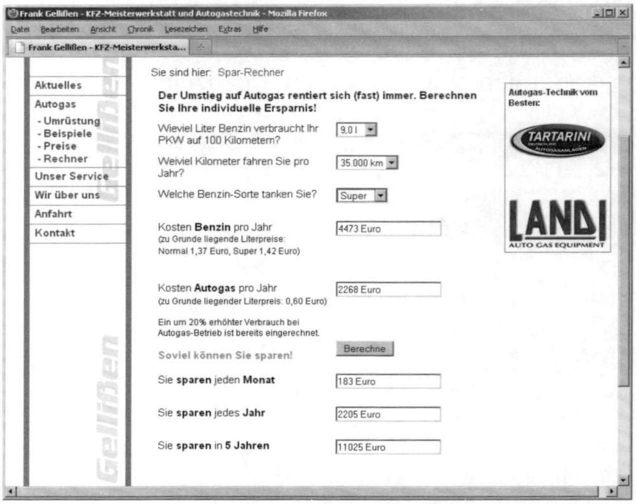

Berechnen Sie mit dem interaktiven Spar-Rechner bei www.autogas-service.de, wie viel Geld Sie monatlich und jährlich sparen.

Sicher haben Sie auch für Ihren Bereich entsprechende Ideen. Die interaktiven Module werden Sie dann individuell programmieren lassen müssen. Der Aufwand dafür ist jedoch häufig gar nicht so groß, wie Sie vielleicht denken.

Kunden sprechen lassen

Eine gute Beurteilung durch die Kunden ist die beste Werbung für Ihr Unternehmen. Versuchen Sie daher, auch Kundenstimmen auf Ihrer Homepage zu präsentieren. Fragen Sie am besten einen Ihrer zufriedenen Auftraggeber, ob er zu einer kurzen Stellungnahme bereit wäre.

Stellen Sie sicher, dass Sie das Lob eines Kunden auf der Website veröffentlichen dürfen.

Außerdem ist es sinnvoll, eine Referenzliste zu präsentieren, in der Ihre Stammkunden oder die Auftraggeber von größeren Projekten aufgelistet sind. So haben die Besucher der Website die Möglichkeit, Erkundigungen über die Qualität Ihrer Leistungen einzuholen.

Kostenloser Gästebuchdienst

Stellt Ihnen Ihr Provider kein eigenes Gästebuchmodul zur Verfügung, nutzen Sie einen kostenlosen Onlinedienst wie *www.onetwomax.de*, *www.webmart.de* oder *www.gbserver.de*.

Für besonders Mutige bietet das Web noch eine weitere Möglichkeit: Richten Sie ein Gästebuch ein, in das jeder seine Erfahrungen mit Ihrem Betrieb hineinschreiben kann. Sind Sie selbst von der Qualität Ihrer Arbeit überzeugt, werden es auch die Kunden sein. Werfen Sie jedoch regelmäßig einen Blick auf die Seiten des Gästebuchs, damit niemand dort unbemerkt Schindluder treibt. Ist das Gästebuch nur spärlich gefüllt und liegt der letzte Eintrag mehrere Monate zurück, sollten Sie ebenfalls über den Fortbestand nachdenken.

Für die Homepage werben

Werben Sie ab dem Tag, an dem Sie Ihre Internetseiten scharf schalten, intensiv für Ihre neue Onlinefiliale. Schreiben Sie die Webadresse auf alles, was nur irgendeinen Bezug zu Ihrem Unternehmen hat. Kleben Sie sie in Ihr Schaufenster oder auf die Tür des Firmenwagens und heben Sie sie in fetter Schrift auf Ihrem Briefkopf hervor. Nur wenn die Adresse bekannt ist, kommen Ihre Kunden auch dort vorbei. Denken Sie daher auch bei der nächsten Bestellung von Werbemitteln, etwa Kugelschreiber, Blocks oder Luftballons, daran, auf den Internetauftritt hinzuweisen.

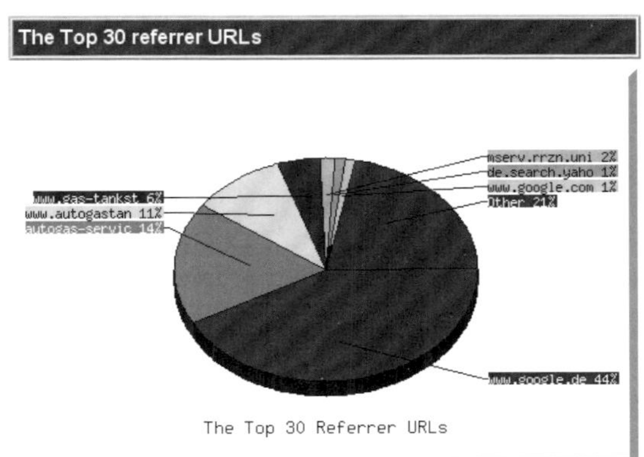

Nützliche Information: An den Zugriffszahlen Ihrer Website lässt sich unter anderem ablesen, wie die Besucher zu Ihren Seiten gelangt sind.

Ob Ihre Website Erfolg hat, wie sich konkrete Werbeaktionen auf die Zugriffszahlen auswirken und über welche Seiten die Surfer zur Ihrer Homepage gelangen, lässt sich an der Zugriffsstatistik ablesen. Bietet Ihr Provider Ihnen die Möglichkeit, werfen Sie regelmäßig einen Blick auf diese Zahlen. Gelangen die Besucher beispielsweise fast ausschließlich über Suchmaschinen zu Ihrem Angebot, sollten Sie die Seiten stärker in Ihrem näheren Umfeld bewerben. Überwiegen jedoch die direkten Zugriffe auf Ihre Webadresse deutlich, sollten Sie prüfen, ob Ihr Angebot überhaupt bei Google & Co. zu finden ist.

12.3 Die optimale Kontaktseite

Machen Sie es den Kunden so leicht wie möglich, mit Ihnen in Kontakt zu treten. Das gilt zwar grundsätzlich für jede kommerzielle Website, bei der Webpräsenz eines Dienstleisters jedoch besonders. Manche Informationen müssen Sie auf einer geschäftlichen Website schon aus rechtlichen Gründen anbieten, andere sollten Sie als zusätzlichen Service für die Surfer bereithalten. Das gilt beispielsweise für die Anreise: Bieten Sie für Ihre Ausstellungsräume oder den Handwerksbetrieb eine ausführliche Wegbeschreibung an. Machen Sie den Kunden aber auch die Kontaktaufnahme über Telefon und E-Mail so einfach wie möglich. Mit den folgenden Tipps gestalten Sie die Kontaktseite Ihrer Website optimal.

Pflichtangaben beachten

Zunächst einmal: Was hilft die beste Kontaktseite, wenn sie von den Surfern nicht gefunden wird? Fügen Sie den Link dorthin daher an gut sichtbarer Position auf jede Seite Ihres Webangebots ein und benutzen Sie dabei das im Web übliche Schlüsselwort „Kontakt". Seien Sie auch mit den Kontaktmöglichkeiten nicht zu sparsam: Führen Sie sämtliche Wege auf, über die die Kunden Sie erreichen können. Einige grundlegende Kontaktdaten sind für die Seiten von Unternehmen, wie bereits gesagt, ohnehin Pflicht. So müssen Sie mindestens den Namen Ihrer Firma sowie die Anschrift, eine Telefonnummer und eine E-Mail-Adresse angeben.

Je nach Rechtsform und Branche kommen weitere Pflichtinhalte dazu. Bei juristischen Personen müssen beispielsweise ein Vertretungsberechtigter sowie die Registriernummer beim zuständigen Gericht benannt werden. Wer eine Identifikationsnummer für die Umsatzsteuer besitzt, muss diese ebenfalls angeben. Noch weiter gefasst sind beispielsweise die Regelungen für Handwerksbetriebe: Diese müssen die jeweilige Standesvertretung sowie die einschlägigen Berufsregelungen benennen.

Hilfe beim Impressum

Nach einem für alle Websites gültigen Musterimpressum suchen Sie im Internet jedoch vergeblich. Schließlich gibt es zu viele unterschiedliche Konstellationen. Eine Lösung bietet jedoch der schon zu Beginn dieses Buchs erwähnte Webimpressum-Assistent von Digitale Informationssysteme unter der Adresse *www.digi-info.de/de/netlaw/webimpressum/*. Wählen Sie dort Ihren Geschäftszweig aus und beantworten Sie die nachfolgenden Fragen. Als Ergebnis spuckt der Assistent ein umfassendes Muster-Impressum aus, in das Sie lediglich noch Ihre individuellen Daten eintragen müssen.

Wichtige Details

Wer den Kontakt zu seinen Kunden nicht scheut, sollte weit über die geforderten Mindestangaben hinausgehen. Geben Sie beispielsweise anstelle einer zentralen Rufnummer die Durchwahlnummern Ihrer Mitarbeiter an. So können die Homepage-Besucher unmittelbar Kontakt mit dem jeweils zuständigen Bearbeiter aufnehmen. Mit einem Foto zu jeder Person hinterlassen Sie einen noch persönlicheren Eindruck. Selbstverständlich gehören auch die E-Mail-Adressen der Mitarbeiter auf die Kontaktseite. Häufig werden die Namen der Ansprechpartner jedoch nach dem folgenden Muster verlinkt:

```
<a href="mailto:umeier@ihrefirma.de">Ulrike Meier</a>
```

Adressen vor Spam schützen

Die E-Mail-Adresse des Beispiels sollten Sie zusätzlich noch gegen das Aufsammeln durch Spam-Roboter schützen. Dafür gibt es zahlreiche Methoden, vom Ersetzen der Buchstaben durch ihre numerischen Zeichencodes bis zum dynamischen Zusammensetzen per Skript. Über die Google-Suche finden Sie zahlreiche Anleitungen.

Dieser Link funktioniert zwar problemlos, jedoch ist die E-Mail-Adresse weder auf dem Bildschirm noch auf dem Ausdruck zu sehen. Wählen Sie daher besser die folgende Schreibweise:

```
Ulrike Meier (<a href="mailto:umeier@ihrefirma.de">umeier@ihrefirma.de</a>)
```

Die E-Mail-Adresse erscheint in diesem Fall innerhalb von Klammern hinter dem Namen.

Achten Sie bei den Telefonnummern ebenfalls auf die Details: Da Ihr Webangebot möglicherweise auch Surfer aus dem benachbarten Ausland anspricht, sollten Sie die Telefon- und Telefaxnummern in internationaler Schreibweise angeben. Stellen Sie deutschen Rufnummern die Landesvorwahl 49 nach dem Muster +49 (211) 1234567 voran. Die Vorwahl für die Schweiz lautet 41, die für Österreich 43.

Geben Sie Telefon- und Telefaxnummern mit internationaler Vorwahl an.

Für Interessenten und Kunden ist aber nicht nur wichtig, wie Sie zu erreichen sind, sondern auch wann. Nennen Sie die Geschäftszeiten auf der Kontaktseite.

Visitenkarte zum Herunterladen

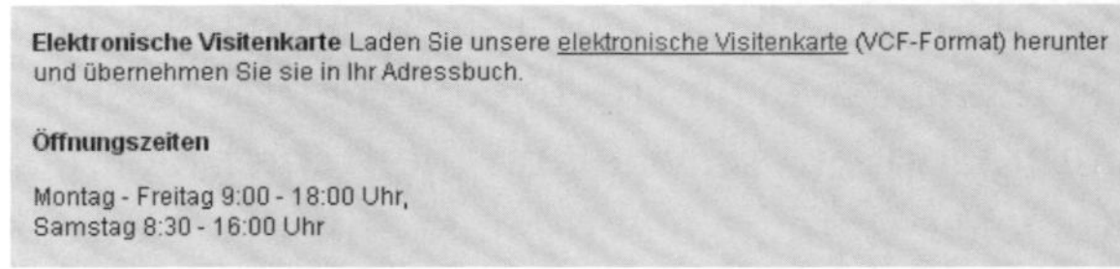

Die VCF-Datei lässt sich per Mausklick in das eigene Adressbuch übernehmen.

Viele Stammkunden und Geschäftspartner werden Ihre Kontaktdaten in das eigene elektronische Adressbuch aufnehmen wollen. Das Abtippen aller Daten ist jedoch mühsam. Bieten Sie den Besuchern einen besonderen Service an: Verlinken Sie Ihre Daten als sogenannte VCF-Datei. Dieses Visitenkartenformat wird von allen gängigen Adressprogrammen unterstützt. Mit wenigen Mausklicks lassen sich die Adressinformationen importieren.

Mit Outlook erstellen Sie die Visitenkarte im Handumdrehen: Geben Sie die eigenen Daten als neuen Kontakt in das Adressbuch des Programms ein. Rufen Sie den Menübefehl *Datei/An vCARD-Datei exportieren* auf und legen Sie den geöffneten Kontakt als elektronische Visitenkarte in den entsprechenden Ordner Ihrer Website. Verlinken Sie die Datei anschließend nach dem folgenden Muster auf der Kontaktseite:

```
<a href="ihrefirma.vcf">Visitenkarte im VCF-Format</a>
```

E-Mail per Kontaktformular

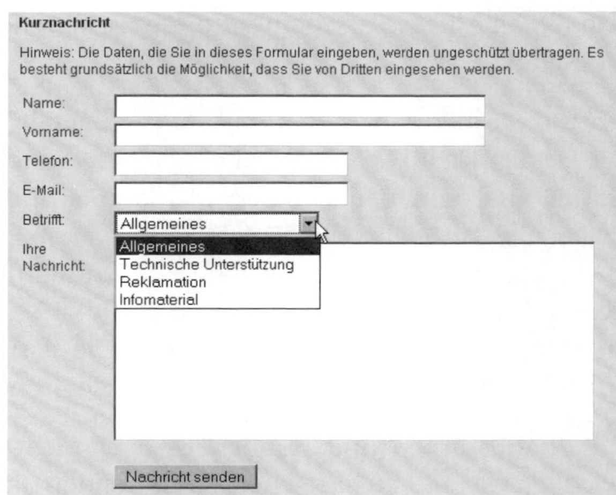

Bieten Sie den Besuchern die Möglichkeit, Ihnen per Webformular eine Nachricht zukommen zu lassen.

Nicht jeder Besucher verfügt an seinem Internet-PC über ein E-Mail-Programm. Wer beispielsweise im Internetcafé surft, ist auf den Browser angewiesen. Bieten Sie daher ein Kontaktformular an, damit auch diese Nutzer Ihnen online Nachrichten übermitteln können. Ein solches Formular lässt sich aus beliebigen Eingabefeldern, Listen und Auswahlboxen zusammensetzen.

Sind alle wichtigen Felder ausgefüllt? Handelt es sich bei der eingegebenen Zeichenkette auch tatsächlich um eine E-Mail-Adresse? Prüfen Sie dies vor dem Abschicken der Daten. Bei professionellen Webeditoren und bei den meisten Systemen zur Verwaltung von Websites lassen sich die erforderlichen Skripten mit ein paar Mausklicks in das Formular einbinden.

Auf dem Webserver werden die Formulareingaben weiterverarbeitet. Skripten, mit denen sich die Daten beispielsweise an Ihre E-Mail-Adresse weiterleiten lassen, gibt es im Web als fertige und häufig auch kostenlose PHP- und Perl-Lösungen. Ihr Webspace muss dazu die jeweilige Programmiersprache unterstützen. Besonders einfach haben Sie es bei Webhosting-Anbietern wie STRATO (*www.strato.de*) und 1&1 (*www.1und1.de*). Dort sind entsprechende Formularskripten in den meisten Paketen bereits eingerichtet. Sie müssen lediglich noch die eigene E-Mail-Adresse angeben, wenn Sie die Skripten von Ihren Seiten aus aufrufen.

Sensible Daten per SSL übertragen

Weisen Sie die Besucher darauf hin, dass die Formulareingaben ohne besonderen Schutz über das Internet verschickt werden. Verwenden Sie Kontaktformulare in besonders sensiblen Bereichen wie bei der Bezahlung oder bei Anmeldevorgängen, richten Sie sie in jedem Fall über eine gesicherte SSL-Verbindung ein.

Individuelle Anfahrtsskizze und Routenplaner

Eine Karte, auf der der eigene Standort eingezeichnet ist, gehört ebenfalls zum Standard auf jeder Kontaktseite. Eine Möglichkeit: Erstellen Sie die Anfahrtsskizze selbst. Schon mit einfach ausgestatteten Bildbearbeitungstools lassen sich ordentliche Ergebnisse erzielen. Der Plan lässt sich so auf die wesentlichen Angaben beschränken. Außerdem können Sie ihn farblich an das Layout Ihrer Seiten anpassen.

Erstellen Sie mit dem Grafikprogramm einen eigenen, sehr vereinfachten Lageplan.

Aber Vorsicht: Jedes Kartenmaterial, das Sie als Grundlage für Ihre Zeichnungen verwenden, ist urheberrechtlich geschützt. Dabei spielt es keine Rolle, ob Sie eine Papiervorlage einscannen oder den digitalen Kartenausschnitt eines Onlinediensts nutzen. Verwenden Sie fremde Pläne komplett oder auch nur in Ausschnitten ohne die Zustimmung des Rechteinhabers, riskieren Sie eine kostenpflichtige Abmahnung. Das umgehen Sie selbst dann nicht, wenn Sie die Bildvorlage leicht verfremden oder einige Informationen aus der Grafik löschen. Auch das Durchpausen der Pläne ist nicht erlaubt. Auf der sicheren Seite sind Sie lediglich, wenn Sie den Wegeplan von Grund auf selbst erstellen.

Eine dynamische Lösung bietet Google Maps (*http://maps.google.de*). Sie dürfen den Kartendienst auf kostenlos zugänglichen Websites nutzen, unabhängig davon, ob diese kommerzielle oder nicht kommerzielle Absichten verfolgen. Die technische Dokumentation finden Sie unter *http://code.google.com/intl/de-DE/apis/maps/documentation/*. Eine Anleitung bietet die Seite *http://maps.google.de/support/bin/answer.py?hl=de&answer=160717* in der Google-Onlinehilfe. Ist Ihnen dieser Weg zu kompliziert, nutzen Sie den Onlineservice KartenGenerator (*www.kartengenerator.de*). Geben Sie den Namen Ihres Unternehmens sowie Ihre Adresse ein und klicken Sie auf *Karte erstellen*. Im Feld *HTML für Ihre Homepage* finden Sie den entsprechenden Code für Ihre Webseite.

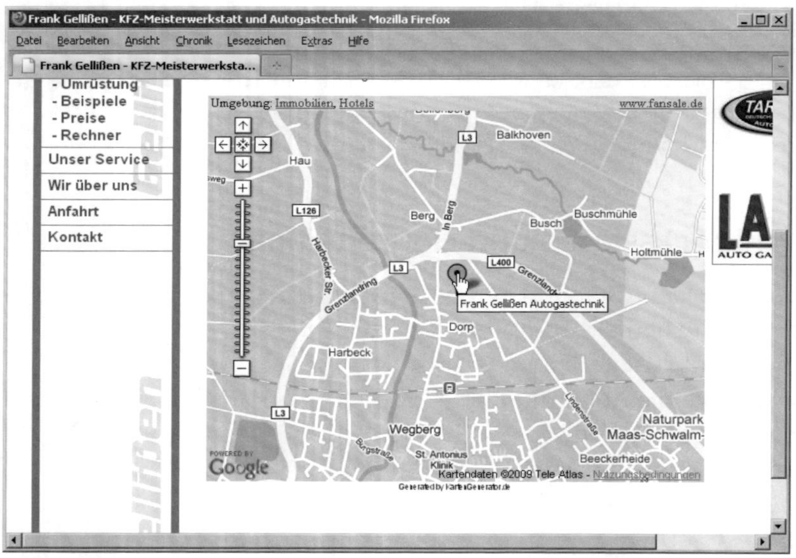

Die Google-Karte zeigt Ihren Standort an und bietet die Möglichkeit zum Zoomen und zum Verschieben des Ausschnitts.

Der Service Link2Map24 (*http://products.de.map24.com/link2map.html*) stellt ebenfalls mehrere Alternativen bereit: Fügen Sie einen Button ein, der die Zieladresse auf den Seiten von Map24 anzeigt, lassen Sie eine beliebige Adresse über ein Onlineformular suchen, geben Sie die Zieladresse beim Routenplaner vor, sodass die Nutzer lediglich den Abfahrtsort für die Streckenberechnung eintragen müssen, oder erlauben Sie das Routing zwischen zwei frei definierbaren Orten. Weitere Routenplaner gibt es bei Web.de unter *http://route.web.de/freiesrouting.wjsp* und bei Falk unter *www.falk.de/homepagetools/do/widgetGenerator?lang=de*.

Etwas aufwendiger, dafür aber besonders anschaulich ist die folgende Lösung: Erstellen Sie eine individuelle Anfahrtsbeschreibung, die Sie mit Fotos markanter Kreuzungen und Gebäude bebildern. Beginnen Sie mit der Wegbeschreibung beispielsweise an der nächstgelegenen Autobahnausfahrt. Fügen Sie Bilder von Hinweisschildern oder am Streckenrand liegenden auffälligen Bauwerken hinzu. Bauen Sie die Seite so auf, dass sie ordentlich zu Papier gebracht werden kann.

Eine mit Fotos bebilderte Anfahrtsbeschreibung finden Sie beispielsweise auf den Seiten des Laschenskyhofs unter www.laschensky.at.

12.4 Aufträge im Web generieren

Das Web lässt sich von Handwerkern, abgesehen von der eigenen Website, aber auch auf andere Weise nutzen: In diversen Dienstleister- und Handwerkerbörsen werden Aufträge von Unternehmen und Privatleuten versteigert. Das Prinzip ist einfach: Die Auftraggeber beschreiben, welche Arbeiten sie zu vergeben haben. Unternehmen können sich mit einem Gebot um den jeweiligen Auftrag bewerben. Wer das günstigste Angebot abgibt, bekommt den Zuschlag. Das gilt jedoch nur für einige der Plattformen. Bei manchen Börsen können sich die Hilfesuchenden den Bieter frei auswählen. Neben dem Preis spielen dann auch die von Auktionshäusern wie eBay bekannten Bewertungen eine wichtige Rolle. Nach jedem abgewickelten Auftrag besteht die Möglichkeit, dass sich Auftraggeber und Auftragnehmer gegenseitig beurteilen. Die Erfahrungen zeigen, dass die Noten in den meisten Fällen fair vergeben werden.

Dienstleister- und Handwerkerbörsen

Für Handwerker bieten Onlineauktionen eine gute Gelegenheit, die Auslastung ihres Betriebs zu optimieren und neue Kunden zu gewinnen. Zudem benötigen sie zumindest für diesen Teil ihrer Arbeit keine spezielle Werbung. Ein regelmäßiger Blick auf die Seiten lohnt sich. Zu den bekanntesten Plattformen zählen:

- *www.my-hammer.de*
- *www.blauarbeit.de*

- *www.jobdoo.de*
- *www.undertool.de*

Die Nutzerzahlen sind dabei sehr unterschiedlich. Das werden Sie schon beim ersten Blick auf die Auftragslisten feststellen.

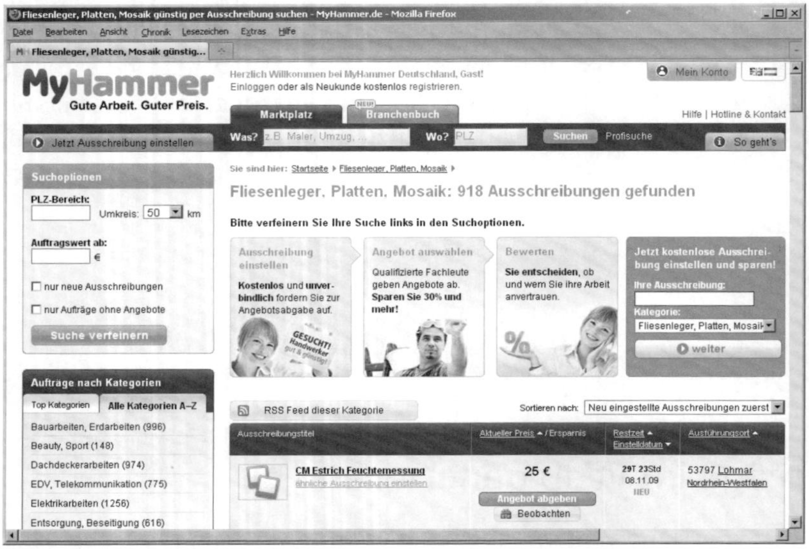

MyHammer ist nach eigenen Angaben die Nummer eins unter den Onlinemarktplätzen für Handwerks- und Dienstleistungsaufträge in Deutschland.

Informieren Sie sich auf den Websites über die aktuellen Konditionen. In der Regel zahlt der Auftragnehmer einen prozentualen Aufschlag auf die Auftragssumme oder eine feste, regelmäßige Gebühr. Bei Unklarheiten zu einem Auftrag haben Sie die Möglichkeit, vor Ablauf der Zuschlagsfrist Fragen an den jeweiligen Anbieter zu senden. Nutzen Sie, soweit vorhanden, automatische Bietassistenten und Hinweisfunktionen. So müssen Sie das Geschehen nicht ständig verfolgen und bleiben dennoch am Ball.

Wichtige Tipps für Auftragnehmer

Bei den Onlineauktionen gibt es einige Spielregeln, die Sie als Auftragnehmer beherzigen sollten.

- Werfen Sie stets einen Blick in die Bewertungen des Auftraggebers. So erkennen Sie vielleicht, ob es sich um einen „problematischen" Kunden handelt.
- Lesen Sie die Beschreibung zum Auftrag genau durch. Sie geben Ihr Angebot für sämtliche Leistungen ab, die darin aufgeführt sind. Haben Sie Fragen zum Auftrag, wenden Sie sich vor Abgabe des Angebots den Auftraggeber. Offene Punkte sollten in jedem Fall geklärt sein.

- Fragen Sie je nach Auftrag auch nach der Möglichkeit, die „Baustelle“ vor Ort zu besichtigen. Das hilft bei einer genaueren Kalkulation.
- Achten Sie in der Beschreibung darauf, ob die Leistung zu einem bestimmten Termin zu erbringen ist.
- Kalkulieren Sie Ihr Angebot möglichst niedrig, aber realistisch. Achten Sie auch darauf, wer die Gebühren für die Vermittlung trägt. Rechnen Sie diese gegebenenfalls in Ihre Kalkulation mit ein.
- Haben Sie den Zuschlag erhalten, gehen Sie aktiv auf den Auftraggeber zu. Rufen Sie am besten an. Das ist persönlicher und vor allem schneller. Eine E-Mail hingegen könnte einige Zeit im Postkorb des Auftraggebers liegen bleiben, weil dieser gerade unterwegs ist.
- Besonders wichtig: Schreiben Sie stets eine Rechnung. Andernfalls leisten Sie Schwarzarbeit.

12.5 Onlinesupport per Livechat

Neben der Auftragserledigung nimmt der Kundensupport häufig einen großen Teil der Arbeitszeit in Anspruch. Ob Fragen zur Produktpalette, zu Bestellungen oder zu Reklamationen, bei kommerziellen Websites erwarten die Besucher eine direkte Unterstützung durch die Anbieter. Telefon-Hotlines sind dabei jedoch sehr uneffektiv. Pro Leitung lässt sich jeweils immer nur ein Kunde beraten. Der Personaleinsatz ist daher häufig nicht wirtschaftlich. Anfragen per E-Mail sind hingegen für die Kunden wenig komfortabel: Das Hin und Her von Fragen und Antworten dauert in der Regel zu lang, und die angebotenen Informationen erfüllen häufig nicht die Erwartungen des Kunden. Vorteile bietet hier ein Chat: Sie kommunizieren in einem solchen Livesystem unmittelbar mit den Kunden und können flexibel auf die Fragen reagieren. Ein Operator kann dabei kostensparend gleich mehrere Anfragende parallel bedienen.

Richten Sie ein entsprechendes Modul auf Ihrem Webspace ein. Für die technische Umsetzung bietet sich PHP an. Die Programmiersprache wird von den meisten Providern schon in Einsteigerpaketen unterstützt. Zudem stellt PHP im Vergleich zu alternativen Techniken wie Flash oder Java die geringsten Anforderungen an die Browser der Besucher. Lediglich JavaScript muss in der Regel aktiviert sein. Neben reinen Serverlösungen gibt es integrierte Komplettsysteme wie das kostenlose LiveZilla. Hier ist eine lokale Windows-Anwendung mit den Komponenten auf dem eigenen Webspace gekoppelt. Die Anfragen der Besucher lassen sich so noch komfortabler bearbeiten. Sehen Sie am Beispiel der kostenlosen Chatanwendungen Help Center Live und LiveZilla, wie Sie im Handumdrehen ein System für die Onlineberatung in Ihre Seiten integrieren und welche Funktionen Sie erwarten dürfen.

Beispiele aus der Praxis

Auch wenn der Support per Chat nicht zum Standardrepertoire bei kommerziellen Webangeboten zählt, bieten ihn dennoch zahlreiche Seitenbetreiber an. Mit einem Chat lässt sich der Verkauf über einen eigenen Onlineshop unterstützen, ein weiteres Modul für den Kundensupport ergänzen und die Kommunikation zwischen Partnern oder Fachleuten fördern. Beim IT-Anbieter Hewlett-Packard (*www.hp.com/de*) haben Sie beispielsweise die Möglichkeit, sich bei Fragen zu bereits gekauften Produkten direkt mit einem Supportexperten in Verbindung zu setzen.

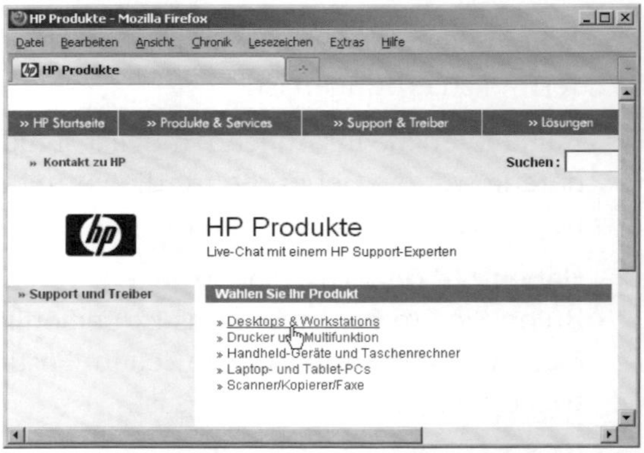

Chatten Sie bei Hewlett-Packard mit einem Experten bei Fragen nach dem Kauf.

Die Versicherer DEVK (*www.devk.de/kontakt/onlineberatung/chat.jsp*) und KarstadtQuelle (*www.karstadtquelle-versicherungen.de/kontakt/live_chat*) stellen sich mit einem Internetchat gezielt auf die Onlinekunden ein. Und auch Travel Scout 24 (*www.travelscout24.de*) berät auf seinem Reiseportal per Chat zu allen Fragen rund um Reise und Urlaub.

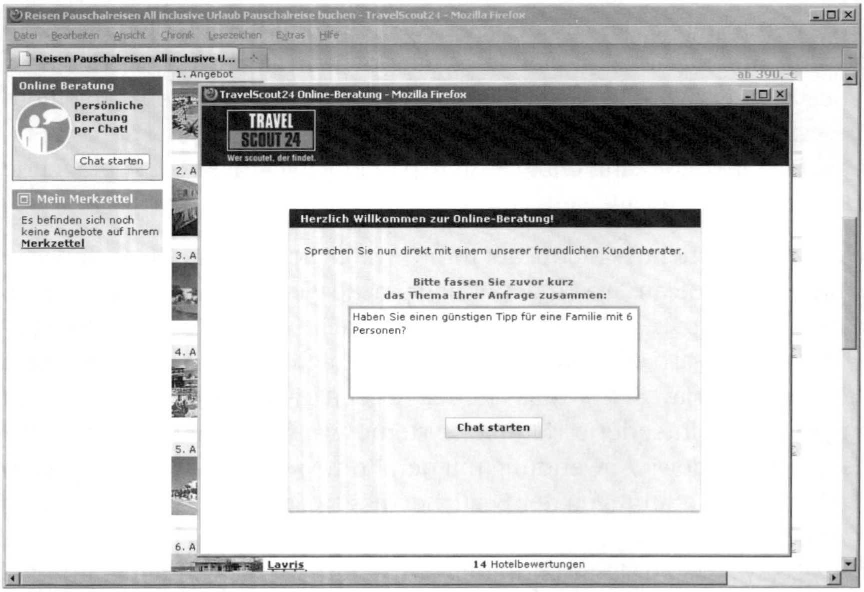

Stellen Sie im Chat von Travel Scout 24 Fragen zu konkreten Angeboten oder lassen Sie sich allgemein beraten.

Zahlreiche kleinere Unternehmen setzen ebenfalls auf den Support per Tastatur: Sie finden entsprechende Buttons beispielsweise auf den Startseiten des Versandhauses für Reitartikel *www.reitsportpfer.de* und des Messeausstatters *www.display-discount.biz*.

Bei größeren Unternehmen steht die erforderliche Manpower in der Regel im eigenen Callcenter bereit. Häufig sind die Chatstunden jedoch auf die üblichen Geschäftszeiten an Werktagen begrenzt. Können Sie selbst dies nicht gewährleisten, müssen Sie auf einen eigenen Chat dennoch nicht verzichten. Schalten Sie ihn beispielsweise nur stundenweise online. So könnte ein zweistündiger Livesupport am späten Nachmittag je nach Zielgruppe und Produkt ein durchaus attraktives Angebot für die Besucher darstellen. Wichtig in einem solchen Fall: Halten Sie sich penibel an die genannten Zeiten. Nur durch einen verlässlichen Service behalten Sie das Vertrauen der Internetnutzer. Die Besucher sollten stets auf einen Blick erkennen, ob der Support gerade besetzt ist oder nicht. Verlinken Sie zudem während der Offlinezeiten direkt auf ein Kontaktformular, damit die Surfer selbst in Ihrer Abwesenheit die Möglichkeit haben, ihre Fragen loszuwerden.

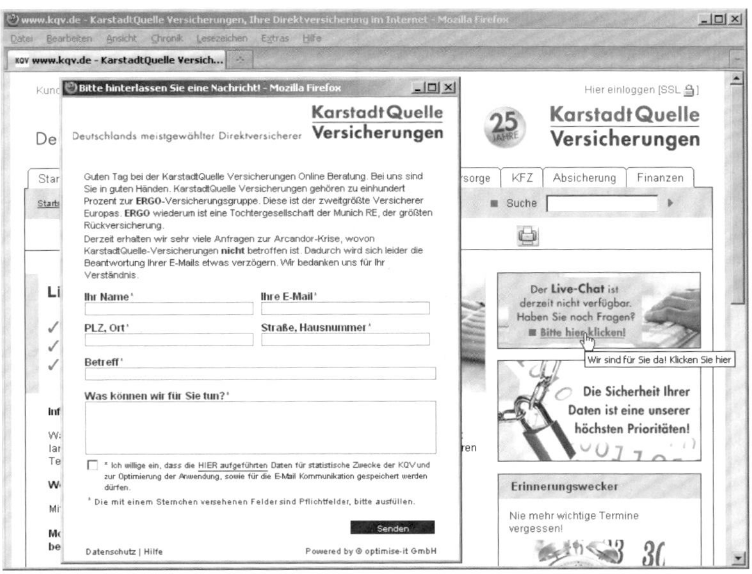

KarstadtQuelle bietet während der Offlinezeiten ein Kontaktformular an.

Help Center Live

Das Open-Source-Chatsystem Help Center Live (*www.helpcenterlive.com*) erfüllt alle Anforderungen eines professionellen Livesupports. Es setzt PHP und MySQL auf dem Server voraus und lässt sich komplett über den Webbrowser steuern. Auf der Seite *www.helpcenterlive.com/support/documentation/installation.html* sind die Schritte beschrieben, mit denen Sie das System auf Ihrem Webspace einrichten.

Kurz zusammengefasst: Legen Sie eine MySQL-Datenbank auf dem Server an, laden Sie die Skriptdateien hoch und geben Sie einigen der Verzeichnisse zusätzliche Schreibrechte. Eine deutsche Übersetzung finden Sie unter *http://artikel.eugens-web.com/german-translation-for-hcl-deutsche-uebersetzung*. Speichern Sie die Datei *german.php* aus dem dort angebotenen Spracharchiv im Ordner *cache* auf dem Server. Die Installation starten Sie über *www.ihredomain.de/hcl/setup/*. Folgen Sie den weiteren Schritten im Browserfenster.

Auf der Kundenseite lässt sich das Chatfenster über einen Grafik- oder Textlink starten. Ist der Chat auf der Seite des Anbieters nicht besetzt, zeigt dies der Verweis automatisch an. Per Klick lässt sich die Anfrage in diesem Fall per E-Mail stellen.

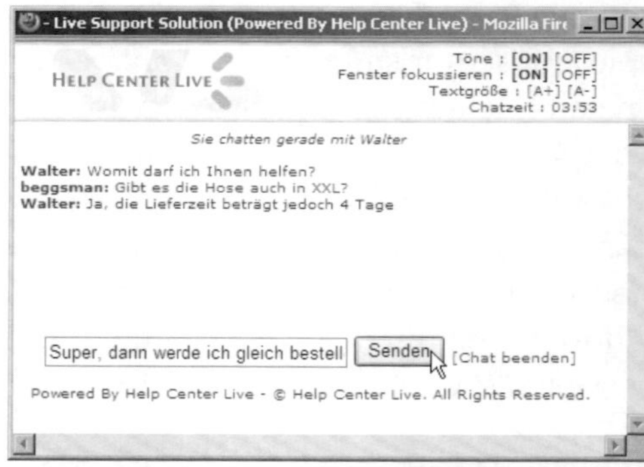

Die Kundenseite des Help Center Live ist einfach gehalten. Die Nutzer müssen lediglich den Text eingeben und auf Senden klicken.

Über *www.ihredomain.de/hcl/admin* gelangen Sie zum Administrationsbereich der Anwendung. Über *Systemeinstellungen* am oberen Rand des Fensters stellen Sie individuelle Zugangsdaten ein und generieren den Code, mit dem Sie den Aufruf des Chats in Ihre Seiten integrieren können. Rufen Sie das Menü *Operatoren* auf und klicken Sie beim Eintrag *Default User (admin)* den Link *Verwalten* an. Ändern Sie gegebenenfalls den Namen des Hauptadministrators und vergeben Sie unbedingt ein neues Passwort. Legen Sie über *Einfügen* für die einzelnen Hotline-Mitarbeiter weitere Accounts an. Definieren Sie die Themenbereiche, zu denen Sie Unterstützung leisten möchten, unter *Abteilungen*.

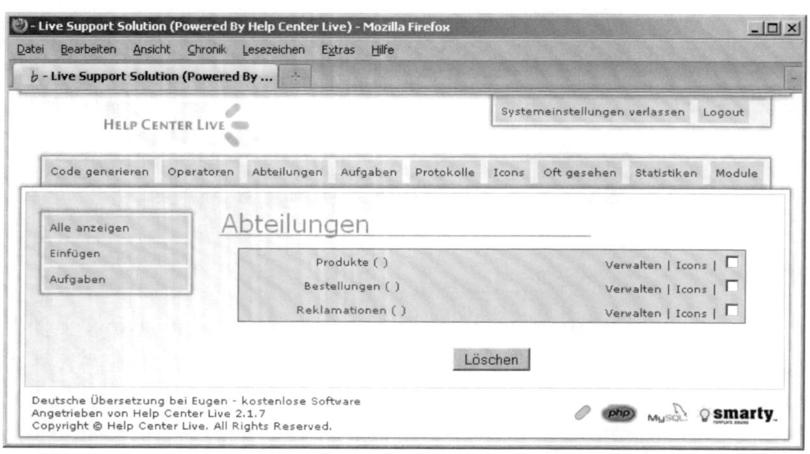

Geben Sie Themenbereiche vor, zu denen Sie den Chat anbieten möchten.

Bei *Aufgaben* legen Sie fest, welche Operatoren mit welcher Priorität für die einzelnen Bereiche verantwortlich sind. Mit diesen Vorgaben leiten Sie die Anfragen abhängig von den Themen automatisch an die richtigen Ansprechpartner weiter.

Sie starten das Operatorfenster über *Echtzeithilfe*. Das System setzt den Status dabei auf *Online*. Das signalisiert den Besuchern, dass Sie erreichbar sind. Im Fenster werden sämtliche Chatanfragen untereinander aufgelistet. Über *Akzeptieren* nehmen Sie das virtuelle Gespräch mit dem jeweiligen Fragesteller auf. Kennt sich ein ebenfalls angemeldeter Supportkollege mit einer konkreten Fragestellung besser aus, lässt sich das Gespräch an diesen weitergeben. Rückfragen bei anderen Supportmitarbeitern sind über einen sogenannten Operator-Chat ebenfalls möglich.

Als weitere Funktionen bietet das System eine Bausteinfunktion für wiederkehrende Antworttexte sowie die Möglichkeit zur Übertragung von Dateien an den Fragenden an. Jeder Dialog mit einem Kunden wird protokolliert. So können Sie einzelne Gespräche auch nachträglich noch detailliert nachvollziehen. Auf einer Statistikseite lassen sich die Zugriffe und Chatanfragen für einen individuell festlegbaren Zeitraum zählen. Außerdem erfahren Sie dort, wie viele Anfragen die jeweiligen Operatoren angenommen haben und wie sie im Durchschnitt von den Kunden bewertet wurden.

LiveZilla

Das für die Installation auf einem Rechner kostenlose Chatsystem LiveZilla (*www.livezilla.net*) wickelt die Fragen und Antworten auf dem Webserver ebenfalls über PHP-Skripten ab. Die Supportkomponente wird jedoch als klassisches Programm auf dem eigenen Firmen-PC installiert. Sie profitieren so vom vollen Komfort der Windows-Oberfläche. Listen, Dialogfenster und Register lassen sich in der typischen Weise bedienen, und dezente Soundeffekte sowie aufklappende Hinweise in der Taskleiste machen auf neue Anfragen und Nachrichten aufmerksam.

Die Installation ist komplett dialoggesteuert: Rufen Sie die EXE-Datei auf und folgen Sie den vorgegebenen Schritten. Mit dem Programm LiveZilla Server Admin übertragen Sie die Chatkomponenten auf Ihren Webserver. Wählen Sie *Neuen LiveZilla Server erstellen*, legen Sie einen Administrator-Account an und erstellen Sie eine sogenannte Benutzergruppe. Entscheiden Sie sich im nächsten Fenster für einen Upload der Skriptdateien per FTP, müssen Sie im darauffolgenden Schritt die Zugangsdaten des FTP-Servers eingeben. Mit *Start* übertragen Sie die Dateien der Serverkomponente auf den Webspace. Nutzen Sie die Schaltfläche *Server testen* im letzten Dialogfenster, um die Verbindung und die korrekte Einrichtung zu prüfen. Das System speichert optional in einer Datenbank oder in einfachen Textdateien.

Mit LiveZilla Server Admin erzeugen Sie auch den Quelltext für den Einbau des Chats in Ihre Seiten. Wählen Sie die Option *Link-Generator/Script-Generator* im Bereich *Integration*, klicken Sie auf *Weiter* und melden Sie sich beim LiveZilla-Server an. Übernehmen Sie den Code für einen *Grafik-Button* oder einen *Text-Link* in die Zwischenablage. Mit dem optionalen Modul *Besucher-Monitoring* lässt sich verfolgen, wer sich wie auf Ihren Seiten bewegt. Sie erfahren, über welche Links die Besucher zu Ihnen gelangen, welche Browser und Betriebssysteme sie nutzen und wie sie sich auf Ihren Seiten bewegen.

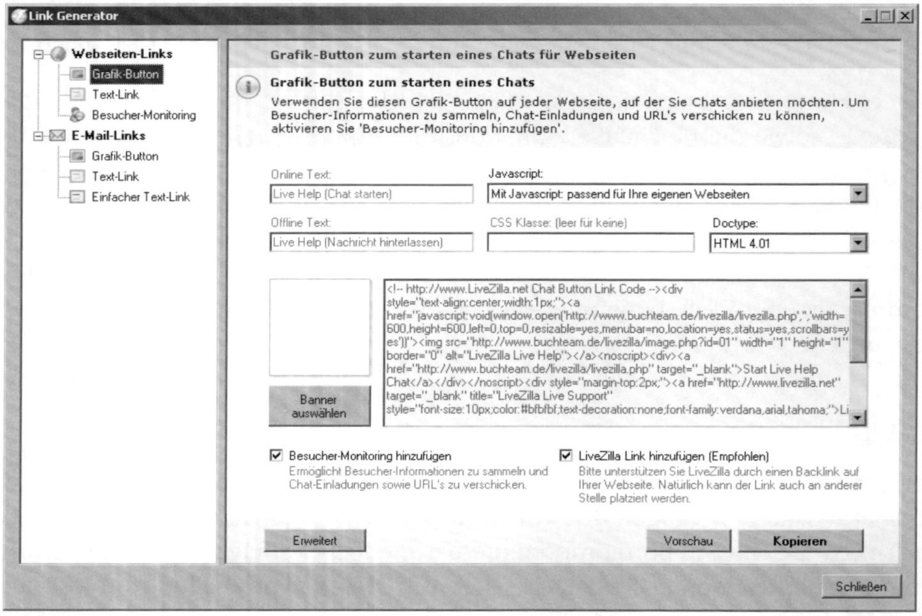

Erstellen Sie mit dem Link Generator den Quellcode zum Einbau eines Text- oder Grafiklinks in Ihre Seiten.

Sie starten das lokale Chatsystem über das Startmenü mit *Alle Programme/LiveZilla/LiveZilla Client*. Es baut eine Verbindung zu Ihrem Webangebot auf und zeigt die aktuellen Besucher an. Warten Sie auf Anfragen oder stoßen Sie mit einer Einladung selbst ein Chatgespräch an. Wechseln Sie jederzeit Ihren Status zwischen *verfügbar*, *beschäftigt* und *offline*. Liegt keine aktuelle Anfrage vor, läuft das System im Hintergrund weiter. Sie finden es als kleines Symbol im Systemtray der Taskleiste. Es weist mit einer Pop-up-Meldung auf einen neuen Gesprächspartner hin. Während Ihrer Abwesenheit haben die Besucher die Möglichkeit, Ihnen Nachrichten per Webformular zu senden. Beim nächsten Start des LiveZilla-Clients erscheinen diese automatisch auf dem Bildschirm. Jeder Textbeitrag lässt sich mit dem integrierten HTML-Editor individuell gestalten.

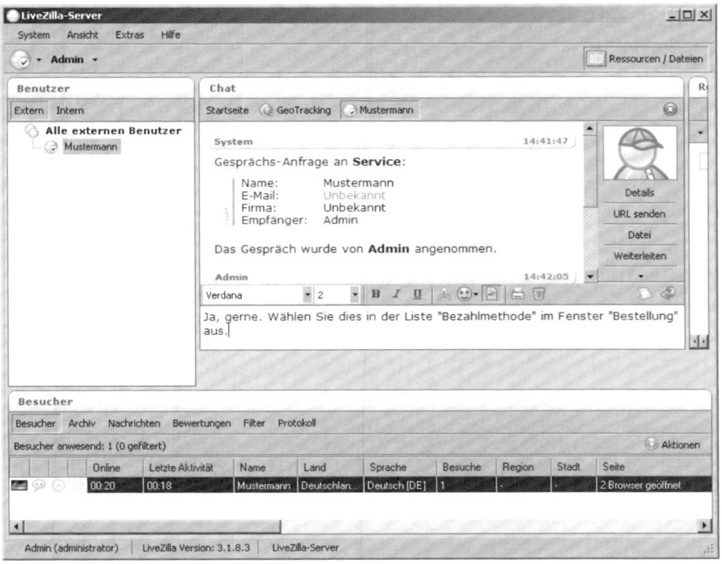

Der LiveZilla-Client bietet den vollen Komfort einer Windows-Anwendung. Über Register lassen sich mehrere Kunden gleichzeitig bedienen.

Die Symbole für die Bewertungs- und Druckfunktion finden die Kunden rechts oben im Chatfenster.

Ein besonderer Service: Stellen Sie den Kunden während des Gesprächs beliebige Links und Dateien zu Verfügung. Zudem lassen sich die Antworten auf häufig gestellte Fragen speichern und per Mausklick aufrufen. Die Zufriedenheit mit der Beratung können die Surfer über eine Bewertungsfunktion und einen Freitext rückmelden. Außerdem lässt sich konfigurieren, dass dem Besucher nach Abschluss der Unterhaltung automatisch das Chatprotokoll an die angegebene E-Mail-Adresse gesendet wird.

Zum reichhaltigen Funktionsangebot zählen die Webcam-Unterstützung und das GeoTracking-Modul, mit dessen Hilfe Sie auf einer zoombaren Google Maps-Karte sehen, in welchen Regionen die Surfer online gegangen sind. Eine Backup-Funktion sichert die Serverdaten auf Ihrer Festplatte. Für die Sicherheit sorgen die Unterstützung des SSL-Protokolls sowie ein Filtersystem, mit dem Sie böswillige Personen gezielt von der weiteren Nutzung ausschließen können.

Chat erfolgreich einsetzen

Der Livesupport per Tastatur ermöglicht eine intensive und kostengünstige Beratung. Es lassen sich damit unkompliziert selbst kurz vor Abschluss des Bestellvorgangs noch letzte Rückfragen klären. Somit leistet ein Chat einen zusätzlichen Beitrag zur Verbesserung der Konversionsrate. Er kann aber auch die Serviceabteilung spürbar entlasten. Statt eines häufig längeren Telefongesprächs lassen sich von einem Kundenbetreuer gleich mehrere kurze Chats parallel führen. Die Kunden profitieren von der Möglichkeit, den Beratungsverlauf für spätere Nachfragen schriftlich zu dokumentieren.

Wichtig: Verstecken Sie den Chataufruf nicht auf einer Unterseite Ihres Webangebots, sondern platzieren Sie ihn auf allen Seiten, auf denen Fragen der Kunden auftreten können. Achten Sie zudem auf die Performance. Bei intensiver Nutzung verursachen Chats einen hohen Traffic. Schwachbrüstige Server kommen da schnell aus der Puste. Und ein kaum oder gar nicht funktionierender Chat ist schlechter als keiner.

12.6 FAQ-Seiten für häufige Fragen

Sie werden es auch im Chat feststellen: Manche Fragen werden von Besuchern immer wieder gestellt. Wie installiere ich ein bestimmtes Tool? Zwischen welchen Mustern kann man wählen? Wie kann ich die Produkte bezahlen? In den meisten Fällen finden sich die Antworten auf den eigentlichen Themenseiten. Für gezielt suchende Nutzer bietet eine zusätzliche FAQ-Liste jedoch häufig einen schnelleren Zugang.

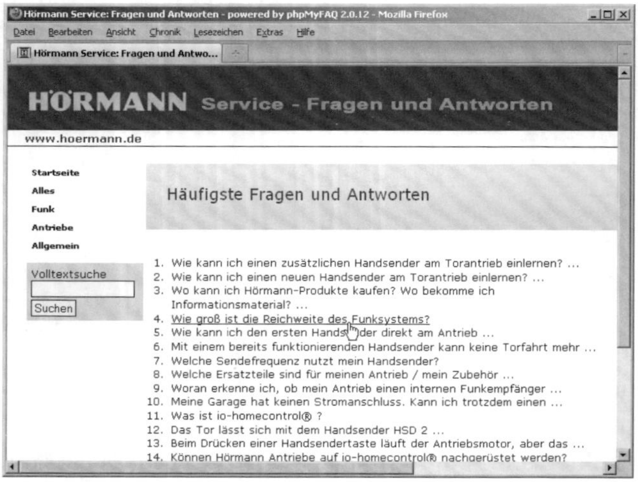

Beantworten Sie Fragen, die die Kunden immer wieder stellen, in einer zentralen FAQ-Liste (Beispiel: www.hoermann.de).

Ihr Vorteil als Anbieter: Sie vermeiden mit prominent platzierten Standardantworten zahlreiche Einzelanfragen per Telefon, Chat oder E-Mail. Zudem verbessern Sie mit einem öffentlichen FAQ-Angebot Ihr Suchmaschinen-Ranking. Schließlich beantworten Sie genau die Fragen, die die User in die Suchfelder bei Google & Co. eingeben. Da FAQ-Seiten einen einheitlichen Aufbau haben, bietet sich die Pflege mit einem speziellen Tool an. Mit dem leistungsfähigen Skript phpMyFAQ (*www.phpmyfaq.de*) bauen Sie die Frage-Antwort-Seiten besonders komfortabel und einfach zusammen.

System einrichten

Die aktuelle Version 2.5 setzt auf dem Webserver mindestens PHP 5.2.0 voraus. Neben MySQL lassen sich für die Datenablage alternativ auch unter anderem PostgreSQL, Sybase, Microsoft SQL Server und IBM DB2 nutzen. Legen Sie im System Ihrer Wahl eine Datenbank an und notieren Sie die Zugangsdaten. Das eigentliche Setup benötigt nur wenige Augenblicke: Packen Sie das ZIP-Archiv aus, laden Sie es in einen neuen Ordner, beispielsweise mit dem Namen *faq*, auf den Webserver hoch und vergeben Sie für sämtliche Verzeichnisse und Dateien großzügige Schreib- und Leserechte.

Sie starten die Installation mit *www.ihredomain.de/faq/install/installer.php*. Tragen Sie in das Bildschirmformular die Namen des Servers, der Datenbank und des Nutzers sowie das dazugehörige Kennwort ein.

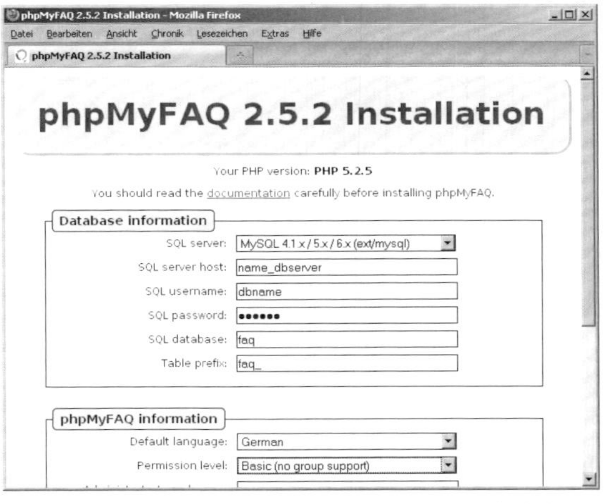

Ruck, zuck installiert: Beim Setup müssen Sie lediglich ein Bildschirmformular ausfüllen.

Sie können auch mehrere getrennte FAQ-Installationen auf einem Webspace einrichten und diese dieselbe Datenbank nutzen lassen. Legen Sie Kopien des Skripts in unterschiedlichen Verzeichnissen ab und verwenden Sie jeweils ein anderes Tabellenpräfix. Mit einem Klick auf den Button am Ende der Seite schließen Sie die Installation ab. Schränken Sie abschließend die Zugriffsmöglichkeiten auf die Ordner und Dateien ein. Lediglich die Datei *inc/data.php* sowie die Verzeichnisse *attachments*, *data*, *images*, *pdf* und *xml* benötigen weitergehende Schreibrechte. Stellen Sie diese über die entsprechende Funktion Ihres FTP-Programms auf 766 ein.

Zugang über LDAP

Interessant für den Einsatz im firmeninternen Intranet: Haben Sie das LDAP-Modul in PHP aktiviert, können Sie in der Installationsmaske die Verknüpfung zur Benutzerverwaltung Ihres lokalen Verzeichnisdiensts herstellen. Der Vorteil: Sie müssen die Anwender für das FAQ-System nicht extra erfassen und pflegen. Die Mitarbeiter sind mit Ihrer Netzwerkkennung automatisch für phpMyFAQ authentifiziert.

System aus Nutzersicht

Die Nutzer haben über den Link *www.ihredomain.de/faq/index.php* Zugang zum FAQ-System. Sie gelangen über ein Menü mit mehrstufigen Kategorien, eine Sitemap oder die integrierte Volltextsuche zu den Antwortseiten. Sehr komfortabel ist zudem die sogenannte Sofortantwort: AJAX-Technik sorgt dafür, dass das System bereits beim Eintippen des ersten Buchstabens in der gesamten FAQ-Datenbank recherchiert und die ersten zehn Treffer dynamisch auf der Seite präsentiert. Am rechten Rand finden Sie die beiden Kategorien *Beliebte FAQs* und *Neueste FAQs*. Sie werden vom System dynamisch aktualisiert.

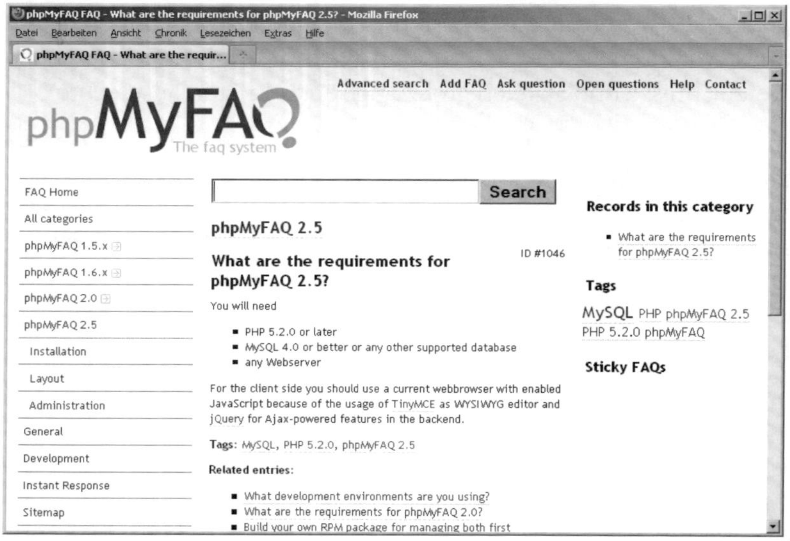

Auch ohne Installation auf dem Webspace: Probieren Sie phpMyFAQ im eigenen FAQ-System unter http://faq.phpmyfaq.de in der Praxis aus.

Neu in der aktuellen Version sind die *Sticky FAQs*. Heben Sie damit aus Ihrer Sicht wichtige Themen dauerhaft auf die Startseite.

FAQ als RSS-Feed

Ein besonderer Service für die Besucher: Die Inhalte stehen zugleich als RSS-Feeds bereit. Über ein entsprechendes Abo in ihrem Feedreader bleiben die Interessenten so stets auf dem Laufenden.

Oberfläche anpassen

Das FAQ-System setzt aber auch auf Interaktivität: Besucher können zum einen jeden Eintrag nach Schulnoten von 1 bis 5 bewerten, zum anderen haben sie die Möglichkeit, über die Links im Kopf der Seiten FAQ-Beiträge vorzuschlagen. Sie erscheinen nach Freigabe durch einen Administrator auf der Website. Auf den Eingabeseiten ist übrigens für Schutz vor Spam gesorgt: Bei allen Formularen müssen die Nutzer das Absenden über eine Captcha-Funktion bestätigen.

Möchten Sie auf die Vorschlagmöglichkeit verzichten, passen Sie das Template */template/index.tpl* entsprechend an. Die HTML-Vorlage enthält das Gerüst der Seiten. In geschweiften und eckigen Klammern sind Platzhalter für Texte, Links und Contentbausteine eingebunden. Sie werden vom Parser durch die entsprechenden Inhalte ersetzt. Entfernen Sie den Vorschlaglink durch Löschen des Elements *<li>{msgAddContent}</li>*. Im Template lassen sich auch die anderen Bausteine löschen oder anders zusammenstellen.

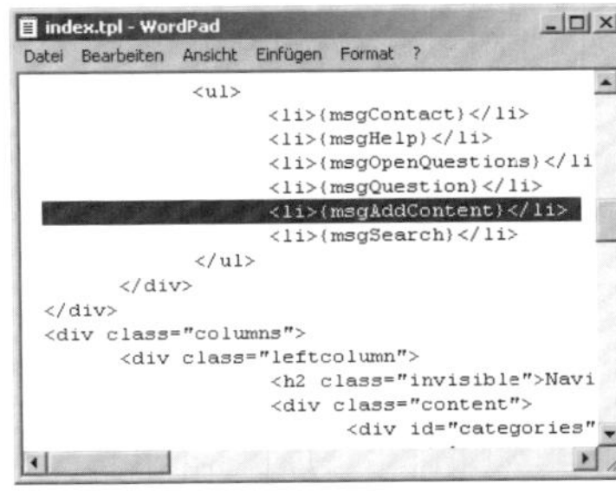

Löschen Sie einzelne Module der FAQ-Seiten über die Vorlage index.tpl.

Vorlagen für alle weiteren Seitenobjekte finden Sie ebenfalls im Ordner *template*. Sie sind in validem XHTML 1.0 Transitional codiert und ohne Tabellen layoutet. Passen Sie sie gegebenenfalls an Ihre Bedürfnisse an. Sämtliche Formate für Farben, Schriftgestaltung, Positionierung und Abstände finden Sie in der Datei *template/style.css*. Über die CSS-Befehle lässt sich das Layout der gesamten Oberfläche flexibel ändern.

System administrieren

Grundparameter des Skripts, die sich in der Regel nicht ändern, lassen sich in der Textdatei *inc/constants.php* einstellen. Ändern Sie dort beispielsweise die Werte für die Zeitzone des Servers oder die Dauer, nach der sich das System bei Inaktivität automatisch abmelden soll. Die Einstellungsmöglichkeiten sind in der Datei ausführlich dokumentiert. Zur grafischen Administrationsoberfläche gelangen Sie über den Link *www.ihredomain.de/faq/admin/index.php*. Melden Sie sich mit dem Benutzernamen *admin* und dem beim Setup angegebenen Kennwort an.

Legen Sie in einem ersten Schritt Kategorien in der Rubrik *Inhalte* an. Die Themenbereiche lassen sich in mehrere Ebenen gliedern. Mit *FAQ erstellen* fügen Sie die einzelnen Einträge in das System ein. Ein WYSIWYG-Editor mit randvoller Symbolleiste unterstützt Sie komfortabel beim Formatieren und Bearbeiten der Texte.

Ordnen Sie jede Frage einer Kategorie zu, versehen Sie sie mit Schlüsselwörtern zur Unterstützung der Suche und legen Sie bei Bedarf einen Zeitraum fest, in dem das Thema angezeigt werden soll. Ist über den Parameter *file_upload = On* in der Datei *php.ini* das Hochladen grundsätzlich erlaubt, lassen sich an jeden Beitrag zusätzliche Dateien anhängen.

Internationalisierung möglich

Die Oberfläche und alle Einträge lassen sich in bis zu 35 Sprachen parallel anlegen. Über eine Auswahlliste auf den FAQ-Seiten schalten die Besucher einfach zwischen den Sprachen um.

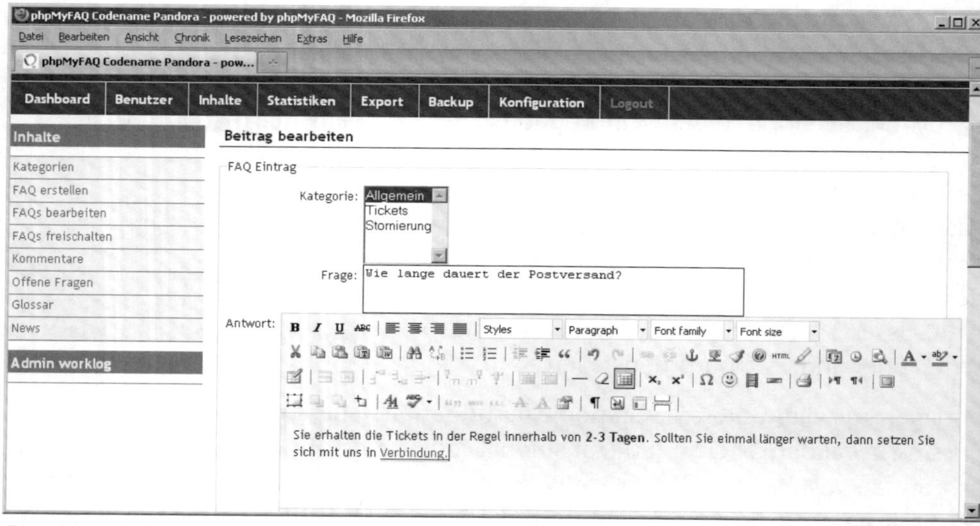

Über die Symbolleiste des WYSIWYG-Editors stehen Ihnen zahlreiche Funktionen und Formate zu Verfügung.

Nutzer- und Gruppenrechte vergeben Sie über die Kategorie *Benutzer*. Das System unterscheidet mehr als 30 Aktionen, die Sie je nach User erlauben oder verbieten können. Statistiken geben Aufschluss darüber, wie oft die FAQ-Seiten aufgerufen wurden und welche Aktivitäten im Administrationsbereich ausgeführt worden sind. Eine Übersicht über die von den Nutzern eingegebenen Suchwörter hilft bei der Optimierung des Supportangebots. An Sicherheit ist ebenfalls gedacht: Setzen Sie einzelne Texte mit der integrierten Versionsverwaltung per Mausklick auf einen früheren Stand zurück. Sämtliche Inhalte sichern Sie unter *Backup* in einer SQL-Transaktionsdatei. So lässt sich die Rücksicherung neben der eingebauten Restore-Funktion sogar über ein Datenbanktool wie phpMyAdmin (*www.phpmyadmin.net*) durchführen.

Suchmaschinenoptimierung eingebaut

Die Tatsache, dass nicht alle Antworten auf einer HTML-Seite beantwortet werden, sondern dass jedes Thema auf einer eigenen Unterseite abgelegt ist, macht es Google & Co. leicht, die Inhalte spezifisch zu indizieren. Der HTML-Code des Systems ist konsequent semantisch aufgebaut, und die für die Webserver Apache, IIS und lighttpd mitgelieferten Dateien *.htaccess*, *httpd.ini* und *lighttpd.conf* ermöglichen zudem den Einsatz von *mod_rewrite*-Regeln. Sie erzeugen so suchmaschinenfreundlichere Adressen. Darüber hinaus unterstützt das System Google- und Yahoo!-Sitemaps. Dass Sie von diesen Vorteilen langfristig profitieren können, lässt die starke Verbreitung des Skripts sowie die rege Community um den deutschen Chefentwickler Thorsten Rinne erwarten. Die mehr als 20.000 Artikel im phpMyFAQ-Forum unter *http://forum.phpmyfaq.de* liefern üppigen Lesestoff, um den Einsatz des Systems optimal zu gestalten.

13. Onlinezugriffe auswerten und Erfolg messen

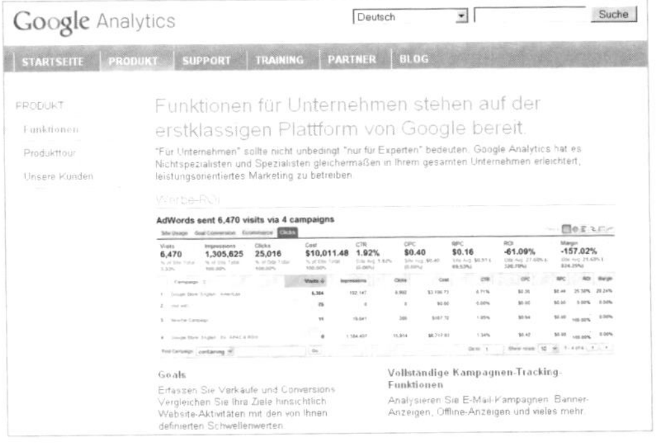

Spätestens im Zusammenhang mit Onlinemarketing ist es wichtig, auf einen Blick zu erkennen, welche Werbekampagnen die Kunden in verstärktem Maße ansprechen und vor allem den Umsatz steigern. Denn nur so können Sie entscheiden, welche Maßnahmen sich besonders eignen und welche Werbeformen Sie künftig besser meiden. Nicht weniger bedeutsam ist es, die ungeschminkte Wahrheit über die von Ihnen vertriebenen Produkte oder Ihren Service zu erfahren. Hierzu bietet sich beispielsweise der Besuch von produktbezogenen Onlineforen oder ein Blick auf die Bewertungen in den großen Meinungsportalen an. Ebenso möglich ist eine Kundenbefragung, die sich mit hierauf spezialisierten Tools oder Onlineservices durchführen lässt.

13.1 Die Spur der Kunden nachverfolgen

Wer mit einer Internetpräsenz sein Geld verdient, möchte auch wissen, wie gefragt seine Website ist. Hierzu lässt sich zwar mit wenigen Handgriffen ein Counter einbauen, der Auskunft darüber gibt, wie viele Besucher die Webseite aufgerufen haben, aber viel mehr als ein paar grafische Statistiken über die Zahl der täglichen, monatlichen und jährlichen Besucher liefern diese meist kostenlosen Tools nicht.

Wenn Sie wissen wollen, woher Ihre Besucher und potenziellen Kunden stammen, ob sie beispielsweise eher von Suchmaschinen kommen oder die URL selbst eingetragen haben, was sie auf Ihrer Website machen und auf welcher Webseite sie sich verabschieden, benötigen Sie ein spezielles Programm zur Site-Analyse. Je nach eingesetzter Technik wird dieses auch Tracking genannte Verfahren über eine Logfile-Analyse, über Cookies oder über individuelle Identifikationsnummern, die sogenannten Session-IDs, realisiert. Bei besonders ausgeklügelten Systemen kommen auch alle drei Techniken parallel zum Einsatz.

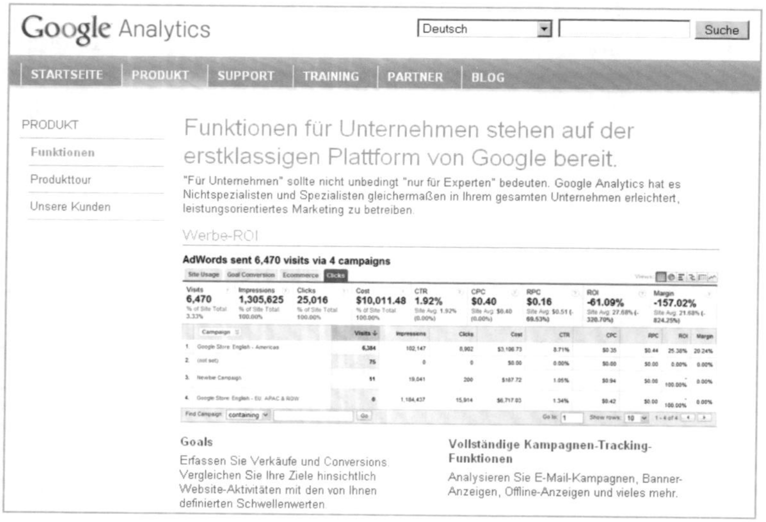

Bei Google Analytics erhalten auch Analyseeinsteiger nach wenigen Klicks aussagekräftige Berichte über Seitenzugriffe, Besucher, Keywords und AdWords.

Tracking-Verfahren

Die durch Tracking ermittelten Daten dienen anschließend dazu, Auffindbarkeit und Inhalte Ihrer Webpräsenz zu optimieren. So lässt sich z. B. sehr schnell erkennen, dass eine Überarbeitung der Keywords erforderlich ist, wenn die meisten Besucher über die falschen Schlüsselwörter zu Ihnen gelangen. In einem solchen Fall ist die Enttäuschung auf beiden Seiten vorprogrammiert: bei den Besuchern, weil sie auf Ihren Seiten nicht das finden, was sie gesucht haben, und bei Ihnen, weil aus den fehlgeleiteten Besuchern keine Kunden werden.

Tracking-Verfahren protokollieren auch, auf welchen Seiten die Besucher wie lange verweilen und von welchen Seiten sie abspringen, um sich einer anderen Website zuzuwenden. Und was besonders wichtig ist: Sie zeichnen auf, wie viele Besucher Ihr Shopangebot wahrnehmen und tatsächlich etwas kaufen.

Es existiert eine Vielzahl von Tracking-Programmen wie AccessLog (*www.accesslog.de*), Stuffed Tracker (*www.stuffedtracker.com*) und Mint (*www.haveamint.com*) oder Onlineservices wie Clicky (*http://getclicky.com*), W3Counter (*www.w3counter.com*) und Google Analytics (*www.google.com/intl/de_ALL/analytics/*). Ihnen allen ist gemeinsam, dass sie mehr oder weniger umfangreiche Datenmengen liefern, die es entsprechend aufwendig zu sichten gilt. Zu den wirklich entscheidenden Kennziffern zählen in der Regel jedoch die, die etwas über Besucher, Konversionsrate, Kundenbindung und Attraktivität aussagen.

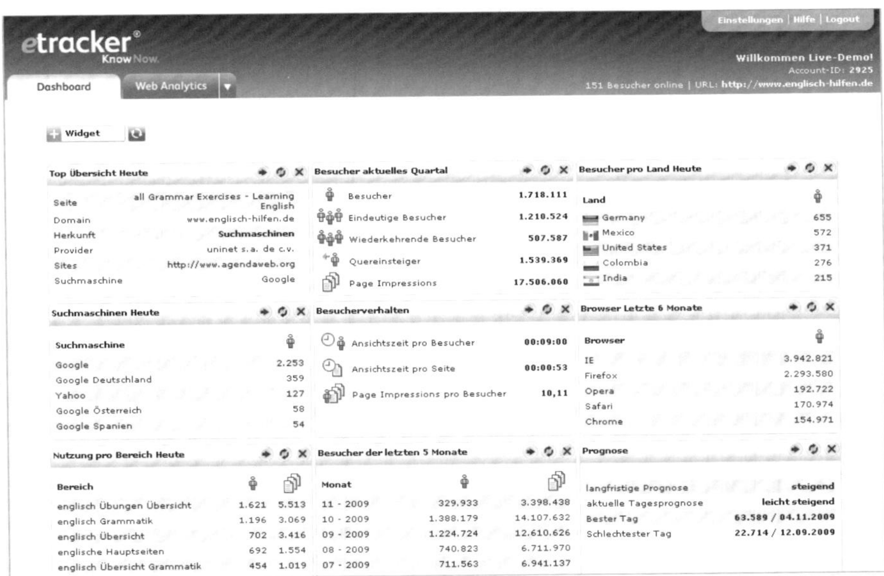

etracker Web Analytics zeigt die Optimierungspotenziale von Websites und Onlinekampagnen auf und macht die Erfolgsfaktoren in Echtzeit sichtbar.

Besucher

Die Zahl der Besucher gibt Auskunft darüber, wie viele Surfer tatsächlich den Onlineshop aufgerufen haben. An ihr lässt sich z. B. sehr schnell feststellen, ob eine Marketingmaßnahme oder Suchmaschinenoptimierung erfolgreich war.

Konversionsrate

Die Konversionsrate ist im Onlinemarketing eine Messgröße, um die Effizienz von Websites, Onlineshops oder Werbemitteln zu ermitteln. Sie beschreibt, wie viel

Prozent aller Besucher einer Website eine bestimmte Aktion durchgeführt haben. Eine Konversionsrate von 5 Prozent bedeutet also, dass 5 Prozent aller Besucher zum Beispiel ein Produkt gekauft haben. Betreiber von Onlineshops mit einer Rate von unter 2 Prozent sollten dringend über Optimierungen nachdenken.

Kundenbindung

Aus der Kennziffer Kundenbindung lässt sich die Zufriedenheit der Besucher ablesen. Sie wird ermittelt, indem das Tracking-Verfahren analysiert, wie oft ein Besucher den Shop aufgerufen hat. Bleibt es bis auf Weiteres bei nur einem Aufruf, hat der Shop seinen Erwartungen möglicherweise nicht entsprochen. Eine solche Schlussfolgerung ergibt sich jedoch nicht zwangsläufig, denn die Neigung des Nutzers zu wiederholten Besuchen hängt selbstverständlich auch wesentlich von der angebotenen Ware oder Dienstleistung ab.

Attraktivität

Die Verweildauer pro Besuch und die Zahl der pro Besuch aufgerufenen Webseiten sagt viel über die Attraktivität der Website aus. Ruft ein Besucher beispielsweise während einer kurzen Verweildauer eine große Zahl von Webseiten auf, kann das ein Anzeichen dafür sein, dass seine Suche ergebnislos war und er schnell zum nächsten Anbieter gewechselt hat. Bleibt ein Besucher länger und öffnet dabei nur wenige Webseiten, kann das ein Hinweis darauf sein, dass er die Webseiten interessiert studiert. Ebenso möglich ist aber auch, dass der Besucher ratlos auf eine Seite schaut, weil sich ihm der nächste erforderliche Schritt nicht erschließt.

13.2 Online-Monitoring – Was denkt das Netz über Sie?

Ob Sie online oder offline Geschäfte betreiben, die Meinung über Ihr Unternehmen wird zunehmend im Netz geprägt. Kommentare in Onlineforen, Bewertungen bei Meinungsportalen wie Ciao.de und Dooyoo oder Berichte in einschlägigen Blogs – Surfer haben viele Möglichkeiten, sich online über Erfahrungen mit Unternehmen und deren Produkten auszutauschen.

Solange die Berichte positiv ausfallen, kann Ihnen die kostenlose Werbung nur recht sein. Problematisch wird es jedoch, wenn sich Internetnutzer negativ äußern. Ein Schneeball verwandelt sich so schnell in eine Lawine, die das Image der eigenen Marke öffentlich und mit bleibendem Schaden ramponieren kann.

Bewertungen bei Meinungsportalen: Nicht bei allen Unternehmen und Produkten fällt das Urteil so positiv aus.

Wie schnell sich Negativ-PR verselbstständigen kann, musste vor einigen Jahren der Fahrradschlosshersteller Kryptonite erfahren. Ein Kunde beschrieb in einem Forum, wie einfach sich die bis dahin als äußerst sicher geltenden Schlösser mit einem Kugelschreiber öffnen ließen. Surfer nahmen Videos auf und stellten sie online. Die Nachricht verbreitete sich schneeballartig im Netz und wurde schließlich sogar von führenden Medien wie der New York Times aufgegriffen. Der Hersteller selbst reagierte erst sehr spät und verhalten auf der eigenen Website. Eine kostspielige Umtauschaktion und ein kaum zu bemessener Imageschaden waren letztendlich die Folge.

Allein bei diesem Video haben rund 85.000 Internetnutzer gesehen, wie einfach sich das Fahrradschloss mit einem Kugelschreiber öffnen lässt.

Durch eine kontinuierliche Beobachtung und Auswertung des Webs lassen sich solche Probleme frühzeitig erkennen. So haben Sie möglicherweise die Chance, aktiv gegenzusteuern. Mit einem systematischen Online-Monitoring

- sammeln Sie Informationen zur Position Ihres Unternehmens auf dem Markt,
- haben Sie die Aktivitäten der Konkurrenz im Blick,
- lernen Sie die Erfahrungen und Bedürfnisse Ihrer Kunden besser kennen,
- lässt sich die Unternehmenskommunikation genauer ausrichten,
- erkennen Sie Krisen rechtzeitig und gewinnen dadurch Handlungsspielräume,
- gewinnen Sie einen Vorsprung gegenüber dem Wettbewerb.

Immer mehr Unternehmen erkennen die Notwendigkeit und beauftragen spezialisierte Agenturen mit dem Monitoring. Das permanente Einbinden eines externen Dienstleisters oder die Entwicklung eigener Monitoring-Systeme dürfte bei den meisten kleinen Firmen jedoch das Budget sprengen. Für sie bieten sich die folgenden einfacheren und teilweise sogar kostenlosen Möglichkeiten an, das Geschehen im Web im Blick zu behalten.

Manuell googeln

Was liegt beispielsweise näher, als den unbestrittenen Marktführer Google für die Recherche zu nutzen? Geben Sie den Namen Ihrer Firma oder eines Ihrer Produkte in Verbindung mit den Wörtern „Testbericht", „Meinung", „Bewertung" oder „Problem" ein. Auf den ersten Plätzen der Trefferlisten erscheinen so häufig die Kommentarseiten der einschlägigen Portale.

Sich selbst googeln: Der eigene Unternehmensname in Verbindung mit dem Wort Testbericht liefert in der Trefferliste Verweise auf die einschlägigen Meinungsportale.

Überlegen Sie, welche weiteren Wortkombinationen sinnvoll sind. Versetzen Sie sich bei der Auswahl der Suchwörter auch in die Perspektive der Kunden. Welche Begriffe würden diese verwenden?

Wertvolle Rückschlüsse liefert zudem die Beobachtung der Konkurrenz. Wenden Sie sämtliche Suchläufe für Ihre Domain auch auf die Webadressen Ihrer engsten Wettbewerber an. So erfahren Sie noch mehr über die Wünsche der Surfer. Die Suche lässt sich mit dem zusätzlichen Parameter „site: www.irgendeinedomain.de“ auf ein bestimmtes Webangebot begrenzen. Eine weitere Möglichkeit: Stellen Sie mit dem Suchmuster „link: www.ihredomain.de“ fest, welche Anbieter zu Ihrem Webangebot verlinken. Über die Gesamtzahl lässt sich die Popularität Ihrer Site abschätzen, und Sie identifizieren damit außerdem positive und negative Multiplikatoren.

Genaue Schreibweise vorgeben

Eigentlich meint es Google nur gut: Der Suchdienst bietet in der Trefferliste auch Webseiten an, auf denen die gesuchten Begriffe lediglich ähnlich geschrieben sind oder auf denen Synonyme verwendet werden. Diese eingebaute Fehlertoleranz hat den Nachteil, dass das Suchergebnis häufig länger als notwendig ausfällt. Mit einem dem Suchwort vorangestellten Pluszeichen schließen Sie diese zusätzlichen Treffer aus. Geben Sie beispielsweise „+Mueller“ ein, findet Google nur Seiten mit genau dieser Schreibweise. Ohne Pluszeichen würden darüber hinaus Treffer für „Müller“ und andere Schreibvarianten angeboten.

Mit Google Alerts automatisieren

Aber keine Sorge, Sie müssen nicht jede der beschriebenen Suchanfragen von Hand starten. Mit Google Alerts (*www.google.de/alerts*) bietet der führende Suchdienst eine Technik, mit der sich die Suchprozesse weitgehend automatisieren lassen. Das Prinzip: Sie geben Ihre Anfragen einmalig ein und werden anschließend in regelmäßigen Abständen per E-Mail über neue Suchergebnisse informiert. Sie legen Such-Alerts über die Startseite des Service an. Tragen Sie das Suchmuster in das Feld *Suchbegriffe* ein.

Starten Sie eine automatisierte Suchanfrage bei Google Alerts ohne vorherige Anmeldung.

Bei *Typ* legen Sie fest, in welchen Bereichen des Internets Sie sich umgucken möchten. Bei Auswahl von *News* erhalten Sie eine Nachricht, wenn sich für die jeweilige Anfrage einer der ersten zehn Suchtreffer im Nachrichtenbereich von Google ändert. Hier greift der Suchdienst auf rund 700 laufend aktualisierte Nachrichtenquellen zurück. Entscheiden Sie sich für den Typ *Web*, filtert der Dienst sämtliche Webseiten und informiert über jede Änderung in den Top 20. Die Option *Multi* kombiniert die Nachrichten- mit der Websuche. Wählen Sie hingegen *Groups*, durchstöbern Sie die weit verzweigte Diskussionsplattform *http://groups.google.de*. In diesem Fall haben Sie stets die ersten 50 Einträge der Ergebnisliste im Blick.

Eine E-Mail von Google Alerts.

Lassen Sie sich die Ergebnisse täglich, wöchentlich oder nach jeder Änderung präsentieren. Wählen Sie beispielsweise *einmal täglich* aus, prüft der Dienst einmal am Tag, ob es Änderungen gibt. Sie erhalten also höchstens eine E-Mail täglich. Ist Ihnen dies zu häufig, entscheiden Sie sich für einen wöchentlichen Turnus. Nur wenn Sie *bei Veröffentlichung* wählen, reagiert Google Alerts direkt bei jedem neuen Ergebnis. Sobald Sie die einzelne Suchanfrage per Link freigeschaltet haben, startet Google Alerts den E-Mail-Versand.

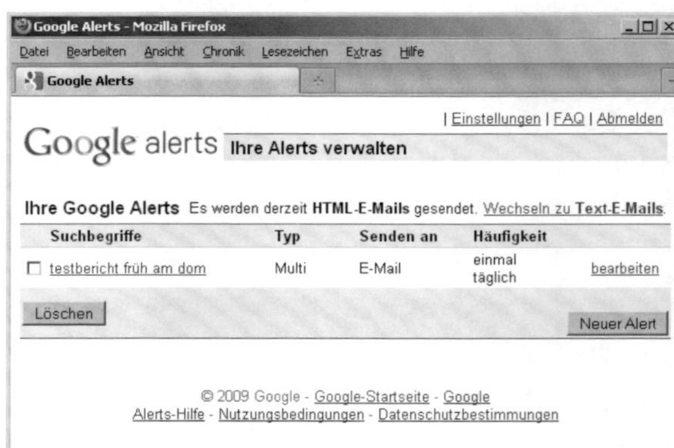

Über einen Google-Account lassen sich die Alerts komfortabel verwalten.

Richten Sie ein Google-Konto ein, um die bestehenden Alerts zu verwalten. Folgen Sie dazu dem Link *Anmelden* auf der Startseite. Nach Anmeldung beim Konto sehen Sie alle Alerts im Überblick. Die Einstellungen – bestehende Anfragen löschen und neue hinzufügen – lassen sich sehr einfach ändern. Alle Aktionen werden sofort wirksam. Sie müssen also neue Einträge nicht erst zusätzlich über einen per E-Mail zugesandten Link bestätigen. Über die Administrationsseite lässt sich zudem das Format der Benachrichtigungen ändern. Standardmäßig versendet

Google die E-Mails im HTML-Format. Klicken Sie auf den Link *Wechseln zu Text-E-Mails*, um auf ein einfaches Textformat umzuschalten. Je nach E-Mail-Programm kommen Sie damit besser zurecht.

Blogs im Blick

Weblogs gehören mittlerweile zu den Keimzellen der Meinungsbildung im Web. Besonders spektakuläre Tagebucheinträge verbreiten sich in Windeseile innerhalb und häufig auch außerhalb der Community. Durch die intensive Vernetzung landen kritische Beiträge von Bloggern bei Google mitunter auf höheren Plätzen der Trefferliste als die Homepage des betroffenen Unternehmens selbst. Werfen Sie daher einen besonders intensiven Blick auf die Blogosphäre. Unter *http://blogsearch.google.de* bietet Google eine spezielle Suche für die Onlinetagebücher an, und auch der Service Technorati (*http://technorati.com*) hat sich in diesem Bereich etabliert.

Beide Dienste bieten die individuellen Suchergebnisse als RSS-Feeds an. Der Vorteil: Sie müssen die Suche nicht stets erneut aufrufen. Abonnieren Sie den entsprechenden Feed einfach in Ihrem Feedreader. Klicken Sie dazu bei *Google Blog-Suche* auf das orangefarbene RSS-Symbol in der Adresszeile und bei Technorati auf den Link *Subscribe*. Die URL der Feeds erscheint damit kopierbereit im Adressfeld.

Abonnieren Sie den Feed der Blogsuche.

Zeit sparen Sie mit dem Service MonitorThis (*http://monitorthis.info*): Hier lässt sich ein Suchmuster gleich für 26 Suchmaschinen auf einmal angeben. Tragen Sie Begriffe in das Suchfeld ein und klicken Sie auf *monitorThis*. Die gefundenen Feeds lassen sich zur dauerhaften Überwachung in einem Schwung in die meisten aktuellen Feedreader importieren. Klicken Sie dazu auf die Schaltfläche *OPML* und speichern Sie die XML-Daten in einer Datei mit der Endung *.opml* ab.

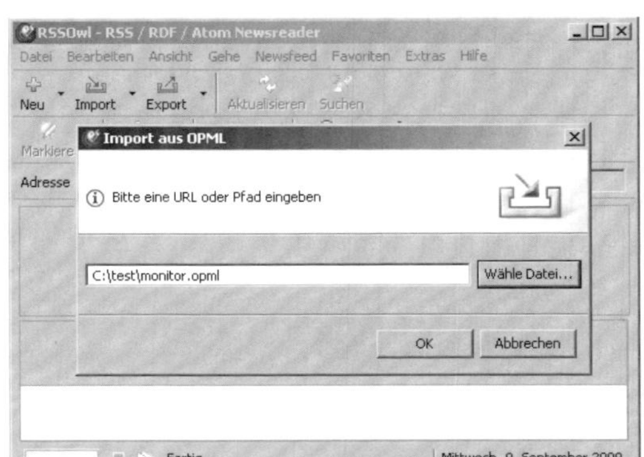

Wie hier bei RSSOwl lassen sich die Such-Feeds von MonitorThis in den meisten Readern problemlos importieren.

Sie abonnieren auf diese Weise mit einem Schlag fast zwei Dutzend Such-Feeds populärer Dienste wie Google, Yahoo!, Flickr und Technorati. Jetzt müssen Sie lediglich noch einen regelmäßigen Blick auf die neuen Schlagzeilen werfen.

Feeds lesen

Feedreader gibt es als eigenständige Software, als zusätzliche Funktionen in Browsern und E-Mail-Programmen sowie als Onlinedienst. Ein leistungsfähiges Programm ist beispielsweise RSSOwl (*www.rssowl.org*). Die bekanntesten Dienste sind der Google Reader (*www.google.com/reader*) und Netvibes (*www.netvibes.com*).

Spezialisierte Tools

Neben den Onlinediensten gibt es Programme, mit denen sich das Monitoring vom Desktop aus betreiben lässt. Die Funktionsweise der Tools ist nahezu identisch: Sie definieren Suchprofile, indem Sie Stichwörter, die zu durchsuchenden Websites sowie die Suchintervalle festlegen. Starten Sie die Programme manuell oder lassen Sie sie in fest definierten Zeitabständen ausführen. Die gefundenen Daten lassen sich archivieren, im Browser anzeigen oder per E-Mail an das eigene Postfach senden. Komfortabel sind zudem Lösungen, die die Suchergebnisse miteinander vergleichen und Änderungen gegenüber der Vorversion deutlich herausstellen. In der folgenden Tabelle finden Sie drei Monitoring-Programme, die einzeln betrachtet nicht perfekt sind, sich im parallelen Einsatz aber recht gut ergänzen:

Format	WebSite-Watcher	Copernic Agent Professional	Devon Agent
URL	*www.aignes.com*	*www.copernic.com*	*www.devon-technologies.com*
System	Windows	Windows	Mac
Sprache	Deutsch	Deutsch	Deutsch
Preis	99 Euro	79,95 US$	49,95 US$
Features	Aufgeräumte Oberfläche, Suchtiefe flexibel einstellbar, Bedienung könnte intuitiver sein.	Übersichtliche Oberfläche, zahlreiche Funktionen, nicht ganz einfache Konfiguration, Schwächen bei der Suchtiefe.	Einfaches Zusammenstellen von Suchprofilen, Ergebnisse lassen sich filtern und als Grafik darstellen, Versand per E-Mail.

Personenprofile überprüfen

Immer häufiger nutzen Surfer sogenannte Personensuchmaschinen, um sich ein Bild von der jeweiligen Kontaktperson zu machen. Zu den einschlägigen Websites gehören *www.spock.com*, *www.yasni.de* und *http://wink.com*. Geben Sie einen Namen ein, erscheint ein umfassendes Profil zur jeweiligen Person mit den im Web verfügbaren Informationen. Anders als bei Google & Co. können Sie auf das Ergebnis der Personensuche bis zu einem gewissen Grad Einfluss nehmen. Prüfen Sie daher regelmäßig die Angaben zu Ihrem Namen und optimieren Sie die Ausgabe, soweit das möglich ist. Melden Sie sich dazu auf der betreffenden Website an und nehmen Sie das eigene Profil in Beschlag. Der Vorteil: Ändert ein anderer Nutzer etwas an den Daten, werden Sie benachrichtigt und können die Anpassungen gegebenenfalls zurücknehmen lassen.

13.3 Fragen Sie doch einfach Ihre Kunden

Selbst wenn Sie sich größte Mühe mit der Aktualität und der Nutzerfreundlichkeit Ihres Webangebots geben, aus den Zugriffszahlen allein lässt sich die Zufriedenheit der Besucher nicht ablesen. Finden die Surfer stets das, was sie suchen? Gibt es Bereiche der Navigation, in denen sie immer wieder hängen bleiben? Fragen Sie nach. Mit leistungsfähigen Poll-Lösungen lassen sich individuelle Umfragen für die eigene Website erstellen und komfortabel auswerten. Die Befragungen müssen sich dabei nicht nur auf die Inhalte und die Funktionalität Ihrer Website beschränken. Lassen Sie die Surfer beispielsweise auch Ihre Produkte und Dienste oder Ihren Service bewerten.

Je nach Aufbau und Umfang der Onsite-Befragung erhalten Sie wichtige Informationen über die Nutzerstrukturen und Zielgruppen sowie deren Anforderungen und Erwartungen. Mit einleitenden Fragen zu Alter, Geschlecht und Beruf bekommen Sie beispielsweise eine Vorstellung davon, wer die Website nutzt. Und Angaben, wie die Besucher auf sie aufmerksam geworden sind, helfen bei der Optimierung der Werbemaßnahmen.

Vorteile von Onlinebefragungen

Gegenüber klassischen Methoden wie Papierfragebogen und Interviews bieten Onlineumfragen einige Vorteile: Sie lassen sich mit geringeren Kosten umsetzen und schneller durchführen. Zudem sind die Rücklaufquoten höher, da sie bei den Befragten weniger Aufwand erfordern und häufig interessanter gestaltet sind. Für Sie selbst haben Internet-Polls ein zusätzliches Plus: Die Ergebnisse liegen sofort digital vor und müssen nicht erst umständlich beispielsweise von ausgefüllten Papierbogen übernommen werden.

Weitere Vorteile von Online-Polls gegenüber klassischen Papierumfragen:

- Schnelle Fragebogenerstellung durch Baukastensystem.
- Wegfall von Druck- und Portokosten.

- Höhere Qualität der Daten durch Ausschluss von Übertragungsfehlern.
- Kürzere Erhebungsdauer durch den Wegfall von Postlaufzeiten.
- Einfache Erinnerungsmöglichkeit und Erreichbarkeit der Teilnehmer per E-Mail.
- Plausibilität der Antworten durch automatische Prüfmöglichkeit bei der Eingabe.
- Möglichkeit zur Einbindung multimedialer Elemente.

Ein Argument der Kritiker: Bei der Erhebung über das Internet blenden Sie sämtliche Offlinekunden aus. Solange es jedoch gerade um die Bewertung Ihrer Onlineaktivitäten geht, ist das unproblematisch. Möchten Sie hingegen ein Urteil über Ihre Produkte und Ihren Service einholen, lässt sich die Onlinebefragung mit Papierfragebogen kombinieren, die Sie beispielsweise in die Rechnungsumschläge einlegen oder im Ladenlokal bereithalten.

Programme und Dienste

Wie lässt sich nun jedoch eine Umfrage möglichst kostengünstig durchführen? Die Beauftragung einer Agentur mit der Durchführung und Auswertung ist zwar praktisch, aber für kleine Unternehmen wohl kaum finanzierbar. Eine Alternative bieten Programme, mit denen Sie die Umfragen auf dem lokalen Rechner zusammenstellen und auf den Webserver hochladen. Solche Tools finden Sie beispielsweise bei *www.egrade.de*, *www.exavo.de* und *www.rogator.de*. Sind die Kosten für ein einzelnes Projekt noch erschwinglich, so müssen Sie bei einer unbeschränkten Lizenz in der Regel zwischen einem hohen dreistelligen und einem niedrigen vierstelligen Betrag auf den Tisch legen.

Als Alternative bieten diverse Provider Umfragelösungen als Service an. Bei Angeboten wie *www.globalpark.de*, *www.2ask.de*, *www.echopoll.com* und *www.askallo.com/de/* bedienen Sie die Software komplett über den Browser. Neben den ebenfalls recht hohen Grundkosten macht die Staffelung nach der Anzahl der Teilnehmer die Angebote teilweise noch zusätzlich teurer.

Skripten für den Webserver

Anders sieht es im Skriptbereich aus: Es erfordert zwar etwas Aufwand und technisches Verständnis, ein fertiges Poll-Skript auf dem eigenen Server zu installieren, jedoch lassen sich professionelle Lösungen kostenlos oder bereits für wenige Euro einsetzen. Sehen Sie sich vor allem zwei besonders leistungsfähige Lösungen näher an: Das kostenlose PHP-System LimeSurvey (*www.limesurvey.org*) ist nach eigenen Angaben das führende Open-Source-Skript für Umfragen. Es bietet zahlreiche Features und lässt sich individuell an die eigenen Bedürfnisse anpassen.

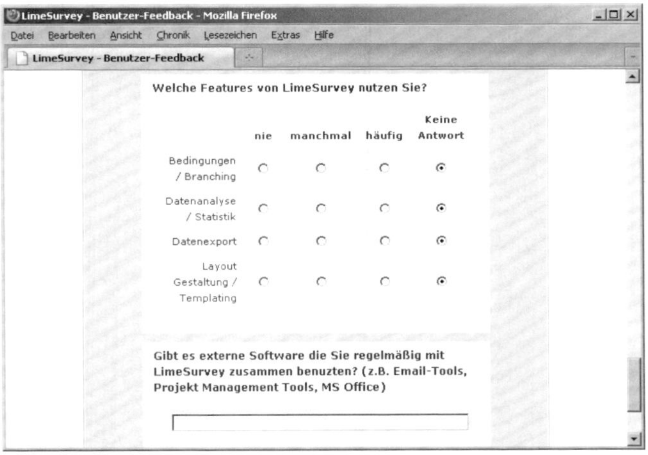

Ob Bewertungsmatrix oder Eingabefeld, wählen Sie bei den Poll-Skripten zwischen zahlreichen Fragtypen aus.

Weniger mächtig, dafür aber auch weniger komplex bei Installation und Handhabung ist das ebenfalls auf PHP basierende ScarPoll (*www.scar4u.de*). Für den kommerziellen Einsatz müssen Sie rund 30 Euro berappen. Bei beiden Anwendungen bieten die Hersteller Demoversionen mit Nutzeransicht und Zugang zum internen Administrationsbereich auf ihrer Homepage an.

Ausführliche Informationen zur Installation der beiden Skripten liefern die Onlinedokumentationen unter *http://docs.limesurvey.org* und *http://faq.scar4u.de/scarpoll/*. Besonders einfach gelingt dies bei ScarPoll. Nehmen Sie die Einstellungen bequem über eine grafische Oberfläche vor. Bei LimeSurvey hingegen müssen Sie die erforderlichen Parameterwerte beispielsweise für den Datenbank-Account mit einem Texteditor in die Konfigurationsdatei eintragen.

Die Besucher sehen von der installierten Umfragesoftware lediglich Bildschirmmasken mit den üblichen Formularobjekten. Die Hauptarbeit leisten die Poll-Skripten hinter den Kulissen. Sowohl LimeSurvey als auch ScarPoll speichern die Eingaben strukturiert in einer MySQL-Datenbank ab. LimeSurvey lässt sich optional aber auch mit dem Microsoft SQL Server oder PostgreSQL nutzen.

Flexible Integration

Beide Skripten bieten Funktionen, mit denen sich die Seiten und Formulare flexibel an das Layout der eigenen Website anpassen lassen. Bei LimeSurvey gelangen Sie über das gleichnamige Symbol zum komfortablen *Vorlagen-Editor* mit Vorschaufunktion. Die Standardvorlage lässt sich nicht ändern. Kopieren Sie sie daher oder legen Sie ein neues Template an. Bei den einzelnen Seitentypen der Poll-Lösung lassen sich Bereiche auswählen und individuell anpassen. Nehmen Sie die Änderungen im angebotenen Quellcode vor und betrachten Sie das Ergebnis in der Vorschau am Ende der Seite.

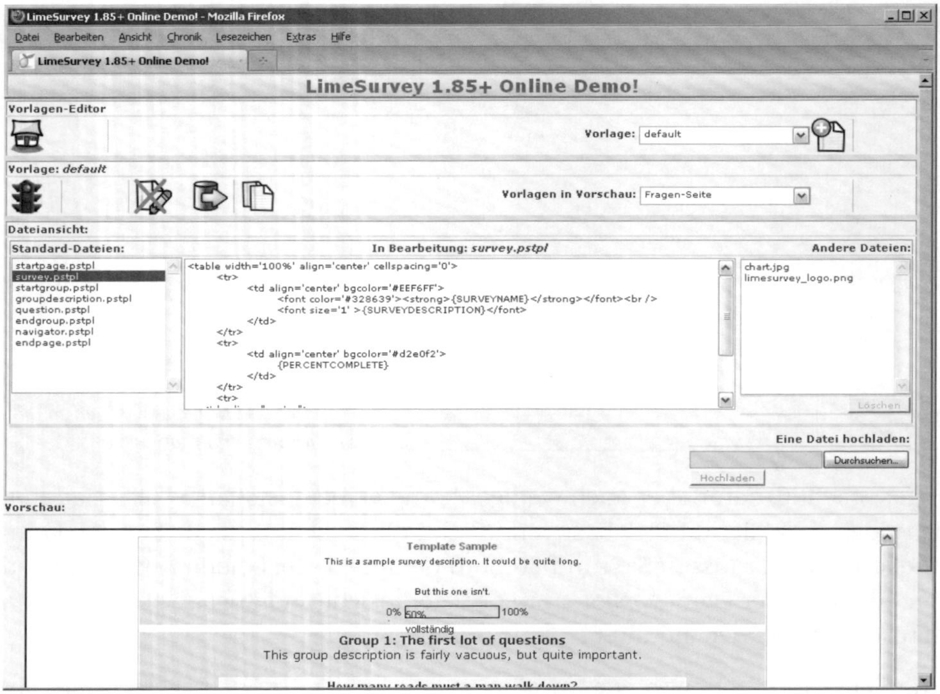

LimeSurvey bietet den komfortablen Vorlagen-Editor, bei dem Layoutänderungen in einer Vorschau angezeigt werden.

Im Administrationsbereich von ScarPoll finden Sie die Befehle zur Layoutänderung unter *Templates/ACP*. Auch hier können Sie einzelne Bausteine auswählen und den Quelltext über *Bearbeiten* anpassen. Das System bietet jedoch keine Vorschaufunktion an. Bereiten Sie die Seitenelemente daher besser mit Ihrem Webeditor vor und kopieren Sie den dort erzeugten Code über die Zwischenablage in die Felder der Konfigurationsseiten. Eine Besonderheit von LimeSurvey: Sie müssen wiederkehrende Fragen beispielsweise nach Alter und Geschlecht nicht immer wieder von Grund auf neu anlegen. Nutzen Sie die Möglichkeit, Beschriftungssets zu erstellen und anzuwenden. Mit einem Mausklick ordnen Sie der jeweiligen Frage die Texte zu. Außerdem lassen sich Fragen als Vorlagen ex- und importieren.

Schutz gegen Missbrauch

Der Gefahr, dass Teilnehmer die Umfrage durch mehrfaches Abstimmen manipulieren, wirken die Skripten mit Sicherheitsfunktionen entgegen: Beide Systeme bieten die Möglichkeit, einen Nutzer über Cookies nach der ersten Teilnahme zu sperren. Bei ScarPoll lässt sich zudem die verwendete IP-Adresse über einen individuell festlegbaren Zeitraum blocken. Einen automatisierten Aufruf des Umfrageskripts verhindert bei LimeSurvey die optionale Captcha-Funktion. Die Befragten müssen

Eingaben durch die Lösung einer einfachen Rechenaufgabe bestätigen. Auf Wunsch lässt sich eine Befragung zudem auf einen festgelegten, per E-Mail eingeladenen Nutzerkreis beschränken, oder die Teilnahme ist nur nach einer vorherigen Registrierung möglich.

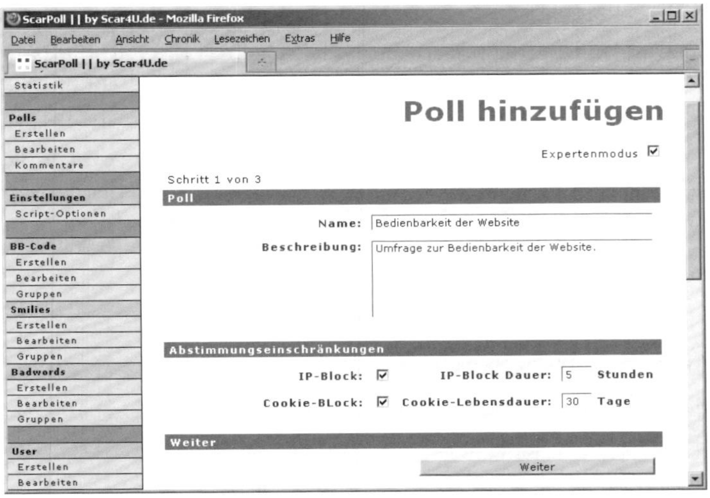

Sicherheit aktivieren: Mit IP- und Cookie-Block lässt sich der Missbrauch durch mehrfaches Abstimmen eindämmen.

Alle Eingaben, die öffentlich angezeigt werden, lassen sich bei ScarPoll mit einer selbst zu pflegenden Badword-Liste abgleichen. Benutzen die Besucher einen nicht erwünschten Begriff, wird dieser automatisch durch ein von Ihnen vorgegebenes Goodword oder eine beliebige Zeichenfolge ersetzt. Mit Floodprotection verhindern Sie bei diesem Skript Spam-Attacken, bei denen die Seiten programmgesteuert mehrfach aufgerufen werden.

Mehrsprachigkeit und Zeitsteuerung

Eine besondere Stärke von LimeSurvey ist die Mehrsprachigkeit. Wählen Sie für das Backend zwischen 45 Sprachen aus. Beim Frontend steht die Sprachenliste ebenfalls zur Verfügung, wobei sich hier sogar mehrere Sprachen parallel anbieten lassen. Stellen Sie sich so optimal auf eine internationale Zielgruppe ein. Eine Internationalisierung ist bei ScarPoll nicht möglich. Das Skript gibt es lediglich in deutscher Sprache.

LimeSurvey und ScarPoll bieten die Möglichkeit zur Definition einer unbegrenzten Anzahl von Polls. Stellen Sie die Fragen in aller Ruhe zusammen. Eine Umfrage wird erst sichtbar, wenn Sie sie für die Nutzer freischalten. Jede Befragung lässt sich über ein Enddatum befristen. Nach dem angegebenen Termin wird sie automatisch gesperrt. ScarPoll bietet in diesem Punkt noch mehr Service: Geben Sie hier zusätzlich ein Startdatum sowie Uhrzeiten an, zu denen die Umfrage während des Tages sichtbar sein soll.

Auswertung der Ergebnisse

Beide Skripten unterscheiden sich deutlich in den Möglichkeiten zur Auswertung der Nutzereingaben. Bei ScarPoll lassen sich die Ergebnisse lediglich einzeln vom Bildschirm ablesen. LimeSurvey stellt die Zahlen und Antworten dagegen als übersichtliche Liste dar und bietet ein integriertes Modul für die statistische Auswertung. Exportieren Sie die Daten außerdem per Mausklick als Text oder in die gängigen Datenformate CSV oder SPSS bzw. in Excel. So haben Sie die Möglichkeit, die Ergebnisse direkt weiterzuverarbeiten. Neben den Daten lässt sich auch die komplette Umfrage ex- und wieder importieren. Nutzen Sie diese Funktion, wenn Sie beispielsweise größere Änderungen einfacher in Excel durchführen wollen oder ein Backup erstellen möchten.

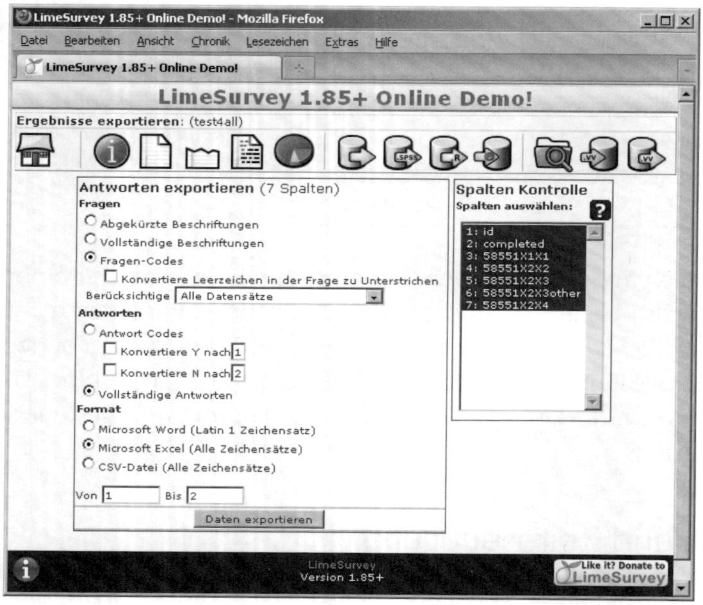

Exportieren Sie die Umfragedaten bei LimeSurvey zur weiteren Auswertung beispielsweise als Excel- oder CSV-Datei.

Wichtige Erfolgsfaktoren

Unabhängig von der gewählten technischen Lösung tragen einige allgemeine Faktoren zum Erfolg Ihrer Umfragen bei. Präsentieren Sie den Einstieg zum Fragebogen beispielsweise unmittelbar auf der Startseite Ihres Webangebots. Nutzen Sie dazu jedoch kein Pop-up-Fenster oder ähnliche mit Werbung assoziierbare Methoden. Surfer blenden aufgrund der schlechten Erfahrungen gerade diese Inhalte beim Besuch von Seiten bewusst aus. Der Hinweis auf die Umfrage sollte jedoch auch nicht zu unscheinbar eingefügt sein. Nutzen Sie beispielsweise ein Banner unterhalb der vertikalen Hauptnavigation oder in der rechten Spalte Ihrer Seite. Lassen

Sie den entsprechenden Link zudem lange genug stehen. Je nach Zugriffszahlen und Nutzungsverhalten sollten Sie die Umfrage mindestens eine, gegebenenfalls auch mehrere Wochen offen halten. So haben gelegentliche Besucher ebenfalls die Möglichkeit, teilzunehmen.

Je höher die Beteiligung ist, umso aussagekräftiger wird das Ergebnis ausfallen. Im Idealfall sollte die Zahl der Testpersonen 500 übersteigen. Sie motivieren die Besucher zusätzlich zur Teilnahme, indem Sie einen kurzen Einblick in die Hintergründe der Umfrage geben und erklären, was mit den gewonnenen Ergebnissen geschehen wird. Bei sensiblen Themen sollten Sie möglichst auf die Angabe von persönlichen Daten wie Name, Alter und Geschlecht verzichten. Halten Sie die Fragebogen so kurz wie möglich. Bei mehr als 15 Fragen steigt die Wahrscheinlichkeit, dass Surfer die Teilnahme abbrechen. Selbst ein Anreiz wie die Teilnahme an einem Gewinnspiel hilft in diesem Fall nur noch bedingt weiter. Testen Sie die Umfrage vor der Veröffentlichung im Freundeskreis.

Die richtige Fragetechnik

Der Erfolg einer Webumfrage hängt im Übrigen auch davon ab, wie Sie fragen. Schließlich ist die Zeit der Surfer kostbar, und Sie laufen Gefahr, sie als Teilnehmer zu verlieren, wenn der Aufwand zu groß wird. Sie haben die Wahl zwischen offener und geschlossener Fragetechnik. Bei offenen Fragen geben Sie den Nutzern die Möglichkeit, freie Texte in die Formularfelder einzutippen. Dies macht die Auswertung sehr aufwendig und erfordert zudem einen hohen Zeitaufwand von den Teilnehmern.

Häufig brechen Nutzer eine Befragung mit zu vielen Textfeldern vorzeitig ab. Besser eignen sich geschlossene Fragen im Multiple-Choice-Verfahren. Wenige Kreuze genügen, um entweder mit „Ja“ oder „Nein“ oder der Ausprägung auf einer Bewertungsskala zu antworten. Typisch sind abgestufte Angaben zur Häufigkeit von „nie“ bis „immer“ oder zur Intensität von „sehr schwach“ bis „sehr stark“. Listen, bei denen sich die Antworten mit zwei Klicks auswählen lassen, sind ebenfalls beliebt. Fügen Sie Felder zur freien Texteingabe nur sehr sparsam ein und setzen Sie besser auf die zeitsparende Ankreuz- und Auswahltechnik.

Stichwortverzeichnis

N

O

P

R

S

T

U

V

W

Z